GUIDE
NORD-EST-OUEST-SUD

Réunion
Maurice
Seychelles

Éditions des Voyages

Note au lecteur

Pour faciliter la préparation de votre voyage, nous donnons les tarifs des hôtels et des restaurants en euros. Seuls les prix de certains services ou achats sont rapportés dans la devise locale.
Cet ouvrage tient compte des conditions de tourisme connues au moment de sa rédaction. Certains renseignements (prix, adresses, numéros de téléphone, horaires) peuvent perdre de leur actualité. Michelin Éditions des Voyages ne saurait être tenu responsable des conséquences dues à ces éventuels changements.

**Écrivez-nous par courrier ou par mail :
vos commentaires nous aideront à enrichir ce guide
et à le mettre à jour.**

Merci de renvoyer vos remarques à l'adresse suivante :

Michelin Editions des Voyages
46, avenue de Breteuil – 75324 Paris Cedex 07
NEOS@fr.michelin.com

Faites-nous part de vos rencontres, de vos découvertes, de vos suggestions, de vos adresses inédites. Vous avez aimé un restaurant, un hôtel qui ne se trouve pas dans ce guide, vous avez découvert un village pittoresque, une belle balade : en nous les signalant vous nous aiderez à enrichir la prochaine édition. Merci aussi de nous indiquer tout renseignement périmé en mentionnant la page du guide.

Michelin Editions des Voyages
Parution 2002

N ouveau, le guide NEOS s'adresse au curieux insatiable de rencontres, au flâneur qui aime à se perdre dans les marchés, au voyageur itinérant qui recherche le petit hôtel de charme, au collectionneur de bel artisanat, au friand de cuisine locale, au randonneur, à l'amateur de musique traditionnelle, mais aussi au féru d'archéologie et d'histoire... Bref, à tous ceux pour qui le voyage est un moment de vérité, d'authenticité.

E xpert, le guide NEOS est l'œuvre d'auteurs qui, après une visite approfondie du pays, ont effectué une sélection rigoureuse signalée par des ★★★ pour les sites et un 🐦 pour marquer leur préférence en matière d'hôtels et de restaurants. L'œuvre aussi de cartographes qui – aidés par les nombreuses indications recueillies sur place – ont réalisé des cartes des itinéraires décrits, des plans de villes détaillés, de précieux relevés de sites archéologiques.

◆ uvert à toutes les cultures, le guide NEOS vous donne, dans une partie consacrée aux habitants, les clefs du savoir-vivre avec des peuples de religions et de traditions différentes. Vie quotidienne, gastronomie, musique, danse, fêtes, artisanat, architecture, ce qu'il faut faire ou ne pas faire lors de vos rencontres, lexique, autant de sujets traités de façon vivante par des auteurs qui connaissent bien le pays.

S ensible aux atmosphères, le guide NEOS s'attache à restituer les lumières, les couleurs, les ambiances. Par des croquis de voyages, des aquarelles et des photos, les illustrateurs ont cherché à saisir l'âme du pays. Dans le même esprit, les auteurs ont émaillé leurs textes de senteurs d'épices, de saveurs de cari, de rythmes de salsa.

MICHELIN vous souhaite un voyage riche en rencontres et en découvertes avec le guide NEOS.

COMMENT UTILISER VOTRE GUIDE NEOS ?

Invitation au voyage
Les habitants
Pays pratique
Visiter le pays

4 couleurs pour 4 parties faciles à repérer

Un panorama du pays, pour découvrir sa physionomie, son histoire et sa culture.

Fêtes, religions, musique, danse, traditions populaires, mais aussi quelques clés de savoir-vivre pour rencontrer les habitants dans leur vie quotidienne.

Tout ce qu'il faut savoir pour bien préparer votre voyage et séjourner dans le pays : budget, transports, restauration et hébergement, ainsi qu'un lexique complet.

Une exploration approfondie de chaque région, ville et site, étayée de cartes et de plans, ainsi que des carnets pratiques pour chaque étape.

- **Les bandeaux-repères,** alternés bleu clair et bleu foncé, rappellent : à gauche le nom de la région, à droite celui de la ville, du site ou de l'itinéraire décrit.

- **Villes et itinéraires** figurent toujours en haut de page.

- **Les étoiles** vous guident dans votre sélection des curiosités à voir.

- **La carte d'identité** du lieu ou du type d'excursion, en un clin d'œil.

LA ROUTE DES FORTERESSES*
Province des Hautes-Terres
Itinéraire de 190 km – 1 journée
Hébergement à Gaïa

À ne pas manquer
Le marché de Gaïa, le samedi matin.
Le château de la Mer, pour son point de vue.

Conseils
Faites de Gaïa votre base pour rayonner dans la région.
Visitez le château en fin de journée, sous les feux du couchant.

Seule étape sur la route des Hautes-Terres, au cœur de l'Aganabur, Gaïa a toujours été une bourgade prospère et animée, vivant de son agriculture et du passage des commerçants qui y trouvaient refuge. Aujourd'hui, elle accueille d'autres voyageurs – touristes venus de tous les horizons – qui en font le point de départ de leur circuit en montagne. La vieille ville s'étage au pied d'une imposante falaise creusée de part en part d'habitations troglodytiques, d'étables et d'entrepôts, mais aussi de chais – les coteaux alentour produisent quelques bons vins (tous les cafés et les restaurants du centre en proposent ; n'hésitez pas à les goûter).

Périple dans les hauteurs
Du chef-lieu, prenez la route nationale sur 54 km.
Entrée libre dans le parc national. Comptez 2h de visite.

Gaïa conserve néanmoins son charme d'antan, et son animation est très agréable. En particulier le samedi matin, jour du marché*, quand la place (à l'est de la gare routière) se colore des étals des maraîchers de la région. Fruits et légumes, mais aussi miels et fromages embaument tout le quartier, dès l'aube. Les paysannes, salvar et fichu à fleurs sur la tête, viennent y vendre également des foulards, des mouchoirs et des napperons brodés de leur confection.
■ **Gaïa*** – À l'ouest de la place centrale (Castello Rosso), on s'enfonce dans le dédale des ruelles de la **vieille ville** (entre le passage du Cap et la rue Refique) qui a conservé de nombreuses **maisons traditionnelles** en belles pierres ocre. Assises en cercle sur le pas d'une porte, des femmes discutent en brodant des foulards pour les touristes. À proximité, vous pourrez jeter un coup d'œil aux salles du **Musée archéologique** (8h30-17h30; entrée payante), où dorment quelques fossiles et des monnaies antiques, ainsi que de belles statuettes. En remontant la rue Refique (vers le nord), on aboutit à la **tour Blanche**, bel édifice du 15e s. De là, un escalier abrupte grimpe le long de la falaise vers le quartier de **Kara Kaspi**, petite colline encore empreinte de l'âme du vieux Gaïa avec ses maisons de pierre toutes de guingois et ses habitations rupestres.

- *Pour chaque curiosité, toutes les conditions d'accès et de visite.*

- *Pratique, un petit carré bleu* ■ *signale chaque étape de l'itinéraire.*

Des cartes et des plans en couleurs
avec des propositions d'itinéraires.

- **Sur les plans de ville**
les hôtels sont indiqués par une pastille numérotée.

- **À ne pas manquer :**
le monument important, le café légendaire, la gourmandise locale...

- **Des conseils pratiques :**
le meilleur moment pour visiter le site, le quartier à éviter, le moyen de transport idéal...

Des carnets pratiques complets
- Pour chaque établissement, des **pictos** vous indiquent tous ses équipements (légende sur le rabat de couverture).

Nos préférences.

Gaïa pratique

ARRIVER-PARTIR

En bus – La gare routière jouxte la place du marché. La **compagnie Gaïa** assure des liaisons quotidiennes avec les principales villes de l'ouest du pays, par la côte.

ADRESSES UTILES

Office de tourisme – Dans la rue principale, ☎ (332) 351 10 74. Ouvert du lundi au samedi, 8 h-17 h. Sympathique accueil en français.

Banque / Change – Deux banques sur la rue principale. Lundi-vendredi, 8 h 30- 17 h 30. Distributeur de billets.

Poste – Juste au pied du château. Tlj, 8 h 30-19 h. Le service du téléphone est ouvert 24 h sur 24. Change.

Santé – **Clinique Gaïa**, sur la route du château, ☎ (312) 287 90 00.

ACHATS

Brocante – Vous trouverez plusieurs magasins autour de la place du Château, proposant des articles de qualité.
Galerie Yuna, rue Yuna, ☎ (384) 341 43 25. De belles lampes à huile.

OÙ LOGER

De 6 à 10€
Camping du château, route de la mer, ☎ (384) 341 33 54 – 10 pl. Face à la plage ombragée de palmiers, de belles places, propres et équipées. Barbecues à disposition.
Gaïa Hotel, place du Château, ☎ (384) 341 33 54 – 25 ch. En plein centre-ville, une ravissante maison entourée d'un petit jardin ombragé. Chambres joliment décorées et très propres. Le patron, charmant, vous réserve un accueil chaleureux.

OÙ SE RESTAURER

Tarenber, passage du château, ☎ (246) 218 18 25. Un petit restaurant bien connu des habitants, qui en raffolent. Ambiance typique. Goûtez ses délicieux « ganiches ».

LOISIRS

Randonnées équestres – Ne manquez pas les superbes balades à cheval (d'un ou plusieurs jours) conduites par **Bérangère**, route des Pins (en quittant Gaïa par l'ouest), ☎ (384) 341 51 75.

La Réunion

Invitation au voyage — 24
Un volcan surgi de l'océan — 26
Flore d'hier et d'aujourd'hui — 29
Une faune négligée — 32
Trois siècles d'histoire — 34
Une économie assistée — 38

Les Réunionnais — 40
Petite France de l'océan Indien — 42
Une mosaïque de peuples — 42
La Réunion des religions — 44
La vie quotidienne — 48
Le patrimoine architectural — 48
Tranches de vie — 49
Les arts et le folklore — 52
La musique et la danse — 52
L'artisanat — 53
Savoir-vivre — 54
Comment se mêler aux Réunionnais — 54
Quelques règles à connaître — 55
La gastronomie — 56
Les langues — 58

La Réunion pratique — 62
Avant le départ — 64
À quelle saison partir — 64
Budget à prévoir — 67
Réservations — 67

COMMENT S'Y RENDRE	67
SUR PLACE	69
COMMENT SE DÉPLACER	71
HÉBERGEMENT ET RESTAURATION	73
LES LOISIRS	75
LES ACHATS	78
SANTÉ	79
DE A À Z	80
LIRE ET VOIR	81

Visiter la Réunion — 84

ST-DENIS	86
ST-DENIS PRATIQUE	94
LA CÔTE OUEST	100
DE ST-PAUL À ST-GILLES-LES-BAINS	102
LES PLAGES, DE BOUCAN CANOT À TROIS-BASSINS	107
LA CÔTE OUEST PRATIQUE	112
LE SUD-EST	120
ST-PIERRE	121
LA RÉGION DU GRAND BRÛLÉ	126
LE SUD-EST PRATIQUE	131
LE NORD-EST	136
LE NORD-EST PRATIQUE	141
LA ROUTE DES PLAINES	144
LA ROUTE DES PLAINES PRATIQUE	149
LE VOLCAN	152
LE VOLCAN PRATIQUE	157
LES CIRQUES	158
LE CIRQUE DE SALAZIE	158
LE CIRQUE DE CILAOS	163
LE CIRQUE DE MAFATE	166
LES CIRQUES PRATIQUE	170

L'ÎLE MAURICE

Invitation au voyage — 176

- ÉTOILE ET CLÉ DE LA MER DES INDES — 178
- UNE FLORE MALMENÉE — 180
- UNE FAUNE MENACÉE — 181
- UNE JEUNE NATION — 183
- UN BOOM ÉCONOMIQUE — 189

Les Mauriciens — 192

- UN CREUSET ETHNIQUE — 194
  - UN BRASSAGE DE RELIGIONS — 196
  - UN CALENDRIER BIEN REMPLI — 199
- LA VIE QUOTIDIENNE — 203
  - UNE ARCHITECTURE EN VOIE DE DISPARITION — 203
  - LES LOISIRS — 207
- LES ARTS ET LE FOLKLORE — 208
  - LA MUSIQUE ET LA DANSE — 208
  - UNE PEINTURE INÉGALE — 208
- SAVOIR-VIVRE — 210
  - COMMENT SE MÊLER AUX MAURICIENS — 210
  - QUELQUES RÈGLES À CONNAÎTRE — 211
- LA GASTRONOMIE — 213
- LES LANGUES — 215

L'île Maurice pratique — 218

- AVANT LE DÉPART — 220
  - À QUELLE SAISON PARTIR — 220
  - BUDGET À PRÉVOIR — 222
  - RÉSERVATIONS — 223
- COMMENT S'Y RENDRE — 223
- SUR PLACE — 225

COMMENT SE DÉPLACER	227
HÉBERGEMENT ET RESTAURATION	229
LES LOISIRS	231
LES ACHATS	233
SANTÉ	234
DE A À Z	235
LIRE, VOIR ET ÉCOUTER	236

Visiter l'île Maurice — 238

PORT LOUIS	240
PORT LOUIS PRATIQUE	251
PAMPLEMOUSSES	254
LE JARDIN BOTANIQUE SIR S. RAMGOOLAM	255
LES VILLES DU PLATEAU CENTRAL	258
LE PLATEAU CENTRAL PRATIQUE	264
LA CÔTE NORD	266
LES STATIONS TOURISTIQUES DU NORD-OUEST	266
LES VILLAGES DE PÊCHEURS DU NORD-EST	270
LA CÔTE NORD PRATIQUE	273
LA CÔTE EST	280
LES PLAGES DE LA CÔTE DE FLACQ	280
LA CÔTE HISTORIQUE DE GRAND PORT	284
MAHÉBOURG	287
LA CÔTE EST PRATIQUE	389
LE SUD	296
DE MAHÉBOURG À BAIE DU CAP PAR LES TERRES	296
DE BAIE DU CAP À MAHÉBOURG PAR LE LITTORAL	301
LE SUD PRATIQUE	305
LA CÔTE OUEST	306
LA CÔTE OUEST PRATIQUE	310
L'ÎLE RODRIGUES	314
LES ÎLOTS ALENTOUR	324
RODRIGUES PRATIQUE	326

LES SEYCHELLES

Invitation au voyage — 332

UN ARCHIPEL ORIGINAL — 334
UN CLIMAT ÉQUATORIAL OCÉANIQUE — 335

UNE FLORE UNIQUE — 336

UNE FAUNE PROTÉGÉE — 338

DES ÎLES CONVOITÉES — 343
L'ÈRE DES PIRATES — 343
LA PRISE DE POSSESSION PAR LES FRANÇAIS — 344
UN COMMUNISME DÉMOCRATIQUE — 346

UNE ÉCONOMIE FLUCTUANTE — 347

Les Seychellois — 350

UN PEUPLE MÉTIS — 352
RELIGIONS ET CROYANCES — 352

LA VIE QUOTIDIENNE — 354
L'ARCHITECTURE CRÉOLE — 354
LA FEMME — 356

LES ARTS ET LE FOLKLORE — 358
LA MUSIQUE ET LA DANSE — 358
UNE PEINTURE EXALTÉE — 359
UNE LITTÉRATURE POPULAIRE — 360

SAVOIR-VIVRE — 361
COMMENT SE MÊLER AUX SEYCHELLOIS — 361
QUELQUES RÈGLES À CONNAÎTRE — 362

LA GASTRONOMIE — 363

LES LANGUES — 364

Les Seychelles pratique — 366

AVANT LE DÉPART — 368
À QUELLE SAISON PARTIR — 368

Budget à prévoir	370
Réservations	370
Comment s'y rendre	371
Sur place	372
Comment se déplacer	373
Hébergement et restauration	375
Les loisirs	376
Les achats	378
Santé	379
De a à z	379
Lire, voir et écouter	380

Visiter les Seychelles — 382

Victoria	384
Le parc national marin de Ste-Anne	388
Victoria pratique	389
L'île de Mahé	392
La péninsule Nord	392
La côte Est	397
La côte Ouest	399
Mahé pratique	405
L'île de Praslin	412
Vallée de Mai National Park	416
Cousin, Curieuse, Aride	417
Praslin pratique	420
L'île de La Digue	428
Les îles voisines	434
La Digue pratique	434
Les îles extérieures	438
Îles extérieures pratique	442
Index	443
Cartes	448

Les planches suivantes sont communes à la Réunion, à Maurice, à Rodrigues et aux Seychelles. Elles illustrent les chapitres sur la flore, la faune et l'architecture traditionnelle de chaque île. Dans les textes traitant de ces sujets, les animaux, plantes ou termes architecturaux qui font l'objet d'un dessin apparaissent en gras.

Les poissons

Mérou Gros rouge z'ananas
(Cephalopholis sonnerati)

Poisson-étendard
(Heniochus acuminatus)

Baliste léopard
(Balistoides conspicillum)

Poisson-papillon
(Chaethodon unimaculatus)

Poisson-perroquet
(Scarus)

Poisson-ange empereur
(Pomacanthus imperator)

LA FLORE

Flamboyant

Croton

Arbre du voyageur

Poinsettia

Vacoa

Fougère arborescente (Fanjan)

TI'CASES CRÉOLES

Couleurs vives, moulures en losanges, lambrequins et jardinet fleuri habillent la modeste case en tôle ondulée.

Comme en charpenterie de marine, des planches de bois, ou bordages, couvrent les structures des murs. Le toit triangulaire à double pente, ou toit en tapénak, favorise l'étanchéité.

Le revêtement des façades et du toit en bardeaux de bois repose sur un lattis. Des auvents soulignés par des lambrequins rehaussent la façade et protègent ses ouvertures.

Le baro, portail ouvragé fixé à des piliers en pierre, préserve l'intimité de la case urbaine. Le guetali, petit kiosque au coin de la propriété, permet d'observer la rue sans être vu.

GRAND'CASES DE PLANTEURS

Les quatre tourelles ont été rajoutées ultérieurement au toit central à pignons. Une balustrade aux colonnettes de bois ouvragées sépare les deux niveaux de varangue. Les nombreuses ouvertures, toujours placées dans le même axe, permettent une ventilation judicieuse. Un perron surélevé isole la maison du sol détrempé lors des intempéries.

D'imposantes colonnes d'inspiration néoclassique rythment la varangue. Les murs des belles demeures sont blanchis à la chaux corallienne. Le permanganate ajouté à la chaux pour protéger le bois contre les termites donne aux volets leur couleur bleutée.

Des stores en raphia protègent la varangue du soleil et des regards indiscrets. Le bassin qui rafraîchit le parc est également signe d'opulence. Lambrequins et épis ornent jusqu'à la plus petite lucarne faîtière.

LA RÉUNION

Superficie : 2 512 km²
Population : 721 000 habitants (en 1999)
Capitale : St-Denis
Monnaie : l'euro (€)

Invitation au voyage

La forêt de Bébour-Bélouve

Un volcan surgi de l'océan

Loin des images véhiculées par la publicité et le rêve, vous ne trouverez pas à la Réunion les lagons turquoise, le sable blanc et les cocotiers des îles tropicales, mais quelques plages sauvages où il fait bon flâner entre deux randonnées. C'est en effet dans les Hauts que se dévoilent les trésors de l'île. Des paysages d'une diversité étonnante vous y attendent : une végétation dense, variée, riche en senteurs, des reliefs démesurés, et un volcan plein de mystère, l'un des plus actifs et des moins dangereux au monde.

Une île des Mascareignes

À 21° de latitude Sud et 55° de longitude Est, la Réunion émerge au milieu de l'océan Indien, à 660 km de la côte Est de Madagascar. Elle se trouve dans l'alignement des îles Maurice (à 220 km au nord-est) et Rodrigues (à 727 km), avec lesquelles elle forme l'archipel des **Mascareignes**.
Sa forme elliptique de 50 km sur 70 km provient de la juxtaposition de deux massifs volcaniques. Ses 220 km de côtes assez régulières délimitent 2 512 km² de terres escarpées aux contrastes très marqués.

Une jeune île volcanique

Il y a quelque 5 millions d'années, un petit volcan commence à se former sur les plaques océaniques. Probablement issue d'un « point chaud » – bien que cela ne demeure qu'une hypothèse –, la structure prend naissance à près de 4 000 m de profondeur. Au fil des éruptions, de gigantesques empilements de coulées volcaniques forment un socle de 200 km de diamètre. Son activité particulièrement intense lui permet une croissance rapide et l'amène, 2 millions d'années plus tard, à surgir à la surface de l'océan.
Aujourd'hui, cet édifice de type « volcan bouclier », d'une hauteur totale de 7 000 m (la partie immergée comprise), culmine à 3 069 m. C'est l'un des plus grands volcans au monde. Le massif volcanique du **Piton des Neiges**, à l'origine de l'île, s'est endormi il y a environ 20 000 ans. Effondrements et érosion l'ont sculpté en trois cirques. Quant à celui du **Piton de la Fournaise**, il s'épanche régulièrement depuis 350 000 ans.

Une côte abrupte et sauvage

Sur les rivages de la Réunion alternent plages de galets – œuvres de l'érosion des ravines –, plages de sable blanc – issues de résidus coralliens – et de sable noir – résultant de la désagrégation des roches volcaniques. Des falaises basaltiques ceinturent une grande partie de l'île. Fouettées par l'océan furieux, elles forment un décor chaotique et sauvage. Presque dépourvue de socle continental, l'île ne compte que quelques lagons, sur la côte Ouest. Relativement récents, ils ont rarement plus d'un mètre de fond. Au-delà de la frange d'écume qui les délimite, le plateau plonge brutalement dans les abîmes de l'océan. Livrée aux déchaînements des éléments, privée de zones protégées, la côte, difficile d'accès, n'abrite d'autres ports que ceux de St-Paul et de La Possession.
Une maigre savane, piquetée d'aloès, couvre de larges étendues de la côte Ouest. Dès les premiers signes de sécheresse, les grandes herbes qui ondulent au vent prennent des teintes dorées. Ces paysages mouvants sont hélas menacés par des feux criminels, qui les transforment rapidement en terre noire et stérile, et par l'urbanisation, qui grignote inéluctablement tout espace disponible sur la côte. La majeure partie de la population vit en effet sur les étroites plaines du littoral, où se concentrent villes et hameaux.

Les pentes des Hauts

De longues pentes descendent, régulières et assez douces, vers la mer. Sur les mi-pentes – notamment dans la partie nord de l'île – se déroulent de vastes étendues de cannes à sucre, qui vont parfois jusqu'au littoral. Leur aspect évolue au fil des mois. En janvier, de jeunes pousses vertes émergent des champs récemment labourés. Les mois suivants se forme un manteau vert, qui peut atteindre jusqu'à trois mètres de haut. La floraison fait ensuite apparaître des plumets ondoyants aux couleurs chatoyantes, jaune orangé à l'aube, blanc argenté au soleil, mauves au crépuscule. Quand vient la saison de la coupe, l'île se trouve mise à nu. Les cases noyées au milieu des champs se révèlent subitement aux yeux de tous, les maisons de maîtres, qu'indiquaient des allées plantées de cocotiers, apparaissent dans toute leur splendeur. Au vert des cannes succède pour un temps le brun de la terre, puis le cycle des saisons reprend son cours. De larges **ravines** entrecoupent harmonieusement ce paysage. Simples fonds de vallée ou gorges profondes, leur vert intense contraste avec le vert tendre de la canne.

Les pentes du sud-est, exposées aux caprices du volcan, dévoilent des paysages plus sauvages. La superposition et l'enchevêtrement des coulées, aux subtiles nuances de noirs et de bruns, racontent la formation de l'île. La nature a peu à peu colonisé les lieux, donnant des teintes vert et gris au basalte. De part et d'autre du **Grand Brûlé** se trouvent des forêts inextricables, chaudes et humides, et des jardins que l'abondante pluviométrie rend plus luxuriants qu'ailleurs.

Dans l'intérieur de l'île, les hauts plateaux – la **Plaine des Cafres** et la **Plaine des Palmistes** – séparent les deux massifs volcaniques, le Piton des Neiges et le Piton de la Fournaise. Cette région de culture et d'élevage, entre 1 300 m et 1 700 m d'altitude, évoque davantage les hauteurs alpestres qu'une île tropicale. L'hiver, lorsqu'un épais brouillard l'envahit et que les températures fraîchissent, des volutes de fumée s'échappent des cheminées des maisons.

Vers le sommet des montagnes

De là, part la route qui mène au Volcan. Des blocs de basalte aux formes insolites jonchent le sol, prémices d'un paysage souvent qualifié de « lunaire ». Le long de la route, la végétation se fait plus rase et plus clairsemée pour disparaître totalement dans la **Plaine des Sables**, au profit d'un décor minéral aux reflets métalliques et rougeâtres. La végétation réapparaît brièvement, ajoutant des touches vert et blanc au noir de la roche puis, au détour d'un virage, le **Piton de la Fournaise** se dévoile enfin, dressé au centre d'une vaste caldeira qui s'épanche vers la mer.

Point culminant de l'île, le **Piton des Neiges** se distingue par sa silhouette pointue, visible depuis la côte par les échancrures des ravines ou depuis le faîte des remparts. Autour de ce pic s'ouvrent trois vastes **cirques**, béants, presque fermés sur eux-mêmes, qui occupent tout le centre de l'île. Ils résultent des effondrements successifs du grand volcan d'origine et de l'intensité de l'érosion, qui ont façonné au cours des millénaires ces surprenants paysages accidentés. Les **îlets**, petits replats entrecoupés de gorges profondes, abritent quelques habitations succinctes, et de véritables villages occupent les plus vastes plateaux. Des cascades s'échappent des falaises abruptes ou des pitons rocheux pour tomber quelques centaines de mètres plus bas. Des forêts couvrent des pans entiers de montagnes, quelques cultures adaptées au climat et aux pentes émergent ici ou là, tandis que, plus loin, les remparts sont quasiment nus. L'érosion, plus active que jamais, continue à sculpter ce décor. D'immenses brèches dans les remparts marquent l'entrée dans les cirques. Elles permettent l'écoulement des rivières, dont les lits encombrés de galets de basalte témoignent de la violence qui peut s'emparer de ces cours d'eau à l'aspect si paisible.

Un volcan surgi de l'océan

L'éruption du Piton de la Fournaise en mars 1986

Un climat tropical

La Réunion se caractérise par l'alternance de deux saisons, inversées par rapport à l'hémisphère Nord. L'**hiver austral**, saison fraîche et plus sèche, se caractérise par la violence des alizés du sud-est. L'**été austral**, saison chaude et pluvieuse qui s'étend de novembre à avril, est souvent marqué par le passage de dépressions tropicales de plus ou moins forte intensité, provenant en général du nord-est. Elles apportent des pluies torrentielles et des cyclones *(voir p. 64)*, qui menacent l'île chaque année et la dévastent tous les cinq ans en moyenne. Parmi ceux qui laissèrent les plus vifs souvenirs, le cyclone Hyacinthe, en 1980, traversa l'île avec des rafales à 300 km/h. Quelque 1,17 m d'eau tomba en 12 h à Grand-Îlet, plus de 6 m en 11 jours à Commerson !

Outre la distinction des saisons, le climat varie considérablement en fonction de l'altitude et de l'exposition. On dénombre plus de deux cents **microclimats** sur l'île. Ainsi, il peut faire simultanément 30 °C sur la côte Ouest et 5 °C au sommet du Volcan, ou pleuvoir à verse dans les Plaines alors que le soleil brille sur le littoral, à quelques kilomètres.

De l'orientation des vents et du relief est née la distinction entre deux régions : la région Est, **« au vent »**, fortement exposée à la pluie et aux vents, et la région Ouest, **« sous le vent »**, protégée par le relief. Dès 800 m d'altitude, les nuages, poussés par les vents, s'accrochent aux montagnes. D'épaisses nappes de brume se répandent alors dans les cirques et les ravines, obstruant le ciel, que seuls les sommets de l'île permettent encore d'apercevoir.

FLORE D'HIER ET D'AUJOURD'HUI

Il y a 3 millions d'années, l'île émergea de l'océan, totalement vierge de toute forme de vie animale ou végétale. Grâce aux oiseaux, aux vents, aux cyclones et aux courants marins, convoyeurs de précieuses semences originaires de continents lointains, l'île s'est peu à peu habillée d'une flore diversifiée et exubérante. Des équilibres se sont créés, certaines espèces se sont adaptées, d'autres ont évolué et se sont peu à peu transformées sur place, s'intégrant à leur nouvel environnement jusqu'à donner des espèces endémiques, spécifiques à la Réunion.
Plantes odorantes, fleurs multicolores, forêts luxuriantes : c'est un véritable Éden qui charme les premiers voyageurs débarqués sur l'île.
Trois siècles de colonisation humaine suffiront hélas à bouleverser cet univers végétal. Défrichements intempestifs, cultures intensives, urbanisation rapide et introduction excessive d'espèces exotiques contribuèrent à décimer les forêts qui occupaient toute l'île et de nombreuses espèces végétales uniques au monde. Il reste aujourd'hui près de 700 espèces de plantes indigènes et 160 endémiques, soigneusement préservées dans des réserves naturelles.

Quelques définitions
Indigène : espèce qui poussait ou vivait dans l'île avant l'arrivée de l'homme.
Endémique : espèce indigène qui a muté au cours des générations successives en s'adaptant à son nouvel écosystème, jusqu'à donner une nouvelle espèce, spécifique de l'île, que l'on ne trouve nulle part ailleurs.
Exotique : espèce venant d'un autre pays, introduite par l'homme dans l'île.

Différents types de végétation s'étagent du littoral jusqu'aux sommets de l'île, de 0 m à plus de 2 200 m d'altitude. À cette répartition en zones concentriques s'ajoute le contraste entre l'est, « au vent », et l'ouest, « sous le vent ».
Vous serez étonné de la connaissance que les Réunionnais possèdent de la botanique de l'île. N'hésitez pas à les interroger au cours de vos promenades, ils seront ravis de vous renseigner sur le nom et les caractéristiques de tel arbre ou de telle fleur.

Les espèces mentionnées en gras figurent sur les planches d'illustrations, p. 18-19.

Un vaste massif forestier
La forêt couvre près des deux cinquièmes de l'île. Elle en occupait plus du double avant l'arrivée de l'homme. L'exploitation forestière à outrance, l'agriculture, les pâturages et les incendies ont trop longtemps conjugué leurs méfaits. Désormais, l'ONF (Office national des forêts) se charge de l'équipement, de l'entretien, de la protection et de la régénération des espèces, ainsi que de la promotion touristique de cette nature souvent méconnue.

Les spécialistes distinguent cinq types de forêts à la Réunion.
Les tamarins des Hauts, espèce endémique, peuplent les forêts d'altitude, où leurs formes torturées créent d'étonnants décors, comme à la Plaine des Tamarins à Mafate. Leur bois se prête à merveille aux travaux de charpente et à l'ébénisterie. Ils poussent en symbiose avec les *calumets des Hauts*, bambous spécifiques à l'île. Les acacias des Hauts, importés dans l'île, sont souvent associés à la culture du géranium. Ils servent de bois de chauffage, notamment pour les alambics.
La forêt des bois de couleurs des Hauts comprend une cinquantaine de variétés d'arbres, dont le *mapou* (à écorce rougeâtre), le *tan-rouge*, le *tan-maigre*...
Plus bas, jusqu'à 300 m d'altitude, vous verrez les bois de couleurs des Bas, comme les petits et grands *nattes*, le benjoin, le camphrier, le *takamaka*, le bois puant, le bois de savon, le bois noir, les **fougères arborescentes** (*fanjans*) aux silhouettes longilignes, les élégants bois de fer, les *mahots* à l'abondante floraison rose et bien d'autres encore. Les forêts de Bébour-Bélouve, à la Plaine des Palmistes, et de Mare Longue, à St-Philippe, abritent les plus beaux spécimens.

Les *cryptomérias*, conifères à vocation industrielle, solides, peu coûteux et résistants aux intempéries, couvrent des superficies de plus en plus étendues, notamment dans les cirques. Ils servent à faire des meubles, des charpentes et divers aménagements forestiers ou ménagers.

Enfin, les brandes – bruyères, ajoncs, genêts, fougères – s'étendent sur la plus grande partie de l'île.

Des arbres côtiers

Les banians, immenses arbres insolites dont les racines adventives, telles des lianes, pendent jusqu'au sol dans lequel elles s'implantent, servent souvent de lieux de rencontre (comme sur le littoral de St-Denis ou sur le front de mer de Terre Sainte) et leur voûte ombragée en fait un lieu privilégié pour la sieste. Figuiers sacrés chez les Hindous, les banians abritent souvent, jusqu'à les dissimuler aux regards extérieurs, des lieux de cultes tamouls (comme à St-Paul).

Les cocotiers, les palmiers et les *palmistes*, moins nombreux que sur d'autres îles tropicales, poussent néanmoins à la Réunion. La délicatesse de la chair du cœur de *palmiste*, très recherchée pour la préparation de la luxueuse « salade de millionnaire », a causé la disparition de l'espèce dans des lieux qui en regorgeaient, comme à la Plaine des Palmistes.

Présent un peu partout sur l'île, le filaos a été introduit pour son aptitude à fixer les sols. Les dunes de L'Étang-Salé et les terrains instables des cirques, notamment celui de Salazie, ont été largement plantés avec cette espèce.

Plus localisé dans l'est et le sud-est, le **vacoa** pousse sur le littoral. C'est l'arbre traditionnel de St-Philippe, où il est utilisé pour la vannerie.

Des fleurs colorées

La plupart des plantes ornementales fleurissent toute l'année. Leur agencement sophistiqué dans les jardins fait la fierté de leurs propriétaires. Ainsi se côtoient coquettement les dahlias, les soucis, les géraniums, les glaïeuls, les bégonias, les roses de porcelaine, etc. Un peu partout sur l'île, des massifs arbustifs débordent le long des routes : **allamandas** jaunes, **hibiscus** roses, **bougainvilliers** multicolores, orchidées nichées au milieu des mousses, arums à la blancheur délicate et **poinsettias** aux bractées rouges vifs s'entremêlent harmonieusement.

Parmi les arbres à fleurs, vous remarquerez des **flamboyants**, à la floraison rouge vif pendant l'été austral, de grands jacarandas mauves, des mimosas, des cytises et des grévileas. Les **frangipaniers**, aux fleurs blanches et jaunes très parfumées, sont aussi des arbres traditionnels de la culture tamoule. Vous en verrez souvent aux abords des temples. Ils ombragent également certains cimetières catholiques.

Parmi une multitude d'orchidées aux mille couleurs, la vanille Bourbon, d'une qualité internationalement renommée, fait l'objet d'un soin tout particulier. Enroulée autour des **vacoas** qui lui servent de tuteurs, elle se présente sous la forme d'une liane, d'où pendent des gousses vertes et charnues. Vous la verrez principalement dans l'est de l'île *(voir l'encadré sur la vanille, p. 139)*.

Des fruits savoureux

Selon la saison à laquelle vous visitez la Réunion, vous vous régalerez, sur les marchés, de fruits colorés et délicatement parfumés. Sachez toutefois que de nombreuses espèces, cultivées dans les jardins des particuliers, ne figurent pas sur les étals et que vous goûterez sans doute plus de fruits chez l'habitant qu'à l'hôtel ou au restaurant.

La meilleure période se situe pendant l'été austral, autour du mois de décembre. C'est alors la saison des litchis et des mangues. Un peu plus tard vient le temps des longanes, petits fruits ronds et lisses à la peau beige et à la chair nacrée.

L'hiver, vous pourrez cueillir dans les Hauts des goyaviers, jaunes ou rouges, au goût acidulé. De nombreuses espèces de bananiers poussent plus spécifiquement dans les régions humides de l'est. Une quantité d'autres fruits et légumes apparaissent sur les tables réunionnaises au rythme des saisons : les ananas Victoria, les *caramboles* de forme étoilée, les avocats, les fruits à pain, les papayes ou encore les baies roses issues des faux poivriers, les corossols, les *cœurs de bœuf*, les *jacques*, les mangoustans et les ramboutans.

Les épices et les plantes à parfum
La Réunion a largement perdu la vocation de terre d'acclimatation d'épices exotiques, qui avait fait sa réputation au 18ᵉ s. Le poivrier pousse encore, mais le giroflier, la cannelle, la muscade, la cardamome et le safran subsistent essentiellement comme témoins historiques, dans les jardins botaniques.
La petite exploitation de plantes à parfum permet à l'île de maintenir une production d'essences recherchées en parfumerie, comme le géranium, cultivé dans les Hauts de l'ouest, le vétiver, surtout cultivé au Tampon et à St-Joseph et, à plus petite échelle, l'ylang-ylang.

Les pestes végétales
Certaines plantes exotiques, introduites par l'homme, se sont tellement bien acclimatées à leur nouveau milieu qu'elles se sont multipliées au détriment des espèces indigènes. La plus problématique reste la vigne marron, dont l'enchevêtrement de tiges prolifère. Les goyaviers au succulent goût acidulé ou les jameroses au doux parfum de rose figurent également au premier rang des plantes néfastes, envahissantes et destructrices.

UNE FAUNE NÉGLIGÉE

Il y a trois siècles encore, la Réunion pouvait s'enorgueillir d'abriter une faune particulièrement riche et colorée. Ramiers à ailes bleues, flamants blancs et noirs, perroquets multicolores, tortues de Bourbon : autant d'espèces qui contribuèrent à son image d'île paradisiaque. Mais de cette foule d'animaux décrits par les premiers visiteurs de l'île, il ne reste que peu de survivants, sauvés par la difficulté d'accès de leur gîte ou la médiocrité de leur chair. Parmi les disparus, les plus tristement célèbres sont la tortue de terre et le *Solitaire*, ibis endémique de la Réunion.

Les espèces mentionnées en gras figurent sur les planches d'illustrations, p. 13 à 17.

Les oiseaux

À la variété végétale et climatique de la Réunion répond une grande diversité d'oiseaux, essentiellement concentrés dans les forêts. Les zones moins protégées des champs, des cours d'eau et des côtes ont plus souffert du peuplement et de l'urbanisation de l'île et de nombreuses espèces ont disparu ou se sont raréfiées.

La *papangue*, rapace au vol gracieux, plane dans l'intérieur de l'île, entre 500 et 1 500 m d'altitude. L'*oiseau-blanc*, petit oiseau rond au plumage gris et brun, doit son nom à la tâche blanche qu'il porte à l'arrière. L'*oiseau-lunettes* vert lui ressemble, mais il est vert et deux ronds blancs cernent ses yeux. Le **cardinal** (ou *foudi rouge*) tire son nom de la couleur pourpre du plumage du mâle. Le *tec-tec*, petit oiseau endémique paré de tons blancs, bruns et roux, se rencontre un peu partout dans l'île. L'*oiseau-la-vierge*, peu farouche, n'hésitera pas à vous accompagner dans vos promenades en forêt et vous deviendra vite familier. Le **condé** (ou *bulbul*) a la tête surmontée d'une huppe noire. Le **martin**, au corps brun, aux pattes et au bec jaunes, déambule souvent au bord des routes. En fin de journée, vous entendrez certainement une colonie de *belliers* (ou tisserins grégaires), jaunes vifs, organiser une véritable cacophonie dans un banian touffu.

Le *tuit-tuit* (ou merle blanc), l'un des oiseaux les plus rares au monde, vit exclusivement à la Plaine des Chicots. Les 160 derniers spécimens sont tous à la Réunion.

Moins nombreux, les oiseaux de mer planent au-dessus des flots en quête de poisson. Vous les verrez peut-être plonger soudainement pour attraper un poisson d'un habile coup de bec. Le *pétrel de Barau*, oiseau endémique, a l'originalité de pêcher en mer et de vivre à plus de 2 000 m. Sur les côtes sauvages, guettez le **noddi niais** (ou *macoua*), la **sterne fuligineuse** (ou *gaulette*) et l'élégant **paille-en-queue**, que vous reconnaîtrez à sa longue queue blanche effilée et à son vol gracieux le long des falaises ou des ravines. La salangane – une hirondelle dont le nid, fait d'algues, est comestible –, diverses espèces de *fouquets*, de puffins et de cailles, tous indigènes, planent également aux abords de l'île.

La faune terrestre

Le *tangue*, petit mammifère au museau effilé et aux poils longs, ressemble au hérisson. Vous le verrez se promener dans les ravines et les forêts ou, plus rarement, déambuler, en famille, dans les jardins. Quelques zébus et cabris, habiles à se mouvoir sur des terrains instables, gambadent en liberté dans l'intérieur de l'île.

Vous côtoierez à la Réunion des reptiles inoffensifs. Le plus commun, le margouillat, gambade sur les murs et les plafonds des maisons. Il gobe les moustiques d'un coup sec en poussant, après chaque prise, une série de petits cris qui vous deviendront vite familiers. Plus rare, l'*endormi*, superbe caméléon vert tacheté de rouge, bleu et jaune, se déplace avec une extrême lenteur. On le trouve parfois dans les jardins. Quant au *lézard vert de Manapany*, compagnon des St-Josephois, il évolue en général sur le tronc des *vacoas*.

La Réunion fait figure de véritable sanctuaire d'insectes, dont nombre d'espèces endémiques. Ne vous laissez pas impressionner par la taille des cancrelats (blattes) et des grosses araignées *babouks*, totalement inoffensifs. Les moustiques abondent toute l'année, surtout sur la côte et par temps humide. Si aucun de ces insectes n'est dangereux, méfiez-vous tout de même des guêpes, des petits scorpions, rares mais présents sur la côte Ouest, et surtout des scolopendres, ou *cent-pieds*, gros mille-pattes aux anneaux marron : leur piqûre, très douloureuse, peut entraîner des troubles cardiaques *(appelez alors les pompiers en urgence)*. Si vous en voyez un, essayez de l'assommer à coups de balai ou faites-le entrer dans une bouteille vide. Plus sympathiques, de nombreux papillons multicolores virevoltent dans les jardins.

La faune marine
N'oubliez pas qu'il est interdit de ramasser des coraux ou des coquillages vivants.

Baignée par des eaux chaudes, entre 22 et 28 °C, la Réunion, relativement jeune et surgie sur de fortes pentes sous-marines, ne compte que 15 km² de formations coralliennes, concentrées sur la côte Ouest (*voir « La vie des coraux », p. 342*).

Dans le lagon, vous remarquerez de gros boudins noirs ou beiges, les holothuries, que les Créoles appellent aussi « concombres de mer » ou « chenilles de mer ». Oursins, algues et corail mort tapissent également le fond du lagon *(portez des chaussures en plastique)*. Plus loin, se déploient d'élégantes gorgones – arborescences jaunes, rouges ou noires aux fines ramifications –, des éponges, des anémones de mer, des crustacés et de nombreux mollusques, poulpes et coquillages. Parmi ces derniers, vous verrez différentes sortes de **cônes**, de **porcelaines**, de *térèbres*, de *lambis* ou de bénitiers et, plus rares, des **casques**, des olives, des **mitres** ou des **tritons**. Les collectionneurs et les touristes peu scrupuleux ont hélas largement contribué à raréfier ces espèces.

Près de la barrière de corail, dans des eaux encore peu profondes, vous reconnaîtrez toutes sortes de poissons colorés : des **demoiselles**, des **papillons**, des **trompettes**, des **mérous** (ou *gros rouge z'ananas*), des chirurgiens bleus, des **zancles**, des **étendards**, des **balistes**, des **clowns** et des **perroquets** aux couleurs vives, ou encore des poissons-coffres.

De l'autre côté du récif, dans les eaux profondes, nagent généralement des poissons de plus grande taille. Un certain nombre d'entre eux possèdent des moyens de camouflage ou de défense pour se protéger des prédateurs ou capturer leur nourriture. Attention aux piqûres très douloureuses et qui provoquent parfois des troubles cardiaques, du poisson-pierre – qui se confond avec les rochers ou les coraux – et de la **rascasse** – hérissée de longues épines dorsales remplies de poison. Les poissons-chats, qui se déplacent souvent par bancs, ont également des épines venimeuses. *En cas de piqûre, appelez les pompiers en urgence.*

Plus au large, enfin, dans les eaux tumultueuses de l'océan Indien, vivent de nombreuses espèces de gros poissons. Barracudas, marlins, bonites, thons, daurades, espadons, voiliers ou *empereurs* font le bonheur des amateurs de pêche au gros... et des gourmets. Des raies, des dauphins et quelques rares tortues s'aventurent parfois près des côtes. Des requins, bleus ou blancs, rôdent également autour de l'île : la plus grande prudence s'impose donc si vous allez vous baigner, faire de la planche à voile ou de la plongée vers le large *(restez près des plages surveillées et ne vous baignez que pendant la journée)*.

Trois siècles d'histoire

Chronologie

- 14ᵉ s.   Découverte de **Dina Moghrabin** par les Arabes.
- 16ᵉ s.   Découverte de l'archipel des **Mascareignes** par les Portugais.
- 1638   Les Français débarquent à **Mascarin**.
- 1642   Le gouverneur **Pronis** prend possession de Mascarin.
- 1646   Exil de douze mutins sur l'île.
- 1649   L'île est rebaptisée **Bourbon**.
- 1664   La Compagnie de l'Orient devient **Compagnie des Indes orientales**.
- 1723   Le **Code Noir** institutionnalise l'esclavage.
- 1735   **Mahé de La Bourdonnais** est nommé gouverneur de Bourbon.
- 1738   **St-Denis** devient la capitale de l'île.
- 1764   L'administration royale remplace la Compagnie des Indes.
- 1793   Sous la Révolution, l'île devient **la Réunion**.
- 1806   L'île prend brièvement le nom de **Bonaparte**.
- 1810   St-Denis tombe aux mains des Anglais et l'île redevient **Bourbon**.
- 1815   Le **traité de Paris** rétrocède Bourbon aux Français.
- 1848   Abolition de l'esclavage. L'île reprend définitivement le nom de Réunion.
- 1946   La Réunion devient un **département français d'outre-mer**.
- 1982   Le département obtient le statut de **région**.
- 1986   Création de **« Télé Freedom »** par Camille Sudre, en réaction contre les chaînes de télévision de la métropole.
- 1991   Émeutes du **Chaudron**.
- 1998   Célébration du 150ᵉ anniversaire de l'abolition de l'esclavage.

De la découverte à la colonisation

L'histoire de la Réunion ne commence véritablement que dans la seconde moitié du 17ᵉ s. Auparavant, l'île fut découverte par différents navigateurs et rebaptisée à moult reprises. Au 14ᵉ s, les Arabes l'appellent **Dina Moghrabin**, au 16ᵉ s, un navigateur portugais, Diego Lopes de Sequera, la nomme **Santa Appolonia**. Un peu plus tard, Pedro Mascarenhas identifie Rodrigues, Maurice et la Réunion sous le nom des **Mascareignes**. Entre 1520 et 1620, l'île change de nom à chaque nouveau débarquement anglais ou hollandais.

En 1638, les Français débarquent sur l'île **Mascarin**. Quatre ans plus tard, la **Compagnie de l'Orient** est créée et charge le gouverneur Pronis d'organiser le commerce français à Madagascar. Celui-ci prend officiellement possession de l'île Mascarin en 1642.

Il y exile douze mutins, abandonnés à eux-mêmes pendant trois ans. Ils en reviendront « sains et gaillards », avec de merveilleux récits sur l'île paradisiaque.

Cette dernière est alors baptisée **Bourbon**, d'après le nom de la dynastie régnante. La Compagnie de l'Orient, devenue **Compagnie des Indes orientales** en 1664, décide d'y constituer un établissement durable qui puisse servir d'escale pour la colonisation de Madagascar. En 1665, **Étienne Régnault**, désigné gouverneur de la colonie, débarque sur l'île avec vingt colons volontaires, séduits par le discours de la Compagnie.

Le règne de la Compagnie des Indes

L'île se peuple très lentement. Au moment où les Français sont chassés de Madagascar, en 1675, on n'y compte qu'une centaine de colons, parmi lesquels figurent des Malgaches et des Indiens. Tous reçoivent de vastes concessions, délimitées par les ravines, qui s'étendent « du battant des lames au sommet des montagnes ». Ces pionniers sont chargés par la **Compagnie des Indes orientales** de se consacrer à l'élevage et à la culture afin de ravitailler les navires de passage. Un seul navire accostera l'île entre 1690 et 1694.

Les habitants, livrés à eux-mêmes, vivent difficilement. Leur petite agriculture vivrière est améliorée, illégalement, par les produits des contrebandiers anglais et hollandais. Pour compléter leurs ressources, ils s'attaquent massivement au gibier local et défrichent les terres à outrance. De nombreuses espèces animales et végétales vont définitivement disparaître.

La Compagnie des Indes reprend sa colonie en main à partir de 1715, date à laquelle l'île Maurice est conquise par les Français.

Le café, alors très à la mode en Europe, fait l'objet d'une exploitation spéculative à Bourbon. Le pourtour littoral et les basses pentes lui sont largement sacrifiés, au détriment des forêts, et Bourbon s'assure bientôt le monopole de son commerce. La population augmente à cette époque de façon considérable, passant de 270 habitants en 1680 à 35 500 en 1780. L'esclavage, qui existait de manière officieuse, s'institutionnalise selon les dispositions tyranniques du **Code Noir** de 1723.

À la même époque, un certain nombre de pirates repentis, qui écumaient l'océan Indien et semaient la terreur dans toute la région, s'établissent sur l'île.

Prospérité et misère

Gouverneur entre 1735 et 1746, **Mahé de La Bourdonnais** contribue activement au développement de l'île Bourbon et de l'île de France (Maurice). La première demeure la « sœur pauvre », à vocation agricole, de la seconde, vouée au commerce.

Face à la concurrence du café antillais, Bourbon s'oriente bientôt vers la polyculture. Les cultures de riz, de blé et autres denrées se développent, tandis que se poursuivent les exportations de café et de coton. Les Français profitent en outre de leurs expéditions vers les riches terres à épices conquises par leurs adversaires pour introduire, dans des jardins d'acclimatation, les plantes les plus prometteuses. L'audace de **Pierre Poivre** dans cette chasse aux épices lui permet bientôt de planter cannelle, poivre, gingembre... et, plus précieuses encore, girofle et muscade. L'île connaît enfin la prospérité.

Toutefois, tous les habitants ne partagent pas cette richesse. Les colons, concessionnaires de terrains, représentent moins de 20 % de la population. Sur 46 000 personnes, on compte 35 000 esclaves, un nombre qui ne cesse d'augmenter. Par ailleurs, les métis, dont la place dans la société reste à définir, dépassent le millier. Enfin, se pose de manière de plus en plus aiguë le problème des **« p'tits Blancs »**. Fractionnées au fil de l'arrivée des nouvelles générations, les concessions, de superficie de plus en plus réduite, rapportent peu. Cette situation appauvrit jusqu'à la misère une part importante de la population blanche.

La perte des possessions françaises aux Indes incite le **roi de France** à réaffirmer sa puissance navale dans l'océan Indien face aux Anglais. Profitant du déclin de la Compagnie des Indes en cette période de guerre peu propice au commerce, il lui rachète en 1764 l'archipel des Mascareignes. Désormais, l'administration royale gère directement ces îles.

La brève conquête anglaise

Les échos de la Révolution française parviennent dans la colonie avec plusieurs mois de retard. En 1793, l'île prend le nom de **Réunion**, en référence à la réunion des Marseillais et des gardes nationaux le 10 août 1792, mais refuse catégoriquement de se résigner à l'abolition de l'esclavage décrétée à Paris.

Viennent alors les incertitudes de l'époque impériale. L'île, qui a pris en 1806 le nom de **Bonaparte**, subit un blocus anglais qui frappe de plein fouet une économie déjà vacillante, violemment touchée par deux cyclones successifs.
Les rivalités franco-britanniques pour le contrôle des Indes et la colonisation des îles stratégiques de l'océan Indien sont en effet à leur comble. En 1809, les Anglais débarquent à St-Paul, où ils resteront trois semaines. En juillet 1810, au prix d'une bataille de quatre jours, ils s'emparent de St-Denis, devenue capitale en 1738.
L'île reprend son nom de **Bourbon**, tandis que l'île de France, également conquise, redevient **Mauritius**. En 1815, lors du **traité de Paris**, Bourbon se voit rétrocédée aux Français, tandis que Maurice, Rodrigues et les Seychelles tombent officiellement dans le giron britannique.
Il faut alors reconstruire son économie, ravagée par les guerres et les catastrophes naturelles. Libérée de la concurrence de « l'île sœur » (Maurice), Bourbon a du même coup perdu un important débouché pour ses exportations alimentaires. Elle va donc se tourner vers la culture de la canne à sucre, afin de répondre aux besoins de la France, exténuée par 25 ans de guerre.

Économie et société coloniales

Dès 1817, **Charles Desbassyns** installe une sucrerie à vapeur sur son domaine du Chaudron. On arrache caféiers, girofliers et productions vivrières, au profit exclusif de la canne à sucre. L'île, qui jusqu'ici exportait des vivres, doit désormais importer des féculents, du riz et même des fruits. À partir de 1830, les usines se généralisent et les domaines se concentrent. En 1860, plus de la moitié des terres cultivables sont consacrées à la canne.
En 1848, la IIe République abolit définitivement l'esclavage. Ménageant habilement les craintes des propriétaires, le commissaire de la République, **Sarda Garriga**, parvient à faire appliquer cette décision dans le calme : il convainc les uns et les autres de signer des contrats, afin que les esclaves affranchis continuent à travailler pour leurs anciens maîtres.

Cette même année, l'île reprend définitivement son nom de **Réunion**. Pour remplacer les esclaves, elle fait désormais venir en grand nombre des **« engagés »**, travailleurs volontaires malgaches, africains de l'Est, indiens du Nord-Est et du Sud, chinois ou comoriens, qui contribuent à dessiner durablement le visage pluriethnique de l'île. Les conditions de travail de ces volontaires restent toutefois proches de l'esclavage.

L'usine sucrière de Kerveguen, en 1884 (Album de Roussin)

Parallèlement, la situation des **« p'tits Blancs »** empire. Comme les affranchis, ils sont souvent peu désireux de se mettre au service des grands domaines. En 1850, plus de la moitié de la population se trouve dans la misère. Commence alors la conquête des hautes plaines et des cirques, terres encore vierges dont le peuplement avait été encouragé dès 1830. Ces migrations assurent le développement des cultures vivrières dans les Hauts. La vie quotidienne y reste néanmoins précaire.

De 1852 à 1858, le gouverneur **Hubert Delisle**, premier gouverneur créole, entreprend de grands travaux. Il fait construire des routes et des ponts afin de désenclaver les Hauts de l'île et d'améliorer les communications sur le territoire.

La bourgeoisie locale, raffinée et frivole, se fait construire d'élégantes villas où elle coule avec langueur des jours paisibles. **St-Denis** s'organise comme une véritable capitale, avec son axe administratif, ses bâtiments religieux et ses grandes artères, où la promenade dominicale est l'occasion d'arborer de magnifiques toilettes.

Une colonie en crise

Plusieurs crises mettent fin à cette expansion. L'ouverture du **canal de Suez** renforce l'isolement de l'île, pénalisée à l'exportation par l'absence de grand port et l'éloignement des circuits commerciaux. La construction du port de la Pointe des Galets ne suffit pas. Au même moment, la canne à sucre subit de plein fouet la concurrence du sucre cubain et la chute des cours qui en résulte. De nombreux domaines font faillite.

Les populations pauvres, premières touchées par les épidémies de choléra, de variole et de peste qui se succèdent jusque dans les années vingt, se regroupent en périphérie des villes.

La Réunion se trouve durablement confrontée à un appauvrissement généralisé, à un paludisme endémique, à une forte mortalité infantile, ainsi qu'à l'analphabétisme et à l'alcoolisme d'une partie grandissante de la population.

Pourtant, le peuplement se poursuit et, dans les dernières années du siècle, des immigrés volontaires **chinois** et **indo-musulmans** affluent encore sur l'île.

Des solutions précaires – Avec la conquête de **Madagascar** en 1895, la France se désintéresse de sa petite colonie en difficulté. Les Réunionnais les plus entreprenants en profitent pour fuir le marasme économique et le profond désarroi social.

Pour éviter une crise économique et sociale dans les Hauts, on développe, au prix d'un important défrichement, la culture du géranium, dont l'essence est utilisée en parfumerie. D'autres plantes, comme le sisal (dont on fait des cordes) ou le vétiver, sont également exploitées, avec un succès plus éphémère.

Cette période est aussi marquée par l'inauguration d'une ligne de chemin de fer entre St-Benoît et St-Pierre, en 1882. Initialement construite pour les besoins de l'industrie sucrière, elle permet en outre d'améliorer la circulation autour de l'île.

Le choc des deux guerres – Plus de 1 000 Réunionnais, sur les 10 000 engagés volontaires, meurent pour la France lors de la **Première Guerre mondiale**.

Au cours de l'entre-deux-guerres, la crise économique se poursuit, touchant la quasi-totalité des productions agricoles. Une terrible épidémie de grippe espagnole frappe par ailleurs plusieurs milliers de personnes sur l'île, où sévit déjà le paludisme. L'île évolue pourtant lentement vers la modernisation, avec l'apparition des premières automobiles, les débuts de la TSF et la première liaison aérienne, en 1929.

Mais tout bascule en 1940, lorsque le gouverneur Aubert choisit de se rallier au régime de **Vichy**. Aussitôt, un blocus anglais, mené depuis l'île Maurice, asphyxie la Réunion. Les **Forces françaises libres** y mettront fin en débarquant en 1942, sauvant l'île de la famine.

Un nouveau département français

Le 19 mars 1946, pour sortir sa colonie exsangue du sous-développement, la métropole décide d'en faire un **département français d'outre-mer**. Le retour à la prospérité se fait toutefois attendre.

Dans un premier temps, d'importants progrès sanitaires et l'éradication du paludisme permettent de réduire considérablement la mortalité infantile. Un important programme d'aide sociale, de grands travaux et de logements s'élabore ensuite. Il faudra attendre les années soixante et l'action du député gaulliste **Michel Debré** pour qu'il porte ses fruits. La Réunion se modernise et connaît une véritable explosion démographique. La vie économique et sociale s'en trouve profondément transformée. Néanmoins, la petitesse et l'éloignement de l'île n'incitent pas le gouvernement français à y implanter une véritable économie. Et bientôt, la crise agricole et le chômage croissant viennent ternir le tableau et obligent la métropole à intervenir par des aides de plus en plus massives.

La recherche d'une « voie réunionnaise »
En 1981 naît la première radio libre, **Freedom**. De nouvelles voix viennent concurrencer RFO, la radio publique. La même année, on célèbre pour la première fois l'anniversaire de l'abolition de l'esclavage. Le *maloya*, musique traditionnelle issue des chants des esclaves, interdite jusqu'en 1981, revient à l'honneur (*voir p. 50*).
Toujours en 1981, la chaîne de télévision **TV Freedom** commence à émettre de façon pirate. Considérée comme la chaîne des Réunionnais, par opposition à la télévision officielle du service public, elle diffuse des émissions non conventionnelles en créole.
Cette affirmation d'une culture spécifique s'inscrit dans un contexte économique très préoccupant et l'interdiction de TV Freedom par le Conseil supérieur de l'audiovisuel, en 1991, suscite immédiatement plusieurs jours d'émeutes et de pillages dans le quartier populaire du **Chaudron**. Le rapide retour au calme ne doit pas dissimuler le profond malaise social de l'île.

À l'aube du nouveau millénaire
La Réunion a pour spécificité d'être à la fois un département – l'un des plus petits de France – et une région – qui compte 24 communes, parmi les plus vastes de France. Trois sénateurs et cinq députés la représentent au niveau national.
Gros propriétaires et notables de profession libérale ont longtemps dominé la vie politique. La décentralisation des années quatre-vingt a ensuite favorisé l'émergence d'une nouvelle classe d'hommes politiques, d'origine plus modeste, moins rompus aux rouages de la scène publique.
Traditionnellement mouvementée, la vie politique a connu depuis une série de scandales financiers. Elle a également été marquée par des alliances étonnantes entre le **Parti communiste réunionnais** et les partis de droite. Au-delà de leurs divergences idéologiques, ils continuent à s'échanger ponctuellement leur soutien, pour l'obtention d'un siège ou la défense d'un projet.
En 1992, les Réunionnais ont désavoué les partis traditionnels en élisant Camille Sudre, tête de liste Freedom, à la présidence du Conseil régional. Un vice de procédure ayant invalidé l'élection, c'est finalement **Margie Sudre** qui assure cette fonction.

L'indépendance ou l'autonomie ne sont plus d'actualité, mais les défis de cette fin de siècle restent nombreux : résoudre les déséquilibres économiques et sociaux, répondre à la croissance démographique, garder de bonnes relations avec la métropole et réussir l'intégration dans la dynamique européenne.

Une économie assistée

L'héritage colonial
L'économie réunionnaise reste profondément marquée par le poids de la **canne à sucre**, dont l'exploitation se maintient grâce aux aides françaises et européennes et dont la production est principalement écoulée sur le territoire national. Elle constitue les trois quarts des exportations, mais ne représente plus qu'un tiers de

la production agricole. Récemment modernisé, le secteur sucrier s'est restructuré autour de deux usines, celles du Gol, à St-Louis, et celle de Bois Rouge, à St-André. Pendant les campagnes sucrières, entre juillet et décembre, vous croiserez des *cachalots*, ces gros camions qui acheminent les cannes des champs à l'usine.

Les autres **cultures d'exportation**, comme le géranium, le vétiver, la vanille et le tabac, se révèlent de moins en moins rentables sur le marché international et voient leur poids économique diminuer progressivement.

Vers une autosuffisance alimentaire

Les nouvelles habitudes de consommation et la hausse du pouvoir d'achat ont conduit à l'essor récent des **cultures vivrières**, maraîchères et fruitières. La baisse des prix du fret aérien à l'exportation a contribué à cette évolution, en facilitant notamment la promotion de l'ananas ou du litchi réunionnais sur le marché hexagonal. L'autosuffisance de l'île en fruits et légumes est cependant loin d'être assurée et les prix continuent à flamber de façon spectaculaire après chaque cyclone.

L'**élevage** connaît un développement similaire, aussi bien pour la viande que pour la production laitière, mais reste encore largement insuffisant. Petite **pêche** et pêche au gros n'occupent qu'une place très secondaire.

Une industrie limitée

L'activité sucrière est longtemps demeurée la seule industrie de l'île. Aujourd'hui encore, l'industrie, qui ne représente qu'un quart de la production réunionnaise, repose largement sur l'**agroalimentaire**. L'autre secteur dominant, les **bâtiments et travaux publics**, est largement soutenu par la politique de construction de logements et par les mesures de défiscalisation dans l'immobilier.

L'étroitesse du marché intérieur, d'une part, la forte majoration des coûts de production liée à la nécessité d'importer des matériaux, d'autre part, rendent néanmoins tout développement industriel délicat.

Une économie de services

Le secteur tertiaire représente plus de 75 % du PIB réunionnais. Les activités de **commerce** y tiennent une place importante. Depuis la création de charters à destination de la Réunion dans les années quatre-vingt, le **tourisme** s'affirme comme le secteur le plus dynamique de l'île. En 2000, l'île a ainsi reçu plus de 430 000 visiteurs, générant des retombées économiques supérieures à un milliard de francs.

Le chômage et la consommation

Jeune et nombreuse, touchée de plein fouet par le chômage avec un taux de 42,8 % – le plus élevé de France –, la population insulaire vit des jours sombres...

Parallèlement, le revenu des ménages atteint des niveaux records, artificiellement gonflés par les aides publiques émanant de métropole (allocations familiales, RMI...), dont bénéficient trois Réunionnais sur cinq.

La consommation des ménages s'en est trouvée radicalement transformée au cours des vingt dernières années, avec une augmentation sans précédent des dépenses en **biens d'équipement**. Le parc automobile a triplé au cours de la dernière décennie et la préfecture enregistre chaque année plus de nouvelles immatriculations que de naissances! La télévision a suscité le même engouement et trône aujourd'hui dans 90 % des foyers.

Compte tenu du contexte économique, seuls le **crédit** et les **revenus sociaux** ont permis d'assister cette consommation trompeuse.

L'ancienne colonie, qui a toujours reposé sur une structure économique déséquilibrée, continue à chercher son modèle de développement autonome.

Les Réunionnais

Le marché de St-Paul vu du ciel

Petite France de l'océan Indien

Une population pléthorique

Avec 721 000 habitants recensés en 1999 et 1 000 000 prévus pour 2010, la Réunion témoigne d'une grande vitalité démographique. Grâce à la départementalisation, l'éradication du paludisme et les progrès sanitaires ont rapidement fait diminuer la mortalité infantile dès les années cinquante. La forte croissance démographique qui s'est ensuivie se répercute aujourd'hui et se traduit par l'extrême jeunesse de la population, puisque 50 % des Réunionnais ont moins de 25 ans.

Une mosaïque de peuples

Descendants des colons européens, des esclaves africains et des engagés asiatiques, venus de dix pays et de trois continents, les Réunionnais forment un peuple extrêmement diversifié. Qu'ils soient blancs, noirs, jaunes ou métis, qu'ils fréquentent l'église, la mosquée, les temples ou les pagodes, ils coexistent en bonne entente, tout en gardant leurs spécificités culturelles. Au-delà de leurs différences ethniques et religieuses, tous parlent le créole, se côtoient sur les bancs de l'école française et se considèrent, avant tout, comme réunionnais.

Le lien étroit qui cantonnait jadis, dès son arrivée sur l'île, chaque communauté à un statut social et à un rôle économique a été balayé en grande partie par le fort métissage de cette population multi-ethnique. Aujourd'hui, le sentiment d'appartenance à la culture créole prédomine.

Les Créoles

Majoritaires en nombre, les Créoles descendent des premiers colons européens, français, surtout, mais aussi hollandais, anglais, espagnols, italiens ou polonais... Étymologiquement, le mot désigne les personnes qui sont nées dans l'île. Dans la langue courante, les Réunionnais qualifient de créoles tous les habitants de l'île qui ne sont pas cafres, comoriens, chinois, indiens ou métropolitains. Ils représentent environ 40 % de la population totale.

Parmi eux, on distingue les **« p'tits Blancs des Hauts »**, couche populaire de la population qui, ruinée après l'abolition de l'esclavage en 1848, fuit les grandes plantations pour migrer vers l'intérieur de l'île, où elle développa une petite agriculture de subsistance. Nombre d'entre eux mènent encore une vie misérable dans des coins reculés des Hauts. Repliée sur elle-même, cette population connaît un taux élevé de consanguinité.

De même origine, les **« gros Blancs »** forment l'aristocratie locale, essentiellement composée de planteurs et de notables. Ils ont longtemps gardé le monopole de la grande propriété foncière. Maîtres de la canne et du sucre, responsables du commerce, ils accédèrent les premiers au pouvoir politique. Leur domination s'est ensuite trouvée relativisée par l'ascension sociale des autres communautés.

Témoignage vivant du brassage qui s'est opéré entre les différentes souches de la population, les **métis** forment une catégorie de Réunionnais très hétéroclite, où toutes les nuances de couleurs de peau se trouvent harmonieusement déclinées.
Catholiques pour la plupart, ils travaillent majoritairement dans l'agriculture et dans l'administration.

Enfin les **Z'oreils**, nom créole donné aux Français de la métropole, encore appelés « métros », constituent une catégorie sociale importante, puisqu'ils fournissent une bonne partie des cadres, tant dans le secteur public que dans le privé. Certains, venus pour une mission temporaire, se sont installés durablement sur l'île. Leur surnom viendrait du geste qu'ils faisaient pour tendre l'oreille lorsqu'ils demandaient à un créole de répéter un mot qu'ils n'avaient pas compris.

sur l'île, les hindous furent autorisés par leurs employeurs à poursuivre leurs pratiques religieuses d'origine. Ils construisirent même de petits lieux de culte sur un terrain qu'on leur réservait dans la cour des usines. Vous verrez de nombreuses « chapelles » malabars, souvent construites près d'un banian (arbre sacré de l'Inde), à proximité des anciens domaines sucriers, surtout sur la côte Est.

Ce mélange d'assimilation et de fidélité aux sources a donné naissance à une religion originale. Privés de brahmanes (les prêtres hindous, restés en Inde), ils ont privilégié des rites populaires, comme celui de la déesse **Kali**, en l'honneur de laquelle sont sacrifiés des animaux, de **Pandialé**, divinité pour laquelle se pratiquent les marches sur le feu, et du dieu **Muruga** (le fils cadet de Shiva).

Une divergence subsiste entre la voie orthodoxe, fidèle à l'hindouisme indien, et la voie créole, telle qu'elle s'est développée à la Réunion.

Pour plus d'explications sur l'hindouisme et ses divinités, voir p. 197.

Un islam modéré

Introduit à la Réunion au 19e s. par les *Z'arabes* venus du nord de l'Inde, l'islam est également pratiqué par les Mahorais et les Comoriens, dans les treize mosquées de l'île. Solidaire, la communauté indo-musulmane maintient des liens étroits avec son pays d'origine et suit les règles fondamentales de l'islam : affirmer l'unicité d'Allah, prier, faire l'aumône, le jeûne du Ramadan et si possible le pèlerinage à La Mecque. Les fidèles se réunissent tous les vendredis à la mosquée pour écouter l'imam et prier ensemble. Si les jeunes musulmans vont à l'école française laïque, ils peuvent suivre un enseignement religieux à la medersa (école coranique), où ils étudient le Coran en arabe et, parfois, apprennent la langue des origines, l'ourdou ou le *gudjerati*. Fervents mais également très tolérants, ils suivent les préceptes du Coran avec souplesse et modération. Vous verrez des femmes voilées, mais la majorité d'entre elles ont adopté le jean et le tee-shirt. Vous trouverez de l'alcool partout.

La majorité des musulmans de la Réunion sont **sunnites** ; on compte également une minorité **chiite**, arrivée plus tardivement dans l'île.

St-Expédit, sur la route des Plaines

Le bouddhisme et les cultes chinois

De nombreux Chinois se sont convertis au catholicisme en arrivant à la Réunion au 19ᵉ s. Seule une minorité pratique encore le bouddhisme, auquel se sont intégrés quelques rites hérités du taoïsme et du confucianisme. Quelle que soit leur religion, ils restent très fidèles au culte des ancêtres et au service des morts.

Des fêtes bigarrées

Les fêtes religieuses, à la Réunion, voient souvent se côtoyer des fidèles de croyances différentes. Vous verrez par exemple des Malabars fréquenter les églises ou des Z'arabes assister à des célébrations tamoules, témoignage du profond métissage culturel de l'île.

Les fêtes chrétiennes

Les chrétiens accomplissent toutes les fêtes du calendrier avec une ferveur intense. Noël, Pâques, l'Assomption et la Toussaint sont les plus célébrées : elles s'accompagnent souvent de processions.

Plus encore que pour d'autres fêtes, **Noël**, avec l'arbre et les cadeaux qui vont avec, concerne toute la population, par-delà les frontières communautaires, et le père Noël orne en décembre tous les magasins.

À **Pâques**, certains croyants pratiquent le carême. Le lundi de Pâques, les familles passent la journée à la plage autour du traditionnel pique-nique.

Pour la **Toussaint**, les fidèles honorent leurs morts dans les cimetières, particulièrement fleuris pour l'occasion, et prient pour leur salut. Les Créoles pratiquent en outre des rituels de lointaine origine africaine, qui consistent à arroser les tombes et, pour certains, à offrir aux défunts un repas, témoin de la croyance en la vie après la mort.

Les fêtes hindoues

Des affiches, parfois aussi les journaux ou la radio, annoncent les principales fêtes de la communauté malabar. Vous y serez en principe bien accueilli, parfois même invité à partager le repas cérémonial, servi sur une feuille de bananier et dégusté avec les doigts. N'hésitez pas à y assister, mais respectez les règles qui figurent à l'entrée des temples (voir p. 55). Les plus fréquentés sont ceux de St-Denis, La Possession et St-André.

Certaines manifestations rassemblent des foules impressionnantes, qui peuvent atteindre jusqu'à plusieurs milliers de fidèles. Toujours très colorées, ces festivités font le régal du visiteur qui, s'il ne comprend pas la signification de tous les rituels, peut se laisser porter par l'animation ambiante, la ferveur, la gaieté, la souffrance parfois, et admirer à loisir le défilé bigarré des saris et des décorations fleuries ou lumineuses, dans les effluves d'encens.

En l'honneur de la déesse Pandialé ont lieu d'impressionnantes **marches sur le feu**. Ces fêtes se déroulent au moment du solstice, fin décembre-début janvier et fin juin-début juillet. Les pénitents, qui ont observé une période de purification par l'abstinence, la continence, la méditation et la prière pendant 18 jours, suivent alors le char sacré (tell), au son des tambours. Ils portent sur la tête le karlon, pyramide de fruits et de fleurs jaunes destinés à la divinité. Un par un, suivant l'exemple du prêtre, ils traversent à trois reprises une fosse remplie de braises, longue de six mètres, préparée dès le matin devant le temple. Selon la croyance, le bon respect du carême protège contre la morsure du feu, tout comme la pureté de Pandialé l'avait protégée de la brûlure. Des bassins remplis de lait permettent néanmoins aux pénitents de se tremper les pieds pour apaiser la douleur.

On choisit personnellement de marcher sur le feu, pour expier ses péchés, remercier une divinité d'une faveur accordée, ou voir exaucer un vœu cher, mais ce n'est jamais une obligation.

Les sacrifices d'animaux – coqs ou cabris – sont dédiés à la déesse **Kali**, que l'on honore avec des fleurs rouges. À l'issue de la cérémonie, les fidèles dégustent le *massalé coq* ou le *cabri massalé*.

Cavadee, **Dipavali** et **Holi** : *voir la description de ces fêtes à Maurice, p. 199.*

Les fêtes chinoises

Le Nouvel An chinois ou la **fête du Printemps**, *voir p. 202.*

Chaque année, lors de la **fête du Guan Di**, les Chinois rendent hommage à Guan Di, un soldat courageux et droit élevé au rang de héros et de divinité de la guerre, de la littérature et du commerce.

À l'occasion de la **fête des morts**, un certain nombre de rites honorent chaque année les défunts. À l'occasion de cette fête, chaque famille se rend au cimetière, avant d'aller prier au temple.

Au mois de septembre, la **fête de la mi-automne** commémore la victoire des Chinois sur les Mongols. On mange à cette occasion des « gâteaux de lune » : selon la tradition, la date de l'insurrection était inscrite sur ces gâteaux avant la révolte.

Les fêtes musulmanes

Voir p. 200.

Z'arabes, à l'heure de la prière

La vie quotidienne

Le patrimoine architectural

La case créole vit ses dernières années. En bois, en tôle ou en béton, simple pièce ou habitation plus vaste : toutes les maisons de l'île – à l'exception des grandioses demeures que l'on appelle « châteaux » – portent ce nom de *case*.

Les petites cases des bords de route disparaissent au fil du temps au profit de constructions banales. Les maisons les plus anciennes, les plus grandes, les plus complexes, sont de véritables gouffres financiers. Le patrimoine architectural a fortement souffert de l'usure du temps, des cyclones et des incendies dévastateurs, du manque de moyens et, surtout, du peu d'intérêt trop longtemps manifesté à son égard.

Petite case du Sud sauvage, case d'estivage de la Plaine des Palmistes, case cossue de la rue de Paris à St-Denis ou grande case de planteur émergeant des champs de cannes : la case créole reste une expression vivante de la culture de la Réunion. Avec un peu de curiosité et de persévérance lors de vos escapades dans l'île, vous découvrirez encore quelques beaux vestiges. Mais pour combien de temps ?

Reportez-vous aux planches d'illustrations, p.20-21.

Ti'cases créoles

La majorité des Réunionnais réside dans des cases individuelles. Cette case doit avant tout résister aux cyclones. On utilise pour la charpente et l'ossature de ces constructions à pans de bois des essences « pays » – bois de fer, bois de rempart – solides, imputrescibles et résistantes aux termites. Afin d'éviter le mur pignon, source d'infiltrations lors des pluies cycloniques, on construit de préférence un toit à quatre pans.

La tôle et le béton supplantent désormais les palmes ou le vétiver tressés, les planches ou les bardeaux de bois, moins résistants aux intempéries.

Une débauche de couleurs et d'ornementations compense bien souvent la simplicité des lieux : toits rouges dans la luxuriance verte des jardins, volets peints en guise de fenêtres, dentelles de **lambrequins** – frises de bois ou de métal ajouré – soulignant chaque rebord de toiture, **frontons** rehaussés de moulures en losanges, **bardeaux** en tamarin viennent habiller les murs et fondre la case dans le jardin. La **varangue**, véranda ouverte sur le jardin dans les Bas, fermée par une baie vitrée dans les Hauts, constitue un lieu privilégié de la vie quotidienne. Souvent meublée de rotin, décorée de plantes vertes et de fleurs, elle accueille les invités dans son espace aéré et frais quand il fait chaud, protégé en cas d'intempéries.

Quel que soit l'aspect de leur case, les Réunionnais portent un soin particulier à leur **kour** (jardin), toujours très fleurie, admirablement composée d'une multitude d'espèces différentes. Si l'ensemble donne parfois une impression de désordre, celui-ci est voulu et contrôlé. Ils y cultivent quelques produits maraîchers et possèdent souvent un petit élevage, pour les besoins de la famille.

Un petit coin du jardin abrite encore parfois la cuisine, ou *boucan*. Petite cahute couverte de tôle, souvent faite de bric et de broc, elle accueille le feu de bois sur lequel mijote le cari.

De plus en plus de Réunionnais vivent dans des immeubles collectifs. La croissance démographique des années soixante a rendu impérieuse la construction rapide de tels logements. Les résultats furent parfois déplorables d'un point de vue urbanistique (comme la cité Michel Debré au Chaudron, dans la banlieue de St-Denis). Aujourd'hui, les pouvoirs publics entreprennent un nouvel effort de construction, indispensable pour résoudre certains problèmes sociaux, notamment pour remplacer les innombrables cases insalubres. Il faudra sans doute compter encore une vingtaine d'années avant que chaque famille puisse bénéficier d'un logement décent.

Vestiges des grand'cases

Au fil de vos promenades à travers l'île, guettez les allées de cocotiers rectilignes qui s'enfoncent dans les champs de cannes. Elles mènent à l'*habitation*, à la maison de maître et aux dépendances qui l'entourent : la cuisine (placée à l'extérieur de la maison principale pour éviter les risques d'incendie), l'écurie, l'étable et les *camps*, où vivaient les travailleurs et les serviteurs du domaine.

Comme dans la *ti'case*, des **lambrequins** et une **varangue** ornent les façades, généralement en pierre ou en bardeaux de bois peints. **Pilastres** et **auvents** festonnés agrémentent parfois ces dernières.

Les bâtisses les plus imposantes ont disparu avec le temps. D'autres, plus modestes, résistent. Dans les Hauts, vous verrez encore les belles résidences secondaires où les familles aisées venaient passer la saison chaude pour profiter d'un climat plus sain.

L'architecture coloniale urbaine

La plupart des bâtiments publics construits au 18e s. par la Compagnie des Indes orientales, comme la préfecture de St-Denis ou la mairie de St-Pierre, ont traversé les siècles. Généralement construits pour l'armée, ou comme entrepôts, ils accueillent aujourd'hui des administrations, notamment les mairies. Cette nouvelle affectation convient assez bien à ces ensembles austères à la symétrie rigide, aux lourdes colonnades, aux arêtes d'angle renforcées par un appareillage de pierres de basalte noires, qui accentue la masse des murs épais blanchis à la chaux.

Construits à la même époque, les quartiers anciens, comme les alentours de la cathédrale de St-Denis ou la rue des Bons Enfants à St-Pierre, déclinent le même vocabulaire architectural le long des rues en damier tracées par les géomètres de la Compagnie. L'échelle y est plus urbaine et la promenade est scandée par les balcons aux balustrades en fer forgé finement travaillées.

> **La chaux corallienne**
>
> La chaux fut longtemps utilisée en maçonnerie, pour lier les appareillages de pierres basaltiques ou les moulinages de galets éclatés des murs épais, ou encore en enduit. À la Réunion, la chaux ne provenait pas de falaises crayeuses mais du lagon, dont le corail mort était récolté. Le dernier four à chaux de l'île, à St-Leu, a éteint ses feux en 1995... pour le plus grand bien de l'équilibre écologique du lagon.

Les planteurs étalaient leur richesse le long de la grand-rue, derrière des portails, ou **baro**, joliment ouvragés. Leurs demeures concentraient tout ce qu'il y avait de plus somptueux en matière de construction et de fioritures. Un **guetali**, petit kiosque placé à l'angle du jardin ou de la maison, leur permettait d'observer la rue à loisir, sans être vu.

Tranches de vie

Emploi du temps

La journée des Réunionnais commence dès 5 h ou 6 h. Pour un certain nombre d'entre eux, elle débute par une à deux heures dans les embouteillages. L'école ouvre vers 7 h 30 ; les bureaux entre 7 h 30 et 8 h 30. La plupart des Réunionnais dînent assez tôt, vers 19 h 30-20 h, et se couchent peu après. Attention, donc : si vous appelez quelqu'un à 21 h, vous risquez de le réveiller !

Le week-end

Le pique-nique dominical est une véritable institution. Le week-end, lors de vos promenades dans les Hauts, vous serez peut-être alléché par des odeurs de *massalé*. Dès le petit matin, les familles investissent tables et kiosques aménagés dans de nombreux sites – forêts, cascades, plages. Chaises pliantes, bâches, marmite à riz, ingrédients et ustensiles pour préparer sur place le cari : rien ne manque. Plusieurs générations se retrouvent autour d'un repas animé. À l'heure de la sieste s'organisent des parties de cartes, de dominos ou de pétanque, tandis que les postes de radio rivalisent de puissance pour entonner des airs de *séga* endiablés ou la dernière chanson à la mode.

La fièvre du samedi soir
Kabars (fêtes dansantes en plein air) et discothèques font danser les foules. La *dodo* (bière locale) et le rhum coulent sans modération. Le trafic automobile s'intensifie plus que jamais. Soyez prudent, les carambolages sont fréquents. La fête se prolonge le dimanche : des autocars desservent les villages pour emmener les jeunes danser, tandis que les plus âgés poursuivent éventuellement vers un site de pique-nique.

Lieux de sociabilité
En semaine, les sorties restent assez limitées. Les Réunionnais vont peu au restaurant ou dans les rares bars ou cafés. Les véritables lieux de rencontre se situent plutôt dans la *boutik*, épicerie-quincaillerie-buvette, où l'on commente les dernières nouvelles, et dans la rue, où l'on n'hésite pas à installer sa chaise pour discuter ou jouer aux cartes.

L'automobile
Une voiture tous les 100 mètres : telle est l'image que l'on aurait pu avoir en survolant la Réunion en 2001. Le parc automobile ne cesse de s'accroître et le réseau routier, sur cette petite île escarpée, ne peut s'étendre à l'infini. Signe de promotion sociale, la « limousine » est reine : on la bichonne, on la lave le week-end dans les rivières ou les cascades à grand renfort de savon et on organise de surprenants concours de sonos de voiture.

Le jeu
La Française des Jeux et le PMU comptent à la Réunion leurs meilleurs clients. 305 millions d'euros leur ont été consacrés en 2001, soit deux fois plus qu'en métropole. Ceux qui ont gagné le gros lot font rêver les autres îliens, qui font la queue, chaque jour ou chaque semaine, dans les billetteries du Loto, du Keno et autre Millionnaire...

La télévision
Le tube cathodique a fait une entrée en force dans 90 % des foyers et figure désormais au premier rang des loisirs.

Le sport
Terre de sportifs, la Réunion compte de nombreux adeptes du ballon rond. Ils pratiquent également le jogging. Vous les verrez courir partout, le long des voies rapides, sur la route de la Montagne ou encore sur le Barachois... Prises d'assaut en début de soirée, les pelouses des stades voient se disputer des parties de football acharnées, pendant qu'une foule de « joggueurs » court sur les pistes.

Aux fourneaux
« Un ti peu la morue grillée »... La chanson populaire consacre une place étonnante à la cuisine. La plupart des Réunionnais, hommes et femmes, savent préparer le cari, le *rougail* ou le rhum arrangé, qui font partie intégrante de leur patrimoine culturel.

Le développement de la grande distribution, l'introduction du pain ou l'augmentation de la consommation de viande ont cependant commencé à modifier les habitudes alimentaires.

La femme

La femme occupe une place importante dans la société réunionnaise. En vingt ans, son indépendance économique et sociale s'est fortement accrue, grâce à l'allongement de la durée de ses études, au développement du travail féminin et à l'octroi d'aides sociales pour les mères célibataires. Le poids des familles monoparentales – un quart des familles de l'île – lui attribue un rôle essentiel dans l'éducation des enfants. C'est également elle, en général, qui prend en charge toutes les démarches administratives et officielles du foyer.

Tradition et modernité

La majorité des Réunionnais s'habille à l'occidentale. Certains, notamment au sein des communautés malabar et z'arabe, ont néanmoins conservé les tenues vestimentaires de leur pays d'origine. Particulièrement nombreux aux abords des temples hindous ou des mosquées, les saris multicolores ou les tuniques blanches, les voiles ou les calots se côtoient harmonieusement.

Alerte au cyclone

Les alertes cycloniques constituent des temps forts de la vie de l'île. Dès la phase de vigilance cyclonique (voir p. 67), tout le monde se précipite dans les supermarchés pour préparer des stocks d'eau minérale, de lampes de poche, de piles et de bougies. Heure après heure, la presse diffuse les coordonnées de la dépression. Avec l'alerte orange, une certaine fièvre s'empare de la population, suspendue aux transistors. À une époque où l'habitat en tôle disparaît progressivement, l'attente du cyclone se fait moins dramatique. Certains préparent même les jeux de société pour l'alerte rouge, pendant laquelle il est interdit de sortir. Puis, avec le retour en alerte orange, lorsque le cyclone s'éloigne, vient le moment du bilan : arbres pliés, toits abîmés, routes emportées... Après avoir été suspendu, le quotidien reprend son cours.

Au rythme du séga

LES ARTS ET LE FOLKLORE

La musique et la danse

Omniprésente à la maison, dans la rue ou sur la plage, dans les *kabars* (fêtes dansantes en plein air) ou en discothèque, la musique rythme la vie des Réunionnais et exprime, jour après jour, la richesse du brassage culturel de l'île. Les deux danses traditionnelles, le *maloya* et le *séga*, témoignent d'un métissage entre des instruments et des tempos venus d'Afrique, de Madagascar et d'Europe, revus à la mode créole.

Le maloya

Forme primitive du *séga (voir ci-dessous),* né des chants des esclaves malgaches et mozambicains, le *maloya* signifie en malgache : « j'en ai marre ». Les instruments utilisés sont malgaches et africains : le **rouleur**, tambour constitué d'une barrique (jadis, d'un tronc évidé), sur laquelle s'assoit le musicien, couverte d'une peau de cabri tendue, le **bobre**, arc à corde constitué d'une demi-calebasse, d'une corde et d'un manche en bois, et le **cayamb**, instrument plat formé de tiges de fleurs de canne emplies de graines, que l'on secoue en cadence des deux mains.

Chanté et dansé, le *maloya* décrit des scènes de la vie quotidienne et amoureuse, sur un mode à la fois lancinant et plein de force. Le chanteur soliste lance sa mélopée, à laquelle le danseur répond par des mouvements lascifs. Les musiciens entonnent alors leurs rythmes envoûtants et les corps laissent libre cours au jeu d'une séduction suggestive. Les couples de danseurs se font et se défont, sans jamais se toucher, dans une gestuelle harmonieuse et des déhanchements saccadés.

Musique du désespoir et de la révolte, le *maloya* resta l'expression des déshérités jusque dans les années trente. Il tomba alors en désuétude, et le Parti communiste réunionnais le remit à l'honneur dans les années soixante.

Contestataire par nature, il servit la revendication d'indépendance pour l'affirmation d'une identité créole, qui lui valut près de quinze ans d'interdiction. Dès la fin des années soixante-dix, des chanteurs et des groupes comme **Danyel Waro**, **Granmoun lélé** et **Ziskakan** réussirent à occuper la scène lors de concerts gratuits et à l'occasion du premier festival créole.

Le *maloya* réhabilité (grâce à l'arrivée de la gauche au pouvoir en 1981), l'émergence de nouveaux groupes, dans le sillage de **Ti Fock** et de **Baster**, se traduisit par des associations subtiles entre *maloya* et reggae – qui forment ensemble le **maloyae** (Racine Tatane, Patrick Persée), jazz (Sabouk, Teddy Baptiste), rock (Rapidos, Joe Sparing), rap et autres influences musicales.

Le séga

Venu de Maurice, le *séga* apparaît dans la bonne société réunionnaise dans la seconde moitié du 19ᵉ s. Il chante les joies et les douleurs de l'amour et de la vie quotidienne *(voir p. 208).* Danse des esclaves au temps de la colonisation, il fait son entrée dans les salons de la bourgeoisie créole après la Première Guerre mondiale. Le *séga* contemporain s'est mis au goût du jour et les instruments traditionnels ont peu à peu laissé place à la batterie, à l'orgue électronique et à la guitare. Comme le *maloya*, il mélange ses rythmes à ceux d'autres musiques : reggae – qui devient le **seggae** –, jazz, rap...

Les musiques « lontan »

À l'époque où la Réunion s'enrichissait et qu'une nouvelle bourgeoisie organisait de grandes fêtes, les danses de salon européennes firent leur entrée dans les bals. Interprétée par des musiciens noirs, qui lui donnaient une tonalité « créolisée », cette musique joyeuse et rythmée se dansait en se déhanchant. Particulièrement en vogue à la fin du 19ᵉ s., **quadrilles**, **polkas** et **scottish**, entonnés à l'accordéon, au violon et au banjo, sont toujours à l'honneur, grâce à des groupes – souvent composés de *p'tits Blancs des Hauts* – soucieux de faire revivre les traditions musicales de l'île.

L'artisanat

Vous trouverez dans les boutiques de souvenirs un artisanat généralement importé de Madagascar, d'Inde, de Chine et d'Afrique.

Parmi la création traditionnelle plus spécifique de la Réunion, la **vannerie** se perpétue, puisant ses matériaux dans la riche végétation locale (*vacoa*, vétiver, choka et cocotier). Utilitaires à l'origine, les chapeaux, les sacs, les paniers ou les pantoufles, vendus sur les étals des marchés, peuvent devenir des objets décoratifs.

Spécialité de Cilaos depuis la fin du 19ᵉ s., les **jours de Cilaos**, dentelles à travers lesquelles on voit « le jour », sont toujours fabriqués dans le cirque. Vous pourrez y observer le délicat travail des brodeuses et admirer la finesse des nappes et des mouchoirs qu'elles confectionnent.

Autre création ancestrale, les **tapis « mendiants »** sont des patchworks réalisés avec de petits hexagones de tissus colorés. On en fait notamment de petites poupées créoles.

Héritage de la Compagnie des Indes, les bois rares, nobles et colorés, tels que le tamarin, le camphrier, le bois de cannelle, le benjoin, le petit ou le grand *natte*, servent en **ébénisterie**, notamment pour faire des copies de mobilier colonial. La variété des essences locales est également exploitée pour la confection d'objets décoratifs, en bois tourné et sculpté.

La littérature

La création littéraire réunionnaise exprime à sa façon la culture créole.

La **poésie** domina la scène littéraire réunionnaise du 19ᵉ s., avec Leconte de Lisle, fondateur de l'école parnassienne, Évariste de Parny, préromantique, ou encore Eugène Dayot, qui chantèrent, chacun à sa manière, les charmes de l'île.

Après la Seconde Guerre mondiale, un nouveau courant poétique s'affirme, sous les plumes de Jean Albany et de Jean-Henry Azéma, sur un mode plus revendicatif et plus populaire.

Le **roman**, d'abord dominé par les très conventionnels Marius et Ary Leblond, évolue dans les années soixante-dix. Une nouvelle production littéraire fait son apparition, qui puise souvent son inspiration dans l'histoire de l'île et dans sa diversité culturelle : romans historiques de Daniel Vaxelaire et Jean-François Sam-Long sur les *Chasseurs de Noirs* et sur Madame Desbassyns, récits d'enfance pittoresques de Dhavid et de Guy Douyère... Parmi eux, Axel Gauvin a su se hisser sur la scène nationale, grâce à d'émouvants romans où le français et le créole se mêlent, participant à l'affirmation d'une identité réunionnaise.

Savoir-vivre

Comment se mêler aux Réunionnais

Les Réunionnais vous sembleront peut-être peu affables au premier abord, voire un peu froids et parfois presque désagréables. Si vous passez outre cette première impression, et que vous prenez le temps d'établir le contact en discutant, en posant des questions sur la flore de l'île, sur les fêtes religieuses, vous trouverez en face de vous des gens aimables et ouverts.

Un certain nombre de lieux ou de circonstances se prêtent plus particulièrement aux rencontres et faciliteront vos contacts. Divers sujets de conversation peuvent constituer de bonnes entrées en matière :

Le café de la Ravine du Pont

- Pour voir un aspect plus authentique de la vie quotidienne des Réunionnais, allez plutôt loger dans les chambres d'hôtes et manger dans des gargotes pittoresques, dans les marchés ou dans les camions-bars. Choisissez de préférence des tables d'hôtes qui disposent d'un nombre de tables restreint.

- Vous pouvez aussi vous perdre parmi les cases isolées où, avec un peu de chance et de tact, vous serez peut-être convié à boire un thé ou à discuter chez l'habitant.

- Si vous êtes invité chez des Réunionnais, vous resterez certainement dîner sur la varangue et ne pénétrerez peut-être pas dans la maison. En revanche, votre hôte vous fera sans doute visiter son jardin, ou *kour*, en s'arrêtant devant chaque plante.

- Au marché, vous engagerez facilement la conversation en posant des questions sur les fruits et légumes et les différentes manières de les accommoder.

- La plupart des Réunionnais savent cuisiner et aiment en parler. Ils sauront vous conseiller des petites recettes et vous donneront de bonnes adresses. Interrogez-les sur les différents caris, ou sur les mille et une manières de préparer le rhum arrangé, dont chaque famille a le secret.

- Dans les bus, les Réunionnais ont l'habitude de bavarder avec les touristes ou les « métros » fraîchement débarqués et se montrent généralement heureux de faire partager leur connaissance de l'île.

- Si vous aimez le football, n'hésitez pas à engager la conversation sur le dernier match retransmis à la télévision ou sur votre équipe préférée : de nombreux Réunionnais se passionnent pour le « ballon rond ».

- Attardez-vous autour des temples, des mosquées ou des églises, où règnent une animation et une ferveur intenses, surtout en fin de journée et le week-end.
Renseignez-vous sur le calendrier des manifestations et, si vous en avez l'occasion, assistez, avec la discrétion et le respect qui s'imposent, aux fêtes des différentes communautés religieuses.

Quelques règles à connaître

- N'oubliez pas de retirer vos chaussures avant d'entrer dans les mosquées et dans les temples hindous. Vous êtes également tenu de vous vêtir décemment : évitez les épaules et les jambes nues ou les décolletés profonds. Ne rentrez pas non plus dans les temples hindous avec du cuir, considéré comme impur.

- Il est préférable de demander l'autorisation avant de prendre quelqu'un en photo. Les femmes, en particulier, détournent parfois la tête à la vue d'un objectif braqué sur elles. À l'inverse, les enfants s'empressent de poser devant vous et il n'est pas toujours évident de les devancer pour avoir une expression spontanée.

- Dites « en métropole » plutôt que « en France », car on ne manquera pas de vous rappeler que la Réunion est un département français.

- À table, respectez les règles de service du cari : d'abord le riz, puis les « grains », enfin la viande et sur le bord de l'assiette, le *rougail*.

- Dans les restaurants indiens, ne soyez pas surpris de la façon parfois un peu familière dont le serveur vous étale votre serviette sur les genoux.

- Lorsque vous rendez visite à quelqu'un, en l'absence de sonnette, vous devez vous annoncer au *baro* (portail) par un vigoureux « na pwin person ? » (il y a quelqu'un ?).

- En voiture, prenez garde aux sacs en plastique parfois placés au croisement des routes : ils contiennent en principe, selon certaines pratiques malabars, des offrandes destinées à attirer le mauvais sort...

La gastronomie

Le « goût pays »

À l'image de son métissage culturel, la Réunion offre une cuisine colorée, épicée et parfumée où se mêlent de multiples influences.
Les premiers Français ont apporté le goût pour la viande mijotée. On doit aux Africains l'introduction des racines, comme le manioc ou la patate douce, et aux Malgaches l'adoption des *brèdes*, de la vanille et du gingembre. Puis les Indiens ont introduit de subtiles mélanges d'épices – curcuma, coriandre, cumin, *calou pilé* et *massalé* –, tandis que les Chinois ont importé la sauce d'huître et le *siav*, ou sauce de soja, ainsi que la cuisson des légumes croquants au *wok*. Complément indispensable, le piment entre dans la composition ou dans l'accompagnement de nombreux plats.
Fête pour les yeux et les papilles, la dégustation du repas créole participe de la découverte de la culture réunionnaise.

Le repas créole

À la base de la cuisine créole, le **cari** ou sa variante, le **rougail** (ou *rougail marmite*), se préparent en faisant revenir un mélange pilé d'oignon, d'ail, d'épices (curcuma – *safran pays* – ou *massalé*, piments), de gingembre et de tomates, dans lequel on laisse mijoter la viande, le poisson, les *z'ourites* (poulpes) ou les crevettes préalablement saisis à feu vif.
Repas complet, le cari se sert avec du riz, des « grains » – lentilles, haricots secs ou pois du Cap – et des condiments pimentés, le *rougail* ou *rougail pilon* (mélange pilé de piment, d'ail, d'oignon et, au choix, de citron, tomate, mangue verte, cacahuètes, avocat, aubergine) ou les *achards* (légumes coupés en fines lamelles, épicés et confits dans de l'huile aromatisée). Pour servir le cari, la bienséance veut que l'on dispose d'abord le riz au fond de l'assiette, les grains, puis la viande et le *rougail*.

Parmi les autres spécialités de l'île, vous aurez l'occasion de goûter la **charcuterie-pays**, à commencer par les saucisses et les gratons (couenne frite), souvent préparés en cari.
Certains plats ne se dégustent que dans leur région d'origine : *bichiques* de St-Benoît, plats cuisinés à la vanille sur la côte Est, grillades de thon, d'espadon ou de marlin sur la côte Ouest, *chouchous* de Salazie, lentilles de Cilaos, canards aux goyaviers de la Plaine des Palmistes... Plus rares, le cœur de *palmiste* (servi en « salade de millionnaire »), les champignons de géranium (uniquement dans les Hauts, pendant la cuite des géraniums), les nids d'hirondelles ou les larves de guêpes sont également très prisés.

Quelques tables d'hôtes de l'île contribuent à mettre à l'honneur ces cuisines locales et vous feront découvrir d'étonnants plats à base de « produits la cour », longtemps réservés aux initiés : *gratin de songe* à l'Embuscade, *cari baba-figue*, *choca bleu* à Roche Plate...

L'île produit depuis peu quelques fromages, parfois parfumés aux épices variées ou au *combava* (citron). Les Réunionnais les consomment souvent frais et assaisonnés, par exemple, de confiture de goyaviers.
Les gourmands et autres amateurs de friandises sucrées resteront sur leur faim. Vous pourrez néanmoins goûter les gâteaux de patate douce, de *songe* ou de manioc, très consistants, qui vous donneront de l'énergie pour vos randonnées. Vous trouverez également de nombreux beignets aux fruits et quelques bons sorbets de litchis, de goyaviers, de mangues ou de fruits de la Passion.

Grignoter créole

Un peu partout, en ville, au marché ou dans les camions-bars, sur la route, au bord de la plage ou dans la *boutik* du village, vous pourrez grignoter toutes sortes de délicieux amuse-gueule.

Venus de l'Inde du Nord, les **samoussas** sont de petits beignets triangulaires farcis de poisson ou de viande, assaisonnés et épicés. Le **bonbon-piment**, pas si pimenté que son nom le laisse croire, est une autre sorte de petit beignet, fait avec une farine spéciale délicatement parfumée. Les **bouchons** désignent les raviolis chinois, pâte de riz farcie au porc et cuite à la vapeur. Également d'origine chinoise, le **sarcive** est fait d'échine de porc au miel, fumée et coupée en fines tranches.

Boire à la créole

Le rhum accompagne le repas créole de l'apéritif, sous forme de **punch** aux fruits, à la fin du repas, en **rhum arrangé**. On obtient ce dernier en laissant mariner pendant plusieurs mois des fruits et des épices : anis étoilé, feuilles de cannelle, zestes d'orange, gousses de vanille, citronnelle, *faham*...

La bière blonde de Bourbon, la *dodo* constitue une autre boisson locale abondamment consommée. On a vu apparaître récemment deux nouvelles bières locales, produites par la même compagnie : la « Bourbon la Rousse » et la « Bourbon la Blanche ». Le **vin de Cilaos**, autrefois préparé à partir du cépage Isabelle, réputé rendre fou, commence à se bonifier grâce à la diversification des cépages.

Friandises créoles

Les langues

Le **créole réunionnais**, spécifique à la Réunion, diffère sensiblement des créoles parlés à Maurice, à Rodrigues ou aux Seychelles. Les habitants de ces îles arrivent néanmoins à se comprendre les uns les autres.

Il s'est constitué au cours de la période coloniale au 18e s., né du besoin de communication entre les esclaves de différentes origines, d'une part, entre les esclaves et les colons, d'autre part. Cette langue a été progressivement forgée par les esclaves, par déformation et simplification du français usité par leurs maîtres dans les plantations. Il contient aussi des racines africaines et malgaches et s'est par la suite enrichi de vocables anglais, hindis et chinois.

Un véritable système linguistique émergea alors. À la langue maternelle de chacun s'ajouta un nouveau parler commun à tous.

Langue métissée, langue orale, dont la grammaire et l'orthographe n'ont été fixées que tardivement, elle est aujourd'hui parlée par tous les Réunionnais dans la vie quotidienne. Sa base lexicale française et son écriture phonétique facilitent sa compréhension. Vous apprécierez sa mélodie nonchalante, le charme suranné des mots hérités du vieux français, les vocables savoureux formés par onomatopées ou par images évocatrices.

Expression d'une culture spécifique, facteur d'identité insulaire, le créole fut interdit à l'école et sur les ondes jusque dans les années soixante-dix. Après une période de quasi-clandestinité, il s'est vu réhabilité. La littérature, la musique, les radios libres, depuis 1982, en sont les principaux vecteurs et diffusent le créole sur la scène publique.

Le **français** reste néanmoins la langue officielle, enseignée à l'école, parlée dans les situations publiques et formelles, l'administration, la justice, les affaires.

Enfin, les différentes communautés ont parfois conservé la langue de leurs ancêtres, qu'ils parlent entre eux, dans un contexte familial ou religieux.

Petit lexique créole

Prononciation

Les « ch » se prononcent « s »	Les Sinois
Les « g » et les « j » se prononcent « z »	L'arzent
Les voyelles sont précédées d'un « z », d'un « n » ou d'un « l »	Le z'ananas, mon l'auto
On emploie presque toujours le masculin	Mon l'auto, son caze
On emploie « même » pour appuyer ce que l'on dit (un peu comme « vraiment » en français)	Lé bon même (c'est vraiment bon)

Quelques mots utiles

Achards	Légumes et piments râpés conservés dans une huile safranée, servis en condiment.
Bagasse	Sous-produit de la canne à sucre qui sert de combustible ou d'engrais.
Baro/Barreau	Portail des maisons créoles. La hauteur et la largeur sont proportionnelles à la richesse des habitants.

Petit lexique créole

Bazar	Marché.
Bertelle	Sac à dos plat en vacoa tressé.
Bichiques	Alevins nés en mer et remontant les rivières. Très appréciés dans la cuisine réunionnaise.
Bois	Désigne une multitude de plantes ligneuses.
Bonbon	Désigne indifféremment les sucreries et les gâteaux salés.
Bonbon-piment	Beignet salé pimenté fait à base de gros pois.
Boucan	Autrefois, petite cabane de pêcheur. Aujourd'hui, petite dépendance en bois sous tôle où l'on prépare la cuisine au feu de bois.
Boucané	Poitrine de porc fumée.
Bouchon	Boulette de viande hachée et aromatisée, enrobée de pâte de riz.
Brèdes	Plante dont on consomme les feuilles bouillies en potage ou en fricassée.
Bringelle	Aubergine.
Café coulé	Café traditionnel, grillé et préparé maison, parfois parfumé à la vanille.
Cabri	Chèvre, souvent cuisinée en massalé par les Tamouls.
Cachalot	Gros camion chargé de cannes à sucre.
Cafre	Ce mot désignait tous les Noirs venus d'Afrique. On appelle ainsi les descendants des esclaves noirs. Selon les cas, il peut avoir une connotation péjorative ou affectueuse.
Camaron	Grosse crevette.
Cap	Grosse roche.
Cari	L'un des principaux plats de la cuisine créole, d'origine indienne.
Case/Kaz	Maison, en tôle ou en dur. Même les plus vastes gardent ce nom de case. Seule une demeure vraiment grandiose s'appelle « château ».
Chouchou	Légume poussant en treille, appelé « chayotte » ou « christophine » en métropole.
Combava	Petit fruit vert et fripé ressemblant au citron, dont le zeste est utilisé en cuisine.
Dodo	Nom familier de la bière locale Bourbon.
Écart	Village éloigné.
Faham	Orchidée qui peut entrer dans la composition des tisanes ou du rhum arrangé.
Fanjan	Fougère arborescente.
Farine	Bruine, pluie fine.
Figue	Banane.
Gaulette	Vieille mesure de 15 pieds du roi (5 m), encore utilisée pour estimer les surfaces de canne.
Giraumon	Citrouille rouge.
Grains	Légumes secs (haricots, lentilles) qui accompagnent le cari.
Gramoune	Vieille personne, grand-père.
Grègue	Cafetière artisanale en fer-blanc.
Guetali	Petit kiosque que l'on voit à l'angle de certaines propriétés et qui permettait, sans avoir à ouvrir le barreau, de regarder (« guetter ») sans être vu.

Les langues

Habitation	Ensemble constitué par la demeure et les terres d'un grand domaine rural.
Îlet	Village isolé dans les cirques, sur un plateau ou un ancien éboulis.
Kabar	Fête musicale, associée au maloya.
Kour	Jardin.
Lambrequins	Petits motifs ajourés décoratifs, découpés dans le bois ou la tôle, disposés en frise pour souligner les bordures de toitures ou de varangues des cases.
Lontan	Autrefois.
Malabar / Malbar	Indien originaire de la côte de Malabar, à l'extrême sud-ouest de l'Inde.
Marmaille	Enfant.
Marron	Fugitif, sauvage et, par extension, illicite, clandestin. Désigne aussi bien un esclave enfui dans les montagnes qu'un animal ou une plante sauvages.
Massalé	Mélange d'épices d'origine indienne.
Morne	Petite montagne arrondie, isolée au milieu d'une plaine d'érosion.
Moukater	Se moquer, cancaner, lancer des ragots.
Pistache	Cacahuète.
Pois	Désigne indifféremment la plupart des grains (haricots, fèves, lentilles).
Rack	Rhum ordinaire.
Rempart	Falaise à pic.
Rhum arrangé	Rhum dans lequel des fruits et des épices ont mariné, en principe pendant plusieurs mois.
Rougail	Désigne soit un plat mijoté (rougail marmite), soit un condiment pimenté (rougail pilon).
Safran pays	Curcuma, épice jaune préparée avec le rhizome du curcuma.
Samossa/Samoussa	Petit beignet indien, farci à la viande, au poisson ou aux légumes épicés.
Sarcive	Travers de porc macéré dans du miel et de la sauce au soja puis grillé à la chinoise.
Sari	Longue étoffe drapée que portent traditionnellement les femmes indiennes.
Siave	Sauce chinoise au soja.
Tente	Panier en vacoa.
Varangue	Véranda des cases créoles, ouverte ou fermée, sur une ou plusieurs façades.
Yab	Terme péjoratif désignant les petits Blancs des Hauts.
Zamal	Cannabis.
Z'arabe	Réunionnais d'origine indienne de confession musulmane.
Z'embrocal	Préparation à base de riz, légumes et curcuma.
Z'oreil	Français de métropole (connotation moqueuse).
Z'ourite	Calamar.

Pour le plaisir des mots...

Amarrer son cou	Se protéger d'un refroidissement.
Argent braguette	Les allocations familiales.
Bat'un carré	Faire un tour.
Blanc rouillé	Un Blanc aux cheveux roux.
Bonbon-la-fesse	Suppositoire.
Un bon peu	Beaucoup.
Bouchonné	Constipé.
Cari la faiblesse	Cari de légumes seuls, sans viande.
Casser un contour	Tourner.
Cass papaye sans gaulette	Une personne de grande taille.
Un chauffe-galet	Un fainéant, toujours assis.
Coco	La tête.
Colodent	Cacahuètes enrobées de caramel. Également appelé « nougat pays ».
Conserves	Lunettes (pour conserver la vue).
Coup de sec	Verre de rhum.
Être en bois carré	En bonne santé, en bonne forme.
Faire dentelle	Faire des manières.
Le fait-clair	Le jour.
Une femme manze la corde	Une femme volage (qui ronge la corde pour s'enfuir).
Le fénoir	La nuit.
Le jour y vieillit	C'est le crépuscule.
Ladilafé	Les « qu'en-dira-t-on », les cancans, les racontars.
Lé gayar	C'est bien, c'est bon, c'est super.
La loi	Les gendarmes.
Mangosier y bat' quat'cylindres	J'ai très faim.
Moin lé pas en ordre	Je ne suis pas bien, pas en forme.
Mon femme lé génée	Ma femme est enceinte.
Navé napi	Il y en avait, il n'y en a plus (dans un magasin).
Parasol	Ombrelle.
La peau du bois	L'écorce.
Pied de riz	Un bon parti, une femme qui assure les revenus du ménage.
Pile plate	Flasque de rhum blanc.
Poulet-gasoil / poulet-la-route	Poulet rôti vendu au bord de la route.
Racleur-la-mousse	Surfeur.
Ralé-poussé	Bousculade, provocation.
Soulier vernis	Aubergine.
Sourire tranche papaye	Un grand sourire, sourire de toutes ses dents.

La Réunion pratique

Canyoning à la cascade des Aigrettes

Avant le départ

• Heure locale
Le décalage horaire avec la métropole est de 3 h du 21 décembre au 21 juin et de 2 h du 21 juin au 21 décembre. Quand il est 9 h en métropole, il est donc selon la saison 11 h ou 12 h à la Réunion.

• Comment téléphoner à la Réunion
Pour appeler la Réunion de la métropole, composez le numéro à 10 chiffres de votre correspondant. Il commence généralement par 02 62. Si vous appelez de l'étranger, composez le 00+262+ les 6 derniers chiffres du numéro de votre correspondant.

• À quelle saison partir
La Réunion se situe dans l'hémisphère Sud, les saisons sont donc inversées par rapport à la métropole. Vous pouvez la visiter toute l'année. Le climat tropical humide se traduit toutefois par un été chaud et lourd. La période la plus agréable s'étend **d'avril à décembre**, avec une préférence pour les mois généralement doux **d'avril-mai** et **de septembre-octobre**.

Deux saisons distinctes rythment l'année, mais vous trouverez une multitude de **microclimats** liés au relief et aux alizés, qui dictent d'importants écarts de température, entre le littoral et les Hauts, et de pluviométrie, entre la côte Ouest, au climat sec, et la côte Est, à tendance humide.

Autre caractéristique du climat réunionnais : le ciel, dégagé en matinée, se couvre de nuages dès la mi-journée. Il faut donc vous lever tôt si vous voulez profiter pleinement des paysages.

Toute l'année, le soleil se lève entre 5 h et 6 h 30. Il se couche vers 17 h 30 en hiver et 18 h 30 en été.

L'hiver austral
L'hiver, ou saison sèche, s'étend **de mai à octobre** et se caractérise par la prédominance des alizés, vents frais d'est à sud-est. Les températures restent douces et les précipitations sont plus faibles, surtout sur la côte Ouest.

Juillet et août offrent des températures moyennes supérieures à 20 °C sur le littoral. Les Réunionnais fuient alors les plages. Dans les Hauts, les températures sont fraîches et peuvent descendre en dessous de 0 °C (Plaine des Cafres et hauts sommets).

À partir d'octobre, les températures remontent et, dès novembre, la végétation se pare de toutes ses couleurs.

Cette saison sèche est très agréable pour la randonnée et pour la plupart des activités de plein air. Attention tout de même aux basses températures qui peuvent facilement surprendre, notamment en juillet et en août.

L'été austral
La période **de novembre à avril** est marquée par des régimes de nord-est, chauds et humides. Les températures peuvent monter jusqu'à 34 °C sur la côte Ouest. Ces températures évoluent en fonction du relief et affichent une moyenne journalière de 14 °C au-delà de 2 000 m. Officiellement, c'est aussi la **saison cyclonique**, mais la période durant laquelle les risques sont les plus élevés s'étend en général de janvier à mars. Il est donc préférable d'éviter cette période, cyclones et fortes pluies pouvant limiter les activités et les déplacements. Cette époque correspond en outre aux vacances scolaires réunionnaises (de fin décembre à début février) et connaît donc une certaine affluence.

Novembre et décembre se caractérisent par un climat chaud mais agréable, propice à la plongée.

Attention cyclone !
Si vous vous trouvez dans l'île entre décembre et avril, vous devez connaître les quatre phases d'alerte en vigueur.

1) Vigilance cyclonique – Une perturbation évolue dans la zone : elle représente une menace potentielle. Il n'y a pas de danger immédiat, mais il est obligatoire de s'informer en écoutant la radio ou en consultant Météo France (☎ 08 92 68 08 08, point info cyclone). N'entreprenez pas de randonnée en montagne ni de sortie en mer. Vérifiez vos réserves (conserves, eau potable, bougies, piles, radio).

2) Alerte orange – Le cyclone peut présenter un danger pour l'île dans les prochaines 24 h. La vie économique continue, mais les établissements scolaires et les crèches ferment. Mettez à l'abri tout ce que le vent peut emporter, rentrez vos animaux, protégez portes et fenêtres. Écoutez la radio.

3) Alerte rouge – Le cyclone présente un danger imminent. Un préavis de 3 h est donné avant l'entrée en vigueur de l'alerte rouge, pour que chacun puisse rentrer chez soi et se mettre à l'abri. Passé ce délai, ne sortez en aucun cas (outre les dangers, vous risquez de lourdes amendes). Si l'œil du cyclone passe sur l'île, vous constaterez une accalmie. Attention, car les vents reprennent aussi brutalement qu'ils se sont arrêtés. Ne téléphonez qu'en cas de nécessité absolue, les secours ont besoin des lignes téléphoniques. Sachez que des centres d'hébergement sont ouverts sur toute l'île.

4) Après le passage du cyclone – Tous les dangers ne sont pas écartés. Traitez l'eau du robinet ou buvez de l'eau en bouteille. Facilitez l'accès des secours. Ne traversez pas les ravines en crue (la majorité des accidents se font par noyade). Ne touchez pas les fils électriques tombés à terre.

• Les vêtements à emporter
Prenez des vêtements de coton très légers, mais aussi des habits de pluie et de bons lainages, surtout si vous partez en été (l'hiver austral). Les chaussures de randonnée (à semelles très résistantes pour le Volcan) sont indispensables pour parcourir les sentiers de l'île. Pour la baignade, des chaussures en plastique sont fortement recommandées. Prévoyez un chapeau et des lunettes de soleil.

• Voyage pour tous
Voyager avec des enfants
La Réunion offre de nombreuses activités accessibles aux enfants : baignade dans le lagon, promenades faciles dans la nature (*voir le guide Sentiers marmailles, références p. 82*), luge, équitation... Peu d'hôtels prévoient des structures spécialisées pour les enfants, mais beaucoup proposent des tarifs préférentiels. Sachez qu'il est assez difficile de circuler en ville avec des poussettes, car les trottoirs sont souvent étroits.

Femme seule
Vous ne courez pas de risque particulier en voyageant seule, mais évitez l'auto-stop et les randonnées en solitaire. Accompagnée ou non, vous vous attirerez souvent les regards insistants des Réunionnais, qui chercheront éventuellement à vous aborder...

Personnes âgées
Il n'y a pas de problème spécifique pour les personnes âgées. Cependant, la Réunion est avant tout une terre de montagne, dont l'intérêt réside dans la visite des Hauts et de l'intérieur, ce qui implique des trajets parfois éprouvants et de brusques changements d'altitude et de température. Évitez les mois de janvier et de février, pénibles en raison de l'humidité et de la chaleur. La formule la moins fatigante consiste à opter pour les excursions organisées en bus de grand confort (env. 15,3 € par adulte et par excursion). Renseignements et points de vente dans les offices de tourisme.

Personnes handicapées
La Réunion souffre d'un manque flagrant d'infrastructures pour les handicapés. La première difficulté porte sur la circulation en ville, dont les trottoirs sont étroits et encombrés.

Voyager avec un animal domestique
Les règlements sanitaires sont très stricts (*voir la rubrique concernée ci-dessous*). De nombreux chiens errants sont à signaler.

Avant le départ

• Adresses utiles
Office de tourisme
France – Comité du Tourisme Réunionnais, 90 rue La Boétie, 75008 Paris, ☎ 01 40 75 02 79, Fax 01 40 75 02 73, ctrparis@aol.com
Belgique – Maison de la France, 21 av. de la Toison d'Or, Bruxelles 1050, ☎ 0 902 88 025, Fax 02 505 38 29.
Suisse – Maison de la France, 2 rue Thalberg, 1201 Genève, ☎ 0 900 900 699.
Canada – Maison de la France, Tour BNP, 1 981 av. Mac Gill College, Suite 490, Montréal, H3A2W9, ☎ 1 (514) 876 98 81, Fax 1 (514) 845 48 68, mfrance@mtl.net

Sites internet
Travelocity – www3.travelocity.com
Comité du tourisme de la Réunion – www.la-reunion-tourisme.com
Maison des gîtes de France – www.gites-de-france.fr

Représentations diplomatiques
Belgique – Consulat de France à Bruxelles, Leuvensplein 12 A, Bruxelles 1000, ☎ 02 229 85 00.
Suisse – Consulat général de France, 11 rue Imbert Galloix, BP 1200, 1205 Genève, ☎ 41 (22) 31 90 000.
Canada – Consulat général de France, 1 place Ville Marie, bureau 2601, Montréal, H3B4S3, ☎ 1 (514) 87 84 381.

• Formalités
Pièces d'identité
La carte nationale d'identité suffit pour les ressortissants français et les membres de l'Union européenne. Les autres voyageurs doivent se munir d'un passeport en cours de validité et le cas échéant d'un visa.

Règlements sanitaires
Il est formellement interdit d'introduire à la Réunion plantes, légumes ou fruits sous peine de fortes amendes : le milieu insulaire favorise en effet le développement rapide des maladies et des pestes végétales.
Pour les chiens et les chats, un certificat de bonne santé de moins de cinq jours et une vaccination antirabique de plus d'un mois sont exigés. Pour les autres animaux, adressez-vous à la **Direction des services vétérinaires**, bd de la Providence, 97488 St-Denis Cedex, ☎ 02 62 30 89 89.

Vaccination
Il n'y a pas de vaccination obligatoire, sauf pour les passagers en provenance de pays où la fièvre jaune et le choléra sont endémiques.

Permis de conduire
Le permis de conduire français ou international est obligatoire pour louer une voiture, une moto ou un scooter de 80 cm^3.

• Devises
Monnaie
La monnaie est l'euro.

Change
Vous pourrez changer des devises à l'aéroport et en ville, dans les grandes banques. Certains hôtels acceptent les paiements en devises étrangères.

Chèques de voyage
Ils sont peu répandus à la Réunion, mais vous pourrez les changer dans toutes les grandes banques.

Cartes de crédit
La plupart des cartes de crédit sont utilisables à la Réunion (Visa, Mastercard, Diner's, Eurocard, American Express) pour de nombreuses transactions. Les distributeurs bancaires, appelés *gabiers*, sont assez nombreux dans les centres-villes, plus rares dans les bourgs des Hauts.

Chèques bancaires métropolitains
Attention, certains magasins et stations-service n'acceptent pas les chèques de métropole. L'information est en général indiquée, mais il est plus prudent de demander avant d'effectuer une transaction.

● Budget à prévoir
La coût de la vie est plus élevé qu'en France métropolitaine. Vous pourrez vous nourrir à un prix raisonnable (plats à partir de 5,35 €), mais il n'existe pas de formule d'hébergement bon marché *(voir « Les différents types d'hébergement «, p. 73)*, à l'exception des campings et des gîtes (à partir de 9,15 €). Il faut également compter avec la location de voiture, quasiment indispensable de 23 à 46 € la journée, de 229 à 382 € la semaine). Pour plus de détails, reportez-vous aux rubriques transports, hébergement, restauration, des pages suivantes.

● Réservations
Si vous partez en juillet-août ou en janvier-février, réservez au moins deux mois à l'avance votre hébergement et votre voiture de location. Pour les autres périodes, il est plus prudent de réserver quelques semaines avant votre départ. En période creuse (mars-avril et surtout juin), vous pourrez profiter des promotions des hôtels, qui font rarement le plein (demandez systématiquement).

● Assurance rapatriement
Pensez à vous assurer avant de partir, si vous ne l'êtes pas déjà. Renseignez-vous auprès de votre banque : certaines cartes bancaires donnent droit à une couverture à l'étranger. Si vous passez par un tour-opérateur, l'assurance assistance/rapatriement est en général incluse dans le prix de votre voyage.
Europ Assistance, 1 promenade de la Bonnette, 92633 Gennevilliers Cedex, ☎ 01 41 85 85 85.
Mondial Assistance, 2 rue Fragonard, 75017 Paris, ☎ 01 40 25 52 04.

● Ce que l'on peut apporter à offrir
On trouve à la Réunion tous les produits disponibles en France métropolitaine et il n'est pas coutume de distribuer des petits cadeaux dans la rue. Si vous êtes invité chez des Réunionnais, vous pouvez, comme il est coutume de le faire en métropole, offrir à vos hôtes une bouteille de vin, un bouquet de fleurs ou, très appréciés mais difficiles à conserver, des chocolats.

COMMENT S'Y RENDRE

● En avion
Le vol Paris-St-Denis dure environ 11 h sans escale, 13 h avec escale (les escales sont aujourd'hui rares). Toutes les compagnies pratiquent des tarifs à peu près similaires et proposent régulièrement des vols promotionnels. Le coût du billet varie beaucoup selon la période du séjour (de 534 € en basse saison à 1 068 € en haute saison).

Lignes régulières
Air France, 119 av. des Champs-Élysées, 75008 Paris, ☎ 0 820 820 820, Fax 01 42 99 21 99 ou 01 44 56 26 01, www.airfrance.fr La compagnie nationale assure entre 7 et 10 vols hebdomadaires sans escale, de Paris.
Air Lib, ☎ 0825 805 805, www.airlib.fr
Corsair (Nouvelles Frontières), ☎ 0825 000 825, www.nouvelles-frontières.fr, De 3 à 5 vols par semaine.

Charters
Jet Océan Indien, Look Voyages, Voyag'Air et Nouvelle Liberté proposent des billets vendus dans les agences de voyages agréées. Nouvelles Frontières et Air Havas disposent de leurs propres réseaux d'agences.

RÉUNION

Comment s'y rendre

Liaisons interrégionales au départ de la Réunion
Air Austral, 4 rue de Nice, BP 611, 97472 St-Denis Cedex, ☎ 02 62 90 90 90, Fax 02 62 90 90 91. Madagascar, Comores, Mayotte, Maurice, Seychelles, Johannesburg.
Air Mauritius, 13 rue Charles Gounod, 97400 St-Denis, ☎ 02 62 94 83 83, Fax 02 62 41 23 26. Le vol Réunion-Maurice coûte env. 222 €.
Air France, 7 av. de la Victoire, BP 845, 97477 St-Denis Cedex, ☎ 02 62 40 38 38, Fax 02 62 40 38 40. Seychelles, Maurice, Madagascar.
Air Madagascar, 2 rue Mac Auliffe, BP 33, 97461 St-Denis, ☎ 02 62 21 05 21, Fax 02 62 21 10 08. Madagascar, Singapour.

Aéroport international de Gillot-Roland Garros
L'aéroport se trouve à 7 km du centre de St-Denis, sur la côte Nord de l'île. Vous y trouverez quelques boutiques, snack-bars et restaurants, un bureau de poste, un guichet bancaire et un bureau de change, les représentants des compagnies aériennes et des agences de location de voiture, un service de fret aérien pour les bagages non accompagnés. Le jour de votre départ (surtout en saison cyclonique), téléphonez quelques heures à l'avance pour vérifier l'heure du vol (☎ 02 62 28 16 16).

Boutique hors taxes
Les passagers français n'ont pas accès à la boutique hors taxes dans le sens métropole-Réunion, mais peuvent en profiter en sens inverse.

Reconfirmation
Il est indispensable de reconfirmer votre vol 72 h à l'avance, car le surbooking est fréquent.

Taxe d'aéroport
Généralement incluse dans le prix du billet d'avion, la taxe d'aéroport s'élève environ à 3,5 €.

• Par un tour-opérateur
Il peut être intéressant de réserver vol, hébergement et hôtel auprès d'un même tour-opérateur.
Accor Tour, 40 avenue Bosquet, 75007 Paris, ☎ 01 44 11 11 50, www.accor_tour_bosquet@accor-hotels.com
Terres d'Aventure, 6 rue Saint-Victor, 75005 Paris, ☎ 0825 847 800, www.terresdav.com Trekking en montagne. Vols sur demande.
Îles du Monde, 7 rue Cochin, 75005 Paris, ☎ 01 43 26 68 68, www.info@ilesdumonde.com Séjours à la carte, vols aller-retour, avec ou sans réservation d'hôtel et de voiture, activités sportives. Liaisons possibles avec l'île Maurice.
JV, 15 rue de l'Aude, 75014 Paris, ☎ 0825 343 343, Fax 0810 11 21 21, resa@jvdirect.com
Nuances du monde, 81 rue Ordener, 75018 Paris, ☎ 01 44 92 38 00, ndm@nuancesdumonde.com
Nouvelles Frontières, 87 bd de Grenelle, 75015 Paris, ☎ 0825 000 825, www.nouvelles-frontières.fr Vols, réservations d'hôtel et location de voitures. Circuits de randonnée pédestre. Survol de l'île en hélicoptère.
Tropicalement Vôtre, 10 rue de Bagnolet, 75020 Paris, ☎ 01 43 70 99 55, www.tropicalement-votre.com

• En bateau
Le paquebot « Mauritius Pride » assure une liaison régulière avec Maurice (12 h de voyage de nuit, de 122 à 206 € AR selon la classe). Le navire « l'Ahinora » assure également plusieurs liaisons hebdomadaires avec Maurice (env. 6 h, 130 €)
SCOAM, 4 av. du 14 Juillet 1789, 97420 Le Port, ☎ 02 62 42 19 45, Fax 02 62 43 25 47. Dessert Maurice, Madagascar et Rodrigues.
Mauritius Shipping Company, Nova building, 1 route Militaire, Port Louis, Maurice, ☎ 242 52 55, Fax 242 52 45.
Mr Ocean Line Co Ltd, rue Sir William Newton, 2ᵉ étage, Orchid Tower, Port-Louis, Maurice, ☎ 210 71 04, Fax 210 69 61.

Sur place

Munissez-vous du petit magazine *Run* (gratuit, disponible dans la plupart des restaurants et lieux touristiques), référence indispensable, régulièrement actualisée, pour les adresses pratiques, les horaires et les tarifs précis.

• Adresses utiles
Informations touristiques
Chaque ville dispose d'un syndicat d'initiative où vous trouverez des brochures bien conçues. La Maison de la Montagne, installée à St-Denis et à Cilaos, est incontournable pour les réservations de gîtes et les informations sur les multiples activités pratiquées à la Réunion. Dans les syndicats d'initiative et à l'aéroport, les bornes interactives d'information touristique *Guetali* vous conseilleront efficacement sur les possibilités de loisirs.
Office de tourisme – 53 rue Pasteur, St-Denis, ☎ 02 62 41 83 00, Fax 02 62 21 37 76. De 8 h à 18 h, fermé le dimanche.
Maison de la Montagne – 10 place Sarda Garriga, St-Denis, ☎ 02 62 90 78 78, Fax 02 62 41 84 29, nature@oceanes.fr Lundi-jeudi, 9 h-17 h 30, le vendredi 9 h-16 h 30 et le samedi 9 h-16 h.
Comité du tourisme réunionnais – 4 place du 20 décembre 1848, St-Denis, ☎ 02 62 21 00 41, Fax 02 62 21 00 21, ctr@la-reunion-tourisme.com

Représentations diplomatiques
Belgique – c/o Sté Chatel, 72 av. Eudoxie-Nonge, BP 32, 97491 Ste-Clotilde Cedex, ☎ 02 62 97 99 10, Fax 02 62 29 16 64.
Suisse – 107 chemin Crève Cœur, 97460 St-Paul, ☎ 02 62 45 55 74.

• Horaires d'ouverture
Banques
Dans les principales villes : lundi-vendredi, 7 h 45-15 h 45 ou 8 h-16 h ; fermé le week-end. Ailleurs, les horaires varient. En général : lundi-vendredi, 9 h-12 h ou 12 h 30 / 13 h 30-16 h ou 16 h 30. Quelques rares agences restent ouvertes le samedi, notamment à St-Gilles-les-Bains.

Postes
Dans les principales villes : lundi-vendredi, 8 h-17 h ; le samedi, 8 h-11 h. Ailleurs : lundi-vendredi, 8 h-11 h / 13 h-16 h ; le samedi, 8 h-11 h.

Magasins
9 h ou 9 h 30-12 h / 14 h 30-18 h. Fermeture hebdomadaire le dimanche, à l'exception de quelques épiceries ou « boutiques », qui restent souvent ouvertes le dimanche matin.

Marchés
St-Denis – Petit Marché (alimentaire) et Grand Marché (artisanat) : tlj sauf le dimanche. Le Chaudron : mercredi matin et dimanche. Les Camélias : vendredi matin.
St-Paul – Vendredi en journée et samedi matin (alimentaire et artisanat).
St-Pierre – Marché couvert : tlj sauf le dimanche. Marché forain sur le front de mer : le samedi matin (alimentaire et artisanat).

Restaurants
En général : 11 h 30-13 h 30 / 19 h-21 h 30. Beaucoup d'établissements ferment le dimanche. Il est recommandé de téléphoner avant de s'y rendre.

Bureaux
7 h 30 ou 8 h-16 h 30 ou 17 h 30. Pause déjeuner entre 11 h 30 et 13 h 30.

• Visite des musées, monuments et sites
Horaires
Globalement ouverts entre 9 h et 17 h. Souvent fermés le lundi et parfois à l'heure du déjeuner. Pour plus de détails, reportez-vous à la partie *Visiter la Réunion* de ce guide et au magazine *Run*.

Sur place

Tarifs
Certaines visites sont gratuites. Sinon, le prix d'entrée varie entre 1,5 et 7 €.

• Poste
Les tarifs postaux sont identiques à ceux pratiqués en métropole. Toutefois, tout envoi de plus de 20 g hors du département est soumis à une surtaxe aérienne. Les timbres s'achètent à la poste, dans les tabacs et dans certaines boutiques. Comptez 7,2 € le kg pour expédier un colis en métropole, 12 € pour l'étranger (hors Afrique). Allez de préférence à la poste en fin d'après-midi pour éviter les longues files d'attente (surtout dans les petites villes).

• Téléphone et fax
Le réseau de téléphones publics de **France Télécom**, identique à celui de la France métropolitaine, fonctionne avec les mêmes cartes à puce (disponibles dans les postes, les tabacs et certaines boutiques) et parfois avec une carte bancaire. Vous trouverez des cabines téléphoniques partout. Vous pouvez envoyer des fax à partir des agences postales ou des hôtels (tarifs élevés). Le réseau **GSM** fonctionne sur l'île, vérifiez néanmoins que votre abonnement est international. SFR, société réunionnaise de téléphonie, ☎ 02 62 48 19 70.

Appels internationaux
N'oubliez pas le décalage horaire avec la métropole si vous ne voulez pas réveiller vos correspondants ! *(voir la rubrique « Heure locale », p. 64)*. Les appels sont plus chers de 8 h à 12 h 30 et de 13 h 30 à 18 h.

Indicatifs
Pour les appels internes à la Réunion, composez le numéro à 10 chiffres de votre correspondant.
Pour appeler la France métropolitaine de la Réunion, composez le numéro à 10 chiffres de votre correspondant.
Pour appeler l'étranger de la Réunion, composez le 00 + l'indicatif du pays + le numéro de votre correspondant.
Indicatifs – 32 pour la Belgique, 41 pour la Suisse, 1 pour le Canada.

Renseignements
Nationaux – Composez le 12.
Internationaux – Composez le 00 262 12 + l'indicatif du pays.

• Jours fériés
Les jours fériés sont les mêmes qu'en France métropolitaine, à l'exception de la fête de la Liberté, spécifique à la Réunion.

1er janvier	Nouvel An
Avril	Lundi de Pâques
1er mai	Fête du Travail
8 mai	Victoire de 1945
Mai	Jeudi de l'Ascension
Mai	Lundi de Pentecôte
14 juillet	Fête nationale
15 août	Assomption
1er novembre	Toussaint
11 novembre	Armistice de 1918
20 décembre	Fête de la Liberté (abolition de l'esclavage à la Réunion)
25 décembre	Noël

• Quelques fêtes religieuses

Janvier	Cavadee (tamoul)
Février	Nouvel An chinois
Avril	Nouvel An tamoul
Juillet	Marches sur le feu (tamoul)
Novembre	Dipavali (tamoul)

• Fêtes régionales

Janvier	Fête du miel vert à la Plaine des Cafres (foire artisanale et agricole)
Février	Fête des vendanges à Cilaos
	Fête de l'ananas à Ste-Clotilde
Mai	Carrefour des produits du terroir, notamment du chouchou, à Salazie et Hell-Bourg
Juillet	Fête des goyaviers à la Plaine des Palmistes
Août	Fête du vacoa à St-Philippe
	Fête du safran à St-Joseph
Septembre	Fête du tourisme vert à Ste-Rose
	« Visitez un jardin » (opération du ministère de la Culture)
Novembre	Fête de la lentille à Cilaos
	Fête du vétiver à St-Joseph

• Vacances scolaires

Les dates varient d'une année sur l'autre, mais les périodes restent les mêmes.

Vacances de la Toussaint	Du 31 octobre au 13 novembre
Vacances de Noël	Du 19 décembre au 5 février
Vacances de Pâques	Du 21 mars au 2 avril
Vacances d'hiver	Du 20 mai au 2 juin
Grandes vacances	Du 29 juillet à fin août-début septembre

COMMENT SE DÉPLACER

• En voiture

C'est le moyen le plus pratique pour sillonner l'île, dont on peut éventuellement faire le tour dans la journée.

Location

Il faut être âgé d'au moins 21 ans, avoir son permis depuis plus d'un an et laisser une caution ou une empreinte de carte bleue. Adressez-vous de préférence aux agences adhérant au **Conseil National de l'Automobile**, signalées par un logo. Elles louent des véhicules fiables avec des contrats en bonne et due forme. La plupart des agences internationales ont des représentants à la Réunion, à l'aéroport et dans les grands hôtels. De nombreuses petites agences les concurrencent, notamment dans la région de St-Gilles-les-Bains. Il faut compter en moyenne de 23 à 46 € par jour et de 229 à 350 € la semaine.

Réseau routier

L'île dispose de 360 km de routes nationales à plusieurs voies, de 750 km de routes départementales et de 1 500 km de chemins communaux. Leur état est généralement correct, mais certaines routes des Hauts sont régulièrement endommagées par les pluies et manquent d'entretien. D'autres sont fréquemment soumises à des éboulements, comme la route du littoral ou celle de Cilaos. Il est donc nécessaire de se tenir au courant de l'état des routes, notamment après des pluies importantes, en écoutant la radio ou en appelant le répondeur de la **Direction de l'Équipement** (☎ 02 62 56 59 27) ou **État du réseau routier** (☎ 02 62 21 44 44).

La route littorale, de bonne qualité, ceinture l'île. De nombreuses portions de routes à quatre voies contournent les agglomérations. Vous serez obligé de les emprunter sur quelques tronçons, mais n'hésitez pas à vous en échapper dès que l'occasion se présente, pour aller visiter les petites agglomérations ou découvrir les Hauts. En période de pluie, la route à quatre voies du littoral, entre St-Denis et La Possession, subit régulièrement des éboulements. Elle est alors transformée en une simple deux-voies où d'impressionnants embouteillages se forment. La fermeture

Comment se déplacer

peut être totale. Si vous devez impérativement vous rendre à St-Denis, empruntez la petite route de la Montagne (env. 3 h), ou la route des Plaines si vous êtes dans le Sud. En cas de fermeture de la route du Cap la Houssaye, prenez les rampes de St-Paul (D6) et la route du Théâtre (D10).

Conduite
La conduite se fait à droite, selon les normes françaises. La vitesse est limitée à 50 km/h en agglomération et à 110 km/h sur les routes à quatre voies. Restez très vigilants car les accidents sont fréquents. Attention aux queues de poisson, aux insertions hasardeuses sur les voies rapides, aux véhicules lents de type tracteurs qui déambulent sur les quatre-voies, aux nombreux motards qui doublent en toute circonstance, ou encore aux chiens errants qui hantent les routes la nuit.

Les **embouteillages** font partie de la vie quotidienne des Réunionnais, principalement aux abords de la capitale. La situation empire en cas de basculement de la route du littoral. D'une manière générale, la circulation dans les principales villes est difficile aux heures d'entrée et de sortie des classes et des bureaux. Évitez les tranches horaires suivantes :

En semaine, le matin (de 7 h à 9 h) : entrées ouest et est de St-Denis ; littoral ouest, de la Saline à l'entrée de la quatre-voies de St-Paul (sens sud-nord). En fin d'après-midi (de 16 h à 18 h) : la Saline, sens nord-sud ; sortie est de St-Denis.

Le week-end, en fin d'après-midi : littoral ouest, de la Souris Chaude à la quatre-voies de St-Paul, sens sud-nord (retour de la plage).

Essence
Un bon réseau de stations-service couvre l'île. Elles ouvrent en général de 6 h ou 6 h 30 à 19 h et ferment souvent le dimanche. Sur la RN (La Possession, St-Gilles, St-Denis), quelques stations restent ouvertes 24 h/24, avec paiement par carte bancaire. Le prix de l'essence est proche de celui pratiqué en métropole quasiment identique partout dans l'île.

Garer sa voiture en ville
Il est souvent aussi difficile de stationner en ville que d'y circuler. À St-Denis comme à St-Pierre, le stationnement payant est étroitement contrôlé.

En cas d'accident
Appelez en priorité les pompiers (18) ou le SAMU (15 ou 02 62 20 10 10).

• En taxi
Ils sont rares et chers. Les principales stations de taxis se trouvent à l'aéroport (comptez 18,3 € de l'aéroport à St-Denis) et dans les centres-villes (*voir le magazine* Run).

• En taxi collectif
Moins chers et plus nombreux que les taxis, ils desservent surtout les Hauts. Départs et renseignements dans les gares routières des villes.

• En autobus
Une navette relie la gare routière de St-Denis à l'aéroport (4,2 €).
St Denis dispose de bus urbains.
Les **Cars jaunes**, qui comptent treize lignes, sillonnent l'île entre 4 h 45 et 19 h 20 (en semaine uniquement), mais certains endroits demeurent très mal desservis. Comptez env. 6,10 € pour aller de St-Denis à St-Pierre. Renseignez-vous dans les gares routières sur les trajets, les horaires et les prix. Sur la commune de St-Paul, un réseau de minibus **Pastel** (☎ 02 62 22 54 65) dessert les Hauts. Dans la commune de St-Leu, la desserte des Hauts est assurée depuis peu par les minibus **Ti'cars jaunes**.

• En stop
Cette pratique fonctionne relativement bien dans la journée, surtout sur le littoral, et peut parfois pallier les insuffisances des transports en commun. Les meilleurs postes sont d'ailleurs les arrêts de bus, dans les agglomérations ou sur les routes à deux voies. Soyez patient, la concurrence y est rude. À éviter le soir ou si vous êtes seul, surtout pour les femmes.

• Location de motos, scooters et bicyclettes
Quelques règles de prudence s'imposent : roulez au milieu de la route, voire légèrement à gauche, mais jamais à droite pour éviter les « queues de poissons ». Méfiez-vous des premières pluies de l'été, qui peuvent rendre la route très glissante ; attention aux nombreuses traînées de gasoil et aux graviers sur les routes des Hauts, dans les virages et sur les ronds-points.

Motos – La plupart des loueurs se concentrent sur la côte Ouest et à St-Denis. Comptez 30,5 € par jour pour une cylindrée de 125 cm^3 et 46 € pour une 650 cm^3. Deux ans de permis sont exigés, ainsi qu'une caution de 763 €.

Scooters – Pour un 50 cm^3, comptez 18,30 € par jour et 85,4 € par semaine. Vous devez être majeur et présenter votre permis B pour conduire les 80 et 125 cm^3.

Bicyclettes – Les pistes cyclables, matérialisées par des bandes vertes sur certains tronçons de la quatre-voies, sont peu pratiques et circuler à vélo reste dangereux sur de nombreuses routes trop fréquentées. Par ailleurs, le relief de l'île vous découragera d'utiliser ce moyen de locomotion. Vous pourrez néanmoins vous promener en VTT *(voir le chapitre « Loisirs », p. 75).*

• Excursions organisées
Adressez-vous aux syndicats d'initiative, à la Maison de la Montagne ou aux agences spécialisées :

Bourbon Tourisme, 14 rue Rontaunay, St-Denis, ☎ 02 62 94 76 94.
Papangue Tours, 5 rue de Nice, St-Denis, ☎ 02 62 41 61 92, papanguetours@wanadoo.fr
Réucir Voyages, 45 rue Juliette-Dodu, 97400 St-Denis, ☎ 02 62 41 55 66, reucir@guetali.fr
Atlas Voyages, 104 av. du Général-de-Gaulle, 97434 St-Gilles-les-Bains, ☎ 02 62 33 08 40 atlasg@wanadoo.fr
Souprayenmestry, 2 rue André-Letoulec, Ste-Thérèse, 97419 La Possession, ☎ 02 62 44 81 69, transports-souprayen@wanadoo.fr.

HÉBERGEMENT ET RESTAURATION

• Où loger sur l'île
Vous pouvez loger partout sur l'île, mais c'est sur la côte Ouest, qui dispose des meilleures conditions climatiques et des seules plages de sable, que se concentrent la plupart des hôtels et autres infrastructures touristiques. Vous pourrez choisir entre l'animation de stations balnéaires comme St-Gilles, très touristiques, ou le calme plus authentique de petites villes comme St-Leu, L'Étang-Salé-les-Bains ou St-Pierre. Vous pouvez résider au même endroit durant tout votre séjour et rayonner chaque jour dans l'île. Il est toutefois conseillé de passer quelques nuits dans les cirques et à proximité du Volcan, afin de profiter pleinement des meilleures heures de la journée pour vos randonnées. Quel que soit votre mode d'hébergement, il faut réserver pour les périodes de juillet-août et de décembre-janvier. Les adresses sélectionnées dans ce guide ont été classées par tranches de prix, sur la base d'une chambre double de catégorie intermédiaire.

• Les différents types d'hébergement
La Réunion propose une vaste gamme d'hébergements à tous les prix. Seul ou à deux, les hôtels et les chambres d'hôtes sont les formules les plus intéressantes. Si vous venez en famille ou entre amis, choisissez plutôt un gîte rural.

Hébergement et restauration

Hôtels
Vous trouverez des hôtels dans la plupart des villes côtières, dans les cirques de Cilaos et de Salazie et parfois dans les Hauts. Les plus luxueux se trouvent dans la région de St-Gilles et Boucan Canot. La qualité des prestations varie beaucoup d'un établissement à l'autre.

Pour une chambre double, comptez au minimum 39 € par jour dans un hôtel moyen et jusqu'à 183 € pour un hôtel de luxe. Le petit-déjeuner est rarement inclus dans le prix. Les tarifs sont largement modulables en fonction de la durée de votre séjour et de la saison à laquelle vous venez. En période creuse, négociez systématiquement le prix, surtout dans les hôtels haut de gamme.

Gîtes ruraux, chambres d'hôtes et gîtes d'étape
La Réunion compte près de 100 gîtes ruraux, 190 chambres d'hôtes, 20 gîtes d'étape et de séjour. Ce sont des formules idéales pour découvrir l'île et ses habitants. La majorité des gîtes ruraux sont situés dans les Hauts ou à mi-pente, parfois sur la côte, dans le sud et l'est de l'île. Certains d'entre eux disposent d'un jardin. Le prix d'une semaine en gîte rural pour 2 à 14 personnes varie de 153 à 382 €. En chambre d'hôte, les prix sont quasiment les mêmes pour 1 ou 2 personnes. Il faut compter en moyenne de 23 à 39 € la nuit, petit-déjeuner inclus.

En gîte d'étape, le prix est en moyenne de 11 € (de 7 à 25 €) par personne et par nuit. Le petit-déjeuner n'est pas toujours inclus.

Relais départemental des Gîtes de France, 10 place Sarda Garriga, 97400 St-Denis, ☎ 02 62 90 78 90, Fax 02 62 41 84 29.

Villages de vacances
L'île dispose de quatre VVF, à St-Gilles-les-Bains, La Saline, St-Leu et Cilaos. Il faut s'y prendre très longtemps à l'avance car ils s'adressent surtout à une clientèle locale, qui réserve d'une année sur l'autre. Renseignements, 90 av. de Bourbon, 97434 St-Gilles-les-Bains, ☎ 02 62 24 29 29, Fax 02 62 24 41 02.

Pensions de famille
Cette formule est peu développée et plutôt informelle. Elle existe surtout en ville, à St-Denis et à St-Pierre.

Auberges de jeunesse
L'île compte trois auberges de jeunesse, à Hell-Bourg (cirque de Salazie), à Bernica, dans les Hauts de St-Paul et à Entre-Deux.

Fédération des Auberges de Jeunesse, ☎ 02 62 41 15 34 (environ 8 € par personne, nuit et petit-déjeuner).

Camping
La Réunion ne compte que deux campings : à l'Étang-Salé-les-Bains et à Cilaos.

Comité du tourisme, ☎ 02 62 21 00 41, ctr@la-reunion-tourisme.fr

Si vous êtes plusieurs, vous pouvez également bivouaquer dans l'intérieur de l'île.

Location de matériel de camping – Office de tourisme de La Possession, 24 rue Évariste-de-Parny, ☎ 02 62 22 26 66.

• Où se restaurer

Dans les hôtels
Les hôtels de moyen et haut de gamme disposent d'un restaurant, généralement ouvert aux non-résidents. On y sert de la cuisine locale et métropolitaine. De copieux buffets sont souvent proposés pour le petit-déjeuner (env. 10 €). Vous pouvez en profiter pour utiliser la piscine.

Dans les restaurants
Vous pourrez goûter différents types de cuisine – créole, chinoise, indienne ou métropolitaine – dans les nombreux restaurants de l'île (surtout en ville). Il faut compter au minimum 8,4 € pour un cari ou une salade et environ 16 € pour un repas complet. L'heure d'affluence, en ville, se situe entre 12 h et 13 h, pendant la pause du déjeuner. Il vaut mieux réserver pour les restaurants réputés. Les jours de fermeture varient d'un établissement à l'autre, mais la plupart ferment le dimanche. Profitez-en pour aller déguster des plats régionaux en table d'hôte.

Dans les tables d'hôtes et les fermes auberges

Elles sont en général situées dans les Hauts, dans un cadre agréable. Le menu est unique et exclusivement réunionnais. Malheureusement, la coutume de manger en compagnie de son hôte se perd, surtout dans les structures à grande capacité. Un repas complet coûte de 11 à 18 €. Il faut réserver, parfois plusieurs jours à l'avance, auprès du propriétaire ou par l'intermédiaire des **Gîtes de France** (☎ 02 62 90 78 90).

Dans la rue

Vous verrez des camions-bars dans la plupart des villes, généralement sur le front de mer. Vous y trouverez des spécialités très bon marché, à consommer sur place ou à emporter : *samossas*, *bouchons*, *sar-cives*, sandwichs, caris, etc.
Dans la rue et en bordure des routes les plus fréquentées, le week-end et parfois en semaine, des marchands ambulants vendent de bons poulets rôtis, appelés *poulets-gasoil* ou *poulets-la-route* (de 5,4 à 6,10 €).

Les boissons

Vous pouvez boire l'eau du robinet partout. Évitez toutefois d'en consommer après les fortes pluies ou les cyclones. Les Réunionnais vous feront partager leur goût pour la *dodo*, bière locale très légère, et pour le rhum, servi sous forme de punch en apéritif et de rhum arrangé en digestif.

LES LOISIRS

• **Sur terre**

Randonnée

Activité reine de la Réunion, la randonnée demeure la meilleure façon de découvrir l'île, sa faune, sa flore, son peuple et ses paysages. 1 000 km de sentiers balisés de tous niveaux vous attendent, dont deux itinéraires de Grande Randonnée. Les plus réputés sillonnent le Piton des Neiges, le Volcan et le cirque de Mafate. Ne partez jamais en randonnée si une perturbation climatique est annoncée. Après le passage d'un cyclone, les sentiers peuvent être endommagés : renseignez-vous sur leur état. Protégez-vous systématiquement du soleil, surtout sur le Volcan, même si le ciel est nuageux. Partez tôt si vous voulez profiter d'une belle luminosité et de panoramas dégagés, car les reliefs sont vite pris par les nuages. Méfiez-vous des températures, qui peuvent être très froides, surtout entre juin et août. La nuit tombe entre 18 h et 19 h : tenez-en compte si vous prévoyez une longue randonnée.

Maison de la Montagne, 10 place Sarda Garriga, 97400 St-Denis, ☎ 02 62 90 78 78, nature@oceanes.fr Renseignements, conseils, état des sentiers, réservation des hébergements, circuits organisés...

Réunion Sensations, 28 rue du Père-Boiteau, 97413 Cilaos, ☎ 02 62 31 84 84 www.reunionsensations.com

Les loisirs

VTT
L'île vous offre près de 700 km de pistes balisées par la Fédération française de cyclisme et six centres de VTT agréés. Location aux abords des pistes, avec ou sans guide. Une manière sportive de parcourir la Réunion. Comptez de 11 € à 12,2 € la demi-journée et de 15,2 à 17 € la journée. *Reportez-vous aux rubriques d'informations pratiques régionales de ce guide.*

Expédition en 4 x 4
Pour faire certaines excursions hors des sentiers battus. Vous pourrez par exemple vous rendre au Dimitile, à la Rivière des Remparts ou au Volcan en remontant le lit des ravines.
Indi 4 x 4 Adventure, ☎ 02 62 24 23 87 (env. 87,70 € par personne, demi-tarif pour les enfants de moins de 12 ans, déjeuner compris).
Réunion Escapade Tout Terrain, ☎ 02 62 21 87 20 (99,10 € par personne, repas et visites compris, tarifs dégressifs au-delà de deux inscrits).

Canyoning et escalade
Récemment développées sur l'île, ces activités s'ouvrent aux amateurs de tous niveaux : les trois bassins de St-Gilles constituent un site d'initiation, tandis que les cirques de Cilaos et de Salazie offrent plusieurs parcours plus techniques. Des guides expérimentés vous feront découvrir la Réunion à travers ses gorges et ses cascades. Env. 38,2 € la demi-journée et 68,6 € la journée.
Renseignements à la **Maison de la Montagne** à St-Denis ou dans les **Pays d'Accueil** *(adresses dans les rubriques d'informations pratiques régionales de ce guide).*

Eaux Vives
Dans les tumultueuses rivières de l'Est, vous aurez le choix entre le rafting, le kayak de haute rivière, ou encore la randonnée aquatique. Ces activités dépendent étroitement du niveau d'eau des rivières. Env. 42,7 € la demi-journée et 68,6 € la journée.
Kalanoro ou **Maham**, Maison de la Montagne, 10 place Sarda Garriga, 97400 St-Denis, ☎ 02 62 90 78 78. Professionnalisme, sérieux et convivialité caractérisent cette sympathique équipe de guides diplômés d'État.

Équitation
Il n'est pas nécessaire d'être un cavalier expérimenté pour se promener sur ces chevaux paisibles que sont les *mérens*. De belles balades vous seront proposées par les clubs de la Plaine des Cafres, du Volcan, des Hauts de l'Ouest ou d'Entre-Deux *(reportez-vous aux rubriques d'informations pratiques régionales correspondantes).* Une autre façon originale de découvrir l'île. De 13,8 € à 18,3 € l'heure et env. 152,5 € le week-end complet.

Golf
La Réunion propose trois sites très différents : un parcours plat à la végétation sèche à L'Étang-Salé, le site du Colorado avec vue sur l'océan au-dessus de St-Denis, et un parcours technique et physique au Bassin Bleu, au-dessus des trois bassins de St-Gilles. Comptez 24,4 € par jour, en semaine, pour les « green-fees »

● Sur mer
Respectez scrupuleusement la couleur des drapeaux qui réglementent la baignade sur les plages, notamment à Boucan Canot et à L'Étang-Salé. Les courants et les vagues peuvent être très forts et vous empêcher de revenir vers le rivage. Laissez-vous alors dériver avec le courant le temps que les secours arrivent. Après de fortes pluies ou un cyclone, évitez de vous baigner dans le lagon pendant au moins 15 jours.

Natation
Vous pouvez fréquenter les piscines publiques ou celles de certains hôtels. En mer, seule la côte Ouest permet la natation, mais les vagues, les courants et la faible profondeur des quelques lagons limitent cette activité. Toutes les plages sont publiques.

Plongée sous-marine

Bien que les fonds réunionnais ne soient pas spectaculaires, certains sites valent la peine d'être explorés, sur la côte Ouest et dans le Sud-Est de l'île. La plupart des clubs se trouvent à St-Leu et à St-Gilles (*reportez-vous aux rubriques d'informations pratiques régionales correspondantes*). Comptez env. 33,6 € pour un baptême.

Surf et planche à voile

St-Leu et Trois Bassins sont réputés dans le milieu international du surf. On y pratique aussi le *moree*, ainsi qu'à Boucan Canot et aux Roches Noires. La planche à voile se pratique à l'intérieur du lagon, mais aussi hors lagon pour les véliplanchistes confirmés. Comptez de 13,8 à 20 € l'heure. Évitez la baie de St-Paul et le spot de la Jamaïque à St-Denis, où les requins ont déjà tué plus d'un imprudent. Sachez que les requins chassent surtout au coucher du soleil.

École de Body Board et de Surf des Roches noires, ☎ 02 62 24 63 28.
Trois Bassins Surf School, ☎ 02 62 66 02 45.

Pêche au gros

La meilleure saison pour traquer le gros poisson se situe entre octobre et mai. Comptez 76,22 € par personne pour une demi-journée (de 2 à 4 personnes). Départ du Port, de St-Gilles ou de St-Pierre (*voir les rubriques d'informations pratiques régionales correspondantes*).

Aquarium de la Réunion

Cette formule vous permet de découvrir les fonds marins sans vous mouiller (**Port de Plaisance**, 97434 St-Gilles-les-Bains, ☎ 02 62 33 44 00, 10h-18h30, fermé le lundi, entrée payante).

● Dans l'air

Parapente et deltaplane

Avec ses compétitions internationales et ses champions, la Réunion fait désormais partie des circuits mondiaux de vol libre. On peut y voler presque tous les jours dans une multitude de sites exceptionnels (*pour les adresses, reportez-vous aux rubriques d'informations pratiques régionales de ce guide*). Comptez env. 45,8 € pour un baptême. Stage d'initiation (2 grands vols) : 228,7 €.

ULM

Un autre moyen original et grisant de survoler les paysages réunionnais. Les circuits proposés sont très variés. Prévoyez 23 € pour un baptême (15 mn), 91,5 € pour le survol de la côte et de Mafate, 183 € pour le Volcan. *Pour les adresses, voir « La côte Ouest pratique », p. 114.*

Avion et hélicoptère

Ces deux activités se pratiquent tôt le matin, avant que les hauteurs ne se noient dans les nuages. Inoubliable, le tour de l'île en avion coûte de 45,8 à 61 € par personne pour environ 1 h de vol. Renseignez-vous auprès de l'aéro-club de Gillot ou celui de Pierrefonds à St-Pierre. Plus sensationnel encore, l'hélicoptère survole l'ensemble de l'île (198,2 € par personne) ou les cirques (env. 137,2 €). Arrêt possible à Mafate. *Pour les adresses, voir p. 114.*

● Vie nocturne

Concerts

De nombreux groupes de *maloya*, de *séga* et autres rythmes réunionnais animent la vie musicale de l'île. La Réunion accueille aussi de nombreux artistes français et étrangers, notamment lors du **Festival Africolor**, qui se tient en principe en octobre. Les

Les loisirs

concerts sont nombreux et de bonne qualité, surtout entre juin et novembre. Si vous le pouvez, prévoyez une soirée au théâtre de St-Gilles, bel amphithéâtre à ciel ouvert. Le week-end, l'**Espace Jeumont** (à St-Denis) et **le Bato Fou** (à St-Pierre) ouvrent leur scène à des groupes locaux.

Cinéma
Il y a des cinémas dans la plupart des villes, mais la programmation reste assez pauvre. Les programmes figurent dans la presse quotidienne.

Théâtre
Quelques troupes dynamiques, comme **Acte 3** (à St-Benoît) ou la **Compagnie Vollard**, jouent des pièces rythmées dont les thèmes font souvent référence à des événements de l'histoire réunionnaise. Les dialogues, même lorsqu'ils sont en créole, sont faciles à comprendre. L'ambiance est au rendez-vous et il n'est pas rare que les spectateurs soient invités à participer au spectacle. On peut parfois manger sur place à l'entracte avec les comédiens (renseignez-vous au moment de la réservation).

Casino
L'île compte trois casinos, à St-Gilles, à St-Denis et à St-Pierre.

Bars et discothèques
Les Réunionnais aiment beaucoup danser. Les jeunes passent le samedi soir et souvent le dimanche après-midi en discothèque. Les bars sont, en revanche, peu répandus.
Reportez-vous aux rubriques d'informations pratiques régionales de ce guide.

LES ACHATS

• Ce que vous pouvez acheter

Artisanat
Vous pourrez acheter dans diverses boutiques et marchés de l'artisanat local et surtout malgache : petites sculptures en bois, nappes brodées, vêtements, vannerie... *(voir p. 53)*.

Aliments
La vanille Bourbon, l'une des meilleures au monde, se vend sur les marchés, à la coopérative de vanille ou dans les grandes surfaces. Vérifiez la provenance. Elle se conserve longtemps et peut par exemple aromatiser le sucre. Pour cuisiner créole à votre retour, faites provision d'épices, d'*achards* et de pâtes de piment. Vous pourrez aussi ramener du punch aux fruits exotiques, une liqueur aux litchis ou au *combava*, ou du vieux rhum. Vous pourrez confectionner vous-même du rhum arrangé en laissant macérer dans le rhum, au minimum 3 mois, des fruits, de la vanille ou un mélange d'herbes et d'épices acheté au marché. Pour faire partager vos émotions gustatives, pensez au **Colipays** (☎ 02 62 28 99 99, www.colipays.com), un assortiment de fruits exotiques ou autres produits régionaux expédié en 48 h (env. 50,2 €). Fraîcheur garantie.

Vêtements
Vous trouverez des tee-shirts imprimés de motifs exotiques, des paréos multicolores et autres vêtements légers dans les marchés et dans certaines boutiques.

Plantes
Vous pouvez ramener des orchidées ou des plants d'arbres exotiques. Demandez un emballage spécial pour l'avion ou passez par l'intermédiaire de l'entreprise **Colipays** *(voir p. 81)*.

Divers
En guise de cadeau ou de souvenir, vous trouverez de beaux posters sur la faune, la flore et l'architecture de la Réunion, ainsi que des agendas et des calendriers illustrés de photos de l'île.

• Où faire vos achats
Reportez-vous aux rubriques d'informations pratiques régionales de ce guide pour les adresses des boutiques.

Les marchés
Outre les produits frais et les épices, vous y trouverez toutes sortes d'articles artisanaux. Le plus riche est sans doute celui de St-Denis ; ceux de St-Paul et de St-Pierre sont plus typiques.

Les boutiques
Au hasard de vos visites, vous verrez diverses sortes de boutiques artisanales. Vous trouverez également toute la gamme des produits locaux et des souvenirs, des livres, des cassettes vidéo, des lithographies, des posters ou des aquarelles au magasin **Lacaze**, 10 place Sarda Garriga, à St-Denis, ☎ 02 62 21 55 47.

Les grandes surfaces
Elles sont moins pittoresques, mais meilleur marché et disposent d'un plus grand choix. Vous y trouverez rhum, punch, confitures, épices, vanille, mais aussi cassettes vidéo ou audio, livres et posters.

• Comment expédier vos achats
Par colis postal (10 kg maximum, dimensions réglementées) : adressez-vous à une agence postale. Par fret aérien : adressez-vous à une compagnie aérienne.

SANTÉ

• Maladies
Il n'y a pas de maladie tropicale ni de paludisme à la Réunion. En revanche, on constate des problèmes d'allergies aux plantes et aux fleurs tout au long de l'année. Méfiez-vous également du soleil, qui peut être très virulent.

Les principaux dangers viennent de la mer. Si vous êtes piqué par un poisson venimeux (rascasse, poisson-pierre), appelez un médecin et plongez la partie touchée dans une eau aussi chaude que vous pouvez le supporter.

• Trousse à pharmacie
Prévoyez ou achetez sur place (plus cher) une crème solaire de type écran total, un produit antimoustiques et des antihistaminiques en cas d'allergie au pollen.

• Services médicaux

Hôpitaux
La Réunion bénéficie des structures les plus modernes de l'océan Indien et d'un niveau d'équipement comparable à celui de la France métropolitaine.
CHD Félix Guyon, Bellepierre, St-Denis, ☎ 02 62 90 50 50.
Centre hospitalier général de Terre Sainte, St-Pierre, ☎ 02 62 35 90 00.
Centre hospitalier Gabriel Martin, rue La Bourdonnais, St-Paul, ☎ 02 62 45 30 30.

Pharmacies
La Réunion dispose de plus de 200 pharmacies, réparties sur tout le territoire.

Médecins
L'île compte plus de 1 000 médecins, généralistes et spécialistes. Le week-end, médecins et pharmacies de garde sont indiqués dans les quotidiens. En cas d'urgence, vous pouvez aussi appeler **SOS Médecins**, à St-Denis (☎ 02 62 97 44 44), à St-Paul (☎ 02 62 45 45 02), à St-Pierre (☎ 02 62 35 02 02).

Dentistes
Les dentistes sont également nombreux sur l'île. Ils assurent un service de garde les dimanches et les jours fériés.

• Urgences
Composez le 18 pour les **pompiers**, le 15 ou le 02 62 20 10 10 pour le **SAMU**, le 17 pour la **police**.

DE A À Z

- **Animaux domestiques**

Les dispositions sanitaires sont très strictes (*voir la rubrique Règlements sanitaires, p. 65*).

- **Blanchisserie**

Ce service est assuré dans certains hôtels. Vous trouverez quelques pressings, mais peu de laveries automatiques (St-Gilles-les-Bains, St-Denis, St-Pierre, St-Leu).

- **Cigarettes**

Vous en trouverez partout, même dans les boulangeries et les supermarchés, à un prix moins élevé qu'en France métropolitaine.

- **Courant électrique**

Il est de 220 volts. La majorité des gîtes ont aujourd'hui l'électricité grâce à l'énergie solaire, mais le voltage peut y être beaucoup plus faible.

- **Eau potable**

Vous pouvez boire l'eau du robinet partout. Toutefois, évitez d'en consommer après un cyclone ou de fortes pluies. En balade, évitez de boire l'eau des ravines : remplissez vos gourdes ou achetez de l'eau minérale avant de partir.

- **Guides « Péï »**

Ces guides ont pour mission de faire découvrir l'île d'un point de vue plus local, et vous séduiront par leurs nombreuses anecdotes. Renseignez-vous auprès de l'office de tourisme de St-Denis. Réservations, ☎ 02 62 86 32 88. Nous vous recommandons Patrick Manoro, ☎ 02 62 47 86 55 / 02 62 65 65 28.

- **Internet**

Le développement d'Internet est tel qu'aujourd'hui de nombreux établissements possèdent leur site. Le plus pratique reste http://www.guetali.fr, qui propose de multiples liens vers les autres sites de l'île. Pour lire un des journaux locaux « online », tapez le http://www.jir.fr

- **Journaux**

Vous trouverez des journaux nationaux ou étrangers et les quotidiens locaux (*Le Quotidien*, *Le Journal de l'Île de la Réunion*) dans les papeteries et les supermarchés.

- **Marchandage**

À l'exception du Grand Marché de St-Denis, le marchandage est peu pratiqué et risque de froisser votre interlocuteur.

- **Météo**

Prévisions météo pour les prochaines 24 h, ☎ 08 92 68 00 00.
Le temps en direct partout dans l'île, ☎ 08 92 68 02 02.
Le point sur les cyclones, ☎ 08 36 68 01 01.
Les prévisions maritimes, ☎ 08 92 68 08 08.

- **Photographie**

Vous trouverez tous les films que vous souhaitez à la Réunion, mais les tarifs sont beaucoup plus élevés qu'en métropole et le développement est souvent de moins bonne qualité.

- **Pourboire**

Il n'est pas d'usage, mais peut être le bienvenu.

- **Radio**

Radio France Outremer (RFO) fonctionne en alternance avec France Inter. Sur la bande FM, un grand nombre de stations rivalisent : les grandes stations nationales côtoient de multiples stations locales, comme Radio Freedom.

- **Télévision**

Les quatre principales chaînes, RFO 1, Tempo, Canal + (sur abonnement) et Antenne Réunion, mêlent programmes régionaux et nationaux (informations, émissions d'actualité...).

- **Vols**

Les précautions d'usage s'imposent, comme partout. Ne laissez pas vos objets de valeur sans surveillance sur la plage, dans votre véhicule, ni même dans votre chambre.

LIRE ET VOIR

- **Ouvrages généraux**

LAVAUX Catherine, *La Réunion vue du ciel*, Éd. du Pacifique, 1990. Abondamment illustré de magnifiques photographies aériennes de Guido Alberto Rossi.

LAVAUX Catherine, *Du battant des lames au sommet des montagnes*, Éd. du Pacifique, 1991, Édition mise à jour en 1998. Une visite historique, humaine, sociale et économique de l'île, des premiers colons aux événements du Chaudron.

SCHERER André, *La Réunion*, Que sais-je ?, PUF, 1994.

VAXELAIRE Daniel, *La Réunion, l'île aux mille surprises*, Orphie, 1995. Beau livre.

VAXELAIRE Daniel, *Trésors - Le patrimoine de la Réunion*, Azalées Éditions, 1996. Promenade dans le temps et l'espace, à la découverte du patrimoine historique de la Réunion. Présentation par thèmes et par régions.

- **Littérature**

AGENOR Monique, *L'Aïeule de l'Isle Bourbon*, L'Harmattan, 1993. Récit de la vie de Françoise Chastelain et des premiers bâtisseurs de l'empire colonial français.

AGENOR Monique, *Bé Maho*, Le serpent à plumes, 1996. Roman historique. L'auteur décrit la vie quotidienne des Réunionnais durant la Seconde Guerre mondiale, à travers l'histoire d'un instituteur des Hauts.

BÉNARD Jules, *Sitarane*, Azalées Éd., 1996. L'auteur nous livre ici une version de l'histoire étrange de ce grand Mozambicain qui, enrôlé par le redoutable sorcier Calendrin, a terrorisé la région sud de l'île au début du siècle.

BOYER Monique, *Métisse, récit réunionnais*, L'Harmattan, 1992.

DAMBREVILLE Danielle, *La Mascarine*, Azalées Éd., 1995.

DHAVID, *Ti kréver, les aventures de Tienbo L'ker*, Océan, 1993. Les aventures savoureuses, drôles et émouvantes du jeune Dédé, enfant bâtard des Hauts de St-Benoît. Style simple et spontané.

DOUYERE Guy, *Marie Biguesse, souvenirs d'enfance à l'île de la Réunion*, Azalées Éd. Petit glossaire à la fin de l'ouvrage.

GAUVIN Axel, *L'Aimé*, Seuil, 1990. Les relations entre un enfant et sa grand-mère dans une Réunion rurale et pauvre, à travers le récit poignant. Prix Goncourt.

GAUVIN Axel, *Faims d'enfance*, Seuil, 1987. Des enfants dans une cantine d'école... Dans un langage violent, coloré et drôle.

GAUVIN Axel, *Quartier Trois Lettres*, L'Harmattan, 1991. Axel Gauvin est originaire de la Réunion et prend une part active à la défense de la langue.

GUENEAU Agnès, *Le Chant des Kayanms*, L'Harmattan, coll. Lettres de l'océan Indien, 1993. Histoire d'une rencontre.

LEGUEN Marcel, *Le Maître d'école du Tévé-Lava*, L'Harmattan, 1989. Un jeune maître d'école arrive sur l'île dans les années cinquante.

MANES Gilbert, **Il était de Bourbon**, Azalées, 1995. Souvenirs d'un Réunionnais avant 1939 sous forme d'anecdotes.
OLIVE Agnès, **De l'île à l'autre**, Grand Océan, 1996. Poésie. Belle présentation.
PAYET J.-V., **Récits et traditions de la Réunion**, L'Harmattan, coll. Légendes des mondes, 1995. Recueil de récits et de contes, transmis par la tradition orale.
WACHILL Hassam, **Jour après jour**, Gallimard, 1987. Poésie.

● **Histoire et société**
CHANE-KUNE Sonia, **Aux origines de l'identité réunionnaise**, L'Harmattan, 1993.
EVE Prosper, **Ile a peur**, Océan Editions, 1992.
LEGUEN Marcel, **Histoire de l'île de la Réunion**, L'Harmattan, 1979.
NICOLE Rose-Marie, **Noirs, Cafres et Créoles : études de la représentation du non-Blanc réunionnais**, L'Harmattan, 1996. Inventaire critique des diverses images littéraires et non littéraires du Noir à la Réunion.
REYDELLET Dureau, **Bourbon d'hier, La Réunion d'aujourd'hui - Faits et anecdotes**, Azalées Éditions, 1995. L'histoire de la Réunion y est racontée par thèmes. On y découvre la vie des premiers habitants, quelques personnages et sites célèbres.
ROUSSIN Antoine, **L'Album de la Réunion**, Océan Éditions, 1991. Très bel album en 4 tomes constitué de recueils de dessins et de textes historiques et descriptifs. Les premières éditions virent le jour dans les années 1860.
VAXELAIRE Daniel, **Vingt et un jours d'histoire - Île de la Réunion**, Azalées Éditions, 1992. À travers 21 histoires romanesques, l'auteur retrace quelques épisodes marquants de l'histoire réunionnaise. Quelques documents d'époque.
WANQUET Claude, **Histoire d'une révolution – La Réunion de 1789 à 1803** (2 volumes), Jean Laffitte, 1981.
Histoire de la Compagnie des Indes à Bourbon, Les cahiers de Stella, 1996.

● **Architecture**
BARAT Christian, VAISSE Christian, AUGEARD Yves, **Cases créoles de la Réunion**, Éd. du Pacifique, 1993. Bel ouvrage illustré sur l'architecture de l'île.
HOAREAU Isabelle, **Les jardins créoles - Île de la Réunion**, Éd. Orphie, 1994.
GAGNEUR David, HOAREAU Estelle, MALINVERNO Bruno, **Les cases de Hell-Bourg - La Réunion - 132 itinéraires du patrimoine**, Éd. Grand Océan, 1996.

● **Faune et flore**
BARRET Nicolas, BARAU Armand, JOUANIN Christian, **Oiseaux de la Réunion**, Éd. du Pacifique, 1996.
CADET Th., **Fleurs et plantes de la Réunion et de l'île Maurice**, Éd. Delachaux et Niestlé, 1989.
HARMELIEN-VIVIEN M. et PÉTRON C., **Guide sous-marin de la Réunion et de l'île Maurice**, Éd. du Pacifique, 1981.
PROBST Jean-Michel, **Animaux de la Réunion - Guide d'identification des oiseaux, mammifères, reptiles et amphibiens**, Azalées Éditions, 1997.
Forêt de Mare Longue - Guide botanique, ONF, 1994.
L'île de la Réunion par ses plantes, Conservatoire botanique de Mascarin, Éd. Solar, 1992.
VAXELAIRE Daniel et WINTER Marie, **Paysages et animaux de l'île de la Réunion**, Azalées Éd., 1991.

● **Randonnée**
Topoguide des sentiers de randonnée : l'île de la Réunion, Réf. 974, GR1-GR2, FFRP, Maison de la Montagne de la Réunion, Usep Ufolep, 1996. Le tour du Piton des Neiges, la grande traversée de l'île et 8 balades d'une journée.
Itinéraires réunionnais, Éd. ONF, 1994.

Les plus belles balades à la Réunion – 32 itinéraires pour baladeurs curieux, UFOLEP Réunion, Les créations du Pélican, 1993.
Sentiers marmailles – Guide des petites balades, Éd. ONF, 1993.
Cirque de Mafate – Découverte et randonnées, ONF, Encrages Éd.
Le massif de la Fournaise - 10 sentiers de découverte du volcan actif de la Réunion, ONF, Conseil Général, 1994.

● Cuisine
AHKOUN, ***Saveurs et traditions créoles - Les meilleures recettes de la cuisine de mon île***, Éd. Noor Akhoun. Recettes d'hier et d'aujourd'hui, illustrées d'appétissantes photographies et de textes savoureux pour s'initier aux nuances subtiles des caris et *rougails*.

● Bande dessinée
GRATON Jean, ***Michel Vaillant - Rallye sur un volcan***, Dupuis, 1993. Un aperçu sympathique de l'île, de ses boutiques et de ses habitants tout au long d'un rallye automobile plein de suspens.

● Langue
BAGGIONI Daniel, ***Dictionnaire créole-réunionnais – français***, Azalées Éd., 1990.
CHAUDENSON R., ***Lexique du parler créole à la Réunion***, Champion, Paris.

● Cinéma
La sirène du Mississipi, François TRUFFAUT, avec Catherine DENEUVE et Jean-Paul BELMONDO. Une des scènes se déroule dans l'église de Ste-Anne.

● Cassettes vidéo
De nombreuses cassettes vidéo sur la Réunion ont vu le jour ces dernières années. Outre les cassettes de découverte de l'île, vous trouverez également des cassettes thématiques sur la création de l'île, quelques recettes culinaires ou les sports d'eau et d'air.
La Réunion – L'île sensations, FILM, 1994.

● Musique
LA SELVE Jean-Pierre, ***Musique traditionnelle de la Réunion***, Azalées Éd., 1995. Évolution historique, paroles de chansons et dessins d'instruments de musique.
Les musiques à la Réunion, Les Cahiers de notre histoire - Éd. CNH, 1993.

● Cartographie
La Réunion, IGN, 1/100 000. Cette carte comporte de nombreuses indications et peut suffire pour se promener dans l'île.
Six autres cartes IGN au 1/25 000 couvrent toute l'île de façon extrêmement détaillée. Elle sont très précises et donnent un grand nombre d'informations géographiques et touristiques. Vous y trouverez tous les sentiers de randonnée.

Visiter la Réunion

Panorama sur Mafate

St-Denis★

131 649 hab.
Chef-lieu, préfecture et capitale de la Réunion

À ne pas manquer
Explorer les cases créoles du centre-ville.
Faire un tour au petit marché.
Déambuler le long de la rue du Maréchal Leclerc.
En fin de journée, boire un verre à la terrasse du « Roland Garros ».

Conseils
Visitez le centre-ville à pied.
Évitez les week-ends (frénésie du samedi ; aspect déserté du dimanche).
Fuyez les heures de pointe (7 h-8 h et 16 h 30-18 h).
Organisez vos randonnées et réservez vos hébergements
à la Maison de la Montagne.

Fort agréable pour son charme provincial nonchalant, St-Denis constitue une bonne introduction à la Réunion. Le centre-ville, dont la trame rigoureuse rappelle la vocation de comptoir colonial, se parcourt à pied. Vous découvrez alors de magnifiques cases créoles, témoins d'un certain art de vivre. Flânez aussi sur le Barachois ou au Jardin d'État, pour approcher la Réunion d'hier et d'aujourd'hui. Si la visite est ponctuée de monuments et de musées, la rue offre le spectacle le plus attrayant. Sur fond de jardins ombragés et de façades créoles, St-Denis, ville métisse, vous offre une véritable symphonie de couleurs, d'odeurs, de peuples et de langues. Tout et tous s'y côtoient : mosquées, églises, temples tamouls, pagodes ; drapés mahorais, saris indiens, djellabas musulmanes et minijupes créoles.

Dans les ruelles des quartiers périphériques, quand la porte ouverte d'une case laisse entrevoir un poster jauni de Mike Brant ou de Claude François, une multitude d'odeurs se répandent : celles du cari qui mijote, ou du riz dans les grandes marmites. Et si la langue représente parfois un obstacle, les sourires sont souvent des plus chaleureux.

Enfin, vous pourrez vous aérer dans les Hauts de St-Denis, qui vous réservent de petites excursions ou de grandes randonnées avec de splendides panoramas.

Une ancienne capitale coloniale

St-Denis tire son nom d'une mésaventure maritime. C'est ici que le *St-Denis*, égaré après avoir perdu le contact avec la flotte de la Compagnie des Indes orientales, accoste à l'île Bourbon en 1667, devant l'estuaire d'une rivière. Celle-ci porte depuis son nom, ainsi que la ville qui s'y établit.

L'histoire de St-Denis commence véritablement en 1669, lorsque **Étienne Régnault**, commandant de la Compagnie des Indes orientales, quitte St-Paul pour s'installer au nord de l'île. Le petit bourg se constitue autour de l'activité maritime et commerciale : un entrepôt, un port, une chapelle et les premières habitations s'implantent en bordure du littoral, à proximité de l'actuelle préfecture.

La ville se développe grâce à l'essor de l'économie de plantation. Elle se dote dès 1723 d'un découpage orthogonal en concessions, qui inspire un plan en damier en 1733. Ce tracé a été conservé, après plusieurs modifications, jusqu'à nos jours. En 1735, **Mahé de La Bourdonnais**, gouverneur des « Isles de France et de Bourbon », juge St-Denis plus facile à défendre que St-Paul et y installe le siège du gouvernement.

St-Denis devient la **capitale** de l'île Bourbon en 1738. Des édifices importants, comme la prison ou le collège des Lazaristes (qui abrite aujourd'hui quelques services de l'université) sont alors construits. En périphérie, de nouveaux secteurs s'urbanisent : vers les montagnes, pour la bourgeoisie fuyant la chaleur, et aux embouchures des rivières St-Denis et du Butor.

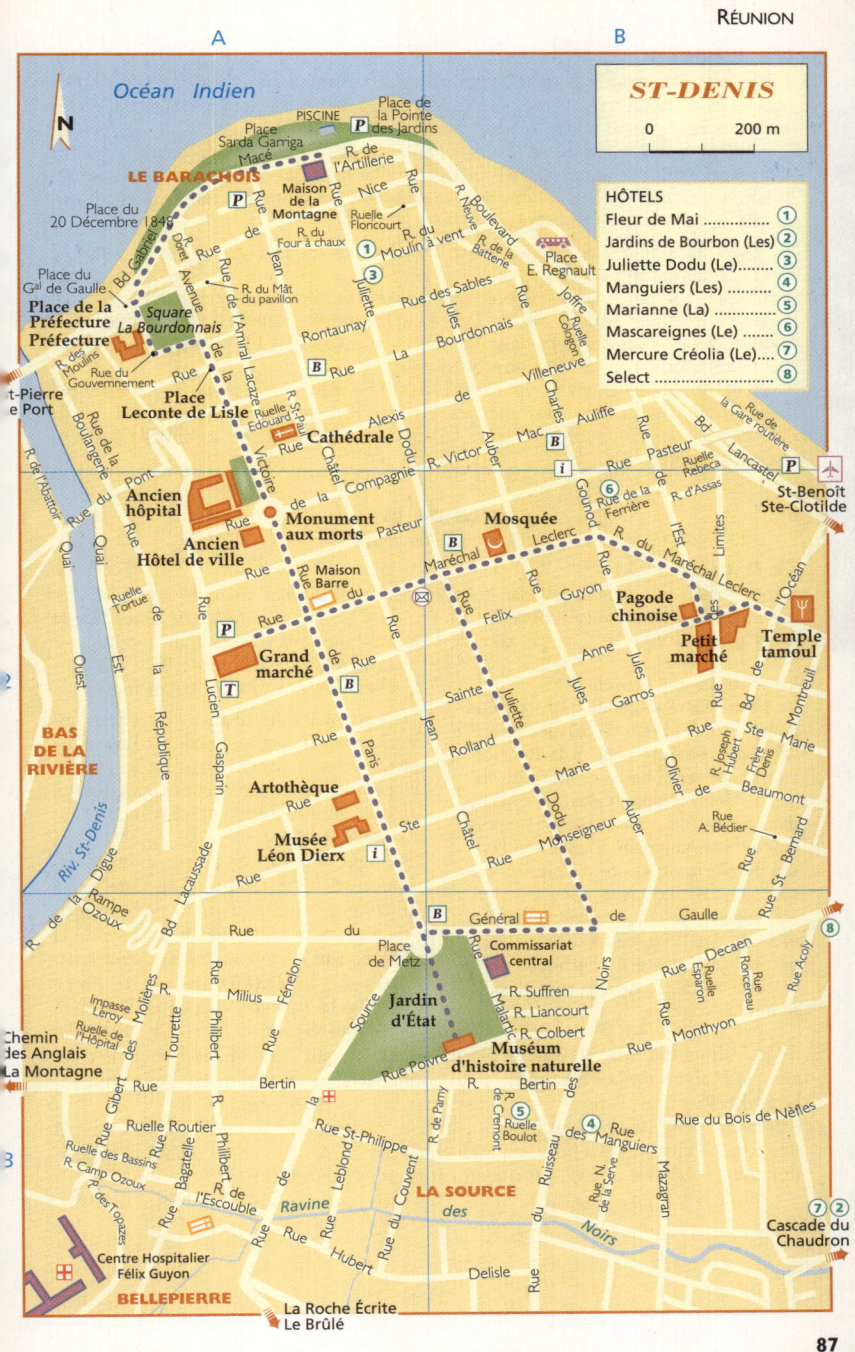

ST-DENIS

RÉUNION

0 — 200 m

HÔTELS

- Fleur de Mai .... ①
- Jardins de Bourbon (Les) ②
- Juliette Dodu (Le) .... ③
- Manguiers (Les) .... ④
- Marianne (La) .... ⑤
- Mascareignes (Le) .... ⑥
- Mercure Créolia (Le).... ⑦
- Select .... ⑧

Océan Indien

LE BARACHOIS
Place du 20 Décembre 1848
Place du Gal de Gaulle
Place Sarda Garriga
Place de la Pointe des Jardins
PISCINE
Maison de la Montagne
Place E. Regnault
Place de la Préfecture
Préfecture
Square La Bourdonnais
Place Leconte de Lisle
St-Pierre Le Port
Cathédrale
Ancien hôpital
Ancien Hôtel de ville
Monument aux morts
Maison Barre
Mosquée
St-Benoît Ste-Clotilde
Pagode chinoise
Petit marché
Temple tamoul
Grand marché
BAS DE LA RIVIÈRE
Artothèque
Musée Léon Dierx
Place de Metz
Commissariat central
Jardin d'État
Muséum d'histoire naturelle
Chemin des Anglais
La Montagne
Centre Hospitalier Félix Guyon
BELLEPIERRE
La Roche Écrite
Le Brûlé
LA SOURCE
Cascade du Chaudron

87

St-Denis

Le début du 19ᵉ s., marqué par un court intermède d'occupation anglaise (1810-1815), est une période de grande prospérité économique qui voit la réalisation de nombreux équipements : routes, écoles, port. En 1860, la ville compte plus de 30 000 habitants et regroupe une part importante des élites de l'île.

Cependant, une succession de fléaux – chute du cours du sucre, épidémies, cyclone ravageant définitivement le port – plonge la ville dans la crise pour de nombreuses décennies. Le centre-ville se dépeuple, la périphérie se paupérise tandis que la bourgeoisie se réfugie dans les Hauts.

En 1946, la Réunion accède au statut de département français, St-Denis s'impose alors comme **chef-lieu**. La capitale doit faire face à une véritable explosion démographique et se lance dans une politique de construction qui entraîne une extension de la ville vers l'est : la cité Michel Debré, au Chaudron, dans les années soixante et le quartier de Champ Fleury dans les années quatre-vingt. En revanche, une réglementation stricte protège le centre historique.

Aujourd'hui, St-Denis compte plus de 120 000 habitants et poursuit son développement. Il ne faudra pas vous étonner du nombre de chantiers en cours, ni de l'importance des embouteillages, car St-Denis concentre une part essentielle des activités économiques de l'île.

Visite de la ville
Comptez une journée.

Le Barachois (A1)

L'entrée dans St-Denis se fait par le Barachois, front de mer aménagé à la place des marines et jetées de l'ancien port, détruit en 1874. Le lieu a été rebaptisé **place Sarda Garrigua**, du nom du commissaire de la République qui y proclama l'abolition de l'esclavage le 20 décembre 1848. Ce jour-là, 62 000 esclaves furent émancipés.

La fête de la Liberté

La « fête Cafre » commémore chaque année depuis 1981, le 20 décembre, l'abolition de l'esclavage à la Réunion. En ce jour férié, des concerts ou « kabars », fêtes créoles en plein air, ont lieu dans toute l'île pour rappeler l'importance de l'événement. C'est aussi l'une des dernières occasions d'assister à des spectacles de moringue, sport de combat déguisé, pratiqué autrefois par les esclaves. En 1998, des festivités toutes particulières ont été organisées pour célébrer le 150ᵉ anniversaire de l'abolition de l'esclavage.

En longeant le front de mer à travers les jardins ombragés, vous ressentirez l'ancienne vocation maritime et militaire de la capitale. Les **canons**, reconstitution des batteries qui défendaient autrefois la ville, pointent toujours vers le large.

De longues bâtisses en pierre, anciens entrepôts ou bâtiments de l'époque de la Compagnie des Indes, imposent leur style austère et majestueux. En face de la piscine, rue de Nice, les anciens bâtiments de la **Caserne** et du **Parc d'Artillerie** abritent les locaux de Radio-France outre-mer et l'actuelle Direction de l'Équipement. Au n° 10 de la place Sarda Garrigua, franchissez le porche d'accès à la **Maison de la Montagne**, pour admirer les arcades en pierre de la cour intérieure. Profitez-en pour vous renseigner sur les randonnées.

Aujourd'hui, le Barachois est devenu le lieu de ralliement des joueurs de pétanque. Il fait bon y flâner sous les ficus, notamment le dimanche après-midi quand la circulation automobile est interdite et que des concerts s'y déroulent.

Traversez le bd Gabriel Macé.

Le Barachois

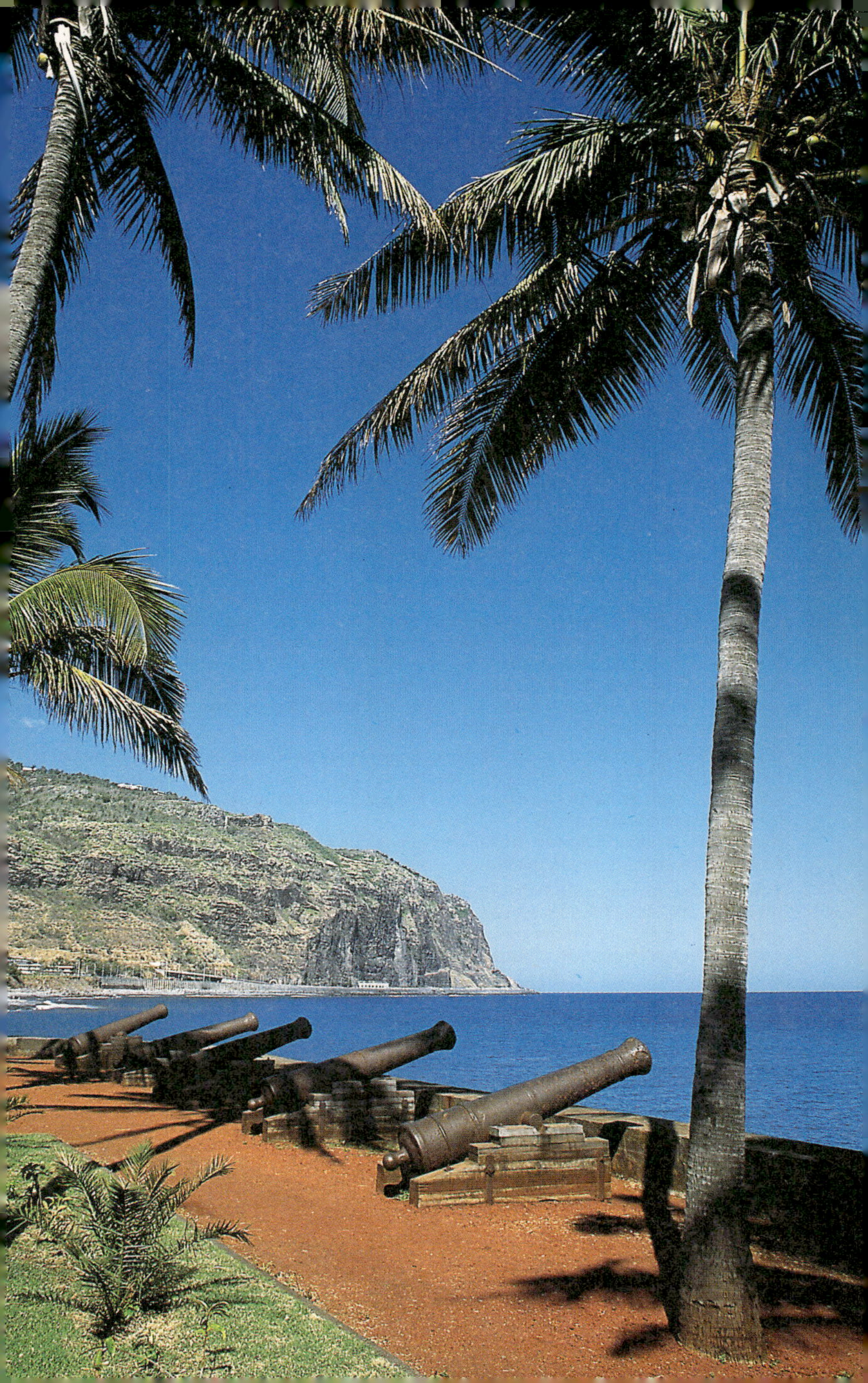

Lieu de rencontre et de détente, vous trouverez au Barachois les rares cafés avec terrasse de St-Denis : le « Rallye » et le « Roland Garros ». Devant ce dernier, la statue de **Roland Garros** (1888-1918) rappelle la mémoire de cet enfant de la Réunion, à qui l'on doit la première traversée en avion de la Méditerranée et l'invention du tir à travers l'hélice.

Suivez le front de mer vers la droite en tournant le dos à la mer, après l'angle du « Roland Garros ».

La place de la Préfecture (A1), ancienne place d'Armes, fut le témoin des grands moments de l'histoire de la Réunion. On y célébra la fin de l'occupation anglaise en 1815 et, plus proche dans les esprits, la départementalisation et fut proclamée en 1946. Au centre, une statue représente le gouverneur Mahé de La Bourdonnais (1699-1753), qui contribua activement au développement des deux « îles sœurs » (Maurice et la Réunion).

L'hôtel de la Préfecture, installé dans un ancien magasin de la Compagnie des Indes construit en 1730, abrita à partir de 1764 le palais des gouverneurs. Cet élégant bâtiment, l'un des plus anciens de la Réunion, offre une excellente illustration de l'architecture coloniale, avec ses colonnes travaillées, son corps central rigoureux doté de deux ailes symétriques, son toit en bardeaux et ses varangues ombragées.

La promenade se poursuit par l'av. de la Victoire, qui devient rue de Paris après le monument aux morts.

L'avenue de la Victoire et la rue de Paris★★

À l'angle de la rue Rontaunay, la **place Leconte de Lisle** (A1) rappelle la mémoire du célèbre poète académicien, né à St-Paul en 1818, enfant chéri des Réunionnais.

Plus loin dans la rue, sur votre gauche, s'ouvre la **cathédrale** (A1), construite entre 1829 et 1832 dans un style néoclassique, puis complétée entre 1861 et 1863, par l'ajout d'un porche. Le bâtiment rénové est classé monument historique.

Juste après se tient **l'ancien hôtel de ville** (A2), datant du milieu du 19ᵉ s.

À droite, un **ancien hôpital** (A2), de 1829, abrite les services administratifs de la préfecture et du Conseil général. Le buste de **Victor Mac Auliffe**, illustre docteur en médecine né en 1870, vous accueille dans l'entrée.

Érigé en 1923 à la mémoire des disparus de la Première Guerre mondiale, le **monument aux morts** (A2) marque ensuite le début de la rue de Paris. Appelé affectueusement **zanz'an l'air** (l'ange en l'air) par les Réunionnais, il voit défiler toutes les manifestations officielles.

Juste après se tient **l'ancien hôtel de ville** (A2), réalisé entre 1846 et 1860, qui accueille les services municipaux.

Tout au long de la rue de Paris, les **demeures** (A2) évoquent une période de prospérité de l'île. Imaginez les élégantes du 19ᵉ s., bavardant à l'abri des *guetalis*, ces petits édifices architecturaux qui permettent d'observer la rue sans être vu. Chaque case a son caractère et son charme propre. Attardez-vous derrière les *baros* (portails) et examinez le moindre détail : toits en bardeaux, façades travaillées, lambrequins ajourés, jardins luxuriants et maîtrisés, varangues, où des fauteuils créoles cannés semblent inviter à la dégustation d'un « rhum arrangé »...

Au **n° 15**, la maison natale de l'ancien Premier ministre Raymond Barre abrite les Services départementaux de l'Architecture. Au **n° 25**, admirez la villa de l'ancien sénateur Repiquet. Plus loin sur votre droite, au **n° 26**, vous pouvez visiter l'**Artothèque★** (A2) (☏ *02 62 41 75 50. 9h-12h / 13h-18h, fermé les dimanche et lundi ; entrée libre*), dans une belle maison créole entièrement restaurée, qui organise des expositions d'artistes de l'océan Indien. Cet organisme a pour particularité de louer ses œuvres d'art, à des prix modiques, aux amoureux de beaux objets.

Juste à côté, au n° 28, l'ancien palais épiscopal, construit en 1845, abrite le **musée Léon Dierx** (A2) (☏ *02 62 20 24 82. 9h-12h/13h-17h ; fermé le lundi ; entrée libre*). Le musée tient son nom d'un peintre et poète parnassien, **Léon Dierx** (1838-1912), né dans la même demeure que Raymond Barre, au n° 15 de la rue de Paris. Créé en 1911 par les écrivains Ary et Marius Leblond, ce musée reçut en 1947 la donation

L'ancien hôtel de ville

de Lucien Vollard, frère du marchand de Cézanne et Renoir. Il abrite une collection de tableaux récemment restaurés, révélant un panel d'œuvres depuis la naissance de l'art moderne (impressionnisme, cubisme) jusqu'à des réalisations plus contemporaines. L'art réunionnais, plus exotique, y est aussi représenté. Vous apprécierez, dans la quiétude et la fraîcheur de ce petit musée, des pièces mineures de Gauguin, Picasso, Émile Bernard, Maurice Denis, Bourdelle et Bugati, les estampes de Georges Rouault, et autres œuvres de Jean Le Gac, Sarkis, Ange Leccia ou Gilbert Clain.

La rue de Paris débouche sur le Jardin de l'État.

Vous pouvez ensuite faire une halte rafraîchissante à l'ombre des palmiers-colonnes du **Jardin de l'État** (A3-B3) *(7h-18h30 ; entrée libre)*. Créé en 1770 par la Compagnie des Indes, le « Jardin du Roy » servait de jardin d'acclimatation et abritait les plantes nouvellement introduites sur l'île. Festivités et expositions s'y déroulaient également.

Promenez-vous le long des allées pour découvrir des espèces rares comme le *talipot*, qui fleurit tous les cinquante à cent ans, un hévéa unique sur l'île, un arbre à calebasses, un arbre à saucisses. Vous remarquerez aussi les bustes de **Pierre Poivre**, qui introduisit le girofle et la muscade, et de **Joseph Hubert**, à qui l'on doit l'importation de nombreux fruits à la Réunion, dont le litchi.

Vous trouverez un parcours détaillé de visite au **muséum d'Histoire naturelle*** (B3) (☏ 02 62 20 02 19. *10h-17h ; fermé le dimanche et les jours fériés ; entrée payante*), installé au fond du jardin dans l'ancien Palais colonial. Au passage, attardez-vous sur la petite collection permanente de ce musée, qui présente la faune terrestre et aquatique de l'île, sur un mode un peu désuet mais charmant. Vous y apprendrez tout sur le **solitaire**, la tortue de Bourbon ou le cœlacanthe.

Quittez le jardin par la rue du Général de Gaulle, à droite et prenez la 2ᵉ à gauche.

Longez la **rue Juliette Dodu** (B2), où vous devinerez de vieilles **cases** créoles, dissimulées derrière la végétation des jardins, comme aux nᵒˢ 140 et 142.

La rue du Maréchal Leclerc coupe la rue Juliette Dodu perpendiculairement.

La rue du Maréchal Leclerc

En vous promenant dans la ville, vous vous rendrez compte qu'il n'y a pas vraiment de « quartiers ethniques », mais qu'à chaque communauté correspond un rôle commercial différent. Aucune rue ne peut exprimer mieux que celle du Maréchal Leclerc cette diversité humaine et culturelle, si particulière à la Réunion. Malgaches, Chinois, *Z'arabes*, Créoles, Malabars, *Métros* : tous semblent s'être donné rendez-vous dans cette rue, la plus commerçante de la ville. Une foule bigarrée se croise sur les trottoirs étroits et les encombrements automobiles contribuent à la grande animation.

Le parcours commence au n° 2 par le **grand marché*** (A2) *(9h-18h ; fermé le dimanche)*, vaste halle entourée de grilles en fer forgé, où vous pourrez tenter de marchander des pièces d'artisanat malgache : nappes brodées, objets en bois ou vannerie.

En revenant sur vos pas, de l'autre côté de la rue de Paris, au n° 121, vous découvrez le haut minaret de la **mosquée** (B2) *(9h-12h/14h-16h ; entrée libre)*, qui surplombe les galeries commerçantes en rez-de-chaussée. Sa cour blanc et vert, baignée par le soleil, permet d'échapper à la frénésie de la rue. Il faut naturellement se vêtir décemment et se déchausser.

Un peu plus loin dans la rue du Maréchal Leclerc, vous retrouvez une atmosphère industrieuse et colorée au **petit marché** (B2) *(5h-19h ; fermé le dimanche après-midi)*. Selon les saisons, vous pourrez y déguster de savoureux litchis, des mangues, des ananas ou de petites bananes. On y circule entre les étalages de fleurs tropicales, rouges *anthuriums* ou blancs arums, et de légumes exotiques, comme les *chouchous* ou les *brèdes*. Près du vendeur d'épices, cherchez à deviner, parmi la profusion de senteurs, le délicieux parfum de l'ylang-ylang.

Partant du petit marché, empruntez la rue St-Anne et poussez la grille au n° 63.

Édifice discret, la **pagode chinoise** (B2) *(tlj, 8h-18h ; entrée libre)*, par son aspect renfermé et austère, dégage un certain mystère qui contraste avec l'agitation ambiante.

Plus bas, au n° 261 de la rue du Maréchal Leclerc, se dresse un beau **temple tamoul*** (B2), l'un des plus grands de l'île. La visite *(tlj, 5h-19h ; entrée libre)* est autorisée à condition de ne pas porter de cuir.

Excursions dans les Hauts de St-Denis

Que vous soyez randonneur expérimenté ou amateur de promenades en famille, les Hauts de St-Denis vous séduiront par la beauté et la diversité de leurs paysages.

La route de la Montagne

Prenez la sortie ouest de St-Denis en direction de la Montagne (RD 41). 33 km jusqu'à La Possession. Comptez 1 h de voiture.

De jour comme de nuit, cette route vous offre des haltes aménagées permettant d'admirer un large **panorama** sur la ville.

Le chemin des Anglais*

Prenez la route de la Montagne jusqu'au stade de St-Bernard, d'où part le chemin (9 km, 450 m de dénivelé, 6 h de St-Bernard à La Possession, avec possibilité de s'arrêter à mi-chemin à la Grande Chaloupe). Arrivée à La Possession, au début de la route de la Montagne. Bus de La Possession à St-Denis.

Toute la beauté et l'originalité de cette randonnée entre mer et montagne réside dans les contrastes et jeux de couleurs des **points de vue*** sur la mer. En contrebas, la route du littoral scintille sous le soleil. Les pavés du sentier témoignent de son rôle historique. Le passage par la **Grande Chaloupe** permet de découvrir ce site chargé d'histoire, qui vit longtemps débarquer les colons venus s'installer dans l'île. En bordure du village trône fièrement le *ti'train*, vestige du chemin de fer réunionnais, dont vous pouvez visiter les wagons.

La cascade du Chaudron

Sortez de St-Denis vers l'est en direction de La Bretagne, puis de Bois Rouge, et garez-vous au niveau d'une station de pompage. Le sentier part du chemin du lavoir (1 h 30 AR de marche facile).

Tout au long de cette petite marche, vous vous trouvez à la fois très près et très loin de la ville. Rapidement, vous voilà plongé dans une végétation tropicale dense, ponctuée de nombreux *chocas* ou agaves, alors que les bruits de mobylettes ou autres activités urbaines sont encore perceptibles. Le sentier suit une canalisation datant de 1860, qui desservait autrefois St-Denis, pour emprunter une passerelle à flanc de falaise. Les personnes sujettes au vertige peuvent suivre un chemin en contrebas. Vous longez ainsi la ravine, traversez un petit tunnel et aboutissez à la cascade du Chaudron.

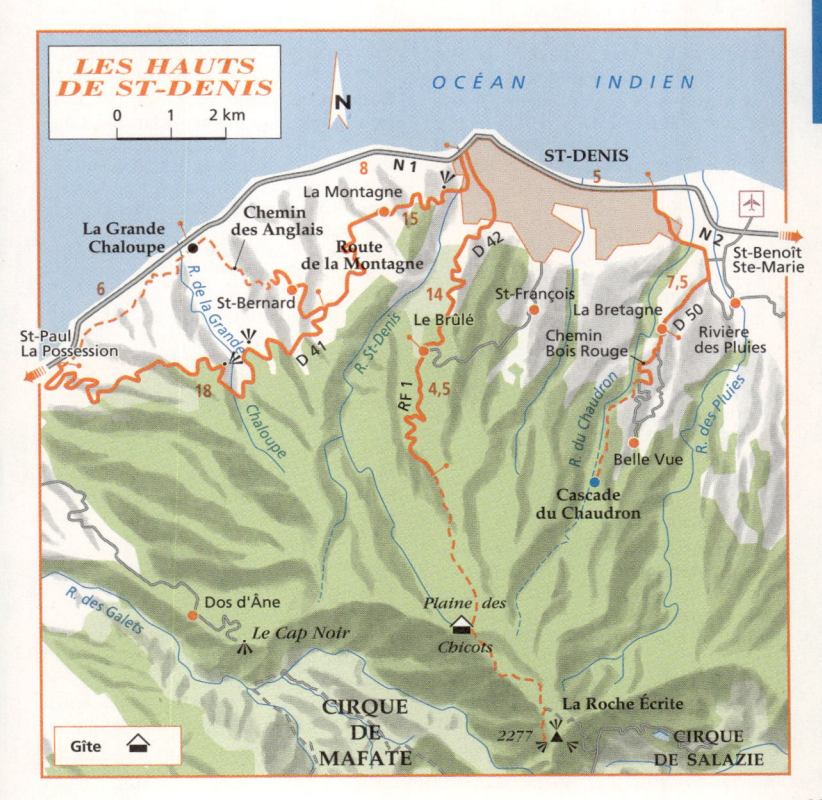

La Roche Écrite**

Quittez St-Denis par le sud (RD 42), jusqu'au Brûlé. De là, la RF 1 mène au parking d'où part le sentier (19 km AR, 7 h, dénivelé de 910 m). À faire de préférence en 2 jours, avec une nuit au gîte de la Plaine de Chicots (réservez à la Maison de la Montagne).

Cette randonnée, sans doute la plus belle des Hauts de St-Denis par son cadre forestier, vous promet une vue splendide à l'arrivée, à 2 277 m d'altitude. La première partie, raide, très verdoyante, est jalonnée de *cryptomérias*, de fougères arborescentes, de bois de Rempart et de *calumets*. Vous arrivez au gîte, environné de tamarins et de *mahots*, pour savourer un cari bien mérité. La deuxième partie vous mène au sommet, en pente douce, sur des dalles rocheuses. La rareté de la végétation implique une bonne protection contre le soleil. À l'arrivée à la Roche Écrite, couverte d'inscriptions diverses, un **panorama**** s'ouvre sur les cirques de Salazie à gauche et de Mafate à droite, avec le Piton des Neiges et le sommet arrondi du Volcan en arrière-plan.

St-Denis pratique

ARRIVER-PARTIR

À partir de l'aéroport, 15 minutes en taxi (environ 18,3 €), navette (4,2 €) ou voiture de location.

En voiture – Laissez votre véhicule au Barachois, à l'entrée ouest de la ville, sur le front de mer ou devant la préfecture.

En autobus – La gare routière se trouve bd Joffre (☎ 02 62 41 51 10), à l'entrée est de la ville, à 5 mn du Barachois sur le littoral. Les bus font le tour de l'île, reliant toutes les villes entre elles.

COMMENT CIRCULER

À pied – Pour visiter, préférez la marche, qui vous épargnera les embouteillages et les problèmes de stationnement.

En voiture – Attention à la conduite à St-Denis : il faut absolument respecter les priorités à droite en centre-ville et garder à l'esprit qu'une rue sur deux est en sens interdit (les panneaux ne sont pas toujours bien visibles parmi la profusion d'enseignes).

ADRESSES UTILES

Informations touristiques – *Maison de la Montagne*, 10 place Sarda Garriga, ☎ 02 62 90 78 78, Fax 02 62 41 84 29, nature@oceanes.fr Lundi-jeudi, 9 h 30-17 h 30 ; vendredi, 9 h-16 h 30 ; samedi, 9 h-16 h. Indispensable pour se renseigner sur les itinéraires et activités de randonnée et faire ses réservations, notamment pour les gîtes (également possibles par téléphone).

Office de tourisme, 53 rue Pasteur, ☎ 02 62 41 83 00, Fax 02 62 21 37 76, 8h-18h, fermé le dimanche.

RUN, magazine gratuit disponible dans la plupart des lieux touristiques : adresses actualisées pour l'hébergement, la restauration, les achats et les loisirs.

Banque / Change – Prévoyez de l'argent liquide pour vos déplacements, car les chèques de France métropolitaine sont souvent refusés et les « gabiers » (distributeurs automatiques) sont concentrés dans les centres-villes et sur le littoral.

Banque de la Réunion, 27 rue Jean Châtel, ☎ 02 62 40 01 23. Le « gabier » s'adresse à vous en créole.

BNPI, 67 rue Juliette Dodu, ☎ 02 62 40 30 30.

Crédit Agricole, 14 rue Félix Guyon, ☎ 02 62 90 91 00.

Caisse d'Épargne, 55 rue de Paris, ☎ 02 62 94 80 00.

BRED, 33 rue Victor-Mac Auliffe, ☎ 02 62 90 15 60.

Poste – *Poste centrale*, 62 rue du Maréchal Leclerc, ☎ 02 62 40 17 17. Il y a d'autres bureaux un peu partout.

Téléphone – De nombreuses cabines téléphoniques à cartes sont à votre disposition dans la ville.

Santé – *Centre hospitalier départemental Félix Guyon* (A3), rue des Topazes, Bellepierre, ☎ 02 62 90 50 50. Les pharmacies de garde sont indiquées dans les quotidiens et sur la devanture des pharmacies.

Compagnies aériennes – *Air France*, 7 av. de la Victoire, ☎ 02 62 40 38 38, Fax 02 62 40 38 40.
Air Lib, 7 rue Jean Chatel, ☎ 02 62 94 77 77, Fax 02 62 20 07 16.
Corsair, Nouvelles Frontières, 20 rue La Bourdonnais, ☎ 02 62 21 54 54.
Air Austral, 4 rue de Nice, ☎ 02 62 90 90 90, Fax 02 62 90 90 91.
Air Mauritius, 13 rue Charles Gounod, ☎ 02 62 94 83 83, Fax 02 62 41 23 26.

Location de véhicules – Les points de locations sont plus nombreux dans le nord de l'île, mais aussi plus chers. Les prix indiqués s'entendent kilométrage illimité et carburant non compris. Les franchises sont assez élevées. Comptez entre 765 et 915 €, payables par carte.
Garcia Location, 92 rue Léopold Rambaud, 97490 Ste-Clotilde, ☎ 02 62 28 04 04, Fax 02 62 28 83 84, jmgarcia@guetali.fr Une petite compagnie locale, située à 3 mn de l'aéroport et l'un des prix les plus compétitifs du marché. Une voiture (3 portes) à partir de 15,10 € par jour. Accueil sympathique. Réservation conseillée.
AMC, 24 rue Léopold Rambaud, 97490 Ste-Clotilde, ☎ 02 62 21 66 81, Fax 02 62 41 89 40. Prix plus élevés mais corrects et dégressifs : comptez 37,40 € par jour pour une voiture 3 portes.
ADA, 9 bd Doret, ☎ 02 62 21 59 01, Fax 02 62 41 89 40. Un grand classique de la location automobile et des prix qui restent moins élevés que la moyenne. Tous les véhicules sont quasiment neufs. Une voiture 3 portes à partir de 40,40 € par jour.

OÙ LOGER

Une vingtaine d'hôtels de toutes catégories existent à St-Denis, mais ce n'est pas la ville la plus agréable pour se loger. Vous n'y trouverez pas d'hôtel de charme caractéristique de l'atmosphère ou de la culture créole. Vous pourrez y passer une ou deux nuits pour visiter la ville, mais guère plus. En général, les horaires d'arrivée et de départ des avions n'obligent pas à passer une nuit près de l'aéroport. Les fourchettes de prix indiquées sont calculées sur la base d'une chambre double avec petit-déjeuner.

De 30,50 à 45,80 €
Le Mascareignes Hôtel, 3 rue Lafférière, ☎ 02 62 21 15 28, Fax 02 62 21 24 19 – 12 ch. Étant donné la rareté des hôtels à bas prix à St-Denis, cette maison très modeste présente l'avantage d'être située dans une rue calme, à deux pas de la rue du Maréchal Leclerc. Ses installations rudimentaires en font une étape pour les globe-trotters, qui apprécieront davantage l'ambiance familiale que le charme de ce lieu.
Hôtel Fleur de Mai, 1 rue du Moulin à Vent, ☎ 02 62 41 51 81, Fax 02 62 94 11 60 – 10 ch. Dommage que la robinetterie de cette jolie case créole soit un peu vétuste, car cet hôtel sans prétention est situé à deux pas du Barachois. C'est donc un point de départ pratique pour vos tribulations urbaines. Réservez une chambre avec fenêtre et balcon.

De 46 à 69 €
La Marianne, 5 ruelle Boulot, ☎ 02 62 21 80 80, Fax 02 62 21 85 00 – 24 ch. Très bon rapport qualité-prix. Petit immeuble moderne, modeste et propre situé près du Jardin de l'État. Les chambres, spacieuses, agréables avec leur mobilier en rotin, demeurent toutefois perméables aux bruits de la ville. Choisissez une chambre élevée. Il n'y a pas d'ascenseur, mais on vous portera avec affabilité vos bagages jusqu'à votre chambre.
Select Hôtel, 1 bis rue des Lataniers, ☎ 02 62 41 13 50, Fax 02 62 41 67 07, hotelselect@runweb.com – 54 ch. À 10 mn du Jardin de l'État, dans une rue parallèle à la rue Monthyon, cet hôtel moderne offre un très bon rapport qualité-prix. Si le charme créole n'est pas forcément au rendez-vous, l'endroit est bien situé, l'accueil affable et les chambres propres et calmes. Demandez une chambre à l'étage, avec vue sur les toits de St-Denis. Vous pouvez par ailleurs louer une voiture à un prix intéressant, l'hôtel proposant un forfait chambre + voiture à un tarif très convenable.
Les Manguiers, 9 rue des Manguiers, ☎ 02 62 21 25 95, Fax 02 62 20 22 23, manguier@ilereunion.com – 20 ch.

St-Denis

Située à proximité du Jardin de l'État, cette résidence hôtelière vous propose de petits studios parfaitement entretenus et équipés pour mieux apprécier un séjour prolongé en ville. Des balcons de l'étage supérieur, vous découvrez une belle vue sur les contreforts de St-Denis.

Les Jardins de Bourbon, 18 rue du Verger, ☎ 02 62 40 72 40, Fax 02 62 30 32 28, hotelbourbon@la-reunion.com – 187 ch. Une grande résidence moderne située au début des rampes de St-François. Les chambres, vastes et confortables, peuvent accueillir jusqu'à trois personnes. Préférez celles qui offrent une vue panoramique sur la ville. Possibilité de tarifs dégressifs à partir d'une semaine, idéal pour un séjour prolongé à St-Denis. Une oasis de calme, non loin du centre-ville, et un excellent rapport qualité-prix.

Plus de 69 €

Le Juliette Dodu, 31 rue Juliette Dodu, ☎ 02 62 20 91 20, Fax 02 62 20 91 21, jdodu@runnet.com – 43 ch. Installé dans la maison natale de la fameuse résistante qui lui a donné son nom, l'hôtel combine un accueil tout à fait efficace, un cachet séduisant et des tarifs qui ne sont pas excessifs comparés à la qualité des prestations proposées. Avec sa superbe décoration et son mobilier design, le Juliette Dodu est l'hôtel le plus luxueux du centre-ville. Si vous en avez les moyens, prenez une suite ; celles-ci sont installées dans une aile où les planchers sont en bois précieux d'origine (1840).

Le Mercure Créolia, 14 rue du Stade, Montgaillard (voir direction, plan B3), ☎ 02 62 94 26 26, Fax 02 62 94 27 27, H1674@accor-hotels.com – 107 ch. Situé sur les pentes de St-Denis, ce grand hôtel domine la ville et offre des prestations haut de gamme. Vaste piscine avec vue panoramique. Le personnel, particulièrement agréable, saura vous mettre en relation avec les prestataires de services pour organiser vos loisirs. La qualité de l'accueil et les forfaits proposés pour la location d'un véhicule compensent l'éloignement du centre-ville (15 minutes en voiture).

Domaine des Jamroses, 6 chemin du Colorado, La Montagne, ☎ 02 62 23 59 00, Fax 02 62 23 93 37, Jamroses@runresa.com – 12 ch. Niché dans un parc tropical de 2 ha surplombant St-Denis, cet hôtel, calme et accueillant, possède le charme des cases créoles d'antan, avec mobilier d'époque et varangues à colonnades. Chambres spacieuses, dont quatre de luxe avec vue sur la mer. En haut du parc, un sentier pédestre serpente à travers la forêt et vous conduit en 10 mn à la zone de loisirs du Colorado (golf, centre équestre, tennis). Possibilité de demi-pension. Salle de séminaires, salle de gymnastique, sauna, Jacuzzi, billard américain.

Où se restaurer

Snack-bars

Moins de 8 €

Pour un « petit creux » ou en apéritif, goûtez aux samoussas et aux bouchons, spécialités réunionnaises que vous trouverez dans tous les camions-bars, dans la rue.

Chez Kaï, 35 rue de Nice (A1), ☎ 02 62 21 90 98. Midi et soir ; fermé le dimanche midi et le lundi. Spécialités chinoises, excellents beignets (crevettes, songes, morue...) et pains spéciaux fourrés (nans). Le cadre est très moyen, mais vous pouvez emporter pour manger plus tranquillement face à la mer.

Chekouri, place Sarda Garriga (A1) (sur le Barachois, en face des locaux de RFO, à l'ombre d'immenses ficus), ☎ 02 62 41 72 72. Midi et soir. Une pause agréable mais un peu bruyante pour goûter aux caris locaux avant de poursuivre votre visite.

Les Calumets — Chez l'oncle Sam, 71 allée des Topazes, ☎ 02 62 21 33 89. Midi et soir ; fermé le dimanche. Ce petit snack, situé juste au-dessus de l'hôpital Félix Guyon, a acquis sa notoriété grâce à ses samoussas (canard à la vanille, bichique, requin, etc.). C'est là qu'aurait été créé le samoussa au fromage, très à la mode à la Réunion. On y mange aussi des caris à des prix raisonnables. Deux bémols cependant : un cadre très moyen et un accueil pas toujours affable.

La Terrasse, 39 rue Félix Guyon, ☎ 02 62 20 07 85. Midi et soir ; fermé le dimanche. À l'ombre de la varangue de cette case créole au charme rustique, située en plein centre-ville, on mange aussi bien des escargots de Bourgogne qu'un cari traditionnel. Choisissez si possible la table qui se trouve dans l'ancien guetali. Plus bruyante, elle vous permet cependant de surplomber la rue, et de voir sans être vu.

Le Massalé, 30 rue Alexis de Villeneuve (A1), ☎ 02 62 21 75 06. Midi et soir jusqu'à 20 h ; fermé le vendredi midi. Des beignets indiens extrêmement variés et des petites douceurs de toutes les couleurs, à la rose, à l'amande, à la vanille, à déguster sur place ou à emporter. Le thé y est excellent et l'accueil très sympathique.

Cuisine créole
De 8 à 23 €

Le Reflet des Îles, 27 rue de l'Est (B1), ☎ 02 62 21 73 82. Midi et soir ; fermé samedi midi, dimanche et jours fériés. Une cuisine créole de très bonne qualité et à prix raisonnables vous sera servie dans un cadre chaleureux. Boudins créoles, salades ti-jacque, rougails et une longue liste de succulents caris que l'on ne peut tous nommer. En fin de repas, vous apprécierez le grand choix de rhums arrangés. Excellent service.

Le Vieux Portail, 43 rue Victor Mac Auliffe (B1), ☎ 02 62 41 09 42. Midi et soir ; fermé le samedi midi et le lundi. Le vieux « baro » (portail) vous accueille à l'entrée de cette case restaurée. Installé sous une belle varangue en bois, autour d'un patio, vous vous enivrerez des odeurs d'épices, prémices d'un délicieux repas typiquement créole. Laissez-vous bercer par l'ambiance tropicale pour apprécier le cadre et les mets.

De 23 à 39 €

Le Roland Garros, 2 place du 20 décembre 1848, ☎ 02 62 41 44 37. Ouvert tlj. Le cadre agréable de cette brasserie de renom, située sur le Barachois, s'accorde volontiers avec une cuisine de bistrot qui se mêle quotidiennement à une sélection de plats créoles, plus ou moins gastronomiques. Un doux mélange d'ambiances.

Cuisine chinoise
De 8 à 23 €

Les délices de l'Orient, 59 rue Juliette Dodu (A1-A2), ☎ 02 62 21 44 20. Midi et soir ; fermé le lundi. Bonne cuisine, dans un décor très kitsch. Ne pas être pressé.

Le New Escale, 1 rue De Lattre de Tassigny (à l'étage) (direction St-Benoît, voir plan B2), ☎ 02 62 41 22 20. Midi et soir ; fermé le lundi. Bonne cuisine dans un décor extraordinaire de grand restaurant chinois.

Le Saigon, 11 rue Gibert des Molières, ☎ 02 62 41 13 67 ; fermé le dimanche soir et le lundi. Si le cadre de ce restaurant est tout à fait ordinaire, sa cuisine vietnamienne est assurément la meilleure de St-Denis. L'accueil y est chaleureux, et le bœuf Sarthé un vrai délice. Demandez à manger sous la varangue qui, bien qu'à proximité de la route, n'en est pas moins agréable.

Cuisine indienne
De 8 à 23 €

Le Goujrat, bd Gabriel Macé (A1), au-dessus de la piscine du Barachois, ☎ 02 62 21 60 61. Midi et soir ; fermé le dimanche et le lundi soir. Accueilli par votre hôtesse en sari, vous pourrez déguster de nombreuses spécialités sur un fond de musique indienne. Demandez une table avec vue sur la piscine.

Cuisine « métro »
Moins de 8 €

L'Igloo, 67 rue Jean Châtel (A1-A2), ☎ 02 62 21 34 69 (réservez : souvent bondé à l'heure du déjeuner). Midi et soir. De très bonnes salades et des plats légers. Excellents desserts (énormes vacherins...). L'endroit est réputé pour ses cocktails et surtout pour ses glaces.

Cyclone Café, 24 rue Jean Châtel (A1), ☎ 02 62 20 00 23. Midi et soir ; fermé le samedi midi et le dimanche. Ambiance mexicaine dans un cadre original, plein de couleurs et d'idées.
Petits plats sympathiques, mais qui ne combleront que de petites faims.

De 8 à 23 €

L'Hélios, 88 rue Pasteur (A2), ☎ 02 62 20 21 50 (réservation conseillée). Midi et soir ; fermé les dimanche et lundi.

Délicieux tartares de thon ou grillades au feu de bois, à déguster sur une terrasse ombragée. Une adresse très populaire auprès des Dionisyens.
De 23 à 39 €
😊 ***Bonnat-Vola***, 22 bis rue Suffren, angle rue du Ruisseau des Noirs (B3), ☎ 02 62 41 65 48. Le soir uniquement ; fermé le dimanche. Décoration originale composée d'une multitude de petits objets et de sculptures colorés, créés et harmonieusement disposés par Mme Vola. Vous y dégusterez une excellente cuisine française. La croustade de langoustines à la nage vous mettra en appétit avant d'attaquer l'onctueux filet de biche farci aux griottes et aux noix. Goûtez la galette maison aux framboises sur coulis de fruits rouges...

Où boire un verre, où sortir

Bars, glaciers, salons de thé – ***Le Rallye***, 3 av. de la Victoire (A1), ☎ 02 62 21 34 27. Café en terrasse. Lieu de rendez-vous incontournable d'une clientèle hétéroclite. Concerts de groupes locaux le dimanche.

Le Roland Garros, 2 place du 20 décembre 1848 (A1), ☎ 02 62 41 44 37. Dans cette vieille maison coloniale en basalte, atmosphère tropicale et ambiance de brasserie métropolitaine se juxtaposent, pour une détente nonchalante et conviviale. Venez déguster un sorbet à la mangue dans le glacier jouxtant la brasserie, récemment ouvert par le gérant du Roland Garros. Des prix modestes, un plaisir pour les papilles.

😊 ***L'Igloo***. Voir « Où se restaurer ». Depuis son ouverture, cet établissement ne désemplit pas. La multitude de parfums et de variations proposés (milk-shakes, vacherins, gâteaux) explique le succès du meilleur glacier de l'île. À goûter absolument.

Le Cadre Noir, 11 rue de Paris, ☎ 02 62 21 44 88. (A2). Cette petite case créole abrite à la fois une galerie de peinture et un agréable salon de thé, avec un charmant jardin d'intérieur.

Cyclone Café. Le soir, ce restaurant se transforme en bar. Le rendez-vous « branché » des étudiants de la capitale. Voir aussi « Où se restaurer ».

La Terrasse. Voir « Où se restaurer ».

Café Moda, 75 rue Pasteur, ☎ 02 62 41 99 41. Fermé le dimanche. Après une séance au cinéma Le Plazza ou un repas à l'Hélios, situé juste en face, venez boire un verre sur la terrasse du Café Moda. L'ambiance y est conviviale, plus particulièrement le mardi soir, lors de la soirée dansante hebdomadaire.

Le Vieux Carré, 18 rue de la Victoire, ☎ 02 62 41 47 16. Ouvert tlj jusqu'à 4 h du matin. Récemment inauguré, ce bar nocturne est un endroit agréable pour déguster un cocktail après le dîner, confortablement installé dans une chaise longue en bois de Madagascar.

Spectacles – ***Palaxa Jeumon***, 23 rue Léopold Rambaud, Ste-Clotilde, ☎ 02 62 21 87 58. Guettez dans la presse le programme des concerts de musique créole (généralement le vendredi).

Champ Fleuri, av. André Malraux, Ste-Clotilde (direction Ste-Clotilde, voir plan B2), ☎ 02 62 41 11 41. Salle de 900 places accueillant des spectacles très variés (danse indienne ou contemporaine, musique...).

Théâtre du Grand Marché, rue du Maréchal Leclerc, ☎ 02 62 20 33 99. Situé au fond du Grand Marché, ce théâtre remplace l'ancien théâtre Fourcade. Il abrite aussi le Centre dramatique de l'océan Indien qui, dans une salle joliment décorée de peintures de type Ndebele (ethnie d'Afrique du Sud), propose des spectacles sur la Réunion ou d'autres îles proches.

Achats

Artisanat – Vous verrez quelques magasins d'artisanat réunionnais, malgache et indien en vous promenant dans les rues Juliette Dodu, Jean Châtel et Maréchal Leclerc.

Lacaze, place Sarda Garriga (A1). Cette boutique touristique regroupe un large éventail d'artisanat local, ainsi que des livres, du rhum, des épices ... Prix comparables à ceux des magasins du centre-ville.

Grand marché, rue du Maréchal Leclerc (A2). Vous y trouverez essentiellement de l'artisanat malgache. N'hésitez pas à marchander, surtout si vous achetez plusieurs articles.

Le Mahal, 50 rue du Maréchal Leclerc, ☎ 02 62 41 63 98. Pour ramener de vos vacances des pièces d'artisanat indien à petits prix. Une vraie caverne d'Ali Baba.

Galerie d'art – Le Cadre Noir (voir ci-dessus). Du mardi au samedi de 10 h à 19 h.

Galerie l'Océane, 51 rue de Paris. Cette jolie maison créole n'abrite pas d'expositions permanentes. Toutefois, avec un peu de chance, vous pourrez admirer les œuvres d'artistes locaux lors d'expositions temporaires.

Librairies-journaux – Le Rallye (voir ci-dessus). Ouvert tous les jours et en soirée. Cartes, ouvrages sur l'île, journaux...

Librairie Gérard, 5 ter rue de la Compagnie.

L'Entrepôt, 42 rue Juliette Dodu (A1).

Café internet – La case à Hello, 69 rue Juliette Dodu, ☎ 02 62 94 19 55. De 8 h à 20 h ; fermé le dimanche.

# LA CÔTE OUEST★★
DE ST-DENIS À ST-LOUIS

Env. 80 km de route par le littoral
Comptez 2 jours de visite
Soleil, températures élevées et faible pluviométrie

À ne pas manquer
Admirer le point de vue du Maïdo.
Flâner au marché de St-Paul le vendredi soir.
Se baigner à Boucan Canot.
Visiter le musée de Stella Matutina.

Conseils
Évitez si possible les week-ends.
Pour les randonnées, partez très tôt,
avec de l'eau, un vêtement de pluie et de bonnes chaussures.

La côte Ouest concentre le tourisme balnéaire. Vous y verrez les seuls lagons et les plus belles plages de l'île, de sable blanc ou noir, paradis de la plongée et du surf. C'est aussi le berceau de l'histoire de la Réunion. À l'abri des alizés et de la houle – d'où son appellation de **« côte sous le vent »** – ce site privilégié fut investi dès le début de la colonisation, comme en témoignent les vestiges que vous croiserez au hasard des chemins. Sa richesse réside également dans ses paysages. Aux vastes savanes dorées et aux champs de cannes à sucre succèdent, à l'approche des plus hauts sommets, des forêts et des étendues d'ajoncs.

De St-Denis à St-Paul

En voiture ou en bus. 27 km. Évitez les heures de pointe du matin et du soir, ainsi que le dimanche soir pour le retour sur St-Denis. Comptez env. 20 mn en voiture, dans de bonnes conditions de circulation.

La route du littoral
Réputé pour être « la route la plus chère de France », cet axe principal de liaison entre le nord et l'ouest de l'île, emprunté chaque jour par 40 000 véhicules, rythme la vie des Réunionnais par ses embouteillages. Inaugurée en 1963 et agrandie sur quatre voies en 1976, la route a été gagnée sur la mer. Elle longe des falaises de basalte fracturé et de scories volcaniques, qui se couvrent d'une succession de cascades après de fortes pluies. Le paysage est magnifique, côté mer comme côté montagne, surtout au coucher du soleil, lorsque la roche se pare de teintes chatoyantes. Divers dispositifs de sécurité, comme l'installation de filets le long de la falaise, protègent la route des chutes de pierres. Il arrive néanmoins que des éboulements interrompent temporairement la circulation.

À 8 km de St-Denis se trouve le village de la **Grande Chaloupe**, où accostèrent les troupes anglaises en 1810. L'ancienne gare et les rails du chemin de fer (CFR) ont été conservés, ainsi qu'une **locomotive Creusot** de 1885 classée monument historique. Un peu à l'écart du village se trouve l'ancien lazaret ; resté longtemps en ruine, il est aujourd'hui en pleine reconstruction et doit abriter les nouveaux locaux de la DDE. L'intérêt de la Grande Chaloupe réside aussi dans la beauté de ses cases créoles récemment repeintes à l'ancienne. Tous les ans, au mois de septembre, se tient la fête du tangue. À cette occasion, toutes les générations de Réunionnais se retrouvent autour d'une dégustation de cari de tangue (sorte de hérisson) et organisent un traditionnel *Kabar* (fête musicale).

RÉUNION

LA CÔTE OUEST

0 2 4 6 km

Map labels:

- ST-DENIS
- St-Benoît
- La Grande Chaloupe
- La Montagne
- St-Bernard
- Le Brûlé
- La Possession
- Ste-Thérèse
- Le Port
- La Rivière des Galets
- Antenne Oméga
- Dos d'Âne
- Cap Noir
- Baie de St-Paul
- Savannah
- St-Paul
- Tour des Roches
- Cimetière marin
- Cap la Houssaye
- Grotte des premiers Français
- Boucan Canot
- L'Éperon
- Le Guillaume
- La Petite France
- Maïdo 1500
- CIRQUE DE MAFATE
- St-Gilles-les-Bains
- Théâtre
- St-Gilles-les-Hauts
- Musée de Villèle
- Jardin d'Éden
- L'Hermitage-les-Bains
- Le Maïdo
- La Saline-les-Bains
- Voir "Les hôtels de la côte Ouest"
- Trois Bassins
- Le Grand Bénare
- La Souris Chaude
- Route des Colimaçons
- Conservatoire botanique de Mascarin
- CIRQUE DE CILAOS
- Pointe des Châteaux
- Ferme Corail
- St-Leu
- La Fenêtre
- OCÉAN INDIEN
- Pointe au Sel
- Stella Matutina
- Tévelave
- Observatoire des Makes
- Souffleurs
- Les Avirons
- L'Étang-Salé-les-Hauts
- La Rivière
- L'Étang-Salé-les-Bains
- Usine du Gol
- Gouffre
- St-Louis
- St-Pierre

HÉBERGEMENT

- Auberge les Fougères.............①
- Blue Margouillat (Le).............②
- Centre de vacances FOS-PTT....③
- Gîtes Marie-Jo......................④
- Hôtel Paladien Apolonia..........⑤
- Iloha (L')............................⑥
- Mme Nativel (Chez)...............⑦
- Mme Tipary (Chez)................⑧
- Parc-hôtel du Maïdo...............⑨

101

Vous pouvez également découvrir ce site à la végétation superbe à l'occasion d'une excursion sur le **chemin des Anglais**★ *(difficulté moyenne)*, la première route pavée de l'île *(voir p. 93)*.

C'est à **La Possession** que le capitaine Lebourg prit officiellement possession de l'île en 1649 au nom du roi de France. L'île fut alors baptisée **Bourbon** et le site devint « la Possession du Roy ». Point de passage vers St-Denis, cette halte resta très animée jusqu'à la fin du 19ᵉ s., grâce au poste de diligence et à l'activité du batelage. À l'époque, on reliait la capitale en deux heures dans des conditions souvent périlleuses et l'on se remettait de ses émotions dans les auberges de La Possession. Cette période faste prit fin avec la construction du chemin de fer, puis de la route littorale, qui écartèrent cette ville des flux de passage. Avec ses 20 000 habitants, La Possession est aujourd'hui une commune résidentielle, tournée vers St-Denis et Le Port.

Créée autour de l'activité portuaire à partir de 1890, la ville du **Port**, avec ses avenues surcalibrées et son architecture moderne, présente un intérêt plus urbanistique que touristique.

Prenez la direction de Rivière-des-Galets. Traversez le village et prenez la D 1, direction Dos d'Âne (15 km, 20 mn de montée sinueuse).

Excursion au Dos d'Âne★

Le petit *écart* de **Rivière-des-Galets** s'est établi à proximité des berges de la rivière, fort appréciées des familles créoles en été. Après les lieux dits de Halte-Là, où se faisaient autrefois rançonner les voyageurs, et de Ste-Thérèse, d'où l'on a une **vue** étendue jusqu'au Port, la route aboutit au charmant hameau de **Dos d'Âne**, à 1 000 m d'altitude.

Suivez la direction de Cap Noir et laissez la voiture au parking.

Après 20 mn de marche facile sur un sentier à flanc de montagne, vous atteignez un belvédère avec une **vue**★★ grandiose sur Mafate. Vous pouvez poursuivre par une petite boucle vers la **Roche Verre Bouteille** (1 h 15 AR).

De Cap Noir, vous pouvez rejoindre St-Denis à pied, par la Plaine d'Affouches ou la Plaine des Chicots, ou descendre dans Mafate jusqu'à Deux-Bras.

Reprenez la RN 1, direction St-Paul.

La route nationale franchit le large lit de la Rivière des Galets, récemment endigué. De celle-ci, vous bénéficiez d'une jolie **vue**★ sur la baie de St-Paul, le premier site de peuplement de l'île.

De St-Paul à St-Gilles-les-Bains

15 km par la côte. Comptez 10 mn en voiture par la route nationale.
En passant par les Hauts jusqu'au Maïdo, comptez au moins 2 h de trajet.

■ **St-Paul**★ – C'est dans la baie de St-Paul, l'un des rares sites de l'île qui soient accessibles aux navires, que le *St-Alexis* jeta l'ancre en 1638. Dans ce coin abrité des vents s'installèrent naturellement les premiers occupants de l'île, qui y fondèrent leur capitale. Au cours du 18ᵉ s., les colons s'établirent autour de l'Étang et sur la côte, où ils vivaient de pêche, de chasse et de petite agriculture. Après un incendie, qui toucha une partie de la ville, de nombreux habitants partirent pour St-Denis.

St-Paul connut ensuite une période de prospérité grâce au café et au coton. De belles maisons se construisirent en centre-ville. Mais la ville se dépeupla à la fin du 19ᵉ s., touchée par la chute des cours de la canne à sucre, la concurrence du nouveau port de la Pointe des Galets et, surtout, l'apparition du paludisme.

Le vendredi après-midi au marché de St-Paul

La rade de St-Paul, autrefois appelée la « baie du meilleur ancrage », n'a pas renié sa vocation première : chaque année, dès qu'on annonce un cyclone à l'approche de l'île, la baie accueille tous les bateaux croisant dans les environs.

De la RN 1, sortez en direction du centre-ville.

Vous êtes sur la **Chaussée Royale**, construite sur ordonnance en 1769, où s'établirent les plus belles maisons de l'époque. Au n° 233, sur votre droite, l'ancienne école franco-chinoise est installée dans la **Grand Cour**, l'une des trois maisons de Mme Desbassyns *(voir p. 106)*, réalisée dans le style indo-portugais de Pondichéry.

Le centre-ville de St-Paul a conservé peu de belles cases typiques, mais son atmosphère tropicale demeure pleine de charme, avec ses boutiques chinoises en bois, ses vieux Créoles à vélo... Dans l'axe principal de ce pittoresque centre commerçant se trouve la **mairie**, construite en 1667 par la Compagnie des Indes. Sur le **front de mer**, bordé de cocotiers et de filaos, plusieurs bâtiments (caserne des pompiers, bureaux de la Direction de l'Équipement...) datent de cette époque, de même que les canons, qui surplombaient jadis la ville sur la falaise du Bernica. Ce front de mer accueille le **marché**** *(vendredi et samedi matin)* le plus sympathique de l'île. Les marchands vous présenteront les fruits et légumes de leur terroir, les herbes et épices mystérieuses de leurs étalages, ainsi que des pièces d'artisanat malgache. Profitez-en pour goûter aux appétissants *samoussas* et *bonbons-piments*, avant de vous attabler à la « Ti'case en paille », bar en terrasse face à la mer, où joue régulièrement un groupe de *gramounes* musiciens.

Quittez la ville vers St-Gilles. Parking devant la grotte des premiers Français.

Le cimetière marin* offre un vagabondage plein de sérénité et de poésie dans le passé de l'île. La mer, le parfum des frangipaniers, les histoires de pirates s'associent pour rendre plus romanesque encore cette véritable promenade. Vous lirez sur les tombes les noms des plus anciens habitants de l'île : ceux des familles de fondateurs ou des gloires locales, comme le poète **Leconte de Lisle** (1818-1894), ainsi que des figures rappelant des épisodes historiques marquants, comme les marins bretons naufragés du *Ker Anna* (1894) ou encore Olivier Levasseur, dit **La Buse**, l'un des plus célèbres pirates de l'océan Indien, qui aurait caché un trésor dans la ravine du Bernica *(voir l'encadré « Le trésor de La Buse », p. 396)*. La nuit, il arrive que des inconnus déposent des ex-voto, des cigarettes ou du rhum au pied de la croix des pirates élevée à côté de sa tombe.

Cette promenade nostalgique se poursuit de l'autre côté de la route nationale, à la **grotte des premiers Français**, juste en face du cimetière. La légende veut que les premiers hommes débarqués sur l'île aient trouvé refuge dans cette grotte, creusée dans la falaise. Faites-y un petit tour, ne serait-ce que pour vous rafraîchir d'une *eau coco* (jus de noix de coco) ou vous rassasier d'un bon poulet grillé, dans les camions-bars stationnés sur le parking. De ce haut lieu du pique-nique dominical à la créole et des séances de photos de mariage, il se dégage souvent une atmosphère chaleureuse et un peu rétro.

Reprenez la RN 1 vers St-Denis, empruntez la sortie centre-ville et continuez, légèrement sur la droite, direction Grande Fontaine. L'itinéraire (env. 5 km) est impraticable après de fortes pluies.

Le Tour des Roches*, promenade en voiture autour de l'étang de St-Paul, complète ce « retour aux sources », sur les traces des premiers habitants de l'île. Programmez ce petit circuit en début de matinée ou en fin de journée, juste avant le coucher du soleil, afin de bénéficier de la plus belle lumière. Très vite, vous pénétrez dans une atmosphère de « petite Afrique », tant par la population que vous croisez que par la végétation tropicale généreuse que vous traversez. La dernière cocoteraie de l'île côtoie bananiers, songes, bambous, papyrus et cressonnières. Quelques *moufias*, palmiers originaires de Madagascar, très rares à la Réunion, se dressent solennellement sur les falaises qui bordent l'étang. Le sentier débouche près de l'ancienne usine sucrière de **Savannah**, dont vous apercevez les bâtiments sur la gauche.

Pour rejoindre la RN 1, tournez à gauche après le rond-point de Savannah. De St-Paul, prenez la direction de Plateau Caillou, Fleurimont, puis Le Guillaume, où est indiquée la route du Maïdo (RF 8) sur la droite (panneau peu visible).

Excursion au Maïdo**

Prévoyez 1 h pour atteindre le sommet. Partez tôt le matin, vers 6 h-7 h. La route du Maïdo est longue et très sinueuse. Le temps pouvant se couvrir rapidement, il vaut mieux monter directement au sommet et réserver les étapes pour le retour.

Jusque dans les années vingt, une forêt primaire couvrait les Hauts de St-Paul. On défricha ensuite pour planter du géranium. Le long de la **route du Maïdo** se succèdent des champs de cannes à sucre, des cultures vivrières, des plantations de géranium et, enfin, la forêt. Elle se compose en grande partie de tamarins des Hauts et de *cryptomérias*, ces conifères originaires du Japon massivement implantés par l'ONF après la Seconde Guerre mondiale.

Maïdo signifierait « terre brûlée » en malgache. À 2 203 m d'altitude, on se trouve en effet dans une végétation de brande d'altitude battue par les vents. Là s'ouvre le **balcon sur Mafate*****, un gigantesque panorama sur les plus hauts sommets de l'île. Devant vous surgissent le **Gros Morne** (2 991 m), le **Piton des Neiges** (3 069 m) et le **Grand Bénare** (2 896 m). Sous le soleil brillent les toits en tôle des habitations, dispersées ou regroupées en *îlets*, perdues dans ce relief grandiose. Sur la gauche, un promontoire dominant la Rivière des Galets vous permet d'apprécier le cirque dans sa totalité.

Alambic à géranium

Sur la droite, un sentier de randonnée mène au Grand Bénare (6 h AR, assez difficile).

Sous un soleil de plomb ou par un vent glacial, le chemin du **Grand Bénare** se parcourt de préférence le matin. Vous serez récompensé de votre effort par un beau **point de vue**** sur les cirques de Mafate et de Cilaos.

Au retour, la route (RF 8) propose plusieurs étapes. Le parc de loisir **Maïdo 1 500** (*8 h-17 h ; tlj pendant les vacances scolaires ; mercredi, samedi, dimanche et jours fériés hors vacances scolaires ; animations payantes*) s'étend dans un agréable site verdoyant. Si vous aimez les émotions fortes, vous pourrez le traverser à grande vitesse sur une **luge** d'été. Vous découvrirez également les secrets de la distillation du géranium devant l'un des rares **alambics** encore en fonctionnement sur l'île, installé en bord de route. Un hôtel-restaurant, « Le Maïdo 1 500 », est implanté en bordure du parc.

Vous arrivez un peu plus bas au domaine de la **Petite France** (1 200 m). L'ancien propriétaire des lieux s'était établi en 1850 dans ce site, doux et frais comme une « petite France », au beau milieu d'une forêt de bois de couleurs. Il y planta des chênes, des bouleaux, des tilleuls et, surtout, des **géraniums**. Au milieu des plantations, vous aurez peut-être la chance d'assister à la distillation de l'huile extraite des fleurs qui, une fois transformée en essence, sert à la fabrication de parfums ou de médicaments.

À l'arrivée sur Le Guillaume, au bas de la route du Maïdo, bifurquez sur la gauche vers St-Gilles-les-Hauts (D 7 puis D 4 ou D 8). Traversez le village et tournez à droite vers le musée de Villèle.

■ **St-Gilles-les-Hauts** – Ces terres appartenaient à l'une des grandes familles de planteurs de la Réunion, la famille **Panon-Desbassyns**. Ces derniers firent construire pour leurs filles trois maisons : la « Grand Cour » à St-Paul, la « Maison blanche » du Bernica et celle de Villèle (1787), aujourd'hui transformée en musée. Toutes trois s'inspirent du style indo-portugais qu'avait découvert M. Desbassyns dans le comptoir français de Pondichéry, en Inde, où il combattait dans l'armée royale contre les Anglais.

Symbole d'une Réunion coloniale

L'image de Mme Desbassyns, personnage légendaire de l'histoire de l'île, est controversée. On admire en elle la femme d'entreprise qui développa la canne à sucre et l'irrigation, construisit des usines et des fours à chaux, fonda des écoles et un hôpital. On salua aussi son hospitalité : « l'habitation », qui était à l'époque une des plus grandes de l'île, accueillit la plupart des personnalités de passage, y compris les états-majors des navires anglais capturés au large de Bourbon. Femme la plus riche de l'île, qui traversa monarchie, Révolution, Empire et Restauration, elle est aussi le symbole d'une Réunion coloniale fondée sur l'esclavagisme. À sa mort, en 1846, elle laissait un domaine de 500 ha, où travaillaient 300 esclaves. À celle que certains appelaient la « Sainte-Providence des Pauvres », on attribua les pires cruautés : esclaves fouettés et passés au fer rouge, membres coupés... Lors des éruptions du Volcan, on entendra parfois les vieux murmurer « chauffé, chauffé, Mme Desbassyns »...

Suivez le guide du **musée de Villèle**** (☎ 02 62 22 73 34 / 02 62 55 64 10, 9h30-12h / 14h-17h ; *fermé le mardi et les jours fériés; entrée payante*), qui n'est autre que l'ancien chauffeur de la famille, pour découvrir cette grande maison. Construite en pierre volcanique et en brique selon un plan symétrique rigoureux, elle est couverte d'un toit plat en *argamaste* (mélange d'origine indienne, à base de chaux, d'œuf et de sucre). Les **varangues** à double niveau, carrelées de terre cuite et de marbre, débouchent sur un grand **jardin** où poussent plus de 95 espèces de plantes et d'arbres. Une partie du musée dépeint la vie des plantations de sucre et de café au 18ᵉ s. De magnifiques **meubles** et objets domestiques restituent le cadre de vie d'une famille de notables créoles aux 18ᵉ et 19ᵉ s. : salon en palissandre noir, chambre à coucher en tamarin, mobilier de la Compagnie des Indes, porcelaine de Canton, horloge offerte à Mme Desbassyns par Napoléon, tapisserie des Gobelins. Dans le grand salon, une fresque retrace le drame de *Paul et Virginie*. Le roman faisait en effet partie du patrimoine familial, puisque Bernardin de Saint-Pierre se serait inspiré, pour son héroïne, d'une cousine de M. Desbassyns.

Plusieurs dépendances entouraient la maison de Villèle, propriété de la famille jusqu'en 1971. Vous voyez encore le *boucan* (la cuisine), qui se trouvait toujours à l'extérieur du corps d'habitation afin d'éviter les risques d'incendie, l'hôpital des esclaves et une sucrerie en ruine.

Sur un coteau planté d'eucalyptus, de l'autre côté de la route, vous apercevez la **Chapelle Pointue** (*9h-12h/13h-17h ; fermé le mardi ; entrée libre*), réalisée pour Mme Desbassyns, qui y repose, à l'élégante toiture d'inspiration néogothique.

Sortez du village de St-Gilles-les-Hauts sur votre gauche, direction St-Paul (CD 10).

La route du théâtre

Cette jolie route traverse d'abord le village de l'**Éperon**, où réside une importante communauté malbar. Des combats de coqs suscitent parfois des attroupements animés devant l'un des nombreux temples. Guettez notamment sur votre gauche (1 km), au début du chemin Tamatave, le grand **temple tamoul** bariolé. Les boutiques du **village artisanal**, installées sur le site d'une ancienne usine sucrière, exposent divers aspects de l'artisanat créole : poteries, peinture sur tissu, confitures, galeries d'art...

Plus bas sur la route, des camions-bars et des cars de touristes indiquent l'accès à la **Ravine St-Gilles***. Là, vous pouvez vous promener dans une végétation tropicale touffue et vous rafraîchir dans l'un des trois bassins, alimentés par des cascades. À gauche du sentier, après avoir parcouru un canal les pieds dans l'eau, vous arrivez au **Bassin Bleu**, à la couleur saphir. En empruntant une branche du sentier vers la droite, une descente plus raide vous mène au **Bassin des Aigrettes**. Entre les deux, en poursuivant le sentier, vous aboutissez au **Bassin des Cormorans**. Évitez cependant les week-ends, qui drainent une foule de Réunionnais. Par ailleurs, si vous avez l'occasion de vous y rendre, les bassins situés dans le nord-est de l'île vous procureront plus de dépaysement (*voir p. 140*).

Avant d'atteindre le littoral, vous apercevez sur votre gauche le **théâtre de plein air** de St-Gilles (*guettez le programme des concerts dans la presse*), où vous passerez peut-être une soirée mémorable.

Les plages, de Boucan Canot à Trois-Bassins

25 km de plages, où alternent sable blanc et sable noir, bordent la côte Ouest. Vous n'y verrez pas le visage le plus typique de la Réunion, mais c'est l'un des rares endroits de l'île où vous pourrez vous baigner et pratiquer différents sports nautiques. Depuis la départementalisation et le développement du tourisme balnéaire, le littoral de St-Gilles s'est profondément transformé sous l'action des promoteurs et ressemble désormais à un immense village de vacances.

Attention, sur certaines de ces plages, non protégées par la barrière de corail (comme à Boucan Canot et à Roches Noires), des courants dangereux aspirent vers le large. Dans les lagons, ne franchissez pas la barrière corallienne. Ne vous baignez jamais seul. Ne laissez pas vos enfants dans l'eau sans surveillance, même au bord, où une vague plus forte peut les déséquilibrer par surprise. Sur chaque plage, un panneau indique la position des courants dangereux. Sachez que les requins rôdent près des côtes tôt le matin, le soir et le lendemain des jours de grande pluie, ainsi que dans les eaux troubles.

De St-Paul, longez le littoral par la RN 1. Les différentes plages sont indiquées.

■ **Boucan Canot** – Depuis St-Paul, vous passez le **Cap de la Marianne**, où se découpe curieusement dans la falaise un profil de Marianne, peint aux couleurs nationales à l'occasion du bicentenaire de la Révolution française. Vous franchissez ensuite le **Cap la Houssaye**, où les amateurs de plongée pourront apprécier les fonds marins, avant d'arriver à la **plage**** de Boucan Canot, considérée comme la plus belle de la Réunion.

Survol du littoral de St-Gilles

Avec celle des Roches Noires à St-Gilles, c'est la seule plage où l'on se trouve rapidement en eau profonde. On y pratique la plongée, le surf et le *body-board* (ou *moree*). Tout St-Denis s'y retrouve le week-end, formant un interminable défilé de voitures et de motos sur le front de mer, et s'attable devant les camions-bars pour déguster *bouchons* et *samoussas*, boire une bière fraîche ou un jus de goyavier.

■ **St-Gilles-les-Bains** – Cet ancien village de pêcheurs se trouvait autrefois sur le domaine de la famille Desbassyns, dont il dépendait étroitement jusqu'à la fin du 19ᵉ s. Pour y accéder, il fallait alors passer par St-Gilles-les-Hauts, afin de contourner le rempart rocheux du Cap Champagne. Le village ne s'ouvrit sur l'extérieur qu'en 1863 avec le percement de la route de St-Paul et connut son développement touristique après la départementalisation.

Les traces de son passé sont aujourd'hui difficilement perceptibles. Hormis quelques maisons créoles, une architecture banale de station balnéaire domine aujourd'hui, avec une forte concentration hétéroclite de boutiques de vêtements, de souvenirs et de restaurants.

La plage de Roches Noires★ reçoit les vagues de l'océan Indien sur sa belle courbe de sable blond. On y pratique les mêmes activités qu'à Boucan Canot. À proximité se trouve le **port** de pêche et de plaisance, récemment agrandi, devant lequel s'alignent les baraques des clubs de plongée et de pêche au gros.

■ **L'Hermitage et la Saline-les-Bains** – À l'écart des voies de communication jusqu'au 19ᵉ s., ces deux sites – dont les bourgs d'origine se situent dans les hauteurs, au sud de St-Gilles-les-Hauts – n'ont été développés que tardivement, à la même époque que St-Gilles-les-Bains.

Ici, la barrière de corail protège le littoral et forme un lagon paisible et peu profond. Munissez-vous de chaussures en plastique (contre les coraux et les oursins), d'un masque et d'un tuba pour nager entre les poissons-demoiselles, clowns, perroquets ou coffres. Les holothuries ou « concombres des mers », corps noirs et mous peu engageants que vous voyez au fond de l'eau, ne présentent aucun danger.

Ces longues **plages**★ de sable blanc ombragées de filaos attirent de nombreuses familles, surtout le week-end, où l'ambiance est à son comble.

Pour se repérer, les Réunionnais ont donné à certaines plages le nom du camion-bar le plus proche. Devant **Toboggan**, à l'Hermitage, les poissons multicolores papillonnent près des récifs de corail. Plus au sud, à la Saline, **Planche Alizés** se distingue par ses transats, ses canoës, ses pédalos et son atmosphère dilettante.

Après la plage, le **Jardin d'Éden**★ *(face à l'av. de la Mer, RN 1, l'Hermitage,* ☎ *02 62 33 83 16 ; 10 h-18 h ; fermé le lundi ; entrée payante ; comptez 1 h 30)* fournit une excellente introduction à la botanique réunionnaise. Dans ce site calme et ombragé, vous déambulez entre les plantes tropicales, les épices, les cactus, les plantes aquatiques, alimentaires, aphrodisiaques ou maléfiques, et les plantes sacrées hindoues. À chaque plante correspond un nom créole, une utilisation culinaire ou médicale spécifique, ou encore un rituel particulier.

Les routes des Hauts de l'Ouest★

Plusieurs petites routes sillonnent cette région, entrecoupée de ravines luxuriantes. Vous y croiserez des agriculteurs au volant de leur 504 bâchée et les habitants des Hauts marchant le long des routes, leur *bertelle* (sac plat en *vacoa* tressé muni de deux bretelles) sur le dos.

Sortez de la Saline-les-Bains (N 1). Après le lieu dit « la Souris Chaude », prenez à gauche (D 9) et rejoignez la D 3 à Trois-Bassins.

Construite en 1858 à la demande du gouverneur qui lui a donné son nom, la **route Hubert Delisle (D 3)** a permis le désenclavement et le développement agricole de toute une région située autour de 800 m d'altitude. Elle offre 50 km de circuit paisible entre St-Paul et St-Louis, ponctués de beaux **panoramas** sur le littoral. Elle vous plongera en outre dans l'atmosphère nonchalante et typique des bourgs des Hauts. De Trois-Bassins, vous pouvez revenir vers le nord jusqu'au **Guillaume** (au-dessus de St-Paul) ou poursuivre vers le sud jusqu'aux **Colimaçons**, pour rejoindre la côte à la hauteur de St-Leu.

Entre la **Petite France** (sur la route du Maïdo) et le **Tévelave**, une multitude de petites **routes forestières*** (RF) sillonnent, non plus des bourgs, mais des forêts, autour de 1 200 m d'altitude. Très agréables à parcourir en voiture ou à moto, ce sont surtout des lieux de pique-nique et les points de départ de sentiers de randonnée.

De St-Leu à St-Louis par la côte
20 km – 15mn par la RN 1.

Au fur et à mesure que vous progressez vers le sud, les paysages se font moins urbains. Les impressionnants escarpements des ravines, tapissées de verdure, rompent la régularité des pentes arides. Jusqu'à L'Étang-Salé, la côte rocheuse se découpe de manière abrupte au-dessus de flots inaccessibles. Loin de St-Denis, la moderne, et de l'ambiance touristique de St-Gilles, vous découvrirez une population différente, une atmosphère paisible et un mode de vie plus traditionnel.

À droite de la RN 1, juste avant St-Leu en venant de l'Hermitage, au niveau de la RD 12.

De la ferme Corail aux Colimaçons

La ferme Corail (*Pointe des Châteaux*, ☎ *02 62 34 81 10 ; tlj, 9 h-18 h ; entrée payante*), où sont parquées par tranches d'âge plusieurs dizaines de **tortues**, a pour objectif la préservation et la reproduction de cette espèce menacée d'extinction. On s'étonne donc que les mérites pharmaceutiques, cosmétiques et nutritionnels de la tortue y soient vantés et qu'une **boutique** propose des souvenirs et des bijoux en écaille certifiée authentique !

Prenez la RD 12 sur la gauche de la RN 1, en face de la ferme Corail.

La route des Colimaçons (D 12) vous mène au **Conservatoire botanique de Mascarin**** (*Colimaçons-les-Hauts*, ☎ *02 62 24 92 27 – 9 h-17 h ; fermé le lundi ; entrée payante ; visite guidée à 10 h, 11 h, 14 h 30, 15 h 30*). L'ancienne propriété de M. de Chateauvieux se consacre à la protection des espèces botaniques rares et menacées, perpétuant ainsi l'œuvre de son fondateur dans un but à la fois scientifique, pédagogique et touristique. Le Conservatoire abrite depuis 1986 des activités de recherche en botanique. Arbres fruitiers, orchidées et plantes carnivores y prospèrent sous serres et dans les 3 ha de jardin récemment ouverts au public.

Un botaniste novateur
Régisseur de la famille Desbassyns, Sosthènes de Chateauvieux s'installe aux Colimaçons en 1857, sur le site d'une vigie. C'est le début d'un vaste domaine, qui atteindra 600 ha. À la maison des Colimaçons s'ajoute en 1865 l'église, conçue selon ses vœux comme une « église de France » et aujourd'hui classée monument historique. Passionné de botanique, le marquis œuvre également à l'acclimatation de nouvelles espèces végétales dans sa pépinière. On lui doit l'introduction à la Réunion de l'eucalyptus, du jacaranda, de l'araucaria et du quinquina, précieuse pour lutter contre le paludisme.

Reprenez la RN 1 vers St-Pierre, jusqu'au centre-ville de St-Leu.

■ **St-Leu*** — Tout au long de l'année, le petit centre-ville baigne dans une atmosphère décontractée aux airs de vacances. Au bord de la route, les pêcheurs vous accueillent avec des langoustes, des poissons bleus et autres poissons-perroquets fraîchement pêchés. En toile de fond, les surfeurs glissent sur la fameuse « gauche de

St-Leu », vague de renommée internationale qui accueille chaque année, au mois de juin, une manche du Championnat du monde de **surf**. Une petite plage surveillée, à l'eau plus profonde, vous attend derrière l'hôtel Apolonia.

À gauche du rond-point, à l'entrée de la ville, s'élève l'**église N.-D. de la Salette***, construite dans l'urgence à flanc de falaise, en 1859, alors qu'une épidémie de choléra se propageait dans l'île. La maladie se serait arrêtée aux portes de la ville. Chaque année, le **19 septembre**, un important pèlerinage commémore ce « miracle ».

Dans le centre-ville, à droite de la route nationale qui fait ici office de grand-rue, se tient l'**hôtel de ville**. Cet ancien entrepôt de la Compagnie des Indes rappelle la glorieuse époque où la ville prospérait grâce à sa production de café Bourbon, variété très appréciée de Louis XV. L'abondante main-d'œuvre qui s'y était alors établie parvint même à repousser une attaque anglaise en 1796. Plusieurs cyclones et une importante révolte d'esclaves en 1811 marquèrent la fin de cette période faste.

Sur le **front de mer**, quelques bâtiments administratifs, construits à la même époque, ont également beaucoup de charme. La musique qui s'échappe des camions-bars et les effluves de poulet grillé sous les filaos invitent à une petite pause.

Les environs de St-Leu

Quittez St-Leu par la RN 1, direction St-Pierre, et prenez la RD 11 sur la gauche.

Le musée agricole et industriel de Stella Matutina** (*Allée des Flamboyants, Piton-St-Leu,* ☎ *02 62 34 16 24, www.reunionmuseo.com, 9 h 30-17 h 30 ; fermé le lundi et du 2ᵉ au 4ᵉ mardi de septembre ; entrée payante ; comptez 2 h*) a investi les 5 000 m² d'une ancienne usine sucrière : une réhabilitation architecturale très réussie. C'est LE musée de la Réunion. Si vous n'en visitez qu'un, choisissez celui-ci, ou celui du Volcan. Il évoque l'histoire de la Réunion dans sa globalité, illustrant en particulier l'importance de l'agriculture dans l'île, des origines à nos jours, avec le café, la canne à sucre, les épices, la vanille et le géranium.

La démarche de Stella Matutina est pédagogique et ludique. À côté d'une chaîne opératoire complète de la fabrication du sucre ou d'une chaudière à cuire le sirop de canne à la vapeur, vous trouverez aussi bien la maquette animée d'un trois-mâts de la Compagnie des Indes, qu'un *boucan* (cuisine) reconstitué ou des informations sur la géologie, la climatologie, les volcans ou les cyclones.

Après la visite des salles du rez-de-chaussée concernant l'**histoire** de l'île, attardez-vous sur les plantes et épices présentées au 2ᵉ étage à travers un **« odorama »**. Le 1ᵉʳ étage retrace l'aventure du sucre et vous mène à une ravissante **boutique de bonbons** qui fera rêver petits et grands. Des expositions temporaires, généralement très réussies, occupent une partie du rez-de-chaussée. Au passage, appuyez au hasard sur les boutons du **juke-box**, et vous partirez avec des airs de *chansons lontan* dans la tête.

Reprenez la RN 1 vers St-Pierre.

Un peu plus loin sur votre gauche, le délicieux parfum des frangipaniers se répand autour du joli **cimetière communal*** de St-Leu, qui fait face au lagon, ceint d'un muret rectangulaire.

Tournez à droite au début de la quatre-voies, juste avant un arrêt d'autobus (chemin de terre en mauvais état et mal indiqué).

Classée « site naturel protégé », la **Pointe au Sel*** mérite un détour pour son paysage austère de côtes noires battues par les flots (*attention, baignade interdite en raison des forts courants*). Créées vers 1942 et récemment réhabilitées, les **salines** (☎ *02 62 34 27 88 ; 9 h-12h / 14 h-18 h, entrée payante ; fermé le dimanche*) se composent de bassins de partage des eaux et de décantation ainsi que de cristallisoirs, autour desquels vous pouvez déambuler. La récolte se fait le matin et vous pouvez acheter un petit sachet de sel directement au producteur.

Reprenez la RN 1 vers St-Pierre. 4 km env. après St-Leu, garez-vous à droite.

Arrêtez-vous au niveau des **souffleurs***. Quand la mer est houleuse, elle s'engouffre avec force dans des cavités rocheuses, qui jouent le rôle d'un siphon et la font rejaillir en gerbes impressionnantes *(attention, ne vous approchez pas trop, une vague inattendue pourrait vous déséquilibrer)*.

Environ 4 km après les souffleurs, montez à gauche jusqu'aux Avirons. Du village, deux possibilités s'offrent à vous : revenir vers le nord-ouest par la forêt du Tévelave, puis la route forestière des Hauts sous le Vent (RF 9) qui croise la route du Maïdo ; ou poursuivre vers le sud en prenant la D 11 à droite vers L'Étang-Salé-les-Hauts.

■ **L'Étang-Salé** – Le peuplement de la commune débuta, ici encore, dans les Hauts. L'arrivée du chemin de fer en 1882 permit ensuite l'essor du littoral.
Le village de **L'Étang-Salé-les-Hauts** vit de la culture de la canne à sucre, du maïs, de l'arachide et de la banane. Les fameuses **chaises du Gol** cannées y sont encore fabriquées, ainsi que des chapeaux en fibre de latanier appelés **capelines**.

Pour descendre sur le littoral, vous empruntez une belle route (D 17E) bordée de cytises et de flamboyants. Vous traversez alors la **forêt domaniale** de L'Étang-Salé, plantée de filaos, d'eucalyptus, de tamarins pays et de *cassias* de Siam. De nombreux sentiers la sillonnent, très appréciés des promeneurs du dimanche. Dans sa partie basse se cache un **golf** de 18 trous, réputé dans tout l'océan Indien.

L'agréable petite station balnéaire de **L'Étang-Salé-les-Bains**, avec sa longue **plage*** de sable noir, a retrouvé sa quiétude depuis que la quatre-voies la contourne. Il faut y porter des chaussures aux heures les plus chaudes pour éviter de se brûler les pieds et se baigner en zone surveillée à cause des courants.

À la pointe sud de la côte rocheuse, à la sortie de la ville, la mer gronde et l'écume vole dans un impressionnant **gouffre**, profonde crevasse taillée dans le basalte. Là encore, soyez très vigilant et ne franchissez pas la barrière de sécurité.

La Plaine du Gol

Cette plaine fertile aujourd'hui couverte de canne à sucre, où s'établit vers 1720 le bourg de St-Louis à l'écart du littoral marécageux, offre un vaste **panorama** sur les contreforts du Tévelave, des Makes et de l'Entre-Deux. À gauche de la quatre-voies s'ouvre l'une des plus belles **allées de cocotiers*** de la Réunion.

Entre juillet et décembre, à l'entrée de St-Louis, vous serez saisi par l'odeur suave qui émane de l'**usine sucrière du Gol** (☎ 02 62 91 05 47 ; *visite guidée sur réservation, tous les jours de juillet à décembre*). Avec celle de Bois-Rouge à St-André, c'est depuis 1995 la dernière usine en fonctionnement, vestige modernisé de la grande époque du sucre où l'île comptait une centaine d'usines.

Redescendez en direction du centre-ville de St-Louis.

St-Louis, ville-rue bordée de boutiques chinoises où règne une atmosphère chaude et sèche, a conservé son ambiance provinciale un peu désuète. Au passage, vous remarquerez quelques bâtiments intéressants, comme l'**église** ou le grand **temple hindou** (*déchaussez-vous et ne portez pas de cuir*).

À partir du centre-ville, prenez la RN 5 en direction de La Rivière.

Les environs de St-Louis

De La Rivière part la route d'accès au **cirque de Cilaos**** (*voir p. 163*).

Prenez la D 20 vers les Makes. 15 km de montée sinueuse à partir de St-Louis.

La route des Makes longe la profonde **Ravine du Mouchoir Gris** et surplombe un paysage ondulant de canne à sucre. Entouré de forêts, le petit village des **Makes** constitue, selon l'expression créole, un lieu de « changement d'air ».

Considéré comme l'un des meilleurs sites de l'hémisphère Sud, l'**Observatoire astronomique de la Réunion*** (☎ *02 62 37 86 63 ; sur réservation, visites guidées : 9h30, 10h30, 14h30, 15h30 ; dimanche, 21h-minuit ; entrée payante ; la meilleure période d'observation se situe entre juin et août, pendant l'hiver austral*) organise des séances d'observation du ciel. À portée de lunette astronomique, un spectacle unique de constellations, d'astres, de planètes et de traces galactiques s'offre chaque soir aux curieux. La Réunion étant située en pleine zone intertropicale, elle bénéficie d'une visibilité exceptionnelle et permet de découvrir certaines constellations perceptibles uniquement de l'hémisphère austral.

Les Makes constituent aussi une étape vers le point de vue de **la Fenêtre****, situé 10 km plus haut (RF 14), qui vous réserve un impressionnant panorama sur Cilaos.

La côte Ouest pratique

ARRIVER-PARTIR

En autobus – De St-Denis, les bus desservent l'ensemble des villes de la côte Ouest. Les minibus **Pastel** et **Ti'cars jaunes** sillonnent les Hauts.

En voiture – La route nationale longe le littoral. Routes départementales et routes forestières sillonnent les Hauts.

ADRESSES UTILES

Informations touristiques – **Office du tourisme de l'Ouest**, Galerie Amandine, St-Gilles-les-Bains, ☎ 02 62 24 57 47, Fax 02 62 24 34 40. Mardi-vendredi, 8h30-12h30/13h-18h ; samedi, 9h-17h ; lundi, 9h-12h/13h-18h.

Office du tourisme de L'Étang-Salé, 74 av. Octave Bénard, Étang-Salé-les-Bains, ☎ 02 62 26 67 32, Fax 02 62 26 67 92. Lundi-samedi, 8h30-12h/14h-17h ; fermé le dimanche.

Banque / Change – La plupart des banques ont des agences à St-Paul, St-Gilles-les-Bains, St-Louis et St-Leu.

Poste – Vous trouverez des bureaux de poste dans les centres-villes de St-Paul, St-Gilles-les-Bains, St-Leu, L'Étang-Salé-les-Bains, St-Louis.

Téléphone – Sur cet itinéraire très touristique, de nombreuses cabines téléphoniques sont à votre disposition.

Location de véhicules – Vous trouverez des loueurs dans les centres-villes de St-Paul, St-Gilles-les-Bains, St-Leu et auprès des nombreux hôtels de l'Hermitage. Il est conseillé de s'adresser à une petite agence locale qui propose souvent des tarifs beaucoup plus intéressants que les grands noms de la location. Les adresses suivantes proposent des tarifs intéressants en kilométrage illimité, et vous livrent un véhicule n'importe où sur l'île. **Gégé Location**, 167 ter rue du Général de Gaulle, St-Gilles, ☎ et Fax 02 62 24 59 77. Tarif unique (23 €/jour) pour 3 jours minimum. Une bonne adresse. **GIS**, 192 av. du Général de Gaulle, ☎ 02 62 24 09 73, Fax 02 62 24 55 20. Un peu plus cher que le précédent (à partir de 29 €/jour pour une voiture 3 portes), GIS propose aussi un plus large choix de véhicules et demande une caution moins élevée que ses concurrents (305 €). 2 jours de location minimum.

Santé – Les pharmacies sont facilement repérables dans les centres urbains ou touristiques. De petits centres de secours sont installés sur les plages surveillées. Vous pouvez aussi vous adresser aux grands hôtels pour consulter un médecin.

OÙ LOGER

Sauf mention spéciale, les fourchettes de prix indiquées sont établies sur la base d'une nuit en chambre double avec petit-déjeuner.

• **St-Paul**
Environ 76 €
Parc-hôtel du Maïdo, route du Maïdo, La petite France, ☎ 02 62 32 52 52, Fax 02 62 32 52 00, info@hotel-du-maido.com. – 24 ch. ♪ ♂ ✗ [CC] Mini-tennis, volley, pétanque, billard, luge et poney. Situé à 1 500 m d'altitude, cet en-

RÉUNION

LES HÔTELS DE LA CÔTE OUEST

0 — 0.5 — 1 km

Lieux :
- St-Paul
- Boucan Canot
- Cap Homard
- Résidence Champagne
- Les coquillages
- Pointe des Aigrettes
- Armagnac
- Route du Théâtre
- Grand Fond
- L'Éperon
- Bassins
- St-Gilles les Hauts
- Théâtre de plein air
- R. St-Gilles
- St-Gilles-les-Bains
- Moulin-Kader
- Plage de Roches Noires
- Port de St-Gilles
- Cap des Chameaux
- Canal Bruniquel
- Piton de l'Ermitage ▲152
- Héliport
- Jardin d'Éden
- Pointe des Trois Bassins
- Av. de la Mer
- Av. de Bourbon
- Les Filaos
- L'Hermitage-les-Bains
- Passe de l'Ermitage
- La Saline-les-Bains
- Le Trou d'Eau
- St-Leu
- Canal Prune
- OCÉAN INDIEN

HÉBERGEMENT

- Alamanda .... ①
- Ancre Marine (L') .... ②
- Archipel (L') .... ③
- Blue Beach (Le) .... ④
- Boucaniers (Les) .... ⑤
- Boucan Canot (Le) .... ⑥
- Bougainvilliers (Les) ..... ⑦
- Caro Beach hôtel .... ⑧
- Nautile (Le) .... ⑨
- Pension Dor y Flane ...... ⑩
- Récif (Village Le) .... ⑪
- St-Alexis (Le) .... ⑫
- Swalibo (Le) .... ⑬
- Villa Mon Case .... ⑭

semble de bungalows au charme soigné bénéficie de la proximité d'un parc de loisirs avec location de VTT. C'est le point de départ idéal pour la découverte du Maïdo.

• Boucan Canot

De 46 à 61 €

Les Boucaniers, 29 route de la plage de Boucan Canot, ☎ 02 62 24 23 89, Fax 02 62 24 45 96, les-boucaniers@guetali.fr – 15 ch. Idéalement située face à la plage de Boucan Canot, cette résidence hôtelière propose des chambres et des petits bungalows bien équipés, confortables et propres. Le restaurant, installé sous une paillote, domine la plage, mais vous pouvez aussi cuisiner chez vous, les chambres étant équipées d'une kitchenette. Chaque studio dispose, par ailleurs, d'un balcon ou d'une terrasse. Demandez la chambre n° 8, plus grande et luxueuse, pour un prix quasi similaire.

Plus de 145 €

Le St-Alexis, 44 route de Boucan Canot, ☎ 02 62 24 42 04, Fax 02 62 24 00 13, hotel.saintalexis@wanadoo.fr – 42 ch. Impersonnel et froid au premier abord, ce luxueux édifice recèle un charme discret. Une piscine serpente entre les bâtiments, face au lagon. Chambres aux boiseries bien agencées, luxueusement équipées, avec Jacuzzi. Restaurants panoramiques sur l'océan. Excellent petit-déjeuner.

Le Boucan Canot, 32 rue Boucan Canot, ☎ 02 62 33 44 44, Fax 02 62 33 44 45, htal@boucancanot.com – 50 ch. Réouvert en 2000, cet hôtel situé face à la plage allie le charme des maisons créoles au confort moderne. L'accueil est aimable et la décoration de bon goût. On apprécie également les soirées thématiques (jazz, créoles, barbecue) trois fois par semaine.

• St-Gilles-les-Bains

Renseignez-vous sur les promotions des grands hôtels, qui sont rarement pleins.

De 31 à 46 €

Pension Dor Y Flane, 21 av. de la Mer, l'Hermitage, ☎ 02 62 33 82 41, Fax 02 62 33 98 52 (réservation fortement conseillée) – 13 ch. Vous aurez le choix entre plusieurs catégories de chambres situées dans une maison créole ou des appartements dans une résidence, confortables et spacieux (avec cuisine, télévision et salle de bains). Cuisine, terrasse et petits salons communs. La patronne, loquace et de forte personnalité, vous accueillera sur sa varangue, avec un délicieux punch maison.

Les Bougainvilliers, 27 ruelle des Bougainvilliers, l'Hermitage, ☎/Fax 02 62 33 81 48 – 8 ch. Jolie pension familiale aux teintes pastel. Atmosphère de vacances très agréable dans un quartier résidentiel calme situé à 300 m de la plage. Accueil aimable. Charme et fraîcheur. Possibilité de cuisiner sur place si votre séjour excède quatre nuits.

De 46 à 77 €

Villa Mon Case, 7 bd des Cocotiers, l'Hermitage, ☎ 02 62 33 81 15, Fax 02 62 33 93 92 – 3 ch. 3 nuits minimum. Réservez longtemps à l'avance. Les bungalows (de 2 à 6 personnes), parfaitement équipés (cuisine, lave-linge), donnent sur une petite courjardin, avec barbecue. L'ensemble, dans un environnement verdoyant et calme, est à 5 mn de la plage de l'Ermitage. Accueil très convivial.

Hôtel l'Ancre Marine, centre commercial le Forum, rue du Général de Gaulle, ☎ 02 62 24 31 32, Fax 02 62 24 33 85 – 17 ch. Les chambres, très simples, sont situées au dernier étage d'un petit centre commercial moderne et propre, ouvert sur une terrasse. L'endroit est bruyant dans la journée car il domine la rue animée du centre-ville, mais vous profiterez, surtout en soirée, de l'ambiance « branchée » de St-Gilles.

Hôtel Alamanda, 81 av. de Bourbon, ☎ 02 62 33 10 10, Fax 02 62 24 02 42, alamanda.hotel@alamanda.fr – 58 ch. Situé face au casino de St-Gilles, à deux pas des discothèques et du cinéma, cet hôtel constitue un endroit idéal pour qui désire conjuguer une vie diurne décontractée et une vie nocturne animée. L'hôtel donne sur un parc très calme entourant une belle piscine. L'aménagement des chambres est simple mais fonctionnel. Demandez impérativement une chambre donnant sur le parc ou la piscine.

De 77 à 100 €

Village le Récif, av. de Bourbon, l'Hermitage, ☎ 02 62 24 50 51, Fax 02 62 24 38 85 – 76 ch.

✕ ⌕ ※ [cc] Chambres ou bungalows spacieux, disposés sur de belles pelouses ombragées de cocotiers. Vaste piscine et bar décoré de lambrequins créoles. Accueil dévoué et efficace.

👁 **Le Swalibo**, 9 rue des Salines, La Saline-les-Bains, ☎ 02 62 24 10 97, Fax 02 62 24 64 29, info@swalibo.com – 30 ch. ♫ ≣ 𝒫 [TV] ✕ ⌕ [cc] Vous serez reçu avec une chaleureuse et délicate attention dans cet hôtel à l'atmosphère intime. Un soin particulier est apporté à l'harmonie colorée des espaces et du mobilier, en bois, fer forgé et cuir. Des bouquets tropicaux bien arrangés et des objets disposés avec goût soulignent l'élégance des lieux. Un Jacuzzi, plus à l'écart dans son écrin de bois asiatique, vous offrira d'exquis moments de délassement...

Autour de 107 €
Le Blue Beach, av. de la Mer, l'Hermitage, ☎ 02 62 24 50 25, Fax 02 62 24 36 22, H1126@accor-hotel.com – 56 ch. ♫ ≣ ✈ 𝒫 [TV] ✕ ⌕ [cc] Chambres avec balcon réparties autour d'une belle piscine aux lignes courbes, sur laquelle s'ouvre la terrasse du restaurant. Le ronronnement des climatiseurs et l'animation nocturne peuvent nuire au calme de certaines chambres. Demandez une chambre excentrée. Cadre soigné et harmonieux. À 200 m de la plage.

L'Archipel, Grand Fond, ☎ 02 62 24 05 34, Fax 02 62 24 47 24, archipel@guetali.fr – 66 ch. ♫ ≣ 𝒫 [TV] ✕ ※ [cc] Navette gratuite pour la plage de Boucan Canot et le centre de St-Gilles. Malgré sa localisation peu attrayante, à proximité de la route, cet ensemble hôtelier est convivial et bien aménagé. Les chambres sont réparties dans 12 bungalows de style créole, meublées de bois de rose et décorées de chinoiseries. Autour d'une grande piscine s'ouvrent le salon et le restaurant, abondamment fleuris.

De 107 à 138 €
Caro Beach Hotel, 46 rue Roland Garros, Roches Noires, ☎ 02 62 24 42 49, Fax 02 62 24 34 46, coryphene@carobeach.com – 48 ch. ♫ ≣ 𝒫 [TV] ⌕ [cc] Hôtel moderne situé en plein centre-ville, mais à l'écart de la zone commerciale bruyante. Demandez l'une des chambres qui dominent la baie et la plage des Roches Noires. Également des appartements.

👁 **Le Nautile**, 60 rue Lacaussade, La Saline-les-Bains, ☎ 02 62 33 88 88, Fax 02 62 33 88 89, nautile@runnet.com – 43 ch. ♫ ≣ 𝒫 [TV] ✕ ⌕ ※ ♨ [cc] Récent, ce magnifique hôtel est en fait le frère jumeau du Juliette Dodu de St-Denis. Ici aussi, on ne peut qu'admirer le cachet indéniable de l'endroit : carrelage à l'ancienne, couleurs vives, magnifique piscine avec Jacuzzi, chambres bien aménagées. L'emplacement de l'hôtel est calme, sans être trop isolé, et l'accueil est impeccable. Les suites sont d'un grand confort. Animation musicale 1 ou 2 fois par semaine.

• **St-Leu**

Environ 30,5 €
Gîtes Marie-Jo, 69 chemin du Buisson (route des Colimaçons), ☎ 02 62 34 83 11, Fax 02 62 34 78 12 www.runisland.com/gitemJo.html – 8 ch. ♫ [TV] ⌕ [cc] Locations à la semaine de studios et d'appartements, sans charme particulier mais fonctionnels, et plus économiques que l'hôtel pour des vacances en famille.

De 61 à 107 €
L'Iloha, Pointe des Châteaux, ☎ 02 62 34 89 89, Fax 02 62 34 89 90 iloha@oceanes.fr – 64 ch. ♫ ≣ ✈ 𝒫 [TV] ✕ ⌕ ※ [cc] Ce grand hôtel à l'architecture coloniale propose, selon vos moyens, des chambres simples ou plus luxueuses, et bénéficie d'une vue imprenable sur la baie de St-Leu. Les bungalows (plus chers) disposent d'une agréable véranda. Chaque semaine, de multiples activités et des soirées musicales sont organisées.

De 107 à 122 €
Paladien Apolonia (Nouvelles Frontières), bd Bonnier, ☎ 02 62 34 62 62, Fax 02 62 34 61 61, paladien.apolonia@wanadoo.fr – 128 ch. ♫ ≣ 𝒫 [TV] ✕ ⌕ [cc] Une musique d'ambiance baigne en permanence les espaces communs de ce vaste hôtel-club. Ambiance animée au bar et autour de la longue piscine intérieure. Nombreuses activités gratuites (de 3 à 77 ans !). Plage publique surveillée, à l'eau claire et profonde, à 50 m de l'hôtel. Beaucoup de groupes.

Le Blue Margouillat, Impasse Jean-Albany, Zac du Four à Chaux, St-Leu, ☎ 02 62 34 64 00, Fax 02 62 34 64 15, info@bluemargouillat.com – 12 ch. Cet hôtel de charme, flambant neuf, dont toutes les chambres sont décorées différemment, offre une vue imprenable sur la mer. Les bois d'acajou et le lin ajoutent de la chaleur à l'atmosphère intimiste et reposante qui règne dans cette grande demeure créole.

• Les Avirons
De 15,5 à 30,5 €
Chez Mme Tipary, 14 route du Tévelave, ☎ 02 62 38 00 71 – 2 ch. Petite case créole authentique, au charme intact, entourée d'un magnifique jardin. Les chambres sont modestes et l'atmosphère familiale. Mme Tipary vous séduira par sa verve et sa chaleur humaine. Les repas, préparés sur demande, ont un petit goût de « Réunion lontan » : au-delà du classique cari de poulet, vous aurez l'occasion de déguster une tourte aux brèdes, à l'oseille et aux harengs, ou un cari Ti Jacques en lanière. Bon rapport qualité-prix.

De 46 à 61 €
Auberge les Fougères, 53 route des Merles, Le Tévelave, ☎ 02 62 38 32 96, Fax 02 62 38 30 26 – 15 ch. Situé au village d'altitude du Tévelave, en bordure de la forêt, cet hôtel flambant neuf vous permet de profiter du calme et de la fraîcheur des Hauts. Confortable et chaleureux. Évitez les chambres du rez-de-chaussée. Terrasse avec vue panoramique sur le littoral. Restaurant, voir p. 118.

• St-Louis
Moins de 34 €
Chez M. et Mme Nativel, route de la Fenêtre, Les Makes, ☎ 02 62 37 85 37 – 2 ch. Le gîte se situe dans une maison neuve « créolisée ». Chaque chambre, propre, confortable et bien équipée, possède sa petite varangue, avec accès au joli jardin créole. Possibilité de se faire préparer d'excellents repas créoles ; la collection de rhums arrangés est impressionnante. Accueil sympathique.

Centre de vacances FOS-PTT, 13 rue Georges Bizet, Les Makes, ☎ 02 62 37 85 92 – 5 ch. et 2 dortoirs. Face à l'Observatoire astronomique. Studios et dortoirs répartis autour d'espaces communs : un réfectoire, une cuisine et une salle de jeux. Après avoir passé des heures dans les étoiles, vous rêverez, dans ce cadre rustique, à votre prochaine « escapade »...

OÙ SE RESTAURER
• St-Paul
De 8 à 15,5 €
Chez Paul, 16 CD 4, Savanna, (prendre la RN1 en sortant de St-Paul direction Bois des Nèfles puis dir. Savanna au carrefour du centre commercial), ☎ 02 62 45 32 53. Midi et soir, fermé le dimanche. Ce restaurant chinois, à l'allure de grande cantine asiatique, situé au-dessus d'une station d'essence, n'est pas avenant au premier abord. Il mérite néanmoins le détour pour sa carte très variée et ses spécialités au palmiste frais.

De 15,50 à 23 €
Le Loup, 192 rue Marius et Ary Leblond, ☎ 02 62 45 60 13. Midi et soir ; fermé le samedi midi, le dimanche et le lundi midi. Excellent tartare d'espadon, pavé de zébu, assortiment de grillades de poissons ou de viandes. Onctueuse île flottante ou crème brûlée. On vous offrira un verre de rhum arrangé à la fin du repas. Ambiance sympathique.

Chez Floris, 48 bis rue la Croix, Étang St-Paul (près du centre-ville), ☎ 02 62 22 69 81. Midi et soir ; fermé le dimanche. Cadre ombragé, décoré de filets de pêche, de bouées marines et de vieux moteurs à hélice. De bons plats créoles, comme le classique rougail-saucisses, les grillades au feu de bois ou le plus original espadon au combava. Les bananes grillées et flambées sont un régal. Chaque vendredi, après le marché, un groupe de musique réunionnais rythme la soirée. Excellent rapport qualité-prix.

• St-Paul et St-Gilles-les-Hauts
Environ 15,5 €
Table d'hôte Ramassamy, 100 chemin des Roses, St-Gilles-les-Hauts, ☎ 02 62 55 55 06 (réservation

conseillée). À 5 mn du domaine de Villèle. Bonnes pintades, gratins de légumes, caris. Atmosphère familiale.

● **Boucan Canot**

Moins de 15,50 €

Les Boucaniers, 1er camion-bar de Boucan Canot, sur la gauche en arrivant par la route de la plage (sens unique). Très bonnes salades, délicieux caris, jus de goyavier exquis.

Case Bambou, Le Bambou Bar, Plage de Boucan Canot, ☎ 02 62 24 59 29. CC Toute la journée ; fermé le lundi. Face à la plage, le Bambou Bar et la Case Bambou forment le snack-bar-restaurant branché de Boucan. Toute la semaine à midi, le snack affiche complet. La cuisine est bonne et le patron a su astucieusement profiter du développement touristique de l'endroit pour augmenter ses prix sans être déserté. Cadre agréable et végétation luxuriante.

De 31 à 46 €

Le Grand Hunier, Hôtel St-Alexis, 44 rue du Boucan Canot, ☎ 02 62 24 42 04. Midi et soir. Restaurant gastronomique de l'un des hôtels les plus luxueux de l'île. Cuisine originale et raffinée.

● **St-Gilles-les-Bains**

De 8 à 15,50 €

Cap Ouest, port de plaisance, ☎ 02 62 33 21 56. CC Midi et soir ; fermé le lundi. Situé à proximité du centre de pêche Alpha, ce bar-brasserie est en passe de devenir l'un des lieux branchés de St-Gilles. Dans la journée, il y règne une atmosphère détendue, et vous pourrez apprécier au calme une salade océane face à la mer. Quand vient le soir, le bar se remplit et constitue un prélude idéal avant une soirée en discothèque.

Les Tipaniers chez Dante, 58 rue du Général de Gaulle, ☎ 02 62 24 44 87. Midi et soir ; fermé le mardi. Restaurant marseillais servant d'excellents poissons, notamment du requin et de l'espadon. Les gourmands ne résisteront pas à la mousse aux deux chocolats. La terrasse donne sur la rue principale de St-Gilles.

La Bobine, plage de l'Ermitage, ☎ 02 62 33 94 36. Midi et soir. Des tables-bobines installées face au lagon, vous ne pourrez manquer le soleil se couchant dans les brisants. Cadre succinct mais agréable. Cuisine simple et savoureuse : caris, viandes et surtout poissons grillés (selon la pêche du jour).

De 15,50 à 30,50 €

Le Manta, 18, bd Leconte de Lisle, plage de l'Ermitage, Les Filaos, ☎ 02 62 33 82 44. Midi et soir. Vous mangerez dans une ambiance calme et détendue, sous une belle charpente boisée couverte de paille de vétiver et bordée de lambrequins. Savourez, par exemple, un carpaccio de thon rouge dans sa marinade de citron et d'huile d'olive ou une dorade grillée aux herbes, puis un fondant au chocolat. Produits de qualité cuisinés avec simplicité. La maison vous offrira un petit rhum arrangé pour couronner votre repas.

Centre de pêche Alpha, sur le port, ☎ 02 62 24 02 02. Midi et soir ; fermé le lundi. M. Benattar, dit « Benett », pêcheur et restaurateur, vous propose un bel assortiment de poissons pêchés du jour. Le carpaccio d'espadon, le tartare de thon et le panaché de poissons vous combleront. En guise de dessert, laissez-vous tenter par le fondu au chocolat aux fruits frais. La terrasse domine le port de pêche, où tanguent les bateaux au gré du clapotis.

Native, place du Marché, ☎ 02 62 33 19 34. CC Midi et soir ; fermé le mardi. Dans un cadre intimiste très réussi, avec chaises en bois et rotin Art déco, ce restaurant propose une savoureuse cuisine « métro » et des spécialités de poisson. Le personnel est jeune et accueillant, et l'ambiance décontractée. Si les lampes ou les tables sont à votre goût, sachez que tout le mobilier est en vente dans le petit magasin qui jouxte le restaurant.

● **Aux environs de St-Leu**

Moins de 8 €

Le Souffleur, RN 1, Bois-Blanc (entre St-Leu et L'Étang-Salé), ☎ 02 62 26 61 03. Midi et soir ; fermé le lundi, les jeudi et dimanche soir. Vous pourrez manger dans la maison, une petite case de pêcheur à toit de tôle au confort sommaire, décorée de poissons et de bibelots, ou sur la véranda. Dans ce paysage de savane dorée, vous verrez peut-être, par mer agitée, jaillir des gerbes d'eau du souffleur. On vous y servira une bonne cuisine créole, variée et copieuse (civet zourite, cari de crabe, rougail-saucisse...).

Le Stella, musée Stella Matutina (entrée libre pour le restaurant), ☎ 02 62 34 07 15. Midi ; fermé le lundi. Une pause agréable pour se remettre de la visite du musée en mangeant des plats créoles légers (marlin fumé, gratin de papaye...). Belle vue sur la baie de St-Leu.

• St-Leu et Les Avirons-les-Hauts
De 15,50 à 38,20 €

La Varangue, 36 rue du Lagon, ☎ 02 62 34 79 26. CC Midi et soir ; fermé le dimanche soir et le lundi. Ce restaurant très calme, à l'entrée de St-Leu, se distingue par son cadre enchanteur. On mange ici « les pieds dans l'eau », car le restaurant donne directement sur la mer et offre une vue panoramique sur le lagon. Goûtez le civet de kangourou au goyavier.

O'Jacaré, 55 rue du Général Lambert, ☎ 02 62 34 88 88. CC Midi et soir ; fermé le dimanche. Bien qu'un peu bruyant, car en bordure de route, O'Jacaré constitue une halte agréable où vous pourrez apprécier salades ou grillades dans un décor très coloré, le tout pour un prix très abordable.

Auberge Les Fougères, 53 route des Merles, Le Tévelave, ☎ 02 62 38 32 96 (réservez). Midi et soir ; fermé le lundi midi et le dimanche soir. Cuisine créole traditionnelle au feu de bois. Cadre agréable et sans prétention. Une bonne raison d'aller se promener dans les Hauts.

• L'Étang-Salé-les-Bains
De 5 à 23 €

L'Été Indien, RN 1, ☎ 02 62 26 67 33. Midi et soir ; fermé le lundi. Des stores rayés couvrent cette terrasse, sur la rue principale de ce village tranquille. On vous y servira des salades composées, des crêpes, des pizzas croquantes, mais aussi des grillades et des « plats pays » et, surtout, un grand choix de succulentes glaces maison. Service attentionné.

• L'Étang-Salé-les-Hauts
De 15,50 à 23 €

Chez Mme Sergine Hoareau, 231 route du Maniron, L'Étang-Salé-les-Hauts, ☎ 02 62 26 41 07. Midi et soir (réserver impérativement). Assis sous la véranda d'une jolie case créole, d'où l'on peut admirer la superbe vue sur le littoral, vous dégusterez une cuisine créole sophistiquée et savoureuse. Vous vous souviendrez longtemps des roulés de viande à la banane verte, des brèdes manioc à la morue, ou du cari de poulet aux brèdes. Accueil très sympathique. Sûrement la meilleure table d'hôte de l'île.

OÙ SORTIR, OÙ BOIRE UN VERRE

Bars, glaciers – ***Cubana Café***, 122 rue du Général de Gaulle, St-Gilles-les-Bains, ☎ 02 62 33 24 91. Cocktails cubains et punchs réunionnais. Pour les amateurs, des cigares y sont vendus à l'unité.

Loïk-Olivier, 15 rue de la Plage, St-Gilles-les-Bains, ☎ 02 62 24 33 73. Dégustez sur place ou emportez d'excellentes glaces, des pâtisseries ou des chocolats.

La Rhumerie, rue principale, St-Gilles-les-Bains, ☎ 02 62 24 55 99. Terrasse couverte où il fait bon discuter autour d'un verre.

Chez nous (les supporters de l'OM), 122 rue du Général de Gaulle, St-Gilles-les-Bains, ☎ 02 62 24 08 08. Sympathique petit bar marseillais. Si vous avez déjà le mal du pays...

Jungle Village, rue du Général de Gaulle, St-Gilles-les-Bains, ☎ 02 62 33 21 93. Situé en face du Chez Nous, au sud de la ville, l'endroit se caractérise par une ambiance bar de plage, avec musique rock. Il est bondé le week-end. Si vous vous ennuyez, prenez donc votre verre au bar, qui n'est pas moins qu'un aquarium géant...

Discothèques – ***Le Moulin du Tango***, St-Gilles-les-Bains, ☎ 02 62 24 53 90. Soirées rétro très fréquentées, les mercredi, vendredi et samedi.

Le Pussycat, 1 rue des Îles-Éparses, St-Gilles-les-Bains, ☎ 02 62 24 05 11. Vendredi et samedi soir. Clientèle métro.

Le Privé, 1 rue du Général de Gaulle, sur la gauche, à l'entrée de St-Gilles-les-Bains, ☎ 02 62 24 04 17 / 02 62 24 49 16. Ambiance un peu moins « ado » que dans les autres boîtes de nuit de la ville. Plutôt pour les 25-30 ans.

LOISIRS

Plongée sous-marine – *Gloria Maris*, enceinte portuaire, St-Gilles-les-Bains, ☎ 02 62 24 34 11. Club de bonne réputation. Baptême à 23 €.
***CEREPS*,** port de St-Gilles-les-Bains, ☎ 02 62 24 40 12. Club réputé pour son sérieux.
***Bleu Marine Réunion*,** enceinte portuaire, St-Gilles-les-Bains, ☎ 02 62 24 22 00, Fax 02 62 24 30 04, bleu-marine@guetali.fr.
***Réunion Plongée*,** 13 ZA pointe des Châteaux, St-Leu, ☎ 02 62 34 77 77.
***Atlantis*,** route des Colimaçons, dans la zone d'activités de St-Leu, ☎ 02 62 34 77 47, www.oceanes.fr/atlantis Baptême à 38,2 €. Un beau site de plongée, différent de celui de St-Gilles. Très sympathique.

Pêche au gros – Comptez de 53,50 à 70 € la 1/2 journée (de 2 à 4 personnes).
***Maevasion*,** Port de St-Gilles-les-Bains, ☎ 02 62 85 23 46, Fax 02 62 24 06 54, maevasion@wanadoo.fr
***Réunion Pêche au Gros*,** Port de St-Gilles-les-Bains, ☎ 02 62 33 33 99, Fax 02 62 33 82 21, info@reunion-pecheaugros.com
***Centre de pêche Alpha*,** port de St-Gilles-les-Bains, ☎ 02 62 24 02 02.

Autres activités nautiques – *Ski-club de St-Paul*, 1 rue de la Croix, Étang de St-Paul, ☎ 02 62 85 14 96. Env. 22 € le tour de ski.
***Club nautique de Bourbon*,** rue des Brisants, St-Gilles-les-Bains, ☎ 02 62 24 30 75. Stages de voile pour enfants et adultes.

Hélicoptère – Survol de l'île, avec possibilité de halte gastronomique à Mafate.
***Hélilagon*,** Altiport de l'Éperon, St-Paul, ☎ 02 62 55 55 55, www.helilagon.com
***Héliréunion*,** Héliport de St-Gilles, ☎ 02 62 24 00 00, heli.reunion@wanadoo.fr ; 191 €/personne pour 45 mn de vol.

ULM – *Félix ULM RUN*, base ULM du Port, ☎ 02 62 43 02 59, Fax 02 62 45 63 08. Pour découvrir les paysages de la Réunion d'une manière originale, en compagnie d'une équipe dynamique, sérieuse et accueillante. Préférez le « pendulaire » au « trois-axes ». Sensations garanties. Vaste gamme de circuits. De 23 € (baptême) à 183 € (intérieur de l'île, Volcan).

Parapente et delta – *Parapente Réunion*, 4 CD 12 montée des Colimaçons, ☎ 02 62 24 87 84, pararun@guetali.fr. Vous pouvez suivre en toute confiance cette équipe de professionnels. Ils vous emmèneront jouer avec les ascendances en toute sécurité et pourront vous faire découvrir les nombreux sites de vol libre de l'île (baptêmes et stages). Atmosphère conviviale.
***Azurtech*,** Zone artisanale n° 5 Pointe des Châteaux, St-Leu, ☎ 02 62 85 04 00, azurtech@oceanes.fr Baptêmes et stages de parapente et de paramoteur. Fred pourra également vous emmener planer au-dessus du lagon, à la recherche des dauphins, suspendu à son deltaplane.

Randonnées – *Altitudes australes*, Résidence Ixora 196, RN1, L'Hermitage-les-Bains ☎ et Fax 02 62 65 60 09, onery@wanadoo.fr

Équitation – *Centre équestre du Maïdo*, route du Maïdo, St-Paul, ☎ 02 62 32 49 15.
***Crinière Réunion*,** chemin Lautret-Bernica, St-Gilles, ☎ 02 62 55 54 29.

Golf – *Golf-club du Bassin Bleu*, Villèle, St-Gilles-les-Hauts, ☎ 02 62 55 53 58.
***Golf-club de Bourbon*,** L'Étang-Salé-les-Hauts, Les Sables, ☎ 02 62 26 33 39, golfbourbon@wanadoo.fr

VTT – *VTT Découverte*, Place P.-J. Bénard, St-Gilles, ☎ 02 62 24 55 56.

ACHATS

***Marché de St-Paul*,** voir p. 103.
***Village artisanal de l'Éperon*,** St-Gilles-les-Hauts (D 10), 8h30-12h/13h30-18h. Céramiques, poteries et autres créations artisanales.

Artisanat – *Native*, place du Marché, St-Gilles-les-Bains, ☎ 02 62 24 33 00. Un très joli magasin d'Art déco. Meubles indonésiens et divers bibelots. Personnel attentif, jeune et sympathique.

GALERIE D'ART

***Art'Senik*,** Ravine des Sables, St-Leu, ☎ 02 62 34 12 56. Tlj, 10h-17h. Atelier d'art plastique, théâtre et musique. Exposition permanente.

La côte Ouest pratique

LE SUD-EST★★
DE ST-PIERRE À ST-BENOÎT

Env. 85 km par la côte (sans les excursions)
Comptez 2 jours de visite
Voir carte p. 124-125

À ne pas manquer
Pique-niquer sur la plage de Grande Anse.
Visiter le jardin des épices à St-Philippe.
Longer le Grand Brûlé.

Conseils
Réservez la visite du jardin des épices.

Le flanc sud-est de l'île – la **« côte au vent »** – subit des conditions météorologiques rigoureuses, issues des grands flux marins de l'océan Indien. Les alizés soufflent toute l'année, apportant fraîcheur et pluies fréquentes. Le mode de vie des habitants et la végétation se sont adaptés à ces conditions climatiques. De petites cases créoles aux couleurs vives se camouflent dans une abondante flore tropicale. Cette région, plus sauvage et authentique, résiste encore au développement économique dont le reste de l'île profite. Les coulées de lave, la nature luxuriante et le littoral, embrumé d'écume et sculpté par l'assaut incessant des vagues, vous offriront des atmosphères très contrastées. Les incursions dans les Hauts vous surprendront. Dans certains villages reculés, les habitants semblent appartenir à une autre époque et, toujours, le spectacle de la nature émerveille.

Prenez la 1re sortie après le pont de la Rivière St-Étienne, direction Entre-Deux (D 26). Au rond-point, prenez à gauche dans le lotissement.

■ **L'usine sucrière de Pierrefonds** – *Accès libre. Comptez 10 mn.* Vous pouvez vous promener dans l'enceinte de l'usine, qui resta en activité de 1830 à 1969. Elle fonctionnait à l'aide d'une machine à vapeur et d'une roue hydraulique alimentée par le canal St-Étienne.

Revenez sur la D 26, tournez à gauche. Au 1er croisement, prenez la direction Entre-Deux.

■ **Entre-Deux★** – La route, d'où émergent par endroits d'anciennes cheminées d'usines à sucre, longe le vaste lit de la **Rivière St-Étienne**. En arrière-plan se dresse une falaise de tuf étrangement sculptée par l'érosion. Après le pont métallique, quelques virages serrés vous mènent au village fleuri d'Entre-Deux.
Colonisé dès le 18e s., on y cultiva longtemps le café, jusqu'à ce qu'un champignon ne détruise presque intégralement les pieds de caféiers. Les cultures se diversifièrent alors, au profit de la canne à sucre. Elle constitue aujourd'hui l'une des principales ressources de la région, avec les cultures maraîchères et le tourisme. Une promenade au hasard des rues vous fera découvrir des **cases créoles** plus ravissantes les unes que les autres.

Randonnées au Dimitile★

Nuit en gîte sur réservation (voir p. 131). Possibilité de monter en 4x4 (réservez dans les agences spécialisées). Le Dimitile doit son nom à un esclave qui se serait réfugié sur ce flanc montagneux reculé. Trois magnifiques sentiers permettent de l'atteindre *(départs indiqués dans le village).* Ils évoluent chacun sur une crête et offrent des **vues** grandioses sur toute la Plaine des Cafres, jusqu'au littoral. En haut (1 837 m), un **panorama★★** s'ouvre sur Cilaos, dont les *îlets* ressemblent à des villages lilliputiens.

Le sentier de Bayonne est le plus spectaculaire, mais aussi le plus vertigineux et le plus technique *(20 km, 9 h AR, 1 500 m de dénivelé, très difficile)*.

Le sentier du Zèbre et le **sentier de la Grande Jument** conduisent au même point de vue *(15,5 km, 7 h 30 AR, 1 400 m de dénivelé, difficile)*.

Redescendez d'Entre-Deux et reprenez la N 1 jusqu'à St-Pierre. Prenez à droite la direction « St-Joseph, front de mer » puis, en face du 1er rond-point, la rue de la Poudrière jusqu'au bord de mer.

■ St-Pierre★

Au 18e s., les colons qui s'installèrent dans la commune de St-Pierre se virent attribuer des concessions, terrains délimités suivant les courbes de niveau. Certains toponymes que vous pouvez encore lire sur la carte proviennent de ce découpage, comme Ligne-des-Bambous, Les Quatre Cents...

Ville calme ouverte sur la mer, St-Pierre (59 000 hab.) a conservé tout son charme du *temps lontan*. Son centre-ville aux rues animées bordées de vieilles bâtisses, son port et sa plage méritent que vous vous y arrêtiez quelques heures pour flâner.

Des débuts difficiles

Une chapelle en bois, baptisée St-Pierre en l'honneur du gouverneur **Pierre Benoît Dumas**, fut édifiée dès 1731 près de la Rivière d'Abord. Quelques années plus tard, la Compagnie des Indes implanta des magasins et la ville commença à se développer. Son essor demeura néanmoins limité par de grosses difficultés d'approvisionnement en eau, jusqu'à la mise en service du **canal St-Étienne**, vers 1826.

La ville entra alors dans une phase de croissance, marquée par la construction d'un **port**, à partir de 1854. Après trente-deux années de péripéties, les travaux se soldèrent par un échec qui plongea St-Pierre dans un gouffre financier. Difficile d'accès pour les gros navires, la rade s'ensabla et n'accueillit bientôt plus que des bateaux de pêche ou de plaisance. Avec l'implantation de plusieurs usines sucrières dans les environs, l'exploitation de la canne sauva l'économie de la ville.

Aujourd'hui, St-Pierre prospère. Elle a su se hisser au rang de sous-préfecture de l'île et de capitale du Sud.

Visite de la ville

Après le radier, poursuivez jusqu'au rond-point et prenez la 2e sortie. 200 m plus loin, empruntez sur la gauche le chemin d'accès.

Ce léger détour vous mène au **temple tamoul Narasinga Péroumal Kovil**, à Ravine Blanche *(cérémonies presque tous les samedis ; respectez les règles inscrites à l'entrée ; comptez 10 mn, ou beaucoup plus s'il y a une cérémonie)*, à l'architecture bariolée de tons pastel. Fréquenté toute la semaine, il prend une autre dimension lors des cérémonies. Avec un peu de chance, vous assisterez à l'une des grandes fêtes tamoules annuelles, toujours très impressionnantes *(voir « Quelques fêtes religieuses », p. 69 et « Les fêtes hindoues », p. 46)*.

Sur le front de mer, peu après la gendarmerie, sur la gauche.

Coloré et fleuri, le **cimetière** de St-Pierre *(7 h-17 h de mai à septembre ; 6 h-18 h d'octobre à avril ; comptez 15 mn)*, construit en 1729, abrite la **tombe de Sitarane**★. À mi-parcours de l'allée principale, prenez à gauche derrière le monument aux morts et cheminez jusqu'au mur d'enceinte. Sa couleur vermillon tranche avec le blanc des autres sépultures. Vous verrez probablement sur ce lieu de prières obscures des verres de rhum et des cigarettes consumées, offrandes pour quelques sombres desseins...

Goûtez la douceur de vivre de St-Pierre sur le **front de mer**★, lieu de rencontre privilégié des citadins qui aiment flâner sur le **port** de plaisance ou bronzer sur la **plage**. Familles et amis se retrouvent pour se restaurer auprès des nombreux camions-bars ou pour jouer aux cartes à l'ombre des *badamiers*. **L'ancienne gare**, située en bordure du

ST-PIERRE

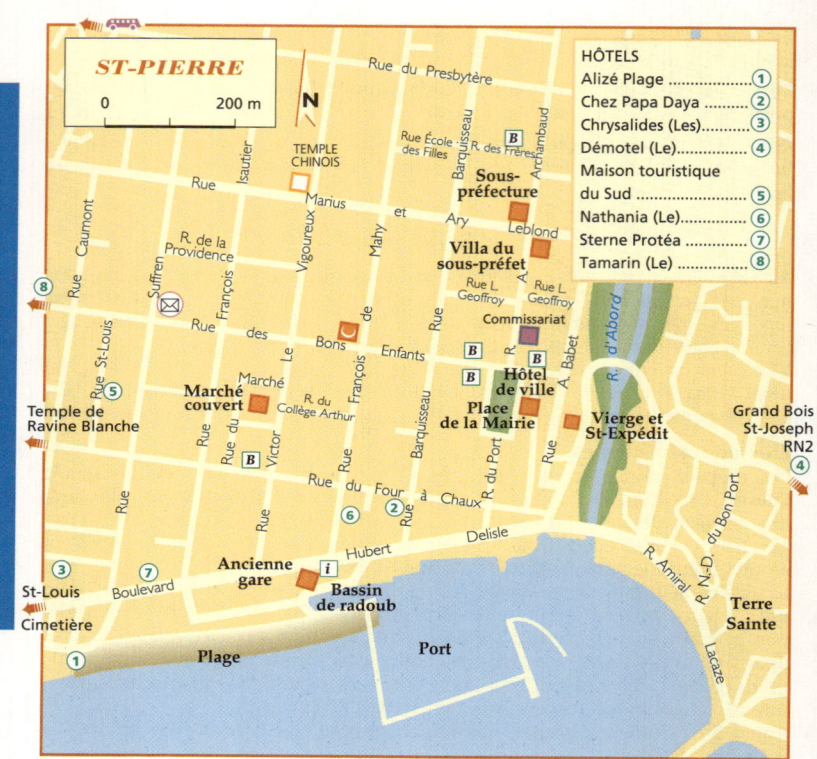

HÔTELS
- Alizé Plage .... ①
- Chez Papa Daya .... ②
- Chrysalides (Les) .... ③
- Démotel (Le) .... ④
- Maison touristique du Sud .... ⑤
- Nathania (Le) .... ⑥
- Sterne Protéa .... ⑦
- Tamarin (Le) .... ⑧

boulevard Hubert Delisle, a été rénovée et transformée en restaurant. Une promenade sur les digues du port vous entraînera jusqu'à la passe où les surfeurs évoluent. Au retour, attardez-vous le long du **bassin de radoub**, qui abrite aujourd'hui les barques des pêcheurs.

Remontez jusqu'à la place de la Mairie par la rue du Port.

La visite de la vieille ville débute sur la place ombragée de la mairie. L'**hôtel de ville** (entrée libre) siège dans un ancien grenier à blé de la Compagnie des Indes, construit vers 1740. En amont de la place commence la **rue des Bons Enfants**, principale artère commerçante de la ville, où les gens du Sud viennent faire leurs emplettes. La rue Victor Le Vigoureux *(200 m plus loin sur votre gauche)* mène au **marché couvert*** *(7 h 30-18 h ; le dimanche, 7 h 30-12 h)*, entièrement rénové, où les épices exhalent leurs parfums enivrants.

Sitarane

Le Sud, début du siècle. Une série de cambriolages, perpétrés par une bande insaisissable, intrigue et effraie les habitants. Les conditions mystérieuses dans lesquelles ils se déroulent sont rapidement assimilées à de la sorcellerie : les chiens n'aboient pas, les victimes ne se réveillent pas. Si, pendant des années, les brigands se contentent de voler, la terreur s'empare de la population dès lors qu'il y a meurtre. La bande, constituée d'une dizaine de personnes, est enfin arrêtée fin 1909. Les meneurs sont condamnés à mort. Calendrin, dit Saint-Ange, sorcier et manipulateur, chef de la bande, n'ayant tué personne, se verra finalement gracié. Sitarane, grand Mozambicain à la stature fière et puissante, que la naïveté conduisit à ces forfaits, sera exécuté en 1911 en grande pompe.

Remontez la rue Victor Le Vigoureux jusqu'à la rue Marius et Ary Leblond, que vous prendrez à droite.

Vous découvrirez de superbes **villas créoles**, parmi lesquelles se distinguent la **sous-préfecture*** (n° 18) et la **villa du sous-préfet** (n° 28), grandes bâtisses blanches parées de lambrequins semblables à de la dentelle.

Au débouché de la rue M. et A. Leblond, descendez la rue A. Babet qui, après un grand virage à gauche, mène à la rivière d'Abord.

Là, vous découvrirez un curieux lieu de prière, où cohabitent une **Vierge** nichée dans une petite grotte aux murs blancs et un **St-Expédit** arborant de vives couleurs à dominante rouge.

Traversez la rivière d'Abord et prenez la rue Amiral Lacaze, en face après le croisement.

■ **Terre Sainte** – Essayez de passer dans ce ravissant village le matin, au moment du retour des pêcheurs. Vous pouvez également y flâner dans la journée, pour pique-niquer à l'ombre des grands banians ou y observer les parties de cartes ou de dominos animées.

Prenez la direction de St-Joseph par la N 2.

■ **Grand Bois** – Ce toponyme évoque les futaies qui couvraient encore ce territoire il y a moins d'un siècle. Depuis, le site a été défriché pour l'exploitation de la canne à sucre. L'**usine sucrière** et la **maison de maître**, aujourd'hui fermées, vous offrent un bel exemple du patrimoine historique et architectural réunionnais. La **cheminée** se dresse de l'autre côté de la route. La **balance**, dans l'arrière-cour de l'usine, sert encore à la pesée des cannes.

Poursuivez votre route par la N 2.

Le Sud sauvage**
Env. 80 km de Petite-Île à St-Benoît. Prévoyez une journée.

Sur la N 2, au bout de la grande montée, prenez la D 30 à droite. À env. 300 m, empruntez la route à droite, vers Grande Anse.

■ **Grande Anse** – Très verdoyant, le **Piton de Grande Anse*** domine le site et s'abîme brutalement dans l'océan d'un bleu métallique. Une superbe **plage**** de sable blanc et fin bordée de cocotiers, la plus australe de France, s'étire gracieusement dans cet environnement sauvage. Attention ! De violents courants et la présence de requins proscrivent formellement la baignade. De nombreuses noyades ont lieu chaque année, comme en témoignent les croix plantées au fond de la plage à droite. Contentez-vous du petit bassin, vers la gauche de la plage. Près du parking, vous assisterez peut-être à une séance de photos de mariage devant les vestiges de l'ancien **four à chaux**. Du haut du Piton qui surplombe les falaises (40 mn AR), vous verrez planer d'élégants paille-en-queue et autres oiseaux marins.

Revenez sur la RN 2 vers la gauche. Env. 1,5 km après la ravine, tournez 2 fois à droite en suivant la direction de Manapany. Poursuivez à pied sur 500 m après le parking.

■ **Manapany les Bains*** – Après un bain paisible entre les rochers de cette jolie baie, descendez vers l'**ancienne marine*** *(au niveau du parking)* depuis laquelle les chaloupes, au prix d'extraordinaires prouesses, transféraient le sucre produit à l'usine de Manapany vers les bateaux ancrés plus au large. Si vous passez à côté de vacoas, guettez le fameux **lézard vert de Manapany**, espèce rare et protégée.

Revenez sur la N 2, à droite, direction St-Joseph.

■ **St-Joseph** – La longue et difficile colonisation de la région de St-Joseph, entreprise en 1785, doit beaucoup au botaniste **Joseph Hubert**. Autodidacte passionné par « les choses de la vie et de la nature », il entreprit dans le Sud la culture des épices, notamment du girofle et de la muscade. Il souhaitait établir autour de cette activité des Blancs de condition modeste, afin de développer cette région reculée. La canne à sucre prendra le relais au 19ᵉ s., complétée par le vétiver, le thé et le tabac, contribuant à l'essor de la ville et de ses environs. La diversité agricole introduite par Hubert s'est perpétuée au fil des ans : si le giroflier et la muscade ont disparu, quelques plants de vétiver et de curcuma prospèrent toujours dans les Hauts et les fruits et légumes y sont très réputés.

La ville (25 000 hab.), développée autour de sa longue rue principale, ne comporte pas d'attrait particulier. Une petite rue (100 m à droite après l'église en direction de St-Philippe) conduit au **Piton Saladin**, du haut duquel, près de la tombe de **Raphaël Babet** (ancien maire de St-Joseph), vous aurez une belle vue sur l'océan.

Quittez la ville au nord par la D 3, puis la D 32 à droite.

Cette jolie route sillonne entre la Ravine des Grègues et la Rivière des Remparts pour vous mener au village de la **Plaine des Grègues** *(env. 1 h 30 AR)*. La **Maison du curcuma et des épices** *(14 chemin du Rond, Plaine des Grègues ; 02 62 37 54 66, 9 h-12 h / 13 h-17 h 30 ; entrée libre)* vous apprendra tout sur le *safran pays* (le curcuma) et les multiples épices qui accommodent les plats réunionnais. Vous pourrez goûter toutes sortes de produits locaux, en dégustation-vente sur place.

Continuez la D 3 jusqu'au Tampon.

La route Hubert Delisle

De St-Joseph, cette route relie Le Tampon *(env. 28 km ; 1 h minimum AS)*. Très sinueuse, elle traverse plusieurs villages et parcourt des paysages variés avec de nombreuses vues sur le littoral.

À **Manapany-les-Hauts** se trouve une **distillerie de vétiver**. Vous remarquerez, aux alentours de **Montvert-les-Hauts** et **Les Lianes**, la couleur vert tendre caractéristique des champs de vétiver. Fabriquée dès le 18ᵉ s., son essence, obtenue après distillation des racines pendant 72 heures, est toujours très recherchée en parfumerie. Les femmes tressent également les longues feuilles séchées, qui servaient autrefois à couvrir le toit des cases créoles, pour confectionner des capelines et des paniers.

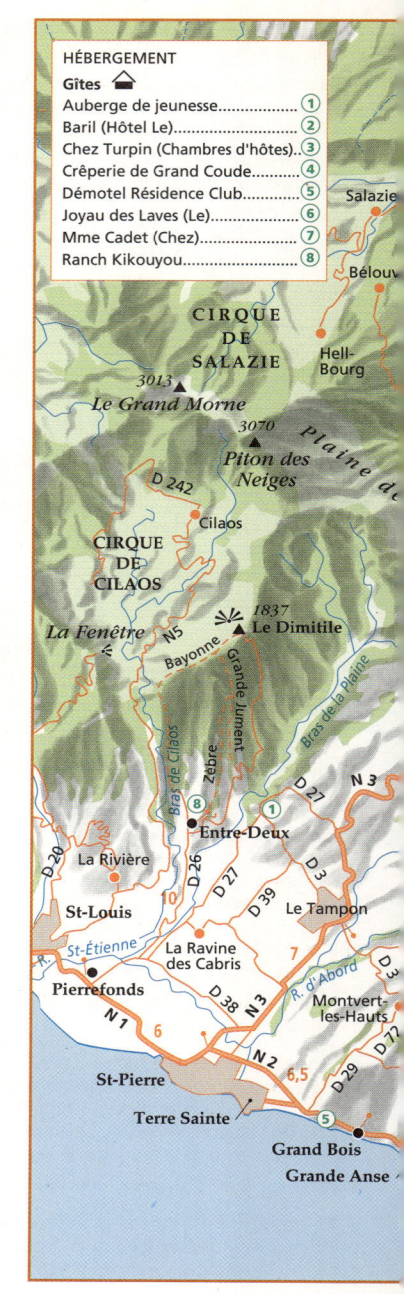

HÉBERGEMENT

Gîtes

- Auberge de jeunesse ①
- Baril (Hôtel Le) ②
- Chez Turpin (Chambres d'hôtes) ③
- Crêperie de Grand Coude ④
- Démotel Résidence Club ⑤
- Joyau des Laves (Le) ⑥
- Mme Cadet (Chez) ⑦
- Ranch Kikouyou ⑧

RÉUNION

LE SUD-EST

0 2 4 6 km

St-André / St-Denis
D 47
Bras-Panon
'Escalier
D 48
La Rivière du Mât
R. du Mât
D 53
St-Benoît
R. des Roches
Pointe de la Ravine Sèche
La Confiance
R. des Marsouins
Chemin de Ceinture
N 2
Ste-Anne
Bassin bleu
Petit St-Pierre
D 56
Takamaka
le Grand Étang
R. de St-François
D 3
8,5
Pont suspendu
Ste-Rose
8,5
La Plaine des Palmistes
Route des Radiers
D 57 E
Piton Ste-Rose
N 3
11
RF 2
5
ROUTE DES PLAINES
D 57
8
Anse des Cascades
10
Rivière de l'Est
Bourg-Murat
RF 5
Rempart de Bois Blanc
Bois Blanc
N 2
Route du Volcan
La Plaine des Cafres
Plaine des Sables
Pas de Bellecombe 2311
Vierge au Parasol
Roche Plate
R. des Remparts
2632
LE GRAND BRÛLÉ
Piton de la Fournaise
Symbiose pour volcan et oiseaux
D 36
Grand Coude
GR R2
13
Rempart du Tremblet
Pointe du Tremblet
Le Serré
Grand Galet
R. Langevin
Takamaka
Plaine des Grègues
La Crête
Basse Vallée
Pointe de la Table
15
RF 4 bis
Sentier botanique de Mare Longue
Puits arabe
13
18
9
11
D 32
D 37
6
Manapany-les-Hauts
Les Lianes
11
3
St-Philippe
D 3
D 33
D 34
3
Petite Île
7
3
Jardin des épices
9
N 2
8
2
Souffleur d'Arbonne
D 30
3
3,5
Vincendo
Cap Méchant
Puits des Anglais
Manapany-les-Bains
Langevin
St-Joseph

OCÉAN INDIEN

125

De retour à St-Joseph, prenez la D 33 en direction de Grand Coude.

La Rivière des Remparts*

Comptez 1 h AR en voiture. Le large lit et la profonde vallée creusés par cette rivière – refuge des esclaves marrons au 18e s. – vous invitent à une magnifique excursion ponctuée de points de vue spectaculaires.

La route serpente au milieu de jolies maisons dont les jardins multicolores débordent des clôtures. Plus haut, vous traversez des domaines sucriers. La route devient moins bonne, mais le belvédère du **Serré**** vaut la peine de persévérer. Site unique à la Réunion, cette crête large d'environ 60 m offre une vue impressionnante sur les deux rivières les plus majestueuses de St-Joseph : à gauche, la **Rivière des Remparts** et à droite, la **Rivière Langevin**, au fond de laquelle vous apercevez le village de Grand Galet. Une dizaine de kilomètres plus haut, vous atteignez le village de **Grand Coude**, installé sur un petit plateau jadis couvert de forêt. Le sol fertile et le climat frais permettent aux quelque 500 habitants de vivre des cultures maraîchères et de l'élevage.

De retour sur le littoral, après avoir franchi le pont de la Ravine Langevin, quittez la N 2 et prenez une petite route à gauche le long de la balance.

La Rivière Langevin*

Comptez env. 45 mn AR en voiture. Évitez les week-ends. À l'ombre de grands litchis et avocatiers, la route chemine au bord de la rivière, où vous pourrez profiter des nombreux **bassins** aux eaux fraîches pour faire quelques haltes tonifiantes. Vous arrivez à **Grand Galet**, où seul le bruit de la grande **cascade** vient troubler le calme de la chapelle et des maisons en bardeaux. De là, vous pouvez entreprendre une randonnée jusqu'à la **Plaine des Sables** *(voir p. 152)*.

La région du Grand Brûlé**

Env. 32 km. Comptez 2 h.

Le 20 mars 1986, le **Piton de la Fournaise** se réveille. Les coulées rougeoyantes dévalent les pentes depuis le Piton de Takamaka, à 1 000 m d'altitude. Quelques heures plus tard, une première coulée se stabilise à 600 m de la côte, tandis qu'une seconde se déverse dans la mer, créant des nuages de vapeur et des bouillonnements redoutables. Trois jours plus tard, fait extrêmement rare, une fissure laisse échapper de la lave en fusion à quelques centaines de mètres de la côte. Cette nouvelle coulée se fige dans la mer au lieu dit la « Pointe de la Table ». Il n'y a pas de victime, mais les flots en fusion emportent huit maisons dans leur course.
Cette éruption mémorable a contribué à façonner les paysages de la côte Est. Sauvage et noire, parée de reflets chatoyants, cette dernière est encore couverte d'une superbe forêt jusqu'aux limites du Volcan. Les habitants perpétuent le traditionnel artisanat du *vacoa*, ainsi que la culture de la vanille et de la canne.

De la N 2, prenez à droite juste après le pont de la Ravine Basse Vallée. Tournez à droite après le stade.

Éperon rocheux battu par la mer, le **Cap Méchant*** impressionne par son aspect déchiqueté et sa couleur d'un noir profond. Les vagues, souvent violentes et impétueuses dans cette partie de l'île, grignotent petit à petit le basalte et lui donnent par endroits une couleur rosée.
Vers la gauche du parking, en contrebas, se trouve le **Puits des Français**, qui alimentait en eau les habitants de la région avant les travaux d'adduction.

Reprenez la N 2 sur 150 m et tournez à gauche vers le gîte de Basse Vallée. Empruntez la RF 4 bis.

Basse Vallée*

La route forestière traverse la **forêt de St-Philippe***, la plus grande réserve naturelle de l'île, composée de nombreux bois de couleurs, qui s'étage du littoral au Volcan sur les coulées de lave les plus récentes.

À la hauteur du gîte de Basse Vallée, vous avez le choix entre deux sentiers de **randonnée**. Le premier parcourt la forêt sur 16 km et redescend sur **Mare Longue** à travers la réserve naturelle *(voir ci-dessous)*. Le second franchit le rempart de la ravine de Basse Vallée et monte jusqu'à la Plaine des Sables et au **Volcan** *(17,5 km jusqu'au gîte du Volcan, 7 h AS, 1 700 m de dénivelé, très difficile)*.

De retour sur la N 2, prenez une petite route à droite après le Baril (indiqué).

Le Puits des Anglais, bel ouvrage en pierre de taille, aurait été creusé en 1822 pour pallier les carences en eau de cette région, très arrosée mais au sol poreux. Autour de ce puits planent encore quelques mystères et légendes de trésors cachés...

Peu après, sur la droite de la RN 2, arrêtez-vous au milieu des *vacoas* pour observer le **Souffleur d'Arbonne*** *(prudence requise)* et sa curieuse lave cordée. Par forte houle, vous verrez la mer s'engouffrer avec force dans la cavité du souffleur et resurgir en gerbe dans un grondement impressionnant.

Au niveau du souffleur, prenez la route forestière à gauche sur 3 km, jusqu'au parking.

■ **Le sentier botanique de Mare Longue*** – Deux circuits balisés vous proposent une agréable promenade dans les Hauts de St-Philippe *(1 h AR chacun)*. Un joli sentier de 13 km vous permet également de rejoindre le haut de la route forestière de Basse Vallée à la hauteur du gîte *(voir ci-dessus)*. Le plus beau serpente à travers une magnifique forêt primitive dont les arbres, parfois âgés de plusieurs centaines d'années, ont colonisé les coulées volcaniques successives. Les fougères et les épiphytes ont ensuite composé un sous-bois particulièrement riche et luxuriant. Des plaques indiquent les noms, souvent évocateurs, des espèces rencontrées : Joli Cœur, Bois de pomme, Bois de prune, Bois de corail... Le second parcours traverse des plantations plus récentes. L'environnement, moins touffu, vous permet d'observer plus en détail les espèces végétales.

Env. 600 m après le souffleur, prenez le chemin forestier à gauche de la N 2.

■ **Le Jardin des épices et des parfums*** – *Visites guidées à 10 h 30 et 14 h 30 ; fermé le mardi (réservation obligatoire auprès de l'Office du tourisme de St-Philippe, ☎ 02 62 37 10 43). Env. 2 h de visite. Entrée payante. Prenez de la lotion anti-moustiques. Table d'hôte sur réservation.*

Enchantement des sens, cette halte dans la forêt primaire vous fera découvrir de nombreuses espèces végétales, dont certains spécimens endémiques de la Réunion. Le guide vous fera partager ses connaissances et sa passion pour la forêt, les fruits étranges, les lianes et les orchidées délicates, sollicitant votre goût et votre odorat pour reconnaître les épices les plus communes.

Reprenez la N 2 sur environ 5 km, puis la RF 3 à droite.

Les coulées de mars 1986*

De part et d'autre du chemin qui descend vers la mer, vous remarquez des pieds de **vanilliers**, dont les lianes s'enroulent autour des *vacoas* et des filaos qui leurs servent de tuteurs. Un peu plus bas à gauche, le **Puits Arabe**, entièrement creusé dans la lave, doit son nom à sa conception très proche des puits orientaux, qui intrigua longtemps les historiens. Du parking, un sentier *(4 km)* parcourt une **forêt de vacoas** et vous mène à la **Pointe de la Table***. En six jours, cette vaste avancée basaltique, coulée de lave figée dans les flots lors de l'éruption, a agrandi l'île de 30 ha.

Quelques centaines de mètres plus loin sur la N 2, deux autres coulées ont profondément marqué le paysage. Tel un torrent figé, elles tracent deux larges saignées à travers la forêt et coupent la route côtière en deux points distants d'environ 2 km. Leur couleur noire s'estompe sous le gris argenté des lichens, qui colonisent peu à peu les amas de *grattons* basaltiques.

Du lieu dit **Takamaka** part un chemin de randonnée qui monte à l'**abri du Tremblet** *(15 km AR, 7 h, 1 100 m de dénivelé, difficile)* ou jusqu'au **gîte du Volcan** *(voir p. 157)*. Vous cheminez ainsi au milieu de la coulée, jusqu'au **cratère** dont elle est issue. Vous pouvez faire une boucle en redescendant vers la mer jusqu'à la **Pointe du Tremblet** par la variante du GR R2, à travers une forêt de bois de couleurs.

Poursuivez la N 2 vers le nord.

Un peu plus loin, la coulée de 1998 a laissé son empreinte, n'épargnant la route que de quelques mètres. Il est possible de remonter la coulée à pied, afin de bénéficier d'une vue d'ensemble sur cet impressionnant bloc de lave.

Le Grand Brûlé★★

Délimité par le Rempart du Tremblet au sud et par le Rempart de Bois Blanc au nord, cette zone désigne le flanc est du Volcan. Plusieurs générations de déjections éruptives s'y sont épanchées, souvent jusqu'à la mer.

Du **Rempart du Tremblet**, un large **panorama★★★** s'ouvre sur les Grandes Pentes. Les innombrables coulées aux teintes noires et argentées y ont repoussé les limites de la forêt, créant un paysage de désolation, de toute beauté.

Env. 3 km après l'entrée dans le Grand Brûlé, prenez un sentier carrossable à gauche de la N 2. Du parking, marchez 300 m.

Sur une ancienne plate-forme de forage géothermique installée en bordure des coulées, vous découvrirez l'œuvre originale du sculpteur Mayo, **« Symbiose pour volcan et oiseaux »**. Ces grandes silhouettes de basalte ne susciteront probablement pas en vous une émotion renversante...

La Vierge au Parasol

À l'extrémité nord de l'enceinte du Grand Brûlé, la **Vierge au Parasol** attire chaque année, le **15 août**, des milliers de pèlerins qui déposent à ses pieds une multitude d'ex-voto et de fleurs. Leur vénération remonte au début du siècle, où une coulée de lave aurait contourné cette Vierge sans la toucher, faisant d'elle la protectrice des lieux face aux colères du Volcan. En fait, la Vierge que vous voyez aujourd'hui, symboliquement protégée du soleil et de la pluie, remplace la statue d'origine, que l'éruption de 1961 n'a pas épargnée.

Env. 3 km après Bois Blanc sur la N 2, prenez le chemin des Cascades sur la droite.

■ **L'Anse des Cascades**★ — La route débouche dans un superbe parc planté de *palmistes*. Vous pourrez d'ailleurs goûter leurs cœurs si prisés, en «salade de millionnaire» ou en gratin, au restaurant installé dans ce petit havre paisible *(voir p. 137)*. Les **cascades** qui tombent des falaises de basalte ne sont alimentées qu'après de fortes pluies. Le site, toujours aéré et frais, n'en demeure pas moins séduisant, avec son petit **débarcadère** aménagé pour remonter les barques colorées des pêcheurs.

De retour sur la N 2, prenez la D 57 à Bois Blanc, ou la D 57E à Piton Ste-Rose.

La route des Radiers★

Cette route des Hauts *(16 km, 45 mn)*, qui traverse de nombreux radiers, est ponctuée de superbes échappées sur la mer et sur la montagne. La plus impressionnante, au niveau de la **coulée de 1977**, permet de suivre le cheminement de la lave, qui toucha l'église de Piton Ste-Rose avant de se jeter dans la mer.

Rejoignez Piton-Ste-Rose par la N 2 ou par la D 57E.

■ **Piton Ste-Rose** — Ce petit village connut les heures les plus terrifiantes de son histoire en avril 1977. À quatre jours d'intervalle, deux coulées rougeoyantes traversèrent le village et se répandirent dans la mer dans un fracas saisissant. Elles ne firent aucune victime mais engloutirent de nombreuses maisons. La lave encercla l'église, baptisée depuis **N.-D. des Laves**★, mais ne pénétra pas à l'intérieur. Ce phénomène serait dû à la faible vitesse de la lave qui, rapidement refroidie, forma un bouchon devant l'entrée exiguë de l'église. Aujourd'hui, la vision de ce fleuve noir et brillant, figé à jamais, reste un spectacle intrigant.

Longez l'église vers la mer et tournez à droite au 1ᵉʳ carrefour, jusqu'au pont.

Un sentier aménagé dans la coulée longe les gros blocs basaltiques. Descendez à pied vers la **Pointe Lacroix**★, où s'étend une petite **plage** de sable noir aux reflets mordorés. Si vous en ramassez dans le creux de votre main, vous observerez les cristaux vert olive d'**olivine**, que l'on retrouve également incrustés dans le basalte.

Retrouvez la N 2. À Ste-Rose, prenez à droite au niveau de l'église.

■ **Ste-Rose** — En 1809, en pleine guerre navale franco-britannique dans l'océan Indien, les Anglais attaquèrent ce village et réussirent à débarquer à la **Marine**★, une crique bien abritée où ils s'installèrent pendant un mois avant d'être repoussés. De leur passage, il reste le **monument Corbett**, ancien tombeau d'un capitaine anglais tué en mer en 1810, dont le corps fut rapatrié plus tard par ses compatriotes. Un petit **sentier** vous invite à une agréable promenade en bord de mer, où vous rencontrerez sûrement quelques pêcheurs de la région.

De Ste-Rose à St-Benoît
18 km. Env. 1 h.

Poursuivez la N 2 vers le nord.

Plusieurs cataclysmes emportèrent les ponts successifs construits au-dessus de la **Rivière de l'Est**, l'un des cours d'eau les plus tumultueux de la Réunion. Le **pont suspendu**★ que vous traversez domine d'une cinquantaine de mètres le lit de la

RÉUNION

Le Sud-Est

Le passage délicat d'un radier en crue

rivière. Orné à chaque extrémité d'une grande arche en pierre, c'est le plus bel ouvrage d'art de l'île. Si vous aimez les sensations fortes, vous pourrez y faire un impressionnant saut à l'élastique *(voir la rubrique « Loisirs », p. 135)*.

Vous traversez un peu plus loin le ravissant village de **Petit St-Pierre**, aux maisons colorées et fleuries.

Prenez la 1re ruelle sur la droite, puis le Vieux Chemin à gauche.

La route traverse l'embouchure de la Ravine de Petit St-Pierre. Là, le **Bassin Bleu** vous attend pour un bain rafraîchissant avant de poursuivre votre route le long du littoral.
Plus loin sur votre droite, une volée de marches mène à un autel, encastré dans la falaise, dédié à la Vierge. Il s'agit de la grotte de Lourdes (eh oui !), qui rassemble un grand nombre de pèlerins et constitue l'un des lieux de culte les plus appréciés des Réunionnais.

■ **Ste-Anne** – Le village est connu pour sa curieuse **église***, construite à l'initiative du **Père Dobemberger**, qui servit de décor pour une scène du film de François Truffaut, *La Sirène du Mississippi*. Ce fils d'architecte d'origine alsacienne entreprit, de 1926 à 1950, avec l'aide des enfants du catéchisme, de décorer la **chapelle** et la **façade** de l'église avec toutes sortes de motifs, floraux et fruitiers pour la plupart, moulés dans du ciment et scellés sur les parois.

Vers St-Benoît, la N 2 se fait parfois très étroite.

La route évolue au milieu d'immenses champs de cannes ondulant au gré du vent et longe par endroits le littoral et ses plages de galets. À partir du rond-point des Plaines, la route N 3 dessert l'intérieur de l'île jusqu'à St-Pierre *(voir p. 144)*.

Le Sud-Est pratique

ARRIVER-PARTIR

En autobus – De ville en ville, ils font le tour de l'île. Les gares routières sont situées près des centres-villes. À St-Pierre, rue Luc Lorian ; à St-Joseph, 2 av. du Général de Gaulle. Quelques bus et taxis collectifs desservent les Hauts.

En voiture – C'est l'idéal pour s'arrêter à sa guise dans des sites plus sauvages. Attention, de véritables déluges peuvent inonder la route et la rendre très glissante. N'hésitez pas à vous arrêter quelques minutes.

ADRESSES UTILES

Informations touristiques – *Office du tourisme de St-Pierre*, 17 bd Hubert-Delisle, ☎ 02 62 25 02 36. Lundi-vendredi 9 h-17 h 15 (été) ou 8 h 30-17 h 15 (hiver), samedi 9 h-15 h 45 ; fermé le dimanche.
Syndicat d'initiative d'Entre-Deux, Dimitile Accueil, rue Fortuné Hoareau, ☎ 02 62 39 69 80, Fax 02 62 39 59 20. Lundi-vendredi 8 h-16 h, samedi-dimanche 9 h-14 h.
Pays d'accueil du Sud sauvage, Centre nautique, rue Paul Demange, ☎ 02 62 56 00 29. Lundi-jeudi 7 h 30-12 h / 13 h 30-17 h, vendredi jusqu'à 16 h, fermé les samedi et dimanche. Renseignements sur les activités en eaux vives.
Office du tourisme de St-Philippe, 64 rue Leconte-de-Lisle, ☎ 02 62 37 10 43, Fax 02 62 37 10 97. Du lundi au dimanche 9 h-17 h. Réservation pour le Jardin des Épices.

Banque / Change – Vous trouverez plusieurs banques à St-Pierre. Les distributeurs automatiques sont rares entre St-Pierre et St-Benoît : prenez vos dispositions.

Poste – Grande poste de St-Pierre, 108 rue des Bons Enfants. À St-Joseph, St-Philippe et Ste-Rose, les bureaux se situent dans la rue principale.

Téléphone – Il y a quelques cabines téléphoniques à St-Pierre, surtout sur le front de mer, mais vous en verrez très peu jusqu'à St-Benoît.

Location de voitures – Les agences de location se trouvent à St-Pierre.

Santé – Vous trouverez des pharmacies, des médecins ou des dentistes dans la plupart des villes.
Centre hospitalier général de St-Pierre Le Tampon, RN 2, Terre Sainte, ☎ 02 62 35 90 00.

OÙ LOGER

Les fourchettes de prix indiquées sont établies sur la base d'une chambre double avec petit-déjeuner.

• **L'Entre-Deux**

Moins de 15,50 €

Auberge de jeunesse, chemin Defaud, Ravine des Citrons (un bus partant d'Entre-Deux s'arrête devant l'auberge), ☎ 02 62 39 59 20 – 29 ch. Relativement éloignée d'Entre-Deux, l'endroit dispose d'un confort sommaire, mais les chambres sont impeccables, l'accueil chaleureux et les prix dérisoires. Idéal pour les groupes ou familles nombreuses à petits budgets.

De 23 à 30,50 €

Ranch Kikouyou, Centre de tourisme équestre, 4 rue Cinaire, Grand Fond, ☎ 02 62 39 69 62 – 12 lits. ✗ Chambres d'hôtes de caractère, meublées d'un lit à baldaquin ou d'un lit bateau en palissandre, avec salle de bains individuelle. Vous pouvez aussi opter pour la formule du gîte d'étape en dortoirs. Vous prendrez votre petit-déjeuner sur une grande varangue inondée de soleil. La table d'hôte propose des plats originaux à base de produits locaux. Accueil charmant.

• **St-Pierre**

De 23 à 30,50 €

Chez Papa Daya, 27 rue du Four à Chaux, ☎ 02 62 25 64 87 / 02 62 25 11 34, Fax 02 62 25 64 87 – 16 ch. Douche et WC privés ou communs selon les chambres. Un cadre pittoresque, décoré de statuettes et de peintures indiennes multicolores. Des chambres spacieuses et propres, une cuisine commune bien organisée et un salon convivial. Terrasse et jardin. Proche de la plage. Excellent rapport qualité-prix.

Maison touristique du Sud, 24 rue St-Louis, ☎ 02 62 25 35 81 – 6 ch. Installée dans une villa à toit-terrasse des années soixante-dix, cette pension est tenue par une famille accueillante. Les chambres, modestes et calmes, donnent sur une rue paisible, à 600 m du littoral. Deux petites cuisines équipées et un salon de télé sont à votre disposition.

Hôtel Le Tamarin, 64 rue du Père Favron, Ravine Blanche, ☎ 02 62 25 30 60, Fax 02 62 25 15 66 – 11 ch. Un petit hôtel sans prétention situé dans un quartier résidentiel, à 200 m du front de mer. Les chambres sont propres, mais sans charme, et le cadre très sobre.

De 46 à 61 €

Les Chrysalides, 6 rue Caumont, ☎ 02 62 25 75 64, Fax 02 62 25 22 19 – 16 ch. Vous choisirez cet hôtel tout blanc, moderne et modeste, pour sa proximité du bord de mer. De certaines chambres en façade, vous apercevrez le cimetière au loin et la mer sur votre gauche. Dommage que le salon soit relégué dans un passage étroit, entre la réception et les accès.

Alizé Plage, plage de St-Pierre, ☎ 02 62 35 22 21, Fax 02 62 25 80 63 – 6 ch. Donnant de plain-pied sur la plage de St-Pierre, cet hôtel propose un confort optimal. Les chambres, récemment construites, sont confortables et disposent quasiment toutes d'une terrasse. Préférez celles qui ont vue sur la mer. Le restaurant est aussi réputé. Une excellente adresse.

De 69 à 84 €

Le Nathania, 12 rue François de Mahy, ☎ 02 62 25 04 57, Fax 02 62 35 27 05 – 9 ch. En plein centre-ville. On accède à la réception par un charmant portail et une belle allée arborée, où quelques tables sont disposées. Dommage que l'accueil ne soit pas plus chaleureux, d'autant que le salon, exigu entre l'entrée et le bar, manque de convivialité. Chambres meublées de bois, tranquilles, spacieuses et confortables. Dînez à l'extérieur quand la fraîcheur descend sur la ville et que les lanternes commencent à scintiller.

Démotel Résidence Club, 8 allée des Lataniers, Grand Bois (à 5 km de St-Pierre par la RN 2, direction St-Joseph) ☎ 02 62 31 11 60, Fax 02 62 31 17 51 – 30 ch. D'accès facile et bien à l'écart de la RN 2. Vous serez accueillis avec chaleur et amabilité. Deux ensembles de bungalows, comprenant chacun plusieurs chambres, s'organisent dans un jardin verdoyant, de part et d'autre d'une piscine bien abritée, au centre de laquelle s'épanouit un arbre du voyageur. Chaque chambre est équipée d'une kitchenette. Un coin barbecue installé dans un guetali domine les vagues. Ce magnifique cadre sur la côte sauvage vous donnera le sentiment d'être au bout du monde...

Plus de 92 €

Le Sterne Protea Hotel, bd Hubert de Lisle, ☎ 02 62 25 70 00, Fax 02 62 35 01 41, sterne@guetali.fr – 50 ch. Situé sur le front de mer, le Sterne est le grand hôtel de St-Pierre. Chambre moderne tout équipée et jolie piscine au premier étage. À 10 mn du Golf club de Bourbon (18 trous). Des prix corrects, un accueil stylé et courtois.

● **St-Joseph**

Moins de 15,50 €

Le Malmany, Le Dimitile, Roche Plate, ☎ 02 62 56 40 59 – 3 ch. D'un confort simple, type gîte de montagne, le Malmany n'en propose pas moins des chambres et dortoirs propres. Mais l'adresse vaut surtout pour l'accueil chaleureux du propriétaire, qui ne manquera pas de vous faire visiter son élevage de truites. Celles que l'on vous sert au restaurant sont d'ailleurs les meilleures de la Réunion.

De 23 à 30,50 €

Gîte de Roche Plate (Madame Bègue), Rivière des Remparts, accessible en 4x4 ou à pied (voir p. 126 ou p. 156), ☎ 02 62 59 13 94 (réservation auprès de la Maison de la Montagne) – 31 lits (chambres ou dortoirs). Accueil personnel et chaleureux dans deux charmants bungalows créoles en bois. Site extraordinaire. Une étape incontournable dans la randonnée Nez-de-Bœuf/St-Joseph. Excellent repas, avec des spécialités à base de goyaviers.

Crêperie de Grand Coude, Grand Coude, ☎ 02 62 56 25 90 – 1 ch. ✕ Chauffage (7,70 € en sus). Bungalow pour 2 ou 3 personnes, dans joli jardin. Ambiance et cadre particulièrement agréables.

Chambres et table d'hôtes Chez Turpin, La Crête (à Vincendo, prenez la D 34 sur 8 km), ☎ 02 62 37 40 62 (réservation conseillée) – 4 ch. 🛏 ✕ Maison agréable dans un cadre verdoyant. Chambres spacieuses à la propreté irréprochable. Pour s'oxygéner dans les Hauts et profiter de l'excellent repas de Mme Turpin. Délicieuses variations sur le thème de la banane : en punch, en gratin ou... en cari baba figue (fleur de bananier). Accueil charmant. Excellent rapport qualité-prix.

Auberge des Salaganes, chez Mme Cadet, Bel Air (à 13 km de St-Joseph dans les Hauts, par la D 34), ☎ 02 62 37 50 78 – 6 ch. 🛏 ✕ En plein cœur de la « Réunion lontan », ce gîte entouré de cases en paille, bâties comme au 19e s., vous séduira par son charme et son originalité. Les chambres, coquettes et confortables, portent le nom d'épices : curcuma, vétiver, vanille, géranium… Mme Cadet vous recevra avec dynamisme et gentillesse.

- **St-Philippe**

De 15,50 à 30,50 €
Gîte de Basse-Vallée, ☎ 02 62 37 36 25 (réservation à la Maison de la Montagne à St-Denis, ☎ 02 62 90 78 78 ou à Cilaos, ☎ 02 62 31 71 71) – 28 lits en dortoirs. ✕ Beau gîte de montagne, récent et convivial, dans le cadre enchanteur des Hauts forestiers de St-Philippe.

De 41 à 61 €
Hôtel Le Baril, RN 2 (env. 5 km à l'ouest de St-Philippe), ☎ 02 62 37 01 04, Fax 02 62 37 07 62 – 13 ch. 🛏 ⊠ 🏊 ✕ 🍴 CC Location de VTT. L'hôtel, qui surplombe la mer, peut être très humide lorsque l'océan se déchaîne. Vous choisirez donc, selon le temps, une chambre avec vue et petite terrasse ouvrant sur les flots, ou un petit bungalow sur jardin, dans un cadre plus verdoyant et moins exposé aux embruns. Accueil très variable.

- **Piton Ste-Rose**

De 30,50 à 61 €
Le Joyau des Laves, Piton Cascade, ☎ 02 62 47 34 00, Fax 02 62 47 29 63 – 3 ch. 🛏 ✕ CC Récemment ouverte, cette auberge en bord de route propose des chambres à tous les prix, et d'un confort pouvant aller du plus simple au presque luxueux. L'accueil est sympathique et le propriétaire vous régalera des produits de sa ferme. Il est aussi possible de visiter l'exploitation.

OÙ SE RESTAURER

- **St-Pierre**

De 8 à 15,50 €
Restaurant Thaï, 54 rue Caumont, ☎ 02 62 35 30 95. Midi et soir ; fermé le lundi. Ce petit restaurant propret vous servira une très bonne cuisine thaï à prix modique. Le patron vous réserve un accueil particulièrement affable.

Les Bons Enfants, 124 rue des Bons Enfants, ☎ 02 62 25 08 27. Midi et soir. Une copieuse cuisine chinoise à petits prix, en plein centre-ville, dans une salle au charme limité. Ambiance familiale.

L'Utopia, 6-8 rue Marius et Ary Leblond, ☎ 02 62 35 15 83. Midi et soir ; fermé le dimanche. Grande case créole restaurée. À la carte : de petits plats simples et bon marché, des plats gastronomiques plus élaborés (comme la cuisse de poulet farcie à la cigale de mer) ou, pour les nostalgiques, de la cuisine du Sud-Ouest (le patron est originaire de Bordeaux), un peu plus chère bien sûr.

Le Flamboyant, à l'angle des rues Désiré Barquisseau et Four à Chaux, ☎ 02 62 35 02 15. Midi et soir. 🍴 CC Choix d'honnêtes recettes traditionnelles créoles et métropolitaines, servies dans un cadre assez ordinaire de maison « créolisée ». Il est possible de manger en terrasse, mais il vaut mieux rester à l'intérieur pendant la journée, pour éviter le bruit de la rue.

🐟 ***L'Aquarhum***, 18 petit bd du front de mer, ☎ 02 62 35 25 02. Midi et soir ; fermé le dimanche midi. Vieille petite case créole à la décoration originale, où l'on vous réserve un accueil sympathique. Salades et plats du jour bons et copieux à prix très doux. Soirée à thèmes

gastronomiques certains jours. Pub et piano-bar où la jeunesse locale aime se retrouver pour boire un verre sur des airs de jazz.
De 15,50 à 30,50 €
🐢 **Le Bistroquet**, 8 petit bd Hubert Delisle, ☎ 02 62 25 04 67. Midi et soir ; fermé le mercredi. Cette jolie case créole en bois jaune et orange fait face à la mer. On vous y servira une cuisine délicieuse et originale, comme le pavé d'autruche aux saveurs de Bourbon, le magret de canard à la vanille et au vieux rhum ou encore le pavé de bœuf au confit d'oignon et au gingembre...

🐢 **Alizé Plage**, bd Hubert Delisle, ☎ 02 62 35 22 21. Midi et soir. Encore une agréable adresse sur le front de mer, côté plage. Spécialités de caris et de poissons.

Le Soubise, 17 rue Caumont, ☎ 02 62 25 40 50. Midi et soir ; fermé le dimanche soir. CC Puisant dans le meilleur de la gastronomie locale et métropolitaine, ce restaurant propose une « nouvelle » cuisine créole capable d'offrir des saveurs originales aux amateurs d'exotisme (gratin de chouchou au curcuma des îles, entrecôte poêlée poivre mignonette). Le service est courtois.

● **St-Joseph**
Moins de 2 €
🐢 **Les Vrais Samoussas**, 69 rue Raphaël Babet, ☎ 02 62 56 33 48. Toute la journée. Ce petit snack a la réputation de faire les meilleurs samoussas de l'île. À vous de vous faire votre propre idée sur la question. Le patron, un sympathique « Z'arabe chiite », est une personnalité attachante qui vous détaillera les vertus du piment pour la santé, tandis que vous dégusterez ses délicieux samoussas.

Moins de 15,50 €
Snack Chez Joe, bd de l'Océan, Manapany-les-Bains, ☎ 02 62 31 48 83. Petit snack de qualité à prix modiques. Le chop suey zourite (5,5 €) est un régal. Très bon accueil.

L'Hirondelle, 83 bd de l'Océan, Manapany-les-Bains, ☎ 02 62 56 17 88. Midi et soir ; fermé le dimanche soir et le lundi. Cuisine créole relevée. Très bons caris. Précisez « sans piment », si vous avez le palais fragile !

De 15,50 à 30,50 €
🐢 **Chez Mme Grondin**, 24 chemin de la Croisure, Grand Coude, ☎ 02 62 56 39 48. Midi et soir sur réservation. Cette table d'hôte d'une grande sobriété vous réserve un accueil de grande qualité et sa cuisine n'est préparée qu'avec des produits de la ferme. Le cari Ti' Jacques à l'andouillette et le coulis de goyavier à la crème fraîche valent vraiment le détour. Avec ses six plats par repas, vin compris, cette adresse offre un excellent rapport qualité-prix.

🐢 **La Case**, 31 rue Leconte de Lisle, ☎ 02 62 56 41 66. Midi et soir ; fermé le lundi soir. CC Une volée de marches mène à la superbe case créole, entièrement rénovée, qu'un savant jeu de lumière met en valeur le soir venu. À l'intérieur, les boiseries donnent à l'endroit un cachet indéniable. La cuisine est à l'image du cadre : traditionnelle (excellent cari poulet) et recherchée (filet de piveteau au combava). Elle séduira les amateurs de bonne chère. Un des meilleurs restaurants de l'île.

● **St-Philippe**
Environ 15,50 €
🐢 **Table d'hôte Chez Guimard**, 4 route Forestière, Mare Longue (entre Le Baril et St-Philippe), ☎ 02 62 37 09 63 (réservation impérative). Midi et soir ; fermé le dimanche soir et le lundi. Une excellente adresse pour se rassasier après la visite du Jardin des épices voisin. Délicieuse cuisine du terroir, copieuse et bien arrosée. Le cadre est superbe et l'atmosphère se réchauffe rapidement au cours du repas.

● **Ste-Rose**
De 11 à 23 €
L'Anse des Cascades, 6 chemin Anse des Cascades, Piton Ste-Rose, ☎ 02 62 47 20 42. Midi ; fermé le mercredi. Cuisine créole classique dans un environnement original, frais et ombragé. Vue sur la baie et la marine, où tanguent quelques barques de pêche aux couleurs vives. Évitez le dimanche car l'affluence y est souvent trop importante.

● **Ste-Anne**
De 15,50 à 30,50 €
L'Auberge créole, 1 rue du Case, ☎ 02 62 51 10 10. Midi et soir ; fermé

le mercredi. Cuisine créole et métro. Spécialités de bichiques et de crevettes, bons caris, pizzas... Le tout vous est gentiment servi, dans un cadre agréable, tout près de la mer, en salle ou en terrasse.

Où sortir

Bars – *L'Aquarhum*, St-Pierre. Voir « Où se restaurer ».

Alizé Plage, bd Hubert-Delisle. Fermé le lundi. Un bon endroit pour boire un verre, dans une ambiance conviviale, jeune et décontractée.

Le Malone's, 8 bd Hubert-Delisle, St-Pierre, ☎ 02 62 25 81 41. Restaurant-bar « branché », sur le front de mer. Ambiance sympathique pour boire un verre au rythme des percussions endiablées ou sur un fond de jazz. Des concerts sont organisés chaque semaine, généralement le samedi.

Discothèques

Le Chapiteau, Ravine des Cafres, Montvert-les-Bas (à 8 km de St-Pierre en direction de St-Joseph), ☎ 02 62 31 00 81. Les samedis et veilles de jours fériés, à partir de 21h30. Entrée payante. Une institution : c'est l'une des discothèques les plus grandes et les plus réputées de l'île. Ses quatre pistes de danse attirent les foules. On se déplace même de St-Denis pour aller y passer une soirée. Clientèle hétéroclite, réunionnaise ou étrangère. Vous y danserez le zouk et le séga, la techno, le rock, ou encore la valse, le tango et le cha-cha-cha... L'ambiance est garantie. À voir !

Spectacles – *Le Bato Fou*, 15 rue de la République, St-Pierre, ☎ 02 62 25 65 61. Le vendredi soir. Unique en son genre dans le Sud, cette salle accueille régulièrement des groupes locaux et des artistes internationaux de passage sur l'île. Le bar, aménagé avec goût, sert d'excellents cocktails. Vous y passerez une bonne soirée, bien que l'acoustique ne soit pas excellente et que la salle manque d'aération.

Loisirs

Équitation – *Ranch Kikouyou*, 4 rue Curaire, Grand Fond, Entre-Deux, ☎ 02 62 39 60 62. Promenade à Bras-Long ou à Argamasse. Bon accueil. Possibilité d'hébergement (voir « Où loger »).

Divers – *Alizés Plage*, bd Hubert Delisle, St-Pierre, ☎ 02 62 35 22 21. Location de masques et tubas, canoës, canyoning et VTT.

Réunion Sensations, ☎ 02 62 31 84 84. Saut à l'élastique.

Achats

Marché de St-Pierre, bd Hubert Delisle (près du supermarché Cora). Samedi matin. Sur le front de mer s'étend le plus grand marché hebdomadaire du sud de l'île. Vous y trouverez fruits, légumes et autres denrées, fleurs, herbes médicinales, confitures et achards, ainsi que de l'artisanat réunionnais, malgache et indonésien.

Marché couvert de St-Pierre, rue Victor Le Vigoureux. 7h30-18h ; dimanche, 7h30-12h. Fruits et légumes et artisanat.

Association Les Chocafils, Ravine Citron, Entre-Deux, ☎ 02 62 39 52 59. Vous pourrez y acheter divers objets confectionnés par tissage du choca (macramé, cordages, sacs...).

Association Cass'le coin, Basse Vallée, St-Philippe, ☎ 02 62 37 09 61. Vous y trouverez toutes sortes d'objets de vannerie en vacoa : sacs, plateaux, chapeaux et de nombreux objets décoratifs.

LE NORD-EST
DE ST-BENOÎT À STE-MARIE
Env. 35 km (sans les excursions)
Comptez env. une journée pour profiter des Hauts

À ne pas manquer
Se baigner au Bassin La Paix.
Visiter la Maison de la Vanille.

Conseils
Munissez-vous d'un vêtement de pluie.

Le nord-est de la **« côte au vent »** fait chanter les couleurs du rouge sombre de la terre, du vert tendre de la canne à sucre et du bleu acier de l'océan. Abondamment arrosée en raison de son exposition aux alizés, la plaine côtière apparaît comme un vaste champ de cannes, strié par les longues allées bordées de cocotiers qui mènent aux grandes propriétés agricoles. Disséminés au hasard des chemins, les temples tamouls rappellent l'importance de la communauté indienne, massivement implantée dans la région depuis l'abolition de l'esclavage en 1848.

Dans les Hauts subsiste l'une des plus belles forêts primaires de l'île. De profondes ravines entaillent les reliefs, dissimulant une multitude de bassins et de cascades où il fait bon se rafraîchir. Cette région peu touristique est aussi l'occasion de découvrir les mille et un secrets de la vanille.

La plaine nourricière de l'île
Réputée pour ses terres fertiles, cette région connut dès le 18e s. une grande prospérité et joua un rôle important dans l'économie de l'île. Au riz, au blé et au tabac s'ajoutèrent bientôt le maïs, le manioc, des fruits et des fleurs, le café, la vanille et, surtout, les précieuses épices (cannelle, girofle, muscade), introduites par le botaniste **Joseph Hubert** autour de St-Benoît. Mais au début du 19e s., deux cyclones ravagèrent la plupart de ces fragiles plantations, que la canne à sucre ne tarda pas à supplanter.

L'époque du café révolue, la structure agraire du Nord-Est se trouva profondément remodelée, avec l'apparition massive de grands domaines. Des nombreuses usines sucrières de cette époque, vous ne verrez plus aujourd'hui que des bâtiments désaffectés et des cheminées de pierre émergeant au milieu des cannes.

■ **St-Benoît** – Longtemps isolée et difficile d'accès, la ville s'étend au débouché de la route des Plaines. Ville commerçante dynamique, devenue capitale économique de l'Est, elle s'est hissée au rang de sous-préfecture de la Réunion.
L'ancien **centre-ville**, détruit par un gigantesque incendie en 1950, ne présente plus d'autre intérêt que ses quelques petites **cases-boutiques** typiques encore debout.

De la N 2 qui contourne St-Benoît, prenez au niveau du lieu dit Beaulieu la petite route qui s'enfonce au milieu des champs de cannes sur 3 km (parking).

■ **Bethléem**
Un sentier *(1 km AS, 20 mn de marche facile. Nuit au gîte sur réservation)* bordé de bambous et de longanes (délicieux petits fruits bruns) mène à un site ombragé par un magnifique arbre à litchis. En contrebas de la petite chapelle de basalte dédiée à N.-D. de Fatima, la **Rivière des Marsouins** vous offre un agréable site, calme et frais, aménagé pour la baignade et le pique-nique.

Revenez sur vos pas et prenez la 1ʳᵉ petite route à gauche, qui rejoint la D 53. Suivez cette dernière, à gauche, sur 15 km. Cette jolie route, étroite et sinueuse, vous mène à un parking.

■ Takamaka*

Partez tôt le matin pour éviter les nuages et la pluie : il tombe env. 7 m d'eau par an !

Parcourez à pied une centaine de mètres pour atteindre l'extrémité de la route et découvrir un site sauvage et grandiose. Des **cascades** vertigineuses se jettent au fond des précipices ; des pitons effilés émergent d'une végétation humide et dense. Sur la droite, sous les câbles d'un téléphérique abandonné, part un **sentier de randonnée** qui rejoint la forêt de Bébour. Soyez très prudent car il traverse des pentes abruptes.

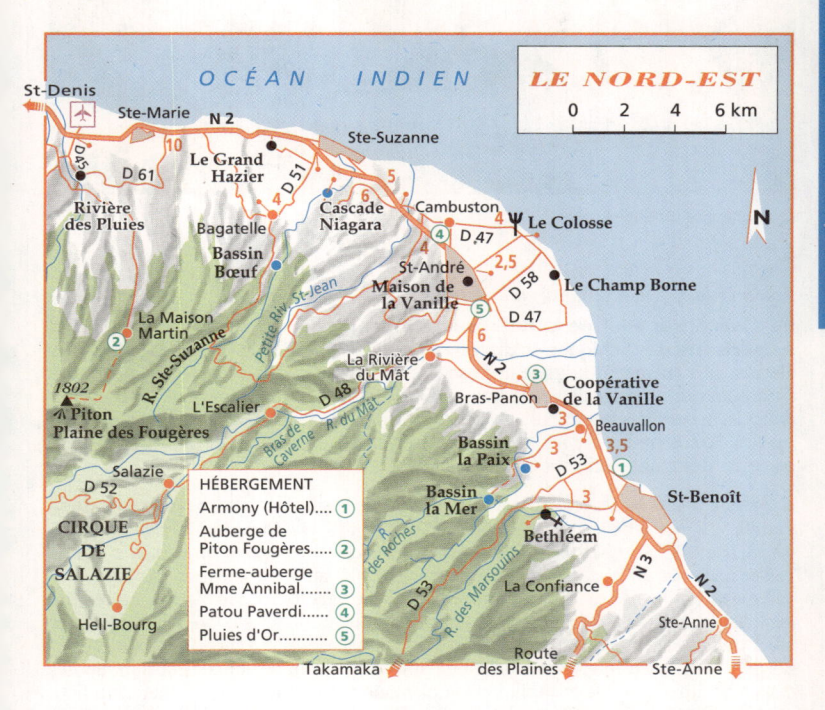

Revenez sur la N 2. À Beauvallon, tournez à gauche pour prendre le chemin la Paix. Garez-vous avant de traverser le pont à pied et empruntez le sentier indiqué à droite.

Les bassins de la Rivière des Roches*

30 mn AR pour Bassin la Paix ; 1 h AR pour Bassin la Mer. Éviter les week-ends. Descendez les 182 marches qui mènent, dans une végétation exubérante, au **Bassin la Paix***. Vous pouvez vous y baigner, mais soyez prudent, car cette belle **chute d'eau** tombe de 10 m de haut avec une puissance redoutable. Vers la droite se sont figées d'originales concrétions d'**orgues basaltiques**.

Remontez sur vos pas et longez le sentier, sur la rive droite de la rivière. Après 15 mn de marche, vous arrivez au **Bassin la Mer***, moins fréquenté malgré ses superbes cascades et sa beauté plus sauvage.*

La pêche aux bichiques

Reprenez la N 2 vers le nord, en direction de Bras-Panon.

En traversant le <u>pont de la Rivière des Roches</u>, vous apercevrez, surtout en été, les **pêcheurs de bichiques** se disputer l'embouchure de la rivière. Ces minuscules alevins, nés en mer de différentes espèces de poissons d'eau douce, remontent la rivière lors des changements de lune. Les pêcheurs affluent alors pour les recueillir dans des nasses tressées appelées *vouves*. Ce véritable caviar des Réunionnais se vend jusqu'à 30,5 € le kg sur les étals improvisés au bord de la route. Il se crée à cette occasion des embouteillages mémorables.

■ **Bras-Panon** — Le principal intérêt de la ville réside dans la <u>coopérative de la vanille</u>★ *(21 route nationale ; ☎ 02 62 51 70 12 ; 8 h 15-11 h 15 / 13 h 45-16 h 15 ; samedi 9 h 15-11 h 15 / 13 h 45-16 h 15 ; fermé le dimanche ; entrée payante pour les adultes ; visite guidée toutes les 30 mn).* Sachez que cette visite ne vaut qu'à la saison où l'on « travaille » la vanille, de mai-juin à novembre. Créée vers 1950 dans le but de réduire les frais d'exploitation et de distribution des producteurs, cette coopérative défend le label qualité de la **vanille Bourbon** et traite 75 % de la production de l'île. Après un petit film vidéo introductif, un guide vous expliquera les longues et minutieuses étapes de fabrication de la vanille, de la plantation des lianes à la commercialisation, en passant par la fécondation des fleurs éphémères, la cueillette et la dessiccation.

Poursuivez sur la N 2 et prenez à droite la 1ʳᵉ sortie vers St-André (centre). Passez sous la N 2 et engagez-vous légèrement à droite dans la rue de la Gare.

■ **St-André** — Malgré sa récente modernisation, St-André garde encore des traces de son passé rural. La place de l'imposante **mairie**, ombragée de ficus, demeure le lieu privilégié des discussions animées ou des parties de cartes et de dominos aux heures chaudes. Une architecture banale, les quelques **cases** traditionnelles et **boutiques** à étage ne vous retiendront toutefois pas longtemps.

<u>Les temples malabars</u> rappellent l'importance de la culture tamoule dans cette région. Particulièrement nombreux dans la ville, les descendants des « engagés », venus d'Inde pour travailler dans les champs de cannes après l'abolition de l'esclavage en

La vanille

Importée d'Amérique du Sud à la Réunion dès 1819, cette liane orchidée demeura d'abord une plante ornementale. En 1841, un jeune esclave, Edmond Albius, eut l'idée de déchirer la membrane séparant les organes reproducteurs de la fleur à l'aide d'une aiguille, découvrant ainsi un procédé de fécondation artificielle. Depuis, chaque année en septembre, entre 6 h et 13 h, les « marieuses » fécondent minutieusement à la main jusqu'à 1 000 fleurs par jour. Après la cueillette des gousses, encore vertes, en avril, elles sont échaudées dans une eau à 65 °C, étuvées, séchées au soleil, puis au four, et enfermées pendant 8 mois dans des caisses étanches où elles concentrent leur arôme.

1848, se montrent généralement ravis de vous faire connaître leurs rituels et de vous faire partager leurs fêtes *(renseignez-vous sur les dates à l'Office municipal de tourisme, 68 rue de la République,* ☏ *02 62 46 91 63 – 8 h 30-12 h / 13 h 30-17 h 30 ; samedi jusqu'à 16 h 30 ; fermé les dimanche et lundi).* Vous pourrez peut-être assister aux **marches sur le feu**, surtout fin décembre et en janvier, ou à la procession du **Cavadee** en février-mars *(voir Les fêtes hindoues, p. 46).*

La Maison de la Vanille** *(466 rue de la Gare,* ☏ *02 62 46 00 14 – 9 h-12 h / 14 h-17 h 30 ; fermé le lundi ; entrée payante ; visite guidée possible),* atelier familial installé dans le domaine privé de la famille de Floris, vous apprendra avec quel soin les gousses sont artisanalement préparées depuis le début du 19ᵉ s. Comme pour la coopérative de Bras-Panon, cette visite ne présente d'intérêt qu'à la saison où l'on « travaille » la vanille, de mai-juin à novembre. Malheureusement, la charmante maison créole et ses dépendances ne se visitent pas.

De St-André part la route d'accès au **cirque de Salazie**** *(voir p. 158).*

Au bout de la rue de la Gare, prenez le chemin Lagourgue à droite et passez sous le pont de la quatre-voies. Poursuivez sur 200 m, puis engagez-vous sur un chemin à gauche.

Au fond d'une allée de palmiers *multipliants*, vous découvrez, la **maison Martin-Valliamé*** *(ne se visite pas actuellement).* Classée monument historique, cette ancienne propriété rurale intègre à son architecture de style colonial d'influence indo-mauricienne certains détails Art déco venus d'Europe.

Reprenez le chemin Lagourgue sur la gauche, jusqu'à la mer.

■ **Le Champ Borne** – Ce littoral aux couleurs contrastées, bordé de galets roulés par les vagues furieuses, a gardé les marques des éléments qui s'y déchaînent sans merci. En 1962, notamment, le **cyclone Jenny** arracha le toit et détruisit le clocher de l'**église**, abandonnée depuis.

Reprenez la route littorale D 47 vers le nord sur environ 1,5 km.

Vous découvrez (sur votre gauche) l'un des plus grands temples tamouls de l'île : le **Colosse***. Situé derrière une clôture qui en interdit l'accès, le long édifice principal est orné d'une multitude de sculptures bariolées. Si vous visitez la Réunion entre fin décembre et la mi-janvier, vous aurez sans doute la chance de voir une **marche sur le feu** *(généralement à partir de 15 h).* Vers la mi-juillet *(la date varie en fonction du calendrier lunaire),* vous assisterez peut-être à la fête de **Kali**, au cours de laquelle ont lieu des sacrifices de cabris et de coqs.

Restez sur la D 47 et traversez le village de Cambuston, puis suivre la direction Bois-Rouge.

Il est possible de visiter **l'usine sucrière de Bois-Rouge**, l'une des deux dernières usines encore en fonctionnement à la Réunion *(réservations à effectuer auprès de l'Office de tourisme de St-André,* ☏ *02 62 46 91 63, pour les visites guidées du mardi au vendredi).*

Revenez sur la D 47 et traversez le village de Quartier Français. Après le pont de la rivière Ste-Suzanne, suivez la direction Cascade Niagara.

La Maison de la Vanille

La Rivière Ste-Suzanne*

Plusieurs bassins jalonnent le cours de cette rivière. Plus ou moins faciles d'accès, la plupart sont plus beaux et moins fréquentés que ceux de la Ravine St-Gilles, dans l'Ouest.

Souvent représentée dans les publications touristiques qui vantent les charmes de l'île, la **cascade Niagara*** coule dans un cadre enchanteur. C'est l'un des lieux de prédilection des Réunionnais pour le pique-nique dominical. Vous pouvez suivre le sentier qui mène au sommet de la falaise. Pour vous baigner en toute quiétude, vous trouverez en amont d'autres bassins moins fréquentés.

Redescendez à Ste-Suzanne et prenez la D 51. À Bagatelle, tournez à gauche face à l'église. Demandez aux habitants de vous indiquer les **bassins Nicole**, **Bœuf** et **Grondin**, plus isolés et noyés dans une végétation sauvage.

Au retour de Bagatelle (D 51), bifurquez sur la gauche avant Ste-Suzanne et suivez la direction du Grand Hazier.

La légende de la Vierge noire

Jadis, un jeune esclave marron aurait échappé, par miracle, aux chasseurs blancs qui le traquaient. Alors qu'il implorait la petite Vierge en bois d'ébène qu'il avait installée dans une grotte abondamment fleurie, les branches ramifiées et épineuses d'un bougainvillier auraient stoppé et étouffé ses assaillants, sur le point de le capturer. L'esclave y périt, libre, et sa grotte, où fleurit toujours le bougainvillier miraculeux, abrite désormais une effigie de la petite Vierge noire protectrice.

■ **Le Grand Hazier** – *Visite sur rendez-vous auprès de M. Chassagne, ☎ 02 62 52 32 81. Entrée payante.* M. Chassagne, propriétaire depuis 1903, vous ouvre les portes de son **domaine**, à l'extrémité d'une allée bordée de cocotiers. Il vous racontera l'histoire de cette concession, créée en 1690, où les cultures de café, de maïs, de tabac et de girofle s'étendaient autrefois sur 60 hectares. Après la visite de sa demeure en bois de **natte** et de tamarin, il vous mènera dans son **verger**, où poussent à profusion bananiers, cacaoyers, épices et plantes médicinales.

Reprenez la N 2 en direction de St-Denis. Empruntez la sortie de l'aéroport et suivez la direction Rivière des Pluies (D 45). Garez-vous devant l'église du village.

■ **Rivière des Pluies –** À gauche de l'église du village, une profusion de fleurs entoure le **sanctuaire de la Vierge noire***. Chaque année, le 15 août, un impressionnant pèlerinage attire là des milliers de fidèles, mais leur fervente dévotion dure toute l'année.

Poursuivez en voiture vers Grande Montée, Beaumont-les-Hauts, Maison Martin.

De là, une belle **randonnée** dans les Hauts vous conduit au **Piton Plaine des Fougères**, à 1 802 m (*5 h A/R, difficulté moyenne, départ et arrivée indiqués à proximité de la Maison Martin*). Cheminant parmi les fougères arborescentes et les lichens, le sentier vous mène à un **belvédère** qui surplombe le cirque de Salazie.

Le Nord-Est pratique

ARRIVER-PARTIR

En autobus – À partir de la gare routière de St-Denis, des bus desservent l'ensemble des villes de la côte Est. Les gares routières sont situées près des centres-villes, à St-Benoît, ☎ 02 62 50 10 69, et à St-André, ☎ 02 62 46 80 00. Vous y trouverez quelques minibus ou taxis collectifs pour les Hauts.

En voiture – C'est le seul moyen de vous rendre dans certains coins des Hauts et de vous arrêter à votre guise. Attention, de véritables déluges peuvent inonder les routes et les rendre très glissantes.

ADRESSES UTILES

Office du tourisme intercommunal de Ste-Suzanne, 65 av. Pierre Mendès France, ☎ 02 62 52 13 54. Du lundi au samedi 8 h-12 h / 13 h-17 h ; fermé le dimanche.

Office municipal du tourisme de St-André, 68 Centre commercial, face à la station Elf, ☎ 02 62 46 91 63 – 8 h 30-12 h / 13 h 30-17 h 30, jusqu'à 16 h 30 le samedi ; fermé les dimanche et lundi. Galerie d'art, exposition-vente de produits réunionnais. Vous pourrez aussi vous renseigner sur les fêtes tamoules.

ADRP (Association Découverte Réunion Profonde), 1 066 chemin du Centre, St-André, ☎ / Fax 02 62 58 02 50. Organise des excursions à thèmes, insolites et passionnantes, axées notamment sur les diversités ethniques et religieuses de l'île. Une façon originale de découvrir l'île.

OÙ LOGER

Les fourchettes de prix indiquées sont établies sur la base d'une nuit en chambre double avec petit-déjeuner.

● **St-Benoît**

De 46 à 61 €

Hôtel Armony, 204 RN 2, La Marine, ☎ 02 62 50 86 50, Fax 02 62 50 86 60, armony@la-reunion.com – 50 ch. Cadre moderne, confortable et reposant. Chaque chambre, spacieuse et harmonieusement décorée de boiseries vertes, dispose d'une kitchenette. L'équipe, professionnelle, sera attentive au bon déroulement de votre séjour. Demandez un bungalow proche de la piscine et avec vue sur la mer.

● **Bras-Panon**

De 15,50 à 30,50 €

Ferme-auberge de Mme Annibal, 6 chemin Rivière du Mât (à l'entrée de Bras-Panon en venant de St-Denis, prenez à gauche la rue des Limites vers Rivière du Mât, puis prenez à droite vers le club hippique), ☎ 02 62 51 53 76 – 4 ch. Les chambres sont installées dans une petite maison sans prétention à 200 m de la ferme-auberge. Salle de bains et toilettes communes. Table d'hôte, voir « Où se restaurer ».

● **St-André**

De 30,50 à 46 €

Pluies d'Or, 3 allée des Sapotilles, La Cressonière (à la sortie de St-André, passez sous le pont aérien et tournez à droite dans le chemin des Bougainvillées), ☎ 02 62 46 18 16, Fax 02 62 58 31 29, pluies-dor@wanadoo.fr – 13 ch.

✈ ☎ CC Cette vaste maison créole abrite un établissement bon marché, à l'esprit un peu soixante-huitard, où on vous recevra avec une extrême gentillesse. Les chambres sont simples mais propres. Il y a aussi une salle de télévision (avec Canal Plus et le câble) et un espace Internet. Le prix est négociable selon la durée de votre séjour. Un repas peut vous être servi le soir, sur commande, pour un prix modique. Vu les avantages d'une telle adresse, il vaut mieux réserver à l'avance.

☺ **Chez Patou Paverdi**, 460 ruelle Virapatrin (juste à l'entrée de St-André, prendre la direction de Cambuston), ☎ et Fax 02 62 46 46 07 – 3 ch. ♪ ✗ De confortables chambres, décorées à l'indienne, sont situées dans un petit bâtiment en face de la très belle maison créole des propriétaires. Vous serez accueillis avec une grande gentillesse et votre hôtesse sera ravie de vous promener dans son magnifique jardin en vous divulguant les secrets de cette flore luxuriante. Vous ne serez pas déçu par la qualité de la cuisine et dégusterez, un les soirs, des beignets de songe, un cari camaron ou un cari poulet. Classique, mais néanmoins excellent.

- **Ste-Marie**

De 15,50 à 30,50 €
Auberge de Piton Fougères, suivez les indications La Ressource, puis Terrain Elisa et Plaine des Fougères (45 mn en venant de St-Denis), ☎ 02 62 53 88 04 – 6 ch. ♪ ✗ Cette agréable halte campagnarde vous permet de découvrir les Hauts de Ste-Marie. Vous apprécierez le bon accueil et la simplicité des lieux.

OÙ SE RESTAURER

- **St-Benoît**

De 30,50 à 46 €
☺ **Le Bouvet**, 75 rue de l'Amiral Bouvet, ☎ 02 62 50 14 96 / 02 62 50 17 27. Midi et soir ; fermé le dimanche soir. Vous serez accueilli dans une belle maison créole blanche à étage, agrémentée d'une varangue lumineuse au carrelage d'origine. Dans la salle à manger, le décor semble discret, voire un peu froid. L'intérêt de l'endroit tient avant tout à son excellente cuisine : cari de poissons rouges, civet de zourite ou subtil cari d'anguille mettront vos papilles en joie.

Aux plats créoles classiques, vous préférerez peut-être le poulet aux palmistes frais ou la tendre escalope de veau palmiste. En dessert, la charlotte au chocolat ou la mousse de goyavier dans son coulis vous laisseront un souvenir exquis de ce restaurant gastronomique.

- **Bras-Panon**

Moins de 15,50 €
Le Vanilla, 21 route nationale 2 (à côté de la Coopérative de la Vanille), ☎ 02 62 51 56 58. Midi uniquement ; fermé le samedi. Ce restaurant a été aménagé, avec un goût certain, dans une petite case créole typique. Des peintures, représentant pour la plupart des scènes de la vie réunionnaise, colorent l'endroit et lui confèrent un certain charme. Ici, bien entendu, la vanille accompagne tous les plats, de la fricassée de poulet au mijoté de canard, de la crème caramel à la tarte à la banane et, pour conclure, au café. Loin d'être écœurant, le tout est simple et bon, le service discret et efficace.

De 13 à 19 €
☺ **Ferme-auberge de Mme Annibal**, 6 chemin Rivière du Mât, ☎ 02 62 51 53 76 (réservation indispensable). Midi et soir ; fermé le dimanche soir. L'une des meilleures tables d'hôtes de la Réunion ! De longues tables alignées recouvertes de toiles cirées reçoivent les convives venus apprécier la bonne cuisine et la gentillesse de la patronne. Elle dispose entre les assiettes un large assortiment de punchs et de rhums arrangés qui vous mettront rapidement en appétit. Avant de déguster son fameux canard à la vanille, vous goûterez un délicieux gratin de chouchou, de tijack, ou autre légume du terroir, suivi d'un cari de poisson. D'originaux sorbets maison à la carambole ou à la papaye vous aideront à reprendre plus légèrement le chemin de vos découvertes.

- **St-André**

De 15,50 à 30,50 €
Le Beau Rivage, Champ Borne, ☎ 02 62 46 08 66 / 02 62 47 07 07. Midi et soir ; fermé le dimanche soir et le lundi. Situé dans une jolie maison créole en bois et en verre, coincée entre la mer et la route, ce restaurant propose une bonne cuisine métropolitaine, parfois mise à la couleur locale, à laquelle viennent s'ajouter quelques recettes créoles

traditionnelles. Demandez une table avec vue sur la mer et dégustez une salade de palmiste frais ou un civet de zourites, tout en appréciant l'exotisme d'un vin sud-africain. Une bonne halte sur la route de l'Est et des prix convenables.

Le Restaurant du Centre, 52 rue Deschanets, ☎ 02 62 46 03 51 [CC] Ouvert le midi uniquement. Le chef de ce sympathique restaurant doit sa renommée à ses délicieux shopsueys ; il renouvelle néanmoins sa carte quotidiennement. Le cadre ajoute du charme à l'une des rares adresses de cette ville.

• Ste-Suzanne

De 12,50 à 18,50 €

Table d'hôte Caladama, Ste-Vivienne (à Quartier Français, prenez la direction Ste-Vivienne : c'est la 4e maison après l'église en direction de Bras des Chevrettes), ☎ 02 62 46 11 43 (réservation conseillée). Fermé le lundi. Ce couple d'Indiens, des Tamouls de religion chrétienne, propose de véritables festins : samoussas, gratins, caris ou massalés et desserts sont exclusivement préparés avec les produits de l'exploitation familiale. Cuisine simple et service très convivial. La grande salle commune, un peu sombre, reste chaleureuse malgré sa sobriété.

Loisirs

Kalonoro, Bras-Panon, ☎ 02 62 50 74 75. Canyoning, canoë-raft, randonnées aquatiques..., dans des sites naturels enchanteurs et insolites. Professionnalisme, sérieux et convivialité caractérisent cette sympathique équipe de guides diplômés d'État.

Centre hippique de l'Est, chemin Rivière du Mât, Bras-Panon, ☎ 02 62 51 50 49 (réservation recommandée). Les cavaliers confirmés peuvent faire une promenade originale en compagnie d'un guide qui les conduira, à travers les champs de cannes, jusqu'au bord des falaises sauvages de la côte Est. Plutôt le week-end, vers 9 h (23 €/h).

Achats

Le Pandanus, RN 2, Bras-Panon (place de la mairie). 8 h-12 h / 13 h-17 h ; fermé les samedi et dimanche. Objets artisanaux confectionnés avec des feuilles de vacoa tressées (paniers, bertelles, pochettes, nattes...).

Parfum Vanille, coopérative de vanille de Bras-Panon, 21 RN 2 – 9 h-12 h / 13 h-17 h ; dimanche, 10 h-17 h. Vous y trouverez de la vanille sous toutes ses formes : gousses, extrait, tresse, poudre, liqueur, et d'autres souvenirs plus touristiques (cartes postales, confitures, alcools...).

ADAR, Champ Borne (juste en face de l'église). 8 h 30-12 h 30 ; fermé le samedi. Centre de l'artisanat du vacoa.

Kamala, 629 avenue Bourbon, St-André. 6h-19h ; fermé le week-end. Vous trouverez dans ce magasin différentes pièces d'artisanat indien traditionnel.

La route des Plaines★
De St-Pierre à St-Benoît

Env. 60 km de route – Comptez une journée
Climat frais et humide

À ne pas manquer
Visiter la Maison du Volcan.
Admirer le point de vue de Bois Court sur Grand Bassin.
Se promener dans la forêt de Bébour-Bélouve.

Conseils
Soyez prudent sur la N 3, sinueuse, embrumée et souvent glissante.
Réservez votre hébergement à la Maison de la Montagne
pour dormir à Grand Bassin.
Prévoyez au moins une nuit dans les Plaines ou leurs environs.

Des moiteurs tropicales aux frimas de l'hiver

En traversant l'île par la route des Plaines, vous découvrirez successivement une grande diversité de climats, de paysages et de végétation. La RN 3, qui relie les côtes Sud et Nord-Est, de St-Pierre à St-Benoît, serpente entre les deux grands massifs de la Réunion, le Piton des Neiges et le Piton de la Fournaise. Culminant à plus de 1 600 m d'altitude au col qui le sépare de la Plaine des Palmistes, le plateau de la Plaine des Cafres se couvre de pâturages et de landes sauvages tachetées de bruyères, d'ajoncs et de millepertuis où se déchirent en hiver d'épaisses nappes de brouillard. La température descend parfois en dessous de zéro durant la nuit, mais les premiers rayons du soleil ne tardent pas à faire fondre le givre matinal. Vous traverserez des hameaux isolés, dont les petites cases modestes sont équipées de cheminées ou de chaudières à bois.

Ces hautes plaines restèrent inhabitées jusqu'au milieu du 19ᵉ s., l'éloignement, la difficulté d'accès, la rigueur du climat et la présence d'esclaves marrons (les Cafres, qui ont donné leur nom à l'une des Plaines) n'incitant pas à s'y installer. Depuis que la route les dessert, elles comptent plusieurs villages et accueillent en villégiature la population aisée des Bas, en quête d'air frais et pur.

De St-Pierre à la Plaine des Cafres
30 km – Comptez env. 30 mn, sans les excursions.

La route du Tampon

De la quatre-voies (N 3) reliant St-Pierre au Tampon, vous longerez de vastes coteaux plantés de cannes à sucre et irrigués par d'immenses gerbes d'eau scintillant au soleil. La planèze verdoyante du Tampon est parsemée d'une multitude de cases individuelles aux jardins soignés et fleuris. Sur ces terres quasi inhabitées, le comte **Gabriel de Kerveguen** devint grand propriétaire dès 1830. Il introduisit vers 1859 des pièces d'argent allemandes démonétisées, appelées *kreutzer* ou *kerveguen*, que les Réunionnais utilisèrent jusqu'en 1880, date de leur retrait de la circulation.

Par la RN 3, vous rejoignez les hauts plateaux en traversant des **bourgades** dénommées par les distances kilométriques qui les séparent de St-Pierre : le Onzième, le Douzième, le Dix-Neuvième... D'agréables haltes ponctuent cette montée et vous permettent d'admirer le littoral en contrebas.

Au Tampon (1ᵉʳ feu après la quatre-voies), prenez la D 3 à droite sur 2,5 km (direction Bérive), puis la D 36 à gauche.

La D 36, agréable petite route qui vous mène à **N.-D. de la Paix**, vous permet aussi de relier la Plaine des Cafres. Peu avant N.-D. de la Paix, elle surplombe la Rivière des Remparts, avec un superbe **panorama**★★. Vous découvrirez par ailleurs

RÉUNION

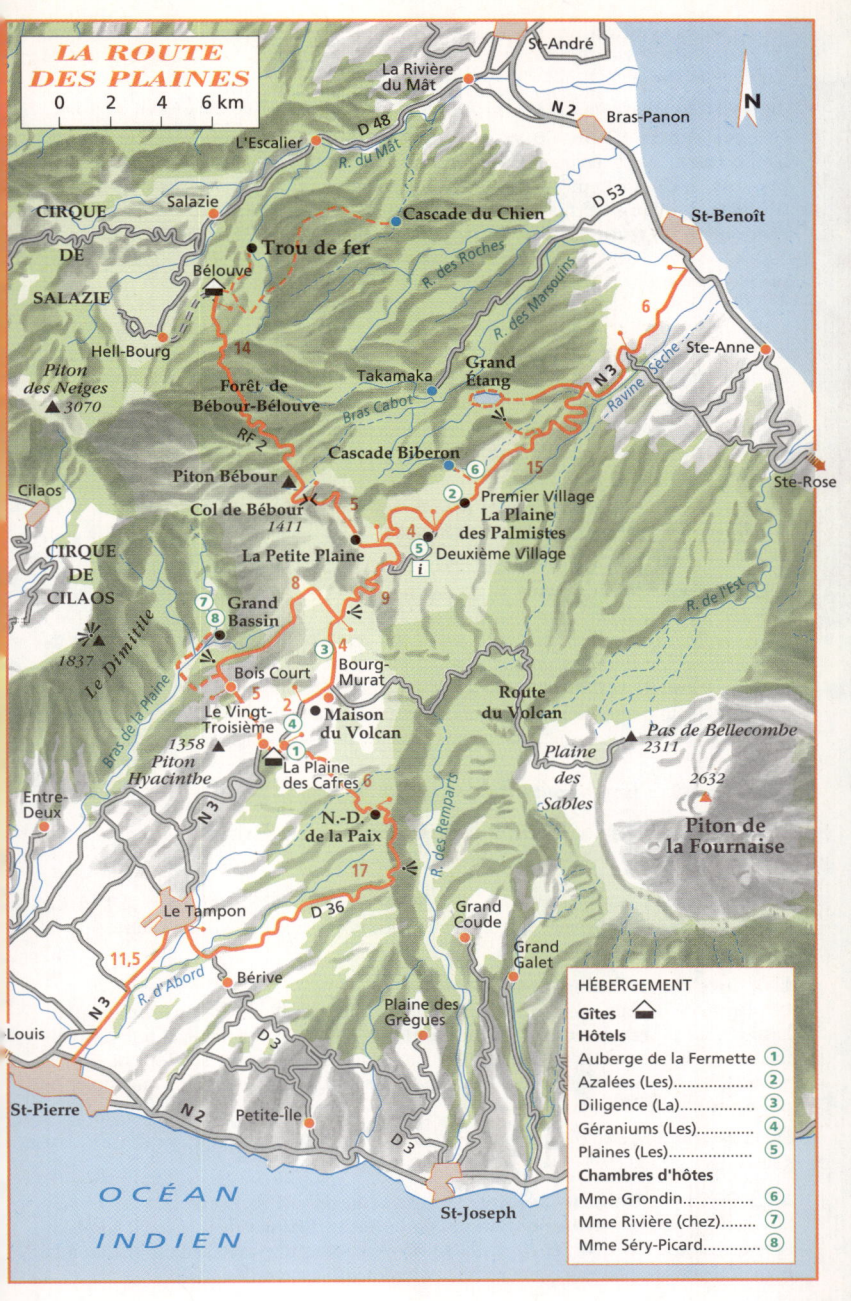

LA ROUTE DES PLAINES

0　2　4　6 km

HÉBERGEMENT

Gîtes 🏠

Hôtels

Auberge de la Fermette	①
Azalées (Les)	②
Diligence (La)	③
Géraniums (Les)	④
Plaines (Les)	⑤

Chambres d'hôtes

Mme Grondin	⑥
Mme Rivière (chez)	⑦
Mme Séry-Picard	⑧

OCÉAN INDIEN

les paysages caractéristiques de cette région, composés de cultures maraîchères (ananas, fraises...) et de champs de fleurs destinées à la vente (arums, oiseaux de paradis, *anthuriums*...).

Au centre du village du 23ᵉ km, prenez la D 70 en direction de Bois Court (5,5 km).

La route s'arrête à **Bois Court**, où un **belvédère**** domine la vallée et l'*îlet* de Grand Bassin. Vous apercevez ses toits de tôle scintiller au soleil, quelque 700 m plus bas. Seuls un treuil – qui assure le portage quotidien des biens de première nécessité – ou un sentier escarpé permettent de les relier. Au cours de cette **randonnée** (*reprenez la route et tournez à droite devant la discothèque : parking à 500 m – 8 km, 4 h 30 AR, 650 m de dénivelé, difficulté moyenne. Possibilité de dormir sur place en gîte (réservez à la Maison de la Montagne) ou en chambres d'hôtes : voir p. 158*), vous croiserez sans doute des habitants de **Grand Bassin***. Les enfants gravissent encore ce sentier, chaque dimanche soir, pour suivre leur scolarité dans les Hauts, et redescendent parfois chez eux le samedi. Dans le village, les chemins mènent aux modestes cases, entourées de murets de pierres, dont certaines seulement sont équipées en électricité.

Pour vous remettre de votre marche, vous pourrez profiter des eaux fraîches du **Voile de la Mariée**, une cascade qui se jette dans ce site sauvage et isolé pour former des piscines naturelles.

Du belvédère de Bois Court, prenez (à 250 m à gauche) la route du Piton Bleu. Vous atteindrez la N 3 par des paysages de brandes, quasi inhabités. De retour sur la N 3, tournez à droite vers Bourg-Murat.

■ **La Maison du Volcan**** – *27ᵉ km, Bourg-Murat,* ☏ *02 62 59 00 26 – 9 h 30-17 h 30 ; fermé le lundi. Entrée payante ; visite guidée sur demande. Comptez de 1 h à 2 h de visite.* Conçu dans une architecture qui rappelle la silhouette d'un volcan, le musée traite, de façon ludique et scientifique, du volcanisme et de la genèse de la terre. Le **Piton de la Fournaise** y est naturellement à l'honneur et livre ici ses secrets. Plongé dans une semi-pénombre qui concentre son attention, le public évolue à son gré, de panneaux didactiques en vidéo fascinante, de bornes interactives en maquettes de volcans...

De Bourg-Murat part la **route du Volcan** (RF 5) : *voir p. 152.*

De la Plaine des Cafres à St-Benoît
32 km – Comptez env. 3 h, sans les randonnées.

Au milieu du plateau, la route N 3 croise le tracé du GR R2 qui traverse l'île. Ce magnifique **sentier**** mène d'un côté au Volcan (*6 h, 17,6 km AS*), de l'autre, vers le Piton des Neiges (*Caverne Dufour, 5 h, 15 km AS*).

La route de la Plaine des Palmistes*
Le plateau de la Plaine des Cafres s'interrompt brutalement, au Col de Bellevue, pour laisser place au **rempart de la Grande Montée**, qui surplombe la Plaine des Palmistes. La végétation et le climat, très humide, changent aussi subitement que le relief. Des aires aménagées dans certains lacets vous permettent de contempler le **panorama** jusqu'à la mer.

De la N 3, en bas du rempart, prenez à gauche vers la Petite Plaine, puis la RF 2, à gauche (env. 1,5 km).

■ **La forêt de Bébour-Bélouve**** – La route débute dans une forêt de *cryptomérias* du Japon. Le **sentier botanique de la Petite Plaine*** (*boucle de 1 h ; dépliant et renseignements à l'ONF,* ☏ *02 62 90 48 00*) vous offre une excellente initiation à la botanique des Hauts, grâce aux écriteaux indiquant le nom des espèces.

Plus loin, des vergers de goyaviers entourent la route, couverts, en juin, d'une multitude de petits fruits rouges au goût délicieusement sucré et acide (*la cueillette, ouverte à tous, est réglementée et payante*).

Peu à peu, la végétation se fait plus sauvage. Vous traversez une splendide **forêt primaire** composée de bois endémiques (bois de fer, de pintade, de demoiselle...). De nombreux sentiers – de la promenade familiale à la randonnée de 2 jours – sillonnent ce site sauvage, où se multiplient harmonieusement les *fanjans* (fougères arborescentes), les lichens, les arums, les *fahams* (orchidées blanches), les grands tamarins et autres arbres centenaires (*illustration p. 22-23*). Le week-end, vous croiserez une foule de Créoles, qui s'installent dans les sous-bois pour le rituel pique-nique familial.

Après le **col de Bébour**, la route évolue à nouveau au milieu des *cryptomérias* avant de replonger dans la forêt primaire, qu'elle ne quittera plus jusqu'au **gîte de Bélouve** (*voir p. 158*), 13 km plus loin.

Juste après le passage à gué du **Bras Cabot**, à gauche, se trouve le départ d'un sentier qui contourne le **Piton Bébour** (*boucle de 1 h 30*). L'atmosphère fraîche et humide, les parfums subtils émanant de la forêt, l'enchevêtrement de la végétation et le chant du *merle pays* rendent cet endroit insolite et envoûtant.

De retour sur la route, poursuivez en direction du gîte de Bélouve. Le week-end, les véhicules doivent s'arrêter 3 km avant le gîte.

Au départ du gîte, le sentier du **Trou de Fer** (*3 h AR, facile*) est sans conteste l'un des plus originaux. Il évolue au milieu des tamarins et des fougères et débouche sur une **cascade**. Le **Trou de Fer***, un canyon très impressionnant, n'est accessible qu'en rappel d'escalade ou en survol d'hélicoptère : une expérience inoubliable, à ne manquer sous aucun prétexte si vous pouvez vous l'offrir ! (*Voir la rubrique « Loisirs », p. 119*).

Au milieu du sentier, une bifurcation permet de rejoindre les Hauts de Bras-Panon, vers la **cascade du Chien** (*8 h AS, 900 m de dénivelé, difficile*). Cette randonnée de toute beauté permet d'apprécier la variété des différents étages de la forêt.

De retour à la Petite Plaine, tournez à gauche (D 55).

■ **La Plaine des Palmistes*** – La route, bordée d'hortensias, de bambous et, beaucoup plus rare à la Réunion, de platanes, conduit jusqu'au village de La Plaine des Palmistes. Il tire son nom de l'immense forêt de *palmistes* qui couvrait autrefois la région, aujourd'hui presque entièrement disparue.

Vous y découvrirez quelques-unes des plus belles cases créoles de l'île, comme la **Villa des Tourelles***, une maison de maître restaurée, sur votre gauche à l'entrée du Premier Village. Construite en 1927 par Alexis Jean de Villeneuve, grand propriétaire de St-Benoît, cette noble demeure abrite aujourd'hui le **Pays d'accueil des Hautes Plaines**. (☎ 02 62 51 39 92, *lundi-vendredi 8 h 30-17 h, week-end et jours fériés 10 h-17 h*). **Lambrequins, bardeaux, varangues**, jardins fleuris : tout contribue à préserver le charme d'antan, et l'accueil chaleureux des habitants compense largement la rigueur du climat. N'hésitez pas à goûter les fromages locaux, parfumés d'herbes et épices. Chaque année, la dernière semaine de juin, la **fête des goyaviers** anime le champ de foire du village, où s'organisent pour l'occasion manèges, loteries, dégustation et vente d'appétissants produits du terroir.

Dans le Premier Village, 1 km après la mairie, prenez une route à gauche sur 100 m.

Un petit sentier (*1 h 30 AR. Attention ! Très glissant après les pluies*) permet de se rendre au pied de la **Cascade Biberon****. Vous pourrez pique-niquer et vous baigner dans ce site sauvage et grandiose, en admirant les chutes de plus de 200 m de haut. En hiver, vous vous régalerez des goyaviers qui bordent le sentier.

Reprenez la N 3 et tournez à gauche 5 km après le centre administratif du village.

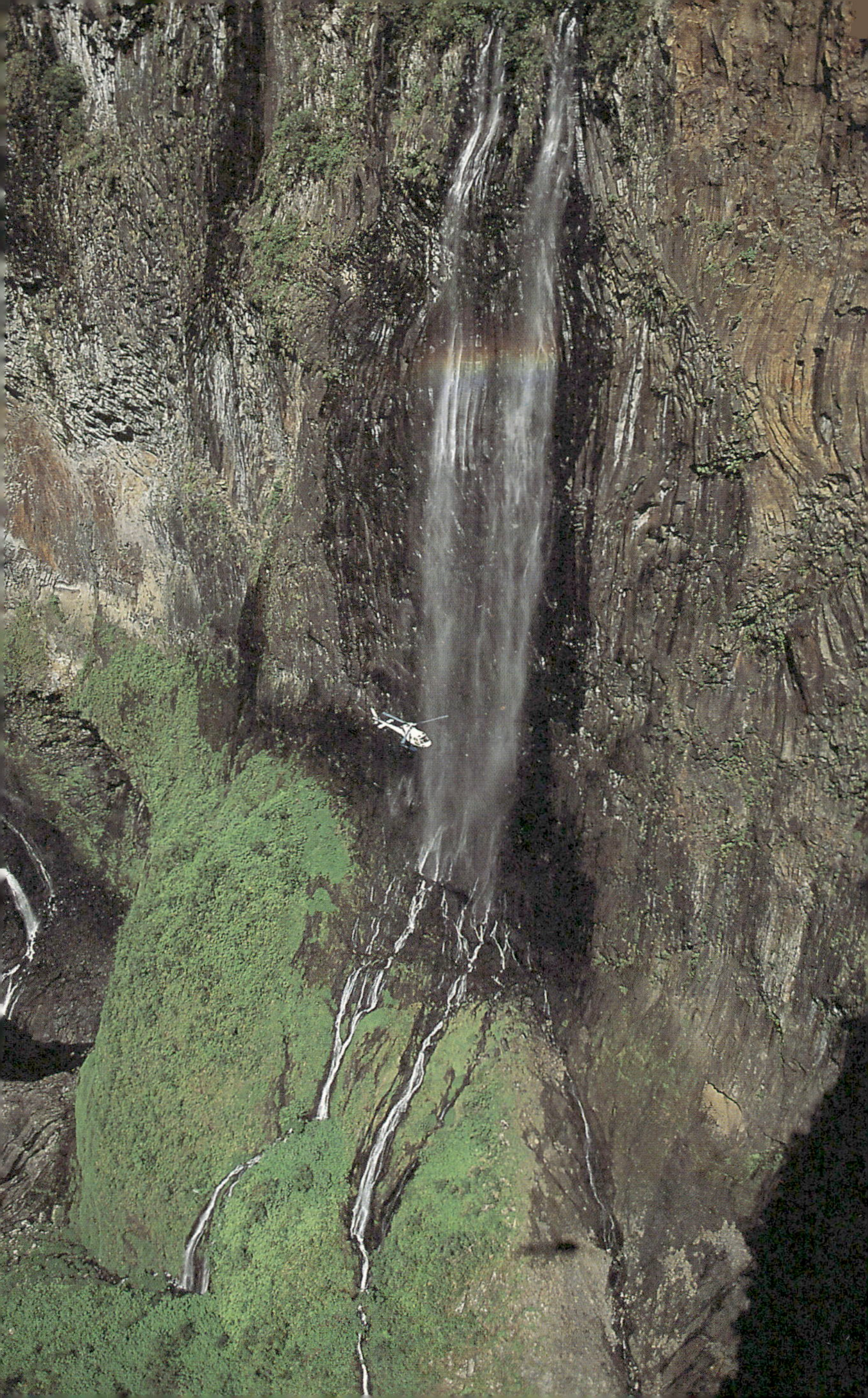

Un sentier pédestre *(3 h AR, faible dénivelé, facile)* mène, à travers les sous-bois luxuriants, les fougères arborescentes et les tamarins, en haut d'un rempart qui domine le Grand Étang de plus de 400 m.

Après le pont qui enjambe la Ravine Sèche, tournez à gauche pour prendre la route forestière de Grand Étang (2,5 km jusqu'au parking).

■ **Grand Étang*** – Plus ou moins remplie selon les saisons, cette retenue d'eau, entourée de remparts à la végétation exubérante, est née d'un effondrement de terrain. Bois de couleurs, goyaviers, jamerosiers – dont les fruits jaune rosé ont un délicieux goût de rose – agrémentent le sentier *(6 km, 2 h, facile)* qui contourne l'étang. À mi-parcours, un petit détour *(40 mn AR)* vous conduit aux **cascades** qui l'alimentent.

La fin de la N 3 descend en pente douce jusqu'à **St-Benoît**, au milieu de vastes étendues de cannes à sucre ondulant au gré des alizés, balayées par de violents grains océaniques.

La route des Plaines pratique

ARRIVER-PARTIR

En autobus – *Les Cars Jaunes* relient en omnibus St-Pierre à St-Benoît par la RN 3. Des taxis collectifs parcourent également cette route assez régulièrement.

En voiture – Le réseau routier comporte des nids-de-poule qu'il faut aborder prudemment. Trois pompes à essence jalonnent la route : à Plaine des Cafres, à Bourg-Murat et à La Plaine des Palmistes. Méfiez-vous du brouillard, qui peut tomber soudainement sur cette région d'altitude.

ADRESSES UTILES

Informations touristiques – *Pays d'accueil des Hautes Plaines,* Domaine des Tourelles, rue de la République, La Plaine des Palmistes, Deuxième Village, ☎ 02 62 51 39 92, Fax 02 62 51 45 33. On peut y admirer des expositions temporaires d'artistes locaux. Pour les activités, renseignez-vous auprès de l'*Association des Amis du Jardin Capricorne*, rue Arums, ☎ 02 62 51 48 14.

Banque / Change – La Plaine des Cafres dispose de la dernière banque avant St-Benoît et d'un distributeur de billets. Vous trouverez aussi un distributeur à la Poste de La Plaine des Palmistes.

Poste – Deux bureaux de poste sont à votre disposition, à La Plaine de Cafres et à La Plaine des Palmistes. 8 h-12 h/13 h-16 h ; fermé le dimanche.

Téléphone – Des cabines téléphoniques à carte sont installées dans les centres-bourgs.

Location de véhicules – Les principales agences de locations se trouvent à St-Pierre, Le Tampon et St-Benoît.

Santé – Vous trouverez des pharmacies et des médecins dans les villages de la Plaine des Cafres et de la Plaine des Palmistes.

OÙ LOGER

Sauf mention spéciale, les fourchettes de prix indiquées sont établies sur la base d'une nuit en chambre double avec petit-déjeuner.

● **Plaine des Cafres**
De 30,50 à 46 €
Auberge de la Fermette, 48 rue du Bois Court, Plaine des Cafres, ☎ 02 62 27 50 08, Fax 02 62 27 53 78 – 10 ch. 🛏 🛁 📺 ✕ CC Vous y apprécierez le calme et la fraîcheur de la campagne dans un cadre modeste et convivial. Les chambres, confortables, se trouvent dans une annexe, sur jardin. Vous pourrez dîner (sauf le mercredi) devant la cheminée.

La Grande Ferme, 44 village de la Grande Ferme, ☎ 02 62 59 28 07 – 4 ch. 🛏 ✕ Installé dans une maison créole moderne, à 3 km de la Maison du

Plongeon en hélicoptère dans le Trou de Fer

La route des Plaines

Volcan, ce gîte est confortable et l'accueil agréable. Demandez une chambre avec vue sur le Piton des Neiges.
De 46 à 69 €
Hôtel La Diligence, Le 28ᵉ km, ☎ 02 62 59 10 10, Fax 02 62 59 11 81 – 27 ch. 🍴✘ 🐎 [cc] L'hôtel se compose de petits chalets dispersés dans la verdure, propres mais dépourvus de charme. L'accueil, efficace et dynamique, est à l'image des activités qui vous sont proposées : équitation, tennis et VTT. Salle à manger chaleureuse avec cheminée.
De 69 à 76,50 €
Hôtel Les Géraniums, Le 24ᵉ km, ☎ 02 62 59 11 06, Fax 02 62 59 21 83 – 16 ch. 🍴 ✘ [cc] À l'entrée de l'hôtel, vous verrez peut-être fonctionner l'alambic à géranium. Pour profiter pleinement de cette halte agréable et chaleureuse, demandez une chambre avec vue sur le Piton des Neiges. Possibilité d'avoir une télévision dans la chambre. Bon restaurant : voir « Où se restaurer ».

• Grand Bassin
Moins de 31 €/personne en demi-pension
Chambres d'hôtes de Mme Séry-Picard, ☎ 02 62 27 51 02. ✘ Chaleureusement accueilli dans la case familiale, vous participerez, le temps de votre séjour, au rythme de ce village isolé.
Le Paille en Queue, chez Mme - Rivière, ☎ 02 62 59 03 66 / 02 62 59 20 08 – 3 ch. ✘ Vous ne pourrez qu'apprécier le charme authentique de cette petite maison créole, aménagée très coquettement et entourée d'un magnifique jardin fleuri. L'accueil est charmant et la nourriture excellente : gratin de chouchou, cari baba figue et sanquette vous combleront d'aise. Une formule table d'hôte est possible si vous ne logez pas sur place.

• Bébour-Bélouve
De 15,50 à 31 €
Gîte de Bélouve, ☎ 02 62 41 21 23 (réservez les nuitées auprès de la Maison de la Montagne et les repas directement au gîte) – 37 lits. ✘ Pour profiter du site féerique de la forêt de Bélouve et prendre le temps de se balader dans les environs.

• Plaine des Palmistes
De 15,50 à 31 €
Chambres d'hôtes de Mme Grondin, 17 rue Dureau, Premier Village, ☎ 02 62 51 33 79 – 3 ch. ✘ Excellente adresse. Vous serez reçu dans une grande maison créole, un peu à l'écart du village, dans un site très calme. Les chambres se trouvent dans une annexe, sur jardin. Un accueil chaleureux et une table d'hôte des plus réputées (voir « Où se restaurer »).
De 46 à 61 €
Les Azalées, 80 rue de la République, Premier Village, ☎ 02 62 51 34 24, Fax 02 62 51 39 89 – 42 ch. 🍴 [tv] Les chambres sont installées dans de grands bungalows répartis dans un jardin. Cet ensemble sans attrait particulier bénéficie d'une vue somptueuse sur la cascade Biberon jaillissant de son rempart.
De 61 à 76,50 €
Hôtel des Plaines, Deuxième Village, ☎ 02 62 51 31 97 / 02 62 51 36 59, Fax 02 62 51 45 70 – 14 ch. 🍴 [tv] ✘ [cc] Jolie case créole dont la varangue donne sur la rue. Chambres spacieuses et confortables. Vous pourrez vous réchauffer devant la cheminée de la vaste salle du restaurant (voir « Où se restaurer »).

OÙ SE RESTAURER

• Plaine des Cafres
De 15,5 à 30,50 €
Auberge du 24ᵉ, 36 rue du Père Favron, Le 24ᵉ km, ☎ 02 62 59 08 60. Midi et soir. Vous choisirez, selon votre appétit ou vos moyens, entre la carte et deux menus complets : gratin chouchou ou palmiste frais, cari espadon ou camaron et dessert maison. Tous les produits viennent de la ferme. Réservez à l'avance, surtout si vous souhaitez déguster le croustillant de magret de canard aux champignons de géranium. La salle est conviviale, bien chauffée en hiver.
Hôtel Les Géraniums (voir « Où loger »). Midi et soir. Vous pouvez choisir à la carte. Grande salle boisée décorée de tableaux originaux illustrant des scènes de la vie réunionnaise, belle cheminée et vue superbe sur la crête du Dimitile. Des méchouis peuvent être organisés sur l'esplanade, face à la montagne.

- **Plaine des Palmistes**

De 15,50 à 30,50 €

Table d'hôte de Mme Grondin (voir « Où loger »). Réservation conseillée. Excellents « caris baba figue » (fleurs de bananiers) et « caris ti jacque », mijotés au feu de bois.

Ferme Auberge Le Pommeau, rue de Peindray d'Ambelle, ☎ 02 62 51 40 70. Midi et soir. Cette auberge appartient à la nouvelle génération de sites d'accueil, en développement dans les Hauts. Le cadre est réalisé avec goût et l'on déguste, pour un prix raisonnable, une très bonne cuisine créole traditionnelle (le gratin de chouchou est fabuleux). Installé autour de la cheminée qui trône au milieu de la pièce, vous testerez le punch maison tout en appréciant la convivialité de l'accueil et le confort du lieu.

Auberge des Goyaviers, 63 bis rue H. Pignolet, route touristique de la Petite Plaine, ☎ 02 62 51 30 26. Midi et soir ; fermé le mercredi. Le patron a gagné en 1996 le concours de recettes à base de goyaviers, avec son « terre-mer de foie gras et de langouste ». Autre recette surprenante : la noisette de kangourou au vin de goyavier. La vue sur le littoral et le cadre coquet vous feront apprécier ces bons plats, présentés avec attention.

Hôtel des Plaines (voir « Où loger »). Midi et soir. Cuisine raffinée à base de produits du terroir. Outre les classiques salade ou gratin de palmiste frais, goûtez au canard confit, onctueux dans sa sauce caramélisée à la vanille. Délicieuse mousse de citron vert sur coulis de goyavier. Service impeccable. Cadre classique.

ACHATS

Sur les petits étals qui bordent la route N 3, vous pourrez acheter des produits du jardin ou faits maison : fromages, fruits et légumes, miel, confits de canard, achards, confitures...

Comptoir Austral, 207 RN 3, PK 27, Bourg-Murat, Plaine des Cafres, ☎ 02 62 59 09 45. Vente de jolis objets artisanaux à base de produits locaux : vétiver, coco, savons, bois de senteur, raphia...

Péidéo, 10 rue de la Fournaise, Bourg Murat, Plaine des Cafres, ☎ 02 62 59 10 29. À la fois galerie d'art populaire, espace littéraire et lieu de concert de musique traditionnelle, Péidéo est tout entier consacré à la « créolité » et à la « réunionnitude ». Situé dans une jolie case colorée, l'endroit est sympathique. Tout est à vendre, sauf le lieu lui-même !

Alandroso-Tsara, 262 rue de la République, La Plaine des Palmistes, ☎ 02 62 51 48 32. Les amoureux d'artisanat malgache trouveront de tout, à tous les prix, dans ce véritable capharnaüm.

LOISIRS

Équitation – *La Diligence*, Le 28e km, Bourg-Murat, La Plaine des Cafres, ☎ 02 62 59 10 10. Promenades équestres, attelage en calèche (100 F/h ; 600 F/jour). Hébergement : voir « Où loger ».

Centre équestre de Pont Payet, Grand Étang, ☎ 02 62 59 90 03. Promenades à cheval, mais aussi visite du jardin botanique aménagé par Luco Noury, qui vous fera partager sa connaissance des plantes médicinales (40 F/pers.).

VTT – *Rando Bike*, 100 route du Volcan, Plaine des Cafres, ☎ 02 62 59 15 88.

LE VOLCAN★★★

57 km de St-Pierre – 64 km de St-Benoît
Comptez une journée minimum
Point culminant à 2 632 m d'altitude
Hébergement en gîte sur place – Carte p. 154-155

À ne pas manquer
La route du Volcan.
La randonnée au Nez Coupé de Ste-Rose.

Conseils
Prévoyez des vêtements chauds, surtout en hiver.
Suivez les conseils de sécurité pour les randonnées.
Portez de bonnes chaussures de marche, à semelles épaisses et antidérapantes.
Partez très tôt pour profiter d'une belle matinée, avant l'arrivée du brouillard.

L'île de la Réunion est née d'un volcan qui, il y a 3 millions d'années, apparut à 4 000 m de profondeur. Si le **Piton des Neiges** s'est éteint il y a près de 20 000 ans, le **Piton de la Fournaise** – que nous appelons « le Volcan » – est toujours en activité.
En dehors des périodes d'éruption, vous aurez peine à réaliser que vous déambulez sur un volcan actif. Il est devenu familier, et chacun se l'approprie : on y pique-nique, on y randonne, on le montre aux nouveaux arrivants, on le photographie... Il n'en demeure pas moins une impressionnante curiosité de la nature et il est difficile de résister à l'attraction qu'il exerce, à l'humilité qu'il impose.

De Bourg-Murat (sur la RN 3), prenez la RF 5.

La route du Volcan★★
30 km, env. 3/4h de voiture sans les haltes.

Paysages, couleurs, atmosphère, odeurs : tout y est unique et incomparable. Après la traversée d'un plateau couvert de pâturages et de fermes, la route grimpe, les virages se resserrent et la vue s'ouvre ici et là sur les Plaines, le littoral et les plus hauts sommets de l'île. Parcourez si possible cette route au lever ou, mieux, au coucher du soleil.

Arrivé au **Nez de Bœuf**★★★, vous avez l'un des plus beaux points de vue sur la **Rivière des Remparts**. Plusieurs kiosques installés le long de la route vous permettent de pique-niquer ou de camper pour la nuit.
Plus loin, à droite de la route, le **cratère Commerson**★★ offre sa gueule béante et rouge aux intempéries et à l'érosion.
Après la **Plaine des Remparts**, vous découvrez brusquement, en contrebas, la **Plaine des Sables**★★★. De cette vaste étendue lunaire aux reflets mordorés et rougeâtres, bordée de part et d'autre par les ruptures verticales des rivières, émergent deux pitons coniques très singuliers. À droite de la route, au **Pas des Sables** (avant de descendre sur la Plaine des Sables), une table d'orientation dénomme l'ensemble des curiosités naturelles.
La route traverse ensuite un décor chaotique de blocs de basalte fracturés et prend fin au **Pas de Bellecombe**★★★. Vous voici face au Volcan, solitaire et majestueux, couvert des saignées brunes et grises qui émergent de ses flancs.

■ Le Piton de la Fournaise★★★

Si des écrits mentionnent dès le 17e s. la présence d'une « montagne de feu » vers le sud-est de l'île, il faut attendre plus d'un siècle avant de lire les premiers récits d'ascension du Volcan. Les plus célèbres sont ceux de Donnelet, de Commerson et de Bory de Saint-Vincent.

Le Piton de la Fournaise

La Rivière des Remparts vue du Nez de Bœuf

Aujourd'hui facilement accessible, il n'en demeure pas moins l'un des volcans les plus actifs au monde. Et s'il ne présente pas de danger important, il offre régulièrement aux habitants de l'île le spectacle fascinant des éléments en furie. Si vous vous trouvez à la Réunion lors d'une éruption dans l'Enclos, sachez que les remparts constituent d'excellents postes d'observation, sans danger.

Un excellent document réalisé par l'ONF présente les randonnées, nombreuses et variées, que vous pouvez effectuer autour du Volcan. De magnifiques photos aériennes y indiquent les sentiers de façon très explicite.

Récit de l'éruption de 1989

15 h. Nous arrivons sur le lieu de l'éruption. Une longue fissure s'est ouverte et des fontaines de lave en fusion giclent de trois petites bouches. Le tableau est grandiose. La nuit tombe, et avec elle la pluie. Les nuages sont bas et le ciel s'embrase. Nous nous réchauffons près des coulées tièdes, l'œil attentif aux masses rougeoyantes qui avancent lentement, toutes proches de nous. Au petit matin, nous traversons rapidement la fissure, qui s'est refermée en prenant une teinte gris acier, pour aller observer de plus près les coulées jaillissant de deux des trois bouches, toujours actives. Un bruit sourd, indescriptible, s'en échappe. Les émanations de soufre nous font reculer. Après quelques heures d'observation, il nous faut quitter à regret ce spectacle magistral, qui se poursuivra encore plusieurs jours...

Le tour du Volcan★★★

Départ à 600 m du gîte. Boucle de 13 km, 4 h 30, 430 m de dénivelé, difficulté moyenne. Plus facile en montant par la Soufrière. Plus que toutes les autres, cette randonnée nécessite un bon équipement contre le froid, le soleil et la soif. Ne vous écartez pas du sentier : le brouillard tombe très vite et les bords des cratères sont instables. Cette randonnée, la plus réputée et la plus insolite, part du **Pas de Bellecombe**, se poursuit dans l'**Enclos** qui contient le cratère du **Formica Léo** et la **Chapelle de Rosemont**, puis fait le tour complet des deux cratères sommitaux, le **Bory** et le **Dolomieu**. Il n'est pas rare de voir s'échapper quelques fumerolles de ce dernier. Splendide, cette marche vous permet d'évoluer dans des paysages hors du commun en vous familiarisant avec les différents types de laves.

RÉUNION

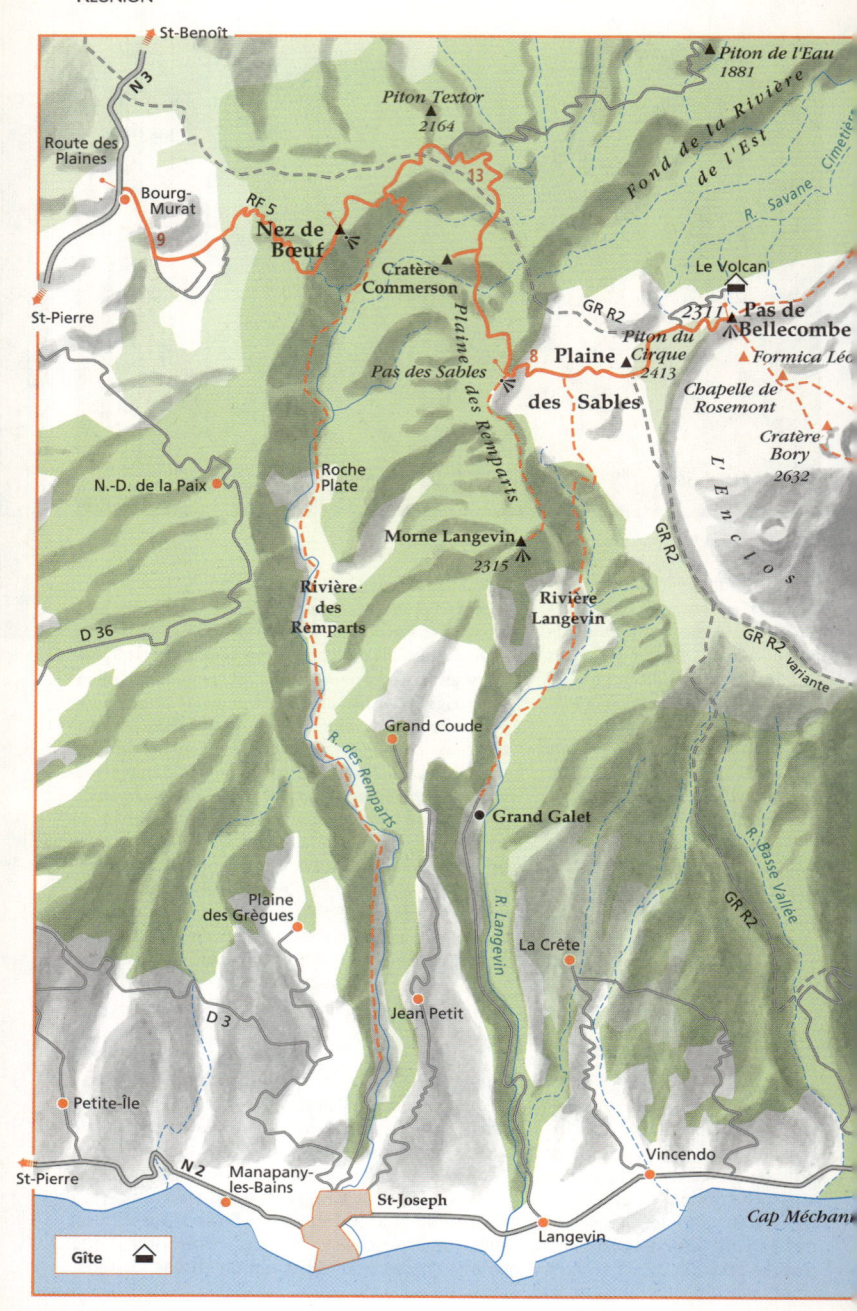

RÉUNION

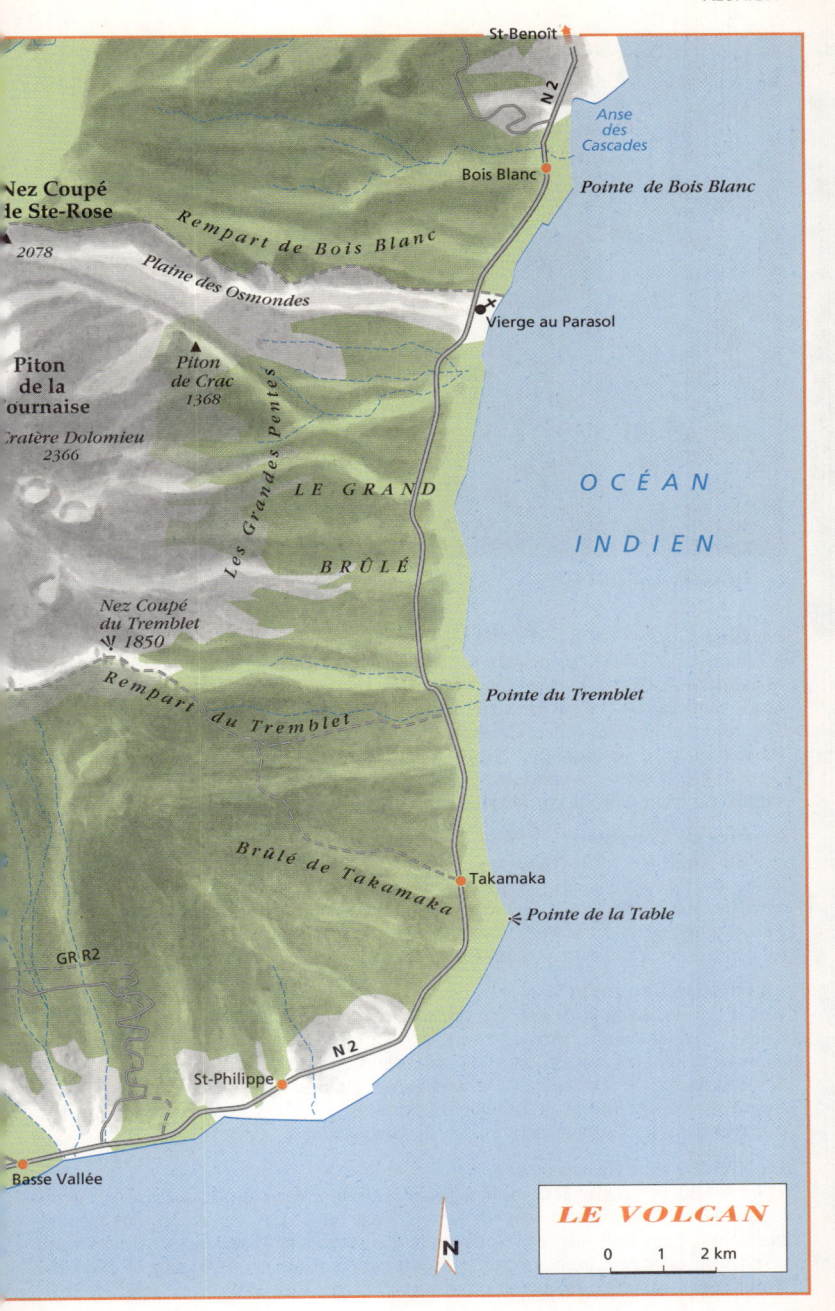

LE VOLCAN

St-Benoît
N 2
Anse des Cascades
Nez Coupé de Ste-Rose
2078
Bois Blanc
Pointe de Bois Blanc
Rempart de Bois Blanc
Plaine des Osmondes
Piton de la Fournaise
Cratère Dolomieu
2366
Piton de Crac
1368
Vierge au Parasol
Les Grandes Pentes
LE GRAND BRÛLÉ
OCÉAN INDIEN
Nez Coupé du Tremblet
1850
Rempart du Tremblet
Pointe du Tremblet
Brûlé de Takamaka
Takamaka
Pointe de la Table
GR R2
N 2
St-Philippe
Basse Vallée
N

0 1 2 km

Le Volcan

Le cratère du Formica Léo

Le Nez Coupé de Ste-Rose***
4,3 km, 4 h AR, facile. Départ du Pas de Bellecombe. Possibilité de continuer sur le fond de la Rivière de l'Est (1 h) ou sur Bois Blanc (9 h). Le principal attrait de cette randonnée réside dans la **vue***** *qui vous attend au bout du sentier. En contrebas, dans l'Enclos, toutes les coulées échappées des flancs du Volcan se précipitent sur les* **Grandes Pentes***, pour se rejoindre plus bas dans la* **Plaine des Osmondes***. Le temps semble s'être arrêté, laissant ces énormes torrents figés sur place, dans des dégradés nuancés variant du brun pâle au gris anthracite.*

Le Morne Langevin*
3,5 km, 3 h 30 AR, facile. Départ sur la droite du parking situé avant la table d'orientation du Pas des Sables. Ne vous écartez pas du Rempart des Sables : risques d'effondrements côté Rivière des Remparts. Vous surplombez d'abord la **Plaine des Sables** *puis, arrivé au Morne, vous découvrez le panorama qui s'ouvre, jusqu'au littoral, sur la vallée encaissée de la* **Rivière Langevin***.*

La Rivière Langevin**
13 km, 6 h AS, 1 700 m de dénivelé, difficulté moyenne. Départ de la Plaine des Sables. Retour : voir la rubrique Arriver-Partir, p. 165. Cette magnifique randonnée suit le cours de la Rivière Langevin. Après la traversée de la **Plaine des Sables******, le sentier descend dans la combe étroite de* **Grand Sable***, puis dans celle, plus vaste, de* **Grand Pays***, où vous profiterez de beaux panoramas et d'une végétation luxuriante avant d'arriver dans le charmant petit village de* **Grand Galet***.*

La Rivière des Remparts**
23 km, 6 h 30 AS, 2 000 m de dénivelé, difficulté moyenne. Départ du Nez de Boeuf, peu après le point kilométrique 8,5. Retour : voir Arriver-Partir, ci-dessous. Beaucoup plus longue, mais plus progressive que la précédente, la descente de la Rivière des Remparts vous réserve un beau spectacle. La partie la plus intéressante se situe entre le **Nez de Bœuf** *et le barrage de* **Mahavel***, où une végétation variée et originale rend les pay-*

sages grandioses. En hiver, vous pourrez reprendre des forces dans les alentours du village de **Roche Plate**, qui regorgent de délicieux goyaviers. Un **gîte d'étape** vous y accueillera pour la nuit *(voir « Où loger », p. 139)*. La longue descente vers St-Joseph longe ensuite le lit encaissé et caillouteux de la rivière.

Le Volcan pratique

Arriver-Partir

Si une éruption est annoncée dans l'Enclos, sachez que l'accès y sera interdit. Vous pourrez néanmoins aller l'observer depuis les remparts en suivant les sentiers de randonnées du Nez Coupé de Ste-Rose ou du Nez Coupé du Tremblet.

En autobus – Aucun autobus régulier ne dessert le Volcan. Passez par l'intermédiaire des agences spécialisées.

En voiture – La route est bien balisée. Attention au brouillard. La dernière pompe à essence en montant se situe à Bourg-Murat. Pour certaines randonnées, il est trop long et trop compliqué de revenir à sa voiture : faites appel à une agence ou à un chauffeur pour vous déposer au départ et vous accueillir à l'arrivée (renseignez-vous à la Maison de la Montagne ou dans les offices de tourisme).

Adresses utiles

Informations touristiques – ***La Maison du Volcan,*** RN 3, Bourg-Murat, ☎ 02 62 59 00 26, www.reunionmuseo.com 9 h 30-17 h 30 ; fermé le lundi.

Banque – Pensez à retirer de l'argent à la Plaine des Cafres : c'est la dernière banque avant le Volcan.

Poste – Les derniers bureaux se trouvent à la Plaine des Cafres ou à La Plaine des Palmistes.

Téléphone – La cabine la plus proche est à Bourg-Murat. Vous pouvez aussi utiliser le téléphone du Gîte du Volcan.

Randonnée – ***Réunion Sensations***, St-Gilles, ☎ 02 62 24 57 00 ; Cilaos, ☎ 02 62 31 84 84. Organise des randonnées. Réputés pour leur sérieux, les guides vous feront découvrir les étendues basaltiques et vous feront partager leur passion pour la nature réunionnaise.

Où loger – Où se restaurer

12,5 € la nuit/personne – 14 € le repas
Gîte du Volcan, ☎ 02 62 21 28 96 – 60 lits. ✗ Réservez auprès de la Maison de la Montagne (voir « Adresses utiles », p. 94). Le gîte est situé sur la route du Volcan (empruntez la route forestière à gauche, peu avant le Pas de Bellecombe). Dortoirs de 4 à 12 lits, douches froides, mais cadre splendide. Bonne restauration. L'ambiance est conviviale et le feu fort bien venu dans la cheminée de la salle à manger. C'est aussi un lieu de repli très agréable pour prendre un petit-déjeuner et attendre une éclaircie, lorsque le Volcan est noyé dans les nuages, ou pour faire une pause et se désaltérer dans la journée.

LES CIRQUES★★★
SALAZIE – CILAOS – MAFATE
Carte p. 160-161

À ne pas manquer
Flâner à Hell-Bourg et visiter la villa Folio (Salazie).
Sillonner la route du Bélier (Salazie) et celle de Cilaos.
Faire l'ascension du Piton des Neiges.
Passer la nuit à La Nouvelle – Voir le gouffre des Trois Roches (Mafate).

Conseils
Réservez les gîtes à St-Denis auprès de la Maison de la Montagne.
Renseignez-vous sur l'état des sentiers.
Méfiez-vous des chutes de pierres sur les routes pendant ou après les pluies.

Difficile de soupçonner, depuis la côte, les gigantesques accidents géologiques qui occupent tout l'intérieur de l'île. Seules les formidables entailles dans les flancs réguliers de l'île, qui laissent le passage à de vastes cours d'eau, trahissent leur présence. Remparts vertigineux, crêtes acérées, plateaux minuscules et fragiles laissent deviner une diversité et une beauté de reliefs inhabituels. Loin des noms de saints des villes de la côte, les toponymes des cirques rappellent l'histoire du *marronnage* par leurs consonances malgaches et africaines. Après l'abolition de l'esclavage, les *p'tits Blancs*, d'origine modeste, vinrent tenter leur chance dans les cirques, où ils vécurent en quasi-autarcie. Aujourd'hui, un hélicoptère ravitaille Mafate, et Cilaos dispose d'un cinéma. Pourtant, les habitants des cirques conservent une identité propre, et les espaces grandioses et mystérieux de Mafate, Salazie et Cilaos restent toujours et encore à découvrir, à pied, en eaux vives ou dans les airs.

LE CIRQUE DE SALAZIE★★
Comptez au minimum une journée.

Avec 1 170 mm de précipitations en 12 h et plus de 3 m en 72 h – chiffres enregistrés lors de forts cyclones –, le cirque de Salazie bat des records mondiaux de pluviométrie. Ils expliquent l'érosion intense qui façonne le relief, la luxuriance de la végétation et l'abondance des cascades. Ces dernières, alimentées toute l'année, prennent vers la fin de la saison des pluies des allures impressionnantes. Le soleil contribue lui aussi à faire de ce cirque le plus vert des trois, où poussent en abondance d'excellents fruits et légumes.

Accès de la côte à partir de St-André (17 km jusqu'au village de Salazie ; une bonne heure de route). De la N 2, prenez la 3ᵉ sortie à droite en venant de St-Denis (D 48).

La route de Salazie★
L'entrée dans le cirque de Salazie suit d'abord le cours de la **Rivière du Mât**, bordée de champs de cannes et de vergers. Puis rapidement, le décor change. Les remparts se rapprochent et s'élèvent au fur et à mesure que vous progressez. La luminosité s'atténue et le relief se fait plus imposant. À gauche, une percée indique l'entrée du **Bras de Caverne**, où une cascade impétueuse se jette dans le lit de la rivière.

Au lieu-dit **l'Escalier**, des étalages bigarrés de fruits vous accueillent. Après le pont, les gorges s'évasent et laissent deviner le cirque. Vous apercevez au loin le **Piton d'Enchaing** et, en arrière-plan, le **Piton des Neiges**. De petites maisons fleuries annoncent le village de **Salazie**. 1,5 km après la sortie du village, point de vue du **Voile de la Mariée★**. Plusieurs **cascades** surgissent de la roche et dévalent la paroi, pour disparaître derrière des cultures de *chouchous* disposées en treilles.

Au carrefour, poursuivez sur la D 48 en direction de Hell-Bourg.

■ **Hell-Bourg**★★ — Peu après la **Mare à Poule d'Eau**, vous découvrez un village dont le cadre, le climat et les sources thermales, découvertes en 1832 et exploitées dès 1852, firent la renommée. Il prospéra et de jolies cases fleurirent de part et d'autre de ses rues ordonnées. Fort bien conservées, elles dégagent aujourd'hui un charme désuet qui incite à la promenade. Des sources, il ne reste que quelques vestiges peu intéressants, car un pan de montagne les ensevelit en partie lors d'un cyclone, en 1948. Mais le village a toujours su attirer des résidents en mal de fraîcheur, de calme et de repos. En mai, le village, classé « plus beau village de France », s'anime autour du **Carrefour des produits du terroir**, qui célèbre notamment le chouchou. La région s'est spécialisée dans la culture de ce légume local au point qu'il en est devenu l'emblème. Lors de cette fête foraine, où manèges et loteries amusent les plus jeunes, vous pourrez déguster un cari *chouchou*, un gratin de *chouchou*, une salade de *chouchou*, des *brèdes chouchous* et acheter des chapeaux, paniers et autres nattes en paille de *chouchou*.

La maison Folio à Hell-Bourg

La Villa Folio★★ (*5 rue Amiral Lacaze, face à l'église,* ☏ *02 62 47 80 98 ; sur R.V., 9h-11h30 / 14h-17h ; entrée payante ; de 1h à 1h30 de visite*), aussi appelée **Villa des Châtaigniers**, émerge d'un jardin exubérant et désordonné où poussent orchidées, camélias, *anthuriums*, azalées... Le propriétaire des lieux vous guidera dans son domaine avec passion et vous fera goûter, en saison, ses savoureux agrumes. De ravissants meubles créoles décorent l'intérieur de sa maison. À l'extérieur, un élégant kiosque abrite des instruments de musique traditionnels.

À l'extrémité de la rue Charles de Gaulle, sur votre gauche, vous apprécierez le coquet **guetali** de la **villa Lucilly**.

RÉUNION

LES CIRQUES

HÉBERGEMENT
▲ Gîtes
■ Hôtels

- Aloes (Les) ①
- Bananier (Le) ②
- Chenets (Les) ③
- Vieux Cep (Le) ④

Chambres d'hôtes
- Auberge du Passant ⑤
- Hélène Payet ⑥
- Kerveguen (Le) ⑦
- Mimosas (Les) ⑧
- Mme Boyer ⑨
- Tonton Yves ⑩
- Tourte Dorée (La) ⑪
- Vieux Pressoir (Le) ⑫

Quelques randonnées

De Hell-Bourg à Bélouve*
À Hell-Bourg, prenez la dernière rue à gauche au bout de la rue principale, puis la 2e à gauche après l'école et encore à gauche après le pont. Le sentier (10 km, 3 h 30 AR, 580 m de dénivelé, difficulté moyenne) part de l'aire de pique-nique.

Vous marcherez sur le flanc du rempart tout le long de la randonnée et traverserez plusieurs niveaux de végétation avant d'arriver dans la forêt de bois de couleurs. De superbes panoramas sur le cirque jalonnent la montée jusqu'au gîte de Bélouve (voir p. 158), mais l'un des plus beaux se trouve au **belvédère**★★ situé à 1/4 h au sud de Hell-Bourg (vers le Piton des Neiges).

De Hell-Bourg à la Source Manouilh*
De Hell-Bourg, empruntez la route qui longe le stade. Sentier de 7 km, 3 h 30 AR, difficulté moyenne, dénivelé important.

À **Hell-Bourg**, longez le stade en direction de la source Terre Plate et Source Manouilh. Suivez le sentier de randonnée qui traverse la forêt, jusqu'à la source. Attention, par temps de pluie, le terrain peut être boueux.

De Hell-Bourg au Grand Sable*
Départ d'Îlet à Vidot. Boucle de 18 km, 6 h, 300 m de dénivelé, difficulté moyenne.

Empruntez le chemin qui prolonge la route bitumée, puis tournez à gauche au 2e sentier. La randonnée commence par la traversée de la **Rivière du Mât**★ sur une passerelle suspendue qui vous procurera quelques sensations fortes!

Arrivé au **Grand Sable**, ancien village enseveli avec ses habitants par un terrible effondrement du rempart du Gros Morne, vous pouvez poursuivre vers **La Nouvelle**, dans le cirque de Mafate, en suivant le GR R1 vers le sud-ouest (4-5 h, assez difficile), ou vous rendre au **Bélier**, au nord-ouest (2 h par le GR R1). Sinon, revenez à Hell-Bourg en continuant le circuit de Grand Sable vers **Trou Blanc**.

Le Piton d'Enchaing*
Départ d'Îlet à Vidot. Franchissez la passerelle et prenez le sentier du GR R1 qui part un peu plus loin à droite (10 km, 4-5 h, 760 m de dénivelé, difficulté moyenne). Vous cheminez au milieu de grands filaos, qui laissent place peu à peu, dans une montée assez raide, aux bois de couleurs. Au sommet, faites le tour du petit plateau, d'où vous aurez un **panorama**★★ à 360° sur tout le cirque et les sommets environnants. Seule la densité de la végétation vous privera de certains angles de vue... Le sentier est assez étroit et sans barrière, dans la dernière partie ; il est déconseillé à ceux qui ont le vertige.

Enchaing, l'homme libre
Le Piton d'Enchaing tirerait son nom d'un esclave marron, qui se réfugia au sommet du piton avec sa compagne pour échapper aux mauvais traitements de son maître. Dans ce repaire, d'où il pouvait voir sans être vu, il vécut avec sa femme et leurs nombreux enfants vingt-cinq années durant, jusqu'au jour où un chasseur d'esclaves réussit à le débusquer. Nul ne sut jamais avec certitude ce qu'il advint d'Enchaing. La légende veut qu'il se soit transformé en papangue et envolé à tout jamais vers des horizons plus sereins...

De Hell-Bourg, prenez la D 48, puis la D 52 à gauche.

La route de Grand Îlet*
Au bout du village de Mare à Vieille Place, arrêtez-vous au **kiosque du Grand Bord**★, d'où vous pouvez suivre des yeux l'immense **rempart de la Plaine des Fougères**, qui ferme le cirque au nord. Les pitons se succèdent jusqu'à la **Roche Écrite**, qui domine cette toile de fond majestueuse de sa masse imposante. Plus à gauche émergent les crêtes qui séparent Salazie de Mafate, parmi lesquelles se distingue la silhouette en pointe caractéristique du **Cimendef**.

Vous traversez ensuite la **Rivière des Fleurs Jaunes**, avant d'arriver à Grand Îlet par une route très sinueuse. Elle vous conduit au centre de ce vaste village d'éleveurs, où se trouve la ravissante **église St-Martin***, tout en bardeaux.

À l'entrée de Grand Îlet, prenez la 1re route à gauche (RF 13).

La route du Bélier**
Vous traversez les villages de Casabois et du Bélier, longez le rempart de Bord Martin, pour arriver au Piton Marmite, sommet de la crête séparant Salazie de Mafate. Le chemin, en scories, n'est pas en très bon état, mais il vous réserve des **panoramas**** extraordinaires, parfois simultanés sur les deux cirques. Près du parking, une **table d'orientation** présente tous les sommets visibles. De là part une randonnée qui vous mène au village de La Nouvelle, dans le cirque de Mafate, par le **Col des Bœufs**. C'est l'une des entrées les plus faciles dans Mafate *(voir p. 166)*.

LE CIRQUE DE CILAOS**
Comptez au minimum une journée.

Reliefs acérés, remparts vertigineux, luminosité nuancée : Cilaos a tout pour inspirer les peintres et les poètes. La population courtoise et accueillante, les spécialités ancestrales – lentilles, vin et broderies – et les thermes aux eaux bienfaisantes contribuent à l'attrait de ce lieu austère et grandiose.

L'extermination des esclaves marrons
Les premiers habitants du cirque, des Noirs en fuite, trouvèrent dans ce relief chaotique et presque inaccessible un refuge idéal. Organisés en bandes, avec femmes et enfants, ils vivaient de la chasse et du maraîchage et descendaient parfois dans les Bas pour trouver des produits de base ou piller. Les villages, très étendus, regroupaient jusqu'à cinquante ou soixante familles. Leur présence rendait toute installation de colons impossible.

Une traque féroce lancée au milieu du 18e s. aboutit à l'extermination de plusieurs centaines d'esclaves. Quelques petits Blancs commencèrent alors à s'installer dans le cirque, ainsi « libéré ». Trois étapes décisives marquèrent ensuite le développement du cirque : l'assainissement du plateau de Cilaos, l'exploitation des sources et l'ouverture de la route.

Accès de la côte par la N 5, à partir de St-Louis (36 km ; comptez 1 h 30 à 2 h).

La route de Cilaos**
La route d'accès au cirque, ouverte en 1932, révèle d'incroyables prouesses techniques. Pas moins de 350 virages ponctuent les 30 km qui relient la Rivière St-Louis au village de Cilaos, à 1 200 m d'altitude. Restez vigilant et n'hésitez pas à jouer du Klaxon, car la route, très sinueuse par endroits, comporte des passages étroits et peut être couverte de petits éboulis glissants. Dès les Hauts de St-Louis, vous pénétrez dans la vallée encaissée du **Bras de Cilaos**, dominée par des remparts dont la taille ne cesse de croître jusqu'à l'entrée du cirque.

À la sortie du deuxième tunnel, vous vous trouvez au beau milieu d'un rempart d'où vous avez une belle **vue*** sur la crête des Calumets, en face.

Un dernier tunnel débouche au cœur du cirque, dans un décor éblouissant : en contrebas, le lit encaissé du **Bras de Benjoin** ; à gauche, les reliefs tourmentés derrière lesquels se cache **Îlet à Cordes** ; en face de vous, le plateau de **Mare Sèche** et, en arrière-plan, le majestueux massif du **Piton des Neiges**.

Vous arrivez bientôt au village de Cilaos.

Les cirques

■ **Cilaos*** – L'insalubrité de la région de Cilaos, réceptacle de pluies abondantes, contraignit les premiers habitants à s'installer sur les bords du plateau. Plus tard, des ingénieurs creusèrent une tranchée pour évacuer les eaux et assainir le site. Un village s'organisa alors peu à peu au centre du plateau. L'air sain, le climat frais fort appréciable en saison chaude et les sources ont vite fait la renommée du lieu. L'exploitation des sources resta longtemps sommaire, jusqu'à l'ouverture, en 1897, d'un établissement thermal dirigé par le **docteur Mac Auliffe**. Ce dernier jouera un rôle prépondérant dans le développement de Cilaos.

La rue principale qui traverse le village mène directement aux thermes. C'est la rue la plus animée, où vous trouverez la plupart des boutiques, quelques hôtels, des restaurants et l'office de tourisme.

Allez vous relaxer aux **thermes** (*8 bis route de Bras Sec,* ☎ *02 62 31 72 27, Fax 02 62 31 76 57 ; réservation obligatoire ; du lundi au samedi 8h-18h, le dimanche 9h-17h*). Rien ne vaut un bon bain hydromassant ou une séance de sauna pour se remettre d'une randonnée !

Plus loin, l'**église** domine une partie du plateau. Derrière elle se cache le **Petit Séminaire**. De conception typiquement créole, il est construit tout en bois, avec des tourelles décorées de lambrequins. Aujourd'hui déserté, on y forma durant de nombreuses années des prêtres et des enfants de bonne famille. L'ancien Premier ministre français, M. Raymond Barre, y usa ses fonds de culotte.

La Maison de la Broderie* (*4 rue des Écoles,* ☎ *02 62 31 77 48 – 9h-12h/14h-17h ; dimanche et jours fériés, 9h30-12h ; entrée payante*) expose les traditionnelles broderies en **jours de Cilaos**. Cet artisanat minutieux fut introduit dans le cirque par Adèle Mac Auliffe, la fille du médecin. Le prix des ouvrages reflète le temps nécessaire à leur confection : un drap de lit demande d'un à deux mois de travail.

Vous pourrez goûter le vin de Cilaos à la **Maison du Vin** (*34 rue des Glycines,* ☎ *02 62 31 71 69. Du lundi au samedi 9h-16h30 ; fermé le dimanche ; entrée payante avec dégustation*). Encore récemment produit de manière artisanale à partir d'un cépage dénommé **isabelle**, ce vin est une autre grande spécialité du cirque. Les mauvaises langues vous diront qu'il rend fou... Buvez-en tout de même un verre, par curiosité. Les producteurs ont implanté un nouveau cépage qui donne aujourd'hui un vin de meilleure qualité.

Tournez à gauche au carrefour, avant les thermes, pour prendre la D 242.

■ **Îlet à Cordes*** – *Comptez environ 1h30 pour vous rendre dans cet îlet, relié depuis 1972 par une route vertigineuse. Évitez de vous y aventurer par forte pluie.*

Les habitants de cette ancienne concession, accordée au 19e s. à un esclave affranchi, cultivent et commercialisent les **lentilles de Cilaos**. Ce hameau aux cases dispersées offre, depuis son extrémité sud, des **vues**** uniques sur tout le cirque.

Quelques randonnées

Le cirque de Cilaos recèle d'innombrables randonnées de tous niveaux. Vous pouvez relier tous les îlets à pied et prévoir éventuellement de rentrer en bus (renseignez-vous sur les horaires à l'office de tourisme). Évitez, par temps pluvieux, les sentiers qui comportent des passages à gué. Si vous ne craignez pas l'eau froide, n'oubliez pas votre maillot de bain pour vous baigner dans les nombreux bassins que vous rencontrerez en chemin. Les itinéraires décrits ci-dessous ne sont pas exhaustifs.

La cascade de Bras Rouge*

Le sentier part de la Maison de la Montagne de Cilaos (GR R2, 4 km, 2h30 AR, 150 m de dénivelé, assez facile).

Ce chemin, non balisé, qu'empruntaient autrefois les porteurs, vous mène aux **anciens thermes**, où vous pouvez encore vous prélasser dans des vasques aux eaux chaudes et ferrugineuses. Le sentier arrive ensuite dans le beau site de la **cascade** (*baignade dangereuse*).

RÉUNION

Le Petit Séminaire, Cilaos

Quelques randonnées

Le Col du Taïbit**

De Cilaos, prenez la route d'Îlet à Cordes (D 242) sur 6 km. Laissez votre véhicule sur l'aire de pique-nique. Le sentier est indiqué à droite (GR R1-GR R2, 8 km, 4 h 30 AR, 800 m de dénivelé, difficulté moyenne). Attention, le sommet est très éventé.

Aux bois de couleur qui ombragent la première montée succède une forêt de pins et d'eucalyptus. Le replat vous offre une halte agréable, dans une clairière où coule un petit ruisseau. Le sentier, un peu raide, débouche ensuite dans la **Plaine des Fraises**, d'où vous jouissez de l'une des plus belles **vues**** sur Cilaos d'un côté, sur les Trois Salazes de l'autre. Vous atteignez le **Col du Taïbit** après une dernière côte. Le **panorama**** s'ouvre, au sud, sur le cirque de Cilaos, avec au premier plan Îlet à Cordes, puis le goulet marquant l'entrée du cirque et, au loin, la mer. Côté nord, la vue plonge sur le cirque de Mafate, où vous pouvez vous rendre par une descente assez raide au milieu de mimosas odorants *(env. 1 h jusqu'à Marla, voir p. 161)*.

Le Piton des Neiges***

De Cilaos, prenez la route de Bras Sec (D 241) jusqu'au parking. Sentier (GR R1) de 8 km, 8 h AR, 1 700 m de dénivelé, difficile.

Cette randonnée, l'une des plus prisées avec celle du Piton de la Fournaise, comporte de magnifiques **points de vue***** sur le cirque. Elle prendra une autre dimension si vous arrivez au sommet à temps pour contempler le lever du soleil, d'une luminosité féerique et limpide à cette altitude.

La marche s'accomplit en deux étapes. Dans la première partie, difficile, il vous faudra gravir, sur 1 100 m de dénivelé, la courte distance qui sépare la route de Bras Sec de la **Caverne Dufour** *(gîte, voir p. 172)*. Prévoyez environ 4 h pour cette ascension. Vous remarquerez que la forêt de bois de couleurs s'éclipse peu à peu au profit d'une végétation d'altitude plus rase.

Dans la seconde partie, jusqu'au **Piton des Neiges**, la montée se fait moins raide (590 m de dénivelé), mais plus délicate, car elle s'effectue en grande partie sur des **scories** instables. La végétation disparaît pour laisser place à un décor entièrement minéral, où se conjuguent des camaïeux de noirs, de bruns et d'orangers caractéristiques des formations volcaniques. Au cœur de l'hiver, la roche se couvre souvent de cristaux de glace. De ce sommet, point culminant de l'île, votre effort se verra récompensé par le **panorama***** à 360°, unique, varié, pur, qui s'ouvre sous vos yeux.

Le circuit des Sources

Quittez Cilaos par la route D 241, après les thermes. Juste avant le village de Bras Sec, tournez à gauche. Le sentier débute à gauche du stade (boucle de 2,5 km, 1 h 30, 50 m de dénivelé, facile).

La forêt de *cryptomérias* que vous traversez laisse bientôt place à une forêt de bois de couleurs, beaucoup plus riche. Les petites **cascades** qui dévalent les pentes apportent une agréable fraîcheur. Des trouées dans le sous-bois vous laissent découvrir une grande partie du cirque. Le sentier croise le GR R2, que vous emprunterez sur la gauche, pour rejoindre la forêt de cryptomérias, jusqu'à la route départementale (D 241).

LE CIRQUE DE MAFATE★★★
Comptez 2 ou 3 jours minimum.

Le peuplement de Mafate commença vers 1783 dans la région d'**Aurère**. Les premiers colons à s'installer dans la région se heurtèrent à l'**Office national des forêts**, qui entendait protéger le cirque du défrichement systématique entrepris par les nouveaux arrivants. Ces conflits ne s'estompèrent que dans les années cinquante, lorsque l'on envisagea de valoriser le cirque et d'améliorer les conditions de vie de ses habitants. Aujourd'hui, les Mafatais vivent de la culture et de l'élevage. Ironie de l'Histoire, certains travaillent même pour l'ONF ! Un tourisme orienté autour des activités de montagne s'y est fortement développé, comme le révèle le nombre de structures d'accueil mises en place au cours des dernières années. Néanmoins, dans cette enclave naturelle, totalement isolée du reste de l'île puisque seuls des sentiers pédestres ou des hélicoptères permettent d'y accéder, d'importantes difficultés sociales et économiques subsistent.

Le paradis des marcheurs

Pour les randonneurs, Mafate reste un paradis parfaitement préservé, avec ses 180 km de sentiers aménagés. Marcheurs de naissance, les habitants du cirque, pieds nus ou munis de savates et souvent lourdement chargés, vous dépasseront allègrement en *moucatant* (se moquant de) votre lente progression dans les montées éprouvantes...

Votre première vision de Mafate sera très différente selon que vous l'abordez par l'est ou par l'ouest. Deux zones climatiques divisent en effet le cirque, délimitées approximativement par une ligne nord-sud allant du **Bras de Ste-Suzanne** au **Col du Taïbit**. L'Est, humide et couvert de forêts verdoyantes, contraste sensiblement avec l'Ouest, où les pentes arides, à la végétation rase, laissent percevoir une érosion plus accentuée.

Mafate compte sept portes d'entrée et une vingtaine d'itinéraires, détaillés dans l'excellent guide de l'ONF (*Cirque de Mafate – Découverte et randonnées*, Encrages Édition). Nous ne présenterons donc ici que quelques randonnées, parmi les plus classiques.

Réservez impérativement les gîtes et les tables d'hôtes auprès de la Maison de la Montagne quelques jours avant de partir. Pour vous ravitailler, vous trouverez des épiceries dans la plupart des îlets.

Du Col des Bœufs à La Nouvelle★★

Accès en voiture par le cirque de Salazie. Allez à Grand Îlet (D 52), puis au Bélier (voir p. 163) et poursuivez la RF 13 jusqu'au dernier parking, 2 parkings gardés, 1,60 €/jour ou 6,10 €/nuit. ☎ 02 62 68 81 46 / 02 62 60 96 03. De là part le sentier : 8 km, 4 h AR, 400 m de dénivelé, facile.

Cette balade vous permet d'accéder au cirque de Mafate par le chemin le plus court et le plus facile. Une piste de 1,5 km monte au Col des Bœufs, frontière entre Salazie et Mafate. De l'autre côté du col, un beau **panorama*** s'ouvre sur Mafate et sur le colossal rempart du Maïdo. Vous descendez alors à travers la vaste forêt de la Plaine des Tamarins**. Ces arbres aux troncs tortueux effectuent de surprenantes volutes pour se dresser vers la lumière. Les lichens chevelus qui les couvrent par endroits, baptisés « barbe de St-Antoine », contribuent à créer une atmosphère fantastique. Dans le brouillard, on s'attendrait presque à voir surgir de petits lutins... À défaut, vous y rencontrerez quelques vaches rousses, en train de brouter paisiblement.

■ **La Nouvelle*** – Le plus grand village de Mafate se niche sur un vaste plateau, investi pendant la seconde moitié du 19ᵉ s. Les habitants y vécurent en quasi-autarcie pendant plus d'un siècle, leurs seuls liens avec l'extérieur étant les agents de l'ONF. Une école ouvrit en 1948 et une chapelle en 1976. Aujourd'hui, une trentaine de familles y vivent, ravitaillées par hélicoptère. Gîtes, tables d'hôtes, épiceries, boulangerie, petite chapelle en bardeaux : rien n'y manque. L'îlet dispose même d'un téléphone public à énergie solaire planté, insolite, au milieu de ce décor titanesque ! Un rempart massif, dominé par le **Grand Bénare** et le **Maïdo**, forme une gigantesque toile de fond de toute beauté.

De La Nouvelle à Marla*
GR R1, 5,2 km, env. 2 h AS, faux plat, facile. Du sud du village, le sentier suit d'abord une petite descente avant d'évoluer au milieu des filaos. À l'embranchement, prenez à gauche, puis traversez la **Rivière des Galets** (petite passerelle). Vous arrivez au charmant lieu dit de Maison Laclos*, entouré de pâturages bucoliques, où la **ravine Kerval** et la **ravine de Marla** vous invitent à la baignade. De là, une montée facile *(1/2 h)* vous mène à Marla.

■ **Marla** – Beaucoup moins important qu'autrefois, ce village ne compte plus aujourd'hui qu'une dizaine de cases, dont les habitants se consacrent à la culture des lentilles et aux pâturages. Perché à 1 645 m d'altitude, c'est l'*îlet* le plus élevé du cirque. À l'ouest, l'immense rempart du **Grand Bénare** le domine de plus de 1 000 m. À l'est se dresse la crête d'où émergent les **Trois Salazes****, immenses *dykes* de basalte (filons de roches magmatiques mis à nu par l'érosion) qui marquent la frontière entre Mafate et Cilaos. Au coucher du soleil, les jeux de lumière sur ces reliefs sont fascinants.

De Marla au Col du Taïbit*
2,5 km, 1 h AS, 500 m de dénivelé, difficile (voir p. 165).

De Marla à Roche Plate**
GR R2, 11 km, 4 h, assez facile. Le sentier part du gîte vers le nord-ouest, parcourt le plateau de Marla et descend dans les scories vers la **Rivière des Galets**, que vous passerez à gué. Longeant la rivière, le sentier mène aux Trois Roches***, gouffre impressionnant où les eaux dégringolent en cascade. Le nom de ce site fait référence aux trois gros rochers qui semblent posés en équilibre sur la rive *(attention aux dalles rocheuses glissantes)*. Le sentier progresse ensuite de ravine en ravine, flirtant avec le magnifique rempart du **Grand Bord**** avant d'entamer une descente tranquille vers l'*îlet* de Roche Plate, implanté sur les effondrements successifs du rempart du Maïdo, dans un site pentu et accidenté planté de filaos. L'aridité de la végétation témoigne de la sécheresse de cette partie du cirque.

Depuis le début du siècle, une bonne partie de la population a déserté l'îlet, qui ne compte plus qu'une vingtaine de familles, vivant des petites cultures, de l'élevage et du tourisme.

De la route du Maïdo à Roche Plate*

Accès en voiture par la côte Ouest. De la route du Maïdo (voir p. 104), laissez la voiture peu après le PR 11, après la ravine Divon. Prenez le sentier qui part à gauche (7,5 km, 2 h 30, 750 m de dénivelé, moyennement difficile).

Cet accès à Mafate, très abrupt, est assez éprouvant, mais le **panorama****, grandiose, récompensera votre effort. Le sentier débute à la limite d'une forêt de tamarins et se poursuit au milieu des ajoncs. 500 m plus loin, la planèze s'arrête brutalement pour laisser place au gouffre béant du cirque. Le sentier descend le long du rempart aride jusqu'à la **Brèche**, où vous prendrez à droite. Vous arriverez ensuite rapidement aux premiers champs de Roche Plate.

La canalisation des Orangers

Accès en voiture de la côte Ouest. De la quatre-voies de St-Paul (voir p. 106), sortez à Savannah. Prenez la RD 4 vers La Plaine, puis allez vers Sans Souci. Le sentier est indiqué à gauche (GR R2 variante, 22 km jusqu'à Roche Plate, 7 h, crête en faux plat, facile).

Ce sentier, creusé dans le rempart de la Rivière des Galets, vous permet de découvrir progressivement le relief tourmenté et grandiose du cirque. Long mais agréable.

De Roche Plate à Cayenne*

GR R2, 9 km, 4 h, 450 m de descente et 450 m de montée, difficile, des passages délicats : renseignez-vous sur l'état du sentier avant de partir.

Après un début de sentier assez facile, vous abordez la descente du **rempart du Bronchard**, particulièrement raide, qui vous mène dans un **canyon**** impressionnant. La **Rivière des Galets** a creusé son lit dans la roche, formant un étroit goulet. Quelques vestiges, situés au lieu dit **Mafate**, témoignent d'un passé lié au thermalisme. Le sentier s'engouffre ensuite dans le canyon, traversant la rivière par deux fois, puis serpente au milieu d'un rempart avant d'arriver à **Cayenne**.

L'engouement des curistes pour les eaux sulfureuses de Mafate influença fortement le développement de ce village. Sa situation, sur le CD 2 construit pour se rendre aux sources, en fit rapidement une étape incontournable. Aujourd'hui, il demeure l'un des villages les plus peuplés du cirque.

De Cayenne, un sentier mène à Grand Place.

De Grand Place à Aurère**

10 km, env. 5 h, 200 m de dénivelé, moyennement difficile. Plus qu'aucun autre, ce sentier vous permet d'appréhender les particularités des paysages et de la végétation d'un côté à l'autre du cirque. Le contraste se ressent dès que vous contournez la petite crête qui surplombe Grand Place. Le relief devient moins acéré et la flore, plus luxuriante. Le premier village que vous croisez, **Îlet à Bourse**, charmant et verdoyant, offre une belle **vue**** sur le cirque. Après deux raidillons, de part et d'autre de la **Grande Ravine**, le sentier chemine tranquillement jusqu'à **Îlet à Malheur**, qui doit son nom à un épisode sanglant de la chasse aux esclaves marrons. Une dernière montée assez raide mène au village d'**Aurère**, qui trône à plus de 900 m d'altitude.

D'Aurère, vous pouvez sortir de Mafate en suivant le lit de la **Rivière des Galets** jusqu'à la côte Ouest de l'île *(16 km, env. 5 h 30, 250 m de dénivelé, assez facile).*

D'Aurère à Salazie**

D'Aurère, repartez vers le sud en direction d'Îlet à Malheur jusqu'au lieu dit La Plaque, où vous emprunterez le chemin de gauche : le **sentier du Grand Rein**, ou **sentier Scout**, jusqu'à Bord Martin (*6 km, env. 3 h, 200 m de dénivelé, assez facile*). La première partie comporte un dénivelé de 600 m, seule difficulté de cette randonnée. Vous évoluerez ensuite sur la crête du Grand Rein, avec une **vue**** sur le cirque. Une échancrure dans le relief vous permet de deviner, au loin, la ville du Port. Vous descendez vers le **Bras Bémale**, avant de remonter à travers un sous-bois jusqu'à **Bord Martin**, frontière avec le cirque de Salazie.

Le cirque de Mafate

Les cirques pratique

ARRIVER-PARTIR

En voiture – Prévoyez de l'essence : il n'y a qu'une pompe à Salazie et une à Cilaos. Si vous souhaitez vous rendre à Mafate par Salazie et le Col des Bœufs, ne laissez pas votre véhicule plusieurs jours sur un parking. Confiez-le à M. Noury, *« Chez Titine »*, au village du Bélier, ☎ 02 62 47 71 84. Comptez 8 € par nuit et par véhicule, tarif qui inclut le trajet en navette jusqu'au col. Forfait AR pour 5 à 8 personnes, 38,20 €.

En autobus – De la gare routière de St-André ☎ 02 62 46 80 00, 30 mn suffisent pour rejoindre Salazie : 7 départs de 6 h 10 à 17 h 45, du lundi au samedi et 3 départs les dimanches et jours fériés.
Il faut 1 h 40 de la gare routière de St-Pierre ☎ 02 62 35 67 28 à Cilaos : 5 départs de 8 h à 17 h 15, du lundi au samedi et 4 départs les dimanches et jours fériés. 4 départs quotidiens de St-Louis également.
À l'intérieur des cirques : bus pour Hell-Bourg et Grand Îlet (Salazie), Bras Sec et Palmiste Rouge (Cilaos).

En minibus privé – *Rando Trans*, ☎ 02 62 55 52 66, Fax 02 62 55 52 69, randotrans@wanadoo.fr Service de navettes pour randonneurs (8 personnes), au départ de St-Gilles-les-Bains. Tarifs élevés (137,20 € pour Cilaos et Salazie).

À pied – Accès à Salazie : de Mafate par le Col des Bœufs ou le Bord Martin ; de Cilaos par la Caverne Dufour (GR R1) ; de la Roche Écrite.
Accès à Cilaos : de Mafate par le Col du Taïbit.
Accès à Mafate : de Salazie par le Col des Bœufs ou le Bord Martin ; de Cilaos par le Col du Taïbit ; de St-Paul par la canalisation des Orangers (Sans Souci) ou par le Maïdo.

ADRESSES UTILES

Informations touristiques – *Pays d'accueil de Salazie*, Centre artisanal d'Hell-Bourg, rue du Général de Gaulle, Hell-Bourg, ☎ 02 62 47 89 89, Fax 02 62 47 89 70, pat.salazie@wanadoo.fr Lundi-jeudi 8 h-16 h, vendredi 8 h-15 h, fermé les samedi et dimanche. Quelques informations et petites expositions.

Maison du tourisme de Cilaos, 2 bis rue Mac Auliffe, Cilaos, ☎ 02 62 31 78 03 / 02 62 31 71 71 ; mmocilaos@wanadoo.fr – 8 h 30-12 h 30 / 13 h 30-17 h 30, dimanche et jours fériés, 9 h-13 h. Très aimablement accueilli, vous y trouverez tous les renseignements concernant les randonnées et autres activités, et vous pourrez y réserver vos nuits et repas.

Banque / Change – Prévoyez du liquide avant de monter dans les cirques. À l'exception de quelques hôtels, vous ne pourrez pas régler vos nuits et repas avec votre carte de crédit. Il n'y a pas de banque à Salazie ni à Mafate. Vous trouverez à Cilaos (village) une banque et un distributeur automatique à la Poste.

Poste – 59 rue G. Pompidou, Salazie ; 31 rue du Général de Gaulle, Hell-Bourg ; 76 rue Père Boiteau, Cilaos.

Téléphone – Il est généralement possible de téléphoner à partir des gîtes. Quelques cabines à carte sont disponibles à Salazie, à Hell-Bourg et à Cilaos. Dans le cirque de Mafate, vous trouverez une cabine solaire à La Nouvelle.

Location de bicyclettes – *Run Évasion*, 23 rue du Père Boiteau, Cilaos, ☎ 02 62 31 83 57, Fax 02 62 31 80 72.

Santé – Pharmacies : 73 rue G. Pompidou, Salazie, ☎ 02 62 47 50 82 ; rue du Général de Gaulle, Hell-Bourg, ☎ 02 62 47 80 31 ; chemin départemental de Grand Îlet, Grand Îlet, ☎ 02 62 47 72 13 ; 47 et 58 rue du Père Boiteau, Cilaos, ☎ 02 62 31 77 56 / 02 62 31 70 41.

Médecins : Dr Corre ☎ 02 62 31 71 72, Dr Jarre ☎ 02 62 31 82 18, Dr Techer ☎ 02 62 31 71 30, tous trois à Cilaos. Dr Rakotovelo ☎ 02 62 47 54 04 à Salazie. Un cabinet médical à Hell-Bourg ☎ 02 62 47 80 51 et à Salazie ☎ 02 62 47 53 74.

OÙ LOGER

Sauf mention particulière (pour les gîtes), les fourchettes de prix indiquées sont calculées sur la base d'une chambre double avec petit-déjeuner.

• Cirque de Salazie

De 15,50 à 38 €

Chambres d'hôtes chez Mme Boyer, chemin de Camp Pierrot, Grand Îlet, ☎ 02 62 47 71 62, Fax 02 62 47 73 34 – 5 ch. 🍴 ✗ Maison d'inspiration créole surplombant Grand Îlet. Confort moderne et propreté irréprochable. Accueil familial. Repas sur demande. Excellent rapport qualité-prix.

Chambres d'hôtes la Tourte dorée, chez Mme Grondin, rue du Père Jouanno, Grand Îlet, ☎ 02 62 47 50 51, Fax 02 62 47 78 92 (réservation conseillée) – 6 ch. ✗ CC Cette grande maison dispose de deux catégories de chambres. Préférez celles de l'étage, au charme discret, plus spacieuses et dotées de salles de bains privées, à celles du bas, moins chères, mais sombres et tristes. Cadre agréable, dans un jardin coloré, sur fond de montagnes. Accueil sympathique. Excellente table (voir « Où se restaurer »).

De 38 à 46 €

Chez Tonton Yves, Îlet à Vidot, Hell-Bourg, ☎ 02 62 47 84 22 – 3 ch. 🍴 ✗ Cette maison neuve, récemment surélevée, propose des chambres coquettes et confortables. Le patron est une personnalité très sympathique, amicale et chaleureuse, qui saura vous mettre à l'aise. La cuisine est, quant à elle, originale, inventive et excellente. Au menu : boudin créole, sarcive d'escalope de lapin, canard à l'orange, cari de poulet et gâteau… le tout pour un prix relativement modique. Une bonne adresse.

Auberge du Passant, Chez Mme Grondin, rue du Stade, Hell-Bourg, ☎ 02 62 47 86 28 – 3 ch. 🍴 ✗ Chambres réparties entre la maison principale et une petite case créole beaucoup plus agréable, isolée et tranquille. Vous serez séduit par le dynamisme et la verve de la patronne, une femme au caractère affirmé et chaleureux. Encore une bonne adresse.

De 54 à 61 €

Le Bananier, 134 rue G. Pompidou, Salazie, ☎ 02 62 47 57 04, Fax 02 62 47 57 65 – 9 ch. 🍴 ✗ CC Ouvert en 2001, cet hôtel à la propreté irréprochable est tenu par une famille accueillante. Les chambres vertes ou roses possèdent toutes un petit balcon ; préférez celles donnant sur l'arrière, moins bruyantes.

• Cirque de Cilaos

De 15,50 à 34 €

Gîte de la Caverne Dufour, ☎ 02 62 51 15 26 (réservez à l'avance). Ce gîte rudimentaire et à la propreté douteuse ne dispose pas d'eau ni de toilettes. Il a le mérite de vous procurer un lit pour vous reposer au milieu de l'ascension de la Roche Écrite et parvenir au sommet le lendemain à temps pour le lever du soleil.

Chambres d'hôtes Le Kerveguen, chez Doris Flavie, 8 chemin Matarum, Bras Sec, ☎ 02 62 31 71 23 – 2 ch. 🍴 ✗ (repas servis le soir uniquement et sur réservation). À 1,5 km de Cilaos. Cette maison récente, perchée à flanc de colline, domine une jolie vallée. Chambres impeccablement tenues. W-C communs. Vous serez particulièrement bien accueilli par votre hôte, qui se fera un plaisir de vous renseigner sur les randonnées dans le cirque. Il vous proposera même, si vous le souhaitez, un diaporama sur la Réunion. Excellente cuisine au feu de bois.

Les Mimosas, chez Jean-Paul Benoit et Mimose Dijoux, 29 chemin Saül, Bras Sec, ☎ 02 62 31 72 73 – 4 ch. ✗ Une étape agréable dans une case créole fleurie, où les orchidées donnent au jardin un petit parfum d'Eden. Les chambres sont classiques, propres et calmes. L'accueil est assuré par M. Benoit, qui se fera un plaisir de vous faire visiter son jardin. La cuisine est préparée dans un petit « boucan », à côté de la maison (civet d'oie ou cari de porc chouchou). Classique mais bon.

Chambres d'hôtes Le Vieux Pressoir, chez Christian Dijoux, 40 chemin Saül, Bras Sec, ☎ 02 62 25 56 64 – 5 ch. 🍴 ✗ Petite maison moderne dans un cadre campagnard parfaitement calme, à 6 km au nord du village de Cilaos. Le propriétaire des lieux vous réserve un excellent accueil. Il organise des visites de sa cave, suivies de dégustations de vin, généralement très appréciées. Bonne table également.

Chambres d'hôtes chez Hélène Payet, 13 chemin Terre Fine, Îlet à Cordes, ☎ 02 62 35 18 13 – 4 ch. 🍴 ✗

Les cirques pratique

Perdue au bout de cet îlet dans un site magnifique, à 12 km au nord-ouest du village de Cilaos, cette petite case à varangue reste toujours authentiquement accueillante et soignée. Petites chambres confortables. Atmosphère familiale très conviviale. Bonne cuisine locale (voir « Où se restaurer »).

De 46 à 84 €

😊 **Le Vieux Cep**, 2 rue des Trois Mares, Cilaos, ☎ 02 62 31 71 89, Fax 02 62 31 77 68, Le.Vieux.Cep@wanadoo.fr – 55 ch. 🍽 🛁 TV ✕ 🏊 CC Dans un cadre verdoyant et reposant, ce confortable hôtel d'architecture récente, rehaussée de boiseries et de lambrequins, s'organise harmonieusement autour de la piscine. Certaines chambres, dotées d'un balcon, disposent d'une belle vue sur les montagnes, notamment sur le Piton des Neiges. Le personnel, accueillant, est attentif au meilleur déroulement de votre séjour.

Les Aloes, 14 rue Saint-Louis, Cilaos, ☎ 02 62 31 81 00, Fax 02 62 31 87 96 – 10 ch. 🍽 TV Cette maison de style créole, ouverte en 1999, propose des chambres mignonnes et confortables, chauffées en hiver. L'accueil réservé est néanmoins courtois. Bon rapport qualité-prix.

Plus de 112 €

😊 **Les Chenets**, 40 E chemin des Trois Mares, ☎ 02 62 31 85 85, Fax 02 62 31 87 17 – 40 ch. 🍽 🛁 TV ✕ 🏊 CC Le premier grand et bel hôtel des Hauts de l'île, avec piano-bar, sauna, hammam, espace Internet et salle de conférences. Les chambres, toutes en couleurs, au mobilier design, ont chacune leur propre décoration et le service est impeccable. Idéal pour profiter du calme des hauts, tout en appréciant le confort d'un établissement de qualité.

• **Cirque de Mafate**

Réservez vos nuits en gîtes de montagne auprès de la Maison de la Montagne, à St-Denis (☎ 02 62 90 78 78, Fax 02 62 41 84 29) ou à Cilaos (☎ 02 62 31 71 71). Les repas se commandent directement auprès des établissements concernés. Pour tous les gîtes, comptez de 8 à 16 € la nuit par personne, 3 à 5 € le petit-déjeuner et 9,20 à 16 € le dîner. Vous pourrez parfois aussi loger chez l'habitant.

Maxime Oréo, La Nouvelle, ☎ 02 62 43 58 57 – 14 lits. ✕ Gîte privé, charmant, avec cheminée et éclairage à la bougie. Excellent cari et très bon accueil.

😊 **L'Arbre du Voyageur**, La Plaque, ☎ 02 62 43 50 60 – 12 lits. ✕ Réservez impérativement. Ouvert récemment, l'endroit comporte un grand parc dans lequel le patron, Alain Hoareau, a construit plusieurs petits kiosques. Les chambres, pour six personnes, sont très propres. Il est aussi possible de louer une tente ou de planter la sienne dans le jardin, pour un prix modique. Le patron, surnommé « l'Ermite », est une personnalité pittoresque et intéressante pour qui veut approfondir sa connaissance de l'île. Les repas, préparés sur commande, sont excellents. Bibliothèque à disposition.

Hoareau Expedit, Marla, ☎ 02 62 43 78 31 – 20 lits. ✕ Gîte privé très accueillant. Bonne table.

Gîte Giroday, Marla, ☎ 02 62 43 83 13 – 32 lits ✕ Gîte privé, correct. Douche froide et W-C extérieurs.

Gîte de M. Thiburce, Roche Plate, ☎ 02 62 43 60 01 – 24 lits. ✕ Gîte privé. Salle de repas à 10 mn à pied. Ne sert pas d'alcool.

Chez M. Guy Libel, Îlet à Malheur, ☎ 02 62 43 56 96 – 20 lits. ✕ Superbe gîte privé, tout neuf, bien conçu et confortable.

Gîte de montagne, Cayenne-Grand-Place, ☎ 02 62 43 85 42 – 16 lits. ✕ Beau gîte fleuri, situé sur un promontoire d'où s'échappe une belle vue sur le cirque et la Rivière des Galets. Bons repas.

Gîte de montagne, Îlet à Bourse, ☎ 02 62 43 43 93 – 16 lits. ✕ Confortable et convivial.

Où se restaurer

• **Cirque de Salazie**

De 8 à 15,50 €

Les Lilas, 9 rue G. Pompidou, Salazie, ☎ 02 62 47 52 04. Midi ; soir sur réservation. Jolie case créole dans le village. Accueil chaleureux. Le patron ne manquera pas de vous faire goûter à sa charcuterie maison. Une excellente adresse.

😊 **Ferme-auberge la Tourte dorée, chez Mme Grondin**, rue du Père Jouanno, Grand Îlet, ☎ 02 62 47 50 51 (sur réservation). Midi et soir ; fermé le mercredi midi et le dimanche soir. Des

spécialités culinaires étonnantes, exclusivement confectionnées avec des produits de la ferme. À découvrir. Une très bonne adresse.
Chez Alice, chemin Sanglier, Hell-Bourg, ☎ 02 62 47 86 24. Midi et soir ; fermé le jeudi soir et le lundi. Les spécialités de truites, pêchées dans les environs, vous séduiront. Table familiale sans prétention.
Chez Cocotier, Centre artisanal, rue du Général de Gaulle, Hell-Bourg, ☎ 02 62 47 84 01. Midi et soir ; fermé le mercredi. Grande salle très simple. Ambiance chaleureuse. Carte variée et originale. Repas copieux. Excellente truite « maison ».

• Cirque de Cilaos
De 8 à 15,50 €
Chez Noé, 41 rue du Père Boiteau, Cilaos, ☎ 02 62 31 79 93. Midi et soir ; fermé le lundi. Charmante petite case créole en bois peint avec terrasse. Bon accueil. Table simple et correcte. Du sandwich au boucané palmiste (délicieux !), en passant par les salades et les steaks : la carte satisfera tous les goûts et toutes les bourses. Bon rapport qualité-prix.
Chez Hélène Payet, 13 chemin Terre Fine, Îlet à Cordes, ☎ 02 62 35 18 13 (réservation conseillée). Une table unique accueille une douzaine de convives. Repas raffiné et copieux (beignet de bringelles, brèdes chouchou boucané, canard, excellents caris de volaille, succulent gâteau d'oranges). Vin et rhum arrangé compris. Une halte inattendue dans ce village du bout du monde, particulièrement appréciée des randonneurs qui y trouvent un accueil chaleureux et une table haute en couleur.
De 15,50 à 31 €
Chez Yahameti, Îlet Haut, ☎ 02 62 31 76 10 (réservation impérative). Comptez une petite heure de montée facile. Délicieux magret de canard pays. Jeux de cartes, musique, cadre et rhums arrangés réchauffent l'ambiance. Vous y passerez une excellente soirée. Sa situation dans la montagne impose de passer la nuit dans le gîte : précaire mais accueillant.
🕭 ***Le Vieux Cep***, 2 rue des Trois Mares, Cilaos, ☎ 02 62 31 71 89. Midi et soir. Salle chaleureuse avec cheminée, donnant sur la piscine de l'hôtel. Bonne cuisine traditionnelle de Cilaos : boucané aux lentilles, cari poulet au maïs... Également des plats métro.

• Cirque de Mafate
Voir les gîtes cités dans la rubrique « Où loger ».

LOISIRS

Balades et eaux vives – *Réunion Sensations*, 28 rue du Père Boiteau, Cilaos, ☎ 02 62 31 84 84. Structure dirigée par un guide de canyon. Programmes de sorties en canyoning, hélicanyon, escalade, courses d'arête et VTT. Tous niveaux. Possibilité de forfaits et d'abonnements.
Maham, Cascade des Demoiselles, Hell-Bourg, Salazie, ☎ 02 62 47 82 82. Formules à la carte avec VTT, canyoning, balades et escalade. Des guides d'État compétents assurent votre sécurité. Atmosphère de détente sympathiques. Randonnées et visites culturelles.
VTT – ***Vélo des Cimes***, Station Caltex, ☎ 02 62 21 35 11. Comptez 16 € la journée.
Run Évasion, 23 rue du Père Boiteau, Cilaos, ☎ 02 62 31 83 57, Fax 02 62 31 80 72.
Détente – ***Parc piscicole***, Hell-Bourg, ☎ 02 62 47 80 16. Tlj, 7 h 30-18 h. Les enfants seront les premiers ravis de cette pêche miraculeuse où les poissons mordent à tous les coups. Fous rires assurés. Ramener votre pêche vous coûtera 12 € du kilo.
Centre thermal Irénée Accot, Route de Bras-Sec, Cilaos, ☎ 02 62 31 72 27 (sur RV). Soins du corps, séjours de remise en forme (forfaits de 23 à 76,5 €).

ACHATS

• Cirque de Salazie
Artisanat bambou, Hell-Bourg, ☎ 02 62 47 84 90. Tlj, 10 h-17 h 30. Toutes sortes d'objets en bambou (vases, cendriers, boites, lampes...).
La Cazanou, rue du Général de Gaulle, Hell-Bourg, ☎ 02 62 47 88 23. Tlj, 9 h-12 h 30 / 13 h 30-18 h 30. Journaux, produits locaux et artisanat : chapeaux en paille de chouchou, confitures, croque chouchou (condiment au vinaigre, excellent en apéritif ou avec de la viande), bijoux...

L'ÎLE MAURICE

Nom officiel : République de Maurice
Superficie : 2 040 km²
Population : 1 161 000 habitants
Capitale : Port Louis
Monnaie : La roupie mauricienne (MUR)

Invitation au voyage

La montagne Bambous et le lagon du Sud-Est

Étoile et clé de la mer des Indes

Telle est la devise de Maurice.
« Dieu créa l'île Maurice, puis le Paradis à son image », Mark Twain.
« Île d'or, d'azur et d'émeraude », Malcolm de Chazal.
C'est une image d'Éden qui s'attache à cette terre tropicale, surgie de l'océan Indien.

Une île des Mascareignes

Maurice est située au cœur de l'océan Indien, à 20° Sud et 57° Est, à 220 km au nord-est de la Réunion et 900 km à l'est de Madagascar. Elle forme avec la Réunion et Rodrigues, petite dépendance de Maurice à 563 km au nord-est, l'archipel des Mascareignes.

Longtemps point stratégique sur la route des Indes, puis sur celle du pétrole, Maurice conserve cette position aux yeux des grandes puissances internationales. D'une superficie de 1 865 km^2, l'île mesure environ 63 km du nord au sud et 47 km d'est en ouest.

L'archipel Cargados Carajos (St-Brandon), à 400 km au nord-est, et les îles Agalega, à 1 000 km au nord de Maurice, appartiennent également à la république de Maurice.

Une terre volcanique entourée de lagons

Des barrières de corail brisent la houle furieuse de l'océan, protègent la plus grande partie des 330 km de côtes mauriciennes, et limitent de paisibles lagons.

De longues plages de sable blond alternent avec des rochers basaltiques noirs qui rappellent l'origine volcanique de l'île.

Cette origine se lit également dans le relief de l'île. De formation postérieure à celle de Rodrigues et antérieure à celle de la Réunion, Maurice, émergée il y a huit millions d'années et beaucoup moins élevée que cette dernière, n'a plus d'activité volcanique.

Un vaste **plateau central** culmine autour de 600 m d'altitude, sillonné par des rivières, dont certaines ont donné naissance à des gorges à la végétation luxuriante où se jettent des cascades impressionnantes (chutes de Tamarin ou de la Rivière Noire), et à d'anciens cratères éteints désormais occupés par des lacs (Grand Bassin, Bassin Blanc, Trou aux Cerfs, Trou Kanaka).

Plusieurs **chaînes de montagnes**, masses de basalte aux formes effilées, bordent ce plateau verdoyant et surpeuplé : les chaînes de Montagne Longue et de Moka enserrent la capitale, Port Louis, la montagne Bambous descend vers la côte Est et les massifs de Rivière Noire et de Savanne, couverts de forêts vierges, vers le sud-ouest, tandis que le Rempart et les Trois Mamelles veillent sur la côte Ouest. La masse imposante du Morne Brabant domine la péninsule sud-ouest de l'île. Parmi les sommets, les silhouettes caractéristiques du Piton de la Rivière Noire (828 m), point culminant de l'île, du Pieter Both (823 m) et du Pouce (812 m) dominent les vastes **plaines côtières** qui couvrent une grande partie de l'île. D'immenses étendues de cannes à sucre ondulent au vent sur ces fertiles terres basaltiques, ressource agricole quasi exclusive de l'île. Dans les champs se dressent un peu partout des accumulations de pierres de lave retirées de la terre lors des labours, dont certaines évoquent les pyramides des temples aztèques.

Une grande partie de la population travaille à Port Louis, capitale de Maurice, mais vit dans la conurbation du plateau central, composée des villes de Curepipe, Rose Hill, Beau Bassin, Vacoas, Phœnix et Quatre Bornes. La seule autre ville de l'île, Mahébourg, se trouve au sud-est. De nombreuses bourgades aux noms

Le Morne Brabant

pittoresques se succèdent le long des côtes et dans l'intérieur des terres. Seules deux passes permettent aux navires de franchir la barrière de corail pour s'abriter dans le lagon. Le Grand Port, au sud-est, n'étant plus en activité, Port Louis demeure l'unique port (naturel) de l'île.

Un climat tropical tempéré

Maurice bénéficie d'un climat tropical tempéré par l'océan et reçoit du sud-est la fraîcheur et l'humidité des **alizés** (1 500 mm de précipitations par an). Alors que le nord et l'ouest souffrent régulièrement de sécheresse (900 mm de précipitations par an), le plateau central accroche les nuages, qui se déversent toute l'année sur ces hauteurs (4 500 mm par an).

Des **cyclones** traversent chaque année cette partie de l'océan Indien pendant l'été austral, surtout en janvier et février. Situées sur leur trajectoire, Maurice et Rodrigues les subissent plus ou moins durement. Certaines années, de simples pluies s'abattent sur les îles ; d'autres fois, un vent terrifiant dévaste tout sur son passage, détruisant végétation et habitations (*Voir p. 64*).

Une flore malmenée

Flore indigène et flore importée

Le climat chaud et humide de Maurice permet à une végétation tropicale de prospérer. Si la plupart des espèces que l'on voit aujourd'hui ont été introduites par les colons depuis plus de trois siècles, les plantes qu'ils trouvèrent en débarquant sur l'île provenaient probablement de semences acheminées depuis des millions d'années par les vents, les courants marins et les oiseaux migrateurs. Une végétation indigène (*voir l'encadré « Quelques définitions », p. 29*) dérivée de ces espèces s'est alors développée sur l'île. Certaines d'entre elles ont subi une mutation, s'intégrant à leur nouvel environnement jusqu'à donner des espèces endémiques, spécifiques à Maurice.

Il ne subsiste quasiment plus rien de la forêt indigène qui couvrait autrefois l'île. Les premiers colons – hollandais puis français – l'ont détruite, pour exporter ou utiliser les essences rares et précieuses de teck, de palissandre, d'ébène, de bois natte, de *colophane* et de *tambalacoque* qui la composaient, bois fort appréciés pour la fabrication de meubles. Le développement de la culture de la canne à sucre contribua également largement à la déforestation.

Désormais protégés par quelques réserves naturelles, notamment celle des Gorges de la Rivière Noire, les derniers spécimens indigènes couvrent aujourd'hui moins de 1 % de la surface de l'île. On peut également voir certaines espèces sur des îlots côtiers protégés tels que l'île Ronde et l'île aux Aigrettes.

Certaines régions montagneuses de Maurice ont été reboisées de conifères, d'eucalyptus, de camphriers, d'acajous, tandis que le climat humide du centre de l'île fait proliférer **fougères arborescentes**, lianes et bambous.

Les espèces mentionnées en gras figurent sur les planches d'illustrations, p. 16-17.

Les arbres

Outre les innombrables casuarinas (ou filaos), grands arbres effilés aux fines aiguilles que vous verrez partout le long des côtes sableuses (qu'ils permettent de fixer), les arbres les plus caractéristiques de l'île sont le banian (que les Mauriciens appellent aussi *multipliant* en raison de la façon dont ses branches prennent racine comme des lianes dans le sol, s'accroissant jusqu'à former une large voûte ombragée) et l'**arbre du voyageur** (ou *ravenala*), dont le feuillage en éventail fut longtemps utilisé pour couvrir les toits des maisons. On le baptise ainsi car ses tiges constituent une réserve d'eau que pourrait boire le voyageur assoiffé. Le *badamier*, aux amandes comestibles, le *takamaka*, plusieurs sortes de palmiers et de cocotiers, et le **vacoa**, dont les fibres servent pour la vannerie, ombragent encore l'île.

Sur certaines plages des côtes Est et Ouest, les palétuviers (ou mangliers), aux multiples racines aériennes ou crampons, forment de véritables petits îlots.

Les fleurs

La richesse de la flore mauricienne vous apparaîtra dans toute sa splendeur à travers la multitude de fleurs aux couleurs éclatantes. Jacarandas mauves, **allamandas** jaunes, lauriers roses, **frangipaniers** odorants, lilas, massifs de **bougainvilliers** multicolores, **hibiscus** de toutes sortes, orchidées les plus variées, **anthuriums** rouges ou blancs, **poinsettias** rouge et vert, **flamboyants** d'un rouge éclatant (en décembre et janvier) : la plupart des espèces prospèrent essentiellement sur les côtes.

Les fruits

Le climat permet également à une grande variété de fruits tropicaux de s'épanouir. Certains poussent tout au long de l'année, comme les bananes, les ananas, les papayes ou les noix de coco, mais les plus savoureux mûrissent en été (vers décembre et janvier), comme les litchis, les longanes, les mangues, les corossols, les avocats, les fruits du jaquier, les goyaves ou les *carambolages*.

Une faune menacée

Les oiseaux
Les espèces mentionnées en gras figurent sur les planches d'illustrations, p. 14-15.

Emblème de Maurice, le *dodo*, gros oiseau au bec crochu et aux ailes atrophiées, trop lourd pour voler, a été chassé au 17e s. par les colons hollandais et par des prédateurs, jusqu'à l'extinction de l'espèce vers 1692. Le *solitaire*, son cousin qui vivait sur l'île de Rodrigues, subit le même sort. Vous pourrez voir une reconstitution du *dodo* au Mauritius Institute, à Port Louis *(voir p. 240)*.

Les rares oiseaux indigènes qui ont survécu à la colonisation et au développement de l'île se réfugient essentiellement dans le Domaine du Chasseur et dans la réserve naturelle de Macchabée-Bel Ombre. Menacées d'extinction, plusieurs espèces ont été sauvées grâce à un programme de reproduction en captivité mis en œuvre par le gouvernement et l'Association mauricienne de protection de la nature. Avec beaucoup de patience et de chance, vous apercevrez peut-être la **crécerelle** (ou « faucon mangeur de poule »), le pigeon des mares, le pigeon rose, le *zozo banane* (ou cardinal de Maurice, à la tête rouge et aux plumes vertes), l'oiseau du paradis, le coq des bois (à la nuque bleue et au dos rouge), le merle cuisinier ou encore le perroquet *catau verte*.

Plus communs, vous verrez un peu partout des oiseaux introduits par les colons, tels que le moineau, le *zozo manioc* (ou *pikpik*), l'oiseau à lunettes, le **cardinal de Madagascar** (ou foudi rouge), le tisserand jaune, le **martin** (de la famille des merles, que l'on entend piailler par milliers dans les arbres à la tombée de la nuit), le **condé** (ou *boulboul*, avec sa petite houppette et sa tâche rouge dans le cou et sous la queue, qui vient picorer tout ce qu'il y a dans votre assiette), le **serin** (jaune et gris).

Les oiseaux de mer qui planent gracieusement près du littoral comptent sans doute parmi les plus beaux spécimens, au premier rang desquels figure l'élégant **paille-en-queue**. *Goélettes, fouquets,* fous, *mariannes,* hirondelles, *corbigeaux,* oiseaux migrateurs pour la plupart, arrivent dans la région au début de la saison chaude, vers le mois d'octobre. Le meilleur poste d'observation se situe dans les îles côtières de Maurice et de Rodrigues.

La faune terrestre
La seule espèce indigène de mammifère est la chauve-souris mauricienne (ou « renard volant »), qui se nourrit de fruits. Les autres animaux ont été majoritairement introduits au 17e s., par les Hollandais, comme les cerfs de Java – élevés pour la chasse et dont la viande est assez répandue à Maurice, les sangliers (ou cochons marrons) et les lièvres. Les singes que vous apercevrez peut-être dans la forêt ont été amenés par les Portugais, tandis que la mangouste fut importée d'Inde au début du siècle pour lutter contre les rats qui dévastaient les champs de cannes à sucre.

Maurice compte une quinzaine d'espèces de reptiles, dont huit sont endémiques à l'île Ronde. Aucun n'est venimeux, les seuls serpents étant des couleuvres et des boas. Victimes de la colonisation, les tortues géantes, terrestres et marines, ont été exterminées à Maurice et surtout à Rodrigues, où elles se trouvaient nombreuses. Celles que l'on voit aujourd'hui proviennent des Seychelles.

Plus de 3 000 espèces d'insectes vivent à Maurice. Vous verrez notamment de magnifiques papillons multicolores et des libellules. Seuls les guêpes, les mouches et les moustiques vous causeront quelques désagréments.

La vie marine
Les espèces mentionnées en gras figurent sur les planches d'illustrations, p. 11 à 13.

Malgré l'existence de lois sévères interdisant la pêche sous-marine, la pêche au filet, le ramassage des coquillages et des coraux vivants, la vie sous-marine a été considérablement détériorée. Les coraux qui entourent l'île, abîmés par les activités

nautiques et les dragages de sable intempestifs ou ramassés en guise de souvenirs, sont presque tous morts. Sachant qu'un corail met un an pour croître d'un centimètre, la situation paraît critique *(voir l'encadré « La vie des coraux », p. 342)*.
Quelques organisations écologiques attirent l'attention du gouvernement sur la nécessité impérieuse de protéger ce qui peut encore l'être, et le gouvernement a déjà transformé plusieurs îles côtières en réserves naturelles.

Dans les eaux chaudes et paisibles du lagon protégées par la barrière de corail prospèrent des poissons multicolores en tous genres qui font le bonheur des plongeurs : **poissons-perroquets**, poissons-écureuils, poissons-lions (piqûre douloureuse), poissons-pierres (dangereux), poissons-coffres, **poissons-trompettes**, poissons-clowns, **poissons-anges empereurs**, poissons-pyjamas, poissons-chirurgiens, etc.
En revanche, il reste peu de poissons comestibles à l'intérieur du lagon, exploité sans contrôle pendant des années.

C'est dans les eaux de l'océan, au-delà des récifs, que vivent toutes les espèces de grande taille qui font la réputation de Maurice pour la pêche au gros : marlins bleus, noirs ou rayés, thons jaunes, bonites à ventre rayé, *wahoos*, barracudas, *carangues*, espadons, *sacréchiens*, capitaines, dorades, requins (bleus, marteaux, tigres, noirs et blancs, les plus redoutables).

Outre les poissons, vous verrez au fond de l'eau de magnifiques coquillages : **porcelaines** blanches, tigrées, striées ou tachetées, **casques,** *lambis* roses ou violets, plusieurs espèces de **mitres** – papales, épiscopales ou pontificales – et de **cônes** – bouleaux, tesselés ou géographes (dangereux), **tritons** et bien d'autres encore. Éponges, coraux, anémones, vers éventails, gorgones, étoiles de mer, pieuvres, oursins... complètent ce spectacle.

Caméléon

Une jeune nation

Chronologie

10ᵉ s.	Les Arabes accostent à **Dinarobin**.
1507	Les Portugais redécouvrent l'**ilha do Cirne**.
1598	Les Hollandais s'installent à **Mauritius**.
1715	Les Français prennent possession de l'**île de France**.
1735	**Mahé de La Bourdonnais** est nommé gouverneur de l'île.
1764	L'administration royale remplace la Compagnie des Indes.
1790	Autonomie révolutionnaire.
1810	Victoire napoléonienne sur les Anglais à Grand Port. Victoire anglaise à Cap Malheureux.
1814	**Mauritius**, colonie britannique.
1835	Abolition de l'esclavage.
1968	Indépendance. Maurice devient une monarchie sous la souveraineté d'Elizabeth II. Rodrigues devient la 21ᵉ circonscription de l'État mauricien.
1992	République de Maurice. Cassam Uteem est élu président de la République.
1995	Navin Ramgoolam, le fils de Seewoosagur, devient Premier ministre.
1999	Émeutes à la suite de la mort, en prison, d'un chanteur de la minorité créole, Kaya.
2000	Aneerood Jugnauth, déjà Premier ministre de 1982 à 1995, le redevient, et Paul Bérenger est son vice-Premier ministre.

La découverte

Sa position stratégique sur la route des Indes lui valut d'être connue dès le 10ᵉ s. par les **Arabes**, qui y accostèrent et la baptisèrent « Dinarobin » (île d'Argent). Redécouverte par le navigateur portugais **Pedro Mascarenhas** (qui donna son nom à l'archipel des Mascareignes) en 1505 et renommée deux ans après « ilha do Cirne » (île du Cygne), l'île, déjà utilisée comme base par les pirates, demeura longtemps une étape maritime importante. Mais les Portugais n'entreprirent pas sa colonisation, attirés, semble-t-il, par les contrées plus lointaines de l'Orient.

L'occupation hollandaise

En 1598, l'amiral hollandais **van Warwyck**, en route vers les épices et la soie d'Orient, débarque sur la côte Sud-Est et donne à l'île le nom de **« Mauritius »**, en l'honneur du prince d'Orange, Maurice de Nassau. Venus de leur colonie du Cap en Afrique du Sud, les Hollandais s'installent dans la région de Vieux Grand Port, près de Mahébourg, jusqu'en 1710.

Contrairement aux précédents visiteurs, ils tentent de coloniser l'île, en y envoyant comme premiers colons des forçats de leurs îles à épices indonésiennes et en amenant des esclaves africains et malgaches comme ouvriers agricoles. La population passe ainsi de 25 à plus de 500.

Pour nourrir ces habitants, les Hollandais introduisent des cerfs de Java, des bananiers et surtout la canne à sucre. Parallèlement à l'introduction de nouvelles espèces, ces premiers occupants contribuent hélas à la détérioration de la flore et de la faune indigènes, les faits les plus marquants étant l'exploitation intempestive des forêts d'ébène et l'extermination du dodo. En 1658, après s'être heurtés aux cyclones, à la sécheresse, aux maladies, aux naufrages, aux pirates et aux esclaves fugitifs, les Hollandais finiront par renoncer à coloniser cet Éden hostile. Ils renouvelleront leur tentative entre 1664 et 1710, conscients de l'intérêt stratégique de l'île, mais l'abandonneront une seconde fois, pour les mêmes raisons que la première.

La colonisation française

En 1715, les Français, sous la houlette du capitaine **Guillaume Dufresne d'Arsel**, débarquent à leur tour à Maurice en partant de l'île Bourbon (la Réunion), à bord du navire de la Compagnie des Indes *Le Chasseur*. Ils prennent possession de Mauritius, qui devient alors l'**île de France** et qu'ils placent sous le monopole de la Compagnie française des Indes Orientales. Les colons ne l'investiront réellement qu'en 1721. Cyclones, rats et esclaves fugitifs perturbent les débuts de la colonisation.

L'année 1735 marque un tournant important grâce à la nomination par Louis XV du capitaine de la Compagnie des Indes, **Bertrand François Mahé de La Bourdonnais**, comme « gouverneur des îles Bourbon et de France ». Le « père de l'île », comme on le surnomma plus tard, débarque à Port Nord-Ouest, dont il ne tarde pas à faire le port (au détriment de Grand Port, trop exposé aux alizés du sud-est) et la capitale de l'île de France : Port Louis.

Il développe une industrie navale qui permet rapidement de constituer une flotte importante, vouée au commerce aussi bien qu'à la guerre. Il entreprend d'autre part des constructions notables, comme celles d'un hôpital, de la première usine à sucre (à Pamplemousses), de fortifications et d'un réseau routier. L'introduction du manioc et du coton s'ajoutent à celle du sucre. Les Français font alors venir des esclaves de Madagascar et du Mozambique pour développer les plantations de cannes à grande échelle. La population de l'île, que rejoignent de nouveaux colons venus de métropole, atteint bientôt 60 000 habitants. De cette époque datent une partie des somptueuses villas de planteurs et des sucreries, dont il ne reste hélas que de maigres vestiges.

Mort en France en 1753 après une dure période d'accusations, d'humiliation et d'emprisonnement, Mahé de La Bourdonnais a néanmoins su transformer une île sauvage et déserte en une colonie française prospère.

Mahé de La Bourdonnais

Les rivalités franco-anglaises

À la suite des déboires français aux Indes, le **roi de France**, soucieux de réaffirmer sa puissance navale dans l'océan Indien face aux Anglais, rachète en 1764 l'archipel des **Mascareignes** à la Compagnie des Indes – sur le déclin en cette période de guerre peu propice au commerce – et y envoie par la suite grand renfort de marins et de soldats. L'intervention française dans la guerre d'indépendance américaine ravive par ailleurs l'hostilité des Anglais à l'égard des Français.

Centre névralgique dans les rivalités franco-anglaises pour le contrôle des Indes et la colonisation des Seychelles, Maurice constitue également une base importante pour les pirates et les corsaires, qui jouent un rôle primordial dans cette guerre coloniale. Particulièrement actifs au 18e s., ils arraisonnent et pillent méthodiquement, sous l'œil protecteur des Français, les navires britanniques voguant entre l'Afrique et l'Orient. Port Louis devient un repaire notoire de corsaires et le commerce y prospère grâce au précieux butin qu'ils rapportent. Lorsque le « roi des corsaires », **Robert Surcouf**, voit sa tête mise à prix par les Anglais, il est soutenu par les commerçants de Maurice et, ami personnel de Napoléon, officiellement protégé par le gouvernement français.

La Révolution française trouve un écho à Maurice en 1790, où une petite révolution aboutit à treize ans d'autonomie, libérant les colons de la tutelle des administrateurs royaux. Des tensions surviennent néanmoins lorsque l'abolition de l'esclavage est décrétée à Paris par la Convention en 1794, les colons français de Maurice refusant de libérer les leurs. **Napoléon Bonaparte** abroge finalement cette mesure pour rétablir l'ordre et envoie un nouveau gouverneur sur l'île.

Luttant contre la piraterie, les Britanniques tentent, après un siècle de conflit avec les Français, de prendre enfin possession à leur tour de cette île stratégique pour la colonisation des Indes.

Le tournant capital a lieu en 1810. Napoléon remporte en août la seule bataille navale de son règne (gravée sur l'Arc de Triomphe, à Paris) à **Grand Port**, au sud-est de l'île. Les Anglais vaincus préparent leur revanche sur l'île de Rodrigues, qu'ils occupent déjà depuis un an et d'où ils lancent l'offensive décisive quelques mois plus tard, débarquant par surprise à Cap Malheureux, pointe nord de l'île Maurice, pour prendre d'assaut tout le territoire.

Le règne britannique

Le **traité de Paris** cède officiellement Maurice à l'Angleterre en 1814, ainsi que l'île Rodrigues et les Seychelles. Seule La Réunion est rendue aux Français.

L'île de France, devenue colonie britannique, reprend le nom de **Mauritius**. L'organisation et le fonctionnement des institutions changent toutefois peu et un certain nombre de lois édictées par le **Code Napoléon** restent en vigueur. La population franco-mauricienne demeure par ailleurs libre de conserver ses usages, sa langue, sa religion (catholique) et ses propriétés, à commencer par les plantations de cannes à sucre. C'est donc paradoxalement grâce aux Anglais, et en particulier à leur premier gouverneur **Robert Farquhar**, que la culture française survécut à Maurice, où elle subsiste aujourd'hui, d'autant plus que peu de Britanniques vinrent s'installer sur l'île.

Au cours du 19e s., de nouvelles routes sont tracées, le libre commerce s'accroît à Port Louis et, surtout, le développement de la canne se poursuit de façon considérable, Farquhar fondant l'essentiel de l'économie du pays sur la production du sucre. Deux cent cinquante sucreries fonctionnent au milieu du 19e s.

En 1835, date historique fondamentale pour Maurice, la libération des esclaves (africains et malgaches) – soit plus des deux tiers de la population – provoque une grave pénurie de main-d'œuvre. Les Anglais y pallient par une immigration massive d'Indiens. Plusieurs centaines de milliers d'Indiens, **« engagés »** (*coolies*) comme main-d'œuvre bon marché, arrivent ainsi sur l'île entre 1835 et 1907.

Traités comme des esclaves dans les premières années de leur arrivée, ces ouvriers agricoles indiens vont très progressivement, au cours du 20e s., investir tous les secteurs de l'économie et participer peu à peu à la vie politique.

À la fin du 19e s., l'île connaît de graves difficultés économiques liées aux fluctuations du cours du sucre de canne, aux cyclones, aux incendies et à l'endémie de malaria qui ravagent le pays.

La réception des engagés, vers 1850

La marche vers l'indépendance

Maurice accède à l'indépendance le 12 mars 1968. Le processus de décolonisation enclenché au lendemain de la Seconde Guerre mondiale l'a progressivement conduite du statut de colonie à celui d'État souverain.

Au cours des vingt années marquant cette évolution, cinq Constitutions se succèdent, dont les traits les plus marquants sont l'institution du suffrage universel et de la responsabilité ministérielle en 1958, et la création d'un Conseil des ministres et d'une Assemblée législative en 1964. Ces jalons aboutissent dans un premier temps à une autonomie interne, en 1967, prélude à l'indépendance complète du pays. L'influence des hindous, dont la supériorité numérique contre les réticences des autres communautés de la population mauricienne, fut décisive dans ce processus.

Depuis 1948, les partis politiques mauriciens tendent en effet à refléter les diversités raciales et religieuses de la population.

Le **Parti travailliste**, auquel s'identifient les hindous, domine longtemps la vie politique. Vers 1958, une opposition voit le jour, née du rassemblement des Franco-Mauriciens et des Créoles en un **Parti mauricien social démocrate** (PMSD) et du groupement des musulmans en un **Comité d'action musulman**.

Sir Seewoosagur Ramgoolam (1900-1985)

Après de brillantes études en Angleterre, ce jeune homme d'origine hindoue entame une longue carrière politique à Maurice. En 1948, il adhère au Parti travailliste, dont il prend bientôt la tête. Il joue un rôle primordial dans la marche à l'indépendance et représente son parti à Londres, en 1965, à la conférence constitutionnelle qui accordera l'indépendance à Maurice. Premier ministre du pays en 1968, il occupe cette fonction pendant 13 ans. Son seul échec politique, en 1982, l'oblige à céder sa place à Aneerood Jugnauth, vainqueur des élections à la tête du MMM. Nommé gouverneur général (représentant de la reine d'Angleterre) en 1983, S. S. Ramgoolam ne quittera la scène politique qu'en 1985, année de sa mort. Considéré comme le « père » de la nation mauricienne, son nom fut donné à de nombreuses rues, à des bâtiments publics et aux lieux les plus importants de l'île, comme l'aéroport ou le jardin botanique de Pamplemousses.

Ces coalitions fluctuent au fil des ans : hindous et musulmans s'allient à partir de 1965 pour revendiquer l'indépendance et gagner les élections de 1967 contre le PMSD de Gaétan Duval, qui la refuse. Victorieux, le chef du Parti travailliste S. S. Ramgoolam sera nommé Premier ministre dès 1968.
Établie sur le modèle des Constitutions du Commonwealth – dont l'île reste membre – la **Constitution** du 12 mars 1968 fait de Maurice une monarchie, sous la souveraineté de Sa Majesté Élisabeth II, reine du Royaume-Uni et de Maurice, représentée sur l'île par un gouverneur général et par un haut-commissaire. Rodrigues devient la 21e circonscription de l'État mauricien.

Vers une République mauricienne

En 1969 se forme un gouvernement de coalition dirigé par le Parti travailliste, auquel participe un nouveau parti aux accents révolutionnaires, le **Mouvement militant mauricien** (MMM), mené par le Franco-Mauricien Paul Bérenger. Le MMM, qui prendra de l'importance dans les années soixante-dix, entend rompre avec le principe d'identification d'un parti politique à une communauté raciale. Multi-communautaire, il se veut aussi socialiste-marxiste.
Après quelques années houleuses, les élections de 1976 voient la victoire du MMM, mais l'absence de majorité absolue oblige le Premier ministre Ramgoolam à former un gouvernement de coalition avec le Parti travailliste et le PMSD, pour exclure le MMM du pouvoir.
En 1982, l'alliance du MMM avec le récent **Parti socialiste mauricien** (PSM) leur permet de remporter les élections haut la main. Tandis que Gaétan Duval se retrouve chef de l'opposition dans le nouveau gouvernement, Aneerood Jugnauth (chef du MMM) devient Premier ministre, et Paul Bérenger ministre des Finances. Les dissensions politiques et personnelles entre les deux hommes contribuent à faire éclater une crise en 1983 : Paul Bérenger démissionne, entraînant derrière lui plus de la moitié du gouvernement, et prend la tête de l'opposition.
Jugnauth, toujours Premier ministre, crée un nouveau parti : le **Mouvement socialiste mauricien** (MSM). La même année, les élections sont remportées par une coalition de cinq partis contre le MMM de Bérenger.
De nombreuses péripéties animent la vie politique entre 1983 et 1987 et il faut attendre 1990 pour voir se dessiner un nouveau paysage politique à Maurice. L'alliance entre les deux principaux partis, le MMM (Bérenger) et le MSM (Jugnauth), leur permet de gagner les législatives de 1991 avec une écrasante majorité.
Mettant fin à la bipolarisation de la vie politique mauricienne, cette coalition permet surtout d'abolir la monarchie anglaise et d'accéder au statut indépendant de république. Le **12 mars 1992** voit la proclamation officielle de la République mauricienne.

Maurice aujourd'hui

Un **président de la République**, élu pour cinq ans par le Parlement, remplace désormais à la tête de l'État la reine d'Angleterre et son représentant local le gouverneur général. L'organisation et le fonctionnement des affaires publiques ne sont toutefois pas radicalement modifiés. Sur le modèle britannique, le pouvoir exécutif est exercé par un Cabinet formé de 25 ministres (dont le Premier ministre, chef de la majorité parlementaire).
L'**Assemblée nationale**, législative, compte 62 membres élus et 8 membres supplémentaires. Chacune des vingt circonscriptions électorales de l'île est représentée par trois députés et l'île Rodrigues, par deux membres. Huit des meilleurs perdants sont en principe désignés afin de contrebalancer la majorité parlementaire et de maintenir un équilibre ethnique. La majorité relative suffit pour être élu, mais les partis minoritaires constituent généralement des coalitions afin de contrer la forte bipolarisation des deux partis leaders.
C'est dans cet esprit que le premier président, Veerasamy Ringadoo, fut rapidement remplacé par le musulman **Cassam Uteem**, son appartenance à la communauté hindoue, très largement majoritaire à Maurice, inquiétant les autres communautés.

En 1995, le bilan des treize années de gouvernement de Jugnauth se révèle largement positif, mais la multiplication des scandales politico-financiers a discrédité l'équipe dirigeante. Aussi, bien que l'économie du pays ne se soit jamais aussi bien portée, l'opposition, alliance du Parti travailliste de **Navin Ramgoolam** (le fils de sir Seewoosagur) et du MMM de Paul Bérenger, remporte-t-elle aux élections de 1995 une victoire écrasante.

Navin Ramgoolam suit dès lors les traces de son père au poste de Premier ministre. En février 1999, la mort en prison du chanteur de *seggae* (mélange de *séga* et de reggae), Kaya, membre de la communauté minoritaire créole, entraîne de violentes manifestations.

Navin Ramgoolam provoque des élections législatives en septembre 2000. Ces dernières sont remportées par la coalition MSM-MMM et ramène Aneerood Jugnauth au poste de Premier ministre pour trois ans.

Le **système judiciaire**, dont l'indépendance est garantie par la Constitution, a hérité à la fois de lois françaises et de lois britanniques.

Maurice se divise en **dix districts administratifs**, dont Rodrigues constitue le dernier.

La situation géographique et le statut de démocratie parlementaire de l'île Maurice lui confèrent un rôle considérable dans les **relations internationales**. Membre d'une vingtaine d'organismes internationaux, elle entretient des relations avec les principaux pays de la planète. Si des considérations d'ordre idéologique ont été primordiales avec certains pays, l'accent est aujourd'hui essentiellement placé sur la coopération économique, scientifique et culturelle.

Maurice abrite ainsi le siège de plusieurs grandes organisations de coopération régionale, telles que la **Commission de l'océan Indien** (COI), l'**Indian Ocean Rim** (IOR / ARC) ou la **Southern Africa Development Community** (SADC), ce qui lui permet d'avoir un rôle actif dans les relations internationales, démesuré par rapport à la taille de l'île.

Un boom économique

La canne à sucre
Introduite en 1639 par les Hollandais, la canne à sucre, en provenance de l'île indonésienne de Java, trouva à Maurice un terrain propice à sa culture. Utilisée dans un premier temps pour fabriquer l'**arak**, un alcool distillé à partir de jus de canne fermenté, la canne permit bientôt aux premiers occupants de l'île d'obtenir du sucre. Développée timidement pendant la colonisation française, c'est sous la période britannique que la culture de la canne connaît son véritable essor. D'une importance primordiale pour les **exportations**, elle représente au 19e s. jusqu'à 80 % des terres cultivées de l'île, et l'économie mauricienne est longtemps rythmée par les fluctuations du cours du sucre.

Si les cyclones causent des dégâts considérables dans les champs, la canne demeure probablement la culture la plus résistante aux intempéries.

Aujourd'hui encore, la canne couvre la quasi-totalité des surfaces agricoles et garde une place de premier ordre dans l'économie, d'autant que des contrats conclus avec la CEE et le Commonwealth la préservent des aléas du marché.

Les grandes propriétés sucrières – somptueuses demeures coloniales noyées dans les vastes étendues de monoculture – appartiennent pour la plupart à l'aristocratie blanche franco-mauricienne, tandis que les villages d'ouvriers agricoles gravitent autour. Une population considérable de petits planteurs propriétaires a émergé depuis le 19e s. Ces descendants des immigrés indiens engagés dans les plantations pour remplacer les esclaves ont su profiter du morcellement des terres amorcé au 19e s. et exploiter des terres encore vierges pour accéder à la propriété.

L'évolution actuelle tend à la mécanisation du travail agricole, mais la plus grande partie de la moisson se fait encore à la main. Étape préalable à la coupe, le **dépaillage**, longtemps effectué manuellement par les femmes, se fait désormais en brûlant les champs. Cette opération, qui permet de consumer la paille pour faciliter la coupe, sert également à augmenter la teneur en sucre des cannes, dont l'eau s'évapore ainsi en partie.

Coupée une fois par an entre juin et septembre lorsqu'elle est en fleur et à maturité, la canne laisse place, pendant les deux ou trois mois précédant sa repousse, à des **cultures vivrières** comme le maïs, l'arachide ou la pomme de terre. Très secondaires, ces dernières ne permettent pas d'assurer l'autosuffisance alimentaire des habitants. Malgré les fortes précipitations qui arrosent l'île toute l'année, la perméabilité des sols et les températures rendent souvent l'irrigation nécessaire.

Depuis l'indépendance, le gouvernement cherche à diversifier les plantations pour pallier les risques inhérents à la monoculture, trop fragile en cas de cyclone ou d'effondrement des cours du sucre. Ainsi, le thé, le tabac et les fleurs ornementales (*anthuriums*) sont essentiellement destinés à l'exportation.

La zone franche (Mauritius Export Processing Zone)
Créée en 1970 pour diversifier l'économie devenue trop dépendante de la monoculture du sucre et pour fournir des emplois dans un pays à la démographie galopante, la zone franche, en attirant les investissements étrangers, permet d'implanter d'autres industries. L'effort se porte dans les années quatre-vingt sur le développement de nouvelles activités industrielles et sur l'innovation technologique. Une zone franche de services est également créée. Grâce aux avantages fiscaux et douaniers, à l'abondance et au faible coût de la main-d'œuvre et à un régime politique stable et rassurant, la zone franche compte aujourd'hui plus de 600 entreprises manufacturières et assure environ 65 % des exportations du pays, dans des secteurs aussi variés que l'électronique, le jouet, la chaussure, la joaillerie, l'horlogerie, la banque et surtout, le **textile** (coton et laine). De plus en plus de

grandes marques de vêtements françaises et anglaises sont fabriquées à Maurice, et le textile constitue la principale activité de la zone franche, à tel point que les exportations de vêtements dépassent désormais celles du sucre. Le travail dans une manufacture de confection est d'ailleurs beaucoup plus prisé par les Mauriciens que celui des champs. Néanmoins, certaines entreprises du secteur textile commencent à délocaliser une partie de leurs activités à Madagascar, où la main-d'œuvre est encore moins chère.

Usine textile

Un boom économique

Le tourisme

Simultanément à la création de la zone franche, le gouvernement a misé sur le développement du tourisme international pour diversifier l'économie du pays. Le boom économique des années quatre-vingt s'accompagne d'un spectaculaire essor de l'industrie du tourisme à Maurice. Depuis une quinzaine d'années, la fréquentation augmente de 10 à 15 % par an. En 2000, 650 000 personnes ont visité l'île, rapportant plus de 455 millions d'euros à l'économie mauricienne.

Conséquence de cette croissance, le nombre d'infrastructures hôtelières augmente sans cesse, attirant de plus en plus d'investisseurs étrangers, notamment d'Europe et d'Afrique du Sud.

Bien que l'île s'assimile de plus en plus au tourisme de masse, le gouvernement tient à préserver son image de destination de luxe, et les vols charters sont exclus.

Les Français représentent près d'un tiers des touristes qui viennent à Maurice, avant les Réunionnais, les Britanniques, les Allemands, les Sud-Africains et les Italiens.

En troisième position dans l'économie du pays, le tourisme fournit un apport de **devises étrangères** considérable. L'autre répercussion positive concerne l'**emploi** de la population locale : hôtellerie, restauration, transports, fabrication de maquettes de bateaux, vente ambulante de paréos, de coquillages ou de bijoux sur les plages constituent une manne pour les jeunes Mauriciens.

Cette croissance a cependant des effets néfastes sur les paysages et l'équilibre environnemental de l'île. La spéculation foncière à outrance devient préjudiciable aux activités économiques et agricoles des Mauriciens et commence à poser des problèmes d'espace dans un pays surpeuplé où la densité dépasse les 600 hab./km^2. La population doit par ailleurs subir les nuisances causées par l'accaparement des plages par les hôtels et les activités nautiques, et par le bruit des animations nocturnes organisées pour les touristes.

L'évolution du paysage socio-économique

L'industrialisation et l'accroissement des rendements par une recherche technologique de pointe ont sensiblement réduit le nombre d'emplois dans le secteur du sucre. En contrepartie, l'essor de la zone franche a créé d'innombrables emplois. Le statut de zone franche n'impliquant aucune notion géographique, les entreprises se sont implantées sur tout le territoire, évitant ainsi de bouleverser les structures sociales et le mode de vie de la population rurale. Ainsi, en raison de la croissance des investissements et de l'activité commerciale à Madagascar et en Afrique de l'Est, l'activité de la zone franche portuaire a considérablement augmenté depuis 1998. Par ailleurs, l'île développe depuis quelques années un système de services financiers « offshore » qui lui permettent d'assurer une grande compétitivité dans ce domaine. Le tourisme, enfin, a généré de nombreux emplois localisés, en toute logique, sur les côtes mauriciennes.

On assiste aussi à une diminution des espaces cultivés au profit de l'urbanisation. Des terres plantées de canne à sucre sont ainsi utilisées pour le développement hôtelier et la construction de nouvelles zones d'habitation. La création d'une « *cyber-cité* », nouveau pôle voué aux entreprises de haute technologie, est aussi prévue à Rose Hill sur des terres agricoles.

Maurice jouit aujourd'hui d'une économie florissante en pleine expansion. Son PIB est en progression constante et l'inflation globalement maîtrisée. Le chômage a été presque éradiqué depuis 1990, et Maurice doit désormais importer massivement une main-d'œuvre étrangère, essentiellement chinoise. Cependant, la modernisation de l'industrie sucrière et la délocalisation d'une partie des activités du secteur textile sont source d'inquiétudes nouvelles en termes d'emploi.

Un boom économique

Les Mauriciens

Le 18ᵉ anniversaire de l'Indépendance

UN CREUSET ETHNIQUE

Une explosion démographique

Estimée à plus de 1 161 000 habitants, la population n'a cessé d'augmenter pendant des années, notamment grâce à des progrès sanitaires tels que l'amélioration de l'alimentation, des services médicaux et de la distribution d'eau potable.

La fermeture progressive des principaux pays d'émigration – l'Angleterre, la France, certains pays d'Afrique et, dans une moindre mesure, le Canada et l'Australie – n'a fait qu'amplifier le phénomène.

L'île Maurice, avec sa petite taille, compte ainsi l'une des plus fortes densités de population au monde, avec près de 590 hab./km².

Néanmoins, vous aurez sans doute l'impression inverse en vous promenant autour de l'île, à travers les petits villages et les vastes étendues de cannes à sucre des plaines côtières, une grande partie de la population vivant dans les villes du plateau central. Une endémie de malaria poussa en effet la population à fuir Port Louis vers 1860 pour se réfugier vers des régions plus salubres. Cyclones et maladies ont entretenu cette migration vers le centre au cours des années suivantes. La création d'un chemin de fer traversant l'île accéléra le processus et la fraîcheur qui règne sur ces hauteurs contribua à cette évolution durable.

Depuis les années soixante-dix, des mesures de planning familial, les profondes mutations de la société mauricienne et la création de nombreux emplois ont permis de stabiliser la situation démographique.

Une mosaïque d'ethnies

Véritable creuset ethnique, la population mauricienne, au carrefour de l'Afrique, de l'Asie et de l'Europe, reflète l'histoire de l'île et les diversités culturelles des peuples-souches qui l'ont façonnée. Au sein même des principales communautés interviennent de subtiles subdivisions, en fonction des origines géographiques, de castes ou de classes.

Les Franco-Mauriciens

La population blanche de Maurice, qui descend des colons français, a pu maintenir au fil des siècles une forte identité culturelle. Elle possède encore aujourd'hui presque toutes les plantations et industries sucrières, ainsi que les plus belles demeures coloniales.

Sa fortune lui a souvent permis d'investir avec bénéfice dans des industries de la zone franche ou dans l'hôtellerie mais, globalement, l'influence de cette aristocratie blanche ne cesse de décliner et elle ne représente plus qu'à peine 2 % de la population mauricienne. Nombre de Franco-Mauriciens sont peu à peu partis vivre en France, en Grande-Bretagne ou en Afrique du Sud, cette émigration ayant pour conséquence première de réduire considérablement le taux de natalité de ce groupe, peu enclin aux mariages intercommunautaires.

S'ils sont peu présents sur la scène politique, leur puissance s'exerce cependant dans ce domaine par le biais de leur prépondérance économique et de leurs liens internationaux dans des secteurs clés.

Les Créoles

Ce terme ambigu désigne les descendants des esclaves, main-d'œuvre importée de Madagascar et des côtes est-africaines par les premiers colons de Maurice. Les mariages mixtes ont largement métissé cette communauté au fil des ans.

Franco-Mauriciens et Créoles forment ensemble la **« population générale »**. La confession catholique constitue le point commun de ces deux groupes les plus anciennement établis sur l'île, les seuls qui ne soient pas originaires d'Asie. Ils regroupent aussi bien les propriétaires blancs les plus fortunés que de modestes pêcheurs ou prolétaires d'origine africaine ou malgache et toutes les nuances de la petite bourgeoisie métisse.

Les Indo-Mauriciens

Le groupe ethnique majoritaire descend des travailleurs engagés après 1835 pour remplacer dans les plantations sucrières les esclaves libérés. Parmi les Indo-Mauriciens, on distingue d'une part les hindous, parmi lesquels on trouve un nombre important de Tamouls, et d'autre part les musulmans, moins nombreux.

Certains **Tamouls**, arrivés de l'Inde du Sud (Tamil-Nadu) dès l'époque de Mahé de La Bourdonnais, ont conservé une tradition d'artisans qui leur a permis de s'intégrer aux autres communautés dans les faubourgs urbains. Il en résulte un taux de métissage nettement plus important que chez les autres **hindous**, dont les ancêtres sont venus en grande partie du nord de l'Inde et qui sont longtemps restés agriculteurs, plus isolés dans les campagnes.

Chez ces derniers, le système des castes hérité de la société brahmanique de l'Inde ancienne s'est perpétué à Maurice, avec plus de souplesse néanmoins. La caste sacerdotale des *brahmanes* (appelés à Maurice *maraze*) se situe au sommet de la hiérarchie, suivie par celles des guerriers, les *khastriyas* (*baboudji* à Maurice), des propriétaires et des marchands, *vaishya* (*vaish* à Maurice), des métiers subalternes, les *sudras* et, enfin, des intouchables, les *parias*, considérés comme impurs.

Aussi désuètes qu'elles puissent paraître, ces divisions en castes, profondément ancrées dans les mentalités, jouent un rôle fondamental dans la vie du pays.

Les deux premières castes, largement minoritaires, s'allient à l'occasion, notamment pour les mariages ou lors des élections. La troisième caste, majoritaire, est la plus représentative de la communauté hindoue et joue un rôle politique de premier ordre. Le Premier ministre est en principe, en vertu d'une règle tacite, toujours issu de cette caste.

D'une façon générale, les hindous dominent le pays et façonnent son visage. En politique, les Mauriciens soutenant systématiquement le candidat représentant leur communauté ethnique ou religieuse, les hindous l'emportent toujours grâce à leur supériorité numérique. Du point de vue socio-économique, ils ont su peu à peu s'immiscer dans tous les secteurs et gravir les échelons les plus hauts.

Au sein de la minorité indienne **musulmane**, on trouve des descendants de

Indo-Mauricien musulman

coolies du nord de l'Inde (Bengale et Bihar), qui vinrent à Maurice dans l'espoir d'y faire fortune comme travailleurs agricoles, mais aussi des commerçants de l'ouest (Gujarat), venus y accroître la leur.

Ces différences d'origine géographique se répercutent aujourd'hui sur le plan socio-économique. Parmi les premiers, la majorité vit dans les campagnes, où nombre d'entre eux sont devenus petits propriétaires. Au cours des dernières décennies, certains ont su peu à peu accéder aux professions libérales et à la fonction publique. Les seconds, beaucoup moins nombreux, se sont pour la plupart établis dans la capitale, Port Louis, où ils prospèrent dans le commerce des tissus ou dans la finance.

Les Sino-Mauriciens

Ils immigrèrent de Chine à partir du 19e s. comme entrepreneurs. Communauté minoritaire en nombre, elle est extrêmement dynamique, en particulier dans les affaires et le commerce et fournit près de la moitié des médecins, des architectes, des ingénieurs et des comptables de l'île. Dans ce groupe sans clivage, une distinction subsiste cependant entre descendants de **Cantonnais** et descendants **Hakka**, originaires de la côte Sud-Est de la Chine.

La « créolisation »

Vu de l'extérieur, le peuple mauricien offre une image de parfaite harmonie et d'intégration interraciale réussie. C'est l'image idyllique vantée par les brochures publicitaires, et c'est l'impression ressentie par la plupart des touristes qui passent sur l'île de courtes vacances. Néanmoins, la réalité est plus complexe. Si les différentes communautés coexistent pacifiquement sans conflit majeur, tensions et clivages n'en demeurent pas moins très présents. Il en résulte un fort cloisonnement, à la fois ethnique et social, qui se manifeste notamment à travers l'institution du mariage, puisque les mariages mixtes demeurent assez rares.

Néanmoins, par-delà les clivages qui divisent ce peuple d'immigrés, la mise en contact de communautés culturellement très marquées par leurs fortes traditions respectives a généré une force unique, un peuple qui a su s'enrichir de ses différences au lieu de s'y perdre et de s'autodétruire. Ainsi, l'appartenance à une communauté et la fidélité à un passé n'excluent pas la reconnaissance d'une culture commune à tous, née d'une sorte de lent syncrétisme. Les apports mutuels ont atténué la stratification de cette société complexe.

Les esclaves africains et malgaches ont donné ses bases à la langue créole, la seule langue commune à tous les Mauriciens, et son rythme au *séga*, principale musique et danse du pays. Des colons français et britanniques, Maurice a conservé deux langues indispensables pour les relations internationales. Elle a également hérité de la Grande-Bretagne ses systèmes parlementaire et judiciaire. Les immigrés indiens ont apporté leur ténacité et leur acharnement dans le travail. Les Chinois quant à eux ont insufflé leur esprit d'entreprise et leur volontarisme dans les affaires.

Cette « créolisation » a donné naissance à une langue et à une culture propres à Maurice – bien que proches de celles des îles voisines – qui marquent l'appartenance à une même nation, par-delà les différences ethniques, linguistiques ou religieuses, et permettent un ralliement, une communication ou une articulation autour d'une identité et de références communes.

Un brassage de religions

Étroitement liées aux diversités ethniques, les différentes religions induisent elles aussi, et peut-être plus encore, des tensions, voire des hostilités, mais qui ont trouvé, là aussi, un terrain de tolérance et de cohabitation pacifique.

Malgré l'éloignement spatial et temporel du pays d'origine, les Mauriciens gardent un attachement identitaire à la religion de leurs ancêtres. Ainsi, toutes les grandes religions du monde se trouvent représentées, avec leur multitude de courants internes.

Terre de contrastes, l'île Maurice voit se côtoyer rites ancestraux et mœurs contemporaines, islamisme et laïcité, patriarcat hindou et modernité occidentale, contrôle démographique impérieux et catholicisme rigoureux. Mieux, une certaine perméabilité entre les communautés a suscité un brassage de religions, un métissage qui ajoute une touche atypique supplémentaire au kaléidoscope culturel mauricien.

L'hindouisme

Pratiqué par plus de la moitié de la population, l'hindouisme à la mauricienne est plus souple qu'en Inde. Hérité de la religion védique de l'Inde antique, il reste indissociable des traditions, de la société et de l'histoire de l'Inde. Il régit l'ordre social, même si le système des castes est moins marqué qu'en Inde, et rythme la vie quotidienne de ses adeptes. C'est lui qui donne à l'île son caractère aussi profondément indien.

Les trois principes fondamentaux de l'hindouisme résident dans la croyance en la *maya* (la réalité illusoire des apparences), au *karma* (la rétribution des actes) et au *samsara* (le cycle des réincarnations).

Les trois divinités majeures de l'hindouisme forment la *trimurti*, triade composée par **Brahma**, le Créateur, **Shiva**, le Destructeur et **Visnu**, le Conservateur, qui représentent en fait trois aspects de la même divinité. Chacune de ces divinités possède une force efficiente, incarnée par sa *shakti*, son épouse, par l'intermédiaire de laquelle il agit sur les hommes. Une myriade de divinités secondaires complètent le panthéon hindou, et chaque divinité peut avoir des avatars, que les fidèles célèbrent aussi dans leur culte.

Parallèlement au panthéon hindou proprement dit, de nombreux êtres, animaux ou éléments bénéficient de la vénération des fidèles, sans pour autant être considérés comme des divinités, comme les vaches, vénérées depuis l'Antiquité védique en tant que nourrices de l'Inde, et les fleuves, dont le plus sacré est le Gange, qui symbolisent la vie qui s'écoule et se renouvelle sans cesse.

Dans l'hindouisme, il n'existe pas vraiment de frontière entre la vie quotidienne et une doctrine mêlée de diverses croyances animistes. Il s'agit plus d'un mode de vie et de pratiques que de doctrines ou de croyances. Plusieurs philosophies et une multitude de cultes peuvent coexister. Leur point commun réside dans une certaine idée de Dieu, considéré comme une entité transcendantale, évolutive, dont les aspects visibles se manifestent à travers les constantes transformations du monde. Autre point commun, la croyance en l'éternité du principe divin en chaque être ou chose, dont l'apparence n'est que temporaire.

L'image de la divinité joue dans le culte le rôle d'un substitut visible qui aide, puisque tel est le but du rituel, à maintenir le contact entre les entités supérieures et le monde présent, afin de conserver le bon ordre cosmique.

Autel hindou au sommet du Piton Grand Bassin

Un creuset ethnique

Prière fervente

Le panthéon hindou – Créateur universel, **Brahma** est le premier membre de la trinité suprême. Il est souvent représenté avec quatre têtes tournées vers les quatre points cardinaux et quatre bras qui tiennent le lotus, la conque, le disque et les *Védas*, le savoir éternel. **Shiva** est généralement représenté par un *lingam* phallique, il symbolise les aspects à la fois créateur et destructeur de la divinité. Il détruit la création afin de la recréer. Parmi ses attributs distinctifs, on recense le trident, la flamme, le croissant de lune dans les cheveux, la hache, les flots du Gange, la clochette et une antilope. Il domine le monde sur sa monture, le taureau **Nandi**, symbole des forces terrestres et de procréation. **Visnu**, dieu solaire, conservateur du monde, immobile, s'oppose parfois à Shiva. Il lui arrive également de s'unir à ce dernier pour former une seule divinité syncrétique : Hari-Hara. **Parvati**, l'épouse de Shiva, est souvent représentée avec ce dernier et Ganesha, leur fils aîné à la tête d'éléphant. Ganesha est le dieu de la sagesse et de la bienveillance. **Muruga** incarne la divinité tamoule de la jeunesse, de la beauté et de la guerre. Chef des armées célestes, instructeur des armées, destructeur de démons et démon lui-même, il est identifié avec le cobra. On le voit généralement monté sur un paon faisant la roue, armé d'une lance et d'un arc. **Kali**, également connu sous le nom de Durga, symbolise le jugement et la mort.

L'islam

Beaucoup plus modérés que dans les pays arabes (vous trouverez notamment de l'alcool partout), les musulmans de Maurice suivent cependant les mêmes règles fondamentales : affirmer l'unicité d'Allah, prier, faire l'aumône, le jeûne du Ramadan et si possible le pèlerinage à La Mecque. Les fidèles se réunissent tous les vendredis à la mosquée pour écouter l'imam et prier ensemble.

La communauté musulmane compte surtout des **sunnites**, mais également une minorité **chiite**.

Le catholicisme

Il est globalement pratiqué par toute la « population générale », blancs franco-mauriciens et créoles. De nombreux Sino-Mauriciens se sont également convertis.

Le bouddhisme

Pratiqué par une majorité de Sino-Mauriciens, il mêle le culte des ancêtres, le service des morts et d'autres pratiques de religions chinoises, telles que le confucianisme, aux rites traditionnels du bouddhisme. Née du brahmanisme, la doctrine du Bouddha met l'accent sur les causes de la souffrance humaine et les moyens de s'en affranchir. Fondées sur l'enseignement du Bouddha à ses premiers disciples, les Trois Vérités en constituent le principe : la première est une conception pessimiste de la vie, où tout est souffrance parce qu'éphémère ; la deuxième attribue le malheur au désir, à l'envie, suscités par cette existence passagère ; la troisième indique comment supprimer la douleur en supprimant sa cause : le désir.

Le cycle des réincarnations (*samsara*) doit conduire au Nirvana, état de béatitude totale, de méditation pure, d'apaisement total des sens, dénué de tout désir.

Un calendrier bien rempli

La plupart des fêtes qui se déroulent à Maurice sont liées à la religion. Elles reflètent la diversité et l'intensité des croyances religieuses du peuple mauricien.

Les fêtes hindoues

Elles rassemblent des foules impressionnantes, qui peuvent atteindre jusqu'à plusieurs centaines de milliers de fidèles. Toujours très colorées, ces festivités font le régal du visiteur qui, s'il ne comprend pas la signification de tous les rituels, peut se laisser porter par l'animation ambiante, la ferveur, la gaieté, la souffrance parfois aussi, et admirer à loisir le défilé bigarré des saris et des décorations fleuries ou lumineuses.

L'une des fêtes les plus populaires de l'île, **Maha Shivaratree** (littéralement, « la grande nuit de Shiva »), célèbre la victoire de Shiva sur Brahma et Visnu. Elle a lieu en février ou mars, pendant cinq jours consécutifs. C'est la plus grande fête hindoue à se dérouler hors de l'Inde.

Après avoir veillé toute la nuit, les fidèles, vêtus de blanc, forment une procession jusqu'au lac de Grand Bassin, dont les eaux s'apparentent pour les hindous à l'eau sacrée du Gange, avec ses vertus purificatrices. Ils portent à plusieurs des *kanvars*, immenses structures de bambou couvertes de fleurs, de rubans et de miroirs, évoquant les temples shivaïstes. Au terme de cette longue marche, les pèlerins font des offrandes de nourriture et se baignent dans l'eau sacrée, qu'ils versent aussi à l'entrée du temple sur le *lingam*, représentation phallique symbolisant l'univers et la nature fondamentale, la puissance et l'énergie créatrice de Shiva.

Divali ou **Dipavali**, vers octobre ou novembre, célèbre la victoire de Rama (incarnation solaire de Visnu représentant la Loi cosmique) sur le démon Ravana, qui avait enlevé son épouse Lakhsmi, déesse de la multiplicité et de la fortune.

À la tombée d'une nuit sans lune, les fidèles illuminent leurs maisons d'une multitude de bougies, de lampes à huile et de lumières électriques et prient pour la richesse, l'abondance, la réussite, laissant les portes et fenêtres grandes ouvertes pour faire entrer la bonne fortune dans la maison. Les offrandes de fruits et de fleurs sont destinées à la déesse Lakhsmi. Fête du partage, Divali est aussi l'occasion de confectionner des friandises que l'on s'offre les uns aux autres. Feux d'artifice et pétards contribuent à la gaieté et à l'animation de cette fête et permettent de chasser la mauvaise fortune. Des Mauriciens d'autres communautés célèbrent également, à leur manière, cette fête de la lumière.

Festival de l'équinoxe de printemps, célébrée pendant la pleine lune en février ou en mars, **Holi**, fête du feu et de la couleur, est l'une des manifestations hindoues les plus joyeuses. Elle marque le début du printemps et célèbre le culte de la fertilité et du renouveau de la vie. Ce jour-là, tout le monde se promène dehors pour s'asperger d'eau et de poudres colorées et échanger des vœux. La poudre rouge symbolise le sang nouveau qui coule dans les veines et apporte la vie et le désir d'amour. Les festivités se terminent par un feu de joie, où l'on brûle des gâteaux. On incendie également l'effigie en paille du démon Holika, symbole des forces du mal. Si vous vous trouvez à Maurice à cette époque, mettez des vêtements auxquels vous ne tenez pas et n'hésitez pas à prendre part à cette fête bon enfant.

Lors de la fête de **Ganga Asnan**, en octobre ou en novembre, qui consiste, en Inde, à s'immerger dans les eaux sacrées du Gange, les hindous de Maurice se rendent sur une plage, où ils déposent des offrandes et se baignent dans la mer, rituel purificateur au même titre que s'il s'agissait de l'eau du fleuve indien.

La fête de **Cavadee** (ou *Thaipoosam*) est célébrée par les Tamouls et les hindous, en janvier ou en février selon les années. Pour toute la cérémonie, la date et l'heure, décidées par le *swami* (prêtre) en fonction de la Lune, relèvent de la plus grande importance. Cette fête de purification passe par des actes de pénitence, grâce auxquels les fidèles expient leurs fautes et libèrent leur âme du mal. Selon la légende, ils honorent ainsi Muruga, chef des armées célestes, qui délivra le sage Idoumban d'un démon. Au préalable, les fidèles observent une période de prière, de jeûne et de continence de dix jours.

La journée du *Cavadee* commence à l'aube par des actes de purification dans une rivière. Certains pénitents s'infligent des sévices corporels : ils s'accrochent sur le dos, le torse et le cou des aiguilles et des crochets, auxquels ils attachent souvent des citrons et se transpercent la langue et les joues avec des broches. D'autres marchent sur des semelles hérissées de clous. Dans un état de transe fébrile pour nombre d'entre eux, ils portent sur leurs épaules le *cavadee*, une structure en bois qui évoque le temple de Muruga et contient son effigie, ornée de fleurs et de feuilles de palmier, avec à chaque extrémité un pot de lait (liquide sacré) en bronze (*sambou*). Pour les femmes, un gros pot de lait en cuivre remplace généralement le *cavadee*. Une longue marche les conduit ensuite au temple, où le lait est offert à la divinité au cours d'une cérémonie officiée par le *swami*. Certains fidèles assistent à la célébration sans pratiquer tout ce rituel de pénitence. Ils se contentent des prières et apportent des offrandes au temple sur un plateau en cuivre : une noix de coco avec son lait, trois bananes, des fleurs, du camphre et de l'encens.

La fête hindoue de **Ganesha Chaturti**, en août ou en septembre, célèbre l'anniversaire de la naissance de Ganesha, dieu des voyageurs, des marchands, des voleurs, des études et des gens de lettres. Ganesha aurait la faculté d'enlever les obstacles et de dispenser l'immortalité à ses fidèles. Fils de Shiva et de Parvati, il est représenté avec un corps humain et une tête d'éléphant car Shiva, ayant coupé la tête de son fils dans un moment de colère, la remplaça par la première tête qu'il trouva... qui fut celle d'un éléphant. Pour l'occasion, les fidèles confectionnent des images de Ganesha en terre, qu'ils vénèrent pendant plusieurs jours avant de se rendre en procession au bord de l'eau pour les laisser fondre dans la mer sacrée.

Les impressionnantes cérémonies de **marche sur le feu** ont surtout lieu entre décembre et février, lors de la fête tamoule de **Teemeedee**. Après une période de purification par l'abstinence, la continence, la méditation et la prière, les pénitents se rendent en procession à la rivière la plus proche du temple pour effectuer des ablutions. Devant le temple, dans les effluves d'encens, hommes et parfois femmes et enfants traversent lentement un long brasier de charbons ardents, encouragés par les tambours, puis se trempent les pieds dans du lait pour apaiser les brûlures. Ils s'infligent ces punitions pour expier leurs péchés et demander la faveur des dieux, en dépassant la matérialité de l'existence.

La fête tamoule de **Thai Pongal**, en janvier ou en février, consiste essentiellement en des offrandes de nourriture aux dieux.

Les fêtes musulmanes

Moins « spectaculaires », elles se résument le plus souvent à des prières collectives à la mosquée et à des repas en famille, accompagnés de jeux, de musiques et de chants, de pratiques charitables, d'échanges de vœux et de cadeaux, sans donner lieu à des célébrations publiques.

Celle de **Yamun Nabi** commémore la naissance du Prophète, Mahomet. Les fidèles se rassemblent à cette occasion pour écouter des panégyriques de Mahomet et le récit de sa vie.

La fête du Cavadee

Id-El-Adha célèbre le sacrifice du prophète Abraham. Il accepta de sacrifier son fils Ismaël pour obéir à Dieu, mais ce dernier l'en dispensa finalement et lui demanda un bélier à la place de son fils. À cette occasion ont lieu, après une prière en commun, des sacrifices de moutons, de cabris ou de bœufs. Selon la tradition, l'animal est partagé en trois parts égales : deux sont destinées aux pauvres et aux proches, la dernière est pour la famille.

Id-El-Fitr marque la fin du mois de jeûne du Ramadan. Les croyants célèbrent l'événement dans l'allégresse. Après avoir pris un bain et changé de vêtements, ils remercient Dieu de les avoir aidés à supporter les rigueurs du Ramadan en allant prier à la mosquée. Échanges de cadeaux et de vœux, visites aux amis et à la famille, aumône aux pauvres font partie des réjouissances. C'est aussi le jour de la bonne entente et du pardon, où il convient à chacun de régler ses différends avec son entourage.

La petite minorité chiite et une petite partie des sunnites célèbrent une fois par an la fête de **Ghoons**, qui commémore le martyre de l'Imam Hussein, descendant du Prophète. La procession, qui traverse uniquement Port Louis, rappelle par certains rites celle de la fête de Cavadee et le *ghoon,* structure en bambou ornée de fleurs, ressemble au *cavadee* hindou. Là aussi, les pénitents, le corps percé d'aiguilles, s'infligent des tortures pour expier leurs péchés.

Les fêtes chrétiennes

Voir Les fêtes chrétiennes, p. 46.

Spécifique à Maurice, la plus importante et la plus étonnante des célébrations catholiques, la **fête du Bienheureux Jacques Désiré Laval**, a lieu tous les ans le 9 septembre, date anniversaire de sa mort, en 1864. Missionnaire français, évangélisateur des esclaves libérés, on lui attribue des guérisons miraculeuses, qui lui valent d'être considéré comme un saint. Il fut même béatifié par Jean-Paul II en 1979.

Depuis plus d'un siècle, des Mauriciens de toutes confessions viennent se recueillir sur la tombe du Père Laval – qu'ils considèrent comme l'apôtre de l'île – à Ste-Croix, en périphérie de Port Louis *(voir p. 250)*. Ils forment alors une procession, impressionnante par son nombre de participants et sa diversité, qui réunit plusieurs milliers de personnes sans considération ethnique ni religieuse, et les messes se succèdent toutes les heures pendant près de deux jours.

Les fêtes chinoises

La **fête du Printemps** correspond au Nouvel An chinois (en janvier ou en février, en fonction du calendrier lunaire). Avant le jour de l'An, chaque famille s'adonne à des rituels visant à chasser les esprits malfaisants de l'hiver. Elle cherche par ailleurs à honorer le génie de la cuisine, qui part une semaine au Ciel faire son rapport annuel à l'Empereur Céleste sur les actions de la famille. Pour tenter de l'amadouer, les Chinois apportent de généreuses offrandes sur son autel. C'est de là que viendrait la tradition de la confection des gâteaux de riz gluant au miel : les fidèles les offrent au dieu pour s'attirer ses faveurs.

Le culte des ancêtres occupe une place très importante pendant cette période : les chefs de famille convient les anciens à partager avec leurs descendants la liesse du renouveau. Les familles leur font alors le compte rendu des événements de l'année qui s'écoule et demandent leur bénédiction pour l'année qui s'annonce. Pendant ce « séjour » auprès des leurs, leur autel est abondamment garni d'encens et d'offrandes et des mets délicats leur sont présentés avant d'être consommés par la famille.

Pendant les quelques semaines qui précèdent le jour de l'An, chacun tâche de régler toutes ses affaires désagréables afin d'aborder la nouvelle année sous les meilleurs auspices. La période des fêtes est l'occasion de témoigner sa reconnaissance envers ses parents et ses amis en leur rendant visite, en leur envoyant des vœux de santé et de prospérité et en leur offrant des cadeaux.

Chaque famille procède en outre au nettoyage complet de sa maison, qui est parfois même repeinte. Pour l'occasion, la couleur rouge, symbole de bonheur, resplendit partout. Des banderoles tapissent les maisons de vœux calligraphiés. Les Chinois préparent des plats traditionnels pour garantir l'abondance de nourriture toute l'année à venir. Plantes, fleurs et fruits du printemps, aux couleurs vives, participent aussi de la fête, et des pétards explosent de tous côtés pour écarter les esprits maléfiques. Les Chinois, vêtus tout de neuf, se régalent, en famille, du meilleur repas de l'année. Si vous vous trouvez à Maurice à cette époque, allez par exemple dans une pagode de Port Louis, où les fidèles vont déposer leurs offrandes au Bouddha, brûler des textes et des images du génie du foyer et honorer les ancêtres, noyés dans la fumée d'encens.

La **fête des Lanternes** (ou du Dragon) a lieu quinze jours après le Nouvel An. Elle célèbre la victoire de la sagesse, de la lumière du Bouddha sur le mal, le dragon cruel. Cette nuit-là, chacun sort avec des lanternes en papier, de diverses formes et couleurs. Ne manquez pas les défilés costumés et les danses de dragons qui animent les festivités, faisant revivre masques et costumes traditionnels bariolés.

Spécifiquement chinoise, la **fête du Ching Ming** se consacre au culte des ancêtres. Les Sino-Mauriciens apportent à leurs morts des fleurs et de la nourriture et brûlent de l'encens sur leurs tombes à la lueur des bougies.

La vie quotidienne

Une architecture en voie de disparition

Conséquence de l'essor économique de l'île, l'architecture mauricienne est menacée par la modernité. Depuis quelques décennies, les vestiges du passé sont détruits au profit des immeubles modernes, comme à Port Louis, où le manque d'espace et la spéculation immobilière font croître les buildings au détriment des vieux bâtiments en bois et en tôle.

En outre, le manque d'entretien des cases créoles ou des somptueuses villas coloniales, par négligence ou par manque d'argent, laisse de charmantes maisons à la merci des cyclones et des termites.

Les autorités encouragent l'édification de nouvelles constructions fidèles au style créole, grâce à l'utilisation de nouveaux matériaux (béton, fibre de verre, bois traité). Mais l'urgence porte avant tout sur la sauvegarde d'un patrimoine culturel en cours de destruction et sur la restauration de ce qui peut encore l'être, à commencer par les demeures du 18e s., dont certaines sont classées monuments historiques.

Témoin d'un certain art de vivre, les premières belles bâtisses apparaissent au 18e s. pendant la période coloniale française, sous l'égide du gouverneur Mahé de La Bourdonnais. Les esclaves et les charpentiers de marine, formés par des artisans français, entreprennent la construction de l'habitat rural et l'édification des villes coloniales. Au fil des ans, l'architecture a ensuite évolué, opérant une synthèse d'éléments propres à chacune des cultures qui font la richesse de l'île. D'autre part, dès le 19e s., les colons prirent conscience de la nécessité d'adapter leurs constructions aux contraintes spécifiques au climat de l'île, modifiant notamment l'utilisation de certains matériaux. C'est pendant la période britannique, surtout entre 1860 et 1930, qu'apparaissent les innovations et l'intégration de formes françaises ou anglaises à l'architecture mauricienne.

Voir les planches d'illustrations, p. 18-19.

La ville coloniale

Elle se caractérise à Maurice par un plan en damier. Les bâtiments publics, d'une grande sobriété, construits dans des matériaux résistants, essentiellement de la pierre, ont pour la plupart traversé les siècles et les cyclones. L'hôtel du gouvernement à Port Louis, l'hôtel de ville de Curepipe et le château du Réduit en témoignent.

Parmi les belles boutiques, grandes maisons créoles principalement en bois, souvent construites sur deux niveaux avec une balustrade en fer forgé à l'étage, rares sont celles qui demeurent en bon état.

Le rez-de-chaussée abrite des commerces, tandis que l'étage sert à l'habitation familiale. Vous en apercevrez encore quelques-unes dans les villes de Port Louis et de Curepipe.

Hétéroclites, les villes comptent aussi bon nombre de cases créoles plus populaires, malheureusement peu entretenues, qui côtoient indifféremment des immeubles modernes dépourvus de toute esthétique, des maisons de style chinois ou encore des édifices inspirés par le style indo-musulman, dont certains détails rappellent les moucharabiehs et les arabesques orientales. Ces habitations, souvent modestes mais cossues, s'alignent le long des rues, généralement protégées par un mur ou un **baro** (clôture).

L'habitat rural

Moins touché par l'essor économique du pays que l'architecture urbaine, il est plus menacé par l'usure du temps.

Inspirée par l'architecture coloniale française des Indes, puis par la simplicité du style néoclassique en vogue en France au début du 19e s., la **maison de maître**, villa isolée au milieu des plantations de cannes à sucre, est alors construite en bois, avec un toit pentu en **bardeaux** (petites tuiles en bois), gris bleuté ou gris-noir, rehaussé d'épis de faîtage.

Autre élément caractéristique de cette architecture créole, la **varangue**, véranda couverte d'un toit plat en *argamasse* (mortier imperméable à base de chaux, d'œuf et de sucre), sert de transition entre la maison et le jardin, dont elle est séparée par quelques marches. Terrasse formant une galerie couverte qui court parfois tout autour de la maison, rythmée par de simples colonnes, par une balustrade ou, plus tard, par une baie vitrée d'inspiration anglaise, on peut la fermer à sa guise par des stores (en rotin ou en feuilles de latanier) ou par des persiennes pour se protéger du soleil, de la pluie ou du vent selon les saisons, ou simplement pour préserver son intimité.

La varangue constitue un lieu important dans la vie des Mauriciens. C'est en principe l'endroit de la maison où la température est la plus agréable et où l'on aime à se tenir en famille ou entre amis, pour se reposer ou pour travailler, pour les repas ou pour la sieste.

Quelques fantaisies font ensuite leur apparition dans l'architecture mauricienne. Les toits, par exemple, s'ornent de petites tourelles, à plusieurs pentes et parfois à pignons. Les auvents qui protègent les fenêtres et les portes sont décorés de **lambrequins**, frise décorative découpée dans le bois ou la tôle comme de la dentelle.

À l'intérieur, le plan de la maison se divise en salon, salle à manger et chambres à coucher, qui communiquent toutes entre elles par plusieurs portes pour favoriser la ventilation.

De petits pavillons abritent la salle de bains et la cuisine à l'extérieur du bâtiment principal, afin d'éviter les risques d'incendie.

Aujourd'hui, propriétés privées de riches Mauriciens, descendants de grands planteurs français pour la plupart, ces demeures sont généralement masquées par des haies de bambous, dissimulées dans un jardin cossu au fond d'une allée rectiligne. Vous en verrez donc relativement peu. Les itinéraires décrits plus loin en mentionnent un certain nombre, mais vous en découvrirez peut-être d'autres si vous êtes bien guidé et si vous avez l'œil alerte.

Habitation plus modeste, mais conçue sur le même modèle que la villa de planteur, la **maison populaire**, peinte d'une couleur vive qui tranche avec la sobriété austère des grandes demeures, se divise généralement en deux pièces : chambre à coucher et salle à manger. Une varangue agrémente la façade et fait office de pièce principale, tandis qu'un auvent orné de lambrequins surmonte la porte d'entrée. Couverts autrefois de feuilles de *vacoa* ou de canne séchées, ou encore de bardeaux de bois, les toits que vous verrez aujourd'hui sont presque tous en tôle, de même que les façades.

Les **campements**, villas de bord de mer, désignaient à la fin du 19e s. les maisons provisoires, en *ravenala* (arbre du voyageur) avec un toit de paille, où les familles les plus aisées venaient passer l'hiver, trop frais dans les villes résidentielles du plateau central. On « bougeait » alors les maisons en les démontant, entièrement ou en partie, pour aller « camper » à l'endroit voulu. Aujourd'hui, le béton a malheureusement remplacé le *ravenala* éphémère le long des côtes touristiques. Quelques campements ont cependant été reconstruits en béton et recouverts de *ravenala*, combinant ainsi solidité et esthétisme.

L'architecture religieuse

Les gros dômes blancs des temples hindous, les couleurs acidulées des temples tamouls, les quelques pagodes chinoises aux tons rouges, les minarets des mosquées blanches ornées de vert, les façades sobres en pierre gris sombre ou les petits toits de tôle des églises ponctuent les paysages de l'île, animés par le manège des fidèles.

Temple tamoul (détail)

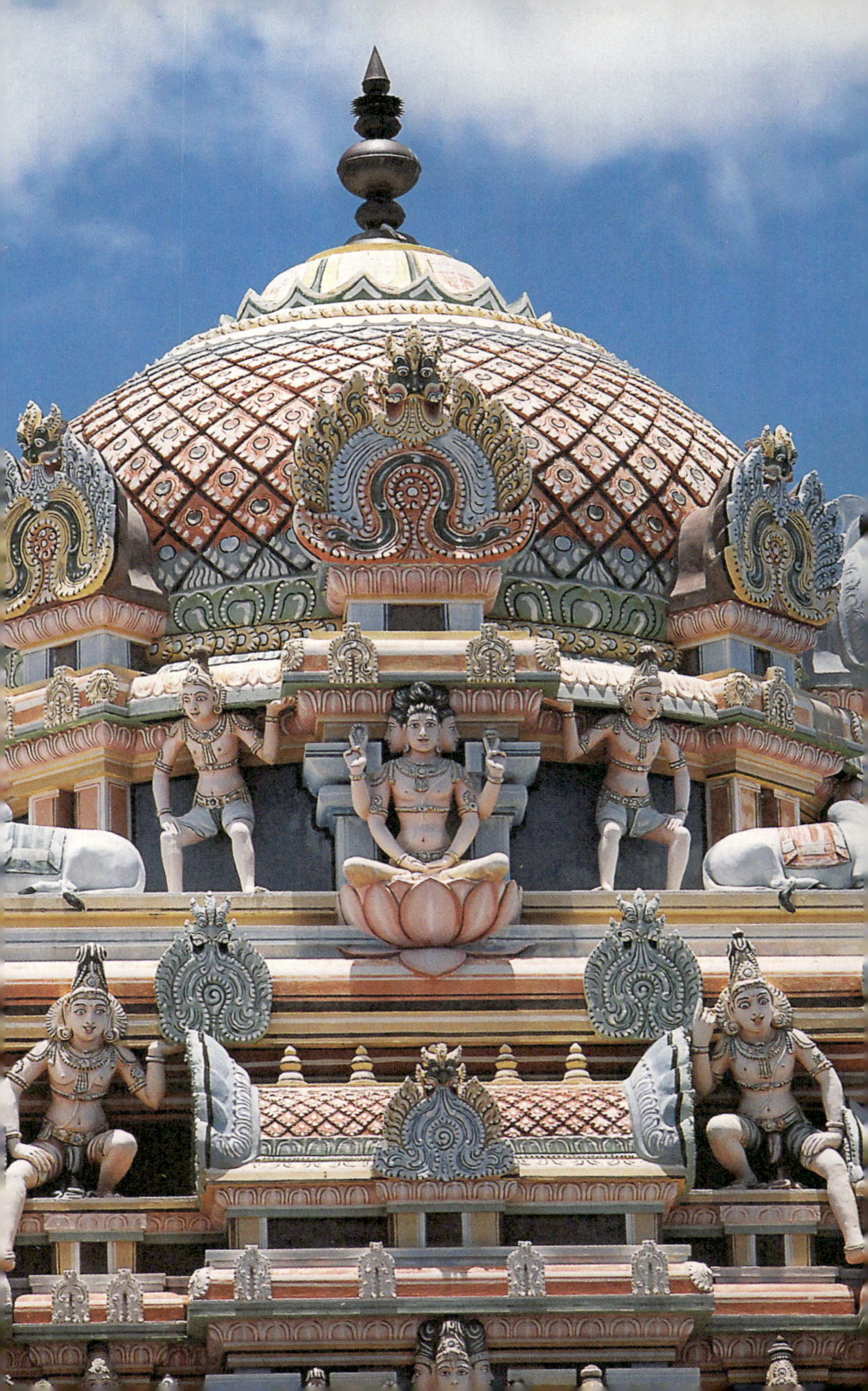

Des écolières

L'éducation

L'éducation gratuite, bien que non obligatoire, permet à plus de 90 % des enfants d'aller à l'**école**.

Vous croiserez inévitablement au cours de votre séjour des ribambelles d'enfants en uniforme bicolore, différent d'un établissement à l'autre.

Dès les plus petites classes, certains cours se déroulent en français, d'autres en anglais, ce qui permet, théoriquement, aux jeunes Mauriciens de sortir de l'école parfaitement bilingues.

De plus en plus d'étudiants poursuivent ensuite leurs études supérieures au Réduit, le plus grand centre universitaire de l'île. Les plus fortunés partent étudier en France ou en Angleterre.

Sur un territoire aussi petit et isolé au milieu de l'océan, qui n'a guère d'autre richesse naturelle que des hectares de cannes à sucre, le **service militaire** n'est pas obligatoire. L'armée se contente d'environ 5 000 volontaires, sorte de milice qui fait surtout office de police.

Il est rare de voir des jeunes de plus de 24 ou 25 ans qui ne soient pas mariés. Comme en Inde, les hindous pratiquent toujours les **mariages** arrangés : traditionnellement, les futurs époux, choisis par les parents, font connaissance une semaine avant le mariage et n'ont le droit de le consommer que trois jours après. Quelle que soit la communauté d'origine du jeune couple, le mariage donne toujours lieu à des rituels religieux et à une fête haute en couleur.

L'habillement

Pour la population indo-mauricienne, hindoue ou musulmane, culture et religion sont indissociables, et l'habillement fait partie de cette culture identitaire.
Beaucoup de femmes hindoues portent de magnifiques saris, drapés de tissus indiens colorés. La plupart des femmes musulmanes portent le voile. Leur tenue se compose d'une longue tunique qui recouvre presque entièrement un pantalon ample.
Les autres communautés, dans l'ensemble, ont largement adopté la mode occidentale. Jeans et tee-shirts font fureur et l'une des spécialités de l'île, dont les

manufactures textiles fabriquent à bas prix de nombreuses marques étrangères réputées, consiste à confectionner pour le marché local des copies de grandes marques ou de marques à la mode.

À Port Louis, les hommes d'affaires portent des costumes et des cravates conventionnels.

Les loisirs

On peut considérer le **football** comme le sport national. Les Mauriciens suivent assidûment les matchs internationaux retransmis par la télévision et jouent chaque fois qu'ils en ont l'occasion, en fin de journée et surtout le week-end. Les clubs reprennent souvent fièrement des noms d'équipes anglaises de *soccer*.

Sur la plage, le basket et le volley sont également très populaires.

Le champ de Mars, à Port Louis, rassemble chaque hiver, entre mai et novembre, une foule déchaînée à l'occasion des **courses de chevaux** *(voir p. 245)*.

Autres **jeux d'argent**, le casino et la version locale du Loto sont également très prisés.

Friands de cinéma, les Mauriciens, de plus en plus largement équipés de magnétoscopes, ont fait fleurir les magasins de cassettes **vidéo**, au détriment des salles de cinéma.

Vidéoclub au coin de la rue

LES ARTS ET LE FOLKLORE

La musique et la danse

Le séga

Hérité de la musique africaine du temps de l'esclavage, le *séga* s'improvisait à l'origine spontanément sur la plage, autour d'un feu, en fin de journée.

Après une dure journée de travail dans les champs de cannes, le rhum aidant, les hommes commençaient à chauffer la *ravane* (large tambour plat tendu d'une peau de cabri) au-dessus du feu pour la tendre. Les paroles, improvisées en créole, évoquaient des histoires d'amour et les problèmes de la vie quotidienne, comme les difficiles conditions de travail des esclaves. Toujours teintées d'humour et de moquerie, elles jouaient souvent sur des phrases à double sens qui permettaient de railler sans en avoir l'air. Peu à peu, le rythme lancinant, donné par de petits coups secs et légers, invitait hommes et femmes à danser. Sur le rythme saccadé et répétitif des percussions, les jupes amples des femmes et les pantalons courts des hommes se frôlaient dans un balancement des hanches évocateur de désirs érotiques. Dans cette danse très sensuelle, se provoquant en s'offrant et en s'esquivant tour à tour, les couples ne se touchaient jamais.

Aujourd'hui, le *séga* n'a plus grand-chose à voir avec la danse traditionnelle et vous aurez peu de chance d'entendre les instruments d'origine : la **ravane**, la **maravane** (un récipient creux rempli de graines séchées) et le **triangle**. Rarement spontané, le *séga* s'inscrit désormais systématiquement dans les programmes d'animation des hôtels, qui organisent pour les touristes des spectacles au bord de la piscine ou sur la plage. Vous entendrez peut-être aussi des airs de **seggae**. Initiée par la petite communauté rasta de Maurice dans les années quatre-vingt, cette musique populaire mêle subtilement les rythmes du *séga* local à ceux du reggae de Jamaïque. Cette musique est celle de Kaya, le chanteur dont la mort est à l'origine des émeutes de février 1999.

Une musique cosmopolite

Dans les villes et les villages, vos oreilles distingueront les voix aiguës des **chansons indiennes**, tirées de musiques de films pour la plupart, qui créent dans le contexte urbain une atmosphère joyeuse. Enfin, l'île Maurice n'a pas échappé à l'invasion de la **musique pop occidentale**, qui connaît un succès croissant auprès des jeunes, avides de rythmes nouveaux pour animer leurs soirées en discothèque.

Une peinture inégale

La peinture qui émerge à Maurice au 19e s. se limite aux commandes de portraits des gouverneurs et autres autorités en place. La véritable création picturale naît au 20e s. La lumière et les couleurs de l'île inspirent des artistes comme Xavier Le Juge de Segrais ou Max Boullé, qui peignent des scènes de la vie quotidienne locale. Plus naïf, l'art de Malcolm de Chazal est empreint d'un certain surréalisme. Seul Hervé Masson connut un véritable succès international.

Les galeries d'art, à Rose Hill et à Port Louis principalement, exposent des œuvres de qualité fort inégale, et leur vocation se révèle plus commerciale qu'artistique.

Véronique Le Clézio, Hervé Decotter, Henri Khoombes, Khalid Nazroo, créateurs mauriciens encore vivants, assurent actuellement le renouveau de l'art contemporain.

Un artisanat peu développé

Contrairement à ce que pourrait laisser supposer la richesse ethnique de la population, l'artisanat mauricien reste assez pauvre, essentiellement destiné aux touristes. Une grande partie des créations vendues à Maurice provient de Madagascar, comme les objets en cuir, en vannerie ou en bois. Les tissus indiens peuvent être magnifiques et vous trouverez peut-être un chapeau ou un panier de Rodrigues à votre goût.

La confection des **maquettes de bateaux** constitue l'une des rares créations artisanales spécifiquement mauriciennes. Le bois est travaillé par les hommes, tandis que les femmes assemblent les voiles et les cordages, teints avec du thé pour créer un effet ancien.

L'histoire de ces maquettes remonte au début des années soixante-dix, lorsqu'un artisan, José Ramart, présenta des répliques de bateaux historiques lors d'une exposition. Des centaines d'ateliers fabriquent aujourd'hui ces maquettes, réalisées d'après des plans d'archives. Galères, frégates, galions, goélettes et autres modèles français ou anglais, première flotte mondiale de modèles réduits, baptisés de leur nom d'époque (*le Saint-Géran, l'Étoile, la Boudeuse, l'Astrolabe, la Boussole, le Revenant, le Titanic, le Bounty*), illustrent la riche histoire navale de l'île Maurice.

Héritage et création littéraires

Les récits transmis par les colons, « créolisés » au fil des ans par l'apport d'histoires malgaches, africaines ou indiennes, ont donné naissance à une intéressante **littérature populaire**. Très représentatives de cette culture, les *sirandanes* reflètent le caractère imagé de la langue créole. Transmises oralement d'une génération à l'autre, ces devinettes, posées lors des veillées sous la varangue, consistent à trouver le mot correspondant à la définition formulée.

« Dileau en pendant » (De l'eau suspendue) ?	La noix de coco
« Dileau diboute » (De l'eau debout) ?	La canne à sucre
« Cote mo allé li suivré moi » (Où je vais elle me suit) ?	Mon ombre
« Mouce dans di lait » (Une mouche dans du lait) ?	Une noire vêtue de blanc
« Nenez madame anglé en bas la terre » (Le nez d'une dame anglaise sous la terre) ?	Le radis
« Pitit batt mama » (L'enfant bat sa mère) ?	La cloche
« Baionètte par dérière » (Baïonnette par-derrière) ?	La guêpe
« Pitit bonhomme, grand sapo » (Petit bonhomme, grand chapeau) ?	Un champignon

La littérature mauricienne de langue **française**, la plus riche, s'est largement développée au 19e s., influencée par les grands courants de l'époque : romantisme, parnasse, symbolisme et surréalisme. Certains écrivains, comme Malcolm de Chazal et Loys Masson, vécurent d'ailleurs quelque temps à Paris. À cette époque, la hantise d'un conflit entre les différentes ethnies de l'île revient comme un thème récurrent. On assiste ces dernières années à un renouveau de la littérature d'expression française avec des auteurs comme Carl de Souza et Ananda Devi.

On trouve également toute une littérature inspirée par les cultures **indienne** et **africaine** et, plus récents, des textes d'expression **anglaise** ou **hindi**, tandis qu'une littérature en **créole** s'est développée sans grand succès dans les années soixante-dix.

Maurice n'a pas seulement inspiré des écrivains attachés à leur île, comme Robert E. Hart, Loys Masson, Malcolm de Chazal, J. M. G. Le Clézio. Elle a aussi marqué de célèbres auteurs non Mauriciens : Mark Twain, Joseph Conrad, Bernardin de Saint-Pierre, Charles Baudelaire et Alexandre Dumas.

Savoir-vivre

Comment se mêler aux Mauriciens

Diverses possibilités s'offrent à vous pour découvrir l'île Maurice et ses mille facettes. Le contact avec les Mauriciens se fait d'autant plus facilement que la majorité d'entre eux conversent en français (et souvent en anglais) avec aisance.

Les grands hôtels et les villages de vacances, qui disposent de tous les services et activités que vous souhaitez, vous réservent un séjour agréable et reposant, mais une vision de Maurice faussée ou du moins incomplète. Vos relations avec la population se limiteront essentiellement aux contacts artificiels que vous aurez avec le personnel de l'hôtel.

- Pour voir un aspect plus authentique de la vie quotidienne des Mauriciens, logez plutôt dans les petits hôtels ou les pensions de famille et mangez dans des gargotes pittoresques, dans les villages ou dans les marchés.
- Traverser des villages où il n'y a « rien à voir », au sens touristique du terme, vous apportera également une autre image que celle des stations balnéaires. Vous pourrez discuter avec les commerçants ou avec les pêcheurs d'une tout autre manière que dans les sites plus fréquentés.
- Attardez-vous autour des temples, des mosquées ou des églises, où règnent une animation et une ferveur intenses, surtout en fin de journée ou le week-end.
- Renseignez-vous sur le calendrier des manifestations et, si vous en avez l'occasion, assistez, avec la discrétion et le respect qui s'imposent, aux fêtes des différentes communautés religieuses.
- Vous pouvez aussi vous perdre parmi les cases isolées où, avec un peu de chance et de tact, vous serez peut-être convié à boire un thé ou à discuter chez l'habitant.
- Circuler en bus peut également susciter des rencontres intéressantes. Si vous montez dans l'un des véhicules bondés qui quittent la capitale pour les villes du plateau central en fin d'après-midi, à la sortie des bureaux, vous aurez une bonne vision du rythme de vie d'une majorité de Mauriciens. Vous pourrez compléter ce tableau par un tour dans ces villes résidentielles du centre.

Si la foule vous rebute, optez plutôt pour un bus dont l'itinéraire suit, par exemple, la côte Est de l'île. Plus paisible, ce trajet vous permettra peut-être de discuter avec votre voisine en sari ou avec votre voisin coiffé d'une calotte.

En dehors des lieux touristiques, où la gentillesse et le sourire sont de rigueur sur le plan professionnel, les Mauriciens ne vous sembleront pas toujours très affables au premier abord, voire un peu froids.

Vous aurez peut-être le sentiment que, blasés, lassés par le tourisme, ils ne vous témoignent plus, en dehors d'un contexte mercantile, le même intérêt.

Si vous passez outre cette première impression, qu'elle soit fondée ou non, et que vous prenez le temps d'établir le contact en discutant, en posant des questions, en leur demandant par exemple de vous raconter leurs fêtes religieuses, vous trouverez généralement en face de vous des gens aimables et ouverts.

D'une curiosité naturelle, ils seront parfois ravis de vous retourner vos questions.
- Ils vous demanderont souvent ce que vous pensez du « Paradis » (puisque telle est souvent présentée leur île), si vous avez visité tel endroit ou aimé tel autre.
- Nombreux sont ceux qui vous feront parler de votre propre pays. Intéressés par les nations colonisatrices qui ont initié l'histoire de leur pays, certains montrent un vif désir de connaître l'Europe, et en particulier la France. Beaucoup ont un ou plusieurs membres de leur famille en France ou en Angleterre.

Marchand de glaces

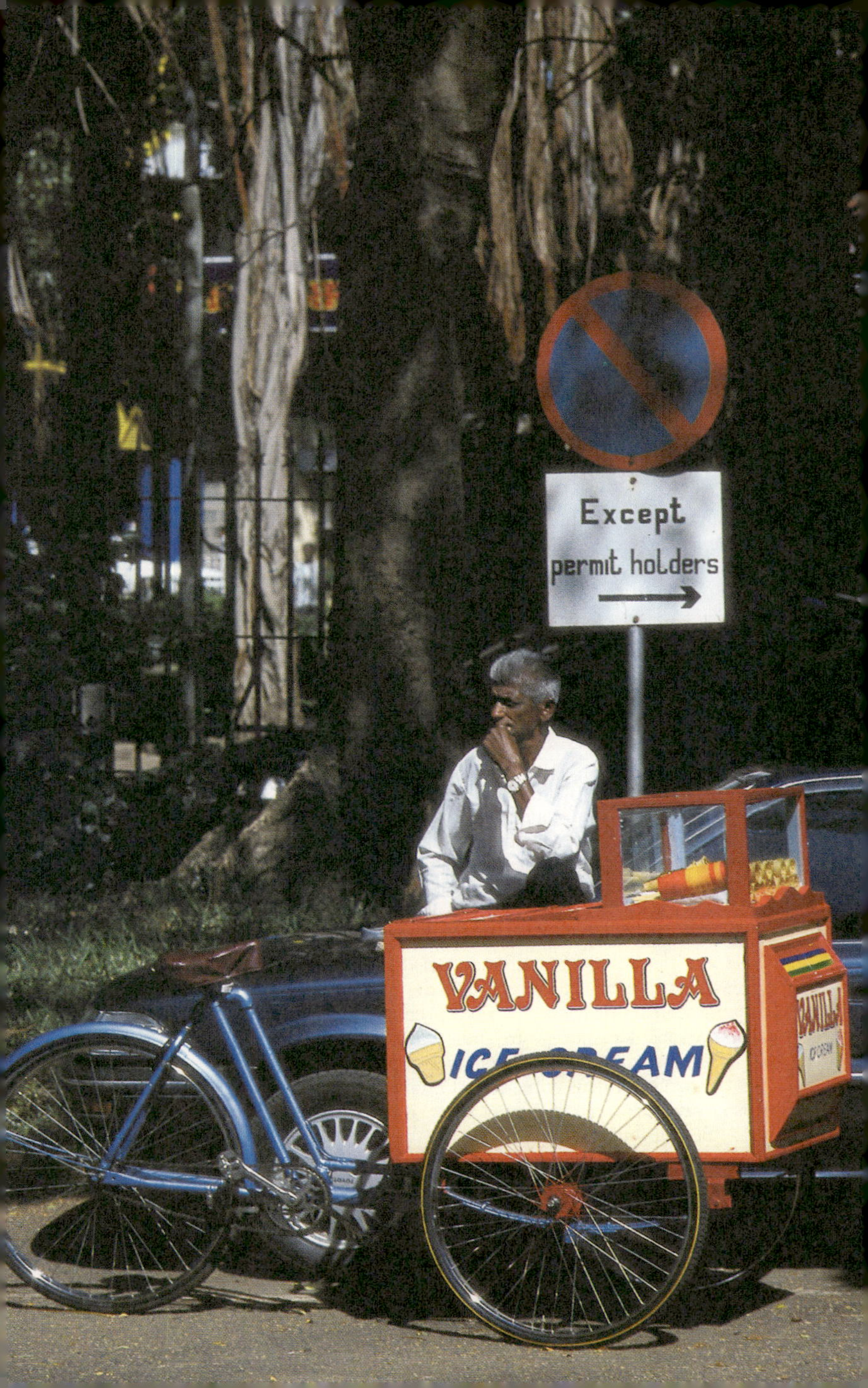
Except
permit holders
VANILLA
ICE CREAM

Outre cet attachement affectif ou historique, l'évocation de votre pays élargit leurs rêves à des horizons lointains. Peuple d'immigrés originaires majoritairement de vastes pays-continents sous-développés comme l'Inde et la Chine, ils ont longtemps connu les difficultés économiques de Maurice. Pour la plupart, ils n'ont jamais quitté leur petite île.

L'étouffement de la vie insulaire fait que, pour certains, en tant que voyageur, vous incarnez d'une certaine manière leur rêve. Ce désir de partir, ou du moins de bouger, vient peut-être aussi de cette modernité qu'ils vivent depuis peu et à échelle réduite. Par exemple, la télévision véhicule quantité d'images qui resteront inaccessibles pour la plupart des Mauriciens.

Quelques règles à connaître

- Il faut savoir que les Mauriciens aiment plaisanter et faire des blagues. D'un naturel décontracté, ils n'hésiteront pas à vous taquiner. Il sera donc bienvenu de jouer le jeu et de partager leur sens de l'humour.
- Vous serez toujours le bienvenu si vous souhaitez assister à une fête (comme un mariage), mais vos hôtes apprécieront d'autant plus votre présence si vous ne restez pas simple spectateur mais que vous participez, en dansant, en buvant et en mangeant.
- N'oubliez pas de retirer vos chaussures avant d'entrer dans les mosquées et dans les temples hindous. Vous êtes également tenu de vous vêtir décemment : évitez les épaules et les jambes nues ou les décolletés profonds. Ne rentrez pas non plus dans les temples avec du cuir.
- Le nudisme est interdit à Maurice. Le monokini est toléré sur les plages des hôtels, mais risque de choquer sur les plages publiques. Il faut savoir que les Mauriciennes se baignent généralement en maillot une pièce, parfois même tout habillées pour les Indo-Mauriciennes. En dehors des plages, vous intriguerez, choquerez ou prêterez à rire, selon les cas, si vous vous promenez en maillot de bain ou torse nu.
- Vous ne verrez jamais les Mauriciens s'énerver ou se disputer, du moins en public, et ils vous regarderaient d'un drôle d'œil s'ils vous voyaient hausser le ton ou perdre votre sang-froid.
- Dans l'ensemble, les Mauriciens semblent plutôt honorés quand vous les prenez en photo, mais cela ne vous dispense pas de leur demander l'autorisation auparavant. Les Indiennes, en particulier, détournent parfois la tête à la vue d'un objectif braqué sur elles. À l'inverse, les enfants s'empressent de poser devant vous et il n'est pas toujours évident de les devancer pour avoir une expression spontanée.
- Vous entendrez sûrement les Mauriciens évoquer certaines communautés, autres que la leur, par des surnoms comme *Malbars* (les hindous), *Madras* (les Tamouls) ou encore *Lascars* (les musulmans). Évitez d'employer ces termes, jugés péjoratifs et que vos interlocuteurs risquent d'interpréter comme une insulte à leur égard.
- Quand vous demandez votre route ou tout autre renseignement, n'hésitez pas à poser la question à plusieurs personnes pour vérifier que les informations que l'on vous donne concordent entre elles. Certains Mauriciens, pour ne pas vous avouer qu'ils ne savent pas, ont en effet tendance à vous donner une réponse inexacte plutôt que de ne pas vous répondre.
- Dans les restaurants indiens, ne soyez pas surpris de la façon parfois un peu familière dont le serveur vous étale votre serviette sur les genoux au début du repas...

La gastronomie

La cuisine mauricienne est aussi cosmopolite que la population. Vous aurez le choix entre des spécialités indiennes, chinoises, européennes ou créoles.
Le riz constitue la base de tous les plats. On le sert normalement en premier, pour l'arroser de poisson ou de viande mijotés, parfumés de saveurs orientales et accompagnés de légumes locaux (*chouchous*), de potiron (*giraumon*), de pâtisson, d'aubergine, de *brèdes* ou d'*achards*.

La cuisine créole

Produit d'un métissage culturel, elle s'est constituée à partir des apports culinaires de chaque pays-souche de la population de l'île avec, naturellement, une influence indienne prédominante.
Le **cari**, viande ou poisson cuits avec des oignons, de l'ail, du gingembre, des herbes et des épices (coriandre, cumin et curcuma), parfois dans des tomates ou du lait de coco, servis avec des lentilles, des pois ou des haricots ; le **rougail**, viande, saucisses ou poisson mijotés dans une préparation relevée à base de « pommes d'amour » (petites tomates), d'oignons, d'ail, de gingembre, d'herbes aromatiques et de piment ; et le **vindaye**, poisson ou volaille marinés dans un mélange de vinaigre, de graines de moutarde et de curcuma avec des oignons, du gingembre et de l'ail revenus dans l'huile, constituent les plats les plus typiques. Ils sont souvent accompagnés d'*achards* (fruits ou légumes râpés, assaisonnés de vinaigre, d'huile et d'épices).
Vous découvrirez aussi une grande variété de poissons (capitaine, sacréchien, vieille rouge, cordonnier, thon) et de fruits de mer (calamars, *camarons*, crabes, homards), que l'on mange souvent grillés et arrosés de *limon* (petit citron vert). Les gros poissons fumés, comme le marlin, peuvent également être savoureux. Les bouillons (de crabe, par exemple) et les soupes de légumes font également partie de l'alimentation quotidienne des Mauriciens.
Autre spécialité locale : la **« salade de millionnaire »**. Il s'agit du cœur extrait du tronc du *palmiste*, préparé en salade après avoir été attendri dans son lait. Sachant que le *palmiste* met plusieurs années à pousser et que chaque cœur ne fournit qu'environ 600 grammes de chair comestible, on comprend l'appellation que lui ont attribuée les Mauriciens. Enfin, le cerf – introduit par les Hollandais au 16ᵉ s. – fait toujours l'objet d'un élevage, tant pour les plaisirs de la chasse que pour ceux des papilles. En saison (entre juin et septembre), vous pourrez par exemple goûter au cari de cerf.

La préparation du riz

Parmi les préparations qui accompagnent ces plats, goûtez les *brèdes*, feuilles de certains légumes que l'on mange bouillies ou cuites à la vapeur, les **achards** de légumes, de mangue verte ou de citron, marinés et conservés dans un mélange d'épices et les **chatinis**, généralement à base de tomates, hachées et assaisonnées d'huile et de vinaigre, d'oignon, d'ail, de piments et d'herbes aromatiques.

Dans les marchés, dans la rue ou sur la plage, les vendeurs ambulants vous proposeront des **gâteaux-piment** (boulettes frites à base de farine de pois, en fait pas si pimentées), des *bringelles* (beignets d'aubergines), des **samoussas** (petits feuilletés frits de forme triangulaire, fourrés de viande, de poisson ou de légumes épicés), des *gâteaux patates* (à base de patate douce), des **dholl puri** (galettes à la farine de dholl recouvertes d'une délicieuse sauce de cari).

La cuisine indienne

Parfumée de toutes sortes d'épices, elle peut être très pimentée. Le **cari** reste le plat le plus caractéristique mais, pour goûter une préparation typique et populaire, essayez le **Biryani**. À base de riz sauté avec des épices, des légumes et éventuellement de la viande, du poisson ou des œufs, c'est à la fois un repas quotidien et un plat de fête chez les musulmans.

Les religions d'origine indienne comportant des interdits alimentaires, on note des particularités culinaires en fonction des communautés. Le Coran interdit aux musulmans de manger du porc, considéré comme impur, tandis que les hindous et les Tamouls ne consomment pas de bœuf, animal sacré, et souvent, pas de porc non plus.

La cuisine chinoise

C'est sans doute la plus variée et la plus fine. De nombreux restaurants font venir des chefs cuisiniers de Chine, qui pratiquent leur art fidèlement à la tradition du pays. Le *wok* (large récipient métallique à fond arrondi, que l'on place sur une flamme vive en maniant la spatule avec dextérité) permet de faire sauter les légumes, le soja, les pousses de bambou, les champignons pour qu'ils restent croquants. Gingembre, citronnelle, sauce de soja, d'huître ou de poisson et herbes fraîches parfument ces préparations, à base de porc, de bœuf, de crevettes ou de poisson. Goûtez également le **mine frit**, plat populaire à base de nouilles sautées que l'on trouve dans tous les restaurants et chez les vendeurs ambulants.

Les épices

Safran, curcuma, clou de girofle, noix de muscade, cumin, coriandre, cannelle, piment, cardamome, gingembre, poivre, etc. comptent pour beaucoup dans la réussite de ces plats. Introduites à l'époque de la colonisation française pour la plupart, ces épices provenaient de l'Inde, d'Indonésie et d'autres pays d'Orient.

Les boissons mauriciennes

Les Mauriciens boivent du thé (de Bois Chéri) et du café (de Chamarel), parfumés ou non à la vanille et généralement servis avec du lait et du sucre (précisez si vous le préférez nature), diverses boissons gazeuses et toutes sortes de boissons à base de yogourt, vendues dans la rue. Les bières locales, *Phœnix, Blue Marlin* ou *Stella,* et le rhum *Green Island* sont également très appréciés lors des pique-niques dominicaux. Les restaurants servent du vin sud-africain à un prix abordable, mais les vins français sont chers et rarement bien conservés. Vous trouverez partout des bouteilles d'eau minérale.

LES LANGUES

Langue usuelle parlée par tous dans la vie quotidienne, lien entre toutes les communautés ethniques de l'île, le **créole mauricien** n'est pas officiellement reconnu, ni enseigné.

Il s'est constitué au cours de la période coloniale au 18ᵉ s., né du besoin de communication entre les esclaves de différentes origines d'une part, entre les esclaves et les colons d'autre part.

Dérivé du français que les esclaves entendaient parler par leurs maîtres et qu'ils assimilèrent phonétiquement, avec quelques déformations et simplifications, il contient aussi des racines africaines et malgaches et s'est par la suite enrichi de vocables anglais, hindis et chinois.

Ainsi s'est forgée très progressivement une langue orale, très imagée, dont les linguistes commencent depuis peu à fixer la grammaire et l'orthographe. À la langue maternelle de chacun s'ajouta ce nouveau parler commun à tous, expression d'une culture métissée, facteur d'identité insulaire.

Spécifique à l'île Maurice, il est très proche des créoles parlés à Rodrigues et aux Seychelles, mais diffère de celui des Réunionnais. Tous ces peuples peuvent néanmoins se comprendre les uns les autres.

L'**anglais** est la langue administrative, enseignée à l'école, employée en politique et dans les affaires. Mais rares sont les Mauriciens qui l'utilisent en dehors de ces circonstances officielles. Le **français** est plus courant et vous n'aurez dans l'ensemble aucune difficulté à communiquer avec les Mauriciens. Largement compris et parlé, il prédomine dans les médias.

Les différentes communautés ont parfois conservé la langue de leurs ancêtres, qu'ils parlent entre eux, dans un contexte familial ou religieux. Les Indo-Mauriciens parlent hindi (surtout dans les médias), ourdou (qui s'écrit avec l'alphabet arabe), *bhojpuri* (originaire du nord de l'Inde et qui comprend des mots de créole) ou encore tamoul, *télégu*, *maathi* ou *gudjerati*. Certains Sino-Mauriciens parlent le mandarin, *cantonnais* ou *hakka*.

Petit lexique créole

Prononciation

Voir p. 58.

Le créole au quotidien

Bonswar	Bonsoir
Bonzour	Bonjour
Korek	D'accord, c'est bon
Ena	Il y a
Ki manière ? Kouma ou ete ?	Comment ça va ?
Ki mo pou faire ?	Que dois-je faire ?
Kouma ou apélé ?	Comment vous appelez-vous ?
Kombyen sa ? Kombyen li ete ?	Combien est-ce ?

Ki Koté cabiné?	Où sont les toilettes?
Kot capave téléfoné?	Où peut-on téléphoner?
Li	Il, elle
Mo content	J'aime
Mo oulé	J'aimerais bien
Mo pas comprend	Je ne comprends pas
Mo soif	J'ai soif
Na pas tracassé	Ne vous inquiétez pas
Kot ...?	Où est...?
Orewar	Au revoir
Ou ena...?	Est-ce que vous avez...?
Pas correc	Pas d'accord
Sa li byen zoli	C'est très beau
Silvouplé	S'il vous plaît
Tapé ta!	Santé!

Quelques mots utiles

Achards	Légumes et piments râpés conservés dans une huile safranée, servis en condiment
Arak	Alcool distillé à partir de jus de canne à sucre fermenté
Auvent	Petit toit en saillie au-dessus des portes et des fenêtres des maisons créoles.
Bagasse	Sous-produit de la canne à sucre qui sert de combustible
Bardeaux	Tuiles de bois
Bazar	Marché
Bonbon	Désigne indifféremment les sucreries et les gâteaux salés
Bonbon/ Gâteau-piment	Beignet salé légèrement pimenté fait à base de gros pois
Boucan	Autrefois, petite cabane de pêcheur. Aujourd'hui, petite dépendance en bois sous tôle où l'on prépare la cuisine au feu de bois (terme réunionnais)
Brèdes	Plante dont on consomme les feuilles bouillies en potage ou en fricassée
Bringelle	Aubergine
Cabri	Chèvre, souvent cuisinée en massalé par les Tamouls
Camaron	Grosse crevette
Campagne	Grande maison en bois au milieu d'un parc. On n'en voit plus beaucoup car elles sont détruites au profit de l'agriculture et de la promotion immobilière.
Campement	Villa coloniale en bord de mer
Cari	L'un des principaux plats de la cuisine créole, d'origine indienne

Petit lexique créole

Case	Maison, en tôle ou en dur. Même les plus vastes gardent ce nom de case. Seule une demeure vraiment grandiose s'appelle « château ».
Chouchou	Légume local, appelé « chayotte » ou « christophine » en métropole
Cour	Mot usuel pour désigner le jardin
Dholl puri	Galettes indiennes à la farine de pois fourrées d'une sauce au cari de légumes épicée
Giraumon	Citrouille rouge
Lambrequins	Petits motifs ajourés décoratifs, découpés dans le bois ou la tôle, disposés en frise pour souligner les bordures de toitures ou de varangues des cases
Limon	Petit citron
Malabar/Malbar	Mauricien de foi hindoue (péjoratif)
Marron	Fugitif, sauvage et, par extension, illicite, clandestin. Désigne aussi bien un esclave enfui dans les montagnes qu'un animal ou une plante sauvages
Massalé	Mélange d'épices d'origine indienne
Mine frit	Nouilles chinoises sautées
Morne	Petite montagne arrondie, isolée au milieu d'une plaine d'érosion
Mourgate	Calamar
Ourite	Poulpe
Pistache	Cacahuète
Ravenala	Arbre du voyageur, utilisé autrefois pour la construction des campements et des toits
Rhum arrangé	Rhum dans lequel ont mariné des fruits et des épices, en principe pendant plusieurs mois
Roche cari	Pierre utilisée pour écraser les épices au pilon
Rougail	Plat de viande ou de poisson mijotées dans une sauce à base de petites tomates (pommes d'amour), d'ail, de gingembre et d'épices
Samossa/Samoussa	Petit beignet indien, farci à la viande, au poisson ou aux légumes épicés
Sari	Longue étoffe drapée que portent traditionnellement les femmes indiennes
Tabagie	Échoppe vendant tabac, boissons et friandises
Varangue	Véranda, ouverte ou fermée, sur une ou plusieurs façades
Vindaye	Poisson ou volaille marinés dans un mélange parfumé

L'île Maurice pratique

BORNES 4.7 km

18 km
8 km

Carrefour mauricien

AVANT LE DÉPART

- **Heure locale**

Le décalage horaire avec la France est de 3 h du 21 décembre au 21 juin et de 2 h du 21 juin au 21 décembre. Quand il est 9 h en France, il est selon la saison 11 h ou 12 h à Maurice.

- **Comment téléphoner à l'île Maurice**

Pour appeler l'île Maurice de l'étranger, composez le 00 + 230 + le numéro à sept chiffres de votre correspondant.

- **À quelle saison partir**

Bien que les températures soient relativement agréables toute l'année et qu'il puisse pleuvoir à tout moment, les périodes les plus agréables pour se rendre à Maurice et Rodrigues vont, comme pour la Réunion, **d'avril à juin** et **de septembre à novembre.**

Deux saisons divisent l'année, mais le climat varie beaucoup d'une région à l'autre. Contrairement à l'image idyllique véhiculée par les agences de voyages, le ciel de Maurice n'est pas toujours bleu et ensoleillé. L'île étant située dans l'hémisphère Sud, l'été et l'hiver sont inversés par rapport aux saisons européennes.

L'été austral

Il fait chaud et humide **de novembre à avril**. Les températures oscillent entre 25 et 33 °C, avec des pointes en janvier. Les pluies sont abondantes, surtout dans le centre de l'île, avec des maximales entre janvier et mars. Il fait jour de 5 h 30 à 19 h environ. C'est la meilleure saison pour la plongée (de décembre à mars) et pour la pêche (de septembre à mars).

La saison des **cyclones** s'étend de janvier à avril. Certaines années, ils ne traversent pas les îles ou ne les touchent que très faiblement ; d'autres fois, ils dévastent tout, détruisant sur leur passage végétation et bâtiments. Rassurez-vous, les hôtels sont construits et équipés pour faire face à ces catastrophes naturelles.

Les périodes de plus grosse affluence sont celles de Noël et du jour de l'An (les prix augmentent fortement pendant ces fêtes) et des vacances scolaires en Europe et à la Réunion (notamment août).

L'hiver austral

De mai à octobre, il fait plus frais et théoriquement plus sec. Les températures descendent entre 14 et 25 °C en moyenne, les plus basses étant enregistrées en août. Grosse averse brève ou bruine fine plus durable, il peut pleuvoir à tout moment de la journée. Il fait jour de 6 h 45 à 17 h 45 environ. C'est la meilleure saison pour le surf (de juin à août).

Sur les **plateaux du Centre**, on enregistre en moyenne 5 °C de moins que sur le littoral. Les **côtes Ouest et Nord** sont plus chaudes et moins arrosées que les **côtes Est et Sud**, où les vents du sud-est apportent les pluies et la fraîcheur du large.

- **Les vêtements à emporter**

Emportez des vêtements légers et décontractés et un maillot de bain.

Prévoyez des chaussures faciles à retirer si vous voulez visiter des temples et des mosquées, ainsi que des vêtements couvrant les jambes et les épaules (pas de short ni de débardeur). Le paréo se révèle souvent bien pratique : vous en trouverez sur place à bon marché.

Des chaussures en plastique vous seront utiles pour vous protéger des oursins, des poissons-pierres et des coraux. Vous pouvez aussi emporter vos masque et tuba : ceux que l'on trouve sur place sont souvent de mauvaise qualité.

N'oubliez pas d'emporter un pantalon et un pull, pour les soirées fraîches – surtout en hiver – et contre les moustiques en été.

N'oubliez pas vos lunettes de soleil.

Un imperméable léger ou un parapluie s'avèrent souvent utiles, même si les pluies durent rarement très longtemps.

• Voyage pour tous

Voyager avec des enfants
Maurice est une destination familiale où tout est prévu pour les enfants. Les grands hôtels disposent souvent d'un miniclub où les parents peuvent laisser leurs enfants dans la journée et l'on vous proposera partout de faire garder vos enfants le soir. Des tarifs spéciaux sont d'ailleurs prévus pour les familles dans la plupart des hôtels.

Femme seule
Une femme seule à Maurice surprend, attire l'attention, est parfois sollicitée, mais ne risque rien.

Personnes âgées
Voyager à l'île Maurice ne présente aucune difficulté. Les conditions de transports, d'hébergement et d'hygiène permettent aux personnes âgées d'y séjourner en toute tranquillité. Il convient cependant de se méfier du soleil.

Personnes handicapées
Les infrastructures de l'île permettent aux personnes handicapées d'y séjourner sans aucun problème.

Voyager avec un animal domestique
La législation interdit l'introduction d'animaux sur l'île, à moins de subir une quarantaine de 6 mois.

• Adresses utiles

Office de tourisme
France – Office du tourisme de l'île Maurice, 124 bd Haussmann, 75008 Paris, ☎ 01 44 69 34 50, Fax 01 44 69 34 51, mtpa@wanadoo.fr Renseignements par téléphone, fax ou courrier, et sur place du lundi au vendredi (10h30-13h / 14h30-16h). Brochures, liste des hôtels, pensions et locations, petit guide pratique.
Belgique – Pas d'office de tourisme.
Suisse – Mauritius Tourist Service Information, Kirchenweg 5, CH-8032 Zurich, ☎ 383 87 88, Fax 383 51 24, prwag@access.ch
Canada – Pas d'office de tourisme.

Site Internet
Travelocity – www3.travelocity.com ou www.mauritius.net

Représentations diplomatiques
France – Ambassade de la République de Maurice, 127 rue de Tocqueville, 75017 Paris, ☎ 01 42 27 30 19, Fax 01 40 53 02 91.
Belgique – Ambassade de la République de Maurice, 68 rue des Bollandistes, Etterbreek, 1040 Bruxelles, ☎ 733 99 88, Fax 734 40 21.
Suisse – Mauritius Mission to the U.N., Immeuble 7-9, chemin Louis-Dunant, 1202, Genève, ☎ 734 85 50, Fax 734 86 30.
Canada – Consulat de Maurice, 606 Cathcart St., suite 200, Montréal, Québec H3B IK9, ☎ 393 95 00, Fax 393 93 24.

• Formalités

Pièces d'identité
Les ressortissants de l'UE, de la Suisse et du Canada (se renseigner au consulat pour les autres nationalités) peuvent entrer à Maurice munis d'un passeport valide au moins 6 mois après le retour et d'un titre de transport pour le retour. Ils doivent également attester qu'ils ont des moyens de subsistance suffisants pour la durée de leur séjour. Un visa valable 3 mois leur est délivré gratuitement à l'arrivée.
Pour le prolonger (maximum 3 mois), adressez-vous au **Passport and Immigration Office** (ouvert de 9h à 16h), Sterling House, 8ᵉ étage, Lisley Geoffroy St., Port Louis, ☎ 210 9312 ou 210 9313, Fax 210 9322. Vous devez être en possession d'un billet retour, d'un passeport en cours de validité, et de documents prouvant que vos moyens financiers sont suffisants (une photocopie de votre carte de crédit peut suffire).

Douanes
Il n'y a aucune restriction sur l'importation des devises étrangères.
Les voyageurs de plus de 16 ans peuvent importer 200 cigarettes, 50 cigares ou 250 g de tabac, 1 l de spiritueux et 2 l de vin ou de bière, 25 cl d'eau de toilette et 10 cl de parfum.
Règlements sanitaires
Un permis du ministère de l'Agriculture, délivré après 6 mois de quarantaine, est exigé pour importer des plantes, des fruits ou des animaux.
Vaccination
Aucune vaccination n'est exigée, mais un certificat de vaccination contre la fièvre jaune doit être produit par tout voyageur provenant de régions affectées.
Permis de conduire
Le conducteur doit avoir plus de 23 ans et posséder son permis depuis plus d'un an. Le permis international est parfois demandé lors d'un séjour de plus d'un mois.

• Devises
Monnaie
L'unité monétaire est la roupie mauricienne (MRs ou Rs), 1 € vaut environ 25 Rs. Elle se divise en 100 cents (c). C'est une monnaie relativement stable.
Change
La roupie mauricienne ne s'achète que sur place. Changer des devises ne pose aucun problème. Vous trouverez des banques ou des bureaux de change à l'aéroport à l'arrivée et au départ des vols internationaux, dans tous les lieux touristiques, dans toutes les villes et les villages les plus importants et dans la plupart des hôtels. Les principales devises étrangères sont acceptées.
Le taux de change, fixé par le gouvernement, est identique partout. Il n'y a pas de marché noir à Maurice.
Chèques de voyage
Vous pourrez changer vos chèques de voyage dans toutes les banques. Le taux est meilleur qu'avec des devises mais une petite commission est prélevée sur chaque opération.
Cartes de crédit
Les principaux hôtels, restaurants, magasins de souvenirs et banques acceptent les cartes American Express, Diners Club, Master Card et Visa.
Vous trouverez des guichets automatiques à Port Louis et dans les principales villes et stations touristiques.

• Budget à prévoir
Le gouvernement cherchant à développer un tourisme haut de gamme, les prix sont assez élevés. La vie à l'île Maurice demeure cependant moins chère qu'à la Réunion ou aux Seychelles.
Il faut savoir que les prix varient du simple au double selon la saison et que presque tous les tarifs sont majorés de 20 à 30 % entre le 15 décembre et le 15 janvier. N'oubliez pas qu'une **taxe gouvernementale** de 12 % est ajoutée aux factures des hôtels et des restaurants.
En voyageant à deux, on peut se loger à Maurice pour un minimum de 7,6 € par jour et par personne et se nourrir à partir de 3 € par repas. Pour un séjour plus confortable mais sans luxe, il faut compter en moyenne 30 € par jour et par personne pour l'hôtel et le restaurant. Circuler en bus est très bon marché, mais ne permet pas d'aller partout. Pour louer une voiture ou un taxi à la journée, comptez environ 38 à 45 €.
Pour plus de détails, reportez-vous aux rubriques transports, hébergement, restauration...

- **Réservations**

Si vous souhaitez organiser vos vacances à l'avance, réservez votre hébergement, selon la saison, quelques semaines ou quelques mois avant de partir.

Les tarifs des hôtels sont souvent beaucoup plus intéressants si vous passez par une agence de voyages. Méfiez-vous cependant des descriptions et des photos parfois mensongères sur les brochures.

Si vous préférez choisir votre chambre sur place, le nombre de lits est tellement important que vous en trouverez toujours un. Vous prenez seulement le risque de ne pas avoir celui dont vous auriez rêvé. Pour la période de Noël et du Nouvel An, il est plus sûr de réserver, surtout pour les meilleures adresses.

Pour les fêtes de fin d'année et les vacances d'été (de mi-décembre à mi-janvier et juillet-août), vous aurez même intérêt à réserver une voiture si vous choisissez ce moyen de transport.

Si vous envisagez de vous rendre à Rodrigues, il est indispensable de réserver votre aller-retour entre les deux îles *(voir page suivante)*.

- **Assurance rapatriement**

Pensez à vous assurer avant de partir. Renseignez-vous auprès de votre banque : certaines cartes bancaires donnent droit à une couverture à l'étranger. Si vous passez par un tour-opérateur, l'assurance assistance/rapatriement est en général incluse dans le prix de votre voyage.

Europ Assistance, 1 promenade de la Bonnette, 92633 Gennevilliers cedex, ☎ 01 41 85 85 85.

Mondial Assistance, 2 rue Fragonard, 75017 Paris, ☎ 01 40 25 52 04.

- **Ce que vous pouvez apporter à offrir**

Les Mauriciens, majoritairement francophones et francophiles, apprécieront que vous leur offriez des cadeaux français. Vous pouvez éventuellement apporter une spécialité gastronomique de votre région ou une bouteille de vin (assurez-vous au préalable que la religion de vos hôtes les autorise à boire de l'alcool). Ils seront également curieux de voir où vous vivez et vous leur ferez plaisir en leur offrant, par exemple, un livre de photos sur votre pays ou, tout simplement, en leur montrant des photos de chez vous. Grands amateurs de football, ils seront fiers d'arborer un tee-shirt ou un écusson de votre équipe favorite (surtout depuis la victoire de la France lors de la Coupe du monde 1998 !). Vous ferez également des heureux en apportant des livres, BD, revues ou magazines français.

Parfums et maquillage feront rougir de bonheur les Mauriciennes coquettes.

COMMENT S'Y RENDRE

- **En avion**

Lignes régulières

Le vol Paris-Maurice sans escale dure environ 11 heures. Depuis un récent accord entre les compagnies Air France et Air Mauritius, les liaisons sont assurées en combiné, à raison de 12 vols par semaine entre Paris et Maurice. Air Mauritius assure également un vol Bruxelles-Maurice par semaine, ainsi qu'un vol Genève-Maurice.

Air Mauritius, 11 bis rue Scribe, 75009 Paris, ☎ 01 44 51 15 55, Fax 01 49 24 04 25.

Air France, ☎ 0 820 820 820, Fax 01 42 99 21 99 ou 01 44 56 26 01, www.airfrance.fr Consultez la liste des agences.

Les compagnies Air Madagascar, Air Seychelles, Air India, British Airways, Condor, South African Airways et Singapore Airlines ont également des liaisons avec l'île Maurice (se renseigner auprès de leurs représentants).

Vols « charters »

Il n'existe pas de vol charter pour Maurice, mais de nombreuses agences de voyages proposent des tarifs promotionnels très intéressants sur les vols réguliers.

Maurice via la Réunion
Le plus économique pour se rendre à Maurice consiste à prendre un vol charter pour la Réunion, puis un autre vol régulier entre les deux îles.

Liaisons aériennes entre Maurice, Rodrigues, la Réunion et les Seychelles
Air Mauritius assure plusieurs vols quotidiens entre la Réunion et l'île Maurice (40 mn), entre deux et quatre vols quotidiens entre Rodrigues et l'île Maurice (1 h 30), et deux vols par semaine (en association avec Air Seychelles) vers les Seychelles (2h30). Sachez que le billet est beaucoup plus cher au départ de la Réunion qu'au départ de Maurice (environ 180 € et 115 €).
La Réunion – Angle des rues Charles-Gounod et Alexis-de-Villeneuve, 97400 St-Denis, ☎ 94 83 83.
Maurice – Air Mauritius Centre, Paille en Queue Court, President John F. Kennedy St., Port Louis, ☎ 207 70 70 (réservations / confirmations, ☎ 207 75 75).
Rodrigues – Douglas St., Port Mathurin, ☎ 831 1558.
Seychelles – Mahé Trading Building, Victoria, ☎ 32 24 14.
Air Austral assure 3 vols quotidiens entre la Réunion et l'île Maurice et 1 vol par semaine entre la Réunion et les Seychelles.
La Réunion – 4 rue de Nice, 97400 St-Denis, ☎ 90 90 90.
Seychelles – Pirates Arms Building, Victoria, Mahé, ☎ 32 32 62.

Aéroport international Sir Seewoosagur Ramgoolam
L'aéroport de Maurice (☎ 603 3030) se trouve à Plaisance, à 4 km de Mahébourg, au sud-est de l'île, à 48 km de Port Louis. Vous y trouverez, ouverts en principe à chaque arrivée de vol international, quelques boutiques hors taxes, des bars et un restaurant, un bureau de l'office de tourisme, des guichets de banques pour changer de l'argent et un bureau de poste, ainsi que les comptoirs des principales agences de location de voiture.
Des taxis attendent à l'arrivée de chaque avion. N'hésitez pas à négocier la course. Des autobus publics passent environ toutes les demi-heures, entre 6 h et 18 h, derrière le parking de l'aéroport. Ils relient Port Louis à Mahébourg, via Curepipe.

Reconfirmation
Il est vivement conseillé de reconfirmer votre vol de retour dès que possible, et au plus tard 72 h avant votre retour, auprès du comptoir d'Air Mauritius situé dans le hall d'arrivée de l'aéroport.
Au départ de Maurice, il est prudent d'arriver 2 h en avance à l'aéroport car le surbooking est fréquent.

- **Par un tour-opérateur**

Les agences proposent différentes formules de séjour à Maurice. Il devient souvent plus intéressant d'acheter un forfait comprenant l'avion, l'hôtel en pension complète et éventuellement la location d'une voiture, que d'organiser soi-même son voyage.
Voir la liste des tour-opérateurs spécialisés, p. 70-71.

- **En bateau**

Les navires-cargo *Mauritius Pride* et *Trochétia* partent de Maurice pour Rodrigues 3 fois par mois en moyenne selon la saison (de 24 h à 30 h de traversée selon la direction) et à fréquence très variable, selon l'affluence, pour la Réunion (de 10 h à 12 h de voyage, de 120 € à 205 € AR selon la saison et la classe).
Mauritius Shipping Corporation, Nova Building, 1 route Militaire, Port Louis, Maurice, ☎ 242 5255, Fax 242 5245.
Islands' service, Port Mathurin, Rodrigues, ☎ 831 1555, Fax 831 2089.
SCOAM, 4 av. du 14 juillet 1789, 97420 Le Port, la Réunion, ☎ 42 19 45, Fax 43 25 47.

Sur place

• Adresses utiles

Les magazines *What's on in Mauritius*, *Rivage* et *Côte Nord* sont distribués gratuitement à l'office de tourisme et dans de nombreux hôtels et magasins. L'office de tourisme, lui-même, édite un « Guide Pratique Ile Maurice et Rodrigues » assez bien conçu. Ils contiennent toutes sortes d'informations pratiques et d'adresses utiles.

Office de tourisme, centres culturels et représentations diplomatiques

Mauritius Tourism Promotion Authority – Port Louis Waterfront, Port Louis, ☎ 208 6397, Fax 212 5142. Vous y trouverez peu de brochures, mais on répondra à vos questions.
Il y a également un comptoir d'information à l'aéroport (☎ 637 3635), où vous trouverez des informations sur les hôtels et sur l'île.
Centre Charles Baudelaire, 15-17 Gordon St., Rose Hill, ☎ 454 7929.
Alliance Française, rue Victor-Hugo, Bell Village, à la sortie de Port Louis, ☎ 212 2949.
Ambassade de France – 14 St-George St., Port Louis, ☎ 202 0100.
Consulat de Belgique – 10 Dr Ferrière St., Port Louis, ☎ 212 4811 ou 208 7289.
Consulat de Suisse – 2 Jules Kœning St., ☎ 208 8763.

• Horaires d'ouverture

Ces horaires varient souvent d'un endroit à l'autre et ne valent donc qu'à titre indicatif.

Banques
Lundi-vendredi, 9 h 30-15 h ; samedi, 9 h 30-11 h 30.

Postes
Lundi-vendredi, 9 h-16 h ; samedi, 9 h-12 h.

Magasins
À Port Louis, lundi-vendredi, 8 h 30-17 h ; samedi, 9 h-12 h.
Dans les villes du plateau central et les principaux villages, lundi-mercredi, vendredi et samedi, 9 h-18 h. Jeudi et dimanche, 9 h-12 h.

Marchés
Lundi-samedi, 7 h-17 h ; dimanche, 6 h-11 h 30.

Restaurants
Les horaires et les jours de fermeture varient d'un établissement à l'autre.

Bureaux
Lundi-vendredi, 9 h-16 h.

• Visite des musées et des jardins

Horaires
Nationaux pour la plupart, les musées ouvrent en général de 9 h à 16 h du lundi au vendredi et de 9 h à 12 h les samedi et dimanche. Pour les lieux privés, les horaires varient.

Tarifs
L'entrée des musées et des jardins qui appartiennent à l'État est gratuite. Pour les autres, le droit d'entrée varie entre 3 et 4,5 €. Les enfants bénéficient de réductions.

• Poste

Vous trouverez des bureaux de poste dans toutes les villes et tous les villages, et le service postal fonctionne bien. Il vaut mieux poster votre courrier de votre hôtel ou d'un bureau de poste que d'une boîte aux lettres isolée.

Les timbres s'achètent uniquement dans les bureaux de poste, mais les hôtels en vendent généralement à leurs clients.

Vous pouvez expédier des colis par avion. Comptez 15 € pour le premier kilo et 1,5 € par kilo supplémentaire.

• Téléphone et fax

Le réseau automatique, modernisé ces dernières années, couvre désormais toute l'île. Vous trouverez des cabines téléphoniques dans les villes, près des postes de police et des supermarchés et près des principales plages publiques. Elles fonctionnent avec des cartes que l'on achète dans les supermarchés, dans certaines stations-service et parfois avec la carte Visa.

Dans les hôtels, le prix d'une communication est beaucoup plus élevé, on vous facturera souvent un minimum de 3 mn par appel.

Appels internationaux

Vous pouvez appeler d'un centre téléphonique **Telecom** ou d'un hôtel.
Vous bénéficiez d'une réduction du samedi midi au dimanche minuit.

Indicatifs et tarifs

Pour appeler l'étranger depuis l'île Maurice, composez le 00 + l'indicatif du pays + le numéro de votre correspondant.

Il n'y a pas d'indicatif entre Maurice et Rodrigues.

Indicatifs – 33 pour la France ; 32 pour la Belgique ; 41 pour la Suisse ; 1 pour le Canada.

Renseignements

Nationaux – Composez le 150.
Internationaux – Composez le 100 90.
Renseignements touristiques – Composez le 152 (coordonnées des hôtels et des opérateurs touristiques).

• Jours fériés

Avec toutes ses communautés ethniques et religieuses, Maurice compte 13 jours fériés officiels par an. Signification des fêtes et description de certaines célébrations : *Voir Un brassage de religions, p. 207.*

Dates fixes

1ᵉʳ et 2 janvier	Nouvel an
1ᵉʳ février	Journée de commémoration de l'abolition de l'esclavage
12 mars	Anniversaire de l'Indépendance et jour de la République (discours et célébrations au champ de Mars à Port Louis).
1ᵉʳ mai	Fête du Travail
1ᵉʳ novembre	Toussaint
25 décembre	Noël

Dates variables

Les autres dates varient chaque année en fonction de la Lune. Vous pouvez vous procurer le calendrier des fêtes à l'office du tourisme de Port Louis.

Janvier-février	Cavadee
Janvier-février	Fête du printemps (Nouvel An chinois)
Février-mars	Maha Shivaratree et Holi
Mars	Ougadi
Variable	Id-al-Fitr (selon calendrier islamique)
Septembre	Ganesh Chaturti
Octobre-novembre	Divali

COMMENT SE DÉPLACER

• En voiture

Avant de louer une voiture, sachez qu'il peut être plus intéressant, moins cher et moins fatigant de prendre un taxi à la journée pour faire des excursions. Adressez-vous à votre hôtel. La conduite à gauche n'est pas évidente quand on n'a pas l'habitude, et la conduite à la mauricienne peut se révéler assez éprouvante !

Location

Il faut avoir 23 ans et être en possession d'un permis de conduire valable depuis au moins un an.
Les grandes agences (Avis, Europcar, Hertz...) sont représentées à l'aéroport et dans les hôtels. Les petites agences locales proposent des tarifs très compétitifs, mais il convient de vérifier attentivement l'état du véhicule (freins, phares, essuie-glaces) et les conditions d'assurance. Pour éviter les problèmes, ne louez que les voitures de location officielles, que vous reconnaîtrez à leur plaque d'immatriculation jaune.
Comptez de 30 à 60 € par jour selon les agences et la durée de la location.

Réseau routier

Un réseau de plus de 1 800 km de routes goudronnées, en bon état pour la plupart, sillonne l'île. Une autoroute relie Plaisance à Port Louis en longeant les villes du plateau central, puis continue jusqu'à Grand Baie. L'ancienne route royale traverse les villes du centre. Une grande route va de Grand Baie à Pamplemousses.
La signalisation est assez aléatoire et les distances apparaissent aussi bien en kilomètres qu'en miles.

Conduite

La conduite se fait à gauche. La priorité reste à droite, mais les Mauriciens conduisent vite et la priorité semble revenir à celui qui klaxonnera le plus fort.
La vitesse est limitée à 50 km/h en ville et à 80 km/h sur route.
La ceinture de sécurité est obligatoire. Les routes sont assez mal éclairées la nuit.
Attention aux enfants sur le bord des routes, ainsi qu'aux nombreux chiens errants.

Essence

Il y a des stations-service un peu partout. La plupart d'entre elles ferment vers 19 h.

Garer sa voiture en ville

Vous trouverez des zones de parking payant à Port Louis, Rose Hill, Quatre Bornes et Curepipe.

• En taxi

De nombreux taxis sillonnent l'île, identifiables à leur plaque minéralogique écrite en noir sur fond blanc, qui se distingue de celle des véhicules privés, en blanc sur fond noir. Le compteur est en principe obligatoire, mais peu de chauffeurs l'utilisent et il faut négocier la course avant de partir.
Les chauffeurs vous proposeront leurs services pour faire des excursions d'une journée à travers l'île (comptez de 30 à 45 €, selon la période et le nombre de kilomètres). Certains d'entre eux font d'excellents guides touristiques. Méfiez-vous de certaines boutiques ou restaurants, où ils voudront vous emmener pour y toucher une commission. Vous trouverez des taxis devant la plupart des hôtels.

• En taxi collectif

Certains taxis assurent, parallèlement aux autobus, des liaisons régulières entre les villages, avec autant de passagers que possible. Ces « taxis-trains » vous proposeront peut-être leurs services s'ils vous voient marcher au bord de la route. Leur tarif est identique à celui des autobus.

• En autobus

Un bon réseau de bus couvre l'essentiel de l'île, mais un certain nombre de curiosités touristiques ne sont pas desservies. Pour les longs trajets, il faut généralement changer à Port Louis, à Quatre Bornes ou à Curepipe. Les bus normaux s'arrêtent partout et sont très lents. Les bus express sont en principe directs et deux fois plus rapides. Ils circulent environ de 6 h à 18 h en ville et de 6 h 30 à 18 h 30 entre les villages (peu de bus le week-end). Un service de nuit est assuré jusqu'à 23 h entre Port Louis et les villes de Rose Hill, Quatre Bornes et Curepipe. Les billets s'achètent dans le bus et sont très bon marché (env. 0,5 €).

Pour le détail des lignes et des horaires, procurez-vous la brochure *Île Maurice guide pratique* à l'office de tourisme.

• Excursions organisées

Les agences de tourisme s'occupent de vos transferts et de vos excursions à travers l'île. Elles ont des bureaux dans les principales villes et sont représentées à l'aéroport et dans la plupart des hôtels. Comptez de 25 à 45 € la journée d'excursion, déjeuner compris.

Mautourco – Mauritius Travel & Tourist Bureau (MTTB), angle Royal St. et Sir W Newton St., Port Louis, ☎ 208 2041, Fax 674 3720, www.mttb-mautourco.com
Ce tour-opérateur propose des excursions originales (canyonning, circuits en voitures tout-terrain) à l'intérieur de l'île.

Grand Baie Travel and Tours (GBTT), route côtière, Grand Baie, ☎ 263 8771 ou 263 8273, Fax 263 8274.

Mauritours, 5 Venkatesananda St., Rose Hill, ☎ 454 1666, Fax 454 1682.
10 Sir W. Newton St., Port Louis, ☎ 208 52 41, Fax 454 1682, www.mauritours.net

White Sand Tours, Caudan Waterfront, Port Louis, ☎ 212 6092 ou 212 3712, Fax 208 5632, www.whitesandtours.com

One Step Beyond - Yemaya Adventures, P.O Box 289, Curepipe, ☎ 752 0046 ou 254 6607, Fax 283 0180, haberland@intnet.mu Ces deux jeunes et dynamiques équipes proposent des activités de pleine nature : randonnée, escalade, canyonning, vélo tout-terrain et kayak de mer.

• Location de mobylettes et de bicyclettes

Vous pouvez les louer à la journée pour un prix raisonnable. Compter 4,57 € par jour pour une bicyclette, 10,5 € pour une mobylette, un peu plus de 15 € pour une moto.

La plupart des loueurs se trouvent dans le Nord-Ouest, notamment à Grand Baie. À moto (moins de 70 cm³) ou à mobylette, le port du casque est de rigueur.

• Liaisons aériennes entre Maurice et Rodrigues

Air Mauritius assure de deux à quatre vols quotidiens (selon la saison) entre Maurice et Rodrigues sur un ATR 42 disposant de 46 places. Le vol dure 1 h 30 et les bagages sont limités à 15 kg. Reconfirmez votre retour en arrivant à Plaine Corail. Comptez environ 150 € AR. Le nombre de places étant limité, il est recommandé de réserver vos places à l'avance.

• Liaisons maritimes entre Maurice et Rodrigues

Le navire-cargo *Mauritius Pride* part de Rodrigues 3 fois par mois en moyenne (de 24 h à 30 h de traversée, selon le sens et la météo). Outre les conteneurs et le bétail, il transporte 264 passagers, dont 16 en cabines 1ʳᵉ classe (182 € AR), les autres sont assis comme dans un avion (91 € AR).

Mauritius Shipping Corporation, Nova Building, 1 route Militaire, Port Louis, Maurice, ☎ 242 5255/241 2550/242 2912, Fax 242 5245.

Islands' service, Port Mathurin, Rodrigues, ☎ 831 1555, Fax 831 2089.

HÉBERGEMENT ET RESTAURATION

• Où loger sur l'île

La taille de l'île vous permet de résider au même endroit pendant toute la durée de votre séjour. Où que vous logiez, vous pourrez faire dans la journée les excursions de votre choix. Vous pouvez donc choisir votre lieu de séjour en fonction de vos goûts, de votre budget, mais aussi du climat et de la saison. Tout dépend si vous recherchez en priorité le repos, la plage et le soleil, les activités sportives, l'animation nocturne, le dépaysement, l'immersion dans la vie locale...

Selon la région que vous choisirez, vous aurez en effet une vision de l'île radicalement différente : stations balnéaires touristiques au nord-ouest, petit village paisible comme à Tamarin, quartier résidentiel de Mahébourg ou côte sauvage du sud ou de l'est de l'île...

Une autre possibilité consiste donc à opter pour un séjour itinérant autour de l'île, afin de découvrir les spécificités de chaque région. Reportez-vous aux descriptions détaillées de chaque côte dans la partie *Visiter Maurice*.

Les villes disposent généralement de petits hôtels bon marché de médiocre qualité, mais vous n'aurez a priori aucune raison d'y séjourner. Ce guide n'évoquera donc que les hôtels situés dans les régions littorales. Les adresses sélectionnées ont été classées par tranches de prix, sur la base d'une chambre double de catégorie intermédiaire.

• Les différents types d'hébergement

Vous trouverez à Maurice différents types d'hébergement qui vous permettront de vous loger à tous les prix. La liste complète se trouve à l'office du tourisme de Port Louis.

Sachez que, dans beaucoup d'établissements, les prix sont dégressifs si vous restez plusieurs nuits. Les prix varient aussi en fonction de la saison. Vous pouvez compter en moyenne 20 % de moins pendant la morte saison (autour de juin et de septembre) et de 30 à 50 % de plus pour Noël et le jour de l'An. Une taxe gouvernementale de 12 % est ajoutée aux factures d'hôtels et de restaurants, mais de nombreux établissements l'incluent déjà dans leurs tarifs.

Les tarifs pouvant varier du simple au double selon la saison et la catégorie de la chambre, les fourchettes de prix indiquées dans les rubriques pratiques de ce guide ont été établies sur la base d'une chambre standard avec petit-déjeuner pour deux personnes en moyenne saison. Dans certains cas, il est précisé que la demi-pension est obligatoire. À l'inverse, nous mentionnons des locations de studios ou d'appartements dont les tarifs n'incluent aucun repas. Dans ces deux cas, nous les avons classés en retranchant le montant approximatif du dîner ou en ajoutant celui du petit-déjeuner.

Il est évident qu'un bungalow pour 4 ou 6 personnes reviendra beaucoup moins cher qu'un studio pour 2 et changera alors de catégorie de prix. À l'inverse, une chambre simple coûtera proportionnellement beaucoup plus cher qu'une double.

Camping
Le camping est toléré. L'île ne dispose toutefois d'aucune installation, dans la mesure où le camping compte peu d'adeptes à Maurice.

Pensions de famille
Vous trouverez un peu de tout dans cette catégorie : des petits hôtels sales et sinistres aux pensions familiales simples, mais propres et chaleureuses. Certaines pensions constituent une bonne alternative si vous disposez d'un budget limité ou que vous préférez une ambiance familiale aux soirées animées des hôtels.

Hôtels
Du simple petit hôtel au palace de luxe, sur la plage ou de l'autre côté de la route, Maurice dispose d'une excellente hôtellerie dans toutes les gammes de prix.

Locations
Il existe un grand choix de chambres, studios, appartements, bungalows et villas à louer. C'est une formule économique, surtout si vous partez en famille ou entre amis. Si vous louez un appartement ou une maison, assurez-vous que la route principale ne passe pas juste devant, que la plage de rêve vantée par la brochure est bien à proximité, etc. On vous proposera les services d'une femme de ménage et d'une cuisinière pour une somme modique. Sachez toutefois que les locations isolées constituent la cible privilégiée des voleurs, surtout dans la zone touristique du Nord-Ouest. Évitez les nombreuses « chambres à louer » signalées par des pancartes au bord de la route principale dans la région de Grand Baie. Préférez les locations dans des résidences hôtelières gardées. Vous bénéficierez de surcroît d'un certain nombre de services : piscine, ménage, location de voitures ou de bicyclettes, accès à quelques activités nautiques, organisation d'excursions, etc.

● Où se restaurer
Dans les hôtels
La majorité des grands hôtels ont leur restaurant et certains imposent la demi-pension à leurs clients, notamment pendant la période du 15 décembre au 15 janvier. Ils servent souvent une cuisine internationale ou une cuisine locale aseptisée, revue au goût des touristes. Sachez toutefois que vous pouvez, dans la plupart des cas, choisir à la carte des plats plus authentiques et parfois meilleurs. Un buffet créole, suivi d'une démonstration de *séga*, se tient au moins une fois par semaine dans la majorité des hôtels. Certains établissements ont adopté la formule du buffet pour tous les repas et organisent des soirées thématiques. En demi-pension, un dîner coûte en moyenne, selon la catégorie de l'hôtel, entre 3 et 12 €.

Dans les restaurants
Chinois, indiens, créoles, français ou italiens, les restaurants ne manquent pas à Maurice. La répartition de la population mauricienne et des touristes sur l'île font que les meilleurs restaurants se concentrent dans les villes du plateau central.
Les Mauriciens aiment dîner au restaurant, en couple ou en famille, le vendredi et le samedi soir. Il arrive parfois également qu'un bon restaurant chinois ou indien soit entièrement réservé à l'occasion d'un mariage ou de toute autre fête. Il est donc conseillé de réserver dans les restaurants les plus réputés ou populaires.
Pour un repas comprenant une entrée, un plat et un dessert, comptez en moyenne, selon la catégorie du restaurant, entre 6 et 15 €.

Dans la rue
Les vendeurs ambulants, dans les villes ou au bord des plages, proposent le midi des *samoussas*, *dholl puri*, *mine frits*, beignets et parfois même des soupes et des cari, qui peuvent être savoureux. Cela vous permettra de manger local pour un prix dérisoire. Vous n'en trouverez cependant pas partout.

Boissons
L'eau du robinet est en principe potable, mais il vaut mieux boire de l'eau en bouteille. On trouve partout des boissons gazeuses, dont les Mauriciens sont très friands, quelques jus de fruits et de la bière locale (*Phœnix*, *Blue Marlin*, *Stella*).
La célèbre marque de punch *Châtel* dispose d'une unité de production dans l'île. La consommation de rhum est très répandue dans la population mauricienne.
La grande majorité des restaurants servent du vin, importé d'Afrique du Sud le plus souvent et relativement cher. Vous pourrez boire du vin français dans certains restaurants, mais il est cher et rarement bien conservé. Maurice produit son thé (à Bois Chéri) et son café (à Chamarel), parfumés ou non à la vanille et généralement servis avec du lait et du sucre.

Les loisirs

• Activités nautiques

Les plages de l'île Maurice sont officiellement publiques, mais de plus en plus d'hôtels s'approprient des plages qu'ils font surveiller par des gardiens pour dissuader les visiteurs extérieurs. À l'exception des vendeurs de coquillages et de paréos, et de quelques pêcheurs, vous rencontrerez paradoxalement peu de Mauriciens sur la majorité des plages (sauf le week-end). Nous évoquons dans ce guide des plages dites « publiques », pour désigner les plages encore vierges de tout hôtel et auxquelles tout le monde peut accéder sans restriction.

Dans les hôtels, les activités nautiques sont généralement incluses dans le prix de la chambre, à l'exception de la plongée sous-marine, de la pêche au gros et parfois du ski nautique, pour lesquels il faut payer un supplément.

Vous aurez partout la possibilité de pratiquer la **natation**, avec ou sans masque, tuba et palmes (prévoir des sandales en plastique pour vous protéger des coraux et des oursins et un tee-shirt contre les coups de soleil), la **planche à voile**, le **ski nautique**, le **dériveur**, le **kayak**, le **pédalo**, etc.

Le lagon des côtes Ouest et Nord est plus calme. Pour l'exploration des fonds avec masque et palmes et pour les sports à voile, la côte Est est plus indiquée. La chasse sous-marine, la collecte de coquillages et de coraux sont strictement interdites.

Surf

Vous trouverez des vagues dans la baie de Tamarin, sur la côte Ouest, surtout entre juin et août. Vous pourrez louer un surf sur place.

Pêche au gros

L'île Maurice est réputée pour ses eaux poissonneuses et détient plusieurs records mondiaux de pêche. **Entre octobre et mars**, des poissons de très grande taille (marlin bleu ou noir, requin, bonite, thon jaune, voilier, pèlerin, bécune, barracuda...) viennent rôder et chasser autour de Maurice, à proximité du récif et parfois près du rivage. La **côte Ouest** bénéficie des courants et marées les plus propices. De nombreux hôtels disposent de bateaux modernes équipés pour la pêche au gros. Ils vous emmènent (maximum 5 personnes) au-delà de la barrière de corail pour une partie de pêche d'une demi-journée (env. 9000 Rs) ou d'une journée.

Vous trouverez des clubs de pêche au gros à Rivière Noire, au Morne, à Flic en Flac, Wolmar, Trou aux Biches, Grand Baie, Anse Jonchée : reportez-vous aux pages d'informations pratiques correspondantes.

Croisières à la voile

D'excellentes conditions de navigation rendent très agréables les excursions d'une journée autour des îles du lagon. Un barbecue est généralement prévu sur la plage d'une des îles côtières. Vous pouvez également louer un catamaran avec un skipper pour une croisière de plusieurs jours.

Les principales organisations de voile se trouvent à Grand Baie, Péreybère, Trou d'Eau Douce et le Morne : reportez-vous aux pages d'informations pratiques correspondantes. Le lagon de la côte Est, avec ses îlots côtiers et ses souvenirs historiques, est sans doute le plus beau et le plus intéressant pour une croisière.

Plongée sous-marine

Les fonds de Maurice ont beaucoup souffert de la pêche à la dynamite, des déchets de teintures textiles et d'engrais jetés à la mer. Les récifs coralliens sont détruits à près de 95 % (sauf au sud-est de l'île), et de nombreuses espèces de poissons ont disparu du lagon. La pêche sous-marine de poissons, coquillages ou coraux est formellement interdite, car de nombreuses espèces sont menacées.

Quelques sites de plongée vous promettent cependant encore de belles explorations, au large de Flic en Flac, du Morne Brabant, de Blue Bay, et près de l'île Ronde.

De nombreux hôtels proposent une initiation en piscine ou des sorties en mer pour plongeurs confirmés.

Comptez environ de 700 Rs à 800 Rs pour une plongée, équipement compris.
Renseignements : **Mauritian Scuba Diving Association**, Beau Bassin, ☎ / Fax 454 0011.

Mauritius Underwater Group, Phoenix, ☎ 696 5368.
Les clubs les plus réputés sont ceux de Rivière Noire, de l'hôtel Villas Caroline à Flic en Flac et de l'hôtel Pirogue Sun à Wolmar (reportez-vous aux pages d'informations pratiques correspondantes).

Marche sous-marine
Si la plongée sous-marine vous fait peur, la marche sous-marine constitue une bonne alternative. Accessible à tous à partir de 7 ans, il n'est pas nécessaire de savoir nager pour tenter cette amusante expérience (860 Rs la promenade de 1 h dont 25 mn sous l'eau). Un bateau vous mène à une plate-forme, d'où vous descendez, par une échelle, lesté par une ceinture de plomb, de 2 m à 5 m de profondeur. Équipé d'un large casque posé sur les épaules et alimenté en oxygène, vous pouvez ainsi observer en toute sécurité la vie sous-marine qui vous entoure.
Renseignements auprès d'**Undersea walk**, Grand Baie (☎ 263 7820 ou 729 4411) et **Alpha 2**, à Grand Baie (☎ 263 7664).

Bateaux à fond de verre
Pour observer les fonds marins sans vous mouiller, des promenades en bateau à fond de verre vous sont proposées au départ de la plupart des plages touristiques.
Toutefois, pour avoir une chance de voir quelque chose, choisissez une journée ensoleillée et sans vent pour la visibilité. N'oubliez pas de vérifier l'état du « fond de verre » avant de vous embarquer, car il est souvent rayé ou fendu.

Semi-submersible
Le groupe MTTB - Mautourco propose des balades dans le lagon de Grand Baie à bord du semi-submersible **le Nessee** (☎ 670 4301).

Sous-marin
Embarquer pendant une heure à bord d'un des deux sous-marins de **Blue Safari Submarine** permet de vivre une expérience unique dans l'océan Indien. La promenade se déroule par 30 m de fond, au large de la plage de Mont-Choisy près de Grand Baie, et permet d'approcher des massifs coralliens ainsi qu'une épave entourés de nombreux poissons (☎ 263 3333, Fax 263 3334, bluesaf@intnet.mu).

• Autres activités sportives
Équitation
Les Écuries du **Domaine les Pailles** (☎ 212 4225) proposent des randonnées équestres dans le Domaine *(voir p. 260)*. Certains grands hôtels organisent aussi des promenades sur la plage.

Tennis
La plupart des grands hôtels disposent d'au moins un cours de tennis, que les non-résidents peuvent parfois louer à l'heure.

Golf
Plusieurs hôtels disposent de practices de 9 trous. Vous trouverez des terrains de 18 trous au Morne Brabant (hôtels Paradis et Dinarobin) et à Belle Mare (hôtel Belle Mare Plage). Ces golfs sont généralement accessibles aux non-résidents.

• Hélicoptère
Air Mauritius Helicopter Services, ☎ 603 3754 ou 637 3552, organise des survols de l'île en hélicoptère. Comptez 7600 Rs pour un tour de 20 mn et 16000 Rs pour 1 h.

• Vie nocturne
La vie nocturne est quasi inexistante à Maurice. Elle se concentre essentiellement dans les hôtels et dans la station touristique de Grand Baie, pour satisfaire les vacanciers noctambules.

Concerts et spectacles de danse
La plupart des hôtels organisent au moins une fois par semaine des soirées *séga*. Créés pour les touristes, ces spectacles, de qualité inégale, n'ont plus grand-chose à voir avec la danse traditionnelle et manquent parfois d'enthousiasme.

Théâtre
Le programme des deux salles de l'île, à Port Louis et à Rose Hill, est disponible à l'office de tourisme. Avec un peu de chance, vous tomberez sur un spectacle original, indien ou chinois.
Cinéma
Bien que la vidéo ait supplanté le grand écran, les Mauriciens sont friands de cinéma. De plus en plus de salles, surtout à Port Louis, tentent de diversifier leur programmation. Cela dit, la majorité des films à l'affiche sont américains (diffusés en version française), indiens ou français.
Casino
De plus en plus d'hôtels ouvrent un casino dans leur établissement. Vous y jouerez à la roulette, au black-jack et au baccara. Voir les hôtels Trou aux Biches, St-Géran à Belle Mare, Berjaya au Morne Brabant, et La Pirogue à Wolmar.
Discothèques
Les Mauriciens aiment beaucoup danser mais, dans les discothèques des hôtels, vous côtoierez essentiellement des touristes. Pour une ambiance plus locale, il faut vous rendre dans les villes du plateau central (notamment Quatre Bornes), ou bien au Zanzibar et au Star Dance à Grand Baie.

LES ACHATS

- **Ce que vous pouvez acheter**

Prêt-à-porter
Maurice est réputée pour ses textiles et sa confection bon marché, vendus dans de nombreuses boutiques de prêt-à-porter, essentiellement à Port Louis, à Grand Baie, et dans les villes du plateau central. De nombreux magasins d'usines textiles sont en effet concentrés à Floréal, près de Curepipe.
Tissus et objets indiens
Vous trouverez dans les villes, au marché ou dans les boutiques, de la soie ou du coton au mètre, des vêtements, des saris et divers articles indiens. Si vous achetez du tissu, faites-vous confectionner des vêtements sur mesure chez l'un des nombreux tailleurs qui ont pignon sur rue (notamment à Mahébourg et Port Louis).
Maquettes de bateaux
Spécialité de l'artisanat mauricien. Vous en verrez un peu partout, mais les meilleurs ateliers sont surtout concentrés à Curepipe. Les maquettes se vendent à tous les prix, de 500 Rs à 50 000 Rs, selon les matériaux utilisés, la taille du bateau et la qualité de la finition. On vous l'emballera dans un paquet adapté au transport en avion. Gardez précieusement la facture : on risque de vous la réclamer à la douane.
Or et diamants
Maurice est réputée pour la taille des diamants. L'île compte quelques boutiques de bijoux en or et de diamants, vendus hors taxes à des tarifs compétitifs.
Fleurs
Si vous souhaitez rapporter des fleurs, il faut obtenir une autorisation auprès de l'Inspection des Plantes au ministère de l'Agriculture. Néanmoins, à l'aéroport, au départ des vols internationaux, un stand vend des *anthuriums*, prêts à emporter en avion sans permis.
Épices
Les marchés mauriciens sont un régal pour les yeux et les narines. Vous y ferez des provisions de thé mauricien parfumé à la vanille, et d'épices indiennes de toutes sortes, colorées et savoureuses, pour cuisiner de bons caris à votre retour.
Rhum
L'île Maurice produit du rhum blanc. Le plus réputé est le « Green Island ». La variété épicée est particulièrement agréable.

• Où faire vos achats
Les marchés
Les marchés les plus importants se tiennent à Port Louis, Rose Hill, Curepipe et Mahébourg. Outre des fruits et légumes, vous y trouverez des épices, des tissus, des paréos, des paniers, des nappes brodées de Madagascar, etc.
Les boutiques
Port Louis, Curepipe, Rose Hill et Grand Baie concentrent l'essentiel des boutiques susceptibles de vous intéresser (prêt-à-porter, souvenirs, maquettes, bijoux...).
Les boutiques hors taxes
Sachez que l'appellation hors taxes est parfois usurpée à Maurice. Les deux principales boutiques, **Adamas** (à Floréal) et **Poncini** (à Port Louis ou à Curepipe), vendent des bijoux en or, des diamants non sertis, des pierres précieuses et des perles, selon un règlement imposé par le gouvernement. Vous devez vous munir d'un passeport et d'un billet d'avion. Le paiement se fait par carte bancaire ou en devises étrangères.

• Taxes ou règlements sanitaires sur certains articles
Il faut obtenir une autorisation de l'Inspection des Plantes au ministère de l'Agriculture pour exporter des plantes, des fruits ou des fleurs.

SANTÉ

• Maladies
Il n'y a aucune maladie tropicale à Maurice et Rodrigues. Les seuls dangers proviennent du soleil et de la mer.

• Trousse à pharmacie
Emportez de la crème solaire à fort coefficient et de la lotion antimoustiques. Si vous avez les intestins fragiles, prenez des médicaments contre la diarrhée (Immodium et Ercéfuryl ou Intétrix). Ces médicaments sont également en vente à Maurice.

• Services médicaux
Premiers secours
Les grands hôtels disposent d'une infirmerie et peuvent en cas de besoin appeler un médecin.
Hôpitaux
Maurice compte plusieurs hôpitaux publics, gratuits, mais pas toujours recommandables. Les cliniques privées, moins fréquentées, sont mieux entretenues.
Clinique Darné, G. Guibert St., Floréal, ☎ 601 2300. Le meilleur établissement médical de l'île.
Sir Seewoosagur Ramgoolam Hospital, Pamplemousses, ☎ 243 3661.
En cas de problème grave, il est conseillé d'aller à la Réunion.
Pharmacies
La plupart des villages possèdent une petite pharmacie, mais les mieux approvisionnées se trouvent dans les villes et à Grand Baie.
Dentistes
Il y a des cabinets dentaires partout dans l'île. Adressez-vous à l'ambassade ou auprès de votre hôtel. Une bonne adresse :
Dr Audibert, route Royale, Curepipe, ☎ 679 5961 ou 676 1495.

• Urgences
Composez le 999 et demandez le service désiré (police, incendie, ambulance).

DE A à Z

- **Blanchisserie**

Tous les hôtels disposent d'un service de blanchisserie rapide et bon marché.

- **Cigarettes**

Les cigarettes de marques connues sont plus chères qu'en France. Vous avez donc tout intérêt à les acheter à la boutique hors taxes de l'aéroport ou bien à consommer des cigarettes de marques « locales », beaucoup moins chères.

- **Courant électrique**

La tension est de 220 volts. On trouve des prises britanniques à trois trous et des prises françaises à deux trous.

- **Eau potable**

L'eau du robinet, traitée chimiquement, est en principe potable à Maurice, mais il est préférable de boire de l'eau minérale en bouteille (en vente partout). À Rodrigues, l'eau courante n'est pas potable.

- **Journaux**

Il existe plusieurs quotidiens et hebdomadaires locaux en français (*L'Express, Le Mauricien, Week-End*).

- **Marchandage**

Il est de rigueur à Maurice en de nombreuses circonstances. N'hésitez pas à faire baisser le prix d'une chambre d'hôtel de 20 à 30 % si vous restez plus d'une semaine, surtout hors saison. Il faut généralement marchander les taxis avec acharnement, ainsi que les locations de voitures ou de vélos pour plusieurs jours.

- **Météo**

Composez le ☎ 302 6070, ou le ☎ 96 par temps de cyclone.

- **Photographie**

Vous trouverez un assez bon choix de pellicules photo et diapo que vous pourrez faire développer dans certains lieux touristiques et dans les villes.

- **Pourboire**

Le service étant généralement inclus, le pourboire reste à la discrétion du client. Les Mauriciens ont néanmoins de plus en plus tendance à l'attendre.

- **Radio et télévision**

Les émissions sont en français, moins fréquemment en anglais ou en créole.

- **Unités de mesure**

Maurice a adopté le système métrique français, mais vous verrez encore quelques vestiges du système anglais.

- **Vols**

Des cas de vols ont été signalés dans des villas de location sans gardiennage, essentiellement dans la région de Grand Baie. Il est prudent de ne laisser aucun objet de valeur sans surveillance sur la plage ou dans votre voiture.

LIRE, VOIR ET ÉCOUTER

● **Ouvrages généraux**
DORMANN Geneviève et ROSSI Alberto, **Maurice vue du ciel**, Gallimard-Jeunesse, 1991. De magnifiques photos aériennes.
LENOIR Philippe, **Île Maurice, ancienne isle de France**, Ed. du Cygne, 1986. Ouvrage thématique sur l'île. Bons documents historiques.
LEPRISE Hélène et GIRAUD Philippe, **Sourires de l'île Maurice**, Créations du Pélican, 1995. Beau livre.

● **Littérature**
BAUDELAIRE Charles, **À une dame créole**.
CHAZAL Malcolm de, **Petrusmok**, Ed La Table Ovale, Maurice, 1983.
DELOY Edna, **Korek? Korek! Esquisses de l'île Maurice**, L'Harmattan, 1984. Nouvelles. Reflets de la société mauricienne.
DEVI Ananda, **Le Voile de Draupadi**, L'Harmattan, coll. Encres noires, 1993. Confrontée à la maladie de son fils, une jeune hindoue marche sur le feu.
DORMANN Geneviève, **Le Bal du dodo**, Albin Michel, 1989. Description romancée et satirique de la société franco-mauricienne contemporaine.
DUMAS Alexandre, **Georges**, Gallimard, 1974. Dépeint les clivages entre Blancs et métisses.
HEIN Raymond, **Le Naufrage du Saint-Géran – la légende de Paul et Virginie**, EOI-Nathan, 1981.
HUMBERT Marie-Thérèse, **À l'autre bout de moi**, Le Livre de Poche, 1981.
LAGESSE Yvan, **Comment vivre à l'île Maurice en 25 leçons**. Humour mauricien.
LE CLÉZIO J. M. G., **Le Chercheur d'or**, Gallimard, 1985.
LE CLÉZIO J. M. G., **Sirandanes**, Gallimard. Recueil de devinettes populaires créoles, joliment illustrées.
O'BRIAN Patrick, **Expédition à l'île Maurice**, Presses de la Cité, 1997. Le commandant d'une frégate doit prendre aux Français la Réunion et l'île Maurice qui servent de base à la marine de Bonaparte et « gênent » l'accès à la route des Indes.
SAINT-PIERRE Bernardin de, **Paul et Virginie**, Le Livre de Poche, 1788.
SAINT-PIERRE Bernardin de, **Voyage à l'île de France**, La Découverte. 1773. Récit de voyage et observation sociales.
SOUZA Carl de, **Les Jours Kaya**, Éd. de l'Olivier, 2000.

● **Histoire**
GLACHANT Roger, **L'Inde des Français**, Plon. La colonisation française à Maurice.
PARATIAN Rajandra, **La République de l'île Maurice dans le sillage de la délocalisation**, L'Harmattan, coll. Repères pour Madagascar et l'océan Indien, 1995. Une approche plutôt économique de l'île de la canne à sucre.
PAVARD Claude, **Île Maurice, mémoires de couleurs**, 1994. L'histoire du peuplement de l'île, à travers une multitude de documents photographiques des grandes familles venues d'Europe, d'Afrique, d'Inde et de Chine.
PIAT Marie-Ange et Denis, **Sur la route des épices, l'île Maurice : 1598-1810**, Ed. du Pacifique, 1995. L'île Maurice racontée par ses découvreurs.
TOUSSAINT Auguste, **Histoire de l'île Maurice**, PUF, 1974.

● **Société**
ALBER Jean-Luc, **Vivre au pluriel : production sociale des identités à l'île Maurice et à l'île de la Réunion**, Université de la Réunion, 1990. Recueils d'articles sur les modes de vie, ferments d'une identité.
ARNO Toni et ORIAN Claude, **Île Maurice, une société multiraciale**, L'Harmattan, 1986.
CHATEAU Thierry, **Février noir**, Les Éditions du Dattier, 2000. Récit des émeutes qui ont suivi la mort du chanteur Kaya en février 1999.

LENOIR P. et RAVEL R, *L'île Maurice à table*, océan Indien, 1991. Nombreuses photographies.

• Architecture
COLLECTIF, *La Vie en varangue, architecture traditionnelle de l'île Maurice*, Ed. du Pacifique, 1990. Évocation nostalgique des maisons traditionnelles de l'île. Belles illustrations.
PAGES Jean-Louis, *Maisons traditionnelles de l'île Maurice*, Albin Michel, 1978.

• Faune et flore
CADET Th., *Fleurs et plantes de la Réunion et de l'île Maurice*, Ed. du Pacifique, 1993.
HARMELIN-VIVIEN M. et PETRON C., *Guide sous-marin de la Réunion et de l'île Maurice*, Ed. du Pacifique, 1995.
MICHEL Claude, *Nos oiseaux*, Ed. Innovator, Maurice.
NOEL Bertrand, *Le Seigneur du lagon*, Les plus incroyables histoires de pêche au gros à l'île Maurice racontées par Roland Tyack, 1994.
OWADALLY A.W., *Jardin botanique Sir Seewoosagur Ramgoolam (anciennement jardin botanique royal) Pamplemousses*, 1976. Description très détaillée de la flore du jardin de Pamplemousses.
ROUILLARD Guy, *Le Jardin de Pamplemousses, 1729-1979, histoire et botanique*, Ed. Msiki, Maurice, 1983.
STAUB France, *Birds of Mascareignes*, Maurice, 1976. Ouvrage en anglais par la spécialiste des oiseaux des Mascareignes.

• Rodrigues
EDOUARD Jacques, *Contes de Rodrigues*, EOI, 1985. Deux récits écrits par un auteur rodriguais, sur les thèmes de la sorcellerie et de l'alcoolisme.
LE CLÉZIO J. M. G., *Voyage à Rodrigues*, Gallimard, 1986. Roman.
LEGUAT François, *Les Naufragés de Dieu*, Phébus. Récit écrit par le célèbre protestant français lors de son séjour à Rodrigues, de 1691 à 1693. Descriptions de la flore et de la faune de l'époque.
LEGUAT François, *Voyage et aventure de François Leguat en deux îles désertes des Indes orientales*. Journal qu'il écrivit également pendant son séjour et qui constitue un précieux document historique.

• Langue
Parlez créole, EOI. Guide pratique pour les touristes.

• Cassette vidéo et disques
BOURDIER Alain, *Île Maurice*, FILM, 1995.
CASSIYA, *Cassiya...la suite*, 2001. Dernier album d'un des groupes de *séga* les plus populaires à Maurice.
KAYA, *Seggae Experience*, 1998. Album devenu culte du chanteur rasta mêlant *séga* et *reggae*.

• Cartographie
Carte IGN *Île Maurice* 1/100 000. La référence.
Carte Globetrotter *Île Maurice* 1/80 000. Schématique, mais très bien pour le réseau routier.
Carte Mac Millan *Île Maurice*. Moins détaillée, mais intéressante pour le relief.
Cartes Ordonnace Survey *Mauritius* 25/1 000 000. L'île Maurice couverte par 13 cartes, en vente au ministère des Terres, Edith Cavell St., Port Louis.
Sur place, vous trouverez aussi des cartes de l'île, des plans de Port Louis et des cartes de Rodrigues dans les principales librairies

Visiter l'île Maurice

Au milieu des cannes en fleur

Port Louis ★

Port et capitale de l'île Maurice
Env. 230 000 personnes travaillant le jour, dont 160 000 résidents
Climat chaud et humide – Plan p. 242-243

À ne pas manquer
Faire un tour dans le marché le matin.
Flâner dans le quartier chinois.
Boire un verre à la terrasse ombragée du café du Vieux Conseil.
Suivre une course de chevaux au champ de Mars pendant la saison.

Conseils
Visitez Port Louis le matin pour profiter de la fraîcheur et de l'animation.
Évitez les encombrements aux heures de pointe,
entre 7 h 30 et 10 h, 16 h et 18 h.
Les meilleurs jours de visite sont les lundi et mardi.

Au premier abord, la ville de Port Louis n'a rien pour vous séduire. Vous devrez d'abord subir les embouteillages et les difficultés de stationnement avant d'affronter les trottoirs étroits et encombrés, les caniveaux transformés en torrents lors des averses tropicales et la chaussée livrée à la circulation anarchique des deux-roues intrépides. Malgré la chaleur humide, la pollution étouffante, la saleté de ses rues surpeuplées et bruyantes, Port Louis ne manque pas de charme. Centre névralgique de l'île où les souvenirs passés côtoient les aspirations futures, Port Louis se prête à la flânerie plutôt qu'à la visite. Bâtiments coloniaux témoins de l'histoire de l'île, lieux saints de toutes confessions, reflets du creuset des différentes ethnies qui l'ont peuplée, boutiques modernes et gratte-ciel symboles d'un pays en plein essor, c'est l'âme de l'île Maurice tout entière qui vibre au cœur de la ville dans tous ses contrastes.

À l'effervescence de la journée succède une langueur soudaine, lorsque la ville se vide à la sortie des bureaux. La nuit, seul le quartier chinois vit encore, au rythme de ses salles de jeux enfumées peuplées de marins cosmopolites.

La capitale de l'île de France : un port sur la route des Indes

Commencée dès l'arrivée dans l'île de Bertrand François Mahé de La Bourdonnais en 1735, la construction de la ville suit les plans établis par celui-ci, alors gouverneur général des Mascareignes. Il ne se contente pas de faire de Port Louis un relais sur la route des Indes, mais entend fixer en ce lieu privilégié la capitale de l'île de France, qui devient bientôt la ville la plus importante de l'océan Indien. Il la dote très vite de bâtiments administratifs, d'un hôpital et d'une église. Des fortifications protègent la nouvelle capitale contre l'ennemi anglais.

La ville prend alors le nom de Port Louis, en hommage au roi de l'époque, Louis XV. Les soubresauts de l'histoire de France conduiront à rebaptiser la capitale à plusieurs reprises. Au début de la Révolution, elle devient « Port Nord-Ouest », puis sous l'Empire, « Port Napoléon ». Ce sont les Anglais qui lui rendront son nom initial lors de leur reconquête en 1810.

La capitale connaît un essor rapide ; la majorité de la population y vit lorsqu'en 1865, une épidémie de malaria frappe la ville. Les moustiques vecteurs de la maladie, venus d'Inde avec la grande vague d'immigration de 1835, trouvent dans la chaleur moite de Port Louis un climat propice à leur prolifération. Les riches citadins désertent alors la capitale pour s'installer au frais sur les hauteurs des plateaux du centre (autour de Curepipe), emportant parfois avec eux jusqu'à leur villa, qu'ils démontent pour la transporter.

Après 1865, la construction du chemin de fer reliant Port Louis à Mahébourg redonne un peu de vie à la ville. Port Louis ne retrouvera toutefois jamais ses fastes d'antan. Protégée par la chaîne des montagnes de Moka (Pouce, Pieter Both et Montagne des Signaux), elle se tapit au fond de la rade la mieux abritée de l'île. Ce site privilégié, judicieusement choisi par les Français de la Compagnie des Indes orientales pour y établir la capitale de leur nouvelle colonie, étouffe aujourd'hui la ville, enserrée entre mer et montagne alors que l'explosion démographique et le développement économique rendent impérieuse son extension géographique.

Visite de la ville
Comptez une journée.

Petite ville embouteillée, Port Louis se visite à pied. On se repère facilement dans ses rues en damier, guidé par la silhouette de la citadelle ou par le minaret de la mosquée moderne qui domine le centre-ville. Les plaques de rues sont indifféremment en français ou en anglais. Par ailleurs, certaines rues, rebaptisées à l'Indépendance en 1968, ont également conservé des plaques portant leur ancien nom.

Que vous arriviez à Port Louis en voiture, en taxi ou en autobus, la visite commence devant le **port** (A1), centre névralgique de la capitale et de l'île tout entière. Le public n'a pas accès aux quais pour des raisons de sécurité et vous ne pourrez donc apercevoir que de loin les navires venus des mers du monde entier, attirés par le paradis fiscal de ce port franc.

Avec sa façade de style colonial en pierre grise rehaussée de blanc, la **poste centrale** (B1) s'inscrit déjà comme un anachronisme au bord de la grande route d'accès à la capitale et devant ce port moderne. Pour les passionnés de philatélie, le petit **musée de la Poste** (*9 h-15 h ; samedi 9 h-11 h 30 ; fermé le dimanche*), juste à côté, présente des timbres de collection de l'île Maurice, dont la copie du fameux timbre bleu, le *blue penny*, ainsi que divers instruments, tampons, balances, etc.

Face au port se dresse le **quartier des affaires** où les besoins en surface de bureaux commencent à se traduire par une architecture de plus en plus verticale. Reflet du développement économique récent de l'île Maurice, ces premières ébauches de gratte-ciel ne sont pas des plus heureuses et laissent présager du paysage futur de la capitale. Copie assez réussie du Waterfront de la ville du Cap, en Afrique du Sud, le **Caudan** se compose de deux bâtiments colorés, modernes et bien conçus, qui donnent à Port Louis un petit côté « station balnéaire ». On y trouve une multitude de bars, d'excellents restaurants, des cinémas, et des boutiques de souvenirs et de vêtements qui pratiquent des prix assez élevés.

En face de la poste centrale : délimité par les rues Queen, Corderie, Sir W. Newton et Trunk.

Le marché central★ (bazar) (B1)

Lundi-samedi 6 h-17 h ; 7 h-11 h 30 le dimanche. Attention aux pickpockets, le marché est leur lieu de prédilection. C'est sans doute sous ces quatre **halles** couvertes, au cœur de la cité, que vous sentirez le mieux l'atmosphère populaire de la ville. Tout Port Louis réuni se bouscule, se coudoie, parlemente... Aux harangues des vendeurs se mêle le brouhaha des ménagères en quête de produits frais. L'effervescence commence dès les rues contiguës, où les vendeurs ambulants se faufilent avec leurs chariots dans la foule des badauds et mendiants pour proposer fruits et friandises au son de leur klaxon.

En entrant dans le bazar par la **porte principale** (Queen St.), vous trouverez sur votre droite des articles hétéroclites – vêtements, épices, objets de vannerie, articles de cuir et autres souvenirs, plutôt destinés aux touristes et qu'il convient de marchander avec humour mais acharnement. Sous la halle de gauche se déploient les étals chamarrés des fruits et légumes soigneusement agencés : petits tas de piments, bottes d'oignons joliment nouées, pyramides savantes de *chouchous*, piles vertigineuses de potirons, ail et *limons* enveloppés dans des

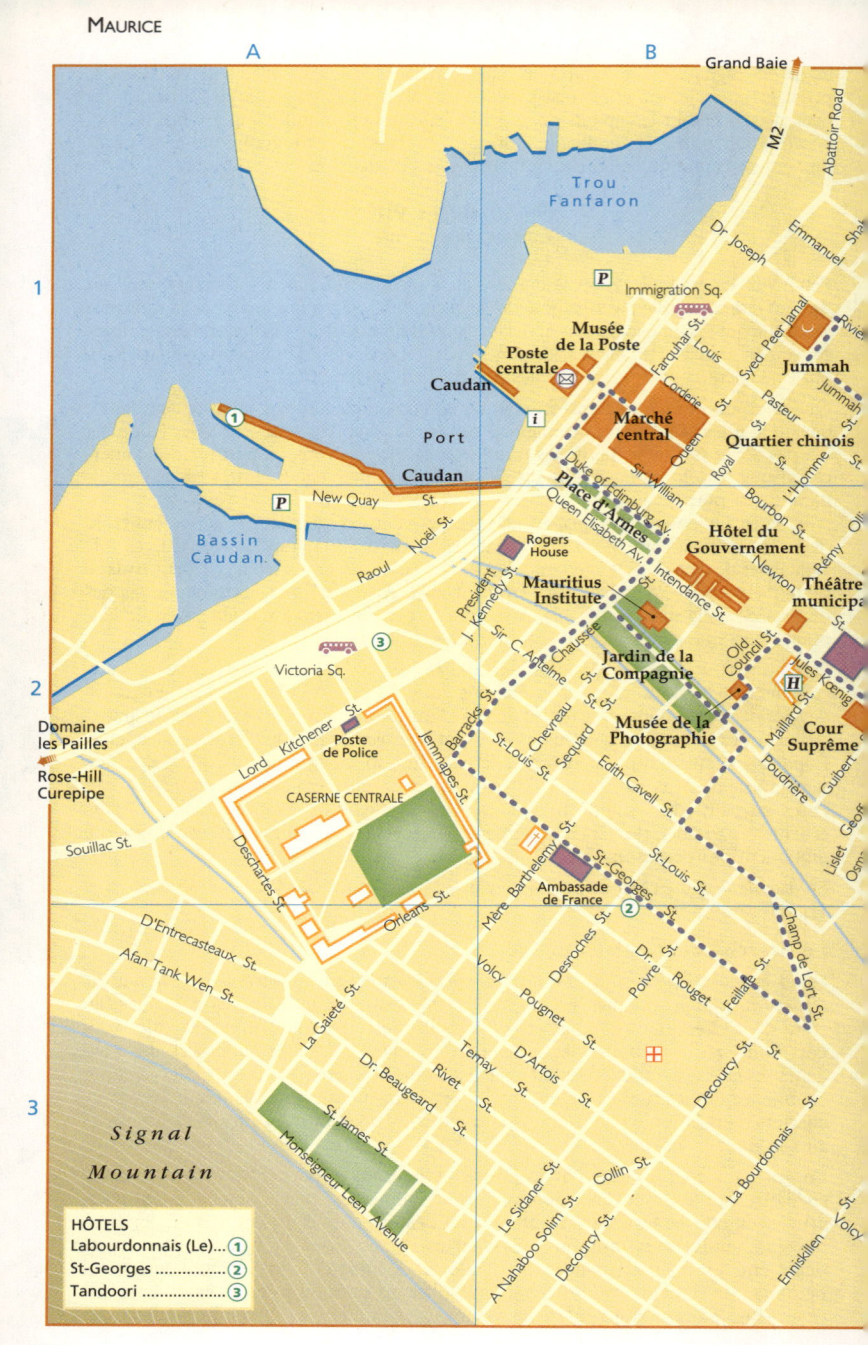

MAURICE

HÔTELS
Labourdonnais (Le) ... ①
St-Georges .... ②
Tandoori .... ③

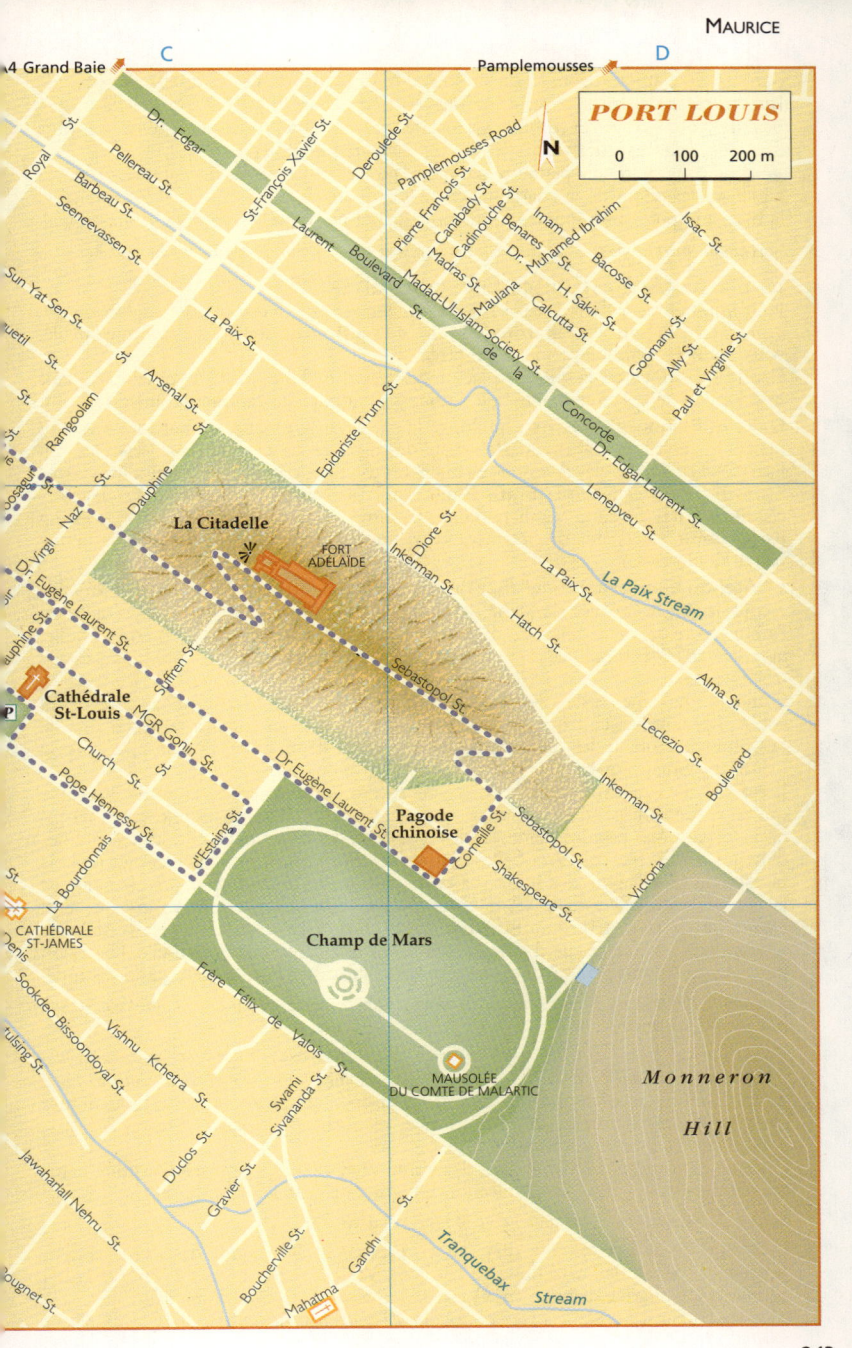

PORT LOUIS

MAURICE

0 — 100 — 200 m

La Citadelle — FORT ADÉLAÏDE

Cathédrale St-Louis

Pagode chinoise

CATHÉDRALE ST-JAMES

Champ de Mars

MAUSOLÉE DU COMTE DE MALARTIC

Monneron Hill

Streets and features:
- Grand Baie
- Pamplemousses
- Royal St, Pellereau St, Barbeau St, Seeneevassen St, Sun Yat Sen St, Ramgoolam St, Dauphine St, Dr. Virgil St, Dr. Eugène Laurent St, Suffren St, MGR Gonin St, Church St, Pope Hennessy St, La Bourdonnais St, Denis St, Sookdeo Bissoondoyal St, Tulsing St, Jawaharlal Nehru St, Bouquet St
- Dr. Edgar, St-François Xavier St, Déroulède St, Laurent Boulevard, La Paix St, Arsenal St, Epidariste Trum St, MGR Gonin St, Dr. Eugène Laurent St, J'Estaing St, Frère Félix de Valois, Vishnu Khetra St, Swami Sivananda St, Dudos St, Gravier St, Boucherville St, Mahatma Gandhi St
- Pamplemousses Road, Pierre François St, Canabady St, Cadinouche St, Madras Maulana Madad-Ul-Islam Society St, de la Concorde, Imam Dr. Muhamed Ibrahim, Benares St, H. Sakir St, Bacosse St, Calcutta St
- Issac St, Goomany St, Ally St, Paul et Virginie St, Dr. Edgar Laurent St, Lenepveu St, La Paix Stream, La Paix St, Inkerman St, Diore St, Hatch St, Sébastopol St, Alma St, Leclezio St, Inkerman St, Boulevard, Corneille St, Shakespeare St, Victoria, Tranquebax Stream

243

cornets de papier disposés en étoiles... À la sortie de ce bâtiment du côté de l'artère centrale qui sépare le marché en deux (Farquhar St.), on ne manquera pas de vous proposer toutes sortes de tisanes aux vertus curatives les plus diverses, censées guérir tous les maux du corps et de l'esprit.

Vous ne vous attarderez peut-être pas dans la travée où carcasses de viande et balances à plateaux pendent de la charpente en bois au bout de longs crochets. En revanche, la halle aux poissons s'apparente, les jours de bonne pêche, à un véritable arc-en-ciel.

Sortez du marché par les quais et marchez une centaine de mètres vers la gauche.

La place d'Armes1 (place Bissoondoyal) (B1-B2)
Pour vous plonger dans la ville historique, dirigez-vous vers la vaste esplanade qui s'ouvre face au port. Une **statue de Mahé de La Bourdonnais**, fondateur de la ville, vous accueille symboliquement à l'entrée.

Centre historique de la ville, la place relie le port à l'hôtel du Gouvernement, dans une longue perspective plantée de palmiers royaux et de canons retournés.

Duke of Edinburgh Avenue, qui longe la place sur la gauche, est bordée de vieilles maisons créoles, qui abritent désormais des agences de compagnies aériennes. En face, **Queen Elizabeth Avenue** est malheureusement défigurée par deux imposants bâtiments dont celui de la **State Bank**, dont l'architecture s'inspire du style post-classique qui fit fureur à Manhattan dans les années quatre-vingt. Sa voisine, la **Hong Kong Bank**, siège plus discrètement dans une élégante bâtisse à véranda soutenue par des colonnes.

L'hôtel du Gouvernement* (B2) *(pas de visite)*
qui ferme la place d'Armes au sud-est fut érigé dès l'arrivée de Mahé de La Bourdonnais en 1735. Très représentatif de l'architecture coloniale française du 18ᵉ s., il fut construit en bois et en pierre de taille, avec une toiture en bardeaux et une véranda soutenue par des colonnes blanches sur trois niveaux.

Édifice le plus ancien de l'île, il fut témoin de toute son histoire puisqu'il accueillit successivement, en tant que résidence de ville du gouverneur, les représentants de la Compagnie des Indes, des rois de France, de la République, de l'Empire et de la Couronne britannique.

Il est difficile aujourd'hui, sous le regard sévère de la statue de la **reine Victoria** qui en garde l'entrée, d'imaginer les fastes de l'époque, lorsque les luxueuses réceptions organisées par les femmes des gouverneurs attiraient plusieurs centaines d'invités – officiers, colons et belles dames créoles – dans les salons meublés de bois rares de la Compagnie des Indes. La **cour** illuminée s'ouvrait alors directement sur la perspective de la rade de Port Louis où les voiliers tanguaient au gré du vent. De ces fastes révolus, il ne subsiste pas grand-chose. Seule l'ouverture de la nouvelle session législative annuelle donne encore lieu à une cérémonie solennelle, l'occasion pour le gouverneur général de passer en revue la garde d'honneur en grande pompe.

Traversez Intendance St. à droite de l'hôtel du Gouvernement et prenez Chaussée St. sur une dizaine de mètres.

Vous pouvez faire un tour au **musée de l'Institut** (Mauritius Institute) (B2) *(Chaussée St. 9h-16h ; 9h-12h les samedi et dimanche ; fermé le mercredi ; entrée libre)*, pour voir une reconstitution du fameux **dodo**, cet oiseau maladroit qui figure souvent comme emblème de l'île Maurice, reconstitué ici parmi d'autres oiseaux, coquillages et poissons naturalisés.

Présenté de façon très scolaire dans des vitrines défraîchies, ce musée d'histoire naturelle abrite depuis 1831 une collection représentative de la faune locale.

Sortez du musée sur votre gauche et longez Poudrière St.

Le jardin de la Compagnie (B2)
ancien parc de la Compagnie des Indes, abritait le premier théâtre de Port Louis, où l'on joua Molière et Racine dès 1776. Bien qu'il ait perdu son charme d'antan, vous pouvez le traverser le temps d'une halte ombragée sous les banians. Le lieu est très populaire à l'heure du déjeuner.

Prenez la rue de la Chaussée puis Barracks St. jusqu'au mur de la Caserne Centrale.

Une promenade **rue St-Georges*** (B2-B3) permet de découvrir des maisons coloniales bien conservées, bâtisses simples, de caractère (comme aux n⁰ˢ 20 et 32 bis), et élégantes demeures (n° 25).

Retournez vers le centre névralgique de la ville par Champ de Lort St., Edith Cavell St. puis Desroches St.

De Jules Kœning St. au champ de Mars* (B2-C2)

L'activité politique et administrative de Maurice se concentre dans ce quartier animé, où l'architecture moderne en béton de l'hôtel de ville et du nouvel immeuble des ministères côtoie des bâtiments historiques en pierre ou en bois.

Quittez le jardin de la Compagnie par Poudrière St. et tournez dans la 2ᵉ rue à gauche.

La rue du Vieux Conseil (Old Council Street) (B2), où le Conseil supérieur de l'île de France tenait ses assises, charmante rue piétonne pavée, bordée de maisons en bois, cache un **musée de la Photographie** *(lundi-vendredi, 10h-12h/13h-15h ; entrée payante).* Vous y verrez de vieux appareils et l'un des grands fonds photographiques du monde (daguerréotypes, autochromes et photographies de Maurice datant du milieu du 19ᵉ s.). Cette rue abrite également un **musée des Masques** qui recèle une collection de masques provenant d'Asie, d'Afrique, d'Amérique et d'Océanie.

La rue du Vieux Conseil débouche sur Jules Kœning St.

Le théâtre municipal (B2), bâtiment jaune de style classique achevé en 1822 sur les plans d'un architecte français, demeura très actif jusqu'à la Seconde Guerre mondiale. Il accueillait régulièrement les troupes de la Comédie-Française pendant l'hiver mauricien. De nombreux planteurs venaient alors séjourner dans leur résidence de Port Louis, faisant de cette saison – « la saison » – celle des mondanités, où courses de chevaux et représentations théâtrales se succédaient à bonne cadence, ne délaissant leurs loges que pour les bals des gouverneurs. Les *campements* de bord de mer ont désormais supplanté les villas de la capitale. Depuis 1940-1950, le théâtre de Port Louis n'ouvre plus qu'en de rares occasions. La salle est régulièrement louée aux partis politiques et aux syndicats pour des rassemblements, mais on y voit parfois encore des ballets indiens ou chinois et des pièces créoles.

Jules Kœning St., sur la droite après le poste de police.

Vous apercevez au fond d'une cour d'honneur plantée d'arbres séculaires le beau bâtiment d'architecture coloniale de la **Cour Suprême** (B2), où se déroulent en public des séances qui ne manquent pas de pittoresque, lorsque les juges coiffés de leurs perruques à l'anglaise se donnent respectueusement du « Your Lordship » (Votre Seigneurie) en débattant du sort d'un voleur de poulets.

Juste après sur la gauche.

La cathédrale St-Louis (C2), église en pierre grise de 1770, ne présente pas d'intérêt particulier. Elle renferme les restes de **Mme Mahé de La Bourdonnais** et de son fils, transférés là en grande pompe lorsqu'on les découvrit dans l'ancienne chapelle de l'hôtel du Gouvernement en 1829.

Prolongement de la rue Jules Kœning entre la cathédrale et le champ de Mars, la **rue Pope Hennessy** (C2) est bordée de quelques maisons coloniales en bois parmi les mieux conservées de la ville. Une maison chinoise décorée d'idéogrammes rouges et jaunes attire l'attention au **n° 29**.

Le champ de Mars (C2-C3), conçu en 1740 par les Français pour les exercices militaires, clôt la rue Pope Hennessy. Terrain de parade des troupes ou de duel depuis Mahé de La Bourdonnais, lieu de célébration des sans-culottes sous la Révolution, lieu de défilé des régiments anglais où se pressait une foule élégante au son de la musique militaire au 19ᵉ s., il sert d'hippodrome depuis 1812.

Vous aurez peut-être la chance d'assister aux **courses** qui s'y déroulent chaque samedi d'hiver, entre juin et novembre. Les paris vont bon train et l'ambiance est garantie dans les tribunes toujours combles. Une foule bigarrée, parsemée de fleurs en papier et de ballons multicolores vendus pour l'occasion, brasse hommes, femmes et enfants de toutes origines ethniques et sociales, dans un kaléidoscope chaleureux.

Outre les courses, cette immense piste réunit sur fond de montagnes, dans une curieuse promiscuité, un stade, une aire de jeux pour enfants, un parking, une tribune pour les rassemblements religieux ou politiques, ainsi que le **mausolée** du comte de Malartic, gouverneur français mort en 1800, et une **statue** du roi Édouard VII.

Les courses au champ de Mars

Prenez la 2ᵉ rue à gauche à partir de d'Estaing St.

Si vous souhaitez voir d'autres maisons créoles, faites un détour par **Church St.** (C2) **et MGR Gonin St.** (C2), où se trouvent une belle varangue au **n° 18** et surtout, derrière la cathédrale, la belle demeure coloniale à colonnades de l'**Évêché de Port Louis**. Passez également par **Dr Eugène Laurent St.** (C2), notamment au **n° 43** et au **n° 45**. Cette rue cache aussi une jolie **pagode chinoise** (à l'angle avec Corneille St.).

De Dr Eugène Laurent St., tournez à gauche juste après la pagode chinoise et montez Corneille St. jusqu'à Sebastopol St. Prenez encore à gauche, jusqu'en haut.

Si vous avez du temps et si vous avez le courage, vous pouvez monter pour la **vue** à la **citadelle** (Fort Adélaïde) (C2-D2), ancienne forteresse militaire érigée en 1835 par les Anglais. Du haut de la colline, vous dominerez la ville, avec ses rues en damier, conçues au 18ᵉ s. dans l'axe de tir des meurtrières, le port et les montagnes environnantes.

Vous aurez peut-être l'occasion d'y voir un spectacle de **son et lumière** (*renseignez-vous sur les dates à l'office de tourisme*).

Du champ de Mars, rejoignez le quartier chinois, entre Sir S. Ramgoolam St. et Royal St. De la citadelle, redescendez côté mer, par la route ou par l'escalier qui débouche dans Jummah Mosque St.

Le quartier chinois★ (B1-2, C1)

De là, vous pouvez déambuler dans le quartier commerçant le plus pittoresque de la ville, qui a conservé de vieilles maisons, plus ou moins délabrées, aux balcons fleuris en fer forgé à l'étage et aux boutiques colorées au rez-de-chaussée, malgré l'apparition de constructions modernes.

Les échoppes débordent sur les trottoirs, étalant en vrac ustensiles en fer-blanc et bidons en plastique, tas de poisson séché ou sacs de riz. On trouve de tout dans ces boutiques, véritables cavernes d'Ali Baba, des pinceaux de calligraphie aux remèdes chinois, des épices aux tissus indiens, en passant par les montres et les appareils photographiques, sans oublier les outils de plomberie et les images pieuses.

En flânant dans ces rues fourmillantes – Louis Pasteur St., Rémy Ollier St., Corderie St. (où se concentrent les magasins de tissus et les échoppes de tailleurs), Bourbon St. et **Royal St.**, cœur du quartier chinois – vous croiserez côte à côte Indiennes en sari, Musulmanes voilées, commerçants chinois occidentalisés, hommes d'affaires franco-mauriciens ou sud-africains en costume, cravate et attaché-case, et touristes du monde entier.

Derrière sa belle **porte** en bois sculpté et sa façade blanc et vert, la **mosquée Jummah★ (B1)** *(Royal St. 9 h 30-12 h ; fermé le vendredi ; tenue décente, épaules et jambes couvertes ; entrée libre)*, construite en 1852, est le plus bel édifice religieux de l'île. Elle cache un charmant **patio** ombragé, havre de paix et de fraîcheur au cœur de ce quartier bouillonnant. Seuls les hommes sont autorisés à franchir les colonnades derrière lesquelles les fidèles procèdent en silence à leurs ablutions autour du bassin.

Redescendez vers les quais, par exemple par Jummah Mosque St., bordée de charmantes petites maisons.

Itinéraire colonial autour de Port Louis★
Env. 50 km – Comptez une demi-journée en voiture – Carte p. 250.

Ce circuit autour de Port Louis vous fera découvrir quelques beaux vestiges architecturaux de l'époque coloniale disséminés dans la verdure. Il contourne la chaîne de Moka, les montagnes des Deux Mamelles et du Pieter Both, arrive au lac de la Nicolière et rejoint Ste-Croix, de l'autre côté de la montagne Longue, traçant ainsi une boucle autour des reliefs qui enserrent la capitale.

Quittez Port Louis par la route M. 2, direction Rose Hill.

■ **Le Domaine les Pailles –** ☎ 212 4225 *10 h-17 h. Entrée payante. Visites guidées toutes les 1/2 h. Restaurants ouverts midi et soir.* Ce complexe touristique tente de recréer, d'une manière artificielle, le mode de vie d'un domaine sucrier aux 18e et 19e s. Après quelques centaines de mètres parcourus en calèche ou dans le petit train évoquant les moyens de transport de l'époque, vous découvrirez un **moulin à sucre** activé par un malheureux bœuf résigné, un **alambic** qui distille le rhum du Domaine (vendu à la boutique), puis vous passerez par un **jardin d'épices** miniature. Le Domaine organise en outre des randonnées pédestres ou équestres et des promenades en Land Rover (belles balades de deux heures dans les montagnes environnantes).

L'intérêt des Pailles réside en fait dans son casino et ses restaurants, dont certains sont réputés *(voir « Où se restaurer » p. 252)*.

Rejoignez la route M. 2 direction Le Réduit, puis tournez à gauche vers Moka – Mont Ory (B 46). Un grand panneau indique « Eurêka la maison créole » vers la droite, juste avant Souillac Bridge. 100 m avant Eurêka, prenez la route à droite : 2,5 km plus loin, le chemin du Pouce est indiqué à gauche, au milieu d'un virage.

■ **L'ascension du Pouce★★ –** Il s'agit d'une randonnée assez facile, à faire de préférence le matin. Vous empruntez un chemin de terre dans les champs de cannes sur 1 km, puis un sentier qui vous conduit au premier plateau en 30 mn. Là, vous prenez le chemin à droite pour accéder au sommet (812 m) d'où l'on bénéficie d'une superbe vue sur Port Louis, les villes du plateau central et, à l'est, jusqu'à Flacq et la mer. Au total, cette facile ascension (sauf dans sa dernière partie, parfois glissante) prend environ deux heures.

Regagnez la route menant à Eurêka.

La maison Eurêka, l'ancienne propriété de la famille Le Clézio

■ **La maison Eurêka**★★ – *Moka, 9h-17h ; dimanche, 9h-15h. Entrée payante avec visite guidée. Boutique. Repas créole sous la varangue sur réservation.* ☎ *433 4951 ou 433 8477.* « Eurêka ! », s'exclame **Eugène Le Clézio**, aïeul de l'écrivain J.M.G. Le Clézio, en découvrant cette demeure coloniale des années 1830. On est en 1856. Il en fait aussitôt l'acquisition, et son fils Henri s'applique à l'embellir.

Eurêka reste la propriété de cette grande famille franco-mauricienne jusqu'en 1975, date à laquelle un particulier la rachète et la transforme en musée. Une bonne occasion pour vous de découvrir les fastes de la vie coloniale à Maurice.

Plus de cent portes desservent les pièces de cette villa – entièrement construite en essences du pays – qui communiquent toutes entre elles, faute de couloir. L'ameublement n'est que partiellement d'époque, car la famille Le Clézio a récupéré une grande partie des meubles de la Compagnie des Indes. Néanmoins, le salon en bois de rose, la salle à manger en acajou ou le salon de musique, en bois de palissandre, de cannelle et d'ébène, restituent bien le cadre de vie raffiné des riches Blancs de Maurice au 19e s. Une **varangue** à colonnades court tout autour de la maison, ouverte sur le **parc** que bordent la montagne Ory d'un côté, la cascade de la rivière Moka de l'autre. Le petit bâtiment en pierre abritait la cuisine, à l'écart de la maison pour éviter les incendies.

De Moka, poursuivez la B 46 jusqu'au rond-point. Prenez la A 7 à droite (direction Rose Hill), puis la petite route du Réduit en face après le rond-point (direction Rose Hill).

■ **Le château du Réduit**★ – *Ouvert un seul jour par an, généralement le premier dimanche de septembre. Renseignez-vous sur place.* Isolé sur un monticule au confluent de deux rivières, protégé par les montagnes de Moka et du Corps de Garde, ce magnifique château colonial construit en 1748-1749 abrite à partir de 1770 la résidence des gouverneurs de l'île, français puis britanniques. C'est désormais le lieu de travail du **président de la république** de Maurice.

C'est le successeur de Mahé de La Bourdonnais comme gouverneur général des îles de France et de Bourbon, Barthélemy David, qui découvre l'endroit et choisit ce cadre pour abriter des amours secrètes. Le site lui apparaît également idéal pour servir de refuge aux femmes et aux enfants, et pour cacher les papiers de l'État en cas d'invasion britannique. Tout au long du 18e s. y sont donnés des bals somptueux, surtout lorsque la marine et l'armée françaises séjournent à Maurice avant d'aller combattre les Anglais en Inde.

C'est là également, sous les **vérandas** à colonnades, que sont planifiées les grandes conquêtes françaises en Orient : Madagascar, Seychelles, Indochine, Indes.

Un vaste **parc à la française** entoure le château.

Le jardin descend en pente douce jusqu'au point de vue du **Bout du Monde***, sur une falaise vertigineuse qui surplombe une gorge encaissée et d'où l'on aperçoit, en face, le **manoir de la Tour Blanche** à Rose Hill.

Du Réduit, revenez au rond-point de Moka par la route A 7 et rejoignez la B 47 en direction de Nouvelle Découverte.

Vous traversez alors l'**ancien quartier résidentiel de Moka et de St-Pierre**, où se cachent, dans d'immenses parcs, les plus belles demeures de l'île. L'épidémie de malaria de 1865 poussa en effet dans les premiers temps bon nombre d'habitants de la capitale à s'installer le long de la route principale qui longe la chaîne de montagnes, avant qu'ils n'optent pour les hauts plateaux de Plaine Wilhems.

Quelques dizaines de mètres après le rond-point de Moka, vous apercevez sur votre gauche deux belles **maisons coloniales***, l'une à toit de bardeaux bleu ciel, l'autre gris foncé.

À St-Pierre, sur la droite, le toit bleu de la **maison « Trompette »** se laisse deviner au bout d'une allée de cocotiers (100 m avant le rond-point).

Au rond-point, continuez tout droit direction Quartier Militaire. Après la sucrerie de St-Pierre (à droite de l'embranchement), prenez à gauche la route B 49 en direction de la Nicolière et suivez cette direction (à droite après Nouvelle Découverte).

Les **montagnes du Pouce et du Pieter Both** se dressent sur la gauche de la route, loin derrière les champs de cannes. Après Nouvelle Découverte, la route devient plus pittoresque. La végétation se fait plus dense et les essences plus diverses. Une forêt de pins sylvestres, de *citranus*, d'eucalyptus, de bambous, de papyrus, de *cryptomérias* et d'araucarias se substitue aux champs de cannes.

Au carrefour de Salazie, la Nicolière est indiquée à gauche (panneau « Le Juge de Segrais bridge »).

La route, bordée de fleurs multicolores, offre au détour de certains virages des **vues*** sur le bassin de la Nicolière (à gauche), sur l'île du Coin de Mire et l'île Ronde (en face) et sur la côte Nord-Est (à droite). Surplombant les champs de cannes et leurs monticules de pierres noires, la route descend, sinueuse, jusqu'au pont qui longe le **bassin de la Nicolière**, aménagé en réservoir afin d'alimenter en eau le nord de l'île.

Après la Nicolière, prenez la A 2 à gauche, direction Pamplemousses (et non Villebague). La route débouche sur une maison à toit de tôle rouge : tournez à gauche.

De la route, vous apercevez sur votre gauche, cachée par des haies de bambous, les bardeaux gris clair du **château de Villebague**** *(Grande Rosalie. Propriété privée. Vous pouvez entrer dans le jardin le temps d'une photo)*, ancienne résidence de Mahé de La Bourdonnais, puis de Magon de la Villebague, autre gouverneur de Maurice à l'époque de la Compagnie des Indes. Cette demeure, la plus ancienne de l'île, modèle de l'architecture coloniale française, fut également la première plantation industrielle de canne à sucre à Maurice.

Prenez la route B 20 à gauche, 10 m après le château, direction Port Louis. Au stop, la B 20 débouche sur la A 2, vous pouvez tourner à droite vers Pamplemousses ou rejoindre Port Louis par la A 2, vers la gauche. Dans ce cas, peu après le rond-point de Terre Rouge, 10 m après l'embranchement à droite pour Baie du Tombeau, vous pouvez faire un crochet par l'avenue Père Laval sur votre gauche.

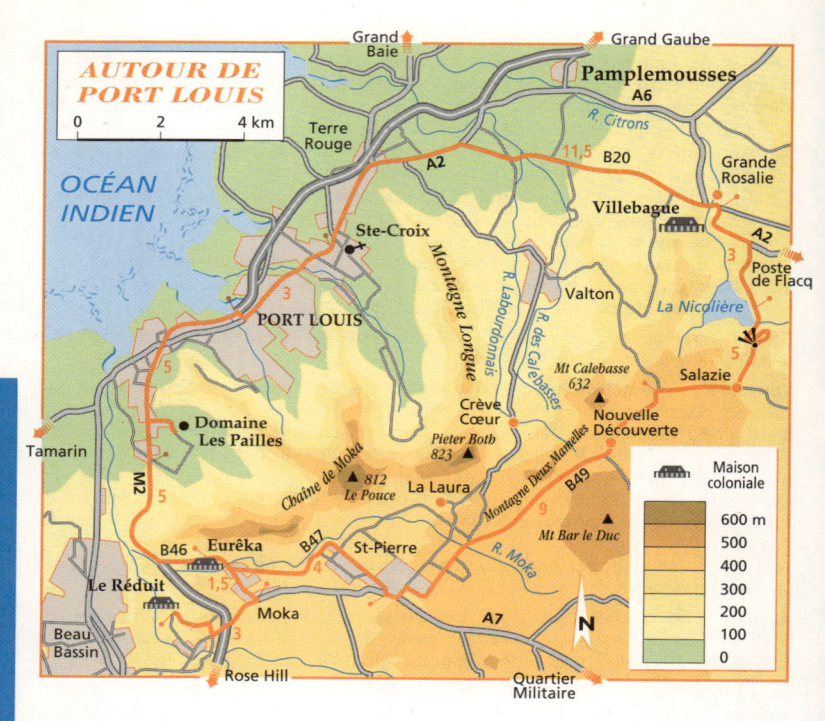

■ **L'église et la tombe du Père Désiré Laval** – *Ste-Croix, bus réguliers de Port Louis. Entrée libre.* Médecin normand ordonné prêtre en 1838, Jacques Désiré Laval s'embarque comme missionnaire pour Maurice en 1841. Chargé d'évangéliser les Noirs libérés de l'esclavage depuis peu, il ne tarde pas à passer pour un saint en raison des guérisons « miraculeuses » qu'on lui attribue.

Mort en 1864, il fut béatifié par le pape Jean-Paul II en 1979.

Les pèlerins se recueillent avec une rare ferveur devant « l'apôtre des Noirs », touchant la pierre de son **tombeau** (*6h-18h*) pour se passer sur le visage ou sur le corps la main ou le tissu qui l'a touchée. Chaque année, le **9 septembre** – jour anniversaire de sa mort – un pèlerinage rassemble ici une impressionnante foule de Mauriciens de toutes confessions.

D'architecture moderne, l'**église** suscite également une incroyable dévotion.

Le centre Père Laval (*8h30-16h45 ; 10h-16h15 le dimanche et les jours fériés*) retrace la vie du Père Laval et expose des objets lui ayant appartenu.

Quittez le quartier Ste-Croix et rejoignez la route principale vers Port Louis.

Port Louis pratique

ARRIVER-PARTIR

Les deux principales voies d'accès à la capitale sont l'autoroute (qui relie Port Louis à Curepipe) et l'ancienne route royale A1 (qui relie les villes du centre).

En voiture ou en taxi – Du nord comme du sud, vous arriverez par la voie rapide qui longe le port. Laissez la voiture ou le taxi au parking du Caudan (A1-A2) ou sur la place de la Cathédrale (C2). Pour repartir, vous trouverez des taxis près de la poste centrale (B1) ou sur la place d'Armes (B2). Port Louis est à environ 3/4 h du nord et environ 1 h 15 du sud et de l'est.

En autobus – Un service régulier de bus relie Port Louis au nord et au sud de l'île, toutes les 10 à 15 mn environ. Pour certaines destinations, il vous faudra changer à Curepipe ou à Quatre Bornes.
Terminal nord, Immigration Square (B1). Départs pour la côte Nord (Trou aux Biches, Grand Baie, Péreybère, Cap Malheureux, Grand Gaube), pour Pamplemousses, Goodlands, Poudre d'Or, et pour la côte Est (Centre de Flacq).
Terminal sud, Victoria Square (A2), l'ancienne gare de chemin de fer. Départs pour Rose Hill, Vacoas, Curepipe, Quatre Bornes et Mahébourg.

ADRESSES UTILES

Informations touristiques – ***Tourist Office***, Caudan Waterfront, à côté de la poste centrale (B1), ☎ 208 6397, e-mail : mtpa@intnet.mu. 9 h-16 h ; fermé le samedi après-midi et le dimanche.

Banque / Change – La plupart des banques se trouvent place d'Armes, Sir W. Newton St., Queen St. et Royal St.
Hong Kong Bank, place d'Armes (B2). Distributeur automatique Visa.
Mauritius Commercial Bank, Sir W. Newton St. et Edith Cavell St. (B2). Carte Visa et Mastercard acceptées.

Poste – ***Poste centrale***, place du Quai, (B1), ☎ 208 2851. Lundi-vendredi 8 h 15-11 h 15 / 12 h-16 h, samedi 9 h-11 h 45. Poste restante. Il y a d'autres bureaux de poste, notamment à la station de bus de Victoria Square et dans l'immeuble Emmanuel Anquetil.

Téléphone – Vous verrez des cabines dans la rue. Pour l'international, les fax et les cartes téléphoniques :
Mauritius Telecom, Mauritius Telecom Tower (B2), Edith Cavell St., ☎ 208 7000. Centre d'appels, tlj 8 h 30-22 h.

Cybercafé – Mauritius Telecom Tower (B2), ☎ 203 7277.

Santé – Vous trouverez des pharmacies un peu partout dans le centre-ville.
Pharmacie du port, President J. F. Kennedy St. (B2), ☎ 208 1037.
Hôpital Dr Jeetoo, Volcy Pougnet St. (B3), ☎ 212 3201 / 212 3202.

Compagnies aériennes – Rogers House, 5 President J. F. Kennedy St. (B2)
Air Mauritius, Air Mauritius Centre, President J. F. Kennedy St., ☎ 207 7070 / 207 7575 (réservation / reconfirmation), Fax 211 0366.

Représentations diplomatiques – Voir « Adresses utiles », p. 236.

Immigration – Voir p. 232.

OÙ SE LOGER

Vous ne dormirez probablement pas à Port Louis, qui compte peu d'hôtels attrayants. Nous donnons néanmoins quelques adresses, en cas de besoin.

Moins de 15 €
Tandoori Hotel, Victoria Square, ☎ 212 2131, Fax 212 3503 – 11 ch. Ce petit hôtel sans charme a pour unique attrait de proposer des chambres à un tarif imbattable sur Port Louis. Elles sont toutefois sommaires et l'endroit peut être bruyant, même la nuit. Le propriétaire est un Indo-Mauricien charmant et accueillant.

De 60 à 75 €
Hôtel St-Georges, 19 St-Georges St., ☎ 211 2581, Fax 211 0885 – 60 ch. Ce confortable hôtel tente de recréer une atmosphère coloniale avec des copies de mobilier de la Compagnie des Indes.

Plus de 225 €
Labourdonnais Waterfront Hotel, Caudan Waterfront, P.O Box 91, ☎ 202 4000, Fax 202 4040, lwh@

intnet.mu – 109 ch. 🛏️📧📶📺🍴🏊 🍸 cc Salle de gym, centre de conférence, accès Internet. L'hôtel le plus luxueux de Port Louis, fréquenté avant tout par des hommes d'affaires fortunés. Ceci explique le calme qui y règne, confort et discrétion semblant être la devise du lieu. Chaque vendredi, une réception réunit le gratin du monde des affaires autour d'un concert de jazz.

Où se restaurer
• **À Port Louis**
Moins de 5 €
Petites échoppes et vendeurs ambulants. Nombreux dans le centre-ville, ils vendent des dholl puri, gâteaux piment, soupes, pâtisseries…
La Flore Mauricienne, 10 Intendance St. (B2), ☎ 212 2200. 8 h 30-16 h, fermé le week-end. Snack-bar et salon de thé, idéal pour grignoter à midi, ou pour boire un verre dans la journée, à l'ombre des parasols de l'une des seules terrasses de la ville. Excellent restaurant créole et européen, assez chic.
☺ **La Bonne Marmite**, 18 Sir W. Newton St. (B2), ☎ 212 2403. 10 h-16 h, fermé le week-end. Café-snack au rez-de-chaussée servant toutes sortes de petits plats délicieux et de sandwichs. Cadre raffiné et élégant.
De 6 à 12 €
☺ **Le Chinois**, 20 Jummah Mosque St. (B1-C1), ☎ 242 8655. Midi et soir. Bon restaurant chinois à petits prix. Salle un peu sombre. Préférez les tables proches de la fenêtre.
☺ **Café du Vieux Conseil**, Old Council St. (B2), ☎ 211 0393. 12 h-14 h, fermé le dimanche. Agréable pour boire un verre à l'ombre dans un paisible jardin. Vous pourrez aussi déguster dans ce lieu plein de charme des crêpes, des salades ou un plat créole.
Dragon Palace, 3 Léoville L'Homme St. (B2), ☎ 208 0346. Midi et soir, fermé le lundi soir. Buffet les jeudi et vendredi. Un peu plus cher que les précédents. Accueil sympathique dans un cadre froid. Peu de choix mais un excellent rapport qualité-prix.

Ah Niong, 78 Dr. O. Beaugeard St. (B3), ☎ 210 5042. Midi et soir, fermé les dimanche et lundi soir. Situé dans une rue calme car un peu excentrée, cet établissement familial réserve d'étonnantes surprises culinaires chinoises, créoles et même réunionnaises : soupe d'aileron de requin, cari de jacq, rougailles, poisson cru sur commande, etc.
De 12 à 23 €
Lai Min, 58 Royal St. (B1-C1), ☎ 242 0042. Midi et soir. Encore une bonne adresse chinoise dans un cadre traditionnel agréable.
☺ **La Bonne Marmite**, 18 Sir W. Newton St. (B2), ☎ 212 2403. Midi, fermé le week-end. Une adresse réputée, notamment auprès des hommes d'affaires. Décoration élégante et ambiance feutrée. Vous dégusterez une délicieuse cuisine créole servie avec raffinement. Spécialités de cari de cerf, d'ourites et de poissons. Copieux. Également quelques plats indiens, chinois ou européens.
Carri Poulé, Duke of Edinburgh Av., place d'Armes (B1-B2), ☎ 212 1295. Midi, vendredi et samedi midi et soir, fermé le dimanche. Buffet les mercredi et jeudi. L'un des meilleurs restaurants indiens de l'île et sans doute le meilleur restaurant de la capitale. Les caris et les tandooris vous réconcilieront vite avec le cadre sombre et triste.

• **Au Domaine Les Pailles**
De 12 à 23 €
Fu Xiao, ☎ 212 4225. Midi et soir ; fermé le samedi midi. Des spécialités chinoises aussi variées que savoureuses.
☺ **Indra**, ☎ 212 4225. Midi et soir, fermé les dimanche et jours fériés. Pour déguster une exquise cuisine indienne dans un cadre enchanteur. Des musiciens prennent généralement place le soir au milieu des boiseries et soieries.

Achats

Librairies-journaux – Presse internationale et locale, cartes, livres et guides sur Maurice.
Le Trèfle, Royal St. (B2)
Librairie Allot, Happy World center (2e étage), 37 Sir W. Newton St. (B2)
Bloc Note, place Foch (B2).

Tailleurs – Corderie Street (B1-B2) compte bon nombre de boutiques de tissus et notamment de soieries bon marché. Les tailleurs font des vêtements dans des délais assez brefs (il vaut mieux apporter son modèle).

Prêt-à-porter – Les principales boutiques sont concentrées dans les rues Sir W. Newton (B2) (qui comprend le centre commercial *Happy World*), President J.-F. Kennedy (B2), et au *Caudan* (A1-B1).

Duty free – *Poncini*, 2 Jules Kœning St. (B2) Boutique de cadeaux hors taxes (montre, vaisselle, bijoux, etc.).

Quincaillerie sur un trottoir de Port Louis

PAMPLEMOUSSES★★★

À ne pas manquer
Le bassin aux nénuphars géants.

Conseils
Suivez une visite du jardin avec l'un des guides officiels
avant de vous promener seul.

De Port Louis, Poste de Flacq ou la Nicolière : par la route A 2. Du nord : route A 5 de Goodlands ou M. 2 de Grand Baie. Bus de Port Louis ou de Grand Baie.

Pamplemousses dans la course aux épices

Mahé de La Bourdonnais choisit d'acquérir ici, peu de temps après son arrivée sur l'île, en 1735, un terrain vaste et fertile où faire construire sa demeure personnelle et créer un jardin potager. La demeure, baptisée *château de Mon Plaisir* – qu'il cède à la Compagnie des Indes en 1737 – devient la résidence officielle des gouverneurs de Maurice jusqu'en 1770, date à laquelle *le Réduit* commence à son tour à loger ces derniers. Quant au jardin, La Bourdonnais y cultive toutes sortes de plantes utiles (comme le manioc du Brésil), de fruits et de légumes venus d'ailleurs pour approvisionner les bateaux faisant escale à Port Louis. Il encourage également le développement par les colons de l'usine sucrière voisine de Villebague, la première de l'île (avec celle de Ferney dans le sud-est), opérationnelle dès 1745.

En 1767, **Pierre Poivre**, intendant du roi, découvre Pamplemousses, rachète le *château de Mon Plaisir* et décide de créer un véritable jardin botanique réunissant le plus grand nombre possible de spécimens nouveaux. Il espère notamment introduire et acclimater toutes sortes d'épices, découvertes lors de ses voyages orientaux, pour les exporter à prix d'or vers l'Europe. C'est un succès ; les plantes rares succèdent aux plantes utiles. De ces années date l'introduction du girofle, de la muscade, de la cannelle, du poivre...

En 1775, le botaniste **Jean-Nicolas Céré** se voit confier la charge du « jardin du Roy ». Il l'enrichit considérablement en épices et en essences rares – arbres fruitiers, thé, plantes à fleurs ornementales, graines de sapins et pins de Chine, arbres destinés à la construction des bateaux... La première noix de muscade cueillie sur l'île est envoyée au roi en grande pompe en 1778. À la fin du 18e s., c'est le jardin tropical le plus célèbre au monde.

Par la suite, les Anglais le délaissent quelque peu, jusqu'à la nomination en 1849 de James Duncan, qui poursuit l'œuvre de Poivre et Céré en continuant à introduire de nouvelles espèces de palmiers, lauriers, araucarias, fougères, orchidées, bougainvilliers, etc.

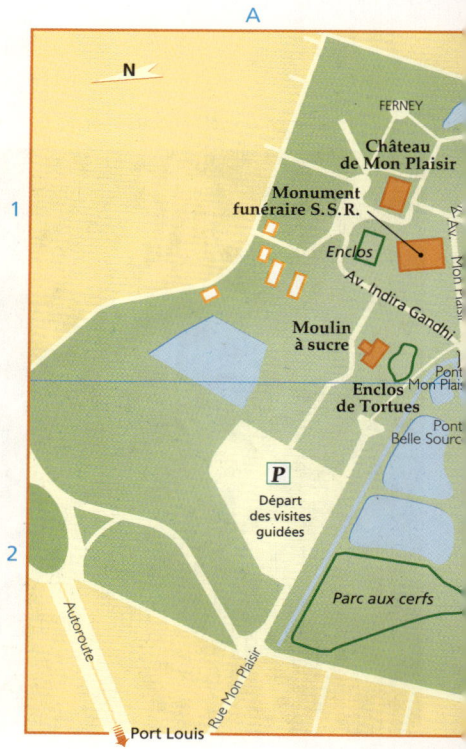

Le jardin botanique Sir Seewoosagur Ramgoolam★★★

Tlj, 9 h-17 h 30, jusqu'à 17 h en hiver ☎ 243 3531. Entrée gratuite. Visite guidée payante (50 Rs par personne). Comptez 2 h. Parking devant l'entrée secondaire. Officiellement rebaptisé en 1988 *Jardin botanique Sir Seewoosagur Ramgoolam*, le jardin changea plusieurs fois de nom depuis 1735. Il prit successivement les noms de *Jardin de Mon Plaisir, Montplaisir, Jardin des plantes, Jardin royal, Jardin botanique des Pamplemousses, Jardin national de l'Isle de France* et *Royal Botanical Garden*. Aujourd'hui, il est communément appelé *Jardin des Pamplemousses*.

Les guides officiels (A2) vous feront découvrir les principales espèces avec un intérêt particulier pour les arbres à épices, dont ils s'amuseront à vous faire deviner le nom d'après l'odeur des feuilles frottées entre vos mains. Vous pouvez également visiter le jardin seul.

L'entrée principale, marquée par une imposante grille en fer forgé, s'ouvre sur l'**avenue La Bourdonnais** (C2), plantée de lataniers dont les troncs sont ornés de lianes et de philodendrons indigènes. Vous remarquez également un imposant baobab à droite de l'entrée.

L'**avenue Poivre** (C2), qui part sur la droite, est bordée de palmiers royaux, ainsi que de spécimens d'acajous et de mahoganis, essences très prisées pour la fabrication des meubles de la Compagnie des Indes.

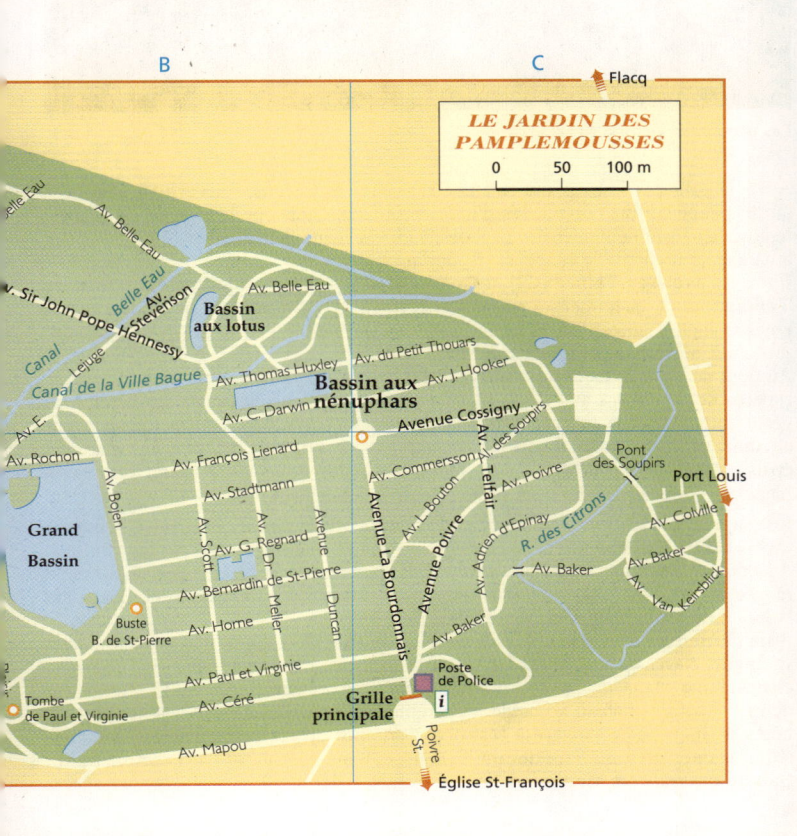

Les nénuphars Victoria Amazonica

Après le pont des Soupirs, qui enjambe la rivière des Citrons, vous arrivez à un petit jardin planté d'arbres originaires d'Inde et de Chine, tels que le teck, le camphrier, le goyavier royal, le figuier des pagodes, l'arbre à laque, le badamier (qui donne des amandes), ou encore le cannelier de Ceylan.

Entre les **avenues Telfair** (C2) et **Cossigny** (C1) se dressent les fameux **palmiers Talipots**, dont les immenses palmes en éventail se couvrent tous les cinquante ans environ d'un manteau de plusieurs millions de petites fleurs, qui peut atteindre jusqu'à 5 m de haut avant de mourir.

Au bout de l'avenue La Bourdonnais s'étend le **bassin aux nénuphars***** (B1). Trois espèces de nymphéas aux fleurs blanches, roses ou bleues, côtoient les nénuphars géants originaires de la forêt amazonienne, les **Victoria Amazonica**, qui peuvent atteindre plus d'un mètre de diamètre et supporter le poids d'un petit enfant sur leurs épaisses feuilles recourbées. Leur floraison ne dure que deux jours, des fleurs blanches s'ouvrant l'après-midi pour mourir le lendemain après avoir viré au rose.

Juste après, sur la droite, au début de l'avenue Pope Hennessy, se trouve le **bassin aux lotus** (B1), dont les fleurs – blanches ou jaunes – sont vénérées par les hindous.
Au bout de l'**avenue Pope Hennessy** (B1), bordée sur la gauche par une double rangée de lataniers indigènes, vous remarquez une borne à fleur de Lys qui marque la limite du *Jardin du Roy de Mon Plaisir*.

Juste derrière se dresse le **château de Mon Plaisir** (A1). Cette maison coloniale à varangue, élevée au milieu du 19e s. par les Anglais, n'a rien à voir avec l'immense château que Mahé de La Bourdonnais s'était fait construire en 1735, et qui fut détruit. L'actuel château accueille les cérémonies officielles destinées à honorer les hôtes de marque de passage à Maurice. Certaines de ces personnalités sont invitées à planter un arbre rare devant le château, comme le firent par exemple Indira Gandhi ou François Mitterrand.

Dans le lotus de pierre noire qui fait face au château reposent les cendres de l'ancien Premier ministre Sir Seewoosagur Ramgoolam.

Du château, l'**avenue Indira Gandhi** (A1) mène, sur la gauche, au parc à tortues géantes importées en 1875 des îles Aldabra des Seychelles. Vous voyez également l'un des premiers moulins à sucre de l'île.

En revenant vers l'intérieur du jardin, on arrive au **Grand Bassin** (B2), entouré par une végétation dense – bouquets de bambous, arbres du voyageur, *vacoas*, etc. – et parsemé de petits kiosques. Dans l'avenue Paul et Virginie, à l'ouest du bassin, un monument marque l'emplacement de la **tombe romanesque de Paul et Virginie**.

Le village

Quartier résidentiel à l'époque de la colonisation française, le village de Pamplemousses a conservé une atmosphère particulière, différente des autres villages de l'île.

L'église St-François – du nom du saint patron de Mahé de La Bourdonnais – construite en 1756, est le plus ancien édifice religieux de l'île. C'est dans cette vieille église en pierre grise que les jeunes amants de Bernardin de Saint-Pierre, qui habitait la cure de l'église lorsqu'il écrivait son roman, se retrouvent à la messe.

Le marché aux esclaves, dont vous devinez encore l'emplacement près de l'église, témoigne de l'activité qui régnait à Pamplemousses à l'époque.

Vous pouvez accéder au **cimetière** par une petite grille grise, en face de l'église. Mal entretenu, il contient de nombreuses tombes historiques, comme celle de l'**abbé Buonavita**, aumônier de Napoléon exilé avec lui à Ste-Hélène et qui finit ses jours à Maurice, ou d'Emmeline de Carcenac, la **« dame créole »** du premier poème de Charles Baudelaire, écrit à Pamplemousses.

LES VILLES DU PLATEAU CENTRAL

Plus de 400 000 hab.
Alt. 600 m (alt. moyenne de 300 m)
Climat frais et humide (de 3 à 5 °C de moins que sur la côte)

À ne pas manquer
Monter au Trou aux Cerfs pour la vue.
Regarder la fabrication des maquettes de bateaux dans un atelier.

Conseils
Emportez un parapluie.
Profitez de l'animation du samedi à Curepipe ou à Rose Hill.

Une agglomération résidentielle née de l'exode

L'autoroute qui relie l'aéroport, au sud-est, à la capitale, au nord-ouest, suit le tracé de l'ancienne voie royale reliant Port Louis à Grand Port, à travers le haut plateau qui occupe le centre de l'île. Lors de l'épidémie de malaria qui décime Port Louis et les autres régions côtières en 1865, la population migre en masse vers le plateau central, dont le climat frais et salubre ne semble pas convenir au moustique anophèle – probablement, introduit lors de la grande vague d'immigration indienne des années 1860 – responsable de la maladie.

C'est donc paradoxalement dans la région la plus arrosée de l'île que s'installe la plus grosse densité de population. La construction au 19e s. d'une voie de chemin de fer reliant Port Louis à Mahébourg contribue grandement à cet essor.

Ainsi, les petits villages jadis éparpillés autour de la voie royale, liés à des exploitations sucrières aujourd'hui disparues, se développent rapidement, pour former une agglomération urbaine presque continue où réside aujourd'hui un tiers de la population de Maurice.

La croissance de ces villes nouvelles a généré un développement industriel et surtout commercial considérable, et si elles n'offrent que peu d'attrait touristique, elles demeurent le meilleur endroit pour faire des emplettes. Boutiques hors taxes et dépôts d'usines aux prix imbattables, marchés pittoresques et centres commerciaux modernes comptent en effet parmi les principales attractions de cette région. C'est aussi là, en complément de Port Louis, que vous pourrez entrevoir la vie quotidienne des Mauriciens.

Les villes « nouvelles », de Beau Bassin à Curepipe

Env. 20 km – 1/2 h de route sans les arrêts.

De Port Louis, prenez la route A 1.

À mi-chemin entre Port Louis et Curepipe (10 km de chaque), les deux villes de Beau Bassin et Rose Hill furent unifiées dès 1896 au sein de la même municipalité et forment aujourd'hui une agglomération de plus de 96 000 habitants. Le climat, tempéré, y est particulièrement agréable.

De la route principale qui traverse Beau Bassin, prenez à gauche juste avant le marché et le poste de police (Trotter St.), jusqu'à Balfour St.

■ **Beau Bassin** – Lieu de rendez-vous des amoureux et parc récréatif pour les enfants, le **jardin de Balfour** (*10 h-19 h du 1er novembre au 15 mars et jusqu'à 18 h le reste de l'année ; fermé le mercredi*) surplombe les chutes de Sorèze dans la Grande Rivière Nord-Ouest. Vous ne profiterez malheureusement de cette **vue** magnifique sur les gorges verdoyantes, le manoir du Thabor (à droite) et le mont Ory (à gauche) qu'à travers un grillage au fond du jardin. La végétation cache le plus souvent la résidence du Réduit, perchée juste en face.

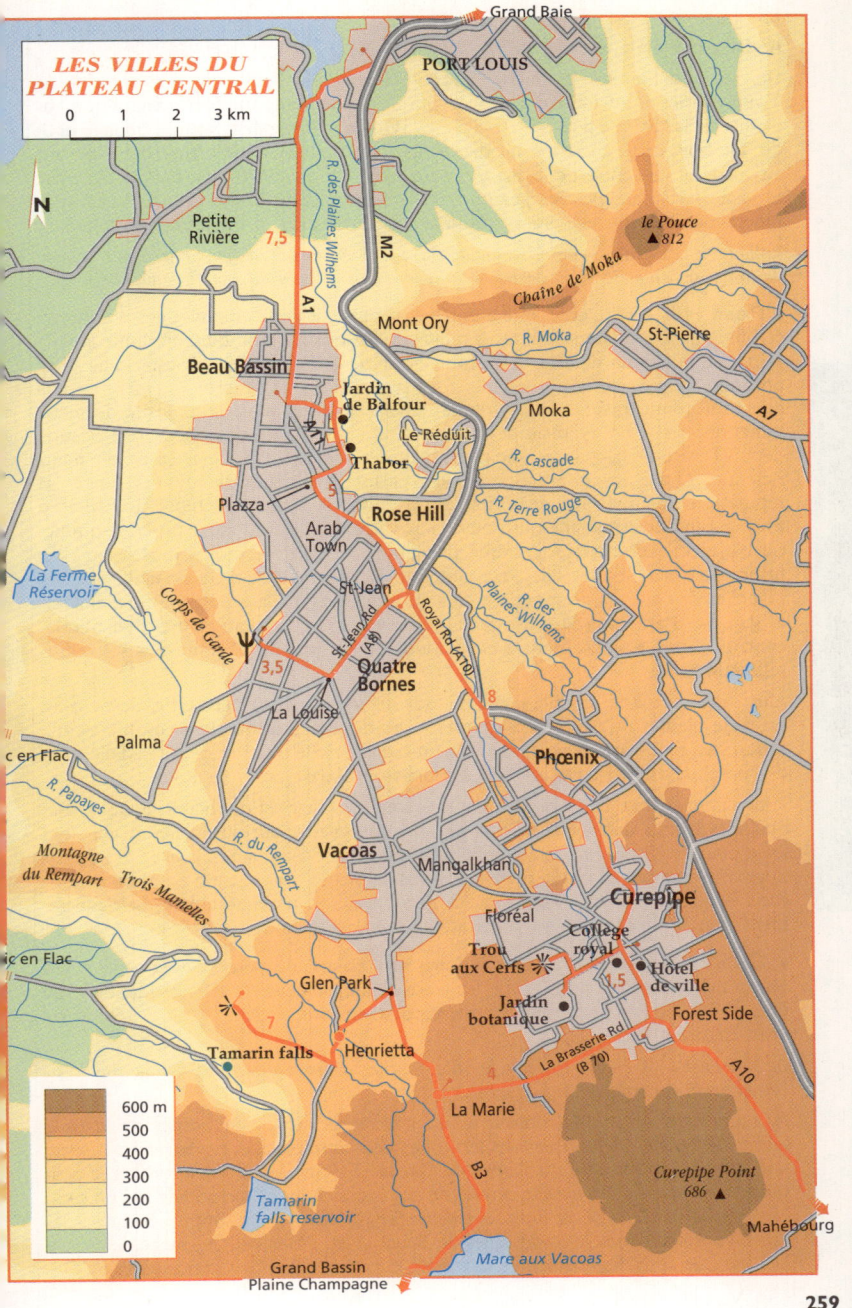

MAURICE

LES VILLES DU PLATEAU CENTRAL

0　1　2　3 km

- Grand Baie
- PORT LOUIS
- Petite Rivière
- R. des Plaines Wilhems
- le Pouce ▲ 812
- Chaîne de Moka
- Mont Ory
- R. Moka
- St-Pierre
- Beau Bassin
- Jardin de Balfour
- Thabor
- Le Réduit
- Moka
- R. Cascade
- Plazza
- Rose Hill
- R. Terre Rouge
- Arab Town
- R. des Plaines Wilhems
- La Ferme Réservoir
- Corps de Garde
- St-Jean
- Royal Rd (A10)
- Quatre Bornes
- La Louise
- Palma
- Phœnix
- R. Papayes
- Montagne du Rempart
- Trois Mamelles
- R. du Rempart
- Vacoas
- Mangalkhan
- en Flac
- Floréal
- Curepipe
- Trou aux Cerfs
- Collège royal
- Hôtel de ville
- Jardin botanique
- Forest Side
- Glen Park
- Tamarin falls
- Henrietta
- La Brasserie Rd (B 70)
- La Marie
- Tamarin falls reservoir
- Curepipe Point 686 ▲
- Mare aux Vacoas
- Mahébourg
- Grand Bassin
- Plaine Champagne

| 600 m |
| 500 |
| 400 |
| 300 |
| 200 |
| 100 |
| 0 |

Peu après sur la droite (juste après Victor Hugo St.), vous remarquerez une superbe **maison coloniale**, un peu cachée par les arbres.

Un peu plus loin sur la gauche (Swami Sivananda St.) se cache le **manoir de la Tour Blanche**, au fond d'une allée qui s'enfonce dans un parc magnifique au-dessus de la rivière encaissée du Plaines Wilhems. Également connue sous le nom de **Thabor**, cette ancienne résidence aristocratique à l'architecture crénelée sert aujourd'hui de centre de formation pour le clergé du diocèse de Port Louis et ne se visite pas. Vous pouvez néanmoins aller au fond du jardin pour la vue sur la montagne Ory, sur les gorges profondes et verdoyantes et sur la mer au loin.

Balfour St., devenue Swami Sivananda St., prend après un virage sur la droite le nom de Ambrose Malartic St. et débouche à Rose Hill sur Royal Rd, vers la gauche.

■ **Rose Hill** – Ville étudiante animée et centre culturel actif, avec ses nombreux établissements scolaires et édifices religieux, Rose Hill est sans aucun doute la ville la plus dynamique de l'île. Carrefour ethnique aussi bien que routier, elle reste pourtant ignorée de la plupart des touristes, qui s'y aventurent rarement depuis que l'autoroute traverse l'île. Originairement peuplée par une majorité de métis francophones – bourgeoisie de culture plutôt que d'argent –, Rose Hill occupe depuis l'entre-deux-guerres une place de premier ordre dans la vie culturelle mauricienne. Outre les nombreux artistes et intellectuels sortis de ses rangs, sa réputation non usurpée de « ville de la culture » tient à l'activité du **théâtre Plazza** (grande esplanade qui s'ouvre sur votre droite), qui attire un large public. Ce bâtiment victorien programme une grande variété de pièces jouées dans les principales langues de l'île, des concerts et des opéras, et a accueilli sur ses planches des artistes du monde entier. Juste à côté (sur la gauche de l'esplanade), la **galerie d'art Max Boullé** *(fermé de 12 h à 13 h)*, également très dynamique, contribue avec les nombreuses expositions qu'elle organise à animer la vie culturelle à Maurice.

Allez flâner dans la « vieille » ville autour du théâtre pour découvrir, derrière les haies de plantes ou les murets de pierre, les dernières **demeures coloniales** aux toitures en bardeaux de bois, notamment dans le riche quartier de Cascadelle, près de l'hôtel de ville et dans les rues **Ambrose Malartic** et du Dr Roux.

Pour s'immerger au cœur de l'île Maurice, loin des plages et des hôtels, il faut passer quelques heures dans cette ville, si possible le samedi, jour où les Mauriciens font leurs courses. Outre le contact plus authentique que vous aurez là avec la population, vous pourrez en profiter pour faire vos emplettes. L'animation est à son comble dans le quartier d'**Arab Town**, où se tient un grand **marché** coloré, particulièrement bien approvisionné, sous une architecture créole au toit vert.

■ **Quatre Bornes** – Seule une **foire aux tissus**, où vous pouvez acheter des vêtements à très bon prix, anime les jeudi et dimanche cette ville résidentielle de plus de 70 000 habitants sans charme particulier, fondue dans la trame urbaine de Beau Bassin et Rose Hill.

De St-Jean Rd (A 8) qui traverse la ville, tournez à droite dans Shri Velamurugan av. 100 m après le carrefour de La Louise.

Au nord-ouest de la ville – dont le nom fait référence aux quatre bornes qui, dans le centre-ville actuel, délimitaient les territoires de quatre plantations de cannes à sucre – se dresse la **montagne du Corps de Garde** (719 m). Vous pouvez visiter le petit **temple tamoul** coloré qui est perché sur ses flancs et auquel on accède par un escalier *(montez par l'escalier de droite et redescendez par l'autre)*. Du sommet battu par les vents, vous apercevrez les montagnes du Pouce et du Pieter Both à gauche, la mer au loin à droite après les champs de cannes et la petite colline de Candos en face.

■ **Vacoas et Phœnix –** Ces deux villes industrielles, réunies sous la même administration municipale, comptent plus de 90 000 habitants.
Non loin de l'usine qui fabrique la bière nationale Phœnix, la ville de **Phœnix** est bordée de « camps », banlieues maraîchères spécialisées dans l'élevage et l'industrie laitière, qui s'étendent en retrait de la route Royale jusqu'à Curepipe.
Ancienne ville résidentielle des fonctionnaires coloniaux britanniques jusqu'à l'Indépendance en 1968, **Vacoas** a hérité des grandes étendues de pelouses aménagées par les Anglais, et en particulier du **Gymkhana Club**, club de polo ouvert en 1844, qui offre aujourd'hui un parcours de golf de 18 trous.

L'ancienne route Royale (A 10) traverse Phœnix avant d'arriver à Curepipe.

■ **Curepipe –** Ville la plus élevée de l'île, culminant à 605 m, c'est aussi la plus froide et la plus humide. Les mauvaises langues parlent de Curepipe en évoquant ses deux saisons : la saison des pluies et la saison pluvieuse ; ou encore, la petite saison des grandes pluies et la grande saison des petites pluies. La masse nuageuse qui semble accrochée à jamais à ses hauteurs lui donnent une allure grise et terne. À mi-chemin sur la route de Port Louis à Mahébourg, la ville s'est élevée près d'un ancien relais pour les diligences, avec auberge et poste de garde. Son nom ferait référence au rituel qu'accomplissaient les soldats des troupes coloniales lors de ce long trajet chaotique, profitant de la pause pour le repos des bêtes et des esclaves pour curer leur pipe.
Ville de prédilection de l'aristocratie franco-mauricienne pendant de longues années, la tendance a commencé à s'inverser avec la crise économique de la fin des années soixante-dix. Un certain nombre de ces familles ont dû vendre leur résidence principale du haut plateau pour s'installer dans leur *campement* en bord de mer, souvent dans la région de Grand Baie. Leurs belles demeures, quand elles n'ont pas été démolies et remplacées par des constructions en béton en raison de leur fragilité lors des cyclones et du coût excessif de leur entretien, ont souvent été rachetées par des ambassades ou des industriels étrangers. Parmi les somptueuses **villas coloniales** en bois, élevées au 19e s. au milieu de grands parcs ombragés et de pelouses verdoyantes, certaines sont toujours debout, notamment au sud-est de la ville dans le quartier de **Forest Side**, rue Lees et rue du Jardin. Mais, dissimulées derrière d'épaisses haies de bambous, elles échappent le plus souvent au regard des passants.
Cependant, près du pont Carbonel, le **Domaine des Aubineaux** (☎ 626 1513 ; *10 h-16 h ; fermé le dimanche, entrée payante à 150 Rs*), superbe demeure construite en 1872, vient d'être entièrement rénové. Propriété de la famille Guimbeau (qui dirige l'exploitation de thé de Bois Chéri), ses douze pièces se visitent, et la plus belle est sans doute la salle à manger donnant sur la varangue de façade. La visite terminée, vous pouvez prendre le thé dans l'élégant pavillon qui abritait autrefois la salle de billard.

Comme les autres villes du plateau central, Curepipe, avec ses 76 000 habitants, se vide le matin de tous les bureaucrates, fonctionnaires et autres employés qui vont travailler à la capitale, dans la zone industrielle ou dans la zone franche, et ce n'est qu'en fin de journée, quand Port Louis déserté s'endort, que Curepipe se réveille et s'anime à son tour. L'activité de Curepipe se limite cependant essentiellement aux rues Châteauneuf, du Jardin et Royale, qui concentrent tous les commerces, tandis que le reste de la ville est mort et peu attrayant.

Traversez Curepipe par Royal Rd (A 10) et prenez la rue Louis de Rochecouste à gauche juste avant le pont Carbonel, à la sortie sud-est de la ville (Forest Side).

Très populaire, le **marché forain** se tient tous les mercredi et samedi matin au Forum, immense halle verte où se vendent pêle-mêle fruits et légumes, vêtements, tissus et articles divers.

Reprenez Royal Rd vers le centre-ville jusqu'à l'av. Elizabeth, à droite.

Le gracieux bâtiment blanc de l'**hôtel de ville**, au toit de bardeaux bleutés, typique de l'architecture coloniale du 19e s. en pierre et bois précieux (teck, palissandre, ébène) avec son élégant perron et sa varangue surélevée, se trouvait à l'origine à Moka. Comme cela s'est beaucoup pratiqué à l'époque, « la Malmaison » fut en effet démontée, puis reconstruite à Curepipe en 1902.

Juste à côté se trouvent la **bibliothèque Carnegie**, qui contient des archives exceptionnelles sur l'histoire des Mascareignes, et un petit jardin avec une **statue de Paul et Virginie** d'après le sculpteur mauricien Prosper d'Épinay.

Un peu plus loin sur la gauche sur Royal Rd.

C'est dans le **collège royal** de Curepipe, collège britannique de 1913, qu'a été formée l'élite du pays. Un **monument aux morts** de la Première Guerre mondiale est érigé juste devant, à la gloire des soldats français et anglais aux côtés desquels combattirent de nombreux Mauriciens.

De Royal Rd, prenez Pope Hennessy St. à gauche, puis Edgar Hugues St. à droite.

Cratère d'un volcan éteint envahi par une végétation dense d'arbustes et de broussailles, le **Trou aux Cerfs**, large de 200 m et profond d'une centaine de mètres, évoque les grandes battues aux cerfs organisées en l'honneur des princes royaux au 19e s. Une route – George V Avenue – le contourne, d'où la **vue**★ s'étend à la fois sur la ville, que l'on surplombe (vous apercevez une tour Eiffel miniature construite en 1889 dans le jardin de la maison de la « Sablonnière »), sur les champs de cannes et au loin, vers l'ouest, sur l'océan, encadré par les montagnes des Trois Mamelles, du Rempart et du Corps de Garde, et par le réservoir de Mare Longue.

Redescendez du Trou aux Cerfs par Edgar Hugues St., Pope Hennessy St. à droite, puis Kœning St. à gauche, qui devient plus loin Botanical Gardens St.

Plus petit et beaucoup moins beau que son homonyme de Pamplemousses, ce **jardin botanique** *(9 h-17 h 30 ; entrée libre ; on peut y circuler en voiture)* aux allées sinueuses offre une agréable promenade sous ses vieux arbres tropicaux. Il est cependant regrettable que les voitures y aient accès.

C'est à Curepipe que l'on trouve le meilleur rapport qualité-prix pour l'achat de **maquettes de bateaux**. Même si vous n'avez pas l'intention d'acheter, le spectacle des artisans au travail dans leur arrière-boutique est fascinant de précision et de minutie *(voir « Achats » p. 265)*.

■ **Floréal** – Faubourg résidentiel de Curepipe, perché sur une colline à l'ouest de la ville d'où l'on aperçoit la côte Nord-Ouest de l'île, Floréal abrite quelques ambassades étrangères et les superbes demeures des diplomates, hommes d'affaires et riches Mauriciens.

Aux environs de Curepipe
Env. 20 km – Comptez 1/2 h à 1 h.

Cette petite excursion aux environs de Curepipe vous permettra de découvrir de beaux points de vue et de traverser une forêt sauvage. Elle permet surtout de rejoindre le sud ou l'ouest par un itinéraire magnifique. Cette région humide, parsemée de réservoirs, de lacs et de cascades, était couverte autrefois d'une forêt de bois rares où se cachaient bandits et esclaves en fuite. En partie défrichée au profit de la canne à sucre en grande expansion au 19e s., elle n'en demeure pas moins un lieu de prédilection pour les citadins mauriciens, qui aiment s'y promener et y pique-niquer le week-end.

Les plantes mentionnées en gras renvoient aux planches d'illustrations, p. 16-17.

Rejoignez la route de la Brasserie (B 70) jusqu'à La Marie. Prenez à droite la route B 3. Au carrefour de Glen Park (mosquée), tournez à gauche direction Henrietta. Comptez 3 km jusqu'au point de vue.

Vous passez devant une charmante petite église à droite, au milieu des serres d'**anthuriums**, des bambous et des cannes, avant d'arriver au terminal d'autobus d'Henrietta. Prenez à droite au milieu des champs de cannes, puis encore à droite (300 m). Arrêtez-vous au bord du chemin pour la **vue*** sur les Tamarin falls (chutes de Tamarin), cascades qui alimentent un barrage hydraulique au milieu de la forêt. Le panorama s'ouvre jusqu'à l'océan, vers l'ouest, dont le bleu intense se détache en toile de fond.

Retournez à La Marie et continuez tout droit par la route B 3, direction Plaine Champagne-Grand Bassin.

Cette jolie route *(en mauvais état)* traverse une forêt, particulièrement humide et sauvage, envahie par la vigne marron (sauvage), où oiseaux, singes et cerfs ont élu domicile au milieu des **arbres du voyageur**, pins maritimes et **fougères arborescentes**, *citranus*, pins sylvestres, fleurs sauvages, liserons bleus. Elle longe la **mare aux Vacoas**, immense réservoir naturel niché dans un cratère éteint à 600 m d'altitude, aménagé et agrandi pour l'alimentation en eau des villes du plateau. Un petit escalier (porte grillagée) mène de la route au bord du lac, qui la surplombe de quelques mètres.

De là, vous pouvez remonter vers Curepipe et le nord, descendre vers la côte Ouest, ou poursuivre l'itinéraire par la Plaine Champagne et Chamarel, ou vers Mahébourg par Bois Chéri.

Statuettes hindoues

Le plateau central pratique

Arriver-Partir

En voiture – Le plateau central est desservi par un excellent réseau routier. L'ancienne route Royale (Royal Rd) traverse les villes du Centre et la grande route M 2 les longe, reliant le sud-est (Mahébourg) à Port Louis et au nord.

En autobus – Un service régulier de bus relie Port Louis, Mahébourg, les côtes Ouest et Est aux villes du Centre, ainsi que les villes du Centre entre elles.

En taxi – Vous en trouverez sans difficulté pour circuler dans ou entre les villes.

Adresses utiles

Banque / Change – La plupart des banques se trouvent à Curepipe, Rose Hill et Quatre Bornes, sur Royal Rd.

Poste – Vous trouverez au moins un bureau de poste dans chaque centre-ville.

Téléphone – Vous trouverez des cabines à pièces ou à carte dans la rue. *Mauritius telecom*, centre commercial Manhattan, Curepipe.

Cybercafés – *Orchard Cybercafé*, Orchard Centre, Quatre Bornes, ☎ 424 0575.
Cybercafé, impasse Pot de Terre, Curepipe, ☎ 676 3143.

Santé – *Victoria hospital*, Candos, ☎ 425 3031.
Chaque ville compte plusieurs pharmacies.

Centre culturel français – *Centre culturel Charles-Baudelaire*, Gordon St., Rose Hill. 13 h-18 h 30, le samedi 10 h-15 h, fermé le lundi. Bibliothèque, cinémathèque et vidéothèque françaises. Le centre organise parfois des expositions et des représentations théâtrales d'auteurs français.

Où loger

Vous séjournerez plutôt sur la côte que dans les villes du plateau central, qui comptent d'ailleurs peu d'hôtels agréables.

Où se restaurer

La majorité de la population locale résidant dans ces villes, on y trouve quelques bons restaurants, généralement plus authentiques que sur la côte.

- **Curepipe**

Moins de 1,5 €
Ali, rue Châteauneuf (angle rue Ferrière, devant le snack « Welcome »). Ce vendeur ambulant de dholl puri se repère à la longue file de Mauriciens avisés qui se forme chaque midi devant son chariot. Toujours frais et délicieux.

De 3 à 8 €
Le Pot de Terre, impasse Pot de Terre, ☎ 676 2204. Midi et soir. Ce petit restaurant propose cuisine créole, caris, grillades et plats du jour variés. Central, bon et pas cher.

De 7,5 à 15 €
Chinese Wok, 242 Royal Rd (1er étage), ☎ 676 1548. Midi et soir ; fermé le dimanche. Ne pas se fier à la salle, froide et défraîchie. La cuisine, chinoise et créole, y est excellente.
Golden Lion, impasse St-Joseph, perpendiculaire à W. Churchill Rd (près de la station-service Shell), ☎ 674 4265. Midi et soir. Malgré l'aspect froid et impersonnel de la salle, le repas, dans ce restaurant chinois, est excellent.
La Nouvelle Potinière, bâtiment Hillcrest W. Churchill Rd (près de la station-service Shell), ☎ 676 2648. Midi et soir ; fermé le dimanche. Une partie de la salle est aménagée en crêperie. L'autre côté du restaurant propose un grand choix de plats français et créoles, plus cher.

- **Floréal**

Plus de 15 €
La clef des Champs, Queen Mary Av., ☎ 686 3458. La propriétaire franco-mauricienne vante sa « cuisine française qui parle créole ». D'inspiration française, les plats fleurent bon Maurice. À la carte : crème cressonnière à la noix de coco, millefeuille de palmiste et ses crevettes, Royal de Rosenbergii à l'infusion de citronnelle et son orge perlée, médaillons de langouste aux bâtons de vanille, magret de canard aux fruits secs et sa sauce au rhum ambré...

- **Rose Hill**

Moins de 1,5 €
Dewa et sons, marché central de Rose Hill, Duncan Taylor St., ☎ 464 56 46. « Les meilleurs dholl puri de l'océan Indien » n'ont pas volé leur réputation. C'est là que les Mauriciens pas-

sent commande pour les fêtes. Un bon prétexte pour faire un tour dans ce sympathique marché. Vente à emporter uniquement.

● **Quatre Bornes**
De 7,5 à 23 €
Happy Valley, 79 St-Jean Rd, ☎ 454 92 08. Midi et soir ; fermé le mercredi. Plats à emporter et repas sur place. Si les bras vous tombent à la lecture de la carte, laissez-vous guider par les « recommandations du chef » de Hong Kong. On vous proposera également différentes formules de menus (de 2 à 10 personnes) vous permettant de goûter une multitude de plats typiquement chinois. Excellent.
Dragon Vert, St-Jean Rd, carrefour de la Louise (juste à côté du précédent), ☎ 424 4564. Midi et soir ; fermé le lundi. Restaurant chinois. Bon et pas cher.
King Dragon, St-Jean Rd, carrefour de la Louise, ☎ 424 7888. Midi et soir ; fermé le mardi. Bon restaurant chinois, dans une salle compartimentée ornée de velours rouge. Un peu plus cher que le précédent.

Achats

Attention ! Les boutiques sont fermées le jeudi, le samedi après-midi et le dimanche.
Vous trouverez de nombreuses boutiques dans les galeries commerçantes de Curepipe (***Currimjee***, à l'angle des rues Royal et Churchill, ***Salaffa*** et ***Jam Palach***, près du terminal de bus), de Phœnix (***Carrefour***), de Quatre Bornes (***Orchard center***) et de Rose Hill (***Galeries Evershine*** et ***Royale***).

Librairies-journaux – Presse internationale et locale, littérature, livres sur les îles. ***Le Trèfle***, arcades Currimjee, Curepipe.
Allot, arcades Currimjee, Curepipe.
Le Cygne, 307 Royal Rd, Rose Hill.

Prêt-à-porter – De nombreux dépôts d'usines textiles sont concentrés dans le quartier Mangalkhan à Floréal. ***Floréal knitwear***, Floréal Rd. Pulls en laine ou en cachemire, tee-shirts et polos en coton. L'ensemble est très bon marché, mais beaucoup de modèles comportent des défauts de fabrication. La marchandise provient généralement de stocks invendus, dont il n'y a aucune raison de ne pas profiter. Vous trouverez d'autres boutiques « Floréal », notamment à Port Louis, Grand Baie et Quatre Bornes.

Shibani, rue perpendiculaire à Floréal Rd. Pulls en laine ou cachemire. Généralement moins de choix, mais meilleure qualité que chez « Floréal ».

Ultra-soie, Mme Feillafé, rue Dr Lallah, ☎ 696 3375. Cravates et foulards en soie de style assez classiques. Belle qualité à bas prix.

Boutiques hors taxes – ***Poncini***, Royal Rd, Curepipe. Vaisselle, bijoux, cadeaux divers.
Adamas, rue perpendiculaire à Floréal Rd, Mangalkhan, Floréal. Bijoux en or et diamants. Passeport et billet d'avion exigés. Paiement par carte bancaire ou en devises.

Maquettes de bateaux – De nombreux ateliers sont installés en périphérie de Curepipe. ***Comajora***, La Brasserie Rd, Forest Side, Curepipe. Visite intéressante de l'atelier. Bon rapport qualité-prix.
Voiliers de l'océan, W. Churchill St. (route du jardin), Curepipe. Moins cher que le précédent, mais le travail est un peu moins soigné.
La Pirogue, La Brasserie Rd, Curepipe. Entreprise familiale sans prétention. Petites maquettes bon marché.
Serinissima, 292 Royal Rd, Curepipe. Beaucoup plus cher.

LA CÔTE NORD★
DE BAIE DU TOMBEAU À ROCHES NOIRES

Climat idéal d'avril à octobre, un peu étouffant de novembre à mars
Carte p. 268-269

À ne pas manquer
Se baigner au coucher du soleil sur la plage de Mont Choisy.
Écouter la messe du dimanche matin à Cap Malheureux.
Partir en excursion vers les îles côtières.
Déguster un café brûlot au bar de l'hôtel « Royal Palm » à Grand Baie (cher).

Conseils
Logez hors de Grand Baie, vers Cap Malheureux ou Trou aux Biches.
Méfiez-vous des vols sur la plage et dans les locations non surveillées.

Des campements aux complexes hôteliers

La côte Nord, abritée du vent, bénéficie d'un climat particulièrement doux. Ses plages de sable ponctuées de roches noires sont baignées par des eaux calmes propices aux activités nautiques.

Au début du siècle, les riches familles mauriciennes redécouvrirent les charmes de ce littoral, d'où l'épidémie de malaria les avait chassées un demi-siècle auparavant et vinrent y passer les mois d'hiver, trop frais sur les hauts plateaux. Lieu de villégiature saisonnière, la côte se borda alors de *campements*, bâtisses précaires construites en *ravenala* et facilement démontables. Chaque hiver, les familles descendaient ainsi « camper », transportant sur des charrettes à bœufs le contenu de leur maison des Hauts, meubles, batterie de cuisine, vêtements et même provisions.

Aujourd'hui, les villas de bord de mer sont permanentes et le béton a largement remplacé les matériaux végétaux. Les hôtels surtout ont envahi la côte au cours des dix dernières années et les atouts climatiques du nord-ouest en ont fait la plus grosse concentration touristique de l'île, où complexes hôteliers, restaurants et boutiques ont tendance à supplanter la vie locale. Seuls le cap nord et le nord-est ont su préserver le calme et l'authenticité des petits villages de pêcheurs. Quant à l'arrière-pays, c'est le plus plat de l'île, où seuls quelques monticules de pierres de lave noires émergent ici et là des champs de cannes.

Les stations touristiques du Nord-Ouest
Env. 32 km de Baie du Tombeau à Pereybère – Comptez 1 h sans arrêt.

De Port Louis, la route B 29 longe le littoral.

■ **Baie du Tombeau** – Le premier village côtier au nord de Port Louis présente avant tout un intérêt historique. La baie doit son nom au tombeau de **Pieter Both**, gouverneur hollandais qui périt en 1615 dans le naufrage d'un bateau de la Compagnie hollandaise des Indes orientales lors d'un cyclone.

La vue sur le port de la capitale et la pollution de l'eau vous inciteront à poursuivre plus au nord.

La route B 29 rejoint la A 4 (empruntez-la à gauche sur 1 km). Prenez à gauche la B 40. De l'autre côté de la rivière du Tombeau, la **plage du Goulet**, *bien que peu profonde, est plus propice à la baignade. Méfiez-vous cependant des courants qui déportent vers le large.*

Revenez sur la A 4 et prenez à gauche la B 39.

■ **Balaclava et Pointe aux Piments** – Autrefois couverte de buissons de piments, la Pointe aux Piments s'étend de la **Baie de l'Arsenal** (dite aussi Baie de Balaclava) – qui évoque l'arsenal français, détruit en 1774, et dont on voit les ruines dans l'enceinte de l'hôtel Maritim – à la **Batterie des Grenadiers**.
Les hôtels de luxe remplacent désormais le four à chaux, la distillerie, le moulin et l'hôpital de jadis. Néanmoins, toute cette côte, bordée de roches noires à l'exception des petites langues de sable aménagées devant les hôtels, invite peu à la baignade. Les belles plages commencent un peu plus au nord.

Suivez la route littorale B 38.

■ **Trou aux Biches** – À partir de Trou aux Biches, qui s'étend de part et d'autre de la route sur plusieurs kilomètres, la mer devient plus accueillante. La longue **plage*** de sable corallien qui s'étire entre lagon et filaos a fait de ce petit village de pêcheurs l'une des principales stations balnéaires de l'île, très prisée par la bourgeoisie locale, où hôtels, bungalows et *campements* se succèdent en rang serré. Vous pourrez pratiquer toutes sortes de sports nautiques devant les hôtels qui bordent la plage, et la baignade est agréable.

De Trou aux Biches, venant du sud, tournez à droite entre le golf de l'hôtel « Trou aux Biches » et le poste de police (B 36), puis contournez le terminal d'autobus par la droite.

De la route A 4, venant du sud, tournez à gauche à la sortie du village de Triolet, direction Trou aux Biches : un panneau discret indique le temple (Shivala) à gauche.

■ **Le temple hindou Maheswarnath*** – *Entrée libre. Déchaussez-vous pour pénétrer dans les temples. Parking à l'ombre d'un banian.* Une incursion de quelques kilomètres dans les terres vous permet de visiter cet ensemble de petits temples construits en 1891, ornés de sculptures colorées et surmontés de dômes blancs. C'est sans doute le plus vénéré de l'île après celui de Grand Bassin. Il y règne une atmosphère de recueillement saisissante. Baignés par les effluves d'encens, observez discrètement dans le **temple principal** les actes de dévotion du rituel hindou. Bananes, grains de riz, pétales de fleurs, poudre de safran et autres offrandes colorées et odorantes viennent honorer *Ganesha*, le taureau *Nandi*, ou la femme de Shiva : *Parvati*. Au centre du temple, les fidèles arrosent le *lingam Shiva* de lait de coco et piquent sur son trident des fleurs jaunes sacrées **allamanda**. À l'entrée, ils sonnent les cloches suspendues au-dessus de la porte afin d'effrayer les démons hostiles et jaloux et d'attirer l'attention des divinités qu'ils viennent prier. *Voir Le panthéon hindou, p. 198.*

De retour à Trou aux Biches, longez le littoral (B 38, puis B 13).

■ **Mont Choisy** – Cette magnifique **plage**** publique en arc de cercle offre 3 km de sable fin, sur lequel aucune construction n'est encore venue empiéter. Calme la semaine, elle s'anime le dimanche, lorsque les Mauriciens s'installent en famille pour pique-niquer, faire la sieste, jouer au ballon ou écouter de la musique. Vendeurs ambulants et camions-bars font alors leurs affaires de la semaine, à l'ombre des filaos.

■ **Pointe aux Canonniers*** – Ce site privilégié, presqu'île idéale pour guetter les esclaves fugitifs ou les envahisseurs anglais, servit de camp militaire aux colons français. Zone résidentielle cossue, la Pointe abrite quelques hôtels de luxe qui jouissent d'une **vue**** splendide sur les îlots du nord.
L'hôtel Le Canonnier a conservé un **phare**, construit en 1855 à l'emplacement d'un ancien fort français, qui balaya le large de son faisceau lumineux jusqu'en 1932.

La route B 13 continue jusqu'à Grand Baie, que vous pouvez également atteindre par la route A 4.

MAURICE

LA CÔTE NORD

0 1 2 3 km

Île Plate
Île Coin de Mire

OCÉAN INDIEN

N

Cap Malheureux
Pointe d'Azur
Pereybère
Pointe Église
Pointe aux Canonniers
Grand Baie
Grand Baie
Petit Raffra
Mont Choisy
The Vale
Trou aux Biches
Maheswarnath
Fond du Sac
Batterie des Grenadiers
Triolet
▲ 70
Mt Virer
Pointe aux Piments
La Bourdonnais
Morcellement St-André
Pointe aux Piments
Balaclava
Solitude
Mapou
Baie de l'Arsenal
Le Goulet
Baie du Tombeau
Arsenal
R. Citrons
Pamplemousses
Piton
Baie du Tombeau
Mont Goût le Plessis
Mont Piton 267
Terre Rouge
Grande Rosali
Ste-Croix
Villebague
Valton
La Nicolière
PORT LOUIS
Montagne Longue

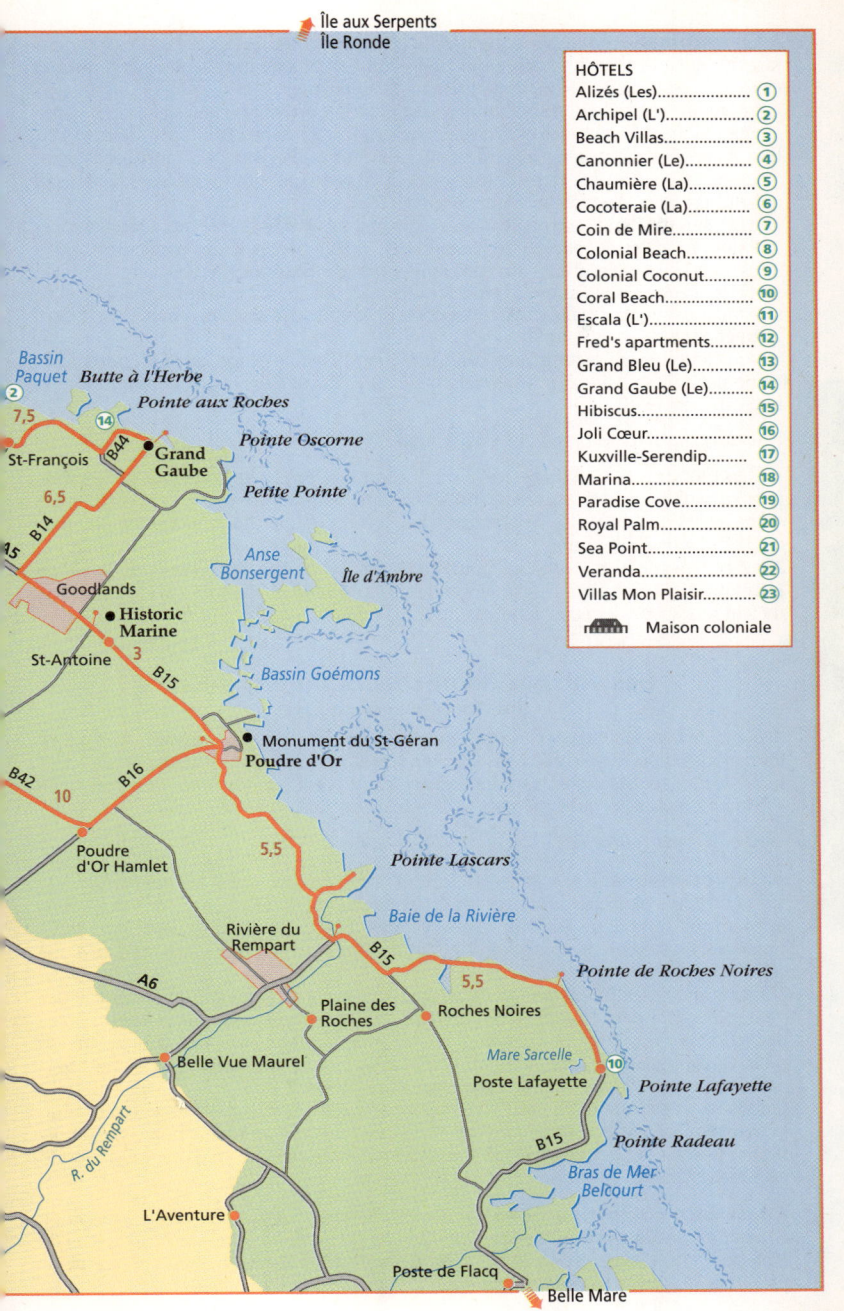

MAURICE

HÔTELS

Alizés (Les)	①
Archipel (L')	②
Beach Villas	③
Canonnier (Le)	④
Chaumière (La)	⑤
Cocoteraie (La)	⑥
Coin de Mire	⑦
Colonial Beach	⑧
Colonial Coconut	⑨
Coral Beach	⑩
Escala (L')	⑪
Fred's apartments	⑫
Grand Bleu (Le)	⑬
Grand Gaube (Le)	⑭
Hibiscus	⑮
Joli Cœur	⑯
Kuxville-Serendip	⑰
Marina	⑱
Paradise Cove	⑲
Royal Palm	⑳
Sea Point	21
Veranda	22
Villas Mon Plaisir	23

Maison coloniale

Île aux Serpents
Île Ronde

Bassin Paquet
Butte à l'Herbe
Pointe aux Roches
St-François
Grand Gaube
Pointe Oscorne
Petite Pointe
Anse Bonsergent
Île d'Ambre
Goodlands
Historic Marine
St-Antoine
Bassin Goémons
Monument du St-Géran
Poudre d'Or
Poudre d'Or Hamlet
Pointe Lascars
Baie de la Rivière
Rivière du Rempart
Pointe de Roches Noires
Plaine des Roches
Roches Noires
Mare Sarcelle
Belle Vue Maurel
Poste Lafayette
Pointe Lafayette
Pointe Radeau
Bras de Mer Belcourt
R. du Rempart
L'Aventure
Poste de Flacq
Belle Mare

■ **Grand Baie** – Station touristique la plus fréquentée de l'île, Grand Baie se partageait encore il y a vingt ans entre *campements* de riches propriétaires côté mer et cases modestes de pêcheurs et agriculteurs côté champs.

La route qui séparait ces deux mondes n'est plus aujourd'hui qu'une succession dense et anarchique de boutiques et de supermarchés, d'appartements à louer, de pensions bon marché et d'hôtels de luxe, de boîtes de nuit et d'agences de tourisme locales. Vous ne trouverez plus rien d'authentique à Grand Baie, pas même les Mauriciens, à l'affût du gain, devenus racoleurs avec les touristes.

Fermée sur elle-même, protégée aux deux extrémités par la Pointe aux Canonniers et la Pointe Église et dépourvue de hauts fonds, la baie bénéficie des meilleures conditions nautiques. Elle abrite un important **port de plaisance** et le Yacht Club de Maurice. Régates multicolores, ballets de skieurs et de véliplanchistes évoluent joyeusement sur cette mer étale, mais la pollution et le trafic des bateaux à moteurs rendent la baignade peu engageante.

Si vous tenez absolument à vous baigner à Grand Baie, la **plage de la Cuvette**, à la sortie nord de la baie entre les hôtels Véranda et Royal Palm, vous offre du sable et une eau propre.

Poursuivez la route côtière B 13 vers le nord.

■ **Pereybère** – Ce village qui jouxte Grand Baie tend à se consacrer lui aussi de plus en plus exclusivement au tourisme. Complexes hôteliers et autres constructions d'une esthétique douteuse commencent à s'élever à bonne cadence et de façon anarchique le long de la route.

Allez-y si possible le week-end pour apprécier l'ambiance bon enfant de la **plage publique**, très populaire, lorsque vendeurs de glaces et Mauriciens en famille se mêlent aux vacanciers cosmopolites.

Les villages de pêcheurs du Nord-Est*
Env. 48 km – Comptez 1 h.

À partir de Cap Malheureux, la côte, moins abritée, devient plus sauvage. Aux plages touristiques de l'Ouest succèdent de jolies petites criques plus paisibles, où alternent sable doré et roches noires. Le climat moins aride permet à une végétation plus riche – banians, *badamiers,* arbres à pain – de s'épanouir aux côtés des filaos.

Suivez la route côtière B 13.

■ **Cap Malheureux*** – Malgré son nom – qui évoque, selon les interprétations, les nombreux naufrages au large de la pointe nord de l'île, ou le débarquement impromptu de la flotte anglaise le 6 novembre 1810, qui partit de Rodrigues pour prendre définitivement possession de Maurice – ce petit village est empreint d'une certaine sérénité.

Maisons modestes et *campements* nostalgiques, petits hôtels et bungalows à louer s'éparpillent de part et d'autre de la route côtière, entrecoupés par quelques accès discrets à la mer. Vous ne trouverez pas de grande plage, mais des petits coins de sable agréables et paisibles d'où l'on profite d'un beau **panorama*** sur les îlots volcaniques voisins (Coin de Mire, Serpents, Plate, Ronde).

On vit ici au rythme de la pêche. Le dimanche matin, le village s'anime le temps de la **messe.** À défaut d'y séjourner, Cap Malheureux mérite au moins une visite dominicale, lorsque la petite **église*** au toit de bardeaux rouges vibre d'une foi profonde au son des chants de messe.

■ **Les îlots côtiers du nord*** – Renseignez-vous auprès des hôtels et agences de *Grand Baie ou des environs. Comptez env. 500 Rs par personne pour une excursion à l'île Plate ou à l'îlot Gabriel, repas inclus.* L'**île Coin de Mire**, difficile d'accès, ne se visite pas, mais les **fonds marins** y sont spectaculaires (4 km de la côte).

L'île Ronde et l'île aux Serpents sont des réserves naturelles protégées et ne se visitent pas.

L'île Plate, dominée par une falaise que surplombe un phare, est plus facile d'accès. Elle abrite un ancien lazaret, désormais utilisé comme camp par la petite armée mauricienne. De nombreuses agences de la région y organisent des pique-niques.

Poursuivez la route B 13, puis la B 44.

■ **Grand Gaube –** Vous traversez de vastes étendues de cannes rehaussées de tumulus de lave. Au loin se dressent les silhouettes du Pouce et du Pieter Both, qui vous deviendront vite familières. De retour sur la côte, la **vue** s'ouvre sur les îlots voisins.

Réputé pour la fabrication de **pirogues** en bois de jaquier, Grand Gaube mêle les charmes d'un village de pêcheurs créoles authentique à l'agrément d'un site balnéaire peu fréquenté.

Continuez la route B 14, qui rentre dans les terres. Tournez à gauche en arrivant sur la route A 5. Traversez Goodlands et tournez à gauche dans la zone industrielle de St-Antoine.

■ **Goodlands –** Cette petite ville de 14 000 habitants à l'intérieur des terres n'a d'autre intérêt que d'abriter les ateliers de **Historic Marine**★ (☎ *283 9304, hismar@intnet.mu ; 8h-17h ; fermé les samedi et dimanche ; entrée libre*), l'une des fabriques de maquettes de bateaux les plus renommées de l'île. La finition du travail est irréprochable et les prix sont proportionnels. Vous pouvez toutefois vous contenter de visiter le très joli magasin où les maquettes sont mises en vente, ainsi que l'immense atelier de fabrication au premier étage.

L'église de Cap Malheureux

Continuez la route B 15 en direction de Poudre d'Or. En arrivant dans le village, tournez à gauche après le stop. Une petite pancarte indique le monument après un grand virage sur la droite.

■ **Poudre d'Or** – Le naufrage du *Saint-Géran* au large de ses côtes dans la nuit du 17 au 18 août 1744 (et non au large de Baie du Tombeau comme l'a écrit Bernardin de Saint-Pierre) a rendu célèbre ce petit village paisible de pêcheurs.

Un monument en pierre édifié en 1944, au bout de l'**avenue Paul et Virginie** dans le joli cadre d'une petite crique calme aux rochers noirs et au sable roux, rend hommage aux disparus de ce drame.

Paul et Virginie
Le roman de Bernardin de Saint-Pierre, écrit en 1788, raconte l'amour tendre et pur qui unit Paul et Virginie, qui ont grandi ensemble à l'île de France. Leur histoire est idyllique jusqu'au jour où la jeune fille doit partir, contre son gré, étudier en France. Elle ne supportera pas cette double rupture, avec son île natale et avec son bien-aimé et rentrera au bout de trois ans. La fin du roman s'inspire d'un fait réel : le naufrage du « Saint-Géran », en 1744, au large de l'île d'Ambre. Ainsi se termine cet amour sans issue, Paul tentant en vain de sauver sa dulcinée de la tempête. Il mourra de chagrin peu après. L'histoire a largement inspiré les artistes mauriciens. Elle fit aussi vibrer les lecteurs français, tant par l'issue tragique de cette tendre passion que par l'évocation paradisiaque d'une île tropicale.

La charmante petite **église** qui émerge du village s'inscrit harmonieusement dans le paysage, surtout quand on s'en éloigne par la route B 15 vers le sud.

Quittez le village par la route B 16, puis tournez à droite sur la B 42. Une pancarte sur la gauche indique « La Bourdonnais-Port Louis ». Suivez ensuite les panneaux « La Corbeille pépinières de La Bourdonnais ».

■ **La Bourdonnais** – À côté d'une **ancienne usine sucrière** de la Compagnie des Indes se cache le **château La Bourdonnais***, grande villa coloniale du 19ᵉ s., propriété d'une riche famille franco-mauricienne. Comme toutes ces somptueuses demeures privées, elle ne se visite pas, vous pouvez néanmoins vous avancer un peu à pied dans l'allée de *ficus microcorpa* qui mène à l'entrée

Coupeurs de cannes

principale. Vous la verrez encore mieux si vous longez les serres d'*anthuriums* et contournez l'ancienne cheminée vers la droite. Vous pouvez également visiter **les Vergers de La Bourdonnais*** (☏ *266 1533 ; entrée payante*) qui s'étendent sur 40 ha et offrent une belle variété d'arbres fruitiers tropicaux. Après une promenade guidée, une dégustation de pâtes de fruits et jus frais est proposée.

Retournez à Poudre d'Or pour retrouver la route B 15, qui continue à longer la côte vers le sud (direction Rivière du Rempart). Tournez à gauche vers Pointe Lascars.

Vous traversez un village aux ruelles de terre battue bordées de petites bicoques colorées. La route s'arrête entre le sable roux et les rocs noirs de la **Pointe Lascars**, où les barques de pêche tanguent dans un clapotis paisible.

Rejoignez la route B 15 et suivez la direction Roches Noires (à gauche).

La route longe le **lagon**, d'un vert éclatant, assombri de temps à autre par le passage d'un nuage ou la silhouette d'un îlot qui se détache à l'horizon, au large de **Roches Noires**. La barrière de corail se rapproche de plus en plus de la côte.

Passé la Pointe de Roches Noires, les *campements* cossus cachent la mer, détournant imperceptiblement votre regard sur les lauriers roses, *allamandas*, bougainvilliers, lilas et autres rideaux de fleurs qui bordent la route.

La côte Nord pratique

ARRIVER-PARTIR

En voiture – Le nord est desservi par un bon réseau routier. Une petite route longe le littoral presque partout. L'autoroute relie Port Louis à Grand Baie, de même que l'ancienne route Royale qui passe par Pamplemousses. De l'aéroport, il faut compter une heure et demie de route.

En autobus – Des autobus directs ou omnibus relient Port Louis (Immigration Square) aux principales destinations du nord (Trou aux Biches, Grand Baie, Cap Malheureux). Renseignez-vous sur place sur la fréquence et les horaires. De l'aéroport, il faut changer à Port Louis.

ADRESSES UTILES

Informations touristiques – Les nombreuses agences de tourisme vous fourniront toutes les informations dont vous avez besoin.

Banque / Change – Vous trouverez des bureaux de change et les succursales des principales banques à Trou aux Biches, Grand Baie, Pereybère, Triolet et Goodlands.

Poste – Elle se trouve généralement près du poste de police, à Grand Baie, Cap Malheureux, Grand Gaube, Goodlands et Triolet.

Téléphone – Vous trouverez des cabines à pièces un peu partout. Il y a généralement des téléphones à carte près des postes de police et des supermarchés (cartes en vente dans les supermarchés), à Grand Baie et à Trou aux Biches.
Mauritius Telecom, à l'entrée sud de Grand Baie.

Agences de voyages – Les agences, nombreuses sur Royal Rd entre Trou aux Biches et Péreybère, proposent toutes les mêmes services, activités ou excursions : location de voitures, d'appartements ou de villas, tour en bateau à fond de verre, promenade sous-marine avec « scaphandre », circuits touristiques dans l'île (shopping à Port Louis, jardin de Pamplemousses, terres de couleurs de Chamarel, île aux Cerfs, île d'Ambre ou île Plate, balade à bord d'une copie de l'ancien voilier « Isla Mauritia »).
Les principales agences se trouvent dans les hôtels et le long de Royal Rd à Grand Baie.
GBTT (Grand Baie Travel & Tours), Royal Rd, ☏ 263 8771.

Location de véhicules – Les principales agences de location se trouvent dans la région de Grand Baie. Comptez au moins 800 Rs par jour pour une voiture, 300 Rs pour une moto, 100 Rs pour un VTT.

Les agences sont plus nombreuses, et souvent moins chères, dans le nord de Maurice.

Coastal Tour Ltd, Royal Rd, près de la station Caltex dans le centre-ville, Grand Baie, ☎ 263 6987 / 263 8050. À partir de 900 Rs pour une petite voiture livrée où vous la souhaitez. N'hésitez pas à marchander.

Santé – Vous trouverez des pharmacies sur la route principale de Grand Baie, Pereybère, Triolet et Goodlands. La plus centrale est toutefois **The Grand Bay Pharmacie Ltd**, Royal Rd, ☎ 263 8403 / 263 7877.

SSR National Hospital, Royal Rd, Pamplemousses, ☎ 243 3661.

Où loger

Les fourchettes de prix indiquées sont approximativement calculées sur la base d'une nuit en chambre double avec petit-déjeuner en moyenne saison.

- **Balaclava-Pointe aux Piments**

De 45 à 60 €

Villas Mon Plaisir, ☎ 261 7471, Fax 261 6600 – 32 ch. 🍴 📋 ou 🏖 ✦ 📺 ✕ ♒ 🐾 ◐ CC Chambres simples mais joliment aménagées. Bâtiment aux couleurs pastel donnant sur un jardin ombragé et fleuri autour d'une petite piscine. Isolé et calme. La plage n'est pas très propice à la baignade en raison du peu de fond et des rochers, mais quelques transats et parasols invitent à un bon bain de soleil.

De 90 à 110 €

Colonial Beach Hotel (ex-Calamar), route côtière, ☎ 261 5187, Fax 261 5247, cbeach@intnet.mu – 46 ch. 🍴 📋 ✦ ✕ ♒ 🐾 CC Demi-pension obligatoire. La gaieté des chambres, de tons pastel multicolores, contraste avec l'allure un peu désolée du petit coin de plage où les clients peuvent barboter entre les rochers. La taille de la piscine ne vous permettra guère plus de nager. La proximité de la barrière de corail fait néanmoins de ce lagon sans fond un paradis pour les amateurs de nage d'exploration. Vestiges de l'ancien hôtel Calamar, deux belles maisons blanches à toit de chaume ont été conservées pour les familles ou groupes d'amis. Joliment meublées, elles disposent d'une ou deux chambres doubles, d'une chambre d'enfant et d'une grande pièce commune. Agréable restaurant sur la mer.

- **Trou aux Biches**

De 45 à 60 €

La Cocoteraie, Royal Rd, ☎ 265 5694, Fax 265 6230, cocoteraie@intnet.mu – 28 ch. 🍴 📋 🏖 ✕ ♒ CC Appartements pour 4 personnes en duplex, avec cuisine américaine, salon et balcon. Propreté impeccable. La petite piscine permet juste de se rafraîchir. Femme de ménage et cuisinière en sus.

De 60 à 75 €

Le Grand Bleu, Royal Rd, ☎ 265 5812, Fax 265 5842, lgb@intnet.mu – 50 ch. 🍴 📋 ✦ 📺 ✕ ♒ CC Appartements spacieux avec kitchenette, salon et terrasse, dans un joli bâtiment blanc et bleu. Bien que la route ne soit pas trop bruyante, il vaut mieux demander les chambres les plus en retrait. Préférez les bungalows aux chambres, sans charme, récemment construites.

Beach Villas, Royal Rd, ☎ 265 5261, Fax 265 5798, resagbtt@intnet.mu – 14 ch. 🍴 📋 ♒ CC L'indépendance d'une location, avec les services d'un hôtel (ménage, réception, sécurité 24 h/24). Petit-déjeuner et cuisinière en sus. Studios ou appartements avec cuisine américaine et salon. Sobre, moderne et propre. La terrasse donne sur un jardin où l'on peut faire son barbecue, avec un accès direct à la mer. La plage de Mont Choisy, beaucoup plus agréable pour se baigner, est à quelques minutes à pied.

- **Pointe aux Canonniers**

De 45 à 75 €

Sea Point Beach Bungalows, ☎ 263 8604, Fax 686 7380, nakaloo@intnet.mu – 10 ch. 🍴 🐾 CC Appartements en duplex pour 4 ou 5 personnes avec cuisine, salon et terrasse à l'ombre d'une treille couverte de bougainvilliers. Simple mais confortable et joliment décoré. Vous pouvez demander à la femme de ménage de préparer vos repas, moyennant un petit supplément. Barbecue à la disposition des clients dans le jardin. Sur une petite baie de sable peu profonde, avec vue sur les îles. Les résidents ont accès aux restaurants, activités nautiques et animations nocturnes du Club Méditerranée (juste à côté) avec une réduction de 20 %.

De 90 à 115 €

Colonial Coconut Hotel, Pointe Malartic, ☎ 263 8720, Fax 263 7116, ccoconut@intnet.mu – 34 ch. Demi-pension obligatoire. Bungalows en ravenala, avec petite terrasse sur mer ou jardin. Préférez les chambres de l'étage, celles du rez-de-chaussée étant un peu sombres. Chaque chambre, meublée de bois et de rotin, est décorée de reproductions anciennes illustrant l'histoire de Maurice ou des scènes de la vie quotidienne. Agréable salon dans le bâtiment principal (bar et restaurant), vestige d'un « campement » de l'époque coloniale qui a conservé une atmosphère un rien surannée.

Plus de 150 €

Hôtel le Canonnier, ☎ 209 7000, Fax 263 7864, hotcan@intnet.mu – 248 ch. Demi-pension obligatoire. Chambres avec terrasse individuelle sur mer, jardin ou piscine réparties dans des bâtiments pastel à toit de chaume. Cadre magnifique mêlant harmonieusement une végétation colorée et luxuriante, des jeux d'eau et les vestiges d'un site historique. Trois plages bordent cet hôtel démesuré. La baignade n'y est pas idéale à cause du manque de fond, des rochers qui affleurent et des activités nautiques, mais la vue qui s'ouvre sur ce lagon chaotique et les îles côtières reste un spectacle superbe.

• **Grand Baie**

Grand Baie concentre une grande quantité d'hôtels et d'appartements à louer, à des prix souvent très compétitifs. Il faut néanmoins savoir que c'est l'endroit le plus touristique de l'île, qu'il n'y a pas de plage agréable à distance pédestre et que les nuits y sont bruyantes.

De 45 à 60 €

La Chaumière, impasse Tajoo, ☎ 263 7351, Fax 263 6201, chaumière@intnet.mu – 7 ch. Dans une impasse perpendiculaire à Royal Rd, entre Grand Baie et Pereybère. Alliant confort et simplicité, cette petite auberge est certainement le meilleur rapport qualité-prix de Grand Baie. Les chambres, propres mais un peu sombres, sont situées dans la maison principale, à l'exception de deux d'entre elles, retirées dans une petite annexe proche. À l'extérieur, un joli jardin tropical entoure une petite piscine.

De 135 à 150 €

Veranda Bungalow Village, ☎ 263 8015, Fax 263 7369, veranda@intnet.mu – 64 ch. Ce village de vacances propose toute une gamme de logements, bungalows indépendants avec cuisine ou chambres d'hôtel plus traditionnelles. L'ensemble est isolé loin de la route à la sortie nord de Grand Baie, dans un jardin coquet ponctué de petits bancs et de cocotiers. Tous les services sont disponibles sur place (location de voiture, boutiques diverses...). Manque de profondeur, rochers et bateaux à moteur limitent malheureusement l'espace réservé à la baignade, mais la plage de la Cuvette n'est pas loin.

Plus de 300 €

Royal Palm Hotel, ☎ 209 8300, Fax 263 8455, rpalm@intnet.mu – 84 ch. Practice de golf, sauna, squash, gymnase, boutiques, billard, salon de coiffure. Le luxe raffiné de cet hôtel en a fait le plus prestigieux et sélect de Maurice, où descendent stars et personnalités du monde entier. Chambres tout confort aménagées avec goût. La plage, bien que plus propre qu'au fond de la baie, n'est pas à la hauteur des somptueux enchevêtrements de jardins, salons et terrasses. Restaurant gastronomique réputé (ouvert aux non-résidents sur réservation). Si vous en avez les moyens, goûtez le « café brûlot », confectionné à base de café, de crème fraîche, de rhum blanc et de zestes d'oranges brûlés au chalumeau.

• **Pereybère**

De 15 à 30 €

Joli Cœur Guesthouse, ☎ / Fax 263 8202 – 6 ch. Petite pension familiale paisible, à l'écart de la route principale. Les deux chambres donnant sur la terrasse commune sont agréables.

Les autres sont un peu exiguës et d'un confort sommaire. L'une des chambres n'a pas de salle de bains individuelle. Propreté acceptable. Ambiance sympathique et décontractée.

L'Escala, ☎ 263 7379, Fax 240 0117 – 21 ch. 🍽🛏 ou ✈ CC Sur une petite route perpendiculaire à la plage publique de Pereybère. Appartements d'une à trois chambres avec cuisine, balcon ou terrasse, autour d'un jardin. Simple et calme. Attention ! Éviter les autres appartements, sur le front de mer, dont on vous vantera la vue sans évoquer le bruit de la route principale, très passante à cet endroit.

De 30 à 45 €
Fred's apartments, Beach Lane, ☎ 263 8830, Fax 263 7531, fred.app@intnet.mu – 13 ch. 🍽✈✗ CC Studios et appartements pour 2 ou 4 personnes avec cuisine et terrasse, autour d'un petit jardin coquet. Petit-déjeuner en sus. Clientèle essentiellement germanique car l'ancien propriétaire était allemand. Tout près de la plage publique de Pereybère.

De 45 à 60 €
Les Alizés, ☎ 242 1271 ou 212 4452, Fax 208 1035 – 6 ch. 🍽✈🏊 CC Bungalows pour 2 ou 4 personnes avec cuisine et terrasse, sur la mer ou un peu en retrait. Le jardin débouche sur une agréable petite plage de sable privative et la plage publique de Pereybère est tout près. La gérante de cette résidence loue aussi d'autres appartements et villas pieds dans l'eau.

De 90 à 105 €
Hibiscus Village Vacances, ☎ 263 8554, Fax 263 8553, hibisvv@intnet.mu – 15 ch. 🍽🛏✈🏊 TV 💧 CC Bungalows avec terrasse individuelle dans un cadre verdoyant. Un banian majestueux trône au milieu des badamiers, hibiscus, cocotiers... Les chambres les plus proches de la route sont un peu bruyantes. Un coin de sable et une jetée ont été aménagés devant l'hôtel pour suppléer à l'absence de vraie plage, mais un petit chemin conduit à la plage voisine et la plage publique de Pereybère se trouve à 100 m. Agréable restaurant en varangue sur la mer.

● **Cap Malheureux**
De 60 à 75 €
Coin de Mire Hotel, Royal Rd, Bain Bœuf, ☎ 262 7302, Fax 262 7305, coindemire@intnet.mu – 75 ch. 🍽✈ ou 🛏🏊✗🏊💧 CC Demi-pension obligatoire. Depuis qu'un cyclone a ravagé l'hôtel voisin, cet ancien petit village-vacances s'est agrandi et a multiplié ses infrastructures. Les chambres sont pour la plupart situées dans des bungalows blancs à toits de chaume. Les trois piscines et le jardin fleuri font oublier la route qui passe juste devant l'hôtel. De l'autre côté de cette route s'étend une jolie plage avec vue sur le Coin de Mire. Il est possible d'utiliser gratuitement le tennis du Veranda Bungalow Village, à Grand Baie.

Bungalows Kuxville-Serendip, Royal Rd, ☎ 262 8836 ou 262 7913, Fax 262 7407, kuxville@intnet.mu – 13 ch. 🍽🛏🏊💧 CC Les appartements Kuxville sont installés sur la plage, les bungalows Serendip, moins chers mais moins agréables, de l'autre côté de la route. Le prix comprend une femme de ménage, qui peut également faire la cuisine. Un épicier passe tous les jours pour vous approvisionner si vous le souhaitez. Très bien situé, sur une plage de sable avec une superbe vue. Idéal pour profiter de la tranquillité et de l'indépendance, sans avoir les contraintes des tâches ménagères. Propriétaire et clientèle allemands.

● **Anse la Raie**
De 150 à 165 €
Marina Resort, ☎ 204 8800, Fax 262 7650, marinah@bow.intnet.mu – 122 ch. 🛏🏊 TV ✗🏊💧✗ CC Demi-pension obligatoire. Joli « resort » aux bâtiments pêche et vert. Les chambres disposent de tout le confort propre aux grands hôtels, et certaines ont une vue superbe sur l'immense lagon turquoise balayé par les vents du large. Préférez cependant les bungalows en bord de mer, au cachet plus affirmé.

Plus de 300 €
Paradise Cove Hotel, ☎ 204 4000, Fax 204 4040, pcove@intnet.mu – 67 ch. 🍽🛏🏊 TV ✗🏊💧✗ CC Grand hôtel de luxe installé en exclusivité dans une magnifique petite baie fermée, au sable blanc et à l'eau lim-

pide, d'où l'on jouit d'une vue féerique. Chambres de grand standing joliment aménagées. Piscine paradisiaque. Un hôtel très prisé des couples en lune de miel.

• **Grand Gaube**
De 45 à 75 €
L'Archipel Hotel, Calodyne, ☎ 283 9518, Fax 283 7910, archipel@intnet. mu – 13 ch. 🍴 📺 🏖 🍽 🏊 🐾 cc Ce petit hôtel isolé de la route (suivre le panneau) offre un bon rapport qualité-prix et une grande tranquillité. Très agréable piscine et jolie petite plage, bien que peu accessible en raison des nombreux rochers qui rendent la baignade difficile. Préférez les bungalows pour six personnes, idéaux pour un séjour en famille à petits prix. Possibilité de cuisiner.
Plus de 150 €
Le Grand Gaube Hotel, Royal Rd, ☎ 283 9350, Fax 283 9420 – 119 ch. 🍴 📺 📶 📺 🍽 🏊 🐾 🐕 ⚽ cc Golf 4 trous. Village de vacances un peu impersonnel. Chambres avec terrasse et vue sur la mer, de plain-pied sur une grande plage de sable doré magnifique.

• **Poste Lafayette**
De 45 à 60 €
Coral Beach Bungalows, route côtière, ☎ 410 5039, Fax 410 5354 – 6 ch. 🍴 🏖 🏊 🐾 cc Deux nuits minimum. Bungalows à toit de chaume joliment peints en blanc et bleu, donnant directement sur une petite plage artificielle privée. Isolé, sauvage et calme. Les résidents peuvent préparer leurs repas dans leur kitchenette. Barbecue dans le jardin. Bicyclettes, ping-pong, pédalo, kayak, masques et palmes sont à la disposition des clients.

Où se restaurer

Dans l'ensemble, les restaurants de la côte Nord sont touristiques et chers. La qualité de la cuisine tend, cela dit, à s'améliorer avec les années. Nombreux sont ceux qui ne survivent que le temps d'une saison.

• **Trou aux Biches-Mont Choisy**
Moins de 1,5 €
Les camions-bars et les vendeurs ambulants qui longent la plage publique de Mont Choisy vendent des sandwiches, des samossas, des fruits et des glaces, bienvenus lorsque l'on ne souhaite pas s'attabler au restaurant le midi.
De 7,5 à 10 €
🍴 **La Cocoteraie**, Royal Rd, ☎ 265 5694. cc Menus à base de plats mauriciens et indiens (samoussas, brochettes, rougail ou vindaye de poisson, salade de fruits). Simple, bon, copieux et pas cher.
De 23 à 60 €
🍴 **Le Pescatore**, Royal Rd, ☎ 265 6337. Midi et soir. Réservation conseillée. cc L'une des meilleures tables de Maurice. Une cuisine recherchée dans un cadre romantique et raffiné. On y dîne sur une varangue à la lueur des bougies, bercé par une douce musique et le clapotis de la mer. Si vous ne savez que choisir parmi la carte, le chef vous propose « une idée du Pescatore », savoureuse formule de dégustation variée.

• **Grand Baie**
De 7,5 à 15 €
Quatre Épices, Royal Rd, ☎ 263 5313. cc Midi et soir ; fermé le dimanche. Un bon restaurant de spécialités mauriciennes et d'excellents cocktails de jus de fruits frais. La proximité de la route peut être gênante en journée, mais le calme revient en soirée.
Don Camillo, Royal Rd, ☎ 263 8540. 🍽 cc Midi et soir. Une bonne cuisine italienne et des prix corrects.
🍴 **Palais de Chine**, Royal Rd, ☎ 263 7120. cc Midi et soir. La meilleure adresse de Grand Baie et l'un des meilleurs restaurants chinois de l'île. Cuisine cantonaise et sichuanaise authentique. Un service très attentionné.
Le Capitaine, Royal Rd, ☎ 263 6867 ou 263 7526. cc Midi et soir ; fermé le dimanche. Réservation conseillée le soir. Bonne cuisine créole et spécialités de fruits de mer dans un cadre agréable, sur la mer. Une adresse honnête, prisée des Mauriciens aisés.
Sakura, Royal Rd, ☎ 263 8092. Un bon restaurant pour déguster sushi, sashimi et autres spécialités japonaises.
De 25 à 60 €
Le Mouillage, Royal Rd, ☎ 263 8766 / 263 8356. Ce restaurant, au cadre magnifique et au service impeccable, pro-

La côte Nord pratique

pose d'excellents plats de fruits de mer et desserts. Une bonne adresse, bien qu'un peu chère.

- **Pereybère**

Moins de 1,5 €

Des camions-bars se tiennent le midi au bord de la plage publique de Pereybère. Idéal pour grignoter.

De 7,5 à 15 €

Nirvana, Royal Rd, ☎ 262 6068 ou 262 6711. CC Midi et soir ; fermé le dimanche. Réservation conseillée les vendredi et samedi soir. Excellents tikka, tandoori, kebab, biryani, daal et autres spécialités préparées par un chef de Bombay. On finit par se sentir bien dans cette grande salle fermée et climatisée, éclairée par des chandelles vacillantes et bercée par une musique d'ambiance indienne. Service très attentionné.

Chez Roland, Royal Rd, ☎ 263 8326. CC Midi et soir. Bonne cuisine mauricienne et ambiance musicale dans un cadre reposant. On y déguste en terrasse poissons, curry et vindaye au son des guitares.

De 15 à 30 €

Les pieds dans l'eau (restaurant de l'hôtel Hibiscus), ☎ 263 8553. CC Midi et soir. On dîne à la chandelle sur une agréable varangue, devant la mer. Un buffet créole est dressé tous les dimanches, suivi d'un spectacle de séga autour d'un feu sur la plage. Au menu, curry, daube, Moulouctany, fricassée, achards et riz.

- **Cap Malheureux**

De 3 à 7,5 €

Coin de Mire, Royal Rd, ☎ 262 8070. Midi et soir. Petit restaurant sans prétention tenue par des créoles nonchalantes, juste en face de l'église au toit rouge de Cap Malheureux, que l'on surplombe de la terrasse ouverte à l'étage. Omelettes, salades, plats chinois. Idéal pour manger léger à midi.

- **Roches Noires**

De 6 à 15 €

La Caze Carlet, route côtière, ☎ 411 5622. Midi et soir. Situé au bord d'une route peu passante, ce restaurant propose une bonne cuisine française, mauricienne et chinoise, ainsi que des spécialités de fruits de mer à des prix corrects.

Où sortir, où boire un verre

Salons de thé, cafés – Lotus on the Square, Royal Rd (s'arrêter au panneau Café around the World), Grand Baie, ☎ 263 3251. Toute la journée ; fermé le dimanche. On y déguste cocktails ou glaces dans un sympathique petit jardin, au milieu de poteries et d'objets d'artisanat en vente dans la boutique voisine.

Bars-discothèques – C'est à Grand Baie que vous trouverez l'essentiel des bars et discothèques de l'île, indépendamment de ceux des hôtels.

Alchemy, Les Mirabelles, la Salette Rd, Grand Baie, ☎ 263 5314. Ouvert jusqu'à minuit ou au petit matin selon les soirs et les saisons. On peut y siroter un cocktail, y manger une grillade ou des fruits de mer, dans le bar ou sur une agréable terrasse ombragée.

Café de la plage, Royal Rd, ☎ 263 7041. Midi et soir (tard). Un bar branché où l'on va davantage pour boire un verre que pour manger des plats sans grand intérêt. Une des seules adresses de l'île pour les noctambules.

Banana's, Royal Rd, Grand Baie, près de la station Caltex. Sympathique café en plein air, sous une paillote, fréquenté par une clientèle jeune et branchée.

Zanzibar, discothèque voisine du Banana's, à la programmation musicale assez variée.

Star Dance, Royal Rd, Grand Baie, ☎ 263 9188. Cette nouvelle discothèque accueille une clientèle jeune, mauricienne et touristique.

Casino – Trou aux Biches casino, Royal Rd.

Loisirs

De nombreux hôtels ont un centre nautique attenant qui accepte les non-résidents, mais il existe aussi des organismes indépendants.

Plongée sous-marine – Blue Water, Le Corsaire, Trou aux Biches, ☎ 265 7186. Hugues Vitry (l'un des plongeurs mauriciens les plus célèbres) et Bruno vous feront plonger pour 780 Rs si vous ne disposez pas d'équipement, 1000 Rs s'il s'agit de la première plongée.

Sindbad, Bungalows Kuxville, Cap Malheureux, ☎ 262 8836. Bonne réputation. Plutôt pour plongeurs expérimentés.

Pêche au gros – *Organisation de pêche du nord-Corsaire club*, Trou aux Biches ☎ 265 5209. Comptez 9 000 Rs la demi-journée (6 h-13 h) pour le bateau.
Sport Fisher, Sunset Bd, Grand Baie, ☎ 263 8358.

Navigation de plaisance – *Croisières Émeraude and Aquacat*, Cap Malheureux. Voir à la case nautique de Sunset Bd, Grand Baie, ☎ 262 8974.

Marche sous-marine – *Undersea walk*, Royal Rd, Grand Baie (près de la station Caltex), ☎ 423 8822.
Alpha II, Grand Baie, ☎ 263 7664.
Blue Safari Submarine, Royal Rd, Grand Baie, ☎ 263 3333. 1 h d'excursion en dehors du lagon dans un petit sous-marin. Prix corrects.

Golf – *Hôtel Trou aux Biches*, ☎ 204 6565. Le seul golf de la côte Nord (9 trous).

ACHATS

- **Grand Baie**

Librairie-journaux – *Papyrus*, Royal Rd. Journaux et magazines, livres et guides touristiques.

Prêt-à-porter – Grand Baie (Royal Rd) concentre l'essentiel des boutiques de prêt-à-porter du nord. Boutiques de marques à prix intéressants (*Chipie*, *Hugo Boss*, *Ralph Lauren*, *Habit*, *Bongo*...), pulls en laine ou en cachemire (*Floréal*, *Bonair*). Vous verrez de beaux paréos un peu partout, mais les prix les plus intéressants se trouvent sans doute au bord de la plage publique de Pereybère, où un grand choix de tissus flotte au vent sous les filaos.

FBI, Grand Baie Resort, Royal Rd, Grand Baie. Un grand choix de vêtements de marques à des prix très intéressants. Ne pas hésiter à marchander.

Le Bazar de Grand Baie, Racket Rd, Grand Baie. Ensemble d'échoppes, un peu à l'arrière de la route côtière, qui proposent vêtements, souvenirs et artisanat.

Cadeaux-souvenirs – De nombreuses boutiques, surtout à Grand Baie, proposent des articles mauriciens revus au goût occidental. On trouve également des objets ou tissus indonésiens, africains, etc.

Galeries d'art – *Galerie Raphaël*, Royal Rd, Grand Baie, ☎ 421 2198. ou 263 6470. Tlj. Des tableaux d'artistes locaux et de jolies maquettes de bateaux.

Galerie Hélène de Senneville, Royal Rd, Grand Baie, ☎ 263 7426 / 263 3738. Expo-vente d'artistes mauriciens. Service d'encadrement. Assez huppé.

LA CÔTE EST★★
de Pointe Lafayette à Blue Bay

Brises appréciables l'été mais fraîches l'hiver
Plongée sous-marine de septembre à mai – Voile l'hiver

À ne pas manquer
Faire un tour dans Mahébourg en semaine, de préférence le lundi.
Explorer les fonds marins à Blue Bay.
Boire un verre à l'hôtel Le Prince Maurice.

Conseils
Allez à l'île aux Cerfs tôt le matin et prévoyez un pique-nique.
Protégez-vous du soleil en mer.
Prévoyez une tenue chaude pour le soir l'hiver.

Une route pittoresque longe la côte Est, bordée d'une végétation luxuriante qui s'épanouit ici grâce aux conditions climatiques particulièrement humides apportées par les alizés.

De longues plages de sable et un lagon éblouissant alternent avec des criques sauvages ponctuées de souvenirs historiques.

Loin de l'effervescence de Port Louis et des stations balnéaires du nord, c'est le lieu de séjour idéal pour plus de calme et d'authenticité. Les meilleurs hôtels se trouvent le long des plages de la région de Belle Mare. Le sud-est, aux environs de Mahébourg, compte aussi quelques sympathiques pensions de famille dans un site féerique.

Une côte historique

La côte Est joue un rôle de premier ordre dans l'histoire de l'île Maurice : c'est là que débarquent les Hollandais, à Ferney, pour prendre possession de l'île en 1598. Ils y établissent au 17e s. leur première colonie et introduisent sur l'île la canne à sucre et les cerfs de Java. Les premiers colons français s'installent à leur tour dans la région de Grand Port, avant de lui préférer Port Louis.

Les plages de la côte de Flacq★★
Env 18 km – Comptez 1 h de route.

L'arrivée à **Pointe Lafayette** marque le début de la côte sauvage de l'Est, balayée par les alizés et la mer déchaînée. L'océan s'engouffre par les brèches du récif tout proche pour claquer sur les rochers basaltiques. Les filaos penchés par le vent et les cocotiers rabougris témoignent de la relative dureté du climat.

Un peu plus loin, la route contourne une curieuse baie envahie par les palétuviers qui forment comme des îlots.

La bourgade de **Poste de Flacq**, tapie au creux d'une baie, cache un **temple hindou**★ dans un cadre étonnant. Blanc et surmonté d'un trident shivaïste stylisé, animé par le rituel incessant des fidèles, il s'élève au-dessus de l'eau sur un îlot désormais relié à la terre.

Du carrefour de Poste de Flacq, prenez la route B 62 vers Belle Mare.

Les champs de cannes vallonnés s'étendent à perte de vue, parsemés de monticules de lave entre lesquels vous apercevez parfois une parcelle de lagon à l'horizon. Quelques silhouettes montagneuses se détachent en toile de fond. Avant le début de la coupe (fin juin), les hautes cannes en fleur ondulent au gré du vent. La teinte rosée de leurs « plumeaux » contraste harmonieusement avec leur feuillage vert et le noir du basalte. Après la récolte, ce paysage perd toute sa féerie.

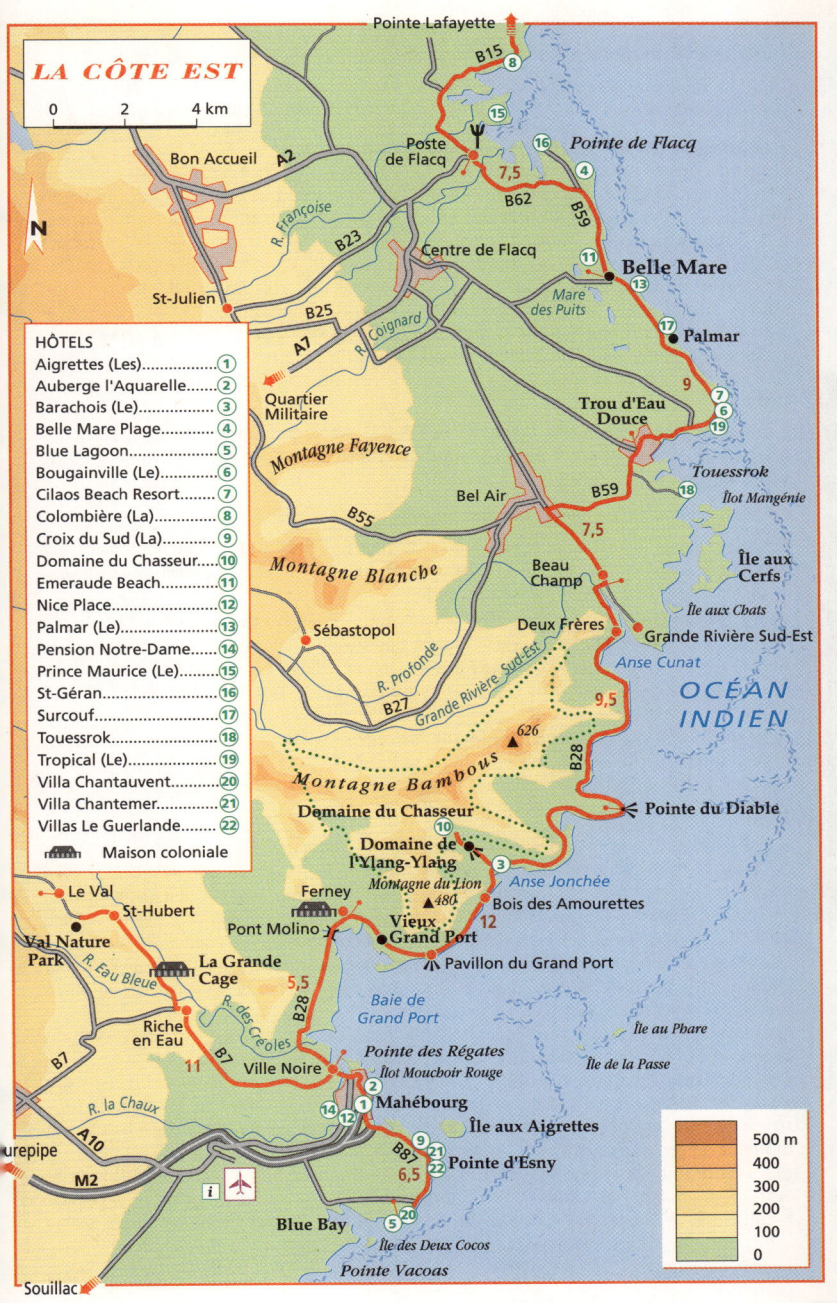

MAURICE

LA CÔTE EST

0 2 4 km

HÔTELS

- Aigrettes (Les) .... ①
- Auberge l'Aquarelle .... ②
- Barachois (Le) .... ③
- Belle Mare Plage .... ④
- Blue Lagoon .... ⑤
- Bougainville (Le) .... ⑥
- Cilaos Beach Resort .... ⑦
- Colombière (La) .... ⑧
- Croix du Sud (La) .... ⑨
- Domaine du Chasseur ..... ⑩
- Emeraude Beach .... ⑪
- Nice Place .... ⑫
- Palmar (Le) .... ⑬
- Pension Notre-Dame ...... ⑭
- Prince Maurice (Le) .... ⑮
- St-Géran .... ⑯
- Surcouf .... ⑰
- Touessrok .... ⑱
- Tropical (Le) .... ⑲
- Villa Chantauvent .... ⑳
- Villa Chantemer .... ㉑
- Villas Le Guerlande .... ㉒

Maison coloniale

Légende altitudes
- 500 m
- 400
- 300
- 200
- 100
- 0

281

En fin de journée, vous croiserez des Indiennes en sari, leur baluchon en équilibre sur la tête, abandonnant les tâches agricoles pour les travaux domestiques.

La route B 62 débouche sur la B 59. Vers la gauche, les hôtels se succèdent sur la plage jusqu'à Pointe de Flacq. Vers la droite, la route B 59 longe la côte vers le sud.

Les plages de Belle Mare à Trou d'Eau Douce**

8 km de plages superbes se déroulent de Pointe de Flacq à Trou d'Eau Douce, à l'ombre des filaos et des bougainvilliers. Très agréable pour la baignade, le lagon limpide se prête à merveille aux sports à voile puisque le vent souffle toute l'année. Les hôtels accaparent naturellement le meilleur de ces plages. Beaucoup moins concentrés néanmoins qu'au nord-ouest, la plupart, conçus avec raffinement, se fondent assez bien dans le paysage. En dehors des hôtels, vous ne trouverez quasiment aucun restaurant, bar ou boutique dans la région.

L'arrière-pays ne présente aucun attrait. Quelques vestiges de **fours à chaux** rappellent comment les premiers colons fabriquaient la chaux en chauffant le corail. Ils l'utilisaient comme matériau de construction ou comme combustible pour les usines sucrières.

L'immense **plage de Belle Mare***** devient le week-end un site très prisé par les Mauriciens, qui viennent y passer la journée et restent parfois dormir à la belle étoile après un bon barbecue.

La route contourne un temple hindou, puis continue à longer la côte.

Petites criques de sable peu profondes et rochers basaltiques d'un calme absolu forment le cadre splendide de la **plage de Palmar****, où les nuances de turquoise et de noir ondulent sous une eau limpide.

Trou d'Eau Douce, bien que légèrement touché par l'exploitation touristique de l'embarcadère pour l'île aux Cerfs – qui a fait surgir quelques boutiques de souvenirs et petits restaurants – demeure un charmant village de pêcheurs créoles, avec ses ruelles paisibles, où vous tomberez peut-être nez à nez avec une poule ou un cochon en liberté.

À la sortie sud du village, la **péninsule de Touessrok** cache l'un des plus beaux hôtels de l'île, le *Touessrok*, où vous pouvez essayer d'aller boire un verre pour profiter du cadre exceptionnel *(voir « Où loger » p. 291)* : il faut parfois montrer patte blanche si l'on n'est pas résident.

■ **L'île aux Cerfs**** – *Tous les hôtels et agences proposent cette excursion au même tarif. De la Pointe Maurice (hôtel Touessrok), départ toutes les 20 mn, de 9h à 16h en hiver et 17h en été. 5 mn de traversée. Pour profiter d'une traversée plus longue, nous vous conseillons de partir de Trou d'Eau Douce, du débarcadère ou de la petite agence « Chez Vicky » située à la sortie nord du village. Les deux restaurants de l'île étant chers, nous vous conseillons de prévoir un pique-nique. Apportez des chaussures de plastique car certaines criques sont tapissées d'oursins. Vous pouvez aussi longer la côte en barque à moteur ou en catamaran depuis Mahébourg ou les environs.*

Quelle que soit l'option que vous choisirez, vous ne regretterez pas la traversée du **lagon**. Le matin, on assiste souvent à de belles scènes de pêche.

L'île aux Cerfs, inhabitée et baignée par des eaux cristallines, devait avoir il y a encore quelques années un petit goût de paradis. Aujourd'hui, envahie par les flots de touristes du plus en plus nombreux, polluée par le manège incessant des bateaux à moteurs dangereux et bruyants, l'île a perdu beaucoup de son charme.

Elle mérite tout de même une excursion, à condition de vous y rendre tôt le matin et de bien choisir votre coin. Tout le monde s'agglutine sur la **plage** la plus photographiée de Maurice, juste à côté de l'embarcadère, où s'alignent en rangs serrés

L'île aux Cerfs

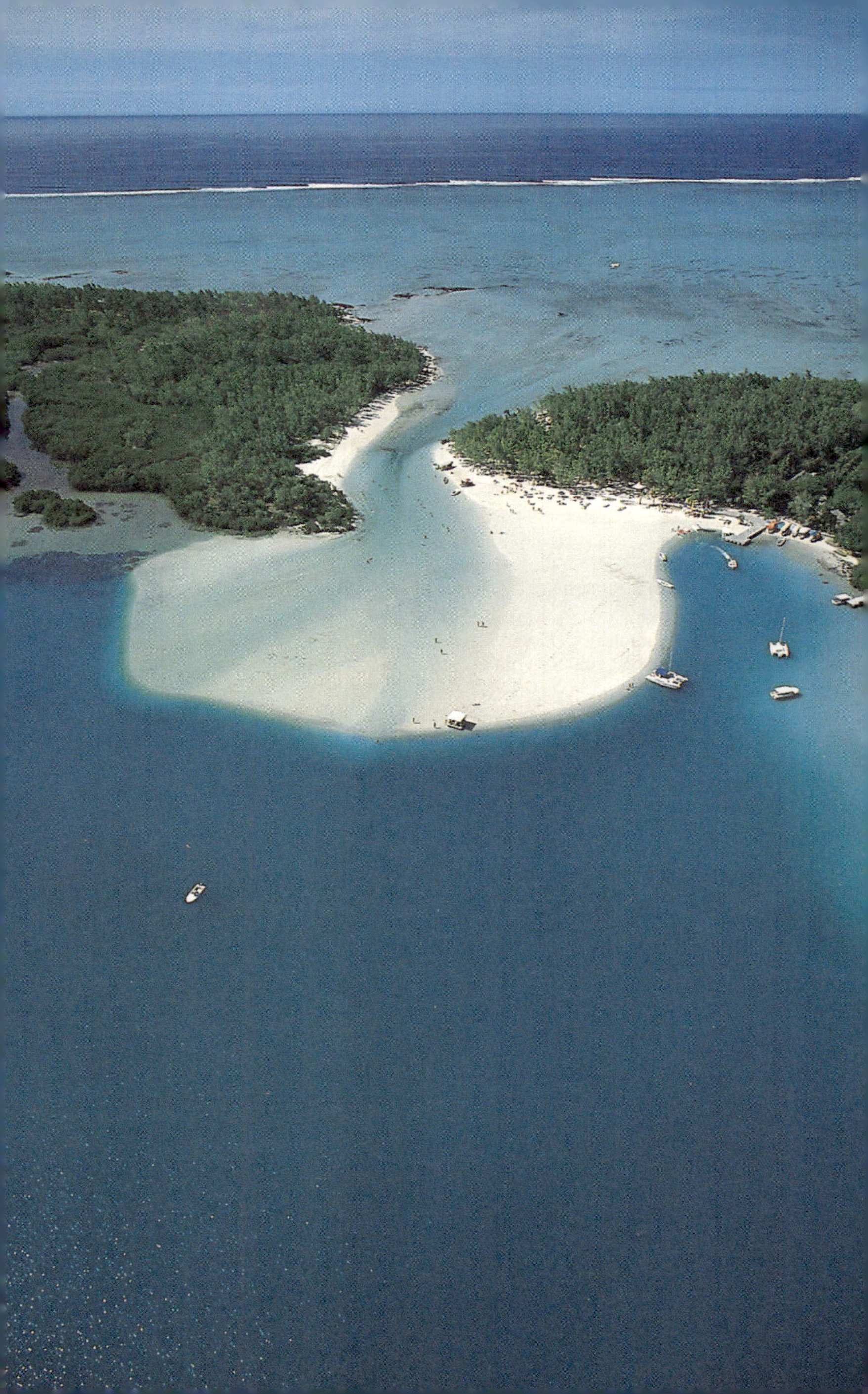

matelas et parasols des hôtels Touessrok et Saint-Géran. Sur cette plage autrefois idyllique, parfaitement abritée du vent, les marchands ambulants d'ananas et de paréos tentent de se faufiler entre les effluves d'huile bronzante et les odeurs de fuel du **centre nautique**.

En marchant quelques centaines de mètres sous les filaos, après les restaurants, vous arriverez sur une longue plage déserte, au sable moins fin, plus exposée au vent, mais tellement plus agréable. Les vagues se brisent au loin contre le récif, brassant l'écume dans un grondement impressionnant. Les petites **criques** désertes ne manquent pas tout autour de l'île, mais renseignez-vous sur les courants car certains endroits peuvent être dangereux.

L'île est très populaire pour le pique-nique familial du dimanche. Ne vous étonnez donc pas de voir des familles de Mauriciens débarquer au petit matin et faire chauffer leur marmite de cari à l'ombre des filaos.

Si l'invasion touristique de l'île aux Cerfs vous fait fuir, certains pêcheurs ou autres propriétaires de petits bateaux vous emmèneront volontiers sur d'autres îles voisines moins fréquentées. Ils pourront même vous organiser un déjeuner de grillade de poissons (*renseignez-vous auprès de votre hôtel ; voir aussi la rubrique « Loisirs », p. 295*).

La côte historique de Grand Port★
Env. 35 km – Comptez 3/4 h - 1 h (sans la visite des domaines).

Après Trou d'Eau Douce, la route B 59 rentre dans les terres. À Beau Champ, prenez la direction de Mahébourg à droite pour traverser la Grande Rivière Sud-Est (GRSE) ; la route devient la B 28 et longe à nouveau la côte à partir de Deux Frères.

La route littorale se faufile entre la mer et les contreforts de la montagne Bambous, traversant des hameaux colorés. Cette côte, qui accueillit les premiers habitants de l'île, est aujourd'hui l'une des moins fréquentées. Ruines et monuments commémoratifs s'égrènent ici et là pour raconter des événements clés de l'histoire de Maurice.

Le large estuaire de la **Grande Rivière Sud-Est** cache des gorges spectaculaires agrémentées de jolies **cascades**. Certaines excursions à l'île aux Cerfs comprennent un tour aux cascades.

Au sud de ce point, la côte devient plus déchiquetée. La route suit les contours des anses rocheuses paisibles, traversant des petits villages indiens et créoles aux baraquements parfois précaires en parpaing ou en tôle. Loin des *campements* somptueux du Nord et de l'Ouest, vous découvrirez dans cette région sauvage et désolée la vie authentique des Mauriciens, si difficile à saisir de l'autre côté de l'île.

Lieu de sociabilité, le bord de la route est souvent animé. Ici, un groupe d'hommes joue aux cartes à l'ombre des bananiers. Là des femmes, la tête couverte de bigoudis commentent les dernières nouvelles du village. Sur la plage en contrebas, des pêcheurs étendent leurs filets au soleil, tandis que leurs barques s'échouent sur le sable noir avec la marée basse. Les enfants, sortis de l'école de bonne heure, en profitent pour jouer au ballon et des femmes ramassent crabes et coquillages pour le bouillon du soir. De temps à autre, un **cimetière marin** ou un petit **temple hindou** d'un blanc éclatant jalonnent la route.

Frangipaniers, *badamiers* et petits cocotiers rompent la monotonie des cannes. Mais vous remarquerez surtout les parcelles géométriques de cultures maraîchères – plantées d'oignons, d'arachides, d'aubergines – où des femmes s'affairent sous leurs chapeaux de paille, un arrosoir dans chaque main.

Dans cette région peu desservie par les bus, vous croiserez également beaucoup de cyclistes, notamment le facteur en tournée, reconnaissable à sa chemise bleue.

La Pointe du Diable arbore fièrement ses deux canons pointés vers le large, vestiges de vieilles batteries françaises classées monuments historiques. Un grand dégagement permet de vous arrêter sur la gauche de la route pour profiter du **point de vue**★ sur l'océan et les îlots voisins. En face, de l'autre côté de la route, vous devinez l'ancienne poudrière (édifice en pierre grise), dominée par un poste d'observation.

Une piste part de la route côtière entre les villages d'Anse Jonchée et de Providence pour monter au Domaine de l'Ylang-Ylang, puis au Domaine du Chasseur (2 km).

■ **Le Domaine de l'Ylang-Ylang** – ☎ 634 5668. *9 h-17 h. Accès libre. Visites guidées payantes à pied (75 Rs), ou en 4x4 (225 Rs). Possibilité de visiter la distillerie (entrée payante, 75 Rs). Restaurant le midi. Formule à 650 Rs par personne pour toutes les visites et le repas.* Le domaine cultive l'ylang-ylang, une fleur dont la distillation produit une huile essentielle utilisée en parfumerie. Chaque arbre fournit entre 10 et 12 kg de fleurs par an et il faut 50 kg de fleurs (cueillies tous les jours entre novembre et avril) pour parvenir à produire un litre d'huile essentielle. **Un circuit de marche** tracé dans la nature vous fera découvrir la flore et les bois locaux – goyaviers, arbres du voyageur, bois rares tels que l'ébène, le bois macaque, le bois noir – et profiter de la **vue**★★ sur la baie de Grand Port, l'immense lagon aux camaïeux de bleus et de verts sans cesse renouvelés et les collines alentour dominées par les pics montagneux.

Le temple hindou de Quatre Sœurs

La côte historique de Grand Port

■ **Le Domaine du Chasseur**★ – *Tlj. Randonnée pédestre, sans guide (100 Rs) ou avec guide (200 Rs). Départ à 11 h 30 et 15 h 45. Comptez 2 h. Tour en 4x4 (200 Rs). Plan disponible au restaurant ou à l'accueil. (voir p. 292.)* Le domaine du Chasseur vous propose un tourisme vert, alternative au tourisme balnéaire omniprésent sur l'île. Des investisseurs ont mis en valeur un terrain privé de près de 1 000 ha, vallonné et frais, qui abrite la dernière **forêt primaire** de l'île, où vous verrez encore des espèces endémiques (spécifiques à Maurice) de flore et de faune.

On vient au domaine pour se promener au milieu des ébéniers, eucalyptus, canneliers, palmiers ou orchidées sauvages, en compagnie de cerfs, de sangliers, ou de nombreux oiseaux rares. Parmi eux, vous pourrez observer la **crécerelle** *(voir p. 14)*, petit faucon en voie de disparition dont les 400 derniers spécimens se trouvent à Maurice, dans le domaine. C'est au moment du déjeuner de l'oiseau, vers 13 h 30, que vous aurez le plus de chances de le voir.

Des randonnées pédestres d'environ une heure mènent à un magnifique **point de vue**★★ qui domine le lagon, où il est également possible de se rendre en 4×4 en 25 mn. Une réserve de cerfs de Java et autres gibiers est à la disposition des amateurs de chasse, qui peuvent s'ils le souhaitent revenir avec leur trophée.

Le domaine s'est récemment doté d'une dizaine de motos 4x4 (350 Rs les 30 mn, sensations garanties) qui permettent de belles balades sur les pistes escarpées. Beaucoup de touristes se contentent de venir déjeuner aux restaurants du domaine, sous les petites paillotes disséminées dans la nature, ou sur la terrasse qui offre une vue panoramique sur le lagon du sud-est.

Un golf et des villas de luxe à louer devraient être prochainement réalisés sans pour autant porter atteinte à la forêt ni à la vocation de « tourisme vert » du domaine.

Reprenez la route littorale B 28.

■ **Vieux Grand Port** – Vous traversez le petit village de **Bois des Amourettes**, où vous voyez, à droite de la route, les restes des sept citernes de la plus grande réserve de carburant de l'océan Indien, qui servit aux navires anglais pendant la Seconde Guerre mondiale.

Au lieu dit **Pavillon du Grand Port**, près de l'église N.-D. du Grand Pouvoir sur votre gauche, vous devinez les ruines du **Fort Hendrick**, première forteresse de l'île, construite par les Hollandais. Vous pouvez également visiter le **musée Frederik Hendrik*** (☏ *634 4319 ; fermé dimanche après-midi et jours fériés*) qui présente une maquette du site, des objets retrouvés lors de fouilles récentes, et des panneaux sur la période d'occupation hollandaise. En vous approchant de la mer, vous apercevez plus loin sur la droite la **Salle d'Armes**, sorte de petite grotte en bord de mer où l'on se battait en duel. À quelques centaines de mètres, dans le village de **Vieux Grand Port**, se dresse sur votre droite une vieille **tour de guet hollandaise**, entièrement construite en corail.

C'est en effet ici, comme le rappelle une **colonne commémorative** un peu plus loin sur la gauche (avant le pont Molino), que les Hollandais prirent pour la première fois possession de l'île Maurice, en septembre 1598 et qu'ils établirent par la suite, 40 ans plus tard, leur colonie et leur port.

C'est également ici que les premiers colons français s'installèrent dès 1722, reconstruisant sur les ruines hollandaises abandonnées depuis un demi-siècle aux cyclones, aux pirates et aux esclaves en fuite. Les difficultés de navigation liées aux vents du sud-est les incitèrent très vite à abandonner la rade – rebaptisée Port Bourbon – en faveur de celle de Port Louis.

À Ferney, sur votre gauche, une **plaque** rend hommage aux Hollandais qui introduisirent la canne à sucre à Maurice vers 1639. À l'entrée de l'ancienne sucrerie de Ferney Estate (pancarte « Floréal knitwear » sur votre droite), en face d'une jolie maison coloniale en bois blanc, une autre **plaque** célèbre Adriaen van der Stel, qui débarqua la même année sur l'île des cerfs de Java. En passant le pont qui enjambe la **rivière des Créoles**, vous pouvez observer des groupes de femmes lavant leur linge à la rivière, et, le jour de la fête de *Cavadee*, des fidèles tamouls et hindous se faire percer la peau au bord de l'eau au moyen d'aiguilles et d'hameçons.

Adriaen van der Stel
Ce Hollandais, vendu comme esclave en 1635 et libéré en 1638, devint gouverneur de Maurice l'année suivante. Son rôle fut considérable, puisqu'il introduisit sur l'île les premiers spécimens de cerfs, qu'il avait ramenés en 1639 de l'île indonésienne de Java à bord du navire « Capelle ». L'élevage de cerfs continua pendant des siècles, tant pour la viande savoureuse qu'il procurait que pour les parties de chasse qui divertissaient les riches propriétaires sucriers. Plusieurs élevages sont toujours exploités, notamment au pied du Morne Brabant et dans la région de Rivière Noire. Vous pourrez d'ailleurs goûter au cari de cerf dans la plupart des restaurants.
On doit également à Adriaen van der Stel l'importation des premiers plants de canne à sucre, qui constituent encore aujourd'hui la première ressource de Maurice.

Au large, plusieurs petites îles bordent le récif, où vous pourrez vous rendre sur un bateau de pêcheur ou sur un catamaran *(voir Loisirs, p. 308)*. Outre leur rôle historique, certaines abritent des **réserves naturelles** d'espèces menacées. L'**île aux Fouquets** (dite aussi île au Phare) accueille de nombreux oiseaux marins. C'est là que furent incarcérés de 1694 à 1696 les premiers colons français, accusés par les Hollandais de leur avoir volé de l'ambre gris (substance provenant des concrétions intestinales des cachalots qui, rejetées, flottent à la surface de la mer et dont on extrait un parfum très précieux). L'**île de la Passe** contient les ruines d'un phare et de fortifications françaises qui jouèrent un rôle stratégique pendant la bataille de 1810.

Mahébourg★

Comptez une demi-journée. Plus animé en semaine, surtout le lundi.

Construite en 1803 sous la houlette du gouverneur français Decaen sur le modèle de Port Louis, à proximité de Vieux Grand Port, la deuxième agglomération de l'île résista à l'attaque anglaise d'août 1810. Victime comme Port Louis de l'exode des habitants les plus riches dans les années 1865 vers les hauts plateaux, puis de la fermeture en 1964 de la voie ferrée le reliant à la capitale, le village de Mahébourg – puisque son statut administratif ne lui confère pas le rang de ville – ne compte plus aujourd'hui que 16 000 habitants, majoritairement indiens.

Bordé par les rivières de la Chaux et des Créoles, ce bourg typique, qui doit son nom au premier gouverneur français Mahé de La Bourdonnais, a conservé le charme désuet d'une petite ville provinciale. Il règne dans ses rues en damier dessinées par les colons français une animation paisible, entre les échoppes des artisans, les boutiques de saris indiens et de tailleurs, les petits commerces ambulants, le marché, les baraques de pêcheurs et quelques vestiges de maisons coloniales qui tombent souvent en ruine.

Le musée naval★ *(Mahébourg Rd., sur votre droite en quittant la ville en direction de l'aéroport ☎ 631 9329. 9h-16h, samedi et dimanche 9h-12h ; fermé les mardi, vendredi et jours fériés ; entrée libre)* est installé dans un **château★** construit en 1771 pour le commandant du port de Mahébourg, Jean de Robillard. Il servit d'infirmerie pour les blessés des deux camps ennemis lors de la bataille de Vieux Grand Port en 1810. La famille de Robillard l'habita jusqu'au début de ce siècle, avant d'en faire don au gouvernement. Transformé en musée, il est ouvert au public depuis 1950.

Plus inspirée par les manoirs bretons que par l'architecture coloniale mauricienne, cette élégante maison récemment rénovée à toiture de bardeaux ne comporte pas de varangue, mais une terrasse extérieure non couverte.

La première salle du **rez-de-chaussée** est dédiée à la période hollandaise. La deuxième réunit principalement des souvenirs – gravures, articles de journaux, armes d'époque, etc. – de la bataille navale de Vieux Grand Port entre Anglais et Français, en 1810. La troisième est consacrée au naufrage du *Saint-Géran* en 1744, avec une maquette du navire, la cloche, des boulets de canon et autres reliques retrouvées sur l'épave au fond de la baie.

Le premier étage regroupe une collection de meubles coloniaux (un lit à baldaquin, des palanquins) et de porcelaine de la Compagnie des Indes, et de vieilles cartes de l'île et de l'océan Indien, d'origines portugaise, hollandaise, anglaise et française, datant des différentes périodes de la découverte et de la colonisation de Maurice. La rénovation récente du musée a permis l'introduction de nouvelles pièces (tableaux et objets) se rapportant à l'esclavage et à l'« engagisme » (*coolie-trade*, voir p. 186).

Descendez Mahébourg Rd. vers la gauche en sortant du musée.

Vous apercevez le clocher de l'**église N.-D.** sur votre droite (rue du Bambou), puis un peu plus bas, à l'angle des rues de Suffren et des Délices, une jolie **mosquée** vert et blanc.

Vous arrivez dans le **centre-ville**, où se concentrent la plupart des commerces et des banques, dans les rues des Créoles, de la Chaux, de Maurice, de la Colonie, des Cent Gaulettes et du Flamant. Flânez au hasard de ces rues animées et n'hésitez pas à aller vous perdre quelques rues plus loin, où vous sentirez très vite l'atmosphère sereine de la campagne. En prêtant l'oreille, vous entendrez ici ou là le cliquetis des ateliers de couture, au-dessus des boutiques de tee-shirts et paréos pour les touristes. Vous pourrez vous offrir une nouvelle coupe de cheveux ou une séance chez le barbier dans l'une des échoppes ouvertes sur la rue du Flamant.

Le petit **marché** *(angle des rues du Flamant et de la Colonie. 9h-17h env., très animé le lundi, jour de la foire aux tissus)* est particulièrement chaleureux. Vivant et coloré, on y vend de tout : poissons, fruits et légumes, paniers et chapeaux de Rodrigues et quantité d'autres articles.

Si vous vous trouvez à Mahébourg un lundi, vous pourrez faire un tour à la **foire aux tissus** qui se tient à la **Pointe Canon**, au nord de la ville *(angle des rues de la Boulangerie et des Hollandais. Lundi toute la journée)*. Calmes le matin, les affaires commencent plus sérieusement vers midi, sous les bâches multicolores tendues autour du **monument** célébrant l'abolition de l'esclavage en 1835. Tissus au mètre ou prêt-à-porter, mais aussi objets divers en plastique ou en métal, l'ensemble des articles n'est pas très attrayant, mais l'endroit vaut surtout pour l'ambiance.

La rue des Hollandais vous permet de rejoindre la **Pointe des Régates**, au bout de laquelle se dresse un **monument commémoratif** aux marins français et anglais disparus lors de la bataille de la Passe en 1810. Vous jouirez à cet endroit d'une vue superbe sur le lagon et la montagne du Lion.

Un peu plus loin, face à la petite **île au Mouchoir Rouge** que l'on reconnaît à sa maisonnette au toit rouge, des femmes en saris multicolores défilent dans les effluves d'encens pour déposer quelques offrandes dans un temple hindou de fortune et font leurs ablutions sur les rochers au bord de l'eau. Dans cette ambiance de dévotion, quelques ouvriers et badauds profitent du vent frais du large pour faire une petite sieste aux heures chaudes. Le front de mer de Mahébourg connaît, depuis juin 2001, de grandes transformations avec la construction d'un centre commercial, le *Waterfront*.

Traversez la rivière de la Chaux par le pont Cavendish, au bout de la rue des Créoles.

Les gourmands peuvent faire un tour à la **biscuiterie H. Rault**★ *(rue Fabien, à Ville Noire, ☎ 631 9559. Généralement ouvert du lundi au vendredi, 9h-15h, 40 Rs la visite, mais il vaut mieux téléphoner avant. Table d'hôte sur réservation 48h à l'avance)*. Cette petite usine familiale de **Ville Noire** – quartier pauvre de Mahébourg où habitaient autrefois les esclaves –, la plus vieille de l'île, fabrique encore de façon artisanale des biscuits de manioc. Cette production unique au monde, destinée au départ à la seule consommation familiale, se vend depuis environ 1870 sur le marché. L'entreprise connaît néanmoins quelques difficultés car la culture du manioc (introduit du Brésil pour nourrir les esclaves), très longue, revient cher et nécessite une longue préparation, pour laver et broyer les racines, puis tamiser la farine de tapioca ainsi obtenue. Le propriétaire plein de verve, un descendant d'Hilarion Rault, le fondateur de la biscuiterie, se fera un plaisir de vous expliquer comment il confectionne ces petits biscuits carrés, cuits sur des plaques chauffées à la paille de canne. La visite se conclut par une dégustation de gâteaux accompagnés d'une tasse de thé.

Autour de Mahébourg

Quittez Mahébourg par Ville Noire ou Beau Vallon et prenez la B7 qui passe par Riche en Eau jusqu'à St-Hubert (10 km).

■ **Val Nature Park –** *9h-17h ; entrée payante. Restaurant le midi.* Ce parc naturel et zoologique de 33 ha ne présente pas grand intérêt. Conçu comme un lieu de promenade dans une vallée entourée de montagnes, vous y verrez un élevage de *camarons*, quelques animaux en cage (éléphants, kangourous, poneys, léopards, zèbres, cerfs, singes), des cressonnières et des serres d'*anthuriums*.

Revenez à Mahébourg, que vous quitterez en longeant la mer vers le sud (B 87).

■ **Pointe d'Esny*** – Dans le prolongement de la route qui longe le *barachois*, à la sortie sud de Mahébourg, s'étend la **plage** sauvage de Pointe d'Esny et son vaste **lagon**, l'un des plus beaux sites de l'île.

Bordée par une succession de *campements* plus ou moins luxueux, elle demeura longtemps la plage de l'aristocratie franco-mauricienne, avant que Grand Baie et les plages du nord ne la supplantent. Nombre de ces villas appartiennent encore à des Mauriciens aisés, qui les louent à des pilotes et hôtesses de l'air qui profitent de la proximité de l'aéroport. Certaines sont louées à des touristes.

De l'autre côté de la route s'alignent de petites villas plus modestes et des bungalows à louer.

En face de la Pointe, l'**île aux Aigrettes*** (*visites guidées un jour par semaine, contactez l'hôtel La Croix du Sud,* ☎ *631 9505*) abrite une des rares **réserves naturelles** de Maurice, où subsistent quelques plantes et animaux endémiques de l'île.

■ **Blue Bay**✶✶ – Au bout de la Pointe d'Esny, la route débouche sur une jolie baie, fermée au large par l'**île aux Deux Cocos**, avec une **plage publique** très populaire frangée de filaos. Les couleurs de l'eau, qui varient du turquoise éclatant au bleu marine, invitent à l'exploration des fonds exceptionnels de ce **parc marin**✶✶✶, probablement le mieux préservé de Maurice.

La pancarte « baignade dangereuse au-delà de 50 m » attire seulement l'attention sur le fait que l'on perd subitement pied tout près du rivage, chose suffisamment rare dans le lagon mauricien pour être signalée. Vous remarquerez en effet un rond d'un bleu foncé qui contraste avec le turquoise clair du reste de la baie.

Blue Bay forme un cul-de-sac. Prenez la route qui passe derrière le lotissement et coupe à travers cannes jusqu'à l'entrée du village de Beau Vallon. Faites le tour par Plaisance pour rejoindre la côte Sud.

La côte Est pratique

ARRIVER-PARTIR

La côte Est est un peu isolée du reste de l'île.

En voiture – Une petite route longe presque tout le littoral. De Mahébourg, une autoroute mène à Port Louis en traversant les villes du plateau central. Selon votre lieu de villégiature sur la côte, comptez 20 mn à 1 h de trajet depuis l'aéroport.

En taxi – Idéal pour sillonner la région. Hassen Jaunbocus, Mahébourg, ☎ 631 9674/252 8003. Un chauffeur particulièrement affable et qui possède de bonnes connaissances sur l'histoire et sur la botanique de l'île. Il pourra venir vous chercher à l'aéroport si vous le prévenez de votre heure d'arrivée. S'il est occupé, contactez Vinesh Ramful, ☎ 631 7548 ou 256 2223.

En autobus – Le service des bus, moins régulier que dans les régions ouest et nord, assure, depuis Mahébourg et Flacq, des liaisons avec les principales destinations de l'île. Ils s'arrêtent un peu partout sur la route. Bus assez fréquents pour l'aéroport, Blue Bay et Curepipe ; environ toutes les heures pour Port Louis (il existe un bus « express »), moins fréquents le long de la côte (jusqu'à Centre de Flacq) ou vers le sud (jusqu'à Souillac). Renseignez-vous à la gare routière de Mahébourg pour les horaires.

ADRESSES UTILES

Office de tourisme – Comptoir d'information à l'aéroport de Plaisance, ☎ 637 3635. Un agent est là uniquement à l'arrivée des vols internationaux ; il vous donnera quelques informations ou prospectus sur les hôtels et les locations de voiture.

Banque / Change – La plupart des banques se trouvent dans le centre de Mahébourg. Distributeurs Visa à la **Hong Kong Bank** (Royal Rd, angle rue des Cent Gaulettes, ☎ 631 9633) et à la **Mauritius Commercial Bank** (rue des Cent Gaulettes, ☎ 631 2870).
Vous trouverez également une banque à Pointe de Flacq (en face du Belle Mare Plage Hôtel).

Poste – Le principal bureau de poste se trouve à Mahébourg, rue des Mariannes.

Téléphone – *Mauritius Telecom*, rue de Bambou, à Mahébourg, ☎ 631 8900. 8 h 30-17 h en semaine ; jusqu'à 12 h le samedi. Cartes de téléphone. Téléphones à pièces ou à carte à la gare routière de Mahébourg et sur la plage publique de Blue Bay.

Santé – Vous trouverez des pharmacies à Mahébourg, Centre de Flacq et Trou d'Eau Douce.
Hôpital Centre de Flacq, ☎ 413 2532.
Hôpital de Mahébourg, ☎ 631 9556.

Location de véhicules – Dès votre arrivée à l'aéroport, le bureau de la compagnie **National** (☎ 570 0660/637 8686) n'est pas intéressant pour ses prix (à partir de 1450 Rs), mais pour la fiabilité de ses prestations. Vous trouverez des représentants de loueurs dans la plupart des hôtels. Sinon, les principales agences de location sont concentrées à Mahébourg.
Société Arnulphy et Cie, rue Labourdonnais, ☎ 631 9806. À partir de 940 Rs par jour.
Allocar Car Rental, Cité la Chaux, ☎ 631 1810.
À Pointe d'Esny, l'un des meilleurs organismes est **Tam-Tam Travels and Tours**, ☎ et Fax 631 8642.

Où loger

Les hôtels de la côte Est sont globalement plus chers que sur les autres côtes, à l'exception de l'extrémité sud-est de l'île (Mahébourg, Pointe d'Esny), où se trouvent de charmantes pensions bon marché qui comptent parmi les meilleures adresses de Maurice.
Les fourchettes de prix indiquées sont approximativement calculées sur la base d'une nuit en chambre double avec petit-déjeuner en moyenne saison.

● **Poste de Flacq – Belle Mare**
De 30 à 75 €
La Colombière, route côtière, Poste Lafayette, ☎ 410 5248, Fax 410 5015, colombe@intnet.mu – 27 ch. Cet ancien hôtel rénové avec goût propose des appartements avec cuisine allant du studio au 3 pièces. L'endroit est calme, et la plage, superbe, ouvre sur la baie de Poste de Flacq. À plusieurs, choisissez le grand appartement sur la plage, qui jouit d'un cadre enchanteur.

De 75 à 105 €
Surcouf Village Hotel, route côtière, ☎ 415 1800, Fax 212 1361, sr7199@bow.intnet.mu – 35 ch. Demi-pension obligatoire. Pour ceux qui apprécient le calme et la solitude d'une côte sauvage battue par les vents, ce petit hôtel récemment rénové leur offre un cadre idéal. Chambres ou studios et appartements avec cuisine, confortables mais sans grand effort de décoration. Conçus sur deux niveaux, chacun dispose d'une terrasse donnant sur un jardin à la végétation rabougrie, où filaos et minicocotiers ont du mal à tenir droits face aux alizés déchaînés. Pas de vraie plage. Rochers et sable. Petite piscine entourée d'un restaurant abrité.

De 90 à 120 €
Emeraude Beach Hotel, route côtière, ☎ 415 1107, Fax 415 1109, htl.emeraude@intnet.mu – 60 ch. Demi-pension obligatoire. Légèrement en retrait de la route côtière (peu fréquentée) qui le sépare de la superbe plage de Belle Mare, cet hôtel se compose de blocs blanchis à la chaux de 4 chambres sur 2 niveaux et de petits kiosques à toit de chaume. Jolies chambres confortables aux tons pastel avec terrasse privative sur jardin. Animations musicales certains soirs, mais ambiance plutôt calme.

De 150 à 165 €
Le Palmar Hotel, route côtière, ☎ 415 1041, Fax 415 1043, palmarbeach@intnet.mu – 70 ch.

⚓ ⚖ CC Demi-pension obligatoire. Agréablement situé sur une petite plage de sable au fond du jardin propret autour duquel s'alignent les chambres. L'ensemble, blanc à fenêtres jaunes et toit de chaume, avec balcon ou terrasse, est un peu froid, mais parfaitement propre et confortable. Excellent rapport qualité-prix.

De 180 à 300 €
Belle Mare Plage Golf Hotel and Resort, route côtière, ☎ 415 1501, Fax 415 1083, chslmkt@intnet.mu – 210 ch. Demi-pension obligatoire. Golf de 18 trous, minigolf, salle de musculation. Confortables chambres réparties le long de la magnifique plage de Belle Mare, avec vue sur le jardin ou sur la mer. Luxe, calme et beauté. Villas de luxe en construction.

Plus de 300 €
Saint-Géran, route côtière, Pointe de Flacq, ☎ 401 1688, Fax 415 1983, infostg@sunresort.com – 181 ch. Golf 9 trous. Demi-pension obligatoire. Cet hôtel figure parmi les plus luxueux de l'île (restaurant gastronomique Alain Ducasse et spa Givenchy). Passé l'élégant hall d'entrée, les arcades, le jardin tropical raffiné mêlant jeux de cascades et de ruisseaux dans une végétation luxuriante, l'intérieur en marbre et granit est plus froid. Une belle piscine serpente entre petits îlots et cocotiers, au milieu des bars et restaurants en paillotes. L'ensemble se niche sur une magnifique presqu'île de sable blanc.

Le Prince Maurice, Choisy Rd, Poste de Flacq, ☎ 413 9100, Fax 413 9129, leprince@intnet.mu – 89 ch. Cet hôtel est sans doute le plus beau de l'île et l'un des plus luxueux au monde. Composé uniquement de suites superbement aménagées, cet établissement est on ne peut plus raffiné et offre un maximum de confort. L'architecture générale, en bois et chaume finement travaillés, est somptueuse, le service impeccable. Si vous ne pouvez y résider, allez y boire un verre en début de soirée, mais il faut réserver par téléphone car le service de sécurité est intraitable.

● **Trou d'Eau Douce**
Moins de 60 €
Cilaos Beach Resort, route Royale, ☎ et Fax 419 2985 – 10 ch. Les propriétaires de ces petits bungalows blancs aux volets colorés vous réserveront un accueil affable. Deux formules vous sont proposées : des studios pour deux personnes ou un bungalow, plus spacieux, pour quatre ou cinq personnes. Tous sont complètement indépendants et disposent d'une cuisine et d'un salon. L'hôtel donne sur une plage où les fonds sont intéressants. L'endroit idéal pour des vacances au calme, avec un budget limité.

De 105 à 120 €
Hôtel Bougainville, route côtière, ☎ 419 7206, Fax 415 1594, www.apavou-hotels.com – 51 ch. Ouvert en novembre 2000, ce charmant hôtel aligne ses chambres le long d'un jardin verdoyant et dispose d'une belle petite plage. Des facilités sont proposées aux familles (15 chambres familiales et un mini-club pour les enfants). Bon rapport qualité-prix.

De 180 à 195 €
Le Tropical, La Pelouse, ☎ 419 2300, Fax 419 2302, naiade@intnet.mu – 60 ch. Les chambres, jolies mais pas très grandes, groupées dans des bungalows jaunes et blancs sur deux niveaux, ont toutes une terrasse avec vue sur un magnifique lagon multicolore. Si les algues, les rochers et le peu de fond de la plage de l'hôtel vous rebutent, une navette gratuite assure deux liaisons quotidiennes pour l'île aux Cerfs. Belle piscine. Agréable restaurant en varangue, ouverte ou fermée selon le temps, avec un beau panorama.

Plus de 300 €
Touessrok Hotel, ☎ 419 2451, Fax 419 3510, infotsk@sunresort.com – 200 ch. Demi-pension obligatoire. Construit sur un îlot relié par un pont couvert à l'édifice principal, au bout de la péninsule de Trou d'Eau Douce, ce luxueux hôtel à l'architecture harmonieuse, avec son élégant enchevêtrement de bungalows, de petits ponts et d'arcades blanches, a le charme de certains villages grecs. Les chambres, alignées sur une

La côte Est pratique

longue plage de sable ou dispersées dans des recoins plus isolés dans une atmosphère intime, particulièrement appréciable, ce genre d'hôtel démesuré, ne manquent pas de cachet. À défaut d'y séjourner, ne manquez pas d'aller boire un cocktail ou de déguster une glace au bord de la piscine.

- **Anse Jonchée**

De 60 à 75 €

Le Domaine du Chasseur, Anse Jonchée, ☎ 634 5097, Fax 634 5261, dchasseur@intnet.mu – 6 ch. 🍴 ✕ CC Bungalows rustiques à toit de chaume noyés dans la végétation du Domaine. Chacun dispose d'une terrasse privée avec un panorama exceptionnel. Pour les amoureux de la nature, les amateurs de calme et de fraîcheur, ou tout simplement pour changer de la plage.

- **Anse Bambous**

De 60 à 75 €

Le Barachois, route côtière, ☎ et Fax 634 5708 – 16 ch. 🍴 ⛱ ✕ 🏊 CC Situé à l'écart de toute zone touristique, l'endroit dispose d'un charme particulier : les chambres, assez simples mais bien intégrées à l'ensemble, donnent sur l'immense bassin d'élevage des poissons et crustacés servis au restaurant (voir rubrique « Où se restaurer »). La maison organise des sorties en mer (balades vers l'île aux Cerfs ou l'île au Phare, et journées de pêche au gros).

- **Mahébourg**

De 15 à 23 €

Nice Place Guesthouse, rue de La Bourdonnais, ☎ 631 9419 – 6 ch. ⛱ Cette pension, tenue par une famille indienne chaleureuse, propose 4 petites chambres au confort sommaire mais propres, avec douches et WC communs à l'étage. Elles donnent sur la rue et manquent un peu de clarté. Une cuisine est à votre disposition au rez-de-chaussée. Une chambre avec salle de bains et coin cuisine, plus calme mais un peu étouffante, est parfois louée au rez-de-chaussée. La meilleure chambre, toute neuve, est équipée d'un lit double et de deux lits superposés, d'une salle de bains et d'une cuisine. Location de vélos et de motos.

Pension Notre-Dame, rue Souffleur, à côté de l'église N.-D. des Anges, ☎ 631 9582, Fax 631 1515 – 9 ch. Bâtiment blanc cubique sur deux niveaux, où les sœurs vous accueilleront très gentiment dans des petites chambres d'un dépouillement, d'une propreté et d'un calme monacaux. Seules les cloches de l'église risquent de troubler votre sommeil. Vous serez les bienvenus sur la terrasse, pour lire, méditer ou discuter en toute sérénité.

🙂 **Auberge L'Aquarelle**, rue Shivananda, ☎ et Fax 631 9479 – 7 ch. 🍴 ✕ CC La plus sympathique des adresses de Mahébourg. Cette famille mauricienne vous accueillera avec gentillesse et simplicité, et fera tout pour vous faciliter le séjour. Les chambres sont un peu simples, mais des efforts sont réalisés dans la décoration. Choisissez si possible la chambre indépendante en bord de mer ; un peu plus chère, elle jouit d'une vue superbe. La table de l'auberge est réputée pour son excellente cuisine.

23 à 30 €

Hôtel Les Aigrettes, rue Chaland, ☎ et Fax 631 9094 – 19 ch. 🍴 ⛱ TV 🏊 CC Situé dans un endroit calme de Mahébourg, cet hôtel propose un bon rapport qualité-prix. Des cuisines sont à la disposition des clients à chaque étage, ainsi qu'une petite piscine avec jacuzzi au rez-de-chaussée, et un solarium sur le toit avec vue panoramique sur la région.

- **Pointe d'Esny – Blue Bay**

Loger à proximité de l'aéroport présente l'unique inconvénient du bruit des avions à certains moments de la journée. Cela reste très supportable néanmoins, car il n'y a pas de trafic aérien la nuit.

De 15 à 75 €

Location de bungalows, ☎ 631 9831. Mme Jésique Buffion connaît Pointe d'Esny et Blue Bay comme sa poche, et peut trouver pour vous de modestes bungalows aussi bien que de spacieuses villas à louer sur la plage.

De 30 à 45 €

🙂 **Villa Chantauvent Guesthouse**, route côtière, Pointe d'Esny, ☎/Fax 631 9614 – 18 ch. 🍴 ⛱ ✕ 🏊 🐕 CC Tenue par une Franco-Mauricienne, cette pension à l'atmosphère familiale vous accueille dans un authentique campement avec un superbe toit en ravenala. La varangue donne directement sur la plage. La maison contient 9 chambres, simples mais propres et confortables, avec vue sur l'océan (avec ou sans balcon). Petit coin salon au rez-de-chaussée avec télévision et agréable salle commune où l'on prend le petit-déjeuner et éventuellement le dîner (excellente cuisine mauricienne). Quatre appartements indépendants avec cuisine, plus spacieux, mais sans vue sur la mer, sont également disponibles de l'autre côté de la route.

De 50 à 75 €

Villas Le Guerlande, route côtière, Pointe d'Esny, ☎ 631 9882 ou ☎/Fax 631 9225 – 15 ch. Confortables bungalows indépendants, modernes et bien arrangés, pour 2 ou 4 personnes, avec ou sans cuisine. Terrasse privative sur la mer. Calme complet. La plage et le lagon s'étendent devant vous à perte de vue. Quelques appartements moins chers de l'autre côté de la route.

Villa Chantemer, route côtière, ☎ 631 9688, Fax 464 3964 – 4 ch. Chambres d'hôtes aménagées avec goût dans le campement d'une Indo-Mauricienne raffinée qui choisit ses hôtes et tient à se démarquer radicalement de l'hôtellerie traditionnelle. Grande ou petite, avec ou sans cuisine, avec ou sans terrasse, sur mer ou sur jardin, chaque chambre a son charme et son intimité. La propriétaire peut organiser pour ses clients activités nautiques, excusions et transports en ville pour le dîner. Elle propose certains soirs une table d'hôte pour les résidents (sur commande). Accueil chaleureux et personnalisé.

De 75 à 105 €

Blue Lagoon Beach Hotel, route côtière, Blue Bay, ☎ 631 9529, Fax 631 9045, blbhotel@bow.intnet.mu – 72 ch. Confortable, ce complexe hôtelier est l'un des mieux situés de l'île, sur la longue plage sauvage de Pointe d'Esny d'un côté, sur la paisible petite plage de Blue Bay de l'autre côté. Seul le bruit des avions vient troubler ce coin paradisiaque.

De 105 à 120 €

La Croix du Sud Holiday Village, route côtière, Pointe Jérôme, ☎ 631 9505, Fax 631 9603, croixsud@intnet.mu – 111 ch. Entre Mahébourg et Pointe d'Esny, ce village de vacances s'est développé sur un vaste lagon, idéal pour les sports nautiques. La vue depuis la plage sur la montagne et l'île aux Aigrettes est l'une des plus belles de l'île. Chambres luxueuses avec terrasse, groupées dans des bungalows rouge et blanc sur deux niveaux.

Où se restaurer

Encore peu développée par rapport au reste de l'île, la côte Est compte peu de restaurants. La plupart des hôtels imposent d'ailleurs la demi-pension à leurs clients.

• Belle Mare

De 3 à 9 €

Empereur, route côtière (après la croisée de Pointe de Flacq), ☎ 415 1254. Midi et soir ; fermé le mercredi. Snacks, plats chinois et créoles. Petite salle simple et quelques tables en terrasse. Également des plats à emporter.

Symon's, juste à côté du précédent, ☎ 415 1135. Midi et soir. Même genre de carte, mais salle plus aérée, ouverte sur une terrasse sous un toit de chaume. Également des plats à emporter.

• Anse Bambous

De 15 à 45 €

Le Barachois, route côtière, Anse Bambou, ☎ 634 5708 / 634 5643. Midi et soir (dîner sur réservation). On mange sous des paillotes, sur la mer, des poissons et des fruits de mer élevés sur place, dans les barachois. Bien que la spécialité de la maison soit le crabe, le prix de ce crustacé est peut-être ici le plus élevé de l'île et vous pourrez opter pour d'autres fruits de mer au prix moins prohibitif, ou rares, tels les camarons de mer.

• Trou d'Eau Douce

De 4,5 à 15 €

Resto 7, à gauche en sortant de Trou d'Eau Douce vers le sud, ☎ 419 2766. Midi et soir. Petit restaurant familial qui organise également des excursions à l'île aux Cerfs. Cuisine créole, indienne et chinoise dans un cadre agréable.

Chez Tino, route Royale, ☎ 419 2769 Midi et soir ; fermé le lundi soir. Installé en bord de route, Tino propose

La côte Est pratique

une très honnête cuisine mauricienne dans un cadre un peu sombre pendant la journée, mais tout à fait animé quand vient le soir. Au rythme du séga, vous mangerez un cari de cerf, une langouste à la créole (spécialités de la maison) ou de délicieux camarons à l'ail. Une bonne adresse, d'autant plus que les prix restent très corrects.

● Anse Jonchée
De 12 à 20 €
Le Panoramour, Domaine du Chasseur, ☎ 634 5097 [CC] Toute la journée. Un bon restaurant auquel on peut monter à pied (1 km) ou en 4x4. La terrasse offre une vue superbe sur la côte et le lagon. Pour le reste, cari de cerf ou de sanglier, salade de palmistes et desserts sont tous des produits issus du domaine.
Le Jasmin de Nuit, Domaine de l'Ylang-Ylang, ☎ 634 5668 [CC] Midi uniquement. Ce restaurant, niché au cœur d'un jardin tropical très agréable, offre une jolie vue d'ensemble du domaine. Cuisine créole : salade de palmiste, cari de cerf, daurade. Si l'appétit vous manque, vous pourrez vous contenter d'un cocktail de jus de fruits frais sur la jolie terrasse.

● Mahébourg
Moins de 1,5 €
Le Palais de la soif, rue du Flamant (près du marché). Pour grignoter des samossas, des feuilletés et des dholl puri appétissants.
De 3,5 à 9 €
Dragon de Chine rue Flamand (en face du marché), ☎ 631 0698. Midi et soir. Petit restaurant sans prétention tenu par des Chinois. Agréable terrasse en face du marché. Cuisines chinoise, mauricienne ou européenne. Spécialité de fruits de mer et de poissons.
Le Vacancier, rue Shivananda (route côtière, au bout de la rue du Chaland), ☎ 631 9454. Midi et soir. Même cuisine et même direction que le précédent. Terrasse sympathique, plus excentrée et calme, au bord de l'eau, avec vue sur le lagon. Personnel avenant.
Monte Carlo, rue La Passe, Pointe des Régates, ☎ 631 7449. Matin, midi et soir. À proximité de la gare routière, ce petit restaurant propose une cuisine honnête (plats chinois, grillades, fruits de mer) à des prix corrects. Le service y est attentionné, l'accueil sympathique.
De 9 à 23 €
Chez nous, route côtière, La Chaux, ☎ 631 8906. Midi et soir ; fermé le dimanche. Carte à base de plats créoles (poissons, fruits de mer, caris) et de grillades (excellentes pièces de bœuf). Ambiance familiale et conviviale.
Le Phare, rue Shivananda, ☎ 631 9728 [CC] Midi et soir ; fermé le jeudi soir. Plus élégant et plus cher que le précédent. Ce sympathique restaurant de bord de mer propose de bonnes spécialités mauriciennes ainsi que quelques recettes européennes savamment confectionnées. Plaisir rare, la carte des vins permet de s'offrir une bonne bouteille. Une adresse à retenir.

● Blue Bay
De 7,5 à 15 €
Le Bougainville, route côtière, ☎ 631 8299. Midi et soir. Il est prudent de réserver. Tout au bout de la route de Blue Bay, ce restaurant vous propose une terrasse romantique sous un toit en ravenala, où vous dégusterez à la lueur des chandelles et sur fond de jazz discret une bonne cuisine mauricienne ou européenne. À quelques mètres de la plage publique, vous apprécierez les salades et les pizzas que l'on vous servira à tout moment de la journée.
☺ **Le Jardin Créole**, Pointe d'Esny, ☎ 631 5801. Midi et soir. Cet excellent restaurant offre un très bon rapport qualité-prix. Le décor est stylé et les murs pastel donnent au lieu une ambiance feutrée. Le service est discret et efficace, la carte très variée avec plats créoles, pizzas et cuisine française. La salle à l'étage ouvre sur une terrasse très plaisante, et un groupe de jazz joue tous les vendredis soir.

OÙ BOIRE UN VERRE
☺ **Le Café Créole**, bar du Jardin Créole, Pointe d'Esny, ☎ 631 5801. Un café à l'européenne dont l'ambiance, cosy et intime, et l'excellente musique vous séduiront, tandis que vous dégusterez votre délicieux Ti'Punch. L'endroit

peut être un prélude au repas que vous prendrez à l'étage. Voir aussi « Où se restaurer ».

LOISIRS

Excursions – La plupart des agences de la côte Est organisent des excursions d'une journée à l'île aux Cerfs ou autres îles côtières (île de la Passe, île au Phare, île aux Aigrettes). Comptez en moyenne de 600 à 700 Rs par personne, boissons et grillades généralement incluses. Vous pouvez aussi vous adresser aux pêcheurs que vous verrez sur leurs barques à moteur, notamment aux environs de Mahébourg. Renseignez-vous auprès de votre hôtel. Les agences les plus importantes ont un bureau à l'aéroport, ainsi que dans les grands hôtels.

Bateau Vicky, Trou d'Eau Douce, ☎ 419 2902. Simple navette pour l'île aux Cerfs ou excursion d'une journée avec grillades. Une des adresses les moins chères pour cette destination.

Croisières Turquoises, Riche en Eau. Excursion d'une journée en catamaran (buffet à bord), au départ de Pointe d'Esny. Le bateau accoste à l'île aux Cerfs après avoir longé la baie de Mahébourg et de Vieux Grand Port. Renseignement à l'hôtel « La Croix du Sud », ☎ 631 8347 ou 631 1640.

Croisière Océane, Trou d'Eau Douce, ☎ 419 2767 ou 419 7743. Croisière en groupe ou individuelle à la carte, le long de la côte Est.

Gérard Etienne Group, Mahébourg, ☎ 631 0434. L'adresse la plus connue de Mahébourg. Ce sympathique Mauricien vous emmènera dans l'île de votre choix (île aux Cerfs, île de la Passe, île aux Vacoas, île au Phare), où vous pourrez déjeuner sur la plage. Excursion d'une journée ou d'une demi-journée.

Jean-Claude Farla, des Villas Le Guerlande, Pointe d'Esny, ☎ 631 9882, connaît parfaitement le lagon et propose des excursions en petit voilier vers les îles ouvertes aux non-résidents de l'hôtel.

Plongée – La saison idéale pour faire de la plongée sur la côte Est se situe entre septembre et mai, les mois d'hiver étant plus frais et d'une moins bonne visibilité. Parmi les plus beaux sites : « Roche Zozo », à l'est de Pointe d'Esny, « Lobster Canyon » à Blue Bay, une passe riche en poissons, l'épave du « Sirius » dans la baie de Grand Port (il faut une autorisation du gouvernement), et la Pointe des Puits à Belle Mare.

Neptune Diving Centre, Belle Mare Plage Hotel, Belle Mare, ☎ 415 1501.

East Coast Diving, Hôtel Saint-Géran, Pointe de Flacq, ☎ 415 1825.

Pierre sport diving, Touessrok Hotel, Trou d'Eau Douce, ☎ 419 2451. Plongée entre 800 et 1 000 Rs, plongée de nuit à 1 200 Rs. Centre sérieux. Vous serez séduit par le bagout de Mario, le gérant du club.

Coral Dive, Hôtel La Croix du Sud, Pointe d'Esny, ☎ 631 9601 ou 631 9041.

Golf – **Saint-Géran**, Poste de Flacq.
Belle Mare plage, Belle Mare, ☎ 415 1083.

ACHATS

Mahébourg, Centre de Flacq et Trou d'Eau Douce regroupent les principales boutiques de la côte Est. Vous y trouverez essentiellement des boutiques indiennes, des vêtements, des tissus, des paréos, des sacs, des tee-shirts et autres articles touristiques ou souvenirs. Beaucoup de magasins ferment le jeudi après-midi.

LE SUD★★
DE MAHÉBOURG À BAIE DU CAP

Circuit de 130 km – Comptez une journée
Climat frais et humide en montagne – Carte p. 302-303

À ne pas manquer
Déjeuner au restaurant le Chamarel pour la vue sur le lagon.
Balade côtière au Gris-Gris et à la Roche qui pleure.

Conseils
Partez tôt pour boucler le circuit dans la journée :
il n'existe qu'un hôtel, à Pointe aux Roches.
Demandez conseil à des Mauriciens avant de vous baigner
car certains endroits sont dangereux.
Munissez-vous de chaussures en plastique pour vous baigner.

Exposé aux pluies et aux vents du sud-est, froids en hiver mais rafraîchissants l'été, le Sud dévoile les paysages les plus sauvages de l'île. Plus encore qu'à l'Est, on y découvre une île Maurice authentique, peu peuplée et encore intacte, loin des stations balnéaires du Nord-Ouest.

Le relief accidenté de l'intérieur réserve d'agréables excursions avec de magnifiques panoramas, tandis que sur la côte se succèdent villages de pêcheurs, plages rocheuses, falaises basaltiques battues par les alizés et sculptées par une houle furieuse et plaines sucrières caressées par le vent du large, d'où émergent ici ou là les cheminées éteintes des usines pionnières.

De Mahébourg à Baie du Cap par les terres★★
Env. 60 km

Quittez Mahébourg par Ville Noire (pont Cavendish). La route B 7 traverse Bel Air avant d'arriver à Riche en Eau.

Vous traversez des champs d'ananas, de pommes de terre et autres cultures maraîchères qui alternent avec les cannes à sucre. À la période de coupe (de juin à décembre), la route s'anime d'un va-et-vient de camions surchargés transportant vers les usines les cannes fraîchement coupées. Les oiseaux picorent les cannes écrasées dont la route est jonchée pour se délecter du jus sucré. Les cheminées crachent d'épais nuages de fumée qui assombrissent le ciel et imprègnent la campagne d'appétissants effluves caramélisés.

■ **Riche en Eau** – Ce village, particulièrement soigné et fleuri, appartient à la sucrerie de Riche en Eau. Les maisons coquettes que vous apercevez logent les petits contremaîtres de l'usine, tandis que des maisonnettes plus rudimentaires hébergent les ouvriers.

À la sortie de Riche en Eau en direction de St-Hubert s'ouvre sur votre droite la maison du propriétaire, superbe villa coloniale au bout d'une allée bordée de palmiers lataniers, que les Mauriciens surnomment la **Grande Cage**★.

Revenez sur vos pas au petit rond-point et prenez à droite, direction New Grove (B 7). En arrivant sur la route A 10, prenez à droite vers Rose Belle, puis à la sortie de Rose Belle, la B 81 à gauche. À Beau Climat, suivez la A 9 sur quelques mètres, puis à droite la B 88. Tournez à gauche à la sortie de Bois Chéri.

■ **Bois Chéri**★ – Les champs de cannes laissent place aux seules plantations de thé de l'île, qui se déroulent en bandes harmonieuses d'un vert soutenu.

L'usine de thé *(les jours de visite varient en fonction de la récolte du thé : en général, 9 h-15 h 30, samedi 9 h-12 h ; fermé le dimanche ; entrée payante avec dégustation de thé. Possibilité de visiter des serres de vanille et d'anthuriums et de déjeuner dans la maison coloniale de St-Aubin, ☎ 626 1513).*

Bois Chéri désigne à la fois le bourg, l'usine et la marque du thé qu'elle produit. La visite de la fabrique vous apprendra tout

La cueillette du thé à Bois Chéri

sur la culture et la production du thé. Vous pourrez en effet y visiter le musée, qui retrace les temps forts de l'histoire du thé, puis l'usine.
À peine cueilli, le thé est aéré et déshydraté. Le lendemain, il est broyé, puis fermenté sur un tapis chauffant. Après une bonne heure, le thé, devenu marron, cuit une dizaine de minutes dans un four à 60 °C. Une fois nettoyé et calibré au tamis, il repose environ 25 jours dans des silos pour que se dégage son arôme. C'est seulement alors, juste avant l'empaquetage et le conditionnement, qu'on le parfume éventuellement à la vanille ou à la bergamote.
Après la visite, vous serez convié dans un chalet construit un peu plus haut et dominant un lac entouré de champs de thé à une dégustation du thé de votre choix, que vous pourrez bien sûr acheter à la boutique.

Poursuivez la route B 88 sur quelques kilomètres.

Après les champs de thé, le paysage change radicalement. Forêts de pins, bambous, vigne marron, fougères arborescentes et hibiscus reprennent le dessus, peuplées de macaques et de cerfs.

■ **Grand Bassin**✶✶ (Ganga Talao) – *Entrée libre. Petite échoppe d'images pieuses et de boissons fraîches près du parking.* Le site ne présente pas grand intérêt en soi, mais la visite vaut pour l'ambiance qui y règne, et vous plongera en Inde pendant un petit moment.

L'eau de ce lac volcanique s'apparente pour les hindous à l'eau du Gange *(Ganga)*, rivière sacrée considérée comme la mère de l'Inde. Selon la légende, Shiva, alors qu'il s'émerveillait de la beauté de l'île Maurice en survolant la terre avec sa femme Parvati, laissa choir quelques gouttes de l'eau du Gange qu'il transportait sur sa tête. L'eau, tombée dans un cratère éteint, se transforma en lac et devint le site le plus sacré de l'île, lieu de pèlerinage où chaque année les fidèles viennent recueillir l'eau du bassin pour la présenter comme offrande à Shiva.
Près de la moitié de la population de l'île assiste tous les ans en janvier ou février (le treizième jour du mois de *Magha*) à la **fête du Maha Shivaratree** (« grande nuit de Shiva »). 500 000 personnes se rendent à cette occasion au bord du lac pendant 5 jours et 5 nuits consécutifs, portant sur leurs épaules des *kanwar*, sortes de petits temples

en bambou, décorés de papiers colorés et de fleurs, de plastique brillant et d'images de Shiva. Les fidèles se baignent dans l'eau sacrée du lac, qu'ils versent ensuite sur le *ligam* Shiva (voir p. 208).

Même si vous n'avez pas la chance d'assister à cette fête, l'animation fervente qui règne quotidiennement autour du lac vous initiera aux rites hindous.

Dans l'un des temples, les fidèles disposent fruits et fleurs sur l'autel. Un peu plus loin, ils allument une flamme dans le plateau à offrandes avant de sortir du temple à reculons.

Dans le **temple principal**, à l'entrée duquel vous accueille le taureau Nandi, la monture de Shiva, des fidèles tournent en priant autour des neuf planètes, d'autres chantent dans un épais nuage d'encens devant le *lingam* de Shiva surmonté du cobra, d'autres enfin adressent leurs prières aux divinités du panthéon hindou, Krishna, Parvati...

Rituel de purification, fête du Maha Shivaratree

Le gardien du temple se fera un plaisir de vous commenter la cérémonie ou de vous expliquer les subtilités de sa religion.

Le piton Grand Bassin domine le site du haut de ses 702 m. Un escalier conduit à son sommet, qui abrite un petit temple blanc dédié à Hanuman (dieu à tête de singe et corps humain), où les singes viennent dérober d'un geste alerte les noix de coco et les bananes déposées par les pèlerins. La **vue*** embrasse par temps clair toute la campagne environnante.

Continuez la route vers l'ouest jusqu'au carrefour du Pétrin, à 2,4 km. Arrêtez-vous au Centre d'information du Pétrin.

■ **Parc national des Gorges de la Rivière Noire*** – Maurice était, à l'arrivée des hommes, couverte de forêts. Ces dernières n'occupent plus que 5 % du territoire, au sein desquels les plantes exotiques (tels le goyavier de Chine ou le ravenala de Madagascar) prennent souvent le dessus sur les plantes endémiques (*ébéniers, bois de natte, bois de fer*), tandis que des oiseaux tels que le pigeon des mares et la crécerelle sont menacés de disparition. Face à cette situation, 6 500 ha de la région encore forestière de la Plaine Champagne ont été déclarés Parc national des Gorges de la Rivière Noire, il y a une dizaine d'années, afin que des programmes destinés à replanter des espèces endémiques puissent être lancés. Plateau escarpé et verdoyant culminant à 750 m, la région pittoresque de la Plaine Champagne est aujourd'hui couverte par une végétation dense de bruyère, d'arbres nains envahis par la vigne marron et surtout par une forêt d'essences rares – colophane, *takamaka*, *tambalacoque*, camphrier, bois de natte, bois d'ébène, bois de fer... Cette végétation indigène et endémique, refuge d'oiseaux rares, abrite les derniers spécimens de crécerelles (ou « mange-poule »), de merles cuisiniers, de pigeons des mares (ou pigeons roses), ainsi que des singes et des cerfs. Il existe une cinquantaine de kilomètres de sentiers balisés dans le Parc national (*cartes des sentiers disponibles auprès du National Parks and Conservation Service, Réduit, ☎ 464 4016 ou 464 2993, et parfois sur place, au Pétrin*). Depuis le Centre d'information du Pétrin, vous pouvez par exemple réaliser un parcours à pied assez facile de 7 km en boucle (1 h 30 environ) qui vous fera découvrir la plus belle partie de la forêt tropicale de basse altitude. Les vues sur la rivière des gorges de la Rivière Noire, le long des falaises, sont spectaculaires.

Du Pétrin, prenez la route plein sud puis suivez la route goudronnée à droite au petit rond-point.

Après le panneau « restaurant-bar Varangue-sur-Morne », une pancarte annonce le **View Point Black River Gorges**** (Point de vue des gorges de la Rivière Noire) (*Attention ! Ne laissez rien dans votre voiture*). Un sentier vous conduit (à 150 m) au point de vue panoramique sur la vallée envahie par une forêt exubérante et arrosée par plusieurs **cascades**.

En hiver, vous pourrez cueillir au bord de la route des goyaviers, délicieux fruits sauvages, rouges (goyaves de Chine) ou jaunes (goyaves de France).

Un peu plus loin sur la route principale, à la sortie du parc national des Gorges de la Rivière Noire, un virage en épingle vous permet de découvrir une **vue**** sur le Morne Brabant et le lagon lumineux du sud-ouest (*petite aire de stationnement en bord de route*).

La route continue à descendre, sinueuse, jusqu'à Chamarel. (Accès également possible à partir de Baie du Cap ou de Grande Case Noyale.)

■ **Chamarel**** – Vous remarquerez au bord de cette route un net changement de végétation par rapport à la Plaine Champagne. L'arbre du voyageur, l'aloès et le *vacoa* (utilisé en vannerie) apparaissent au fur et à mesure que vous descendez. La canne à sucre domine à nouveau le paysage à partir de Chamarel, où vous retrouverez aussi des bananiers et des bougainvilliers aux couleurs éclatantes.
Ce modeste village créole de montagne, dominé par le **Piton de la Petite Rivière Noire**, point culminant de l'île à 828 m, s'anime chaque 15 août lors du grand pèlerinage catholique de l'Assomption à l'**église Ste-Anne**.

De l'église, prenez à gauche en direction des terres de couleurs et de Baie du Cap. Une piste de terre de 3 km part ensuite sur la droite.

Le chemin traverse des champs de cannes, de vétiver et de caféiers bordés de palmiers bouteilles et de *palmistes*.
Sur votre gauche, dans un grand virage à environ 1 km, vous apercevez la **cascade Chamarel***, qui tombe de près de 100 m de haut dans une végétation luxuriante.
La piste débouche ensuite sur les **terres de couleurs*** (*7 h-17 h 30 ; entrée payante ; parking*), cachées dans une vaste clairière entourée de collines verdoyantes.
Les petites dunes ondulées se parent, avec plus ou moins de netteté selon la lumière, l'humidité et l'angle de vue, de subtiles nuances de couleurs fauves, avec des reflets allant du jaune au bleu en passant par le mauve, le vert, l'orange ou le rouge. Ne vous attendez pas, cependant, à voir briller la terre des sept couleurs de l'arc-en-ciel, car vous risqueriez d'être déçu. Ce phénomène unique au monde provient de cendres volcaniques mises à nu par l'érosion, qui contiendraient des oxydes minéraux de différentes couleurs, que des différences de densité empêcheraient de se mélanger.

Si vous souhaitez rejoindre la côte Ouest, prenez la route de Grande Case Noyale du village de Chamarel.

La route descend en lacet jusqu'à Grande Case Noyale avec des **vues***** inoubliables sur le lagon.

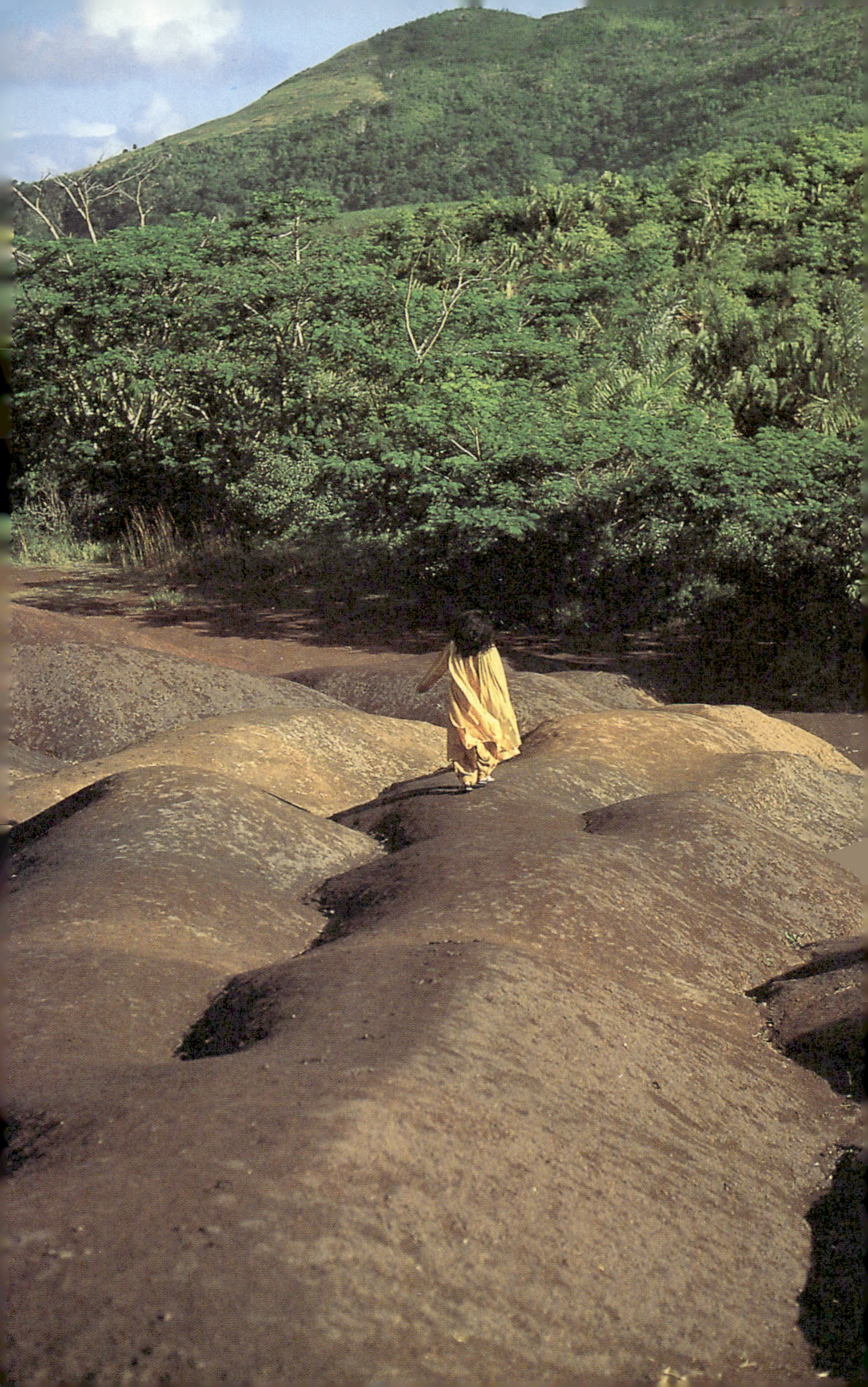

Pour continuer l'itinéraire et retourner vers Mahébourg par la côte Sud, poursuivez la route de Baie du Cap, à droite au débouché de la piste des terres de couleurs. Pendant la saison de la coupe de la canne (de juin à décembre), roulez bien à gauche, car de nombreux camions chargés de cannes passent parfois très vite.

La route qui descend jusqu'à Baie du Cap sillonne les champs de cannes de la sucrerie de Bel Ombre, plantés sur une terre rouge et vallonnée. Plus bas, vous traverserez une forêt magnifique, mêlée de manguiers, d'arbres du voyageur, de flamboyants, de bananiers, d'eucalyptus, de cyprès, qui offre parfois de beaux **panoramas** sur la mer. Vous passerez devant le **temple tamoul** multicolore de **Choisy** avant d'arriver à Baie du Cap.

De Baie du Cap à Mahébourg par le littoral★★
Env. 60 km

La route longe le littoral sud, suivant parfois le tracé d'un cours d'eau le temps d'une légère incursion dans les terres, puis serpente vers l'est au milieu des vastes étendues de cannes qui ondulent au vent à perte de vue.

La route de Chamarel débouche sur la côte à la hauteur du paisible village de **Baie du Cap**. Près de 3 000 habitants – pêcheurs, petits planteurs et ouvriers de la sucrerie de Bel Ombre pour la plupart – vivent là entre mer et montagne, dans des cases en tôle colorées et fleuries.

Rejoignez la route littorale B 9, à gauche, direction Souillac.

À Bel Ombre, vous trouverez une magnifique plage aux dégradés turquoise protégée par la barrière de corail, aujourd'hui convoitée par des promoteurs pour la réalisation d'hôtels. L'usine sucrière qui se tient là ne peut malheureusement plus être visitée.

Une brèche dans le récif rend la baignade dangereuse dans la **baie du Jacotet**.

À Ste-Marie, à droite après le pont, vous pouvez vous rendre à pied, à marée basse, sur l'**îlot Sancho**, îlot corallien couvert d'arbustes, le plus proche de l'île Maurice.

Vous passez devant un **cimetière marin** avant de longer la longue plage sauvage de **Pointe aux Roches**, bordée de filaos, où se trouve l'unique hôtel (pour l'instant) de la côte Sud *(voir p. 305)*. Un belvédère en béton offre une jolie **vue**★ sur la côte sauvage à marée haute, lorsque les vagues se heurtent violemment sur le récif tout proche. On assiste parfois à des parties de pêche à l'épervier, quand la houle n'est pas trop forte dans le lagon.

Vous longez encore de belles **plages** de sable, à **Pomponnette** et à **Riambel** qui, désertes la semaine, s'animent le week-end pour le pique-nique en famille.

À Riambel, tournez à gauche (temple hindou) pour aller à Surinam. Prenez la petite route qui sort du centre du village au niveau de la station de taxis. La route se transforme en chemin pierreux à travers les cannes. Un petit pont traverse un ruisseau. Juste après (deux petites tombes en pierre sur la gauche), prenez le chemin de droite, juste en face des tombes, à travers les cannes sur environ 500 m. Laissez la voiture. Un escalier taillé dans la terre descend aux chutes sur la droite. Une autre route part de Souillac pour les chutes, mais elle est longue, mauvaise et mal indiquée. Vous risquez de vous perdre et vous devrez marcher plus de 1 km.

Les terres de couleurs de Chamarel

Cette incursion rafraîchissante vers l'intérieur des terres vous mènera aux **Chutes de Rochester*** (Rochester falls), en amont de la rivière Savanne. (*Attention aux vols : ne laissez rien dans votre voiture. Attention aussi au racket pratiqué par de jeunes Mauriciens qui réclament de l'argent aux touristes pour se faire photographier en train de sauter du haut des cascades. N'oubliez pas votre lotion antimoustiques.*)
Les mouvements tectoniques et l'érosion de cette rivière ont découpé le basalte en longues colonnes verticales cubiques, sur lesquelles l'eau coule à pic en cascades étagées, dans un petit bassin où vous pourrez éventuellement vous baigner.

De retour au centre de Surinam, prenez à gauche jusqu'à Souillac.

■ **Souillac*** – Dans ce village de pêcheurs vivent aussi petits planteurs et ouvriers de la sucrerie voisine de St-Aubin. Le petit **port** de pêche (en contrebas, à l'embouchure de la rivière Savanne), jadis très actif, servait aussi pour le transport du sucre vers la capitale.
Longez la côte jusqu'au **jardin municipal de Telfair**, agréable petit parc ombragé de *badamiers* et de magnifiques banians, d'où vous surplombez la mer.
Continuez à longer le littoral pour faire un tour au **Robert Edward Hart Memorial Museum**, également appelé la **Nef** *(9 h-16 h ; 9 h-12 h les samedi et dimanche ; fermé les mercredi et jours fériés ; entrée libre)*. Le poète mauricien Robert Edward Hart (1891-1954) prit sa retraite en 1941 dans un modeste *campement*, avant que ses amis lui offrent, pour ses 50 ans, cette jolie petite maison en maçonnerie de corail collée sur du ciment. Convertie en musée depuis 1967, elle contient les

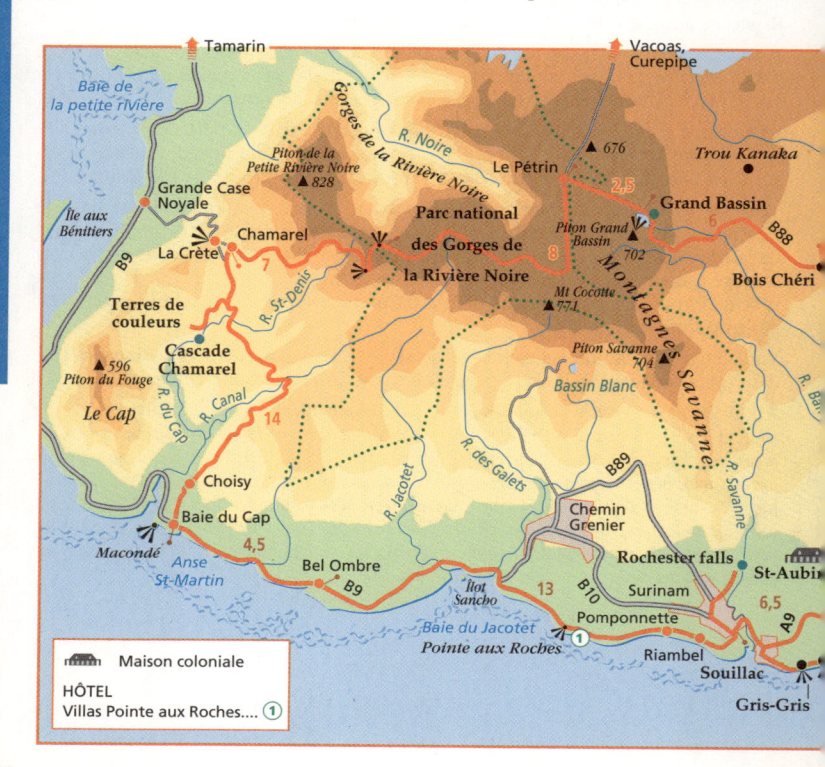

meubles et objets personnels de l'ancien propriétaire des lieux – portraits, violon, tableaux, chapeau, vieilles cartes postales, collection de coquillages et de coraux...

En sortant du musée vers la droite, continuez à longer le littoral sur quelques centaines de mètres, jusqu'à la plage publique du Gris-Gris (baignade dangereuse).

Les brèches dans le récif exposent le littoral aux déchaînements de l'océan, qui vient claquer sur les **falaises du Gris-Gris**** dans un vacarme impressionnant. Vous pourrez admirer ce paysage des petits kiosques et des bancs qui dominent cette mer fascinante, où se fondent des bleus et verts profonds sous un manteau d'écume.

Le sentier qui longe la falaise offre un **panorama***** magnifique sur cette côte sauvage qu'il surplombe. La **Roche qui Pleure**, en avancée sur l'océan, doit son nom au ruissellement continu qu'elle subit et au grondement de la mer en furie qui s'engouffre dans tous les interstices du rocher.

De retour au parking, rejoignez la route A 9 qui s'éloigne de la côte dans les cannes.

Un léger détour sur la gauche de la route permet de voir la belle **maison coloniale de St-Aubin**, de 1819, avant d'arriver à **Rivière des Anguilles**, village typique à la population majoritairement hindoue et musulmane. Une animation sympathique règne dans la rue centrale, bordée des échoppes colorées des tailleurs, bijoutiers, marchands de textiles... Vous pourrez y grignoter de délicieux *bonbons piment*, des *samoussas*, ou encore une paire de *dholl puri* avant de poursuivre votre route.

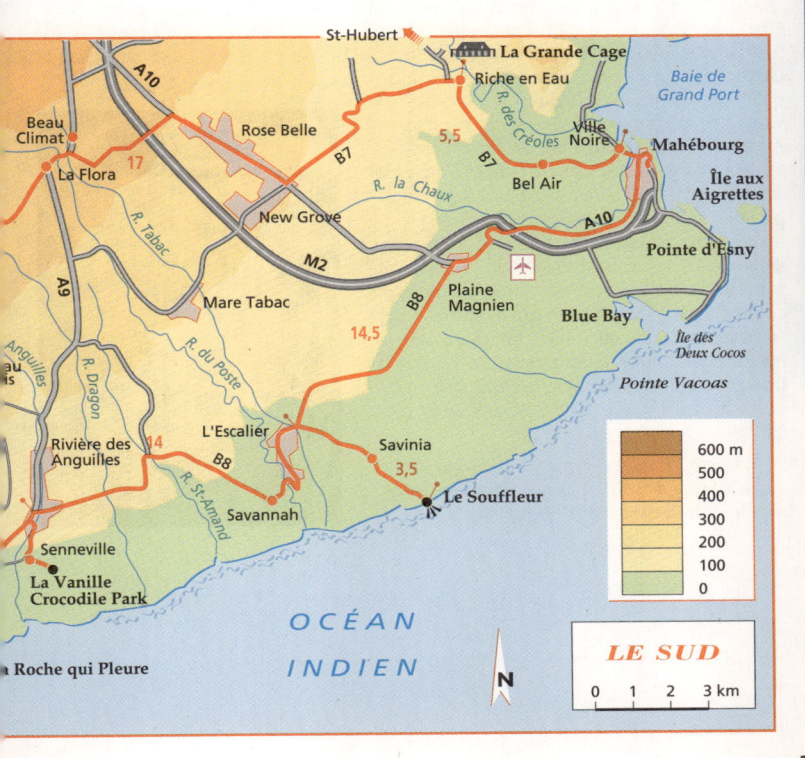

De Baie du Cap à Mahébourg

LE SUD

Tournez à droite juste avant le poste de police en direction de Senneville, puis à gauche à la hauteur du magasin « Senneville store ». Un panneau indique « La Vanille », sur la gauche de la route au milieu des cannes, prenez alors à droite (à 2 km du centre de Rivière des Anguilles).

■ **La Vanille Crocodile Park*** (Ferme des crocodiles La Vanille) (☎ 626 2503. *9 h 30-17 h ; entrée payante. Visite guidée env. 1 h. Prévoyez de la lotion antimoustiques. Restaurant Le Crocodile Affamé ouvert aux mêmes horaires que le parc.* Ce parc tropical de 6 ha vous invite à déambuler au milieu des bambous, cocotiers et orchidées pour découvrir la faune des Mascareignes et d'Afrique, des crocodiles du Nil aux iguanes d'Amérique centrale, des lézards verts aux tortues géantes des Seychelles, des caïmans du Brésil aux carpes japonaises marbrées, des grenouilles géantes aux macaques apprivoisés de l'île... Si cette visite vous a creusé l'appétit, commandez donc au restaurant un bon steak de crocodile !

Retournez à Rivière des Anguilles. Prenez la route B 8 à droite.

À Savannah, vous remarquerez une ancienne cheminée d'usine sucrière sur votre droite, avant de passer sous l'arche formée par le banian (ou *multipliant*) majestueux qui enjambe la route.

Au village l'Escalier, tournez à droite juste avant le poste de police, vers Savinia-le Souffleur. Contournez la sucrerie de la Barraque et traversez l'ancienne usine sucrière de Savinia. Le Souffleur est fléché.

Dans ces chemins, il n'est pas rare de voir des ouvriers agricoles profiter de l'heure chaude du déjeuner pour faire la sieste à l'ombre d'un banian. Vous croiserez peut-être aussi l'une des dernières charrettes à bœufs de l'île, chargées de cannes à la saison de la coupe. Les bornes rouges ou noires que vous remarquez devant chaque champ portent des inscriptions blanches indiquant la superficie du champ en hectares, la variété de la canne et la date de sa plantation. Après 4,5 km de chemins de terre dans les cannes, vous arrivez sur la **côte**** la plus sauvage de l'île. Loin du lagon turquoise et paisible, les vagues se fracassent dans un grondement étourdissant, s'engouffrent avec force dans toutes les anfractuosités de la roche et jaillissent parfois avec une force incroyable, comme dans le **Souffleur*** qui se trouve à cet endroit, sorte de cheminée intérieure où la mer remonte, propulsée comme un geyser. Il faut cependant savoir que ce spectacle n'est saisissant qu'à marée haute et lorsque la mer est agitée.

De retour à l'Escalier, reprenez la B 8, à droite après le poste de police, jusqu'à Plaine Magnien, puis la A 10 à droite vers Mahébourg.

Borne d'un champ de cannes

Le Sud pratique

ARRIVER-PARTIR

En voiture – De petites routes montent dans l'intérieur des terres et une route longe partiellement la côte Sud. Il n'est pas toujours évident de se repérer. Vous pouvez louer une voiture, mais l'idéal consiste à prendre un taxi pour la journée.

En autobus – L'intérieur des terres est très mal desservi. Grand Bassin n'est relié que trois fois par jour et aucune liaison ne vous permettra de suivre l'itinéraire proposé. Sur la côte, un bus relie Baie du Cap à Souillac, un autre va de Souillac à Mahébourg. Mais ils sont assez lents et peu fréquents. De Souillac, vous pourrez rejoindre Port Louis et Curepipe.

ADRESSES UTILES

Banque / Change – Les principales villes ont au moins une banque et les distributeurs automatiques tendent à se généraliser un peu partout.

Poste / Téléphone – La plupart des villages ont leur bureau de poste. Cabines à carte ou à pièces dans les principales villes.

Santé – En cas de problème médical, il est préférable de se rendre dans un grand hôtel sur la côte Ouest ou à l'hôpital de Rose Belle, ou encore de consulter un médecin à Mahébourg.

OÙ LOGER

• Pointe aux Roches

De 30 à 45 €
Villas Pointe aux Roches, route côtière, Chemin Grenier, ☎ 625 5112, Fax 625 6110, paroches@intnet.mu – 29 ch. [CC] L'unique hôtel du sud de Maurice. La beauté sauvage du site et le calme absolu suppléent tant bien que mal au manque de charme de l'hôtel. Chambres ou bungalows indépendants équipés de cuisine. Terrasses avec vue sur la mer. Buffets à thème et spectacles de séga.

OÙ SE RESTAURER

• Plaine Champagne

De 15 à 30 €
Le Chamarel, la Crète, Chamarel, ☎ 483 6421 ou 483 6937. [CC] Midi. Fermé le dimanche. Réservation prudente. Vous y mangerez sur une grande terrasse ombragée, d'où l'on a l'un des plus beaux panoramas de l'île. Cuisine créole et européenne très convenable.
Varangue-sur-Morne, 110 route Plaine Champagne, Chamarel, ☎ 483 6010. [CC] Midi (soir sur réservation uniquement). Beaucoup de groupes. Réservation conseillée. Bonne cuisine française ou créole. Un peu cher. On paie évidemment l'emplacement exceptionnel de ce chalet qui domine l'éblouissant lagon de la côte Ouest et le Morne Brabant.

• Riambel

De 3 à 12 €
Green Palm, route côtière, ☎ 625 5016. [CC] Midi et soir. Cadre peu attrayant. Plats européens, chinois ou mauriciens sans intérêt. Idéal pour manger un snack ou une salade à midi.

• Souillac

De 12 à 23 €
Le Batelage, port de Souillac, ☎ 625 6083. [CC] Midi, le soir sur réservation. Vous y dégusterez, en terrasse sur le pittoresque port de Souillac ou dans une vaste salle, d'excellentes spécialités de fruits de mer (langouste, vieille rouge, camarons) grillés ou préparés à la mauricienne. Pour la fondue chinoise, commandez 24 h à l'avance.

• Rivière des Anguilles

De 7,5 à 15 €
Le Crocodile Affamé, La Vanille Crocodile Park, ☎ 626 2503. [CC] Midi (mêmes horaires que le parc). Une occasion de goûter la viande de crocodile.

De 15 à 23 €
Le St-Aubin, St-Aubin, ☎ 626 1513 [CC] Midi uniquement. Installé sous la véranda de cette luxueuse maison créole, vous dégusterez un punch offert par le restaurant avant de savourer d'excellentes spécialités créoles (menu fixe). Après le repas, vous pouvez, moyennant un petit supplément, visiter la maison, la jolie serre, ou la plantation de vanilles et d'anthuriums.

ACHATS

Galeries d'art – **L'Oasis**, route côtière, Riambel, ☎ 625 5330. Lundi-samedi 9 h 30-17 h 30 ; fermé le dimanche. Aquarelles et art abstrait de l'artiste Rirette Faron.

LA CÔTE OUEST**
DE BAIE DU CAP À FLIC EN FLAC
Env. 50 km – Comptez de 2 h à 3 h

À ne pas manquer
Une partie de pêche au gros à Grande Rivière Noire (très cher).
Un bain sur la plage du Morne ou à l'île aux Bénitiers.

Conseils
Méfiez-vous des courants marins à l'intérieur du lagon,
même si la mer est calme.
Les meilleurs mois pour pratiquer le surf
à Tamarin Bay sont juillet et août.

Fermée au sud par la masse imposante du Morne Brabant et dominée en arrière-plan par les silhouettes effilées des montagnes Vacoas et de la Rivière Noire, la côte Ouest, moins fréquentée que le nord, compte une alternance de belles plages touristiques et de villages pittoresques qui vivent de la pêche, de l'élevage de cerfs et de la production de sel. Le lagon, protégé par le récif, bénéficie des meilleures conditions de l'île pour les activités nautiques et s'embrase le soir venu de couchers de soleil aux camaïeux orangés. Particulièrement chaude et sèche, cette région, agréable en hiver, devient parfois étouffante l'été.

De Baie du Cap, la route B 9 suit la côte. À la sortie d'un virage en épingle s'élève le **rocher de Macondé**, promontoire de basalte abritant un petit autel catholique et un escalier d'où la **vue*** domine le lagon.
La route, guidée par le cours de la rivière du Cap, s'écarte de la mer dans un décor aride pour passer un **radier**, qui peut être immergé à la saison des cyclones, ligne de partage des eaux entre mer et rivière.

Sur l'autre rive s'étend la **plage de La Prairie**, peu propice à la baignade, mais où vous pourrez garer votre voiture sous les filaos le temps d'un pique-nique avant de poursuivre la route. Tandis que les pirogues tanguent au gré du clapotis du lagon, un maraîcher traverse les villages côtiers pour vendre ses fruits et légumes au son d'un vieux Klaxon.

■ **La péninsule du Morne Brabant**** – Après l'**Embrasure**, village de pêcheurs bordé de cases en tôle colorées, la route B 9 passe à l'est de la péninsule du Morne avant de remonter la côte Ouest de l'île.
La masse imposante du Morne Brabant, qui culmine à 556 m sur la péninsule la plus avancée au sud-ouest de l'île, est entourée de plusieurs kilomètres de plage de sable où le vaste **lagon**** se pare des plus belles couleurs de l'île.

Vous pouvez poursuivre la route B 9 jusqu'à la petite route qui mène aux hôtels Berjaya et Méridien (panneau sur votre gauche juste après le Morne Brabant).

Si vous êtes en 4x4 ou que vous avez de bonnes suspensions, vous pouvez contourner le Morne en empruntant la piste qui part sur la gauche au pied du Morne à la sortie de l'Embrasure (panneau « Le Morne public beach »). La balade peut aussi se faire à cheval.

Une méprise fatale
Difficile d'accès, cette montagne servait de refuge aux esclaves en fuite. La légende raconte qu'en 1835, au moment de l'abolition de l'esclavage, certains esclaves, réfugiés sur le Morne, se jetèrent du sommet de peur d'être capturés en voyant approcher les soldats qui venaient leur annoncer la bonne nouvelle.

Au milieu des filaos, vous découvrez une grande réserve de **cerfs** dominée par le Morne. Plus loin, les vents déchaînés de la **Pointe Sud-Ouest** font le bonheur des **véliplanchistes**.

LA CÔTE OUEST

MAURICE

0 — 1 — 2 — 3 km

HÔTELS

- Bougainvilliers (Les) — ①
- Campement Lagane — ②
- Campement Nilaya — ③
- Klondike — ④
- Lataniers Bleus (Les) — ⑤
- Manisa — ⑥
- Paradis (Le) — ⑦
- Seama Beach — ⑧
- Sofitel Imperial — ⑨
- Tamarin — ⑩
- Villa Paul et Virginie — ⑪
- Villas Caroline — ⑫

Port Louis
Flic en Flac
Wolmar
Cascavelle
Casela Bird Park
Quatre Bornes
Montagne du Rempart ▲ 777
R. du Rempart
Baie du Tamarin
Tamarin
Tamarin Estate
R. Tamarin
Tourelle du Tamarin ▲ 548
R. du Boucan
La Preneuse
Montagne Tamarin
Grande Rivière Noire
Baie de la Grande Rivière Noire
R. Noire

OCÉAN INDIEN

Les Salines
N.-D. de Fatima
Baie de la Petite Rivière Noire
Petite Rivière Noire
Petite Case Noyale
Piton de la Petite Rivière Noire ▲ 828
Parc national des Gorges de la Rivière Noire
Grande Case Noyale
Île aux Bénitiers
Chamarel
Pointe des Pêcheurs
La Gaulette
R. St-Denis
Plage du Morne Brabant
Morne Brabant ▲ 556
Terres de couleurs
Piton du Fouge ▲ 596
Cascade Chamarel
R. Canal
Le Cap
R. du Cap
Pointe Sud-Ouest
L'Embrasure
Îlot Fourneau
La Prairie
B9
Baie du Cap
Macondé
Souillac

600 m / 500 / 400 / 300 / 200 / 100 / 0

307

La côte Ouest

Parfaitement abritée, une longue **plage publique***** s'étend au pied du Morne, grignotée de plus en plus avidement par les hôtels qui l'encadrent et accaparent le plus beau site balnéaire de l'île. Ces constructions intempestives n'ont pas l'air de décourager la foule de Mauriciens qui viennent profiter des lieux en famille le week-end. **Les fonds marins***** regorgent de poissons multicolores que vous pouvez admirer avec un masque et un tuba, ou chatouiller de plus près si vous êtes équipé de bouteilles, dans l'un des excellents sites de plongée des environs.

Au nord du Morne, l'**île aux Bénitiers*** *(excursion organisée par les hôtels ou par des bateaux de pêcheurs du village de La Gaulette)*, frangée de cocotiers et de sable blanc, peuplée de quelques pêcheurs, vous offre une baignade paradisiaque avec une **vue*** imprenable sur le Morne et les sommets découpés de l'île.

En quittant le Morne, la route B 9 remonte la côte Ouest vers le nord.

Vous traversez **Grande Case Noyale**, le village de pêcheurs où débouche la **route***** qui descend de Chamarel en lacet. De vieux créoles se reposent sur les bancs aménagés à l'ombre d'un énorme banian. Vous remarquerez un nombre incroyable de palétuviers, petits arbustes de la mangrove qui poussent sur le sable et fourmillent de petits crabes.

Dans le hameau de la **Petite Rivière Noire**, à la population majoritairement créole et catholique, vous verrez à gauche de la route le toit de chaume de la charmante **église N.-D. de Fatima***, ouverte sur un côté, avec ses bancs alignés à l'extérieur pour la messe.
À l'ombre des tamariniers, la route passe entre des haies de « cactus raquettes » très denses, destinées à protéger un important élevage de **cerfs**.

Vous arrivez ensuite, au milieu des acacias et des tamarins, au village de **Grande Rivière Noire**, à l'embouchure de la rivière qui lui a donné son nom.
Il doit sa renommée à ses eaux poissonneuses, qui ont permis de développer pour les touristes l'activité lucrative de la **pêche au gros**. La station compte plusieurs hôtels spécialisés dans ce sport, où l'on célèbre avec faste les prises records de marlins, thons ou requins. Les nombreux bateaux de pêche polluent un peu cette baie, où seuls les passionnés de pêche au gros ont une raison de séjourner.

La route B 9 devient A 3. Tournez à gauche à la pancarte La Preneuse (parking).

Pour vous baigner tranquillement, mieux vaut vous rendre, au nord de Grande Rivière Noire, à la **plage de La Preneuse**, d'où vous profiterez aussi de la **vue*** sur le Morne.

Reprenez la route principale A 3, à gauche au débouché de La Preneuse Rd et tournez à gauche au nord du village de Tamarin, juste avant l'église.

■ **Tamarin*** – Les montagnes du Rempart et des Trois Mamelles en toile de fond, cette vaste baie, encore préservée des investissements touristiques, a conservé un aspect sauvage en harmonie avec le **village** qui s'y niche. Vous y serez accueilli dans l'une des petites pensions de famille. Aucun hôtel ne défigure encore cette grande **plage** de sable à l'embouchure de la rivière Tamarin, où petits Mauriciens et touristes avertis viennent pratiquer le **surf** (surtout en juillet et août). Le soir, sur la plage, des Mauriciens chantent leur joie ou leur mélancolie au son de leur guitare.
Les salines* que vous voyez au bord de la route, au pied de la montagne de la Tourelle de Tamarin, forment un tableau particulièrement photogénique le matin, quand le ciel se reflète dans les carrés d'eau et que les femmes profitent des heures fraîches de la journée pour récolter le sel dans de grands paniers à l'aide de leur râteau. Un ancien **four à chaux** leur procure de l'ombre pour se reposer quand le soleil monte trop haut. L'eau de mer est pompée, filtrée, puis le sel est déshydraté au soleil avant d'être recueilli. Le climat sec et chaud de cette région permet de produire suffisamment de sel pour la consommation de toute l'île.

Reprenez la route A 3 sur 7 km, direction Flic en Flac, et tournez à droite (fléché).

■ **Casela Bird Park*** (jardin d'oiseaux de Casela) – ☎ *452 0693 / 452 0694. 9 h-18 h d'octobre à mars ; 9 h-17 h d'avril à septembre ; entrée payante, 130 Rs par adulte et 40 Rs par enfant. Snack. Comptez une bonne heure de visite.* Plus de 2 000 oiseaux multicolores de 150 espèces (poules de soie, pigeons des mares, perruches malabars ou à moustaches, à tête de prune ou à collier, perroquet alexandrin, *calopsittes* omnicolores ou ondulées, *lovebird* hybride, ara cacatoès de Timor, aigles des mers, ibis sacré, *radjah* à dos noir...) piaillent dans leurs cages au milieu d'une magnifique végétation tropicale. Le dessin et le nom des oiseaux figurent sur chaque cage, on a tout de même parfois du mal à les identifier. Les tentatives de reconstitution du cadre naturel des oiseaux, avec bois, branches et pierre noire de l'île, ne suffisent malheureusement pas à faire oublier le ciment de certaines de ces immenses volières.

La récolte du sel à Tamarin

Outre les oiseaux, vous verrez quelques **mammifères** d'Afrique, d'Australie et des îles de l'océan Indien (panthères, léopards, tigres du Bengale, cerfs, macaques, autruches, kangourous, mangoustes, tortues géantes, lémuriens fauves...) et des bassins de canards, de cygnes et de carpes japonaises aux couleurs marbrées.

Poursuivez la route A 3 sur 1,5 km et prenez à gauche Flic en Flac Rd, qui descend droit sur la mer au milieu des cannes à sucre.

■ **Flic en Flac** – Une belle **plage**** de sable doré en arc de cercle s'étend à l'infini entre rangées de filaos et eaux turquoise, fermée à l'horizon par la silhouette massive du Morne Brabant. Si vous avez un masque et un tuba, partez à l'exploration des **fonds marins**, qui regorgent de poissons multicolores. Prenez cependant garde aux courants, très forts à certains endroits et dont on ne se méfie pas dans ce lagon d'apparence calme.
Le village de Flic en Flac, face au développement touristique massif dont il fait l'objet, a du mal à garder une vie qui lui soit propre. Il ne cesse de s'étendre et les résidences locatives poussent comme des champignons, alternant avec les restaurants et les villas de location, le tout laissant peu de place à la végétation.

La localité voisine de **Wolmar** n'existe quant à elle que par le tourisme : elle se compose d'une succession d'hôtels de grand standing du « côté mer » de la route, tandis que s'étend de l'autre côté la réserve de chasse de Wolmar (*visites possibles sur demande,* ☎ 453 8463), dont une partie devrait être transformée en golf.

La route A 3 remonte ensuite jusqu'à Port Louis.

Cette partie de la côte Ouest ne présente pas d'intérêt particulier. La baignade y est dangereuse et la zone se consacre à la production sucrière.

La côte Ouest pratique

Arriver-Partir

En voiture – Une jolie route côtière relie le Morne Brabant à Port Louis. De l'aéroport, le plus rapide consiste à prendre l'autoroute jusqu'à Curepipe ou Quatre Bornes, puis à descendre vers le littoral par une route secondaire. (1 h).

En autobus – La région est assez bien desservie, au départ des villes du centre. Un bus relie Quatre Bornes à Baie du Cap en passant par la côte Ouest. De Port Louis, il faut changer à Quatre Bornes.

Adresses utiles

Banque / Change – Dans les principales stations balnéaires, le long de la route côtière ou dans les hôtels. Mauritius Commercial Bank à Flic en Flac, face au restaurant Chez Leslie.

Poste – Dans les principaux villages.

Téléphone – Dans les principales stations balnéaires (Grande Rivière Noire, Flic en Flac) ou dans les hôtels.

Location de véhicules – La plupart des hôtels vous procureront une voiture ou une bicyclette. Location de bicyclettes à l'entrée de Flic en Flac au restaurant « Chez Leslie ».

Pour des véhicules de qualité à des prix intéressants :

Diplomat Car Hire & Tours, route côtière, Flic en Flac, ☎ 425 0980. Location de 2 jours minimum. Comptez 1 000 Rs pour un premier prix et 1 200 Rs pour un modèle plus grand, kilométrage illimité. Tarifs négociables selon la durée de la location.

Itinéraire Limité, route Royale, Flic en Flac, ☎ 453 8475 / 453 9290. Des véhicules à partir de 1 000 Rs en kilométrage illimité. Marchandez si vous louez une voiture pour plusieurs jours.

Où loger

• **Morne Brabant**

Plus de 300 €

Le Paradis Hotel, Grande Case Noyale, ☎ 401 5050, Fax 450 5140, parahot@intnet.mu – 293 ch. Golf de 18 trous, casino et discothèque. Demi-pension obligatoire. Situé sur la plus belle plage de l'île, au pied du Morne Brabant, et récemment refait à neuf, cet immense et luxueux village de vacances s'intègre bien dans ce site naturel exceptionnel grâce à son élégante architecture noyée dans les massifs de bougainvilliers. Les chambres, agréables et joliment aménagées, donnent sur la mer ou sur le golf et le Morne. Il est aussi possible de louer des villas de luxe, parfaitement adaptées à des séjours plus autarciques.

• **Rivière Noire**

De 45 à 75 €

Les Lataniers bleus, Rivière Noire, ☎ 483 6541, Fax 483 6903, latableu@intnet.mu – 11 ch. Le meilleur rapport qualité-prix de la côte Ouest. L'accueil est chaleureux et l'ambiance familiale. Vous logerez au cœur d'un jardin tropical de toute beauté, dans de charmants bungalows ou dans une confortable maison créole. Vous pouvez résider côté plage ou côté piscine, mais évitez les chambres trop proches de la route et, si vous avez le choix, préférez le bungalow « Filaos » qui donne directement sur la plage. Le soir, sur demande, la pension peut faire table d'hôte. Des excursions, avec déjeuner de langoustes, sont organisées sur l'île aux Bénitiers.

• **La Preneuse**

De 30 à 45 €

Auberge Les Bougainvilliers, La Preneuse, Rivière Noire, ☎ 483 6525, Fax 483 6332 – 7 ch.

[cc] Cette agréable pension propose des chambres d'un confort sommaire, mais propres et lumineuses, réparties autour d'un patio au 1er étage de la maison familiale. Le jardin donne sur une petite plage privative, mais celle de La Preneuse, un peu plus loin, est plus propice à la baignade. La maison ne sert que le petit déjeuner, mais vous trouverez plusieurs restaurants alentour. Accueil chaleureux.

Seama Beach Hotel, La Preneuse, Rivière Noire, ☎ 483 6030 / 483 6031, Fax 483 6214 – 8 ch. Situé à l'extrémité de la route de La Preneuse, du côté de Grande Rivière Noire, cet hôtel à l'accueil cordial peut constituer une halte agréable pour les voyageurs de passage. Les chambres sont sans charme et d'un confort presque sommaire, mais le couvert est correct.

● **Tamarin Bay**

De 10 à 18 €

Campement Lagane, rue principale (vers la plage), ☎/Fax 483 6445 jacqueslagane@hotmail.com – 10 ch. Appartements avec cuisine et terrasse pour la plupart. Rudimentaires mais propre et fonctionnel. L'endroit manque un peu d'espace. À 100 m de la plage de Tamarin, cette adresse sympathique et bon marché attire les amateurs de surf. Ambiance familiale, jeune et décontractée. Le propriétaire pourra vous trouver une voiture à louer à des prix imbattables.

De 30 à 38 €

Tamarin Hotel, ☎ 483 6581, Fax 483 6927, tamhot@intnet.mu – 40 ch. La sobriété austère de cet hôtel, le seul situé sur la paisible baie de Tamarin, sied bien à la tranquillité et à l'isolement du lieu. Dans une ambiance surannée, l'accueil, nonchalant au premier abord, se révèle finalement sympathique et d'un naturel appréciable. Les chambres, alignées sur deux niveaux autour d'une piscine, auraient besoin d'être rafraîchies, mais chacune possède une terrasse d'où l'on aperçoit parfois la mer. Le restaurant sert essentiellement des plats chinois, ainsi qu'une cuisine européenne et des snacks.

● **Flic en Flac – Wolmar**

De 30 à 38 €

The Nilaya, Safeland, Flic en Flac, ☎ et Fax 453 9037, kitgraas@intnet.mu ; réservation à Paris, ☎ 01 40 65 96 98 (demander Janique) – 6 ch. Perdue dans un dédale de rues, cette maison rose ne semble pas, a priori, se distinguer de celles qui l'entourent. Elle cache pourtant un agréable jardin et de petits studios indépendants à la propreté irréprochable. Les propriétaires, un couple luxembourgo-mauricien, vous réservent un accueil très convivial. Possibilité d'excursions et de transfert à l'aéroport. Un excellent rapport qualité-prix.

Villa Paul et Virginie, Sea Breeze Lane, ☎ 453 8537, Fax 453 8833 – 14 ch. Petit hôtel sans prétention. Certaines chambres, avec balcon, donnent sur les filaos et la mer au loin, d'autres, sur un jardinet qui manque un peu de fraîcheur. Calme, à l'écart de la route principale. À 1 mn de la plage à pied.

De 60 à 75 €

Manisa Hotel, Coast Rd, ☎ 453 8558, Fax 453 8562, manisa@intnet.mu – 50 ch. Séparées de la plage par la route et les filaos, les chambres de catégorie supérieure sont paradoxalement moins bien situées que les chambres standard, alignées sur un jardin.

De 90 à 135 €

Klondike Village Vacances, ☎ 453 8333, Fax 453 8337 – 33 ch. Demi-pension obligatoire. Très agréables chambres doubles ou bungalows familiaux équipés (cuisine) avec accès direct à la mer. À l'extrémité de la plage de Flic en Flac, c'est sans doute le coin le plus paisible, à défaut d'être le plus agréable pour se baigner. Animations autour d'une belle piscine, qui semble se jeter dans la mer par un effet d'optique réussi.

Villas Caroline Hotel, ☎ 453 8411, Fax 453 8144, caroline@intnet.mu – 70 ch. Demi-pension obligatoire en haute saison. Idéalement situé de plain-pied sur la longue plage de sable de Flic en Flac, ce confortable hôtel (reconnaissable de loin à ses toits rouges en tôle) offre les prestations d'un grand hôtel à prix raisonnables. Toutes les chambres ont une terrasse sur la mer, dont seuls quelques massifs fleuris masquent parfois la vue.

La côte Ouest pratique

Également quelques bungalows indépendants avec cuisine. On y dîne dans un cadre harmonieux au son d'un orchestre et on y danse chaque semaine des séga endiablés.

Plus de 300 €
Sofitel Imperial Hotel, Coast Rd, Wolmar, ☎ 453 8700, Fax 453 8320, sofitel@bow.intnet.mu – 143 ch. 🍴 📧 ♪ TV ✕ ☵ ♨ ♨ ✂ CC Golf 9 trous. Demi-pension obligatoire. Architecture orientale massive parcourue par une somptueuse piscine qui semble faire partie intégrante du bâtiment, il se dégage de ce luxueux ensemble une impression de démesure. Des bungalows indépendants seraient plus romantiques, mais l'on oublie son voisinage lors des couchers de soleil, entre bougainvilliers, cocotiers et filaos, avec la silhouette du Morne en toile de fond.

OÙ SE RESTAURER
• **La Gaulette**
De 12 à 23 €
🍽 **Sirokan Garden**, Coastal Rd, ☎ 451 5115. Midi et soir ; fermé dimanche soir et lundi. La modeste maison de tôle qui abrite cet excellent restaurant ne laisse pas présager un intérieur coquet et une cuisine aussi savoureuse. Plats créoles et européens. Bon service. Il est préférable de réserver le week-end, la qualité de cet établissement étant connue des Mauriciens de la région.

• **Rivière Noire**
De 7,5 à 15 €
Pavillon de Jade, Royal Rd, Rivière Noire, ☎ 419 2769. Midi et soir ; fermé le dimanche soir. Grande salle aérée au 1ᵉʳ étage, mais au-dessus de la route. On peut aussi manger sur une petite terrasse côté champs de cannes, de l'autre côté. Décor typique des restaurants chinois, avec paravent laqué, nappes rouges et lampions assortis. Billard. Bonne cuisine Hakka (Chine du Sud) et créole. Plats à emporter. Accueil agréable.

De 15 à 23 €
La Bonne Chute, La Preneuse, Rivière Noire, ☎ 483 6552. CC Midi et soir ; fermé le dimanche. On dîne à la chandelle sur la varangue ou dans le coquet jardin qui la prolonge, mais la proximité de la station d'essence Caltex n'est pas des plus agréables. Spécialités de fruits de mer et de gibier. Cuisines créole et européenne.

• **La Preneuse**
De 4,5 à 12 €
🍽 **Le Cabanon créole**, route Royale, ☎ 483 5783. Matin, midi et soir sur réservation. Barbecue les vendredi et samedi soir. Ce joli restaurant aux teintes bleutées sert une cuisine mauricienne fort appréciable dans une sympathique petite salle ou dans le jardin, sous les étoiles. Vous y serez accueilli chaleureusement par une équipe jeune et dynamique. Si vous désirez boire de l'alcool, il vous faudra cependant apporter le vôtre, car l'endroit n'est pas autorisé à en vendre.

• **Flic en Flac**
De 4,5 à 12 €
🍽 **Chez Leslie**, à l'entrée de Flic en Flac. ☎ 453 8172. CC Midi et soir. Quelques tables sous une paillote ouverte au bord de la route. Une patronne discrète et sympathique. Une excellente adresse pour goûter de la vraie cuisine créole sans chichi. Très bon marché et délicieux.

Chez Joe, Le Bois Noir, Nénuphar, ☎ 453 8820 CC Toute la journée ; fermé le jeudi. Situé face au restaurant Chez Leslie, cet établissement sans prétention vous régalera d'une cuisine européenne, mauricienne ou chinoise, à des prix abordables. Une bonne adresse, appréciée des Mauriciens.

Ah-Youn, route Royale, ☎ 453 9099. Toute la journée ; fermé le lundi. Ce restaurant en bord de route n'est, a priori, guère attrayant. Cela dit, une fois installé en terrasse, face à la mer, et après avoir dégusté un de ses excellents caris, vous ne regretterez pas de vous y être arrêté. En outre, les prix sont assez doux.

Mer de Chine, plage publique de Flic en Flac, ☎ 453 8208. Midi et soir. Surtout fréquenté le midi. On ne vient pas ici pour faire un repas gastronomique, mais pour déjeuner sur la terrasse ombragée, puisque c'est le seul restaurant implanté sur la plage. Cuisines chinoise et européenne et fruits de mer.

Sea Breeze, route côtière, ☎ 453 8413. `CC` Midi et soir ; fermé le mardi. Petit restaurant pékinois populaire, fréquenté par une clientèle hétéroclite. Excellente fondue chinoise.

Où boire un verre

• **Tamarin**

Tam Café, 7 h 30-19 h 45. En arrivant à Tamarin de Flic en Flac, vous reconnaîtrez ce petit café à ses murs orange pastel. Que ce soit pour grignoter, boire un café ou un rafraîchissement, vous serez accueilli par un sympathique couple franco-mauricien. Le patron ne manquera pas de vous détailler ses aventures aux quatre coins du monde. Le lieu est le repaire de tous les surfeurs de Tamarin. L'ambiance est détendue, sur fond de musique reggae. Pas d'alcool.

Loisirs

Plongée sous-marine – ***Aquarius diving***, hôtel Paradis, Le Morne, ☎ 401 5050.
Exploration sous-marine, Villas Caroline, Flic en Flac, ☎ 453 8450, e-mail : szalay@intnet.mu. Fermé les dimanche et jours fériés. Deux plongées par jour, à 9 h 30 et 14 h 30, et possibilité d'organiser des sorties de nuit. Comptez 800 Rs.
Klondike diving centre, hôtel Klondike, Flic en Flac, ☎ 453 8335. La plongée est à 700 Rs, mais les tarifs sont dégressifs selon le nombre de plongées réalisées. Deux plongées par jour, à 9 h 30 et 13 h 30. Préférez les petits groupes.
Sofitel diving centre, hôtel Sofitel, Wolmar, ☎ 453 8700.

Pêche au gros – ***Hôtel Club Centre de Pêche***, Grande Rivière Noire, ☎ 483 6522 ou 483 5060.
Beachcomber Fishing, Le Morne.
Sofitel Imperial Hotel, Coast Rd, Wolmar, ☎ 453 8700.

Surf – Vous pourrez pratiquer le surf sur les vagues de Tamarin Bay. L'hôtel et les pensions de famille du village louent des surfs.

Golf – ***Le Paradis Hotel***, Grande Case Noyale, ☎ 450 5050.
Sofitel Imperial Hotel, Wolmar, ☎ 453 8700.

Casino – ***Le Paradis Hotel***, Grande Case Noyale, ☎ 450 5050.
Berjaya Le Morne Beach Resort, Le Morne, ☎ 450 5800.

Achats

Vous ne trouverez pas grand-chose à acheter sur la côte Ouest en dehors des boutiques de certains hôtels. La route principale de Flic en Flac compte néanmoins quelques magasins de souvenirs, tee-shirts, paréos, coquillages...
Inspiration boutique, à l'entrée de Flic en Flac (face au restaurant « Chez Leslie »), vend de beaux tissus indiens.
Métisse Boutik, route Royale, ☎ 453 9221. Des vêtements sympas, mais des prix parfois un peu élevés.
Superbe Ship Shop, route Royale, ☎ 453 9082. Fermé le dimanche. De jolies maquettes, un peu chères toutefois.
Pirate, route Royale, ☎ 453 9028. Fermé le dimanche. À côté du précédent, mais meilleur marché. L'adresse à retenir pour acheter une maquette de bateau.

L'ÎLE RODRIGUES ★★

10ᵉ district de la république de Maurice
Env. 36 000 hab. – 108 km²
18 km est-ouest – 8 km nord-sud
Point culminant : mont Limon (393 m)

À ne pas manquer
Se promener de crique en crique sur la côte Est
en passant par Trou d'Argent.
Voir les piqueuses d'ourites à Port Sud-Est.
La vue depuis la route qui descend vers la côte Sud.
Faire une excursion à l'île aux Cocos.

Conseils
Demandez à l'Administration de Port Mathurin les permis obligatoires
pour visiter la caverne Patate et certaines îles.
Louez une voiture avec chauffeur pour faire le tour de l'île.
Découvrez le marché de Port Mathurin le samedi matin.

À 563 km au nord-est de Maurice, dont elle dépend, l'île Rodrigues séduit immédiatement par sa beauté sauvage et son charme suranné. La gentillesse et l'hospitalité de ses habitants, qui semblent vivre hors du temps et du monde, y sont pour beaucoup. Loin de tout, terre de lave escarpée surgie du milieu de l'océan Indien et encerclée par un immense lagon à la palette mouvante, île aride au climat parfois hostile, elle s'offre à vous dans toute sa simplicité pour un séjour dépaysant et paisible.
De sa minuscule capitale coloniale à ses villages montagnards qui jalonnent des routes sinueuses, de ses grottes mystérieuses à ses successions de criques enchanteresses, de ses plages désertes à ses îlots coralliens peuplés d'oiseaux rares, Rodrigues demeure intacte, inviolée par le tourisme naissant. Cependant, plusieurs hôtels, mais de faible capacité, devraient être réalisés dans les années à venir.

Un relais stratégique dans l'océan Indien

Rodrigues est découverte en 1528 par le navigateur **portugais** Diego Rodriguez, qui lui donne son nom, mais ce sont les **Hollandais** qui la colonisent, de 1601 à 1611, avant que les **Français** ne l'occupent durablement à partir de 1691. Après une longue période d'occupation française, jusqu'en 1809, les **Anglais** administrent l'île comme une dépendance de Maurice pendant 158 ans. C'est de ce poste stratégique, point de convergence de toutes les forces britanniques dans l'océan Indien, qu'ils lancent une offensive victorieuse sur Maurice en 1810, avant de s'y installer pendant la Seconde Guerre mondiale.
Depuis l'indépendance de **Maurice** en 1968, Rodrigues constitue le dixième district administratif de la nouvelle République. La petite île est représentée par deux députés à l'Assemblée nationale de Maurice.

Une population catholique, féminine et jeune

Parmi les 36 000 habitants de Rodrigues, plus de 85 % descendent des esclaves malgaches et africains. La majorité de ces **« Noirs »** sont agriculteurs et vivent sur les hauteurs de la crête centrale de l'île, d'où leur surnom de « Montagnards ». Les **« Rouges »**, descendant des premières familles de colons français, métissés au cours des générations avec des Malgaches, des Africains et parfois des Chinois, vivent pour la plupart de la pêche, sur les côtes. Malgré ces distinctions, les mariages sont aujourd'hui courants entre membres de ces différents groupes. Quant aux **« Asiatiques »**, chinois ou indiens musulmans, ils représentent une infime minorité de riches commerçants arrivés sur l'île vers la fin du 19ᵉ s.

Plus de la moitié de cette population a moins de 20 ans. Les **femmes**, majoritaires, occupent une place prépondérante dans la société, notamment pour les travaux des champs, la pêche et l'artisanat. L'île compte deux centres des femmes gérés par le ministère des Droits de la femme et une cinquantaine d'associations féministes. Jeunesse et féminité se conjuguent pour donner un nombre important de mères adolescentes et d'enfants illégitimes.

Chez les hommes, l'**alcoolisme**, qui touche une population de plus en plus jeune, constitue un fléau préoccupant, à l'origine des seuls et uniques délits jugés à la Cour de Rodrigues.

Catholiques fervents à plus de 95 % (les quelque 5 % restant se composant surtout d'anglicans, d'adeptes de l'Assemblée de Dieu ou de l'Église adventiste, de quelques hindous et d'une poignée de musulmans), les Rodriguais marchent parfois des kilomètres sur des routes escarpées pour se rendre à l'église, toujours en habit du dimanche.

« Boutik » rodriguaise

Comme à Maurice, la langue administrative officielle est l'anglais, mais peu de Rodriguais le parlent. Très francophiles, ils comprennent en revanche presque tous le français, dont la consonance ressemble étonnamment à leur **créole**, presque identique à celui de Maurice et langue de communication la plus courante.

Une économie traditionnelle en développement

Longtemps négligés par le gouvernement mauricien, les Rodriguais durent se contenter jusqu'à une date récente d'une économie de **subsistance**, pêchant leurs repas dans le lagon, cultivant malgré la sécheresse, les cyclones dévastateurs et le relief accidenté de maigres parcelles de maïs, de manioc, de patate douce, d'oignons, de piments et de *limons*, et pratiquant à une échelle familiale l'élevage de volailles, de cochons, de caprins et de bovins.

Depuis une dizaine d'années, les pouvoirs publics (le Premier ministre de Maurice a la charge des Affaires rodriguaises et l'île est administrée par un secrétaire résident qui dépend du ministère de Rodrigues) commencent à œuvrer pour atténuer le fossé entre Rodrigues et Maurice, en développant notamment les **infrastructures** – le port, l'aéroport, le réseau routier, l'alimentation en eau courante, l'électrification de l'île et le téléphone international – ainsi que l'éducation et la santé.

Les Rodriguais prennent conscience du potentiel à exploiter dans le domaine du tourisme, un **tourisme « vert »** différent de celui de Maurice, plus confidentiel, mettant en valeur les traditions, la culture et l'environnement spécifiques de Rodrigues.

Malgré l'effort entrepris dans cette direction, l'économie repose encore principalement sur l'agriculture, qui souffre cruellement de l'érosion du sol et de la sécheresse, l'élevage et la pêche, principales sources de revenu de l'île, qui exporte sa viande, son poisson salé et ses *ourites* séchées à Maurice. Quant aux biens de consommation, Rodrigues doit presque tout importer de l'île mère.

Une flore et une faune négligées

Les espèces mentionnées en gras figurent sur les planches d'illustrations, p. 14-15.

Bien qu'il ne reste que peu d'espèces de la **flore** originelle luxuriante décrite par les premiers colons, largement dégradée par la déforestation intense de l'île, Rodrigues abrite encore quelques spécimens uniques au monde, comme le bois de fer, le bois chauve-souris, le bois d'anémone, le bois-bécasse, le bois-pipe, le bois puant, le bois-gandine, le bois-papaye, le bois-mangue, le bois-cabri, la goyave marron ou le café marron.

Le reboisement entrepris depuis quelques années tente d'enrayer un processus de destruction irréversible et de pallier l'érosion naturelle du sol et la sécheresse. Un million d'arbres – filaos, bois d'olive, plantes indigènes et *piquants loulou* (arbres couverts de piquants) – ont ainsi été replantés en 5 ans. L'île ne compte pratiquement plus de fleurs, à l'exception des *cannas* ou « vieilles filles », ces fleurs sauvages orangées qui poussent au bord des routes.

La **faune** connaît les mêmes menaces d'extinction d'espèces endémiques. Le *solitaire* a subi le même sort que le *dodo*, son homologue mauricien. Incapable lui aussi de voler de ses ailes atrophiées, il fut décimé par les premiers colons.

La pêche à la senne dans le lagon

Parmi les autres oiseaux, seules quelques espèces d'oiseaux de mer indigènes vivent encore à Rodrigues ou sur ses îles côtières, parmi lesquelles le foude (ou *zoizeau zaune*), la fauvette (ou *zoizeau longue bec*), le **cardinal**, le **paille-en-queue**, la **mouette blanche**, la marianne et le *macoua* (ou cordonnier). Les différentes espèces de tortues de terre et de mer qui peuplaient l'île autrefois furent elles aussi massacrées, après avoir trop généreusement servi à l'approvisionnement des îles de la Réunion et de Maurice au 18e s.

Fêtes et folklore rodriguais
Les Rodriguais célèbrent toutes les **fêtes catholiques**, mais la célébration la plus importante demeure le **Nouvel An**, qui dure du 31 décembre au 8 janvier. « Faire l'année » porte chance. On tue pour l'occasion un cochon et on va voir la famille et les amis, en commençant par les plus âgés. Le rhum coule à flots et les victuailles ne manquent pas. Les festivités se terminent en apothéose par « le roi boire », un grand bal qui réunit famille et amis le 8 janvier.

Autre fête capitale, spécifiquement rodriguaise, la **fête du poisson** a lieu le 1er mars, jour officiel de l'ouverture de la pêche à la senne après la période des pontes (octobre à mars), rythmée par les chants des pêcheurs dans le lagon et les coups des mailloches en bois qu'ils frappent contre leurs pirogues. Les bancs de mulets abondent et la quantité de poissons qu'ils ramènent dans leurs immenses filets permet à tous les Rodriguais de s'en rassasier, la croyance voulant que cela leur porte chance pour le restant de l'année.

De nature gaie, les Rodriguais aiment danser, mais les distractions sont rares. Aussi, quand le calendrier n'annonce aucune fête, on assiste souvent à des **concerts** de *séga-tambour* – plus rapide et plus primitif que le *séga* mauricien et généralement chanté par les femmes – ou de *séga-accordéon*, ou à des **bals** improvisés, dont les danses rappellent l'héritage européen : *kotis* (scottish), *mazok* (mazurka), *polka bébé*, polka russe, quadrille, lancier, boston carré, *laval* (valse).

La table rodriguaise
Outre les plats mauriciens (*cari*, *vindaye*, *daube*, *rougail*), revus néanmoins à la façon rodriguaise, la cuisine traditionnelle de l'île se compose essentiellement de poissons et fruits de mer, généralement séchés et salés, accompagnés de petits piments redoutables et d'**achards-limons**. Supplanté par le riz, le maïs a longtemps constitué la base de l'alimentation. Vous pourrez encore goûter la traditionnelle purée de maïs aux haricots rouges, servie par exemple avec un rougail de poisson ou des *z'ourites* séchées en daube. Aussi incongru que cela puisse paraître, le **jambon fumé** – hérité de l'occupation anglaise pendant la guerre – figure aussi parmi les spécialités de l'île. La **tourte rodriguaise**, fourrée à la noix de coco fraîche et parfumée à la cannelle, peut être un véritable régal.

RODRIGUES

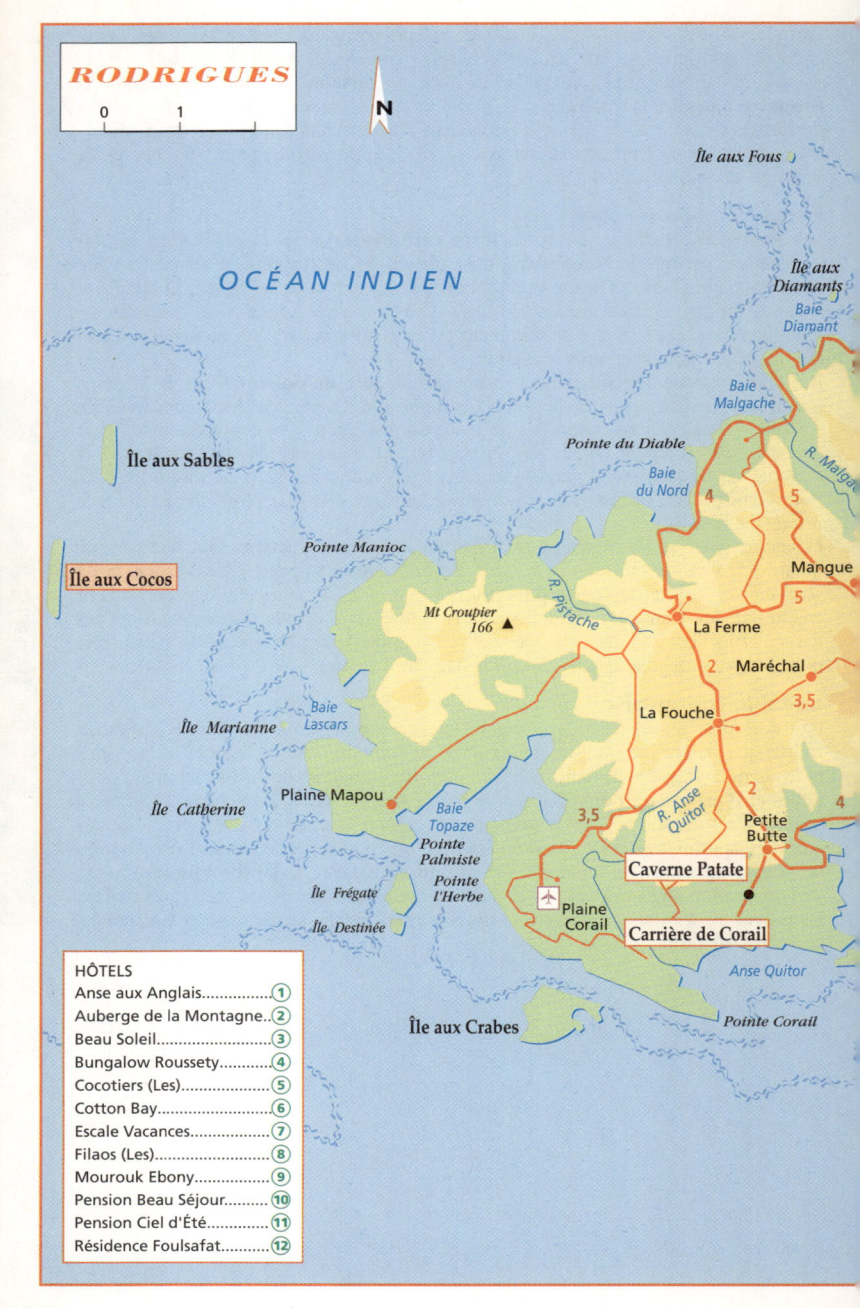

OCÉAN INDIEN

Île aux Fous
Île aux Diamants
Baie Diamant
Baie Malgache
R. Malga[che]
Pointe du Diable
Baie du Nord
Mangue
Île aux Sables
Pointe Manioc
R. Pistache
La Ferme
Maréchal
Île aux Cocos
Mt Croupier 166
La Fouche
R. Anse Quitor
Petite Butte
Caverne Patate
Île Marianne
Baie Lascars
Plaine Mapou
Baie Topaze
Pointe Palmiste
Pointe l'Herbe
Plaine Corail
Carrière de Corail
Île Catherine
Île Frégate
Île Destinée
Anse Quitor
Île aux Crabes
Pointe Corail

HÔTELS
Anse aux Anglais.............. ①
Auberge de la Montagne.. ②
Beau Soleil........................ ③
Bungalow Roussety.......... ④
Cocotiers (Les).................. ⑤
Cotton Bay........................ ⑥
Escale Vacances............... ⑦
Filaos (Les)....................... ⑧
Mourouk Ebony................. ⑨
Pension Beau Séjour......... ⑩
Pension Ciel d'Été............. ⑪
Résidence Foulsafat......... ⑫

MAURICE

Légende

À voir absolument	***
Très intéressant	**
Intéressant	*
À voir éventuellement	

Altitudes : 300 m / 200 / 100 / 50 / 0

Toponymes relevés sur la carte

Nord / Côte nord-ouest
- Pointe aux Cornes
- Grand Baie
- Baladirou
- Anse aux Anglais
- Port Mathurin
- Baie aux Huîtres
- Crève Cœur
- R. Synagogue
- R. Banane
- R. Acacia

Intérieur / Montagnes
- Mt Persil 275
- Mt Grenade 206
- Roche Bon Dieu
- Mont Lubin
- Mt Malartic 392
- Mont Limon 393
- Grande Montagne
- Patate Théophile
- Mt Cabris 166
- Mt Chéri 167
- Jardin Mamezelle
- Petit Gabriel
- St-Gabriel
- R. Baleine
- R. Cascade Victoire
- R. Cascade Graviers
- R. Cocos

Est
- Pointe Coton
- Anse Fumier
- St-François
- Anse Ali
- Baie de l'Est
- Trou d'Argent
- Anse Bouteille
- Pointe Roche Noire
- Petit Gravier

Sud
- Quatre Vents
- Rivière-Cocos
- Songe
- Port Sud-Est
- Anse Baleine
- Anse Mourouk
- Pointe Poursuite
- Pâté Reynieux
- Pointe Raffin
- Anse Grand Var

Îles au sud
- Île Hermitage
- Île Misel
- Île Paille-en-Queue
- Île Gombrani
- Île Pierrot ou Île au Chat
- Île Plate

319

Visite de l'île
Comptez 4 jours.

Dès que l'avion amorce sa descente sur Plaine Corail, la splendeur du lagon qui se détache soudain du bleu profond de l'océan par une frange d'écume vous éblouit. Le charme rodriguais opère immédiatement. Où que vous ayez choisi de loger, la route qui vous sépare de votre lieu d'hébergement traverse une bonne partie de l'île et vous plonge directement dans les paysages contrastés de ses collines et vallées aux tons fauves et verdoyants, grillées par le soleil et balayées par les vents. Des vêtements sèchent ici et là, étalés sur les buissons au bord de la route.

Des cases modestes, en briques de corail ou en tôle colorée, semblent avoir été posées au hasard à flanc de colline, logements de fortune que balaiera le prochain cyclone.

De petites échoppes aux noms fantaisistes jalonnent la route. Les « bonjour » fusent, spontanés, tantôt timides et discrets, tantôt amusés, toujours souriants. Dans les villages, calmes et pittoresques, on vous regarde, on vous sourit, on vient parfois vous demander comment vous vous appelez, curiosité mêlée d'un désir de vous témoigner le bonheur de vous rencontrer.

Les bus rodriguais
Baptisés avec fantaisie (K-Torze vingt, King of the road, Air Jumbo), du nom de leurs héros de feuilletons télévisés (Super Coptère, Aigle de la Route) ou de noms aux consonances « exotiques » (Perle du Sud, Ciel de Paris), les bus rodriguais vous réservent un voyage pittoresque. Bien que les portes soient souvent capricieuses, il est imprudent de sauter en route. Une vieille corde à linge reliée à une sonnette de bicyclette parcourt tout le bus : il suffit de tirer dessus pour informer le chauffeur que vous voulez descendre. Mieux vaut demander votre arrêt un peu à l'avance, car les virages en épingle ne permettent pas de s'arrêter n'importe où. Les amortisseurs ont visiblement fait leur temps, sur ces routes défoncées où l'on ne compte plus les nids-de-poule. Seuls les freins, dans ce relief accidenté, semblent fiables.

Port Mathurin*

Vous pouvez commencer la visite de l'île par un tour à Port Mathurin, bourgade coloniale au charme désuet, capitale et port de Rodrigues qui regroupe dans un périmètre modeste les commerces, l'administration et les services. C'est là que bat le cœur de l'île, lorsque les Rodriguais viennent s'approvisionner au marché, voir à la poste s'ils n'ont pas reçu de courrier ou assister à l'accostage d'un navire. On se repère facilement dans ses quelques rues en damier, où le temps semble s'être arrêté.

Le plus bel édifice de la ville se trouve près du port et des nouveaux bâtiments administratifs (rue Jenner). Cette jolie maison coloniale en bois blanc à toiture verte, construite en 1873 et récemment restaurée, abrite la **Résidence du Commissaire de l'île**.

Des **boutiques chinoises** aux couleurs vives proposent toutes sortes de marchandises importées de Maurice. Des magasins d'artisanat vendent des chapeaux et des paniers, du miel de Rodrigues, des *achards limon* et autres condiments à base de piment.

Les écoliers se promènent en uniforme bicolore, un panier à la main pour leur casse-croûte du midi. Les marchands ambulants leur offrent pour une poignée de roupies les friandises locales, *bonbons piments*, *samoussas* et autres beignets. Dans une échoppe, un vieux transistor laisse échapper des airs de *seggae* lancinants.

L'ambiance de Port Mathurin se savoure dans l'effervescence du matin. Dès 15 h, les boutiques ferment, chacun rentre chez soi et les derniers bus quittent la capitale vers 16 h.

Si vous aimez l'animation, allez faire un tour au **marché** (*Fisherman Lane ; mercredi et samedi, dès 4 h du matin*) qui se tient sous une halle non loin du port. Les Rodriguais s'empressent avant le lever du jour, venus parfois de loin à pied, pour acheter quelques fruits et légumes colorés, denrées rares importées de Maurice, du poisson frais et un peu de viande. Les vendeuses haranguent les passants et les marchandages vont bon train. Autant se lever tôt car, dès 7 h, les produits frais ont disparu. On en profite aussi pour faire des emplettes de paniers et de chapeaux.

Ne ratez pas l'autre événement, plus occasionnel, que constitue l'arrivée trois fois par mois du **Mauritius Pride** qui relie Rodrigues à Maurice, dans le seul port de l'île permettant l'accès aux grands bateaux. Le navire apporte les produits alimentaires, le courrier, les matériaux de construction, les voitures : tout ce dont la petite île a besoin.

Les Rodriguais viennent pour l'occasion de tous les coins de l'île, parfois en habit du dimanche, pour accueillir un ami ou un parent, pour chercher du courrier ou envoyer de la marchandise, ou tout simplement pour le rêve que suscite ce spectacle.

Le chargement du navire pour son retour à Maurice, quelques jours plus tard, ne manque pas de folklore non plus, lorsque le bétail s'élève dans les airs, hissé à bord par une grue et que les tractations entre agriculteurs ou artisans rodriguais et marchands mauriciens vont bon train.

Le tour de l'île au départ de Port Mathurin**

Env. 20 km. Comptez une demi-journée en voiture.

De Port Mathurin, la route longe la côte vers l'est jusqu'à **Anse aux Anglais** (2 km), où se sont installés les premiers Anglais débarqués sur l'île. C'est également là, selon la légende, que serait caché le fameux trésor du corsaire La Buse.

En poursuivant vers l'est, vous arrivez à **Grand Baie**, jolie baie paisible qui marque l'extrémité de la route. Moutons et vaches viennent y paître à l'ombre de la cocoteraie qui borde la plage. Vous pouvez laisser la voiture et continuer à pied jusqu'à la crique de **Baladirou***, charmante petite plage de sable au milieu des rochers.

En quittant Port Mathurin par l'ouest, la route littorale mène à **Baie aux Huîtres**, Baie Diamant, Baie Malgache, Baie du Nord..., succession de petites anses plantées de mangliers. Vous traversez des radiers, submersibles à la saison des pluies, à chaque fond de baie où se jette une rivière.

La route monte vers La Ferme, puis La Fouche, avant de redescendre vers Petite Butte, traversant l'île du nord au sud.

Les cases rodriguaises, en tôle, corail ou béton, coiffées de toits en chaume de plus en plus souvent remplacés par de la tôle ondulée, semblent accrochées ici et là aux versants escarpés.

À Petite Butte, laissez votre voiture et marchez environ 10 mn jusqu'à la **Caverne Patate*** (*entrée payante. Guide indispensable et permis obligatoire à retirer au bureau de l'Administration à Port Mathurin, 2 jours de délai : votre guide peut s'en occuper. Visite guidée tous les jours vers 10 h. Prévoir des chaussures antidérapantes*).

Une faille naturelle permet de pénétrer dans le tunnel humide et froid qui mène dans la grotte, à près de 100 m sous terre. Éclairées, les formes étranges des **stalagmites** et **stalactites** modelés par le temps – dragons, lions, bouddhas et autres silhouettes sculptées par l'érosion – se projettent sur les parois coralliennes dans un silence saisissant.

Poursuivez la route qui descend vers la mer.

La carrière de corail de Plaine Corail

Vous arrivez sur une piste (à droite de la route) qui débouche sur une **carrière de corail***, entre Plaine Corail et Anse Quitor. Des hommes scient dans la roche de gros blocs de corail qui, une fois taillés en briques, serviront de matériau de construction, économique et résistant aux intempéries, pour les maisons de l'île.

Rejoignez la route de Petite Butte.

La route qui longe la côte jusqu'à Port Sud-Est offre des **vues***** sur l'immense lagon resplendissant qu'elle surplombe. Vous aurez peut-être la chance de voir une des régates que les pêcheurs organisent de temps en temps dans cette région.

Plus certainement, vous assisterez à **Port Sud-Est**, en vous levant à l'aube lors de la nouvelle ou de la pleine Lune, au spectacle fascinant des **piqueuses d'ourites****. Chaussées de grosses bottes et équipées d'une *foëne*, sorte de tige pointue, elles sont près de six cents femmes de tous âges, connues et respectées sur toute l'île, à pratiquer cette pêche originale, scrutant ainsi rochers et coraux en quête du précieux butin. Mais les piqueuses, parfois inexpérimentées, sont désormais trop nombreuses à pratiquer cette activité, ce qui a pour effet une destruction des coraux du lagon. Les prises sont en outre de plus en plus maigres.

La route remonte vers St-Gabriel et Mont Lubin dans un paysage vallonné de petites cultures maraîchères dont les terrasses et parcelles forment un patchwork verdoyant. Des femmes courbées sous leurs beaux chapeaux tressés y récoltent des oignons.

Sinueuse, la route offre à chaque virage un **panorama***** inoubliable sur le vaste lagon aux mille nuances de bleus et verts, où vous devinez ici les veines d'un chenal, là le banc de sable d'un îlot, là encore la frange d'écume d'une passe dans la barrière de corail, et toujours les voiles des pirogues colorées des pêcheurs qui tanguent au vent.

Vous pouvez faire un crochet sur la gauche vers **St-Gabriel**, pour voir sa jolie **église** en pierre taillée, l'une des plus grandes de l'océan Indien, avant de récupérer la route principale.

Sur la route, le dimanche, une ribambelle de Rodriguais dans leurs robes à volants de dentelles ou leurs costumes étriqués marchent pour se rendre à la messe, leur crucifix autour du cou.

À Mont Lubin, tournez à droite. À 500 m env., un minuscule sentier, discrètement indiqué, vous conduit au « View point Montagne Limon » en 5 mn. Attention, le raidillon peut être terriblement glissant.

Du haut du **mont Limon**, point culminant de Rodrigues à 393 m, vous aurez une **vue**** panoramique sur toute l'île. La lumière dorée de la fin de journée donne à ce panorama de collines sauvages une couleur extraordinaire, avec ces arbres verts dispersés sur la savane rousse, où quelques vaches squelettiques, taches brunes sur ce fond mordoré, cherchent désespérément de l'herbe fraîche à brouter.

Les criques de l'est de l'île***

Promenade à pied. Env. 7,5 km. Comptez 1/2 à 1 journée selon le nombre de pauses prévues pour pique-niquer et vous baigner ; 2 h de marche sans s'arrêter. Prévoyez de bonnes chaussures car les rochers peuvent être glissants.

De Mont Lubin, une route descend à Pointe Coton, où commencera la balade.

Le paysage devient très sec, balayé par les alizés du sud-est. La roche basaltique noire affleure, à peine couverte par une savane aride, laissant apparaître par endroits de jolies stratifications obliques. Des hommes jouent aux cartes ou aux dominos sur le bord de la route, où ils ont improvisé une table à l'ombre des bananiers.

Après le village de Roche Bon Dieu, la **vue**** plonge sur **Pointe Coton**, sa forêt de filaos et de cocotiers, ses larges bandes de sable blanc et son eau limpide. La longue et belle **plage**** est entourée de petites falaises de corail blanc. Là commence la balade qui, de Pointe Coton à Petit Gravier, vous fera découvrir les plus belles plages de l'île.

En continuant vers le sud, vous marchez jusqu'à Petit Gravier par une succession de jolies **criques** de sable, parfois surplombées par des falaises coralliennes fouettées par les vents et les embruns. Vous découvrez ainsi **Fumier**, **Anse Ali**, **St-François***, **Baie de l'Est**... Un chemin suit le littoral, un peu en retrait, à travers une forêt de filaos ; vous pouvez également passer par la plage à marée basse, mais les rochers sont assez glissants.

La barrière de corail, toute proche, émerge quand l'eau descend. Les vagues furieuses viennent se fracasser contre les écueils. À marée haute, la mer, d'un bleu intense, se pare d'un nuage d'écume blanche.

Quadrille balnéaire du dimanche

Un dimanche, à l'ombre des filaos qui bordent la plage de Pointe Coton, une maisonnette vert et blanc abrite un spectacle insolite. Des familles rodriguaises venues pique-niquer après la messe entonnent un quadrille. Un accordéon, une guitare, une ravanne et un triangle au son discret donnent la cadence. Deux ou trois couples de danseurs glissent sur le sable tiède de l'après-midi sur un rythme d'un autre temps : ambiance surannée qui rappelle nos bals villageois du 14 Juillet. Les hommes boivent. Certains titubent, ivres. Les enfants jouent au foot, nus pieds, tandis que les femmes papotent à l'arrêt de bus, en cette fin de week-end paisible.

Plus vous avancez vers le sud et plus les criques deviennent petites. Le récif, moins protégé, laisse passer des courants dont il faut vous méfier si vous vous baignez.

Vous arrivez enfin à la crique de **Trou d'Argent***** (*env. 1 h de marche de Pointe Coton*), une charmante petite plage de sable abritée par les deux magnifiques falaises qui l'entourent, sauvage, battue par les vagues qui s'engouffrent par les brèches du récif.

À cet endroit, le fond de l'eau se pare des couleurs enchanteresses des **poissons perroquets**. Les pêcheurs du coin racontent que certains jours, si le temps est propice, on peut voir une chaîne qui, d'après la légende populaire, mènerait à un trésor.

En poursuivant votre chemin, vous arrivez à **Anse Bouteille***, enserrée entre des falaises qui forment comme un goulot. Peu après cette anse, le lagon s'agrandit. Vous avez depuis le chemin ombragé un **panorama***** sur cette vaste étendue aux couleurs fascinantes. Il faut compter encore 1 h jusqu'à **Petit Gravier**, où vous retrouverez une route (*autobus à fréquence irrégulière*).

Les îlots alentour**

Les nombreux îlots qui parsèment les 200 km^2 du lagon de Rodrigues se concentrent à l'ouest et au sud. Certains d'entre eux constituent un agréable lieu d'excursion en bateau, pour passer la journée à se promener sous les cocotiers, explorer les fonds marins et déguster sur une plage déserte des grillades de poissons fraîchement pêchés. Les deux plus belles sont l'île aux Cocos et l'île Hermitage.

Jeune Rodriguaise

L'île aux Cocos★★

Permis obligatoire : passez obligatoirement par une agence ou un hôtel, l'Administration ne délivrant pas de permis individuels. La plus grande et la plus intéressante des îles du lagon abrite une réserve naturelle d'oiseaux de mer en voie de disparition. Vous y verrez les derniers spécimens d'espèces rares telles que la **mouette blanche** (*zoiseau la vierge*), la *marianne* (ou *mandrain*), la frégate, le fou, le *yéyé*, le *fouquet*, le **noddi**, le *macoua* (ou *cordonnier*).

Vous découvrirez tous ces oiseaux en vous promenant au milieu d'une cocoteraie. Après une sieste digestive bercée par le chant des oiseaux, un bon bain avec masque et tuba vous fera découvrir des fonds marins d'une rare beauté.

L'île Hermitage
— Accès libre. 25 mn de traversée de Port Sud-Est, 10 mn de Songes, 90 mn de Petite Butte. Selon une légende populaire, un trésor serait enfoui dans cette très belle île.

L'île aux Sables
— Permis obligatoire à demander auprès de l'Administration à Port Mathurin. 200 Rs pour 10 personnes, bateau AR inclus. Peu connue et interdite au public, cette île cache elle aussi une réserve naturelle.

L'île aux Crabes
— Accès interdit. Île consacrée à l'élevage ovin.

Rodrigues pratique

QUAND PARTIR

Le climat de Rodrigues est le même que celui de Maurice, il y fait toutefois plus sec et les cyclones y sont plus fréquents.

L'été – De novembre à avril, la température varie de 29 à 34 °C, avec une pointe en janvier. Les pluies sont fréquentes (surtout en février-mars) et les cyclones menacent. La température moyenne de la mer est de 27 °C.

L'hiver – De mai à octobre, la température oscille entre 15 et 29 °C, août étant le mois le plus froid. La température moyenne de la mer est de 23 °C.

COMMENT S'Y RENDRE

En avion – *Air Mauritius* assure, depuis la première liaison en 1972, un à trois vols quotidiens (parfois plus en haute saison) entre Maurice et Rodrigues sur un ATR 42 disposant de 48 places. Le vol dure 1 h 30 et les bagages sont limités à 15 kg. Reconfirmez votre retour en arrivant à Plaine Corail ☎ 831 6301. Comptez environ 135 € AR. Le nombre de places étant limité, il est recommandé de réserver vos billets.

En bateau – Le *Maurirus Pride* relie les deux îles trois fois par mois en moyenne en 24 h selon le sens de la traversée et la météo. Outre les conteneurs et le bétail, il transporte 268 passagers, dont 20 en cabine 1re classe (180 € AR), les autres sont assis comme dans un avion (90 € AR). Renseignements et réservations auprès de **Mauritius Shipping Corporation**, 1 route Militaire, Port Louis, ☎ 242 52 55 / 242 2912, Fax 242 5245 ou à Rodrigues auprès de l'agence **Island's Service Ltd**, Port Mathurin, ☎ 831 1555, Fax 831 2089.

ADRESSES UTILES

Informations touristiques – L'île ne dispose pas d'office de tourisme. Adressez-vous à votre hôtel ou pension ou à l'une des agences ci-dessous.

Banque / Change – Presque toutes les banques sont concentrées à Port Mathurin. Lundi-vendredi, 9 h 15-15 h 15 ; samedi, 9 h 30-11 h 30.
Barclays Bank, Jenner St., Port Mathurin, ☎ 831 1553. Distributeur automatique.
Mauritius Commercial Bank, Douglas St., Port Mathurin, ☎ 831 1833 / 831 1832. Distributeur automatique.
State Commercial Bank, Port Mathurin, ☎ 831 1642. Distributeur automatique.

Poste – Jenner St., Port Mathurin. Lundi-vendredi, 8 h 15-16 h ; samedi, 8 h 15-11 h 45. Comptez 2 jours entre Rodrigues et Maurice.

Téléphone – *Mauritius Telecom*, Johnston St., Port Mathurin. Lundi-vendredi 7 h 30-15 h 30, samedi 8 h-15 h 30 ; fermé dimanche et jours fériés.
Pour appeler Rodrigues de la France, composez le 00 + 230 + le numéro de votre correspondant.
Pour appeler l'étranger depuis Rodrigues, composez le 00 + l'indicatif du pays + le numéro de votre correspondant.
Pour appeler Rodrigues de Maurice, composez le numéro de votre correspondant.
Il n'y a pas d'indicatif entre Rodrigues et Maurice.
Indicatifs – 33 pour la France, 32 pour la Belgique, 41 pour la Suisse, 1 pour le Canada.

Cybercafé – *Business Max*, Duncan St., Port Mathurin, ☏ 831 0101.

Police – ☏ 831 1536.

Bureau de l'Administration – Jenner St. Service chargé de délivrer les permis pour les îles. À Port Mathurin, ☏ 831 2056 à 2065. Lundi-vendredi, 8 h-15 h 15.

Compagnies aériennes – *Air Mauritius*, Douglas St., ☏ 831 1558, Fax 831 1959 (Port Mathurin). ☏ 831 6301 (Plaine Corail). Lundi-vendredi, 8 h-15 h 30 ; samedi, 8 h-12 h.

Santé – *Hôpital Queen Elizabeth*, Crève Cœur, ☏ 831 1583.

Agences de voyage – Si vous souhaitez faire un circuit autour de l'île ou une excursion dans les îlots du lagon, il est préférable de vous adresser à une agence.

Rod Tours, Camp du Roi, Port Mathurin, ☏ 831 2249, Fax 831 2267. Transfert aéroport, excursions en voiture ou en minibus avec guide (environ 20 € par personne), croisières vers l'île aux Cocos (25 €).

Rodrigues 2 000 Tours, Douglas St., Port Mathurin, ☏ 831 2099, Fax 831 1894. Mêmes services que le précédent et pêche au gros (265 € la journée).

Ecotourisme, Complexe La Citronnelle, Douglas St., Port Mathurin, ☏ 831 2801, Fax 831 2800. Mêmes services.

Paradise Tours, Grand Baie, ☏ 831 2745. François Stevenson, jeune Rodriguais sympathique peut organiser pour vous des tours de l'île en bateau, des parties de pêche dans le lagon (40 € par personne la demi-journée), ou des soirées séga sur la plage (28 € avec le repas).

COMMENT CIRCULER

Le réseau routier s'est bien étendu au cours des dernières années. On compte aujourd'hui plus de 100 km de routes asphaltées. Les transports n'en demeurent pas moins assez peu développés.

En taxi – Il n'y a pas de taxi, mais on peut louer une voiture avec chauffeur (voir ci-dessous).

En autobus – Les autobus sont irréguliers et ne desservent pas toute l'île, mais ce moyen de transport tend à se développer. Leur destination est affichée à l'avant. De l'aéroport, des navettes pour Port Mathurin ou pour les hôtels et pensions attendent les passagers à l'arrivée de chaque avion (de 150 à 350 Rs AR). La majorité des bus partent ou arrivent à la gare routière de Port Mathurin, Douglas St., noire de monde à la sortie des écoles et des bureaux, entre 15 h et 16 h. Ils circulent en général de 6 h à 18 h.

En voiture – On peut louer des 4x4 ou des Jeep pour env. 1 000 Rs. Vu l'état des routes, il est possible de louer une voiture à la journée avec chauffeur (env. 20 € de plus, mais l'essence est alors incluse). Adressez-vous à votre hôtel ou pension. Attention, la seule pompe à essence de l'île se trouve à Port Mathurin, près de la gare.

Ebony Car Rental, Jenner St., Port Mathurin, ☏ 831 2047, Fax 831 2030.

Rod Tours, Camp du Roi, Port Mathurin, ☏ 831 2249, Fax 831 2267. Les voitures sont valables et l'agence est fiable, mais les prix sont plus chers qu'ailleurs (1300 Rs).

Comfort Cars, Gordon St., Port Mathurin, ☏ 831 2092, Fax 831 1609.

En stop – Les Rodriguais s'arrêtent souvent spontanément lorsqu'ils vous voient marcher au bord de la route. Le stop fonctionne assez bien, mais il faut garder à l'esprit que le nombre de véhicules reste très limité.

À bicyclette – Le VTT est bien adapté aux routes et aux côtes de l'île. Vous pourrez en louer à l'hôtel *Mourouk Ebony* ou au *Cotton Bay*. Mais attention, certaines descentes très raides peuvent être dangereuses.

Où loger

Les responsables du tourisme rodriguais souhaitent privilégier les chambres et tables d'hôte, pour éviter l'implantation sur leur petite île de gros complexes hôteliers comme à Maurice. On compte à cette date deux grands hôtels, des pensions de famille et quelques maisons à louer. Si vous avez réservé votre chambre, on viendra en principe vous chercher à l'aéroport.

Les fourchettes de prix indiquées sont approximativement calculées sur la base d'une nuit en chambre double avec petit-déjeuner en moyenne saison.

- **Port Mathurin**

De 23 à 38 €
Pension Ciel d'été, à l'entrée de Port Mathurin en venant d'Anse aux Anglais, ☎ 831 1587 / 831 2004 – 15 ch. L'un des meilleurs rapports qualité-prix de l'île. Les chambres et la véranda où l'on prend le petit-déjeuner donnent sur un joli jardin. Les chambres sont simples et impeccables, l'accueil discret, mais cordial. La route à proximité est peu passante la nuit.

Hôtel et restaurant Beau Soleil, Victoria St., ☎ 831 2783, Fax 831 2785 – 28 ch. Petit hôtel simple mais propre et calme en plein centre de Port Mathurin. Un restaurant agréable sert une cuisine locale ou internationale. Possibilité d'organiser des excursions.

De 68 à 75 €
Escale Vacances, Fond La Digue, ☎ 831 2555, Fax 831 2075, escal.vac@intnet.mu – 23 ch. À cinq minutes à pied du centre, cet établissement, le plus confortable de Port Mathurin, offre un accueil familial et convivial, et propose des chambres aux tons pastel donnant sur la colline ou la piscine. Très bonne cuisine chinoise et rodriguaise.

- **Anse aux Anglais**

Ces établissements font face à la mer, dont ils sont séparés par une petite route. L'endroit est paisible et tout près de Port Mathurin.

De 15 à 30 €
Pension Beau Séjour, ☎ 831 1753, Fax 831 1754 – 5 ch. Petite pension sympathique et calme, bien que proche de la route. Le confort est sommaire, mais l'accueil affable. Des repas peuvent être préparés sur commande. Une adresse plaisante et sans prétention.

De 30 à 45 €
Auberge Les Filaos, ☎ 831 1644, Fax 831 2026, filaos@intnet.mu – 14 ch. L'auberge dispose de chambres propres et confortables, récemment rénovées. La plupart ont une salle de bains individuelle et un balcon. Petit jardin sympathique. Cuisine locale ou internationale. Soirée « rodriguaise » sur demande. Possibilité d'organiser des excursions.

Auberge Anse aux Anglais, ☎ 831 2179, Fax 831 1973 – 20 ch. Cet hôtel moderne confortable est d'une propreté irréprochable. Chaque chambre s'ouvre sur un balcon, agréable pour prendre l'air mais dont la vue est bouchée par une construction récente. Accueil charmant et service impeccable. On y déguste sur une terrasse abritée au 1er étage une délicieuse cuisine créole ou chinoise. Possibilité d'organiser des excursions en minibus ou en bateau et de louer une voiture, une moto ou une bicyclette.

Bungalow Roussety, Caverne Provert, ☎ 831 2801, Fax 831 2800, ecotours@intnet.mu – 4 ch. Cette maison surplombant la mer toute proche propose deux appartements de deux chambres à louer, bien équipés et propres. Belle vue sur le lagon.

Résidence Foulsafat, Jean Tac, ☎ 831 1760, Fax 831 2637, benjos@intnet.mu – 5 ch. À 200 m du village de Grand Baie, un peu à l'intérieur des terres, Antoinette et Benoît vous accueillent dans leur gîte confortable où ils vous serviront de copieux repas. Deux chambres sont également à louer dans la maison familiale. Bon rapport qualité-prix.

De 75 à 90 €
Les Cocotiers, ☎ 831 2866, Fax 831 1800, lescocotiers@intnet.mu – 42 ch. Demi-pension obligatoire. Hôtel confortable, agréable et bien tenu, donnant sur

une plage ne permettant malheureusement pas la baignade à marée basse. Cet inconvénient est compensé par la présence d'une belle piscine. Les 24 chambres supérieures et les suites, récemment construites, disposent d'une vue sur la mer. Le restaurant sert une cuisine rodriguaise et internationale.

- **Grande Montagne**

De 23 à 38 €

Auberge de la Montagne, ☎ 831 4607, villa@intnet.mu – 6 ch. Demi-pension conseillée. Si vous préférez la fraîcheur des hauts de l'île à la douceur de la côte rodriguaise, cet endroit constitue l'un des seuls points d'accueil à bénéficier d'une position aussi centrale. Les chambres sont simples, mais les propriétaires, très affables, feront que vous vous sentirez vite chez vous. Une bonne adresse à des prix plus que corrects. La vue sur les collines environnantes est superbe.

- **Paté Reynieux Mourouk**

De 105 à 120 €

Mourouk Ebony Hotel, ☎ 831 3350, Fax 831 3355, ebony@intnet.mu – 30 ch. Demi-pension obligatoire. Bungalows modernes de style créole avec terrasse individuelle dominant l'immensité du lagon. La plage de l'hôtel est agréable. Tir à l'arc, planche à voile et plongée. Agréable restaurant en terrasse sur la petite piscine, où l'on mange une cuisine savoureuse et variée. L'hôtel organise des spectacles de danses rodriguaises, des excursions et dispose de quelques voitures à louer (1 450 Rs/jour).

- **Pointe Coton**

Plus de 150 €

Cotton Bay Hotel, ☎ 831 6001, Fax 831 6003, cottonb@bow.intnet.mu (réservation de France : ☎ 01 45 51 15 55) – 48 ch. Excursions en bateau, promenades à cheval, billard, ping-pong. Location de voitures, bicyclettes et motos. Boutique. C'est LE grand hôtel de Rodrigues, construit sur l'une des plus belles plages de l'île et géré par Air Mauritius. Les bungalows de style créole s'alignent face au lagon au milieu des bougainvilliers et disposent tous d'une terrasse avec accès direct sur la plage. Le restaurant et le bar, ouverts sur une splendide piscine devant la mer, servent snack, buffets créoles ou repas plus traditionnels. Un orchestre accompagne le dîner et un spectacle de séga-tambour a lieu une fois par semaine.

Où se restaurer

Tous les hôtels et pensions cités ci-dessus proposent la demi-pension ou la pension complète. Comptez en moyenne 5 € par repas par personne. Les restaurants sont généralement ouverts de 10 h à 14 h et de 16 h à 22 h.

- **Port Mathurin**

Moins de 1,5 €

Un peu partout dans le centre de Port Mathurin, des échoppes vendent pour quelques roupies des samoussas, beignets, bonbons piments, pâtisseries à base de coco ou de banane...

De 3 à 9 €

Restaurant du Quai, Fisherman Lane, ☎ 831 2840. Situé en bord de mer, ce modeste restaurant est l'une des meilleures tables de l'île, loin du faste artificiel d'autres adresses. Ici, la majorité de la clientèle est locale, ce qui explique l'authenticité de la cuisine et le niveau très raisonnable des prix.

Le Paille-en-Queue, Duncan St., ☎ 831 2315. Petit restaurant populaire et sympathique où l'on mange une bonne cuisine rodriguaise authentique (poulet au miel, daube de poisson ou d'ourite, soupe de crabe...).

Le Capitaine, Johnston St., ☎ 831 1581. Midi et soir. Fermé le dimanche. Petit restaurant simple et populaire. Cuisine rodriguaise et fruits de mer.

- **Mangue**

John's Resto-pub, ☎ 831 6306. Midi, soir uniquement sur commande. Réservation recommandée. Cuisine chinoise et fruits de mer. Petit restaurant sans prétention avec terrasse.

- **Mourouk**

Hôtel Mourouk Ebony, ☎ 831 3350, Fax 831 3355. Voir « Où loger ».

Loisirs

Plongée sous-marine – Cotton Dive Centre, Pointe Coton, ☎ 831 6001, diverod@intnet.mu. Une à deux plongées par jour, selon la marée et les possibilités climatiques, sur réservation. Une vingtaine de sites possibles à découvrir, dont trois dans le lagon. 900 Rs la plongée d'une heure équipée. Demandez Jacques ; il est sérieux et très professionnel.

Bouba Diving Centre, Paté Reynieux Mourouk, ☎ 831 6351. Centre du Mourouk Ebony Hotel. Une plongée par jour (860 Rs, dégressif selon le nombre de plongées), et possibilité de plonger de nuit (1 100 Rs). Benoît, le moniteur du club, favorise avec raison les plongées dans la grande passe qui joint le lagon et la pleine mer. Possibilité de « plongées safaris » (une surprise que vous réserve Benoît) dans l'ouest (1 200 Rs). Beaux sites garantis.

Planche à voile – Osmosis, Paté Reynieux, Mourouk, ☎ 831 6351. Jérôme, un sympathique Français installé à Rodrigues, dispense des cours de planche à voile et de kite surf et loue des VTT. Ce centre héberge un Club Nathalie Simon. Comptez 450 Rs pour une heure de planche à voile et 550 Rs pour une heure de kite surf.

Achats

La plupart des magasins se trouvent à Port Mathurin et ouvrent de 7 h à 17 h en semaine, jusqu'à 12 h le samedi et parfois le dimanche.

Artisanat – L'artisanat local est exclusivement spécialisé dans la vannerie. Vous trouverez à Port Mathurin, au marché ou dans de nombreuses boutiques, différents modèles de paniers et de chapeaux, ainsi que des objets décoratifs fabriqués à partir de raphia, aloès, vacoas, vétiver ou bambou. Le stand des frères Léopold, sur le marché (tout le monde pourra vous l'indiquer), est particulièrement bien fourni en objets de vannerie de production familiale, et vous pourrez y passer des commandes.

Spécialités gastronomiques – Les piments de Rodrigues comptent parmi les plus forts au monde. Ils sont vendus dans des bouteilles en verre. Plus faciles à transporter et moins dangereux pour vos papilles et vos intestins, goûtez les achards de limons, parfumés au piment ou au tamarin et les ourites séchées. Rodrigues produit également un miel très réputé pour sa saveur et qui aurait des vertus médicinales.

Artisanat La Colombe, Douglas St., Port Mathurin, ☎ 831 2517. Cette boutique propose un bon échantillonnage de tout ce que vous pouvez rapporter de Rodrigues : excellents achards de limons et tamarin, miel de Rodrigues, chapeaux et paniers, etc.

Artisanat Ebony, Jenner St., Port Mathurin, ☎ 831 2651. Spécialités gastronomiques rodriguaises ainsi qu'un large panel d'artisanat local.

LES SEYCHELLES

Nom officiel : république des Seychelles
Superficie : 455 km²
Population : 80 410 habitants
Capitale : Victoria
Monnaie : la roupie seychelloise (SCR/SR)

Invitation au voyage

C. Pavard

« Botanical Gardens » (détail), Michael Adams

Un archipel original

Situation géographique
Essaimées entre 4° et 11° de latitude Sud, entre 46° et 57° de longitude Est, les Seychelles se trouvent à 930 km au nord de Madagascar, à 1 590 km à l'est de l'Afrique et à 2 800 km à l'ouest de l'Inde, au nord-ouest des Mascareignes (Réunion, Maurice, Rodrigues). Les cent quinze îles de l'archipel, d'une superficie émergée totale de 455 km^2, s'étendent sur un domaine marin de 400 000 km^2. La situation géostratégique de ce micro-État en forme de nébuleuse est devenue primordiale depuis qu'à la route du pétrole, empruntant la mer Rouge et le canal de Suez, est venue s'ajouter celle qui traverse le canal du Mozambique avant de contourner l'Afrique par le cap de Bonne-Espérance.

Naissance d'un archipel
Du minuscule îlot inhabité à la plus grande île, Mahé, cette constellation de formations granitiques et coralliennes se constitua probablement il y a plusieurs centaines de millions d'années. Elles comptent parmi les plus vieilles terres du globe. Deux hypothèses subsistent quant à leur origine : les îles granitiques pourraient être les résidus de la désintégration de l'ancien vaste ensemble continental du **Gondwana**, qui aurait vu l'Inde et l'Afrique se scinder et l'océan submerger l'espace libre ainsi créé ; ou le résultat d'un gigantesque cataclysme, qui aurait englouti des terres dont seuls les plus hauts pics restèrent émergés, formant ces îles aujourd'hui perdues au milieu de l'océan Indien, groupées ou isolées.

On distingue deux catégories d'îles, en fonction de leurs origines géologiques. Leurs différences se manifestent dans le relief, la végétation, la densité de population et l'importance économique.

Les quarante et une îles granitiques, ou îles intérieures (Mahé, Praslin, Silhouette, La Digue et leurs satellites), couvrent plus de la moitié de la surface des Seychelles. Ce sont les seules îles océanes granitiques au monde. Résidus du Gondwana, elles devinrent le berceau d'un nouveau règne végétal et animal. Ces montagnes rocheuses, dont le sommet culmine à 905 m, couvertes d'une végétation tropicale luxuriante – forêts aux essences diverses et plantes à fleurs – voisinent en général avec la mer. Elles sont entourées de côtes découpées, bordées de plages de sable et de rochers, amas d'éboulis ou blocs massifs aux formes érodées, arrondies ou plissées : les *glacis*. Les vagues de l'océan se brisent sur les récifs coralliens au large de nombreuses baies. De paisibles lagons baignent ainsi les plages désertes, ombragées de cocotiers et de *takamakas*. Par endroits, la côte, non protégée, est livrée à la merci des déchaînements de l'océan.

La majorité de la population seychelloise vit sur ces îles. Indépendantes bien que parfois très proches l'une de l'autre, ces îles tentent de vivre en autarcie en essayant de subvenir à leurs propres besoins.

Abondamment arrosées, les îles granitiques laissent libre cours à de nombreux ruisseaux, sources et cascades qui agrémentent le paysage. Mais les pluies causent également des dégâts considérables, tels que glissements de terrain, éclatement des routes goudronnées et formation de zones marécageuses insalubres.

Les soixante-quatorze îles coralliennes, ou îles extérieures (Denis, Bird, les Amirantes, Aldabra, Farquhar et bien d'autres encore), sont beaucoup plus dispersées. Elles représentent presque la moitié du territoire national, mais seuls 500 des 80 410 Seychellois y vivent.

Beaucoup plus récentes que les îles granitiques, elles se présentent comme la partie émergée, plate, de bancs de coraux installés sur des hauts-fonds. Elles forment parfois de vastes **atolls**, récifs annulaires enfermant un lagon qui communique avec l'océan.

Elles s'élèvent à peine à quelques mètres au-dessus de l'eau, ceintes de plages de sable blanc très fin. Le **guano** (amas de déjections d'oiseaux marins et de déchets de poissons) constitue un excellent engrais naturel. Particulièrement abondant sur ces îles peuplées de considérables colonies d'oiseaux, il fertilise ces terres, où prospère une végétation dense et variée dont le cocotier reste roi.

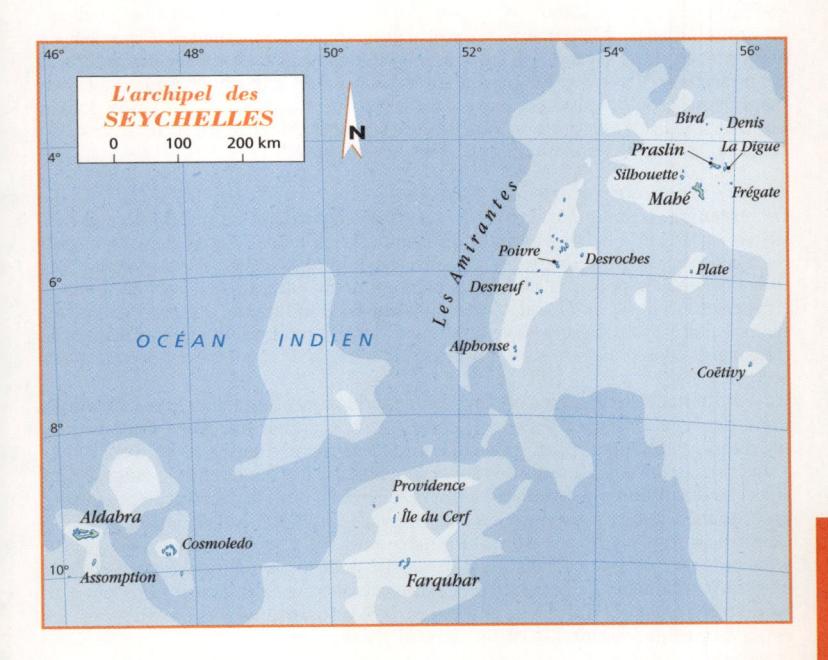

Un climat équatorial océanique

Perdues au cœur de l'océan Indien, les Seychelles subissent l'influence des moussons, qui déterminent deux grandes saisons. Pendant l'hiver indien (de mai à octobre), lorsque soufflent les alizés de la **mousson de suet** (sud-est), l'air est frais et sec, le vent se lève et l'océan se déchaîne. Pendant l'été indien (de novembre à avril), la **mousson de Norois** (nord-ouest) apporte des pluies torrentielles, fréquentes mais brèves, les températures atteignent alors leurs maximales. Malgré ces distinctions, les températures varient peu, entre 24 et 31 °C toute l'année. L'humidité reste également assez constante, à plus de 80 % en moyenne annuelle. Des pluies tropicales peuvent tomber à tout moment, mais les plus violentes s'abattent généralement la nuit ou en fin de journée, rafraîchissant l'air et exhalant délicatement les parfums de la nature. Les vents gardent une vitesse modérée. Ce climat est néanmoins largement nuancé par l'influence océanique et l'immensité de l'archipel, qui se conjuguent pour créer une multitude de microclimats, d'une île à l'autre ou au sein d'une même île. À l'exception du groupe de Farquhar, les Seychelles ne se trouvent pas sur la trajectoire des cyclones dévastateurs.

Enfin, grâce à la proximité de l'équateur, la durée du jour demeure régulière en toute saison (environ 12 h par jour). Les levers et couchers du soleil sont d'une extrême rapidité.

Un archipel original

UNE FLORE UNIQUE

À l'abri des catastrophes naturelles, les Seychelles ont pu conserver une flore et une faune originales, malgré les inévitables prédations humaines des trois derniers siècles. Avec près de 2 000 espèces de plantes, dont au moins 250 indigènes et 80 endémiques *(voir l'encadré « Quelques définitions », p. 29)*, la flore seychelloise constitue un ensemble d'une richesse et d'une rareté exceptionnelles. Conscient de l'importance de ce patrimoine naturel, le gouvernement a su mener une politique de protection efficace en limitant la construction d'infrastructures touristiques, en empêchant la déforestation massive dont beaucoup d'autres îles de l'océan Indien ont tant souffert, et en transformant près de la moitié du territoire en réserves naturelles ou en parcs nationaux rigoureusement réglementés.

Différentes générations de plantes

La végétation luxuriante que vous pouvez voir aujourd'hui ne ressemble que partiellement à celle que découvrirent les premiers colons débarqués dans l'archipel. Ils trouvèrent sur la plupart des îles une jungle impénétrable. Ils déboisèrent ces forêts originelles pour installer leurs plantations ou utiliser certains bois pour la construction navale ou l'habitat. Certaines **espèces indigènes** ont ainsi complètement disparu, d'autres sont devenues rares. Des programmes de reboisement et de transplantations ont permis de sauver ou de réimplanter les espèces décimées sur certaines îles.

Un certain nombre d'espèces ont fait leur apparition aux Seychelles au fil du temps, il y a plusieurs milliers d'années, et constituent désormais une **flore endémique**, spécifique à l'archipel. Elles proviennent généralement d'autres pays, d'où les oiseaux migrateurs et les flots de l'océan se sont chargés d'acheminer les graines. Parmi elles, on dénombre six sortes de palmiers différents, dont le plus surprenant est le coco de mer, que vous ne verrez à l'état sauvage qu'à Praslin et à Curieuse.

D'autres variétés d'arbres et de plantes n'existent plus que sur certaines îles. Ainsi, vous ne verrez plus de bois de santal (très prisé pour le parfum qu'il dégage en brûlant) qu'à Silhouette, de bois citron et de *mapou* qu'à Aride et Cousin...

La dernière catégorie d'arbres et de plantes, la **flore exotique**, comprend toutes les espèces prélevées par l'homme dans d'autres pays et introduites sur ces îles pour leur valeur commerciale, leurs vertus médicinales ou gastronomiques, ou pour leur simple beauté.

Les espèces mentionnées en gras figurent sur les planches d'illustrations, p. 16-17.

Le cocotier, roi des îles

Le foisonnement de la végétation qui couvre toutes les îles de l'archipel vous frappera dès votre arrivée aux Seychelles. Vues du ciel, elles apparaissent comme des rochers tapissés d'un épais manteau d'un dégradé de verts intenses.

Au gré de vos promenades, vous découvrirez l'incroyable variété de cette flore.

Coco de mer

À la place d'honneur figure le cocotier, qui règne en maître sur 40 % du territoire et dont les Seychellois savent exploiter toutes les parties.

Sur le littoral

Vous verrez quelques formations de mangroves sur les rivages de Mahé (Anse Boileau, Port Glaud) et de Silhouette (Grand Barbe), mais les plus vastes se trouvent à Aldabra.

Takamakas, bois de rose (aux grandes fleurs jaunes), casuarinas (ou filaos, arbre exotique utilisé notamment pour le reboisement et la fixation des sols) et *veloutiers* (qui fixent le sable), mais aussi *badamiers*, *bonnets carrés* (à gros fruits quadrangulaires) et bois de table (aux feuilles argentées) ombragent de nombreuses plages. Ces arbres littoraux comptent peu d'espèces indigènes. La plupart sont probablement nés de graines ou de fruits venus d'ailleurs et échoués sur les côtes. Seuls le **vacoa** de bord de mer et le *bois cafoul trois feuilles* sont endémiques aux Seychelles. Lataniers, raphias, aréquiers, banians aux racines aériennes bordent également les routes littorales.

Un arbre providentiel

Les décoctions de racines ont des vertus diurétiques et antiscorbutiques. Le tronc est utilisé comme bois de construction et de chauffage. Mélangée à de la terre, l'écorce fournit un terreau propice à la culture des orchidées. Les feuilles servent à couvrir les toits, à fabriquer des balais et à confectionner paniers et chapeaux. La bourre de la noix permet de garnir les matelas, tandis que la coque alimente les fourneaux et donne naissance à des objets utilitaires ou artistiques. La noix de coco, délicieuse tant pour sa chair que pour son eau délicatement parfumée, entre dans la composition de nombreuses spécialités culinaires locales. Le calou, sève de palme recueillie dans un tube de bambou, donne après fermentation un vin alcoolisé que les Seychellois consomment sans modération. L'huile de coprah, enfin, soulage les courbatures et les rhumatismes et nourrit la peau et les cheveux.

À flanc de collines

Un peu plus haut poussent des espèces endémiques, comme le latanier-feuille, le latanier-mille-pattes, la vanille marron et le rarissime bois-méduse. Les oiseaux et le vent ont contribué à répandre, parmi les glacis de basse altitude, des arbres indigènes, comme le palmiste, qui poussaient primitivement près du littoral. Plus communs, les bois de natte, de ronde, chandelle, *calou*, cuillère, de lait ou jasmin, les *vacoas* marrons et de rivière, ainsi que le *mahogany* et le *calice du pape* (plante exotique parfaitement acclimatée) ornent également les pentes granitiques.

La forêt vierge

Elle subsiste dans les montagnes de Mahé et de Silhouette, ainsi que dans la Vallée de Mai à Praslin. On y trouve quantité d'essences rares, telles que le bois rouge, le bois de fer, le bois-méduse et le bois-citron, le *mapou de grand bois*, l'élégant *albizzia* (dont vous reconnaîtrez la silhouette sur les flancs des sommets), le *capucin* (qui pare les sommets inaccessibles d'un vert sombre) et différentes sortes de fougères et de lianes. Parmi ces dernières, l'étonnant *pot à eau* constitue un redoutable piège insectivore, de même que la fleur *tue-mouche*. Impressionnant par sa taille (jusqu'à 30 m de haut et 1,50 m de diamètre) et la sève rouge sang qui sort de son tronc lorsqu'on l'incise, le *sandragon* pousse également sur les hauteurs de certaines îles.

Les fleurs

Orchidées exotiques et **bougainvilliers** multicolores, **hibiscus** jaunes ou roses, gardénias, **frangipaniers** d'un blanc légèrement rosé, **flamboyants** d'un rouge éclatant et bien d'autres encore viennent parfaire ce décor idyllique et combler vos sens de leurs parures bariolées et de leurs parfums délicats. Importées jadis pour orner les jardins, de nombreuses fleurs exotiques, disséminées au gré du vent et des oiseaux, poussent désormais à l'état sauvage.

Les fruits

Vos papilles gustatives ne seront pas en reste. Manguiers et bananiers (qui comptent chacun une quinzaine de variétés différentes), papayers, ananas, litchis, goyaviers et *cœurs de bœuf*, *jamalacs* et *fruits de cythère* (délicieux en confiture), orangers et citronniers, arbres à pain et jaquiers (dont les énormes fruits entrent dans la composition de nombreuses spécialités culinaires) : tous ces arbres, pour la plupart exotiques, regorgent de fruits savoureux que vous trouverez sur les étals des marchés, dans les jardins et parfois même à l'état sauvage.

Les épices
Quant aux épices, la cannelle, le girofle, le poivre et la muscade accompagnent le plus souvent la cuisine seychelloise. Introduit par **Pierre Poivre** à Mahé, dans le Jardin du Roy, en 1772, au même titre que les autres espèces, le cannelier a joué un rôle important dans l'économie des Seychelles. Longtemps exploité pour son essence (obtenue par distillation des feuilles), on n'utilise plus aujourd'hui que son écorce, dont on tire la cannelle, en copeaux ou en poudre. Quant à la vanille, sa culture, autrefois importante, a considérablement diminué.

UNE FAUNE PROTÉGÉE

La faune terrestre

Peu de mammifères
La nuit, vous entendrez les cris de la *roussette*, que vous verrez planer de ses grandes ailes noires au clair de lune. Seul mammifère endémique de l'archipel, cette chauve-souris géante se nourrit essentiellement de fruits. Vous aurez certainement l'occasion de goûter sa chair tendre et légèrement sucrée car elle figure au menu de nombreux restaurants.

De nombreux reptiles
La tortue terrestre géante ne se rencontre, à l'exception des îles Galapagos, qu'aux Seychelles. Sauvée à temps du risque d'extinction qui pesait sur l'espèce – trop longtemps exploitée pour sa chair et son écaille – elle se concentre aujourd'hui à Aldabra, l'un des plus grands sanctuaires de tortues terrestres au monde avec près de 150 000 spécimens vivant à l'état sauvage. Celles que vous verrez sur les autres îles proviennent d'Aldabra et vivent généralement enfermées dans des enclos. Elles peuvent vivre jusqu'à 300 ans, peser 500 kg et mesurer 1,5 m de long et 1 m de haut !

Vous remarquerez par ailleurs le foisonnement de lézards de toutes sortes. Le gecko vert, presque fluorescent, le gecko bronze, le lézard-caïman, le scinque et le caméléon sont les plus fréquents.

Vous n'avez rien à craindre des serpents : seules quelques couleuvres inoffensives rampent sur ces îles.

Le royaume des insectes
Parmi les 3 500 espèces recensées aux Seychelles, beaucoup sont uniques à l'archipel. La majorité d'entre elles ne présente aucun danger. Méfiez-vous seulement du scorpion de Frégate et du *cent-pieds*, mille-pattes géant dont la morsure est douloureuse. Vous verrez de grosses araignées velues tisser de gigantesques toiles dans les arbres et, plus plaisants, des papillons multicolores virevolter dans les jardins. La *mouche-feuille* se confond avec un mimétisme étonnant avec la feuille sur laquelle elle se pose.

SEYCHELLES

Les oiseaux

Grâce à leur isolement et à leur peuplement tardif, grâce à une prise de conscience qui a conduit à protéger les espèces rares ou menacées d'extinction, les îles Seychelles constituent un sanctuaire d'oiseaux unique au monde. On en dénombre plus de 7 millions, de plus de 200 espèces, dont beaucoup vivent exclusivement sur ces îles. Nombre d'entre eux y ont élu domicile et s'y reproduisent chaque année sur leurs îles respectives. D'autres, migrateurs, fuient l'hiver de l'hémisphère Nord pour profiter temporairement du climat et de l'abondance de nourriture de l'archipel.

Les espèces mentionnées en gras figurent sur les planches d'illustrations, p. 14-15.

Les oiseaux de mer

Ils représentent la colonie la plus importante des oiseaux de l'archipel.

La plupart d'entre eux ont les pieds palmés et se nourrissent de poissons, qu'ils attrapent d'un coup de bec, à la surface de l'eau ou en profondeur. Certaines espèces vont pêcher leurs proies jusqu'à plus de 20 m de fond. Pour nourrir leurs petits restés au nid, ils régurgitent une partie de leur pêche du jour.

Parmi les grandes familles d'oiseaux que compte la **population permanente**, vous rencontrerez plusieurs sortes de puffins, au plumage noir et soyeux, qui font leur nid dans des terriers ou autres abris. Nombreux à Cousin et Aride, vous en apercevrez également aux Amirantes, à Aldabra et dans plusieurs petites îles granitiques, planant au-dessus de la mer.

Les fous, au corps massif couvert d'un plumage blanc bordé de noir, se caractérisent avant tout par leur grand bec et leurs pattes palmées.

Les frégates, avec leurs grandes ailes noires – qui peuvent atteindre jusqu'à 2 m d'envergure – et leur queue fourchue, planent majestueusement au-dessus des côtes rocheuses des îles Aride, Frégate et surtout Aldabra. Elles harcèlent les autres oiseaux pour leur faire régurgiter en vol les proies destinées à nourrir leurs petits et n'hésitent pas à piller les œufs voisins, imprudemment laissés sans surveillance.

Les sternes, au corps assez allongé, aux courtes pattes palmées et aux longues ailes fines, volent avec grâce et rapidité au-dessus des flots. La couleur et l'aspect du plumage varie beaucoup d'une espèce à l'autre. La **mouette blanche**, ou goéland blanc, encore appelée hirondelle de mer, est sans doute la plus belle de toutes les sternes. Son plumage blanc immaculé

La Maison des Capucins, noyée dans la flore de Victoria

La faune terrestre

– d'où ressortent avec éclat un bec bleu nuit et deux petits yeux ronds d'un noir profond – ses ailes opalines et la grâce de son vol lui confèrent un charme particulier. Vous la verrez, perchée sur une branche d'arbre, sur les îles Aride et Cousin, ainsi qu'à Bird, aux Amirantes et à Aldabra. Différents des autres sternes, les **noddis**, parés d'un subtil camaïeu de gris à l'apparence veloutée, d'un long bec fin et pointu et de jolis yeux noirs délicatement cernés de blanc, ont élu domicile sur les îles Aride et Cousin, où il construisent leurs nids dans les forêts de *mapous*. Des colonies impressionnantes de **sternes fuligineuses** vivent à Bird, Aride et Desnœufs.

Les **paille-en-queue** (à brins rouges ou à bec jaune), au plumage blanc parfois tacheté de noir, se reconnaissent à la longue queue effilée qui rend leur vol si élégant. Vous les observerez à Aride, Cousin et Aldabra, ou plus occasionnellement sur d'autres îles granitiques, couvant leur œuf à l'abri d'un rocher ou dans la souche d'un arbre.

Pendant les périodes de ponte, généralement en avril-mai et octobre-novembre, les oiseaux migrateurs se regroupent par espèces et affluent aux Seychelles par vagues successives. De petites îles comme Bird ou Cousin reçoivent ainsi la visite subite de plusieurs millions d'oiseaux. On pourrait rester des jours entiers à observer leur fascinant ballet aérien, leurs luttes intestines pour la conquête de la branche ou de l'anfractuosité rocheuse où ils pourront construire leur nid. Piaillements et froissements d'ailes suscitent alors une incroyable cacophonie. Parmi ces visiteurs, vous pourrez observer le rollier, le **pluvier**, le bécasseau, le *petit corbigeau*, le chevalier, ou encore, le tourne-pierre à collier.

Les oiseaux terrestres

Les oiseaux que vous rencontrerez dans les forêts ou les jardins, beaucoup moins nombreux que les oiseaux de mer, vous surprendront par leur extrême diversité.

Plusieurs espèces menacées d'extinction sont étroitement protégées sur une île ou dans une forêt données. Sur les îles granitiques, il en va ainsi de la pie chanteuse (ou *dyal*), une grive noir et blanc qui ne vit que sur Aride et Frégate, de l'oiseau-lunettes (ou *oiseau-banane*), l'un des plus menacés de l'archipel, présent uniquement à Mahé, de même que le *petit duc*, hibou rare des montagnes. La **veuve** (*gobe-mouche de paradis des Seychelles*), châtain ou d'un noir bleuté avec une longue queue en banderoles, ne vit plus qu'en nombre restreint, dans les *badamiers* de la réserve qui les protège à La Digue. Le cardinal (ou *toc-toc*) se trouve à Cousin et à Frégate, tandis que la fauvette des Seychelles (*ou petit merle des îles*), sauvée de la disparition avec succès, réside exclusivement à Cousin. L'effraie des clochers, une chouette en voie de disparition, est également protégée, bien qu'elle représente un fléau majeur pour la faune endémique et les oiseaux marins. Enfin, la Vallée de Mai, à Praslin, abrite les derniers spécimens du seul perroquet subsistant dans l'archipel : le *catau noir*.

Dans les îles coralliennes, Bird, comme son nom l'indique, constitue un magnifique sanctuaire d'oiseaux. Mais les variétés les plus exceptionnelles se concentrent dans l'univers sauvage et préservé de l'atoll d'Aldabra, qui regroupe quantité d'oiseaux uniques au monde : l'ibis sacré, la crécerelle, le *coucal*, le soui-manga, le *drongo*, le cardinal des forêts à tête rouge (ou *tisserand*), le **condé**, le corbeau-pie, le râle à gorge blanche et bien d'autres encore. Parmi eux, certains sont des sous-espèces, spécifiques à Aldabra, d'oiseaux parfois communs sur d'autres îles.

Outres ces espèces rares, vous vous familiariserez rapidement avec des oiseaux plus répandus qui ajouteront à votre séjour quelques touches de couleurs supplémentaires et vous accompagneront à tout moment de leurs chants mélodieux. Parmi les plus communs, vous identifierez le **martin** triste, brun à face jaune, omniprésent, le **cardinal de Madagascar** (ou *foudi rouge*), d'un rouge éclatant ou d'un brun terne, qui s'invitera fréquemment à partager votre repas, le *boulboul gros bec*, un merle gris sombre au bec orange, la tourterelle striée, qui rôde autour des maisons en quête de grain, et la blanche et élégante **Madam Paton** (ou *héron garde-bœuf*), qui erre fièrement dans les rues de Victoria et arpente le marché pour s'y rassasier.

Au gré de vos promenades, ouvrez l'œil en silence et partez à la recherche du petit colibri (*soui-manga*), de la poule d'eau (noire et la tête ornée de rouge), du pigeon bleu, qui roucoule dans les forêts, ou de la salangane, petite hirondelle noire.

Un aquarium géant et polychrome

Avec des bouteilles de plongée, un simple masque et un tuba, ou en bateau à fond de verre, l'exploration des fonds marins des Seychelles vous promet un spectacle fascinant.

Les espèces mentionnées en gras figurent sur les planches d'illustrations p. 11 à 13.

Le paradis des lagons

Protégées par la barrière de corail qui empêche les gros poissons et les requins de venir les attaquer, plusieurs centaines d'espèces de poissons trouvent dans les lagons qui cernent la plupart des îles de l'archipel un milieu calme et prospère.

Quatre réserves marines nationales protègent la faune marine autour de Mahé et de Praslin (Port Launay, Baie Ternay, Ste-Anne et Curieuse). On y recense presque toutes les espèces de poissons tropicaux de récifs présents aux Seychelles et plus de trente sortes de coraux, sans parler des éponges et des coquillages.

D'une variété surprenante par leurs couleurs, leurs formes, leur taille, leur façon de nager, de se nourrir ou de se cacher, les poissons s'approcheront de vous, curieux ou joueurs, si vous les amadouez en leur offrant un peu de pain. Vous côtoierez ainsi une multitude de poissons aux noms évocateurs, petits ou grands, virevoltant au gré des flots ou nichés dans les massifs de coraux qui tapissent les fonds marins : poisson-chirurgien, poisson-tête de cheval, poisson-demoiselle, **poisson-papillon**, poisson-Picasso, poisson-rasoir (au long corps effilé, qui nage à la verticale la tête en bas), poisson-soldat, **poisson-perroquet** (qui mange du corail), poisson-pierre (attention à ne pas marcher dessus, car son venin est mortel et son apparence de pierre immobile au fond de l'eau le rend difficile à identifier), poisson-anémone (qui niche au creux des anémones), **poisson-clown** (qui viendra jouer avec vous), mais aussi **poisson-ange empereur**, hérisson de mer (qui prend l'apparence d'un hérisson lorsqu'il se sent menacé) ou sergent-major (à la silhouette aérodynamique).

La vie des coraux

Organismes très fragiles, les coraux ne vivent que dans des eaux peu profondes, ensoleillées, normalement salées, chaudes et à faible amplitude thermique. Ils sont composés de minuscules créatures sédentaires, les polypes, dont les sécrétions calcaires forment un squelette. Ces minuscules animaux se nourrissent de plancton, qu'ils capturent grâce à leurs tentacules visqueux. Lès récifs coralliens se forment par l'agglomération de ces millions de squelettes calcaires. Ils se reproduisent une fois par an, en une seule nuit, après la pleine lune de printemps, sur l'ensemble du récif. Après la fécondation, les œufs rejoignent la nouvelle colonie de coraux qui croît, en moyenne, de un centimètre par an. Les spécialistes peuvent dater les coraux en lisant les bandes du squelette.

La plupart des coraux qui peuplaient encore récemment les lagons seychellois, offrant une variété de paysages sous-marins tout à fait fascinante, ont malheureusement disparu. En 1996, le phénomène météorologique El Niño a en effet entraîné une augmentation brutale de la température des océans de la planète, détruisant la plupart de ces organismes, particulièrement sensibles à toute modification de leur environnement.

Malgré la politique de protection menée par le gouvernement seychellois, les quatre espèces de tortues de mer endémiques aux Seychelles tendent à se raréfier. Leur chair et surtout leur écaille sont des plus recherchées. Vous en verrez parfois sur le rivage de certaines îles (Aldabra, Curieuse, Cousin, Bird) ou au hasard de vos explorations sous-marines dans les eaux calmes de l'archipel, y compris autour de Mahé, Praslin ou La Digue. Vous aurez peut-être aussi la chance d'assister à l'impressionnant spectacle de la ponte. Les tortues attendent généralement le soir pour creuser des trous et y enfouir leurs œufs (jusqu'à 500 par tortue) sous 50 cm de sable, sur la plage même où elles ont vu le jour. L'éclosion a lieu plusieurs semaines après la ponte. Seule une minorité de jeunes tortues atteindra l'âge adulte, leur chair fraîche constituant pour de nombreux prédateurs un mets de choix.

Encore relativement abondants, les crustacés – homards, langoustes, araignées de mer, crabes, crevettes – et les mollusques – poulpes et pieuvres – tendent à se raréfier, en raison de l'exploitation gastronomique de leur chair.

Les autorités seychelloises ont dû interdire le ramassage des coquillages afin de préserver ces joyaux convoités par les collectionneurs. Il faudra donc vous contenter de les admirer sur les plages ou près des rivages. Sachez en outre que certains coquillages à piquants ou à venin peuvent être dangereux. Pour le plaisir des yeux, partez à la découverte des bénitiers, dont les spécimens géants peuvent atteindre un mètre, des **porcelaines**, noires, blanches ou tigrées et d'aspect émaillé, des **cônes** (attention aux espèces venimeuses) et des **casques**, des **tritons**, des *vasum* en forme de toupies, des *térèbres* de forme effilée ou encore des **murex**, des *spondyles*, huîtres hérissées de piquants, ou des *prérocères* aux tentacules nacrés.

La férocité de l'océan

Au-delà de ces récifs coralliens s'ouvre l'immensité impitoyable de l'océan. Dans ce monde où la loi du plus fort l'emporte, le requin règne en maître absolu. Redouté de tous, poissons et hommes, il doit probablement son nom au mot latin *requiem*, par allusion à la mort inéluctable qu'il cause. Requin blanc, requin-tigre, requin-demoiselle, requin endormi, requin noir, requin-marteau, requin bleu ou encore l'énorme requin-baleine se disputent la suprématie de l'océan.

La renommée internationale des Seychelles pour la pêche au gros n'est pas usurpée. Les principaux records du monde par la taille des prises reviennent à l'archipel et barracudas, marlins, espadons, *wahoos*, thons, *carangues*, raies géantes, bonites, dorades, *king fish*, *sail fish* et autres *bourgeois*, grillés au feu de bois ou mijotés en cari coco, régaleront les plus fins gourmets.

Lors de vos traversées entre les îles, scrutez attentivement la surface de la mer. Vous verrez peut-être surgir quelques dauphins paradant joyeusement autour du bateau.

DES ÎLES CONVOITÉES

Chronologie

851	Première mention des Seychelles dans des documents arabes.
1502	Le Portugais **Vasco de Gama** découvre les îles Amirantes.
1609	Premier débarquement anglais.
1742	Première expédition française, avec **Lazare Picault**.
1756	**Nicolas Morphey** prend officiellement possession des « Séchelles » au nom du roi de France.
1814	Les Seychelles reviennent officiellement aux Anglais, qui en font une dépendance de leur colonie de Maurice.
1835	Abolition de l'esclavage.
1903	Les Seychelles deviennent une colonie de la Couronne britannique, libérée de la tutelle de Maurice.
1964	Fondation des premiers partis politiques : le **SPUP** et le **SDP**.
1975	Les Seychelles deviennent une colonie autonome.
1976	Indépendance : naissance de la république des Seychelles, présidée par **J. R. Mancham**.
1977	Un coup d'État renverse J. R. Mancham et porte **F. A. René** au pouvoir.
1993	Élections démocratiques et nouvelle Constitution.
1998	Le **SPPF** remporte à nouveau les élections générales. France Albert René est réélu Président avec 66,7 % des suffrages.

Des découvertes incertaines

Des textes égyptiens, indiens et chinois mentionnent l'existence d'un commerce maritime entre l'Inde et l'Afrique dès 2000 av. J.-C. Polynésiens et Phéniciens traversent certainement eux aussi l'océan Indien. Il est donc possible que ces marins au long cours aient découvert très tôt les Seychelles.

Les premiers manuscrits mentionnant ces îles remontent à 851, date à laquelle les commerçants arabes du golfe Persique sillonnent l'océan Indien, entre les côtes du golfe d'Oman, de Madagascar, des Comores, de l'île Maurice et de la Réunion. Divers indices, comme les inscriptions identifiées dans la roche à l'île du Nord ou les tombes découvertes à Silhouette, attestent d'une présence arabe. Certains historiens attribuent en outre la présence du cocotier sur l'archipel à ces navigateurs arabes.

De nouvelles îles sur la route des Indes

En 1501, un navigateur portugais, à la recherche d'une meilleure route vers les Indes, aurait découvert les îles Farquhar et, l'année suivante, l'amiral **Vasco de Gama** signale, entre les Maldives et Madagascar, de nouvelles îles que l'on nomme Amirantes (« îles de l'amiral »). De cette époque date la première carte situant les Seychelles. Lors de nouvelles explorations, en 1517, les Portugais découvrent sept autres îles, les « sept sœurs », qu'ils craignent d'aborder à cause des redoutables récifs coralliens qui les entourent.

En 1609, une expédition de la **Compagnie anglaise des Indes orientales** découvre à son tour les « sept sœurs » et trouve un bon mouillage sur la plus grande d'entre elles. Leurs récits témoignent de l'abondance des cocotiers, des oiseaux, des tortues géantes et de la présence de nombreux et terrifiants caïmans dans les rivières.

L'ère des pirates

Chassés de la mer des Caraïbes à la fin du 17ᵉ s., les pirates mettent le cap sur l'océan Indien, où les navires reviennent des Indes chargés d'épices, de thé, de bois exotiques, de soie, d'or et de pierres précieuses. Ils trouvent aux Seychelles des mouillages sûrs et des cachettes idéales pour dissimuler leurs butins. Le plus célèbre d'entre eux, le Français **Olivier Levasseur** – dit La Buse – associé à l'occasion à l'Anglais **George Taylor**, fait régner la terreur sur ces mers. Ses exactions lui rapportent une fortune considérable jusqu'au jour où, victime d'une embuscade, il se fait arrêter et condamner à mort. Le calme revient bientôt *(voir l'encadré « Le trésor de La Buse », p. 396)*.

La prise de possession par les Français

C'est le 19 novembre 1742 que commence véritablement l'histoire des Seychelles. Envoyés en exploration par Mahé de La Bourdonnais, alors gouverneur de l'île de France (actuelle île Maurice), **Lazare Picault** et **Grossin** découvrent l'île Ste-Anne, puis une grande île montagneuse, entièrement couverte de végétation, qu'ils baptisent « l'île d'Abondance ». Un an plus tard, ils rebaptiseront cette dernière « Mahé » et donneront à l'archipel le nom de « La Bourdonnay », en l'honneur de Mahé de La Bourdonnais. Les explorations continuent et Lazare Picault découvre Frégate, puis Praslin, qu'il appelle « l'île de Palmes », émerveillé par la profusion de palmiers qui y poussent.

Interrompues pendant douze ans par le décès de Picault et la disgrâce qui touche La Bourdonnais, les investigations reprennent bientôt, sous la houlette du nouveau gouverneur de l'île de France, Magon. Le 1er novembre 1756, le capitaine **Nicolas Morphey** prend possession de tout l'archipel au nom du roi de France. Il scelle une pierre gravée aux armes de France sur un rocher surplombant son lieu de mouillage, fait hisser les couleurs royales sur le futur port de Victoria et tirer une salve de neuf coups pour saluer l'entrée de Mahé au sein du royaume de France. L'archipel prend le nom de Séchelles, en l'honneur de **Moreau de Séchelles**, alors contrôleur des Finances de Louis XV.

En 1768, le ministre de la Marine, **Gabriel de Choiseul**, duc de Praslin, envoie le capitaine **Marion Dufresne** et sa flotte explorer les îles, en inventorier les ressources et étudier de plus près le fameux cocotier de mer, dont le commerce vers l'Orient peut s'avérer très lucratif, grâce aux vertus aphrodisiaques et médicinales que l'on prête à ses noix. Dufresne prend alors officiellement possession de « l'île de Palmes », qu'il nomme Praslin, en hommage à son ministre.

Quarante ans de colonisation française

Les trente premiers colons et esclaves, venus de l'île de France, débarquent sur l'île Ste-Anne en 1770. L'exploitation agricole se révèle rapidement très prometteuse. Encouragés par ce succès, les Français établissent une seconde colonie à Mahé. Dès les premières années, défrichage et plantations occupent les nouveaux habitants de l'île. Un « jardin du Roy », voué à introduire des épices et des légumes, est créé à Anse Royale en 1772, à l'initiative de **Pierre Poivre**. L'entreprise tourne vite court. Une mauvaise gestion et les abus de pouvoir des Blancs à l'égard des Noirs compromettent l'économie de l'archipel.

Envoyé par le gouverneur de l'île de France en 1778, avec pour mission de rétablir la paix et l'union parmi les colons, le nouveau commandant des Seychelles, **Romainville**, s'emploie à organiser et à faire prospérer la jeune colonie. En 1788, il impose des règles très strictes en matière de protection de la faune et de la flore, abusivement exploitées et menacées d'extinction. Il interdit en premier lieu la chasse aux tortues terrestres et marines.

Les répercussions de la Révolution française se font sentir aux Seychelles en 1790 et 1791, lorsque deux émissaires viennent restructurer l'organisation politique et administrative de la colonie. Ils instituent le suffrage universel, créent une garde nationale et tentent de constituer une Assemblée coloniale, où les habitants sont invités à rédiger leurs doléances. Ces dernières portent avant tout sur l'aspiration à se libérer de la tutelle de l'île de France (Maurice).

Les rivalités franco-anglaises

L'arrivée du nouveau gouverneur des Seychelles **Quéau de Quinssy**, en 1793, coïncide avec les premières pressions anglaises. Profitant des troubles de la Révolution, les Anglais menacent sérieusement les colonies françaises de la région, conscients de l'importance stratégique capitale des îles de l'océan Indien pour contrôler la route maritime menant aux Indes. De nombreuses péripéties marquent la période de 1794 à 1810. À la suite d'un attentat fomenté à Paris contre Napoléon, ce dernier ordonne en 1801 l'exil à Mahé de nombreux **Jacobins** jugés hostiles. Les offensives britanniques se multiplient, mais Quinssy feinte l'adversaire, hissant le pavillon anglais dès qu'un navire britannique pointe à l'horizon, arborant le drapeau français une fois l'ennemi satisfait reparti. Mahé est ainsi, quinze ans durant, alternativement française ou anglaise, selon la nationalité des navires qui débarquent sur l'île. Il faudra aux Anglais près de dix capitulations avant de parvenir à s'installer définitivement dans l'archipel.

Cent soixante ans de règne britannique

Les Seychelles passent officiellement sous domination anglaise en 1810. Quinssy, qui anglicise son nom en **Quincy**, reste gouverneur.

L'administration britannique hérite d'une nation prospère, où l'essor économique et l'agriculture florissante des années passées ont attiré de nouveaux colons et de nombreux esclaves africains. On y dénombre environ 680 habitants et 6 600 esclaves noirs, recensés séparement.

En 1814, le **traité de Paris** attribue les Seychelles à l'Angleterre, au même titre que Maurice et Rodrigues. Seule la Réunion reste française. L'archipel demeure toutefois une dépendance de la colonie britannique de l'île Maurice. De nombreux colons, anglais pour la plupart, viennent s'y installer.

Amorcée en 1833 par un décret interdisant la traite des esclaves, l'**abolition de l'esclavage** devient effective en 1835. Il s'ensuit de graves difficultés économiques, notamment dans le secteur cotonnier, fondé sur l'emploi massif d'une main-d'œuvre servile. Les affranchis refusent de travailler pour leurs anciens maîtres et la pénurie de main-d'œuvre oblige les propriétaires à développer des cultures exigeant moins d'entretien. Les colons privilégient alors les cocoteraies, pour la production d'huile de coprah. Autre cause de la crise, le cours du coton (principale ressource du pays) chute brutalement, concurrencé par le coton américain. Le succès de la production sucrière à Maurice incite en outre une partie de la main-d'œuvre seychelloise à émigrer sur l'île tutrice. Trop peu nombreux, les colons seychellois doivent rapidement demander la venue de travailleurs indiens. Passant outre le refus du gouverneur de Maurice, les premiers **Indiens**, commerçants pour la plupart, arrivent dans l'archipel dès le milieu du 19e s.

Malgré les réticences du gouvernement, l'église catholique réussit à s'implanter massivement aux Seychelles à partir de 1851. Les Britanniques se voient contraints de constater leur échec à imposer le protestantisme et à angliciser la langue et la culture d'une population francophile. Parallèlement à l'évangélisation, l'Église prend en charge l'instruction publique et crée les premières écoles. La construction de routes, d'hôpitaux et de lignes télégraphiques suit bientôt.

La fin du 19e s. est marquée par une grave crise économique qui plonge le pays dans une profonde misère. Sous-alimentation et maladies sévissent cruellement. Pour comble de malheur, une redoutable tempête s'abat sur Mahé et Praslin en 1862, détruisant tout sur son passage et, en 1883, un terrible raz de marée – répercussion de l'éruption volcanique qui frappe alors l'île indonésienne de Java – inonde les îles de l'archipel.

La marche vers l'indépendance

En 1903, les Seychelles s'affranchissent de l'administration de Maurice pour devenir **colonie de la Couronne britannique** à part entière, dirigée par un gouverneur. Après un regain de prospérité, la Première Guerre mondiale frappe gravement l'archipel, qui se trouve isolé par le blocus maritime qui touche l'océan Indien. Les quelques volontaires envoyés combattre en Afrique reviendront peu nombreux. La prospérité revient dès la fin de la Seconde Guerre mondiale. Partiellement subventionnés par le gouvernement anglais, l'enseignement, la santé, les travaux publics et l'agriculture prennent un nouvel élan.

L'entrée en politique

Un système électoral restreint est mis en place en 1948 et les premiers partis politiques voient le jour en 1964.

Le **SPUP** (Parti uni du peuple seychellois) de maître France Albert René, avocat socialiste, se présente comme un mouvement de libération nationale qui prône l'indépendance. Le **SDP** (Parti démocratique seychellois) de maître James Mancham, plus conservateur, souhaite une formule d'intégration à la métropole.

Première étape vers l'indépendance, l'autonomie interne est accordée en 1970. À compter de cette date, un conseil des ministres et une Assemblée législative de 15 membres élus au suffrage universel dirigent le pays aux côtés du gouverneur. Le chef du SDP devient Premier ministre et son parti remporte les élections législatives de 1974. Mais les revendications d'indépendance de milliers de Seychellois s'amplifient et le protecteur britannique abandonne bientôt sa colonie, lui accordant en 1975 le statut de « colonie autonome ».

Le 28 juin 1976 marque la fin de la colonisation anglaise. Le 29 juin naît la **république des Seychelles**, indépendante, gouvernée par une coalition, avec Mancham pour Président et René comme Premier ministre.

Vers une République socialiste totalitaire

Un an à peine après la proclamation de la République, le 5 juin 1977, un **coup d'État** porte à la tête du pays, sans effusion de sang, l'actuel Président, France Albert René.

Conséquence logique, un nouveau parti, le **SPPF** (Front progressiste du peuple seychellois), fondé sur les principes du socialisme d'État, ne tarde pas à remplacer le SPUP en 1978 et, en 1979, une nouvelle Constitution proclame les Seychelles **République socialiste souveraine à parti unique**.

Dès lors, le Congrès du SPPF désigne le candidat à la présidence de la République et ceux d'une Assemblée populaire. Le président, élu pour 5 ans au suffrage universel, partage les pouvoirs exécutif et législatif avec cette Assemblée populaire, composée de 25 membres... issus du SPPF. Il nomme également un Conseil des ministres pour exécuter la politique définie par le Congrès du SPPF. L'indépendance du judiciaire est garantie.

Réélu aux élections de 1979, 1984 et 1989, France Albert René se prononce en 1991 pour une **« démocratie pluraliste avec multipartisme politique »**. Mais les nouveaux partis qui se créent obtiennent trop peu de voix pour rester sur la scène politique. Divisée, l'opposition ne peut s'unir pour faire front.

Un communisme démocratique

Au cours des deux décennies qui suivent le coup d'État, porté par une grande vague de patriotisme, René sort le pays de la crise et permet de nourrir et d'employer la majeure partie de la population. Il adopte pour ce faire les méthodes inspirées par l'URSS, Cuba et la Chine. Expropriés, de nombreux propriétaires fuient le pays. Une partie de leurs terres sont converties en fermes d'État. La mise en place d'une économie d'État passe par la lutte contre les inégalités sociales, la création d'emplois pour tous et l'instauration d'un système de sécurité sociale. D'autres progrès spectaculaires marquent les secteurs de l'éducation, de la santé et du logement, priorités absolues du Président. Contrairement aux pays frères, cette révolution socialiste se déroule pacifiquement, même si une série de complots tentent vainement de renverser René. Sous les pressions locale, internationale et catholique, ce dernier adopte

en 1993 une nouvelle constitution, qui ouvre définitivement la voie à une **démocratie pluraliste**. Les élections présidentielle et législatives qui s'ensuivent voient, une fois de plus, la victoire écrasante de **France Albert René** et du **SPPF**. René infléchit cependant sa politique dans un sens plus démocratique, autorisant notamment la création de nouveaux partis politiques et invitant les exilés à rentrer au pays. En 1998, les élections sont toutefois marquées par l'absence d'alternative au régime actuel.
Ce communisme démocratique, malgré un système économique centralisé et un gouvernement à parti unique, s'attire la bienveillance de nombreux États étrangers, qui apportent leur aide aux Seychelles.

Les Seychelles aujourd'hui

Les Seychelles sont divisées en **vingt-quatre districts administratifs**, dont vingt se trouvent à Mahé, deux à Praslin et un à La Digue, le dernier regroupant les autres îles. Six secrétariats d'État sont placés sous le contrôle direct du président de la République, ainsi que le Bureau présidentiel. Le Président nomme en outre sept ministres, chargés des affaires intérieures, des organisations politiques, des transports, de l'éducation et de l'information, de la santé, de l'emploi et de la sécurité sociale, et du développement national.

UNE ÉCONOMIE FLUCTUANTE

L'économie des Seychelles repose sur un équilibre fragile : une population limitée, aucune ressource minérale, des productions agricoles mineures. Le pays n'est connu du monde extérieur que par la beauté de ses paysages et le charme nonchalant de ses habitants, qui en font une destination touristique paradisiaque.

Grâce à la politique économique menée entre les années soixante et quatre-vingt, les Seychelles sont sorties de la pauvreté. Cette renaissance économique, déclenchée par le tourisme, se traduit par un taux de chômage relativement bien maîtrisé, une qualité de vie en amélioration constante et une répartition plus équitable des richesses. Les Seychelles peuvent en outre se prévaloir d'une monnaie stable, la plus forte de l'océan Indien.

Longtemps dépendante des récoltes incertaines et de la pêche, l'économie seychelloise bénéficie depuis la construction de l'aéroport international, en 1971, des revenus abondants et relativement constants du tourisme. Jusque dans les années soixante-dix, l'exportation de coprah, de cannelle et de vanille constituait l'essentiel de l'activité économique. Les cultures vivrières et la pêche permettaient de subvenir en grande partie à la consommation locale. L'essor du tourisme a fait affluer les devises, mais a également contraint le pays à importer massivement denrées alimentaires et matériaux de construction, faisant flamber le coût de la vie.

L'État est devenu le premier employeur du pays et le secteur tertiaire domine amplement l'économie.

Par ailleurs, le vent de démocratisation qui a soufflé sur le pays a permis à l'économie de profiter très largement de l'aide de la communauté internationale (qui se tarit sensiblement depuis quelques années), indispensable à la viabilité du pays. Aujourd'hui, le principal mal de l'économie seychelloise réside dans la faiblesse du taux de devises en réserve dans le pays.

Afin de résoudre en partie ce problème, une loi a récemment été votée obligeant les touristes à régler leurs notes d'hôtels en devises étrangères et non plus en roupies, ce afin, aussi, de limiter le marché noir du change.

Un tourisme haut de gamme

Le tourisme constitue le moteur principal de l'économie seychelloise. Exploitant les seules richesses naturelles du pays – plages ensoleillées, faune et flore préservées – il fournit près du quart du PNB, soit 780 millions de francs en 1998, et constitue une importante source d'emplois, directement liés à l'industrie touristique ou induits par celle-ci. Les Européens, Français en tête, comptent parmi la clientèle la plus fidèle.

Conscient de l'enjeu capital de ce secteur, le gouvernement entend développer les infrastructures nécessaires au confort des vacanciers, tout en préservant le patrimoine naturel qui fait toute la richesse de l'archipel. Ainsi, le nombre de visiteurs est plafonné à 150 000 par an et seuls 4 500 vacanciers peuvent séjourner simultanément dans les îles. Ce quota cantonne les Seychelles dans les destinations d'exclusivité, intentionnellement chères, afin d'éviter un tourisme de masse qui nuirait à l'écologie du pays. La réglementation est également très stricte dans le domaine de la construction : seules les petites structures ne dépassant pas la hauteur des cocotiers, intégrées au paysage et ne dénaturant pas les plages, ont droit de cité et le béton semble proscrit de l'architecture. Visant une clientèle de luxe, les autorités veillent à ce que certaines normes de qualité soient respectées dans les services et l'hébergement. Elles s'attachent aussi à favoriser la petite hôtellerie familiale et à promouvoir l'**écotourisme**, particulièrement bien adapté à l'archipel, qui allie harmonieusement tourisme, nature, environnement et contacts avec la population locale.

L'affluence touristique oblige les Seychelles à importer quantité de marchandises, les produits issus de la pêche et de l'agriculture locales ne suffisant pas à satisfaire les besoins.

Le développement impérieux de l'agriculture

Le gouvernement a entrepris une ambitieuse politique agricole visant à l'autosuffisance alimentaire du pays. Malgré l'apparente fertilité des terres de l'archipel, leur composition géologique et l'abondance des pluies nuisent à leur fécondité. La pénurie de main-d'œuvre qui sévit au 19e s. lors de l'abolition de l'esclavage ne facilita pas l'exploitation des ressources naturelles. Pour pallier ces carences, le gouvernement a racheté la plupart des grands domaines. Il a mis sur pied des fermes pilotes et des centres de recherches agricoles, destinés à dispenser une formation pratique et théorique aux ouvriers agricoles, afin d'introduire les cultures intensives, d'acclimater de nouvelles espèces et de tirer un meilleur parti des cultures locales. Ces mesures ont permis de réduire considérablement les importations de légumes européens.

Principale ressource de l'archipel pendant de longues années, le **coprah** (chair de la noix de coco), réputé comme l'un des meilleurs au monde, souffre de l'effet conjugué de la baisse des cours mondiaux et de l'augmentation des coûts de production. Les propriétaires préfèrent exploiter leurs terrains à des fins touristiques, plus lucratives, que de poursuivre l'exploitation de leurs cocoteraies. Deuxième production agricole après le coco, la **cannelle** (écorce du cannelier séchée) subit elle aussi les conséquences de la baisse des prix sur le marché international. La **vanille**, qui fit la fortune du pays de 1886 à 1904, a difficilement survécu à la sécheresse, à la maladie et à la concurrence de la vanilline de synthèse. Elle n'est plus cultivée que par quelques planteurs à Praslin et à La Digue.

Fruits et légumes, épices et plantes aromatiques poussent abondamment, mais leur culture reste largement artisanale. Seul l'**élevage** se pratique de façon industrielle. La gestion du secteur agricole, de la production à la distribution, demeura longtemps le monopole du **SMB** (Seychelles Marketing Board), chargé d'harmoniser la mise sur le marché des récoltes des cultivateurs indépendants et celles des coopératives et fermes d'État. Depuis 1990, la commercialisation des produits commence à se libéraliser, incitant ainsi les agriculteurs à produire plus.

L'essor de la pêche industrielle

Le gouvernement attache une importance particulière à l'exploitation des riches eaux territoriales. Si la pêche artisanale satisfait une demande intérieure croissante, l'effort se concentre sur le développement de la pêche industrielle, destinée à accroître les exportations. L'effort porte depuis quelques années sur la modernisation des bateaux et des infrastructures portuaires et sur la formation des équipages. Ces importants investissements ont déjà porté leurs fruits, puisque le nouveau port de Victoria, premier port thonier de l'océan Indien, s'est hissé au rang des premiers ports de pêche mondiaux. Une grande conserverie traite directement le thon près de la capitale et de nouvelles structures permettent la congélation immédiate des poissons. Néanmoins, la concurrence, l'instabilité des cours et les investissements massifs compromettent la prospérité de ce secteur. Pour pallier ces difficultés, les autorités ont créé en 1978 une **zone économique exclusive** autour de l'archipel – 400 000 km^2 au total – en vue de développer la grande pêche océanique et l'implantation des conserveries. Elles monnaient en outre des concessions de pêche à certains pays, comme le Japon, la Russie ou la Corée. En 1998, l'exportation de thon a fait un bond spectaculaire grâce aux investissements de la compagnie Heinz.

Une industrialisation tardive et embryonnaire

Dépourvu de ressource minérale et de source énergétique, le pays a longtemps dû limiter le secteur secondaire à la production artisanale. La petite industrie (construction navale, bois, fibre de verre, brasserie, peinture, cuir, détergents, plastique, emballages, savon, cigarettes, sel, habillement, eau minérale, jus de fruits...) vise à produire les biens dont la population a besoin, afin de réduire les importations. L'étroitesse du marché intérieur et l'absence de législation incitant la production à l'exportation ne laissent guère présager une industrialisation plus poussée dans l'archipel.

La zone franche

Créé en 1995, le Centre international des affaires des Seychelles comprend plus de 4000 sociétés internationales exemptées des taxes d'importation sur les matières premières et les biens d'équipement. La zone franche constitue aujourd'hui le troisième pilier de l'économie seychelloise (après le tourisme et la pêche industrielle).

La préparation du coprah

Une économie fluctuante

Les Seychellois

Premiers communiants

Un peuple métis

Une population jeune

Les Seychelles comptent 80 410 habitants, inégalement répartis sur le territoire puisque 80 % d'entre eux vivent à Mahé. Ainsi, si la densité est de 243 habitants au km^2 sur l'ensemble de l'archipel, elle s'élève à 400 sur Mahé, 100 sur Praslin et 150 sur La Digue.

Population très jeune, dont l'âge moyen se situe autour de 27 ans, elle connaît cependant un vieillissement relatif. Jusqu'à une date récente, près d'une mère sur quatre avait moins de 18 ans. Les progrès sanitaires et la gratuité de la santé et de l'éducation, depuis les années soixante-dix, ont permis de réduire considérablement le taux de mortalité. La mortalité infantile est très faible et l'espérance de vie élevée (72 ans en moyenne).

Néanmoins, le taux de croissance de la population (environ 0,8 % par an) diminue, sous l'effet conjugué de la politique de planning familial visant à limiter le taux de natalité et de l'émigration d'une partie non négligeable de la population (de 1 à 1,5 % par an) vers l'Australie, la Grande-Bretagne, l'Afrique du Sud et de l'Est ou le Canada.

Un métissage harmonieux

Très métissée, la population seychelloise reflète l'histoire de l'archipel et le creuset culturel des peuples souches qui l'ont façonnée. L'isolement insulaire a largement contribué au mélange des hommes.

Issue du brassage des colons français et anglais, des esclaves africains et malgaches, puis des travailleurs indiens et chinois, la société s'est véritablement forgée au cours du 19e s. De ces métissages est né un peuple uni, cimenté par la langue créole, la religion catholique et la nationalité seychelloise, qui vit en bonne harmonie.

Vous remarquerez très vite en vous promenant dans les rues de Victoria l'incroyable variété des nuances de couleurs de peau : un camaïeu allant du plus noir au plus blanc. Toute une gamme de nuances, désignées par des termes imagés, distingue les Seychellois en fonction de leur origine ethnique dominante.

La grande majorité de la population actuelle, les **Mozambiques**, descend des esclaves noirs d'origine africaine ou malgache venus au cours des trois derniers siècles. Les **grands Blancs** représentent les quelques familles d'origine française ou anglaise dont les ancêtres s'installèrent dans l'archipel au 19e s. Tous les grands Blancs ne sont toutefois pas blancs : ce vocable désigne, plus généralement, les riches propriétaires terriens.

Parmi les Blancs, on différencie aussi les **Blancs coco** – les Blancs pauvres ou illettrés qui récoltaient les noix de coco dans les plantations pour le compte d'un propriétaire –, les **Rougeons** ou **Blancs rouillés**, légèrement métissés, et les **Blancs pourris**, à qui une hygiène douteuse valut cette étiquette.

L'arrivée des premiers commerçants indiens, en 1850, et chinois, à partir de 1866, compléta ce kaléidoscope ethnique. Les multiples combinaisons de métissages ont donné naissance, selon leur ascendance dominante, aux **Créoles mulâtres**, d'origine européenne, aux **Créoles chinois**, d'origine chinoise, et aux **Créoles malabars**, d'origine indienne. Toutefois, les Seychellois d'origine indienne, musulmans pour la plupart et qui pratiquent encore les mariages arrangés par les familles, forment une communauté repliée sur elle-même et, par conséquent, peu métissée.

Religions et croyances

Outre une minorité d'anglicans, d'hindous, de musulmans et quelques rares adventistes, apostoliques et témoins de Jéhovah, les Seychellois sont en majorité chrétiens, **catholiques** à plus de 90 %. Très pratiquants, ils se signent devant chaque église ou calvaire. Le dimanche matin, les chœurs de messe remplacent *séga* et reggae sur les transistors. Dans les villages, les familles endimanchées – femmes aux chapeaux enrubannés, fillettes à robes de dentelles et hommes aux costumes soignés – affluent fidèlement vers les églises.

Une certain syncrétisme religieux s'est néanmoins opéré entre les religions des colons et celles des esclaves. Des éléments disparates de **foi animiste** et de culte des ancêtres, d'origines africaine et malgache, demeurent vivants dans les mentalités et dans les pratiques. La **sorcellerie** joue un rôle important dans la vie quotidienne, malgré la loi de 1958 qui l'interdit. Très superstitieux, les Seychellois croient en des forces surnaturelles et magiques, invoquent ou redoutent les esprits et possèdent des grigris. Exploitant la crainte des esprits malfaisants (les *dondozias* ou les *zombis*), des jours, des gestes ou des objets néfastes, les sorciers, « donneurs de bois » (ou *bonhommes di bois*), guérisseurs de tous les maux, prétendent détenir des pouvoirs magiques. Ils utilisent les plantes médicinales des îles pour concocter des potions pour l'amour, la chance, la vengeance. Le gouvernement a beau invoquer la gratuité des soins médicaux, il ne peut enrayer ces pratiques, trop profondément ancrées dans les mentalités.

Piété et gaieté

Les Seychellois célèbrent toutes les fêtes catholiques avec ferveur. Elle sont parfois l'occasion de processions ornées de bannières, d'événements sportifs et musicaux. À la **Toussaint**, chaque famille honore ses morts et les cimetières, plus que jamais, regorgent de fleurs. **Noël** donne lieu à des célébrations d'une gaieté particulièrement intense. Pour que la fête soit réussie, il faut que les convives mangent, boivent et dansent tout leur soûl. Pour compenser la rareté des mariages, les **baptêmes** et les premières communions suscitent des fêtes exceptionnelles, avec de véritables banquets. Le *calou* coule à flots, la musique et la danse vont bon train.

L'Assomption (15 août)

LA VIE QUOTIDIENNE

L'architecture créole

De la petite case en tôle à la superbe villa coloniale, l'habitat seychellois témoigne d'une recherche harmonieuse de formes, de couleurs et de matériaux. Si l'État entend proposer une maison décente à chaque famille, le souci de ne pas défigurer les paysages reste toujours présent. Aussi, même lorsque le ciment fait son apparition, il s'intègre parfaitement à l'environnement naturel. Les constructions entreprises au 18e s. mêlèrent les techniques et les styles importés par les premiers colons d'Europe, des îles de France (Maurice) et de Bourbon (la Réunion) et par la main-d'œuvre servile d'origine africaine et malgache. Adaptées aux conditions climatiques locales, elles donnèrent naissance à une architecture originale.

Voir les planches d'illustrations, p. 18-19.

L'habitat traditionnel

Essentiellement rural et assez dispersé, l'habitat se répartit autour des côtes ou se perche sur les pentes granitiques, dans la fraîcheur de la végétation.

Le climat dicte une architecture aérée par de nombreuses ouvertures. Une **varangue** forme une galerie couverte, en façade ou tout autour de la maison, rythmée par des colonnes ou par une balustrade, qui s'ouvre sur le jardin. On peut la fermer par des stores en feuilles de latanier ou par des persiennes en bois, pour se protéger du soleil ou des pluies diluviennes qui s'abattent sur l'archipel, ou simplement pour préserver son intimité. La varangue constitue un lieu important dans la vie des Seychellois. C'est en principe l'endroit de la maison où la température est la plus agréable et où l'on aime à se tenir en famille ou entre amis, pour se reposer ou pour travailler, pour les repas ou pour la sieste.

Un soubassement en pierre surélève la plupart des habitations pour éviter les inondations. La pièce principale fait souvent office de salle à manger et de chambre à coucher. Traditionnellement, la cuisine se tient à l'extérieur de la maison, afin d'éviter les risques d'incendie. Dans les constructions récentes, où la tôle et le ciment remplacent largement le bois, la cuisine fait généralement partie intégrante du bâtiment. Vous verrez encore quelques toits en feuilles de cocotier, de latanier ou de vacoa. Mais, plus durable et moins onéreuse, la tôle ondulée, peinte de couleurs vives (souvent le rouge et le vert du drapeau national), plus rarement pastel, et souvent rouillée par l'humidité, domine désormais le paysage.

Lors de vos promenades matinales, vous ne pourrez manquer le spectacle de la Seychelloise balayant les pourtours de sa maison, courbée, le bras gauche plié derrière le dos, un court balai en nervures de feuilles de cocotier dans la main droite. L'entretien de la maison et du jardin, aussi modestes soient-ils, occupe une place importante et vous remarquerez le soin avec lequel chaque famille arrose les nombreuses plantes qui agrémentent son cadre de vie.

Les plantations

Enfouies dans des jardins touffus, les villas qui ont survécu au temps échappent le plus souvent au passant. Vous en dénicherez peut-être en vous aventurant sur les routes escarpées des alentours de Victoria. Chaque plantation se composait d'une maison de maître et de ses dépendances (cuisine et entrepôts), d'un jardin maraîcher et d'une exploitation fermière, d'installations telles que moulins et fours à coprah, distilleries... À la périphérie du domaine logeaient les esclaves, dans de petites cases à toit de feuilles, formées d'une pièce unique surélevée par des pilotis en pierre. Les employés disposaient de cases un peu plus élaborées, agrémentées d'une varangue. Les maîtres, enfin, coulaient des jours paisibles dans leur **gran lakaz**, imposante maison entourée d'un jardin soigné auquel on accédait par une allée ombragée. Ces demeures aux lignes harmonieuses témoignent de l'art de vivre d'un passé colonial révolu. Vous remarquerez en particulier la beauté des bois utilisés, magnifiquement mis à profit pour la confection de savants parquets et d'un élégant mobilier.

Bois et feuilles ont mal résisté aux intempéries et aux incendies. Faute des moyens nécessaires à leur entretien, ces cases se délabrent peu à peu. L'État a néanmoins pris des mesures pour sauvegarder ce patrimoine. Une loi votée en 1980 attribue des subventions pour la restauration et la conservation des plus belles demeures anciennes. Ainsi ont été sauvées de l'oubli les villas du Village artisanal, de la Plaine St-André et de l'Institut créole, à Mahé *(voir p. 415 et 416)*, la maison Jaune, transformée en annexe de La Digue Island Lodge, et la résidence secondaire du président de la République à l'Union, à La Digue.

L'éducation

Priorité absolue dans le programme de société égalitaire du président René, l'éducation, gratuite, permet la scolarisation de 97 % des enfants. La crèche, non obligatoire, accueille les enfants de 4 à 6 ans. L'école devient alors obligatoire pour tous, jusqu'à 16 ans. Les parents dont l'enfant s'absente plus de trois semaines de l'école sans justification valable sont passibles d'une forte amende ou de trois mois de prison ! À 16 ans, la plupart des adolescents accomplissent encore une année de service national de la jeunesse **(National Youth Service)**. Obligatoire jusqu'en 1990, le NYS, créé en 1981, complétait la formation des jeunes suivant la ligne imposée par le gouvernement communiste. Isolés dans des camps à Cap Ternay ou sur l'île Ste-Anne, totalement coupés de leur famille pendant deux ans, les adolescents s'initiaient aux travaux agricoles et industriels sous la direction de leurs professeurs, spécialement venus de Cuba, de Chine, d'URSS ou d'Angola. Ainsi, ce rigoureux service civique d'inspiration marxiste embrigada progressivement les enfants de 16 à 18 ans. De cette époque datent les aspirations de nombreux jeunes pourvus de diplômes à s'expatrier.

Séance de repassage au NYS

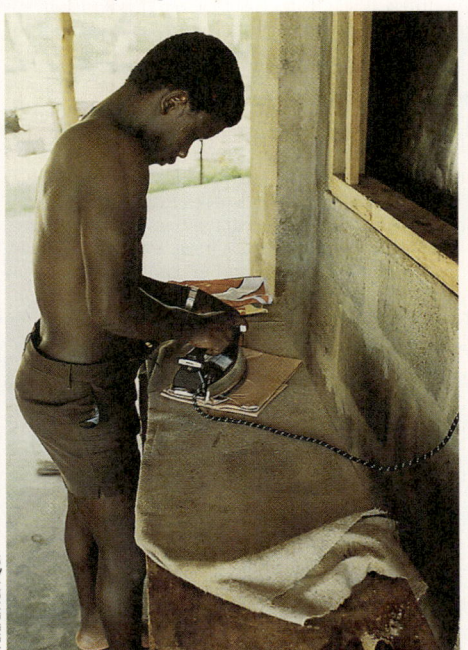

Désormais facultatif, le NYS, rebaptisé S5, ne dure plus qu'un an et son orientation est devenue plus pratique que politique. À 17 ans, le jeune Seychellois doit enfin choisir entre une formation professionnelle et technique (comme l'école hôtelière), un enseignement supérieur plus académique, à l'**école Polytechnique**, ou la vie active.

L'archipel, éparpillé et isolé au milieu de l'océan, dépourvu de surcroît de toute ressource naturelle, n'a guère besoin d'imposer à sa jeunesse un service militaire. Le pays dispose néanmoins, depuis le coup d'État de 1977, d'une **armée** (environ 1 200 hommes) et d'une **milice paramilitaire** entraînée par l'armée.

La femme

La femme, qu'elle soit mariée ou qu'elle vive en concubinage, domine la structure familiale. C'est à elle qu'incombent les prises de décisions importantes, c'est elle qui élève les enfants, c'est encore elle, le plus souvent, qui travaille pour nourrir la famille. Il en découle un fort sentiment d'indépendance chez les femmes.

Dans ces îles évocatrices de liberté et d'amour, malgré les exhortations de l'Église au respect de la moralité, concubinage et libertinage font partie intégrante des mœurs. La réglementation très stricte des divorces par l'Église, d'une part, les traditions maritimes ancestrales, qui veulent que les hommes se considèrent souvent de passage, d'autre part, interviennent certainement dans cet état de fait. Ainsi, les enfants illégitimes restent majoritaires. Les trois quarts des naissances ont lieu hors mariage et les familles de 8 ou 10 enfants nés de pères différents ne sont pas rares, de même que les mères adolescentes. Par ailleurs, seule une minorité de pères reconnaissent leur paternité, car la législation leur impose de verser une pension de 20 à 50 % de leur salaire pour l'entretien de leurs enfants.

Les loisirs

Dans les mentalités seychelloises, le travail vise plus à assurer les moyens de subsistance nécessaires au quotidien qu'à faire du profit et à épargner. Aussi, le Seychellois aime profiter de la vie et de ses loisirs. Vous serez très vite frappé par la grande sociabilité qui lie les habitants. Dans ces îles de petite taille, tout le monde se connaît. Le rythme de vie, dicté par le climat et le long repli du pays sur lui-même, permet aux gens – aux hommes surtout – de prendre le temps de discuter sur le pas de sa porte, de contempler la beauté de la nature, de chanter sur un air de guitare, de jouer aux cartes, aux dames ou aux dominos, en buvant une bière fraîche à l'ombre des *takamakas* qui bordent la plage. La nuit tombe tôt sous les tropiques et l'assouplissement libéral du régime politique a ouvert à la population de Mahé casinos et salles de jeux. La fièvre des machines à sous s'est emparée des îliens en mal de distractions.

Ouverture et modernité

Longtemps isolées du reste du monde, les Seychelles subissent, depuis la construction de l'aéroport international en 1971 et l'essor du tourisme, l'influence du modèle occidental et un engouement pour la société de consommation. Matériel hi-fi, télévision et appareils électroménagers ont fait une apparition massive dans les magasins et les intérieurs seychellois. Le parc automobile a considérablement augmenté en quelques années, suscitant des embouteillages dans la capitale, fait inconcevable jusqu'à une date récente. Enfin, le prêt-à-porter importé a largement pris le dessus sur la confection locale, les jeunes Seychelloises, de plus en plus matérialistes et sophistiquées, aspirant à ressembler aux héroïnes de leurs feuilletons préférés.

Partie de dominos

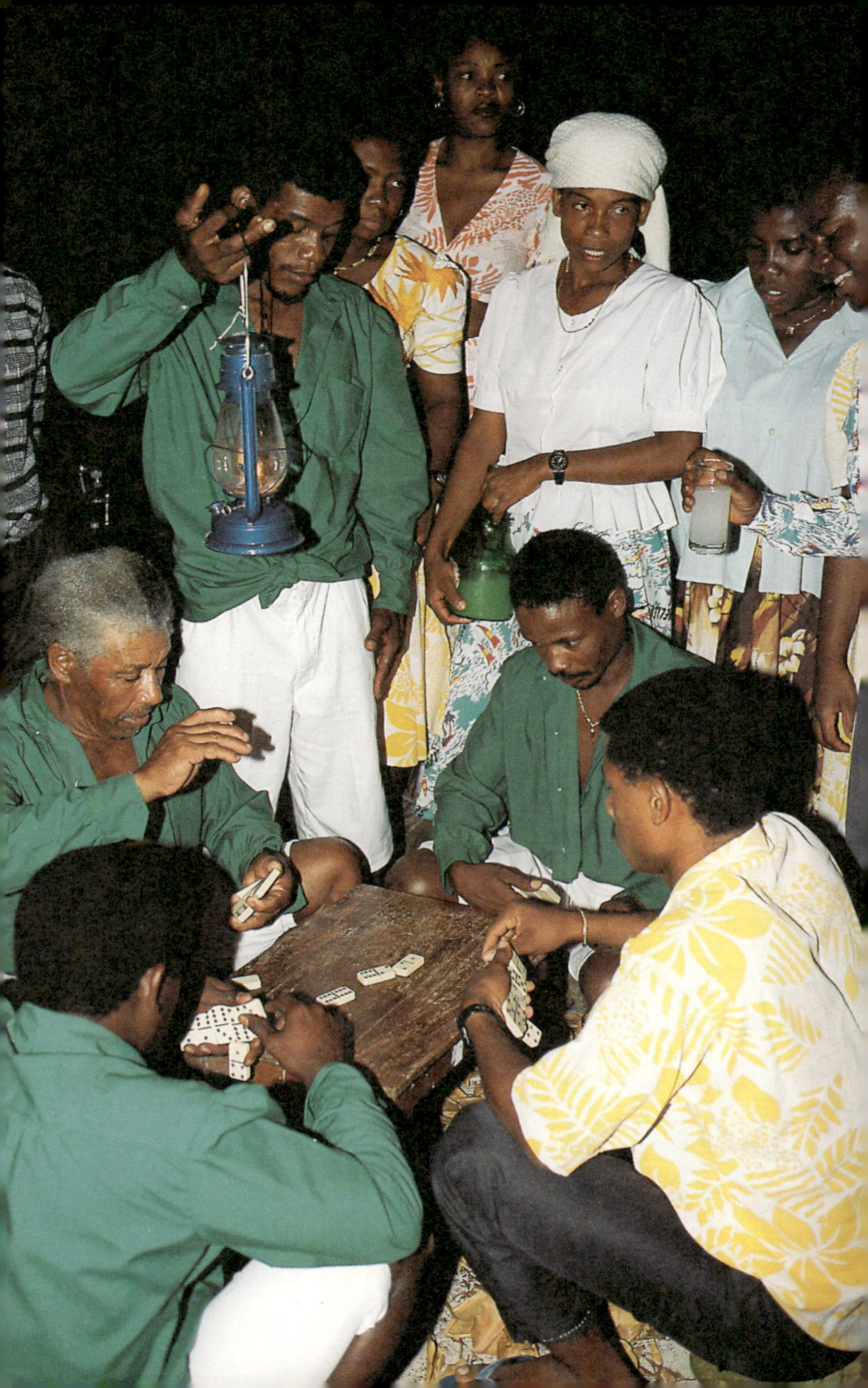

Les arts et le folklore

La musique et la danse

Ces deux modes d'expression font partie intégrante de la vie quotidienne des Seychellois. Le rythme dans la peau, ils dansent ou chantent en toute occasion. Au hasard de vos promenades, vous entendrez des airs de *séga*, de *moutia* ou de reggae s'échapper des cases les plus reculées. Le métissage des influences européennes, malgaches et surtout africaines a donné à la musique seychelloise toute sa saveur et sa personnalité.

Aujourd'hui, bien que modernisées et aseptisées, les danses traditionnelles continuent à faire vibrer le cœur des Seychellois. Malheureusement, il vous sera difficile d'assister à un tel spectacle en dehors des grands hôtels.

Le moutia

Probablement importé par les esclaves noirs, le *moutia* se déroule sur la plage, autour d'un feu, à la lueur de la lune. Son rythme répétitif rappelle celui du *maloya* de la Réunion et des *ségas* traditionnels de Maurice et de Rodrigues. Il faut d'abord chauffer les tambours près des flammes, pour les accorder et donner le tempo. Au nombre de trois, les **tambours-moutia**, ronds et plats, sont tendus d'une peau de cabri. Entonnés sous la forme d'un dialogue spontanément improvisé entre un homme et une femme, les chants racontent l'exil, l'exploitation quotidienne dans les plantations et le rêve d'une vie meilleure. Pleins d'humour, ils mêlent complaintes, satire sociale et histoires d'amour. L'alcool aidant, les esclaves s'accordaient jadis en ces occasions une grande liberté d'expression.

Condamné par l'Église qui voyait dans la gestuelle suggestive du couple de danseurs – l'homme descend sur la femme et, sans la toucher, imite l'acte sexuel – une débauche portant atteinte à la moralité publique, le *moutia* fut strictement réglementé. Une loi délimitait en effet les endroits où l'on était autorisé à allumer le feu et à frapper le tambour, afin de préserver la tranquillité des Blancs.

Le séga

Le *séga* seychellois ressemble au *moutia*. Les couples dansent face à face et, sans jamais se toucher, suggèrent le jeu de la séduction et de l'attirance sexuelle. Elle évoque, sous forme de parodie créole, les choses de la vie quotidienne. Plusieurs musiciens battent le rythme sur leurs **tambours-séga**, longs et étroits, sculptés dans des troncs de cocotiers, qu'ils tiennent entre leurs jambes. La **ravanne** (grosse caisse), le triangle et la **maravanne** (maracas) lui répondent.

Différent du précédent, le **séga tremblé**, probablement d'origine malgache, a conservé des rythmes plus saccadés. Envoûtés par le son des tambours, les danseurs semblent entrer en transe.

Le kamtolé

D'origine européenne et surtout française, les danses du *kamtolé* comprennent la valse, la polka – qui a donné naissance à plusieurs variantes de *scottish* – la mazurka (ou *masok*), la berline, l'écossaise et la contredanse (ou quadrille hérité de la cour de Louis XIV). Ces danses suivent en principe les rythmes de deux violons, d'une mandoline, d'un banjo, d'un accordéon, d'une grosse caisse, d'une caisse claire, de cymbales et, instrument primordial, d'un triangle. Exprimant généralement la gaieté, ces danses se pratiquent encore, spectacle insolite pour le visiteur occidental, dans les bals, les mariages et autres fêtes populaires.

Les chants

Les chants traditionnels, généralement guidés par des instruments à cordes, occupent une place importante dans la culture seychelloise.

Autrefois, le **makalapo** (d'origine africaine) et le **bobre** (arc musical monocorde, également d'origine africaine) accompagnaient des danses et des chants évoquant les incantations onomatopéiques africaines. Le **zez** (sorte de cithare à une corde dont les caisses de résonance sont composées de calebasses, d'origine malgache) jouait des mélopées évoquant la vie quotidienne. Elles soulageaient jadis la solitude des marins envoyés à la chasse aux tortues sur des îles lointaines et désertes. Autre cithare malgache, le **mouloumba** rythmait des contes populaires mêlant toutes sortes de sons saccadés, onomatopées, grognements, crissements de dents, hoquets...

Le sokwé et le boya

Expressions traditionnelles d'origine africaine ou malgache, le *sokwé* et le *boya* se situent à la frontière entre théâtre, chants et danses. Dans le **sokwé**, six hommes, couverts d'herbes, portent des masques noirs aux yeux marqués de rouge et des lichens en guise de barbe. Ils jouent dans cet accoutrement une comédie burlesque mettant en scène un roi et sa cour. Aujourd'hui tombé en désuétude, le **boya** évoquait des scènes de guérison ou de résurrection.

De toutes ces musiques et danses traditionnelles, vous ne verrez hélas pas grand-chose. De nos jours, des spectacles de musique et de danse sont organisés pour les touristes dans certains hôtels. Non dénués d'intérêt ni de charme, ils se présentent comme une forme édulcorée des danses d'antan et vous donneront un aperçu, souvent de bonne qualité, du folklore local.

Une peinture exaltée

La peinture seychelloise, que l'on pourrait qualifier de naïve, exalte par sa couleur et par ses thèmes, la douceur de vivre des îles, la richesse de la faune et de la flore locales. Chaque tableau enferme ou cristallise un instant de la vie quotidienne seychelloise. La pêche, les jeux d'enfants, le vol des oiseaux, les cases créoles, la mer, l'homme et surtout la végétation luxuriante y figurent dans une débauche de couleurs éclatantes.

De nombreux artistes (Michael Adams, qui fait figure de précurseur, Donald Adélaide, Gérard Devoud, Christine Harter, etc.) se sont installés aux Seychelles, inspirés par les paysages, les couleurs et les lumières de l'archipel. Vous pourrez visiter leurs ateliers *(adresses et horaires disponibles à l'Office du tourisme de Victoria et dans les galeries)*. Quelques galeries ont pignon sur rue, essentiellement à Victoria, à Beau Vallon et à La Digue. Enfin, une **biennale des arts plastiques** réunit depuis 1988, les meilleurs artistes de l'océan Indien.

L'artisanat

Peu entreprenants et peu enclins à produire dans une perspective de vente et de profit, les Seychellois ont néanmoins tiré parti des maigres ressources de leur pays pour donner naissance à un artisanat régional balbutiant. Longtemps pratiqué à toute petite échelle dans le cadre familial et exclusivement destiné à l'usage domestique, l'artisanat commence depuis peu, notamment grâce à des initiatives de l'État comme la création du Village artisanal *(voir p. 415)*, à trouver des débouchés sur le marché de Victoria et dans les boutiques de souvenirs.

Au premier rang de cette création figure la **vannerie** : chapeaux, paniers, nattes et autres, confectionnés à partir de feuilles de palmes tressées et parfois teintes. Les **bijoux** en coquillages ou en corail remplacent désormais les objets en écaille de tortue, interdits à l'exportation depuis 1995. Les coques de **noix de coco**, notamment de cocos de mer, servent à la création de récipients originaux. Le travail du **bois**, encore sous-exploité, permet la fabrication de petits objets en marqueterie, de sculptures décoratives, de pièces de mobilier créole et surtout, de **maquettes de bateaux** *(voir p. 416)* qui comptent parmi les plus belles réalisations.

Vêtements et paréos en batiks et autres **tissus** bariolés de motifs tropicaux connaissent un certain essor. Dans les rues de Victoria se vendent également des objets, masques, statues et bijoux, importés d'Afrique.

Une littérature populaire

Presque exclusivement orale jusqu'à une date récente, la création littéraire seychelloise est comme toute la culture du pays, très métissée. La poésie y occupe une place importante, devant les contes, les proverbes, les devinettes et les jeux de mots. Hymne à la nature, évocations de la vie quotidienne, légendes ancestrales où grigris et autres formes de superstitions tiennent la place centrale reviennent comme des thèmes récurrents dans la littérature populaire.

Cette littérature orale, transmise de génération en génération dans le cadre familial, tend à se perdre quelque peu avec l'alphabétisation et l'accès du plus grand nombre aux différents médias. À l'inverse, cette évolution et la récente valorisation de la langue créole ont largement contribué au développement d'une littérature écrite. Par ailleurs, des romans, nouvelles et pièces de théâtre, essentiellement en français ou en anglais, commencent à être traduits en créole.

L'identité créole

Avec les premières aspirations à l'indépendance s'est fait jour une prise de conscience d'une identité créole, dans plusieurs pays colonisés ou récemment affranchis de la tutelle occidentale. Aux Seychelles, l'identité nationale s'est forgée autour du sentiment créole. Réhabilitée, la langue créole présente à la radio et dans la presse, dans la vie politique et à l'école, est devenue langue officielle. Expression d'une véritable culture populaire, elle a contribué à la renaissance du folklore seychellois – danse, musique, littérature – que le gouvernement remet à l'honneur depuis quelques années.

Inspirés par une initiative de l'île de la Dominique, la plupart des pays créolophones ont instauré en 1985 une Journée créole. Aux Seychelles, cette journée est rapidement devenue une semaine.

Si vous vous trouvez dans l'archipel à la fin du mois d'octobre, vous aurez la chance d'assister à ce **festival créole**, qui regroupe toute une série de manifestations émanant de peuples nés de la migration et du métissage, dont le seul dénominateur commun réside dans la notion d'appartenance à la culture créole. Art et artisanat, architecture, musique et danse, littérature et poésie, théâtre, cuisine et mode : tous les domaines de la création se côtoient, sept jours durant, dans un hymne joyeux à la richesse du monde créole.

Savoir-vivre

Bien que le spectacle généreux de la nature constitue l'attrait majeur de votre séjour, votre découverte des Seychelles passera aussi par vos rencontres avec la population locale.

Si le sursaut de fierté nationale qui a suivi l'indépendance du pays a suscité un certain mépris pour le Blanc, assimilé à l'ancien colonisateur, le sens du tourisme et l'hospitalité naturelle des Créoles ont fini par prendre le dessus sur les rancœurs passées. Néanmoins, rares demeurent les Seychellois qui viendront spontanément à vous et vous aurez peut-être, au premier abord, un sentiment peu engageant de froideur, d'indifférence, voire de dédain. Il s'agit plutôt de nonchalance, parfois mêlée de timidité. Si vous passez outre cette première impression, vous verrez sans doute qu'il suffit de prendre votre temps, de témoigner votre intérêt, votre curiosité, pour entamer une discussion.

Comment se mêler aux Seychellois

● Le contact avec les Seychellois s'établit d'autant plus facilement que nombre d'entre eux maîtrisent le français. Si tel n'est pas le cas, vous parviendrez, avec un peu de patience et de bon sens, à échanger quelques mots en vous exprimant dans un français intelligible et en essayant d'interpréter phonétiquement la langue de votre interlocuteur.

● Bien plus que les structures hôtelières classiques, les nombreuses pensions familiales de l'archipel vous offriront une vision plus authentique de la vie quotidienne des Seychellois et vous permettront de faire aisément leur connaissance.

● Vous n'aurez que l'embarras du choix pour amorcer la discussion : fiers de leur pays, les Seychellois seront évidemment ravis que vous les complimentiez sur la beauté de leurs îles. Vous les flatterez en les interrogeant sur la faune et la flore ou, plus précisément, sur ce qui pousse dans leur jardin, ce qu'ils viennent de pêcher, ce qui a occupé leur dimanche, leurs spécialités culinaires, leur musique préférée, etc.

Devant la « boutik » de Quatre Bornes

- N'hésitez pas à vous « perdre » sur les petites routes escarpées, dans les petits villages isolés, à saluer, surtout dans les lieux reculés, les jeunes vaquant à leurs occupations, les vieilles gens prenant le frais dans leur jardin, les commerçants, debout sur le pas de leur porte dans l'attente d'un hypothétique client. Une grande discrétion s'impose pour ne pas les importuner ni violer l'intimité de leur vie privée.

- Les cérémonies religieuses, à commencer par la messe, peuvent aussi se révéler d'étonnants lieux de rencontres. L'idéal reste, bien sûr, de se voir convié à une fête, comme un baptême ou un mariage.

Quelques règles à connaître

- D'un naturel décontracté, les Seychellois aiment plaisanter et faire des blagues. Il sera donc bienvenu de jouer le jeu et de partager leur sens de l'humour.

- Si vous avez la chance d'être invité à une fête (baptême, mariage...), vous honorerez vos hôtes en vous montrant à l'aise, heureux de participer aux festivités et en témoignant votre goût pour les mets et les boissons qui vous sont offerts.

- Vous remarquerez que les Seychellois, bien que de nature décontractée, se mettent facilement sur leur trente et un, en particulier pour se rendre à la messe. Par respect pour eux, vous êtes donc tenu de vous vêtir décemment lorsque vous pénétrez dans les églises.

- Si les plages désertes et paradisiaques vous font succomber à la tentation de la tenue minimaliste, ne vous étonnez pas, mesdames, des ardeurs que vous susciterez chez les autochtones...

- La réaction des Seychellois face à l'objectif est assez imprévisible. Globalement, les enfants ne se font pas prier pour prendre la pose. Il n'est pas toujours évident de les surprendre pour avoir une expression plus spontanée. Vous éprouverez sûrement quelque frustration au marché de Victoria, où les vendeuses, si photogéniques, tendent à se cacher derrière leurs étals pour échapper à l'immortalisation. Les pêcheurs, en revanche, se montrent généralement assez fiers, lorsqu'ils déchargent leur bateau, de vous exposer leurs prises. Au gré de vos promenades, il reste préférable de demander la permission avant de prendre les gens en photo.

- Le métissage de la population et le sentiment national étant très marqués, évitez de parler d'Indiens, de Chinois, de Noirs ou de Blancs. Tout natif de l'archipel se considère avant tout comme un Seychellois, sans considération de couleur de peau ou d'origine ethnique.

- Les Seychellois, dans l'ensemble, exprimeront un soupir de résignation et esquiveront le sujet de la politique dans l'archipel. Il est recommandé d'éviter d'aborder ce thème sur lequel vous n'obtiendrez, au mieux, que des réponses évasives ou teintées de langue de bois.

- Vous ne verrez jamais les Seychellois s'énerver ou se disputer, du moins en public. Ils vous regarderaient d'un drôle d'œil s'ils vous voyaient hausser le ton ou perdre votre contrôle.

LA GASTRONOMIE

Une cuisine créole raffinée

La cuisine seychelloise est sans doute la meilleure cuisine créole de l'océan Indien. L'abondance de produits frais, les héritages africain, français, anglais, chinois et indien ont donné naissance à une cuisine métissée, originale et variée, mais qui tend à s'aseptiser pour les besoins du tourisme.

Base de l'alimentation, le **poisson** (requin, barracuda, espadon, *job,* bourgeois, marlin, thon, cordonnier, carangue...) peut être préparé de mille façons : accommodé de fruits ou de légumes, parfumé aux herbes et épices, mijoté dans du lait de coco (*cari coco*), des sauces à base de tomate (*daube, rougail*), ou simplement mariné dans un jus de citron vert légèrement pimenté et grillé au feu de bois. Les mêmes préparations agrémentent langoustes, crabes, poulpes (*z'ourites*), mais aussi poulet et plus rarement, bœuf ou porc.

En guise d'accompagnement, on vous servira généralement du riz, le fruit de l'**arbre à pain** (en purée ou en beignets) ou des lentilles épicées et mijotées à l'indienne (*dholl*) et divers légumes locaux (aubergines ou *bringèles*, chouchous, brèdes, potiron ou *giraumon*...). D'excellents *satini* (fruits râpés et macérés dans un jus de citron vert ou du lait de coco) de papaye, de coco ou de mangue verte agrémentent parfois ces plats.

Vous aurez certainement l'occasion de déguster une **« salade de millionnaire »**, mets de choix, composée de cœurs de *palmiste*. Votre curiosité vous poussera peut-être à goûter la **roussette**, chauve-souris dont le régime végétarien donne à la chair une saveur tendre et sucrée. On la sert rôtie, en cari ou en terrine.

Gardez une petite place pour le dessert et profitez de la profusion et de la diversité des fruits tropicaux (mangues et bananes de multiples espèces, jamalacs, cœurs de bœuf, corossols, fruits de la passion, goyaves...). La plupart des hôtels vous en proposeront un assortiment au petit-déjeuner. En revanche, vous en trouverez paradoxalement peu hors du marché de Victoria, les habitants gardant l'essentiel de leur production pour leur consommation personnelle.

Si vous souhaitez grignoter sur le pouce à midi, achetez quelques **bonbons-piment** et des **samoussas**, petits beignets indiens vendus dans les boulangeries de Victoria et dans certaines épiceries au bord de la route.

Les boissons seychelloises

Les Seychellois font une grande consommation de sodas et de bière (*Seybrew, Celebration* et *EKU*), que vous apprécierez quand il fait chaud. Une infusion de **citronnelle** aux vertus digestives et sédatives vous sera souvent servie en fin de repas. Vous pourrez également goûter le thé local, cultivé sur les pentes du Morne Seychellois à Mahé, parfumé à la cannelle ou à la vanille, et le café, qui pousse sur certaines îles.

Vous aurez peut-être l'occasion ou la curiosité de goûter les alcools locaux, que les Seychellois boivent en général à l'occasion des cérémonies familiales et lors des séances de *séga* ou de *moutia*, tels que le **bacca** (jus de canne à sucre fermenté), le **calou** (sève de cocotier fermentée) et le **coco d'amour**, délicieuse liqueur à base, dit-on, de coco de mer. On attribue à ce dernier, vendu dans une bouteille évoquant la forme d'un « coco-fesse », des vertus aphrodisiaques.

LES LANGUES

Composé à 90 % de vieux français, le **kreol seselwa** ressemble beaucoup au créole parlé à l'île Maurice, assez différent de celui de la Réunion.

Le créole est né au 18ᵉ s. de la nécessité de communication entre les premiers colons et les esclaves africains et malgaches d'une part, entre les esclaves, issus de différentes ethnies parlant chacune son propre dialecte, d'autre part. Cette langue a été progressivement forgée par les esclaves, par déformation et simplification du français usité par leurs maîtres dans les plantations. Quelques mots africains, indiens, malgaches et anglais s'y sont également glissés. Langue métissée donc, langue orale, dont la grammaire et l'orthographe n'ont été fixées que tardivement, elle s'est peu à peu imposée comme un véritable parler local, facteur d'identité nationale. Sa base lexicale française et son écriture phonétique facilitent sa compréhension pour les francophones. Vous apprécierez sa mélodie nonchalante, le charme suranné des mots hérités du vieux français, les vocables formés par onomatopées ou par images évocatrices.

Banni des écoles, des églises et de toutes les institutions par la société coloniale, le créole s'est progressivement développé au sein de la population, parallèlement au français, puis à l'anglais, parlés par les colons. Une réforme britannique – qui, en 1944, supprime le français au profit de l'anglais dans le système éducatif – a eu pour effet involontaire d'enraciner plus profondément encore cette langue populaire. L'instauration du suffrage universel, en 1967, oblige par ailleurs les politiciens, la radio et la presse à s'adresser au peuple, devenu électeur, dans sa langue. À la suite du coup d'État de 1977, un hymne national voit le jour, en créole, et le nouveau gouvernement réhabilite cette langue, qu'il décrète langue nationale officielle en 1981.

Héritage de la colonisation, la plupart des Seychellois parlent couramment le **français** ou l'**anglais**, parfois même les deux. À l'école, les enfants apprennent à lire et à écrire dans leur langue maternelle, le créole. On leur enseigne l'anglais dès la deuxième année de primaire et le français quatre ans plus tard.

Ainsi, les trois langues se côtoient quotidiennement. Si le créole demeure la langue commune de la vie courante, l'administration, la justice et les affaires utilisent l'anglais, la religion, le français, tandis que les médias mêlent les trois.

Petit lexique créole

Prononciation
Voir p. 60.

Le créole au quotidien

Créole	Français
Bonzour	Bonjour
Comman sava ?	Comment ça va ?
Ki kote ?	Où ?
Kiler ?	Quand ?
Ki li ki la ?	Qui est là ?
Ki mannyer ou appel ?	Comment t'appelles-tu ?
Ki sa ?	Qu'est-ce que c'est ?
Ki ou le ?	Que voulez-vous ?

Kombyen sa ?	Combien est-ce ?
Koté ou resté ?	Où habites-tu ?
Mo appel...	Je m'appelle...
Mo byen mersi	Bien merci
Mo kapa ganny en labyer silvouplé ?	Puis-je avoir une bière s'il vous plaît ?
Mo kontan	J'aime bien
Mo pas kompran	Je ne comprends pas
Mo soif	J'ai soif
Ol i...?	Où est...?
Oplezir	À bientôt
Sa i byen zoli	C'est très beau
Taler	Tout à l'heure

Quelques mots utiles

Bacca	Alcool de canne à sucre.
Bazar	Marché.
Bwa	Désigne une multitude de plantes ligneuses.
Bonbon	Désigne indifféremment les sucreries et les gâteaux salés.
Bonbon-piment	Beignet salé pimenté fait à base de gros pois.
Boucan	Autrefois, petite cabane de pêcheur. Aujourd'hui, petite dépendance en bois sous tôle où l'on prépare la cuisine au feu de bois.
Brèdes	Plante dont on consomme les feuilles bouillies en potage ou en fricassée.
Bringelle	Aubergine.
Calou	Alcool obtenu par fermentation de la sève de cocotier.
Cap	Grosse roche.
Cari	L'un des principaux plats de la cuisine créole, d'origine indienne.
Case/Kaz/Lakaz	Maison, en tôle ou en dur. Même les plus vastes gardent ce nom de case. Seule une demeure vraiment grandiose s'appelle « château ».
Coprah	Noix de coco décortiquée, que l'on presse pour faire de l'huile.
Giraumon	Citrouille rouge.
Glacis	Surface d'érosion en pente. Aux Seychelles : nom donné aux rochers granitiques polis par la mer.
Guano	Matière constituée par les amas de déjections d'oiseaux marins et de déchets de poissons.
Kour	Jardin.
Limon	Petit citron.
Morne	Petite montagne arrondie, isolée au milieu d'une plaine d'érosion.
Rougail	Désigne soit un plat mijoté (rougail marmite), soit un condiment pimenté (rougail pilon).
Samossa/Samoussa	Petit beignet indien, farci à la viande, au poisson ou aux légumes épicés.
Varangue	Véranda des cases créoles, ouverte ou fermée, sur une ou plusieurs façades.
Zil	Île.
Z'ourite	Poulpe.

Petit lexique créole

Les Seychelles pratique

Paysage sous-marin

AVANT LE DÉPART

• Heure locale
Le décalage horaire avec la France est de 3 h du 21 décembre au 21 juin et de 2 h du 21 juin au 21 décembre, comme pour la Réunion et l'île Maurice. Quand il est 9 h en France, il est selon la saison 11 h ou 12 h aux Seychelles.

• Comment téléphoner aux Seychelles
Pour appeler les Seychelles de l'étranger, composez le 00 + 248 + le numéro de votre correspondant.

• À quelle saison partir
Les Seychelles bénéficient d'un climat tropical équatorial soumis à un régime de moussons. Situé hors de la zone des cyclones (à l'exception de l'atoll de Farquhar), l'archipel jouit d'un climat assez constant grâce à l'influence de l'océan. La meilleure période pour vous y rendre s'étend **de mars à mai**, mais les températures restent agréables toute l'année, entre 24 et 30 °C et l'humidité de l'air se stabilise autour de 80 %. L'océan crée sur de nombreuses petites îles des microclimats exclusifs. Il fait jour environ de 6 h à 18 h, tout au long de l'année.

L'été austral
D'octobre à mars, la brise de mousson du nord-ouest apporte une chaleur lourde et humide entrecoupée de violentes pluies. C'est la meilleure saison pour la pêche. De brèves averses tropicales peuvent s'abattre sur les îles toute l'année, mais les plus grosses, subites et courtes, tombent en janvier, surtout à Mahé et Silhouette. L'épanouissement de la flore atteint alors son apogée.

L'hiver austral
D'avril à septembre, il fait plus frais et plus sec en raison des alizés qui soufflent du sud-est. C'est la saison idéale pour la voile, la planche à voile et la plongée. Juillet et août sont les mois les plus secs. Bien qu'il ne s'agisse pas d'un tourisme de masse, la plus grosse fréquentation des îles se situe en **décembre-janvier** et en **juillet-août**. Les prix montent alors en conséquence. Le mois d'avril, qui voit le retour des oiseaux migrateurs, marque le début de la saison idéale pour les passionnés d'ornithologie.

• Les vêtements à emporter
Les Seychellois s'habillent de façon très décontractée. Vu le climat, il vous suffit d'emporter des vêtements légers et un maillot de bain. Des chaussures en plastique vous seront utiles contre les oursins, les poissons-pierres et les coraux.
Prévoyez éventuellement un pantalon et un pull légers, pour la brise du soir en hiver et surtout contre les moustiques. N'oubliez pas vos lunettes de soleil. Vous trouverez des chapeaux sur place, en vannerie, en fibres de cocotier ou en tissu. La plupart des Seychellois en portent.

• Voyage pour tous
Voyager avec des enfants
La qualité des infrastructures et l'absence de maladies facilitent le voyage avec des enfants. Les seules précautions à prendre concernent le soleil et la mer.

Femme seule
Une femme seule sera peut-être un peu plus sollicitée aux Seychelles qu'à la Réunion ou à Maurice, mais voyager seule ne présente aucun danger ni difficulté. Les Seychelles étant une destination de vacances en couple, les Seychellois seront très surpris de voir une personne seule.

Personnes âgées
Comme pour les enfants, les infrastructures et l'hygiène permettent aux personnes âgées de voyager sans problème aux Seychelles, à condition de se méfier du soleil et de la chaleur.

Personnes handicapées
Certains hôtels installés sur des sites pentus comportent beaucoup d'escaliers. Il est donc souhaitable de s'assurer au préalable qu'il est possible de se déplacer sans problème dans l'établissement. Seuls les transports par bateau peuvent se révéler difficiles.

Voyager avec un animal domestique
Les animaux domestiques doivent subir une quarantaine de six mois avant de pouvoir pénétrer aux Seychelles.

• Adresses utiles
Offices de tourisme
France – Office du tourisme des Seychelles, 32 rue de Ponthieu, 75008 Paris, ☎ 01 42 89 97 77, Fax 01 42 89 97 70. Nombreuses brochures et liste des lieux d'hébergement.
Belgique – Le bureau est fermé, contactez celui de Paris.
Suisse – Pas d'office de tourisme.

Site internet
Travelocity – www3.travelocity.com et www.seychelles.net

Représentations diplomatiques
France – Ambassade des Seychelles, 51 av. Mozart, 75016 Paris, ☎ 01 42 30 57 47, Fax 01 42 30 57 40.
Belgique – Consulat des Seychelles, 250 av. Louise, BP 102, 1050 Bruxelles, ☎ (32 2) 627 57 88, Fax (32 2) 648 55 56.
Suisse – Consulat des Seychelles, Guisan-quai 22, CH 8002 Zurich, ☎ (41) 285 79 29, Fax (41) 202 67 38.
Canada – Consulat des Seychelles, 67 rue Sainte Catherine West, Montréal, Québec, H2X 1Z7, ☎ (514) 28 43 322, Fax (514) 84 50 631.

• Formalités
Pièces d'identité
Un passeport en cours de validité et un billet retour suffisent pour se rendre aux Seychelles. Un visa valable un mois est délivré gratuitement à l'arrivée à condition d'avoir les fonds nécessaires à la durée du séjour. Pour le prolonger (jusqu'à un an), adressez-vous au **Bureau de l'immigration**, Independence House, angle Independence Av. et de 5th June Av., Victoria, ☎ 224 030 ; lundi-vendredi 8 h-16 h (prévoyez deux photos d'identité, des fonds suffisants et un billet retour).

Douanes
Il n'y a aucune restriction sur l'importation des devises étrangères. Vous pouvez entrer aux Seychelles avec 1l d'alcool, 1l de vin, 200 cigarettes (ou 250 g de tabac), 125 ml de parfum et 250 ml d'eau de toilette. Drogue, armes et munitions sont prohibées, ainsi que l'importation de nourriture et de produits agricoles.
Il est interdit de quitter les Seychelles avec des coquillages, coraux, poissons, tortues, etc. Il faut un certificat officiel d'exportation pour rapporter un coco de mer.

Règlements sanitaires
Il faut demander un certificat sanitaire au ministère de l'Agriculture pour toute importation de plantes.

Vaccination
Aucune vaccination particulière n'est exigée. Les ressortissants des pays africains et les personnes ayant séjourné sur ce continent doivent produire des certificats à jour pour les vaccins contre le choléra et la fièvre jaune.

Permis de conduire
Le permis de conduire national en cours de validité suffit pour louer une voiture.

• Devises
Monnaie
L'unité monétaire des Seychelles est la roupie seychelloise (Rs), monnaie forte qui vaut environ 0,2 €. Elle se divise en 100 cents (c).

Avant le départ

Avant le départ

Change
Vous trouverez des bureaux de change à l'aéroport, à l'arrivée et au départ des vols internationaux, dans les lieux touristiques, à Victoria, dans les villages les plus importants des trois îles principales et dans la plupart des hôtels. De nombreuses devises étrangères sont acceptées. Le taux de change, fixé chaque jour par la Central Bank of Seychelles, est identique dans toutes les banques. Attention, depuis le 1er juin 2001, une nouvelle loi oblige les touristes à payer en devises étrangères les frais d'hôtel, les locations de voitures, les excursions faites avec des agences de voyages, ainsi que les billets d'avion pour les vols domestiques (entre les îles des Seychelles). En revanche, les paiements dans les restaurants et les taxis s'effectuent en roupies seychelloises.

Chèques de voyage
Vous pourrez changer vos chèques de voyage presque partout. Le taux est meilleur qu'avec des devises, mais une commission est prélevée sur chaque opération.

Cartes de crédit
Les principaux hôtels, restaurants, magasins de souvenirs et banques acceptent les cartes American Express, Diner's Club, Master Card et Visa, sauf sur l'île Silhouette, où seules les cartes Visa et Master Card sont utilisables. Les seuls distributeurs automatiques de Mahé se trouvent à Victoria, à l'aéroport et à Beau Vallon. À Praslin, vous en trouverez à Baie Ste-Anne, à Grande Anse et à Anse Volbert.

• Budget à prévoir
La vie est plus chère qu'à la Réunion et beaucoup plus chère qu'à l'île Maurice. Les prix varient du simple au double selon la saison et presque tous les tarifs sont majorés de 20 à 30 % entre le 15 décembre et le 15 janvier.

En voyageant à deux, vous pouvez vous loger à l'hôtel pour un minimum de 30 € par jour et par personne et vous nourrir à partir de 15 € par repas. Pour un séjour plus confortable mais sans luxe, comptez 75 € par jour et par personne pour l'hôtel et le restaurant.

Circuler en bus est très bon marché, mais ne permet pas de s'arrêter où l'on veut ni quand on veut. Pour louer une voiture à la journée, comptez de 53 à 60 € à Mahé, et plutôt 60 à 68 € à Praslin. Le taxi coûte très cher. Les liaisons régulières en bateau et en avion sont assez bon marché.

Pour plus de détails, reportez-vous aux rubriques transports, hébergement, restauration... de ce chapitre.

• Réservations
Le nombre de lits étant limité sur l'archipel et le climat étant agréable toute l'année, il est très fortement conseillé de réserver votre hébergement à l'avance, quelle que soit la saison pendant laquelle vous souhaitez partir. Pour les vacances de Noël et d'été (juillet-août), vous aurez également intérêt à réserver une voiture, si vous choisissez ce moyen de transport, ainsi que vos billets d'avion entre les îles.

• Assurance rapatriement
Pensez à vous assurer avant de partir, si ce n'est pas déjà le cas. Renseignez-vous auprès de votre banque : certaines cartes bancaires donnent droit à une couverture à l'étranger. Si vous passez par un tour-opérateur, l'assurance assistance/rapatriement est en général incluse dans le prix du voyage.
Europ Assistance, 1 promenade de la Bonnette, 92633 Gennevilliers Cedex, ☎ 01 41 85 85 85.
Mondial Assistance, 2 rue Fragonard, 75017 Paris, ☎ 01 40 25 52 04.

• Ce que vous pouvez apporter à offrir
Certains Seychellois francophiles apprécieront que vous leur offriez une spécialité gastronomique de votre région ou une bouteille de vin. Pensez également à apporter des photos de votre pays, de votre famille, de chez vous. L'attrait que manifestent les Seychellois pour la civilisation occidentale, l'engouement pour la modernité de cette

population isolée et longtemps soumise à une dictature communiste sont de plus en plus vifs. Aussi, vous comblerez vos hôtes en leur apportant des choses auxquelles ils n'ont pas encore accès, dont ils rêvent parfois pour les avoir vues sur des touristes étrangers, à la télévision, ou encore à des prix exorbitants dans les magasins de Victoria. Prêt-à-porter, gadgets, cassettes de musique occidentale, maquillage, parfum, cosmétiques... feront des heureux.

COMMENT S'Y RENDRE

- **En avion**

Lignes régulières

Le vol Paris-Mahé sans escale dure environ 9 h 30.

Air France, 119 av. des Champs-Élysées, 75008 Paris, ☏ 0 820 820 820, Fax 01 42 99 21 99 ou 01 44 56 26 01, www.airfrance.fr.
La compagnie assure 4 vols hebdomadaires au départ de Paris (mercredi, jeudi, vendredi, dimanche) en partenariat avec Air Seychelles. Les prix varient de 760 € en basse saison à 1220 € en haute saison.

Air Seychelles, 11 rue du Colisée, 75008 Paris, ☏ 01 42 89 86 83, Fax 01 45 63 85 12.
4 vols hebdomadaires sont assurés au départ de Paris en partenariat avec Air France. Les prix sont donc les mêmes que sur Air France. Air Seychelles propose également des départs de Zurich.

Aéroflot, 33 avenue des Champs-Élysées, 75008 Paris, ☏ 01 42 25 43 81, Fax 01 42 56 04 80. Un vol hebdomadaire entre Paris et Mahé, via Moscou.

British Airways assure 2 vols par semaine entre Paris et Mahé, via Londres, ☏ 08 02 80 29 02, Fax 04 78 53 34 43.

Air Europe relie les Seychelles 1 fois par semaine au départ de Milan.

Condor relie les Seychelles au départ de Francfort.

Charters

Il n'existe pas de charters pour les Seychelles, mais certaines agences de voyages proposent des tarifs promotionnels sur les vols réguliers.

Liaisons aériennes entre les Seychelles, Maurice et la Réunion

Air Austral relie les Seychelles et la Réunion 1 fois par semaine.

Air Mauritius effectue 1 vol hebdomadaire entre Maurice et les Seychelles (le vendredi).

Air Seychelles relie Maurice et les Seychelles 1 fois par semaine (le mardi).

Aéroport international

Tous les vols internationaux et locaux arrivent à l'aéroport de Mahé, gagné sur la mer à Anse Talbot, à 10 km de Victoria, la capitale. À l'arrivée des vols internationaux, vous trouverez des taxis et les représentants des principales compagnies de location de voitures, ainsi qu'un bureau de change, une boutique de souvenirs, une boutique hors taxes et une buvette. La plupart des hôtels se chargent de votre transfert.

À l'arrivée des vols intérieurs, l'aéroport peut être, selon l'heure, complètement désert. Un téléphone est à votre disposition : il suffit de le décrocher pour appeler un taxi. Vous ne trouverez pas de loueur de voitures sur place le week-end, ni aux heures creuses. Un distributeur automatique de billets reste à votre disposition.

Des autobus publics passent toutes les 30 à 40 mn environ.

Reconfirmation

Il est très vivement recommandé de reconfirmer votre vol de retour dès votre arrivée et de se rendre au moins 2 h en avance à l'aéroport car le surbooking est assez systématique.

Taxe d'aéroport

Prévoyez 40 USD pour la taxe au départ des Seychelles.

• Par un tour-opérateur

De nombreuses agences proposent différentes formules de séjour. Il devient souvent plus intéressant d'acheter un forfait comprenant l'avion, l'hôtel en pension complète, et éventuellement la location d'une voiture, que d'organiser soi-même son voyage.

Nouvelles Frontières propose des combinés interîles et des croisières en voiliers.

Voir la liste des tours-opérateurs spécialisés, p. 68.

Sur place

• Adresses utiles

Le magazine *Le Luxe à l'état brut* est distribué gratuitement à l'office de tourisme et dans certains hôtels ou lieux touristiques. Il contient toutes sortes d'informations pratiques et d'adresses utiles.

Office de tourisme
Office de tourisme – *Voir p. 407.*

Représentations diplomatiques
Ambassade de France, Victoria House, Victoria Mahé, ☎ 38 25 00.
Consulat de Belgique, PO Box 232, Belombre, Mahé, ☎ 344 551, Fax 344 754.
Il n'y a pas de représentations directes du Canada et de la Suisse. Ces pays sont présents aux Seychelles par l'intermédiaire des consulats en Tanzanie et au Kenya.
Ambassade de Suisse au Kenya, International House, Mama Ngina Street, 30752 Nairobi, ☎ (00 25 42) 228 735, Fax (00 25 42) 227 388.
Ambassade du Canada en Tanzanie, CP 1022, Dar-es-Salaam, Tanzanie, ☎ (255 51) 112 832, Fax (255 51) 116 897.

• Horaires d'ouverture

Banques-change
De nombreuses banques se trouvent à Victoria (lundi-vendredi 8 h 30-14 h/15 h ; samedi 8 h 30-11 h 30. À l'aéroport, les banques ouvrent à chaque arrivée de vol international. Vous en trouverez également à Beau Vallon, sur la route de Victoria (en semaine, 9 h-12 h 30 ; samedi, 8 h 30-10 h 45), à Grand'Anse, à Anse Boileau. Tous les hôtels font du change, à un taux moins intéressant. Les seuls distributeurs automatiques de Mahé se trouvent à Victoria, à l'aéroport et à Beau Vallon.

Postes
Lundi-vendredi 8 h 30 -16 h ; samedi 8 h-12 h.

Magasins
Lundi-vendredi 8 h 30-17 h ; samedi 8 h 30-12 h.

Restaurants
Les horaires et les jours de fermeture varient d'un établissement à l'autre.

Bureaux
Lundi-vendredi 8 h-12 h / 13 h-16 h.

• Visite des musées et jardins

Horaires
Nationaux pour la plupart, les musées sont généralement ouverts de 8 h 30 à 16 h 30 du lundi au vendredi, avec parfois une interruption à l'heure du déjeuner, et de 8 h 30 à 12 h le samedi. Pour les lieux privés, les horaires sont variables.

Tarifs
Le droit d'entrée varie de 1,5 à 3 €, un tarif réduit est souvent accordé aux enfants.

SEYCHELLES

• Poste
La poste seychelloise fonctionne assez bien. Vous trouverez des bureaux de poste dans les principaux villages, mais il vaut mieux poster votre courrier de la poste centrale de Victoria. Les timbres s'achètent uniquement dans les bureaux de poste, mais certains hôtels en vendent à leurs clients. Vous pouvez expédier des colis par avion.

• Téléphone et fax
Les Seychelles disposent d'un service téléphonique moderne. Le réseau couvre les îles de Mahé, Praslin, La Digue, Silhouette, Bird, Frégate, Desroches, Alphonse et Denis.

Appels internationaux
Vous pouvez téléphoner dans le monde entier du bureau **Cable and Wireless** à Victoria, Mahé. Services de télex, télégraphe et fax.

Appels locaux
Vous trouverez des téléphones publics à pièces ou à carte dans les rues de Victoria et dans les principaux villages sur les îles de Mahé, Praslin, La Digue, Silhouette et Cerf. Les cartes téléphoniques de 30, 60, 120 ou 240 unités sont en vente à l'aéroport, au bureau **Cable and Wireless** à Victoria et dans la plupart des magasins et bureaux de poste.

Indicatifs et tarifs
Pour appeler l'étranger depuis les Seychelles, composez le 00 + l'indicatif du pays + le numéro de votre correspondant.
Indicatifs – 33 pour la France ; 32 pour la Belgique ; 41 pour la Suisse ; 1 pour le Canada.

Renseignements
Nationaux – Composez le 181.
Internationaux – Composez le 151.

• Jours fériés
Fêtes nationales

1er et 2 janvier	Nouvel An
1er mai	Fête du Travail
5 juin	Jour de la Libération
18 juin	Fête de la Réconciliation nationale
29 juin	Jour de l'Indépendance

Fêtes religieuses

Mars ou avril	Vendredi saint, samedi et dimanche de Pâques
10 juin	Fête-Dieu
15 août	Assomption
1er novembre	Toussaint
8 décembre	Immaculée Conception
25 décembre	Noël

COMMENT SE DÉPLACER

• En voiture
Le meilleur moyen de visiter Mahé, et éventuellement Praslin, consiste à louer une voiture pour quelques jours. Un véhicule est même nécessaire pour accéder à certains lieux d'hébergement de Mahé et de Praslin non desservis par les bus.

Location
Il faut présenter votre permis de conduire français ou international et être âgé d'au moins 18 ans. À Mahé, les principales agences de location sont représentées à l'aéroport et dans les hôtels. À Mahé comme à Praslin, les petites agences locales

proposent des tarifs compétitifs, mais il convient de vérifier attentivement l'état du véhicule et les conditions d'assurance. Gardez sur vous le numéro à appeler en cas de panne.

La voiture nationale, la *Mini-Moke*, est la plus adaptée aux routes étroites et sinueuses des îles. Vous trouverez aussi des 4x4 et des voitures fermées, idéales en cas d'averse. Le kilométrage est illimité. Toutes les compagnies vous livrent le véhicule à domicile, mais le réservoir d'essence est généralement vide. Comptez de 53 à 60 € par jour à Mahé, de 60 à 68 € par jour à Praslin.

Quelques adresses intéressantes à Mahé :
Nelson's Car Hire, St-Louis, ☏ 266 923, Fax 266 032. Un accueil sympathique, mais vérifiez bien l'état de la voiture avant de la louer.
Mein's, St-Louis, ☏ 266 005 / 266 366, Fax 375 732.
Hertz, Revolution Av., ☏ 322 447 / 322 669, Fax 324 111. Véhicules fiables, mais plus chers que dans les agences locales.

Réseau routier
Un réseau de 150 km de routes goudronnées de bonne qualité et de plus de 100 km de routes non revêtues sillonne l'île de Mahé. À Praslin, la majorité des routes sont goudronnées mais trouées de nids-de-poule. Sur les autres îles, les routes relèvent le plus souvent du chemin ou de la piste, et il est préférable de circuler en 4x4. La signalisation est souvent succincte mais, étant donné la taille des îles, vous ne risquez pas de vous perdre.

Conduite
La conduite se fait à gauche, mais la priorité reste à droite. De nombreux accidents surviennent la nuit, lorsque les routes ne sont pas éclairées. Attention aux enfants qui marchent au bord des routes, surtout l'après-midi, à la sortie de l'école.

Des panneaux vous rappellent que la ceinture de sécurité est obligatoire et que la vitesse est limitée à 40 km/h dans les villages et à 65 km/h sur la route.

Essence
À Mahé, vous trouverez des pompes à essence à Victoria, à Beau Vallon, à Port-Glaud, à Baie Lazare, à Anse Royale et à l'aéroport. À Praslin, il y en a une à Grand Anse et une à Baie Ste-Anne. Les prix sont légèrement plus élevés qu'en France.

• En taxi
Vous trouverez des taxis à Mahé et à Praslin. Le prix d'une course est élevé. Si vous avez besoin de leurs services le soir ou le dimanche, mieux vaut réserver à l'avance, par téléphone ou par l'intermédiaire de votre hôtel.

• En autobus
Un bon réseau de bus sillonne Mahé. Le service est plus limité à Praslin. Les arrêts sont matérialisés par un marquage au sol au bord de la route. Lorsque vous voulez descendre, criez « devant ! » et le chauffeur s'arrêtera dès que possible. Les billets s'achètent dans le bus (env. 0,6 €). Service régulier de 5 h 30 à 19 h. Bus moins fréquents le dimanche.

• En char à bœufs
Cet amusant moyen de locomotion spécifique à La Digue permet aux touristes de faire une promenade reposante autour de l'île. Les tarifs sont toutefois assez élevés.

• Location de bicyclettes
Les motos et les mobylettes sont interdites aux Seychelles pour des raisons de sécurité. Vous trouverez en revanche des bicyclettes à louer à Praslin et La Digue.

• Excursions organisées
Des agences de tourisme organisent vos transferts et vos excursions au départ des hôtels pour visiter les principales îles. Elles ont leurs bureaux à Mahé (*voir p. 407*), à Praslin et à La Digue et sont représentées à l'aéroport international et dans certains hôtels. Renseignez-vous auprès de votre hôtel.

• D'une île à l'autre
Liaisons aériennes
Air Seychelles assure un service régulier entre Mahé et les principales îles de l'archipel. Le nombre de vols varie selon la demande.
Nombreux vols quotidiens Mahé-Praslin (15 mn, 73 USD AR).
Vols Mahé-Frégate (15 mn), Mahé-Denis (25 mn) et Mahé-Desroches (1h) presque tous les jours.
1 vol quotidien Mahé-Bird (30 mn).
Arrivez 30 mn avant le départ. 10 kg de bagages maximum.
Renseignements et réservations au bureau d'**Air Seychelles** à Victoria, Victoria House, en face de la tour de l'horloge (☎ 381 000) ou à l'aéroport de Mahé (☎ 384 000). À Praslin, ☎ 284 666.
Services d'hélicoptères
Toutes les îles sont reliées par hélicoptère, à l'exception de Bird. Des transferts réguliers remplacent progressivement le bateau pour les clients de Silhouette et ceux de l'hôtel La Digue Island Lodge à La Digue. Des affrètements spéciaux sont organisés entre Mahé et Praslin, La Digue, Silhouette, Denis, Frégate. Les départs se font de l'aéroport ou de l'héliport de Mahé, de Victoria Helistop, de Plantation Helistop ou de votre hôtel.
Helicopter Seychelles, PO Box 595, Victoria, Mahé, ☎ 373 900, Fax 373 055, helico@seychelles.net
Liaisons maritimes
Un service régulier de schooners relie Mahé (nouveau port de Victoria), Praslin (Baie Ste-Anne) et La Digue (La Passe). Il n'y a pas de liaisons régulières avec les autres îles. Il faut affréter un bateau ou passer par une agence. La mer peut être agitée, surtout de mai à octobre : prévoyez des médicaments contre le mal de mer et des vêtements imperméables.
Excursions organisées
Plusieurs agences organisent des tours de Mahé et Praslin en minibus et des excursions sur les principales îles de l'archipel (*voir p. 407*).

HÉBERGEMENT ET RESTAURATION

• Où loger aux Seychelles
Près de 75 % des lits se trouvent à Mahé. Praslin compte aussi de nombreux hôtels. À La Digue, les pensions de famille sont de plus en plus nombreuses. Étant donné le nombre globalement restreint de lieux d'hébergement, il est préférable de réserver à l'avance et de reconfirmer votre venue un peu avant de partir. Les adresses sélectionnées dans ce guide ont été classées par tranches de prix, sur la base d'une chambre double de catégorie intermédiaire.

• Les différents types d'hébergement
Le gouvernement contrôle étroitement le nombre et la qualité des hôtels par l'intermédiaire du Seychelles Tourist Board (STB). Toutes les infrastructures d'hébergement doivent donc respecter un certain nombre de normes de confort pour recevoir l'autorisation d'accueillir des touristes.
Camping
Il est interdit de camper aux Seychelles.
Pensions de famille
Sous cette appellation se cachent aussi bien de simples petits hôtels que des bungalows privatifs de tout confort ou de véritables chambres d'hôtes chez l'habitant. Quel que soit son standing, cette forme d'hébergement très répandue aux Seychelles vous permet de séjourner dans une ambiance plus authentique que dans les hôtels. Le gouvernement encourage plutôt ce genre de petites structures que les grands hôtels. De nombreuses pensions font aussi restaurant ou table d'hôte.

Hôtels
Il s'agit en général d'établissements plus grands et plus luxueux que les pensions de famille, disposant dans la plupart des cas d'un restaurant, d'un bar, d'une boutique et d'équipements de loisirs.

Locations
Vous avez la possibilité de louer un bungalow ou une villa équipés d'une cuisine. C'est la formule la plus économique, surtout lorsque l'on part en famille ou entre amis.

• Où se restaurer

Dans les hôtels et pensions de famille
Tous les hôtels disposent d'un restaurant et la majorité des pensions de famille proposent une formule de demi-pension, généralement à menu fixe.

Dans les restaurants
À l'exception des rares petits restaurants de Victoria et de quelques snacks ou pizzerias installés à proximité des plages les plus fréquentées, les restaurants sont chers. Il faut compter un minimum de 15 € pour un menu dans une pension de famille – où la cuisine est souvent excellente – ainsi qu'au restaurant. Si vous vous lassez de l'excellente cuisine créole seychelloise, essayez les restaurants chinois, indiens ou... italiens.

Dans la rue
Vous trouverez des sandwiches et des *samossas* dans certaines épiceries de Victoria ou dans les villages, mais ce type de restauration reste très peu répandu.

Boissons
L'eau du robinet est potable et l'eau minérale coûte très cher. Vous trouverez partout des sodas, quelques jus de fruits et de la bière. Les restaurants servent du vin, cher, importé d'Afrique du Sud, d'Australie ou de France.

LES LOISIRS

• Activités nautiques
Toutes les plages des Seychelles sont publiques, à l'exception des quelques îles privées. Vous trouverez des clubs nautiques, indépendants ou attenants aux hôtels, sur les plages les plus touristiques de Mahé (Beau Vallon) et de Praslin (Anse Volbert). La température et la couleur de l'eau invitent naturellement à la **natation** (prévoyez des sandales en plastique pour vous protéger des coraux et des oursins) et à l'exploration de l'extraordinaire vie sous-marine (il est conseillé de porter un tee-shirt pour éviter les coups de soleil).
Vous pourrez pratiquer le **ski nautique** (à Mahé, dans la baie de Beau Vallon de mai à octobre, sur la côte Est de novembre à avril), la **planche à voile**, le **parachute ascensionnel** (sur la plage de Beau Vallon à Mahé)...

Plongée sous-marine
Des lois très sévères en matière de protection de la nature ont permis de préserver une faune et des fonds marins d'une grande richesse, notamment dans les parcs nationaux. La chasse sous-marine est interdite, qu'il s'agisse des coraux, des coquillages ou des poissons. Vous trouverez la liste complète des clubs de plongée à l'office de tourisme, à Victoria. Nous mentionnons les principaux clubs de chaque île dans les rubriques d'informations pratiques régionales. Ils proposent toutes sortes de formules pour les amateurs de tous niveaux : baptême, PADI, plongées de nuit...
La meilleure période pour plonger s'étend **d'avril à novembre**. Le reste de l'année, la mer est plus agitée et trouble.

Bateaux à fond de verre
Pour observer les fonds marins sans vous mouiller, des promenades en bateau à fond de verre vous sont proposées, notamment dans les parcs marins de Ste-Anne et de Baie Ternay (départ de Victoria ou de la plage de Beau Vallon). Pour profiter d'une meilleure visibilité, choisissez une journée ensoleillée et sans vent et vérifiez l'état du « fond de verre » (parfois rayé) avant de vous embarquer.

Pêche au gros
Des prises records sont régulièrement enregistrées dans les eaux exceptionnellement poissonneuses des Seychelles. Les alentours de Bird, Denis et Desroches regorgent de marlins, de thons et de barracudas entre avril et juin. Pour les amateurs de voiliers, Silhouette est le site idéal, si l'on en croit le nombre de captures enregistrées entre avril et août et en décembre.

Marine Charter Association, port de Victoria, ☎ 322 126, mca@seychelles.net Organise aussi des expéditions nocturnes.

Croisières à la voile
Les locations de voiliers et de catamarans se développent beaucoup. Il faut néanmoins savoir que la navigation dans l'océan Indien ne s'improvise pas, même si vous avez une grande expérience de la voile. Vents, courants et franchissement de la barrière de corail représentent des dangers à ne pas négliger. Des mesures ont été récemment prises pour baliser les passes et les chenaux au large des côtes. Il demeure préférable de partir avec un bon skipper seychellois.

Renseignez-vous auprès de **Marine Charter Association**, Victoria, Mahé, ☎ 322 126, Fax 224 679.

• Autres activités sportives

Randonnées
Soucieux de développer un écotourisme aux Seychelles, le gouvernement balise et entretient des sentiers de randonnée. Une dizaine de brochures, publiées par le ministère du Tourisme et vendues à l'office du tourisme de Victoria (5 Rs pièce), décrivent les itinéraires, ainsi que la faune et la flore que vous rencontrerez sur ces chemins. De longueur et de difficulté variables, ces promenades sont globalement accessibles à tous, mais si vous ne vous sentez pas l'âme d'un aventurier, quelques guides privés vous proposent de vous accompagner. Contactez par exemple **Basil Beaudoin**, à Mahé, à l'hôtel Coral Strand ou au ☎ 241 790/514 972.

Il existe très peu de plantes, d'insectes ou de serpents dangereux aux Seychelles. En revanche, pensez à vous protéger du soleil, à emporter de l'eau et de quoi vous couvrir en cas d'averse.

Équitation
Pour faire des randonnées équestres, contactez :
Domaine du Château d'Eau, Barbarons, Mahé, ☎ 378 177.
Union Estate, La Digue *(voir p. 448)*.

Tennis
La plupart des grands hôtels possèdent leur court.

Golf
Vous trouverez un golf de 9 trous au **Reef Hotel** (Anse aux Pins, Mahé), accessible aux visiteurs. À Praslin, un deuxième golf de 18 trous a été construit à l'hôtel Lémuria.

• Hélicoptère
Hélicoptère Seychelles, ☎ 373 900, organise des vols panoramiques au-dessus de Mahé ou des îles voisines. Comptez 4 000 Rs de l'heure. Les départs se font de l'aéroport de Mahé, de Victoria Helistop, de Plantation Helistop ou de votre hôtel.

• Vie nocturne
La vie nocturne est quasi inexistante aux Seychelles, où toute activité semble s'arrêter dès la tombée de la nuit. Elle se limite à l'unique cinéma et aux quelques bars et discothèques de Victoria.

Certains hôtels organisent pour les touristes des barbecues, des soirées dansantes, des spectacles de musique et de danses seychelloises, auxquels la jeunesse seychelloise vient parfois se joindre. Si vous aimez le jeu, une salle a récemment ouvert à Victoria et certains grands hôtels disposent d'un casino.

LES ACHATS

● Ce que vous pouvez acheter
Artisanat
Toutes les ressources des îles sont exploitées dans l'artisanat. Vous trouverez ainsi des chapeaux et des paniers en vannerie, divers objets décoratifs en poterie, en bois ou en noix de coco, des bijoux en coquillages... Des statuettes et des bijoux sont également importés d'Afrique.

Peinture et batiks
Vous pourrez acheter un tableau à l'un des nombreux artistes installés aux Seychelles. Quelques galeries d'art présentent plusieurs peintres à la fois, mais vous pouvez aussi rendre visite à la plupart d'entre eux dans leur atelier.

Maquettes de bateaux
L'unique fabrique du pays, **la Marine** de la Plaine St-André *(p. 416)*, séduira les passionnés de modélisme ou de voile. Beaucoup plus chères qu'à l'île Maurice, les maquettes de navires anciens, entièrement artisanales, sont de toute beauté.

Parfum
Les quatre parfums **Kréolfleurage** sont vendus chez le fabricant, ainsi que dans la plupart des boutiques de Victoria et des principaux sites touristiques *(voir la rubrique Achats, p. 429)*.

Coco de mer
La noix de coco de mer, ou « coco-fesse », est sans doute le souvenir le plus rare que vous puissiez rapporter. Selon le nombre de noix disponibles à un moment donné, vous aurez plus ou moins de difficulté à en trouver une. En effet, pour éviter de la spéculation et surtout pour protéger l'espèce, les autorités ont réglementé la vente de ce précieux fruit : le gouvernement fixe lui-même le quota de noix pouvant être vendues et leur prix. Exigez impérativement un certificat de vente : il vous sera demandé à la douane.

Coco d'amour
Cet alcool crémeux au délicat parfum de noix de coco est vendu dans une bouteille en forme de coco-fesse. Délicieux avec un glaçon, il vous rappellera vos soirées seychelloises avec nostalgie à votre retour au bercail. Il se vend en grosses ou en minuscules bouteilles.

Épices
Les étalages de vanille, de patchouli, de cannelle, de piments, mais aussi de thés et d'essence de vanille vous mettrons l'eau à la bouche. Ils feront de petits cadeaux appréciés à votre retour et vous permettront de vous essayer à la cuisine créole.

● Où faire vos achats
Vous trouverez épices et essences au marché de Victoria, l'un des seuls marchés de l'archipel. Plusieurs boutiques de souvenirs et d'artisanat ont pignon sur rue à Victoria. L'essentiel de la production est représentée au Village artisanal, à Anse aux Pins, à Mahé. Vous verrez diverses galeries de peinture au gré de vos promenades. Ailleurs, vous ne trouverez pas grand-chose à acheter. Le meilleur endroit pour acheter une noix de coco de mer se trouve à Praslin, sur la route qui traverse la vallée de Mai.

● Taxes ou règlements sur certains articles
N'achetez pas de coco de mer sans certificat : elle vous serait confisquée à l'aéroport lors de votre départ.

SANTÉ

• Maladies
Vous n'avez aucune maladie tropicale à redouter aux Seychelles. Les seuls dangers proviennent du soleil et de la mer. Les moustiques peuvent être coriaces mais il n'y a pas de malaria.

• Trousse à pharmacie
Emportez une lotion contre les piqûres d'insectes et de la crème solaire à fort coefficient protecteur. Si vous avez les intestins fragiles, prenez des médicaments contre la diarrhée (*Imodium* et *Ercéfuryl* ou *Intétrix*).

• Services médicaux
Premiers secours
Adressez-vous à l'infirmerie d'un grand hôtel. En cas de besoin, demandez à votre hôtel d'appeler un médecin.
Hôpitaux
À Mahé, l'hôpital principal, situé à Mont Fleuri, près du Jardin botanique de Victoria (urgences 24 h/24 : ☎ 388 000) dispose d'un bon service de consultation pour les grandes spécialités et d'un service de chirurgie dentaire.
Le **Docteur Jude Gedeon** s'y occupe plus particulièrement des touristes.
Les îles de Praslin et La Digue sont chacune équipées d'une clinique.
Pharmacies
Les principales pharmacies se trouvent à Victoria. Il n'y a pas de pharmacie à Praslin, mais on trouve des médicaments à l'hôpital de Baie Ste-Anne (☎ 232 333).

• Urgences
Composez le ☎ 999 et demander le service désiré (pompiers, police, ambulances).

DE A à Z

• Blanchisserie
La plupart des hôtels et pensions de famille disposent d'un service de blanchisserie.

• Carte de crédit
Certains établissements prennent une commission de 5 % si vous réglez par carte.

• Cigarettes
Les cigarettes sont beaucoup plus chères qu'en France et le choix est très limité. Cela explique probablement pourquoi si peu de Seychellois fument. Vous avez donc intérêt à acheter votre tabac à la boutique hors taxes de l'aéroport. Vous pouvez aussi essayer les cigarettes locales, les *Mahé king*.

• Courant électrique
Le courant est de 240 V. Toutes les chambres sont équipées de prises britanniques à trois trous et d'adaptateurs standards à deux trous. Si tel n'est pas le cas, vous trouverez des adaptateurs dans les drogueries à Victoria.

• Eau potable
L'eau du robinet est potable.

• Journaux
La majeure partie des journaux locaux sont en créole, français et anglais. Vous aurez du mal à trouver des journaux étrangers aux Seychelles, sauf dans certains hôtels et à l'Alliance française, à Victoria.

• Marchandage
Vous pouvez négocier le tarif des locations de voitures et de certaines chambres en basse saison, mais les prix affichés dans les magasins sont fixes.

• Météo
☎ 373 377.

• Photographie
Vous pourrez acheter des pellicules et faire développer vos photos à Victoria et dans certains lieux touristiques, à des prix comparables à ceux de France.

• Pourboire
Il n'est pas obligatoire, 10 % de service étant déjà inclus dans l'addition des hôtels et des restaurants.

• Radio et télévision
Les émissions sont en créole, en français ou en anglais selon leur provenance. Aux Seychelles, vous n'aurez accès qu'à une seule chaîne de télévision, SBC, et à deux stations de radio, Paradise FM et SBC.

• Unités de mesure
Le système de mesures anglo-saxon est resté en vigueur.

• Vols
Il est recommandé de ne rien laisser de précieux dans votre voiture ou sur la plage. Les hôtels disposent souvent d'un coffre-fort où vous pouvez déposer vos objets de valeur (demandez un reçu).

LIRE, VOIR ET ÉCOUTER

• Ouvrages généraux
AMBOISE Valéry, **Rêve des Seychelles**, Amboise, 1994.
Présentation géographique, culturelle et historique.
HETIER Michel, **Seychelles**, coll. Regards, 1990.
Présentation générale de l'archipel, avec photos.
KOECHLIN Bernard, sous la dir. de, **Les Seychelles et l'océan Indien**, L'Harmattan, 1984.
PAVARD Claude, **Seychelles d'île en île**, Richer/Hoa-Qui, 1994.
Ouvrage abondamment illustré, avec notamment de magnifiques photos aériennes.
PAVARD Claude, **Seychelles à vol d'oiseau**, Oasis Productions, 1999.
Très beau livre de plus de 160 photographies, prises d'avion et d'hélicoptère, de la plupart des îles de l'archipel.
TOUBOUL Richard, **Les Seychelles aujourd'hui**, éd. Du Jaguar, Paris 1993.
« Les Seychelles » (dossiers spécial), in **Îles, magazine de toutes les îles**, n° 13, Lausanne, janvier 1991.

• Littérature
ABEL Antoine, **Contes et poèmes des Seychelles**, P.-J. Oswald, 1977.
Une tortue se rappelle, L'Harmattan, 1997.
MULLER Y., **Aventures d'une Parisienne dans l'océan Indien**, Pensée moderne, 1957.
« Kréolarchipel », in **Grand Océan** n° 2, Lemuria, 1991

• Histoire
Histoire des Seychelles, ministère de l'Éducation et de l'Information des Seychelles, 1982.

Beaucoup d'illustrations pour ce livre aux allures de livre d'histoire de l'enseignement secondaire.

• Société
EICHLER DE SAINT-JORRE Maryse, ***Demeures d'archipel***, Livre et communications, L'île aux images, 1991.
Habitat, architecture, artisanat de l'archipel. De nombreuses photos vous invitent à partager la vie quotidienne des habitants.
WOOLCOOK W. et ULRICHT D., ***Gastronomie des Seychelles***, Delroisse, 1984.

• Faune et flore
BEAVER Katy et CHONG SENG Lindsay, ***Vallée de Mai***, Victoria, 1992.
FRIEDMAN Francis, ***Flore des Seychelles, dicotylédones***, Orstom, 1994.
FRIEDMAN Francis*, **Fleurs et arbres des Seychelles***, Delroisse, 1986.
PENY Malcolm, ***Birds of Seychelles***, Collins, 1992.
SKERRETT Adrian, ***Les Merveilleux Oiseaux des Seychelles***, Camerapix, Nairobi, 1994.
SKERRETT Adrian and Judith, ***The Beautiful Plants of Seychelles***, Camerapix, Nairobi, 1991.

• Langue
D'OFFAY Danielle, LIONNET Guy, ***Dictionnaire créole seychellois-français***.

• Cassette vidéo
DEBOISE Laurent, ***Les Seychelles***, FILM, 1995.

• Cartographie
Avant le départ, vous trouverez des cartes des Seychelles dans les librairies spécialisées. Sur place, vous pourrez vous procurer d'excellentes cartes à la division des cartes, Independence House, 5th June Av. à Victoria.
Seychelles, carte touristique Globetrotter au 1/33 000, 1995.
Seychelles, Mahé, carte Ordnance Survey au 1/50 000, 1989.
Seychelles, Praslin, carte Ordnance Survey au 1/30 000, 1986. Contient également La Digue et autres îles voisines.

• Musique
VICTOR Patrick, ***En transition***.
Remarquable premier album du « rwa » de la musique seychelloise actuelle.
AMELSBURY Ralf, FARABEAU Golty, VICTOR Patrick, VITAL John, VOLCY Jean-Marc, ***Seychelles Nouvelles Tendances***, 1999.

Visiter les Seychelles

Anse Takamaka, Mahé

VICTORIA★

Capitale des Seychelles et port de Mahé
24 700 hab.
Carte p. 386-387

À ne pas manquer
Se promener dans le marché.
Boire un verre ou déguster une glace à Kaz Zanana.

Conseils
Visitez le matin ou à la mi-journée pour profiter de l'animation.
Évitez le dimanche : la ville est morte et tous les restaurants sont fermés.
Garez votre voiture et promenez-vous à pied.

Bien qu'elle soit située sur l'île de Mahé, la ville de Victoria peut se visiter indépendamment des itinéraires proposés autour de Mahé. Elle est donc traitée à part.

Une capitale miniature
Nichée au fond d'une large baie abritée, encerclée par des montagnes granitiques tapissées de végétation qui forment une toile de fond majestueuse, la capitale des Seychelles – l'une des plus petites au monde – ne ressemble à aucune autre. Seule ville de l'archipel, Victoria, avec ses airs de petite ville provinciale, regroupe un tiers de la population et concentre l'activité administrative et économique de tout le pays. Depuis quelques années, des « embouteillages » encombrent les quelques rues de Victoria aux heures de pointe et des feux tricolores règlent désormais la circulation du nombre croissant d'automobiles. Il y règne une atmosphère paisible, une circulation disciplinée, une activité fébrile mais ordonnée et une propreté presque irréprochable.

Une petite flânerie matinale dans cette capitale miniature vous laissera entrevoir l'évolution actuelle du pays et vous donnera une vision des Seychelles différente de celle que vous aurez sur le reste de l'île ou de l'archipel. Ce n'est pas la beauté de la ville qui vous envoûtera, dénaturée par des bâtiments et supermarchés récents où l'on trouve de plus en plus d'articles modernes importés d'Occident, mais le charme de ses derniers vestiges coloniaux, de ses maisons délabrées en bois et en tôle ornées de balcons ajourés, de ses boutiques vieillottes, véritables cavernes d'Ali Baba aux mille trésors chinois ou indiens.

C'est à l'heure du déjeuner et à la sortie des bureaux, vers 16 h, que la ville s'anime le plus, lorsque les Créoles en tenue de travail décontractée font leurs dernières emplettes avant de regagner leurs pénates.

De Port Royal à Victoria
Lazare Picault débarque en 1744 dans la baie de Victoria, qu'il baptise « Port Royal ». Douze ans plus tard, le capitaine Corneille Nicolas Morphey prend officiellement possession de Mahé et scelle une pierre aux armes de France sur une roche dominant le port. Rebaptisée « Établissement du Roi » en 1778, la ville prend son nom définitif, qui rend hommage à la reine Victoria d'Angleterre, le jour du couronnement de cette dernière, en 1838. Victoria deviendra capitale des Seychelles en 1903.

Petit centre administratif, puis petit centre commercial, Victoria demeure longtemps la petite ville oubliée, assoupie, où le temps semble s'être arrêté.

Jusqu'à la Seconde Guerre mondiale, tous les récits décrivent une ville nauséabonde, dépourvue de trottoirs et de système d'évacuation des eaux et des égouts. L'évolution qu'elle a connue depuis l'indépendance des Seychelles et la construction de l'aéroport de Mahé lui ont donné une nouvelle impulsion. Son allure propre, soignée et aérée vous surprendra agréablement.

Visite de la ville
Comptez une demi-journée.

Victoria s'organise autour de la **Tour de l'Horloge** (Clock Tower) (B1), amusante reproduction miniature de celle de Vauxhall Bridge à Londres. Elle marque le centre de la ville depuis 1903, date à laquelle l'archipel accéda au statut de colonie britannique à part entière, avec Victoria pour capitale. Bâtiment le plus élevé de la ville à l'époque, elle se noie aujourd'hui au milieu du carrefour d'où partent les principales artères et où, peinte en gris métallisé, elle fait un peu figure de jouet.

Prenez Albert St., puis Market St. à gauche.

Le marché* (Sir Selwyn Clarke market) (B1) *(lundi-vendredi 7h-16h ; samedi 6h-12h).* Près de l'entrée, de petits attroupements se forment autour des vendeurs de billets de Loto. Entièrement rénové en 1998, le marché constitue la principale attraction de la ville. Il redouble d'animation le samedi matin, moment le plus propice à la visite. Dans une symphonie de couleurs, de parfums et de bruits, vous croiserez côte à côte de coquettes ménagères en robe à volants, des rastas aux couleurs de la Jamaïque et des Seychellois en tenue de bureau, un régime de bananes ou un bouquet de poissons dans une main, un porte-documents à l'autre. C'est ici, parmi les étals bigarrés de fruits et légumes, de poissons fraîchement pêchés, d'épices, de thé, de flacons d'essence de vanille et de coquillages destinés aux touristes, que vous verrez rôder le plus d'aigrettes (ou *Madam Paton*), ces élégants oiseaux blancs à bec jaune que vous croiserez un peu partout dans la capitale.

Prenez le temps de flâner dans **Market St**. *(rue théoriquement piétonne)* et dans les environs du marché. C'est le quartier le plus populaire et le plus animé de Victoria, où se concentrent les plus beaux vestiges de l'époque coloniale, maisons en bois aux toits de tôle colorés et aux balcons en fer forgé. De nombreux petits commerçants d'origine chinoise ou indienne y ont pignon sur rue.

Le carrefour de la Tour de l'Horloge

SEYCHELLES

La façade grise de la **cathédrale de l'Immaculée Conception** (B1) (*Oliver Maradan St.*), perchée au nord de la ville, séduit surtout grâce au jardin fleuri qui l'environne. Son **clocher**, séparé du corps de l'église qu'il surplombe en arrière-plan, contient quatre cloches qui sonnent deux fois de suite chaque heure : une première fois pour réveiller, une seconde pour indiquer l'heure. Le dimanche, écoutez les chants de messe, aux tonalités gaies et entraînantes, que les fidèles entonnent en chœur, les bras levés vers le ciel. Dans une ambiance de recueillement intense et décontracté, les enfants gambadent, jouent, mangent, tandis que leurs parents vont et viennent, discutent et prient. Le spectacle se déroule aussi autour de l'église. Après la cérémonie, quelques femmes se retrouvent à l'ombre, devant la statue de la Vierge. Dans leurs robes colorées, coiffées de chapeaux de paille, elles boivent de petites fioles de whisky et commentent les nouvelles de la semaine en riant de bon cœur.

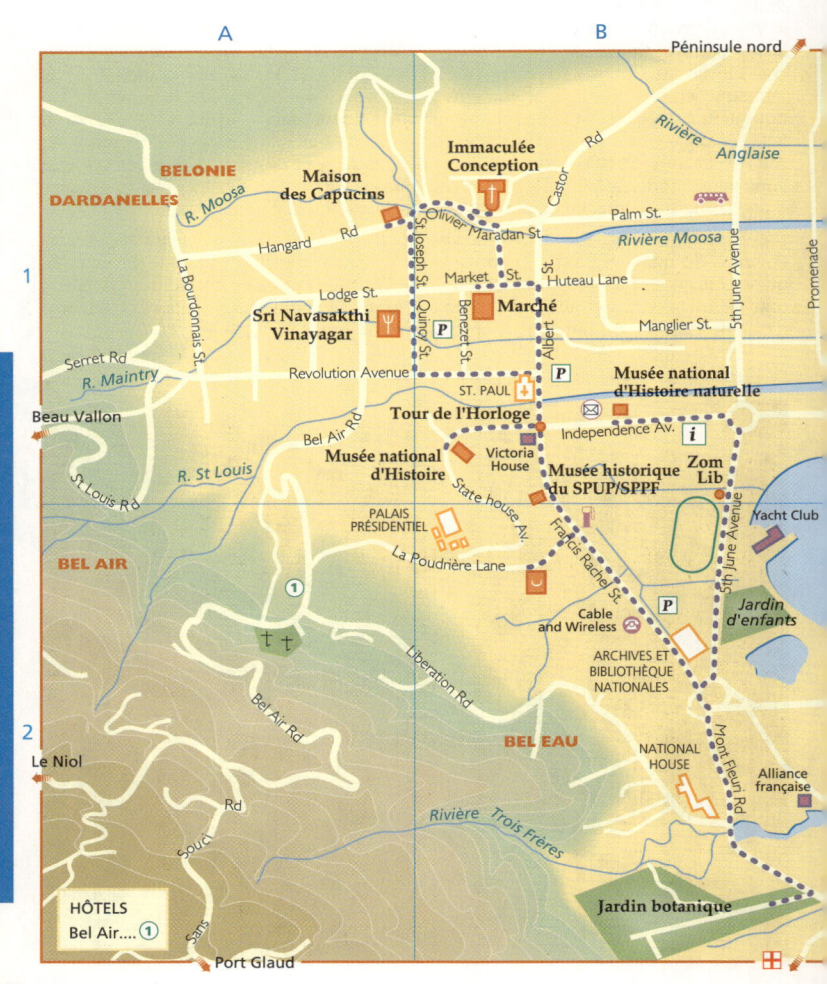

La Maison des Capucins* (A1) qui jouxte la cathédrale, construite en 1933 dans un style portugais avec d'élégantes vérandas rythmées par une colonnade, héberge de vieux religieux suisses.

Descendez St-Joseph St., qui se prolonge en Quincy St.

Passez un moment dans le **temple tamoul Sri Navasakthi Vinayagar** (A1) *(fermé le dimanche ; entrée libre ; déchaussez-vous à l'entrée)*, orné de divinités bariolées aux tons pastel. Dans ce cadre riant, vous pourrez observer, avec la discrétion qui s'impose, le rituel qui se déroule autour de l'effigie de Ganesha, dieu à tête d'éléphant.

Poursuivez Quincy St., puis Revolution Av. à gauche. De Clock Tower, prenez State House Av.

Le Musée national d'Histoire des Seychelles (B1) *(8h30-16h30 ; samedi jusqu'à 12h ; fermé les mercredi, dimanche et jours fériés ; entrée payante)* siège depuis peu dans un beau bâtiment du début du 20ᵉ s. qui abritait autrefois les bureaux des gouverneurs. Vous y verrez des pièces historiques très hétéroclites, à commencer par la **Pierre de Possession** que le capitaine Morphey scella à Victoria en 1756 pour célébrer la prise de possession des îles Seychelles par les Français. Pêle-mêle sont présentés des vestiges et documents liés à la découverte et à la conquête de l'archipel, quelques vieilles cartes d'explorateurs, les portraits des grandes figures historiques des Seychelles. La deuxième salle regroupe des objets traditionnels de la vie quotidienne. Une vitrine particulièrement intéressante présente tous les produits que les Seychellois confectionnent à partir du coco : chapeaux en *tami coco* – tissu végétal également utilisé comme filtre –, balais, cure-dents, nattes, cordes, brosses à cirer, matelas en fibres, bouchons.

Au bout de State House Av., à 10 m du musée sur votre gauche.

Vous ne verrez malheureusement pas grand-chose du **Palais présidentiel** (State House) (B2) *(visite uniquement sur autorisation)*, ancien siège du gouvernement anglais construit dans le style colonial des années dix au fond d'un vaste parc.

Revenez à Clock Tower et prenez Francis Rachel St. à droite.

Installé dans une maison coloniale en bois où siégea le SPUP *(Seychelles People's United Party)* de 1964 à 1977, le **Musée historique du SPUP / SPPF** (B1, B2) *(8h30-17h ; samedi 8h30-13h ; fermé le dimanche ; entrée libre ; visite commentée par un fervent partisan du parti)* célèbre, en langue créole, la gloire du SPUP, depuis sa création en 1964. Affiches, slogans, anciens bureaux

Visite de la ville

du président René et de ses acolytes, du syndicat et du journal du parti : rien ne manque. À l'étage, des photos retracent l'histoire du parti, la marche vers l'indépendance et la préparation du coup d'État du président René le 5 juin 1977.

Un peu plus loin sur votre droite, au bout d'une allée (Poudrière Lane), se dresse une petite **mosquée (B2)** blanc et vert, où les fidèles pratiquent prières et ablutions en toute sérénité, sur fond grandiose de sommets de granit couverts d'une végétation foisonnante.

De vieilles **maisons coloniales** en bois à toit de tôle et quelques petites boutiques de commerçants chinois et indiens bordent Francis Rachel St.

Au rond-point, prenez à droite Mont Fleuri Rd, puis tournez à droite avant l'hôpital.

Le jardin botanique* (B2) (☎ 224 644. *8h-18h ; entrée libre. Boutique. Parking. Prévoyez de la lotion antimoustiques et éventuellement des tennis pour arpenter les sentiers. Préférez les périodes juin-août et octobre (floraison) ; évitez décembre et janvier (pluie). Brochure vendue à l'entrée).* Conçu en 1901 comme un jardin d'acclimatation de plantes **exotiques**, il s'offre aujourd'hui comme un jardin d'agrément, où poussent une vingtaine d'espèces d'arbres **endémiques** et **indigènes**. Vous vous promènerez sur des sentiers balisés dans une fraîcheur appréciable, entre différents spécimens de palmiers, d'arbres fruitiers, de bois rares, d'arbres à fleurs multicolores, d'orchidées, d'arbres à épices. Vous verrez également des tortues géantes d'Aldabra, des chauves-souris roussettes et, si vous êtes observateur, quelques oiseaux rares comme le faucon crécerelle, la tourterelle de Madagascar ou le pigeon bleu. Bien qu'entretenu, le jardin garde un aspect assez sauvage. On regrette parfois le manque d'indications sur les plantes.

Retournez à Victoria. Au rond-point, continuez tout droit sur 5 th June Av.

Vous remarquerez en passant, sur votre gauche, le **monument Zom Lib (B1)**, sculpture métallique symbolisant, par ce personnage dont les chaînes viennent de se délier et qui lève les bras en signe de victoire, l'indépendance des Seychelles à la suite du coup d'État du 5 juin 1977.

Au rond-point suivant, tournez à gauche dans Independance Av.

Des tortues géantes d'Aldabra naturalisées vous accueillent à l'entrée du **Musée national d'Histoire naturelle des Seychelles (B1)** *(lundi-vendredi, 8h30-16h30 ; samedi, 8h30-12h ; fermé les dimanche et jours fériés ; entrée libre).* Vous verrez également de beaux spécimens de cocos de mer, de coquillages, d'insectes et de papillons, de faune marine et de coraux. Vous pourrez également écouter un enregistrement du chant de quelques *zwazo seselwa*. L'ensemble est quelque peu poussiéreux, mais un projet de réaménagement laisse espérer une présentation plus attrayante. Au 2e étage, admirez les jolies peintures de l'Anglaise Marianne North (1830-1890), réalisées lors de son passage aux Seychelles en 1883.

Le parc national marin de Ste-Anne*

Renseignez-vous auprès des agences TSS, Créole Holidays ou Mason's (voir la rubrique Adresses utiles *ci-dessous).*

Les six îles qui font face au port de Victoria forment, avec les lagons qui les entourent, un parc marin de 15 km^2, protégé depuis 1973. Une excursion d'une journée vous permettra d'explorer ces fonds protégés, dans un bateau à fond de verre ou avec un masque et des palmes.

Il est formellement interdit de pêcher ou de ramasser coquillages et coraux.

L'île Ste-Anne, où se trouvait un camp militaire et où un hôtel devrait être construit, et **l'île Longue**, qui abrite une prison, ne se visitent pas. Vous pourrez vous promener sur les trois autres, qui possèdent chacune un restaurant.

L'île Moyenne, propriété d'un journaliste anglais retraité, est peut-être la plus intéressante à visiter. Une promenade à travers l'île *(env. 45 minutes de marche)* vous permettra de découvrir sa faune (tortues géantes en liberté) et sa flore variées.

L'île au Cerf compte environ quarante habitants, qui vivent de cultures maraîchères. Un sentier vous permet de parcourir l'île en 2 ou 3 h. Vous aurez peut-être la chance d'assister à la ponte des tortues de mer sur la plage. Au sud-est de l'île au Cerf se trouve la minuscule **île Cachée**.

L'île Ronde, minuscule, se parcourt en 10 mn. Elle abrite un centre d'information.

Victoria pratique

Arriver-Partir

En voiture – Une route côtière relie le nord-est et le sud-est de l'île à Victoria, ainsi que les routes transversales du Sans Souci (de Port-Glaud) et de St-Louis et Bel Air (de Beau Vallon).

En autobus – La gare routière centrale de l'île se trouve sur Palm St., ☏ 323 315 (B1). Vous pourrez vous y procurer les horaires et les itinéraires des bus.

Adresses utiles

Office de tourisme – Independance Av. (B1), ☏ 610 803. Lundi-vendredi, 8 h-17 h ; samedi, 9 h-12 h.

Agences de voyages – Excursions au parc marin de Ste-Anne, pêche en haute mer, tour de l'île.

Mason's Tours and Travel, Revolution Av. (A1), ☏ 322 642, Fax 225 273.

Travel Services Seychelles (TSS), Mahe Trading Building, Independence Av. (B1), ☏ 322 414, Fax 322 401.

Créole Holidays, Kingsgate House, Independance Av. (B1), ☏ 224 900, Fax 225 111.

Marine Charter Association, près du Yacht Club (B2), ☏ 322 126, Fax 224 679.

Téléphone – *Cable and Wireless*, Francis Rachel St. (B2), 7 h-21 h.

Poste – *Poste centrale (GPO)*, Liberty House, Independance Av. (B1). Lundi-vendredi, 8 h-16 h ; samedi, 8 h-12 h. Poste restante.

Banque / Change – La plupart des banques se trouvent à Victoria, près de la Tour de l'Horloge, sur Albert St. et Independance Av. (B1)

Compagnies aériennes – *Air Seychelles*, Francis Rachel St. (B1), ☏ 381 000.

Air France, Independence Av., ☏ 322 414 / 373 176 (aéroport), Fax 225 048 (B1).

British Airways, Independence Av., ☏ 224 910, Fax 225 596 (B1).

Alliance française – Bois de Rose Av. (B2), ☏ 224 968, e-mail: afrsez95@seychelles.net. C'est l'un des rares endroits aux Seychelles où vous trouverez des journaux et magazines français. Bibliothèque, vidéothèque, cinéma, théâtre et concerts.

Santé – L'*hôpital de Mont-Fleuri,* ☏ 388 000, a bonne réputation. Il y a plusieurs *pharmacies* à Victoria, notamment sur Market St. et dans le Passage des Palmes (B1).

Où loger

Les hôtels ne se trouvent pas dans la ville même, mais dans les environs immédiats. Les fourchettes de prix sont établies sur la base d'une chambre avec petit-déjeuner pour deux personnes.

De 75 à 90 €
La Louise Lodge, La Louise, ☏ /Fax 344 349 – 9 ch. 🍴 📧 ⛱ ✕ CC Sur les hauteurs de Mont Fleuri, cette confortable pension domine les îles du parc marin de Ste-Anne et le port industriel. Seules les chambres du bas disposent d'une terrasse individuelle avec vue. Agréable restaurant en terrasse.

De 90 à 105 €
Louis XVII, La Louise, route de la Misère, ☏ 344 411, Fax 344 428 – 9 ch. 🍴 📧 ✏ TV ✕ ⛱ CC Charmant hôtel surplombant le parc marin de Ste-Anne. Pour la petite histoire des lieux, Louis XVII se serait réfugié aux Seychelles pendant la Révolution. Belles chambres spacieuses, baptisées « Auteuil », « Pompadour », « Chantilly », « Turenne »,

« Versailles », « Trianon ». Également quelques bungalows indépendants avec terrasse. Voir « Où se restaurer ».

De 105 à 120 €
Pension Bel Air (A2), Bel Air, ☎ 224 416, Fax 224 923, belair@seychelles.net – 7 ch. 🍴📋🛏️✂️❌ cc Pension à l'atmosphère familiale. Chambres exiguës et simples, mais impeccables. Celles qui donnent sur Victoria et la mer donnent sur la route du Sans Souci, assez passante aux heures de pointe. Si vous aimez le calme, mieux vaut opter pour le spectacle verdoyant des montagnes et du jardin. Un peu cher. Réductions pour les passagers d'Air France ou à partir de 3 nuits.

Plus de 225 €
👁️*The Rose Garden Hotel*, Sans Souci, ☎ 225 308, Fax 226 245 – 5 ch. 🍴🛏️❌🛁 cc Charmant hôtel familial dominant Victoria. Ancienne bâtisse dont les murs épais maintiennent une agréable fraîcheur. La décoration soignée des chambres, spacieuses et avec coin salon, rappelle le style des cottages anglais.

Où se restaurer

Moins de 1,5 €
Lai Lam, Market St. (B1) Toute la journée. Boulangerie-pâtisserie située dans la rue animée du marché, très populaire le midi. Vous pourrez y acheter toutes sortes de pains, de délicieux samossas, des sandwiches et quelques gâteaux. Goûtez l'excellent « nougat coco ». Vente à emporter uniquement.

De 7,5 à 15 €
👁️*Marie-Antoinette*, St-Louis Rd (A1), ☎ 266 222. Midi et soir ; fermé le dimanche. cc Menu unique composé d'un copieux assortiment de spécialités créoles à dominante de poisson (steak de thon, poisson perroquet), beignets d'aubergines et autres légumes aux parfums savoureux. Ce délicieux repas est servi dans la jolie maison coloniale de Mme Fonseka, dont les murs sont couverts de photos, tableaux, billets de banque et cartes du monde entier.

De 15 à 30 €
Vanilla 2000, Independence Av. (B1), ☎ 324 628. Midi et soir. cc Vous dégusterez, dans une ambiance feutrée, poissons, crevettes à l'ail, à la crème et au piment, ou entrecôtes grillées. La cuisine est bonne et la musique agréable, mais le service est un peu lent.
Louis XVII, La Louise, route de la Misère, ☎ 344 441. Fermé les samedi midi et lundi soir. Cuisine très fine. Plats de poissons, tels que le « mille-feuille de bourgeois poêlé », et fruits de mer. Terrasse avec vue sur Ste-Anne.

Où boire un verre

De 3 à 10 €
👁️*Kaz Zanana Café et Art Gallery*, Revolution Av. (A1), ☎ 324 150. Lundi-vendredi 9 h-17 h, samedi 9 h-15 h ; fermé le dimanche. Jolie maison en bois. Un petit coin paisible pour siroter un jus de fruit frais ou grignoter, selon l'heure et votre appétit, pâtisseries, glaces, salades, ou snacks, sur la varangue ou dans le jardin. Les tissus et tableaux de Georges Camille qui décorent la case sont à vendre.
Pirates Arms, Independence Av. (B1), ☎ 225 001. Lundi-samedi 9h-minuit ; dimanche 12h-minuit. Ce bar, où l'on peut manger un sandwich ou une pizza, est le lieu de rendez-vous favori du « Tout-Mahé ».

Achats

Souvenirs-artisanat – Les stands dressés sur Francis Rachel St., près de la Tour de l'Horloge, vendent divers objets et souvenirs (statuettes et masques en bois d'ébène du Kenya, bijoux, tee-shirts, cartes postales).
Sunstroke, Market St. (B1). Lundi-vendredi 9 h-17 h, samedi 9 h-13 h. Tee-shirts, paréos, tableaux d'artistes locaux, bijoux et autres souvenirs.
Artizan-de-Zil, Albert St. (B1) Centre artisanal géré par le Codevar (Compagnie pour le développement de l'artisanat). Maquettes de bateaux, vannerie, objets en écaille, poteries, lithographies, coquillages.
Antik Colony, Independence Av. (derrière le bar Pirates Arms) (B1). Belles gammes de cadeaux (thés, parfums, savons, bougies, sacs, etc.). Assez cher.

Duty Free shop, Camion Hall, Albert St. (B1) Lundi-vendredi, 9h-17h ; samedi, 9h-13h. Passeport et billet retour. Cette boutique hors taxes vous permet de faire vos emplettes tranquillement, sans pour autant vous encombrer puisque vous ne récupérerez vos achats qu'à l'aéroport, lors de votre départ. Le choix d'articles est cependant plus limité et il n'y a ni tabac ni alcool.

Librairies-journaux – Antigone, Passage des Palmes, Francis Rachel St. (B1) Un bon choix de cartes et de livres généraux ou spécialisés sur les Seychelles. Pas de journaux français.

Cosmorama, Huteau Lane (dans le prolongement de Market St.) (B1). Quelques journaux locaux et livres touristiques.

Imprimerie St-Fidèle, Huteau Lane (B1). Vous y trouverez une partie de la presse internationale ainsi que quelques magazines. Pas toujours actualisé.

# L'ÎLE DE MAHÉ★★★

Île granitique culminant à 905 m (Morne Seychellois)
154 km² (27 km nord-sud et 3 à 8 km est-ouest)
67 248 hab. – Carte p. 394-395

À ne pas manquer
Se promener de Danzilles à Anse Major.
Parcourir les routes de la Gogue, Dame le Roi et Val d'Endor.
Route et plage de Port Launay – Anse Intendance – Anse la Liberté.
Assister au spectacle de l'hôtel Casuarina le samedi soir.

Conseils
Louez une petite voiture pour faire le tour de l'île.
Ne laissez aucun objet de valeur lorsque vous allez vous baigner.
Prévoyez de l'eau et un vêtement de pluie si vous partez en randonnée.

Île la plus peuplée de l'archipel – où vit 80 % de la population tandis que les autres îles tendent à se vider – Mahé concentre toute l'activité économique et politique du pays. C'est là que les premiers Français débarquèrent en 1742 et qu'ils établirent leur colonie en 1770. Vers elle convergent tous les axes de communication de l'archipel et c'est la porte d'entrée et de sortie obligatoire pour tout transit de personne ou de marchandise.

Le relief granitique imposant et accidenté, intégralement couvert d'un manteau végétal dense et varié, domine majestueusement les paysages. La côte se découpe en une succession de petites criques désertes baignées par un lagon aux mille nuances, de grandes anses de sable ombragées par les cocotiers et les *takamakas* et bordées de blocs de granit polis par l'océan furieux, qui se parent de tons rosés sous la lumière de fin de journée. Une route étroite et sinueuse, enserrée entre mer et montagne, fait le tour de l'île, à l'exception d'un fragment de la côte Nord-Ouest. Bains de soleil et activités nautiques, randonnées pédestres à la rencontre d'une nature inviolée, villages de pêcheurs traditionnels, cases en tôle multicolores noyées à flanc de montagne dans une verdure odorante, vestiges coloniaux témoins d'un art de vivre révolu : la richesse de Mahé s'offre au visiteur qui prend le temps de la savourer dans toute sa diversité.

La péninsule Nord★★
De Victoria à Beau Vallon
Env. 20 km – Comptez 2 h de route.

Quittez Victoria par le nord (5th June Av.).

Les paysages côtiers qui bordent le cap nord se parent d'une lumière particulièrement douce en fin de journée. Les *glacis* (rochers polis caractéristiques des îles granitiques des Seychelles) prennent alors des tons chatoyants, fauves ou rosés, de toute beauté. Il n'est pas toujours facile de se baigner dans les petites criques qui bordent la route à cause des rochers et du peu de profondeur dû à la proximité de la barrière de corail.

Pour accéder aux plus belles anses, comme celle de **Carana**★★ (*accès par le chemin qui menait à l'hôtel Carana Beach Chalets, lequel a été récemment démonté*), n'hésitez pas à vous garer dans le parking des hôtels, qui s'accaparent généralement des accès privatifs aux plages bien que celles-ci soient théoriquement publiques.

Le village de **Glacis** s'anime à l'heure de la sortie des classes, lorsque des ribambelles d'écoliers en uniforme bicolore discutent nonchalamment, une glace à la main et le cartable sur le dos, avant de rentrer chez eux ou d'aller jouer sur la plage. En fin de journée, vous croiserez également des Seychellois qui, troquant leur tenue de bureau pour des vêtements de sport, courent au bord de la route.

Chemin la Gogue★★

Départ de l'Anse Étoile (côte Est), juste en face du Manresa Hotel ; arrivée en face de Glacis police station ou en face du Northolme Hotel (côte Ouest). Env. 4 km – 20mn en voiture. Route étroite, mais carrossable, comportant quelques passages délicats : vérifiez l'état de vos freins. Si vous préférez marcher, prévoyez 2 h.

Vue du Chemin la Gogue

Si vous aimez les coins perdus, silencieux et déserts, empruntez cette petite route pour traverser le cap nord. Vous pénétrez dans un somptueux décor envahi par une végétation luxuriante – flamboyants, *takamakas*, arbres à pain, manguiers, palmiers – que rien ne semble pouvoir contenir. Par endroits, la roche grise affleure, marquée par l'érosion et le ruissellement des eaux de pluie qui lui donnent parfois, de loin, une apparence de cascade. Au détour de certains virages, le chemin offre de beaux **panoramas★** sur les îles à l'horizon, la verdure laissant entrevoir quelques parcelles d'océan mouchetées d'écume.
On se demande souvent comment les habitants accèdent à leurs cases, haut perchées dans la forêt à flanc de montagne.
Selon le chemin que vous aurez emprunté, vous déboucherez sur le ravissant cimetière fleuri de **Glacis** ou, plus au sud, au niveau de la plage du **Northolme**.

■ **Beau Vallon★★** – Considérée comme la plus belle plage de l'île, elle s'étend, immense, sur 1,5 km. Vaste croissant de sable fin, elle donne souvent l'impression d'être déserte. Les arbres qui la bordent, cocotiers et *takamakas*, ombragent les joueurs qui, dès le matin, se livrent à des parties de dominos animées et... bien arrosées. Lorsque le soleil décline, le sable fin se pare de teintes rousses, qui s'harmonisent bientôt avec le flamboiement du coucher du soleil. Si vous avez la chance de voguer dans la baie,

SEYCHELLES

Légende
- ★★★ À voir absolument
- ★★ Très intéressant
- ★ Intéressant
- À voir éventuellement

Altitudes : 600 m, 500, 400, 300, 200, 100, 0

MAHÉ — 0, 1, 2 km

Praslin
La Digue
Silhouette
Île Thérèse
Île Conception
Cap Matoapa

Parc national marin de Baie Ternay
Parc national marin de Port Launay
Parc national marin de Ste-Anne
Parc national du Morne Seychellois

Anse Major
Anse Islette
Port Glaud
Port Launay
Danzilles
Bel Ombre
Baie Beau Vallon
Mare Anglaise
Beau Vallon
Northolme
Glacis
Les Manguiers
Anse Carana
Pointe Nord
Pointe Nord-Est
Anse Nord-Est
Anse Étoile
Ma Constance
Pointe Conan
Montagne Glacis 458
La Gogue réservoir
Chemin La Gogue
Village Pascal
Chemin St-Louis
R. Grand St-Louis
Chemin Sans Souci
Les Trois Frères 699
Le Morne Seychellois 905
Morne Blanc 667
R. L'Islette
Mission Lodge
Sans Souci
Copolia 497
Route Forêt Noire
Tea Tavern
Grand Anse
Mont Fleuri
Plaisance
Victoria
Cascade
La Misère
Chemin La Misère
Montagne Planeau
Anse Talbot
Île Sèche
Île Moyenne
Île Ronde
Île Longue
Île au Cerf
Île Cachée
Île Ste-Anne 250 m
Île Anonyme
Île de Suète

394

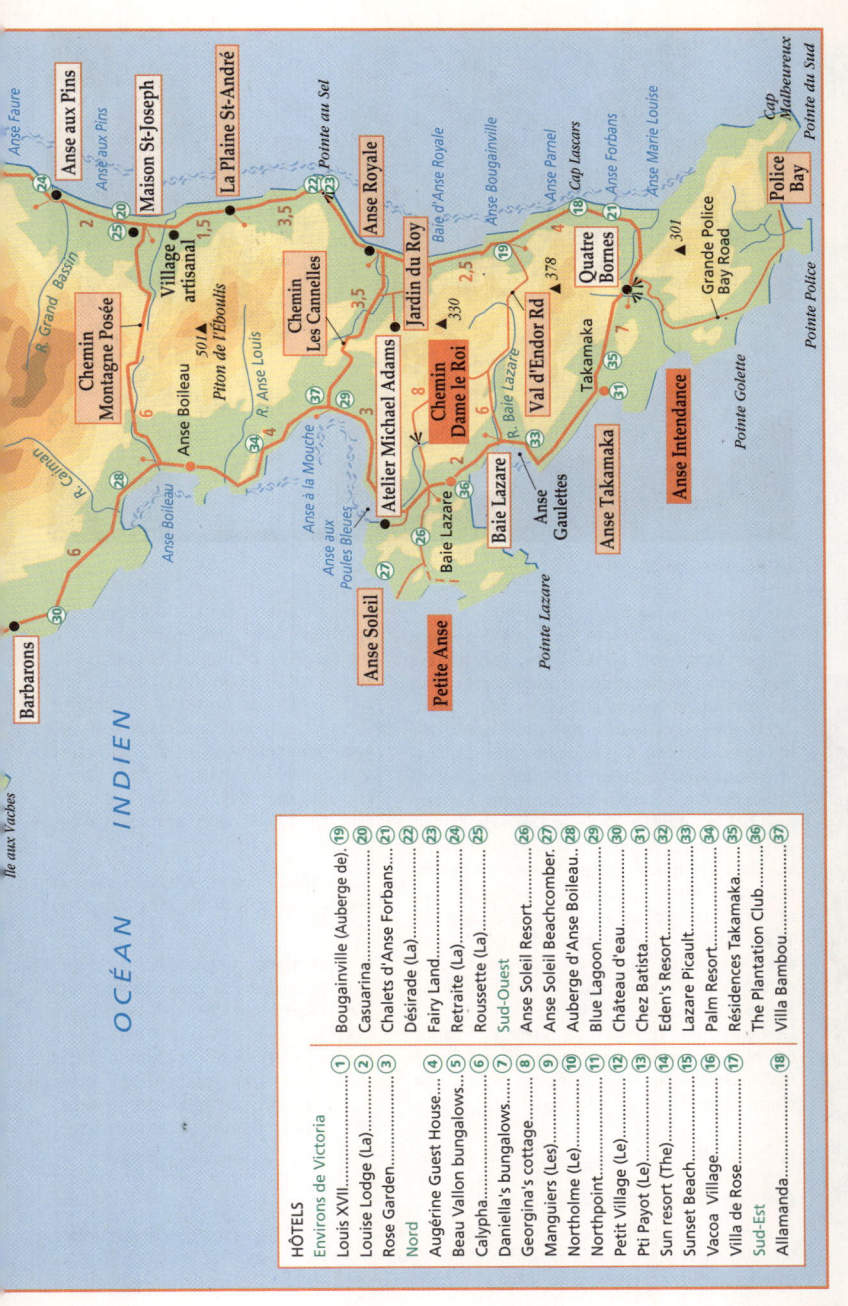

SEYCHELLES

Map labels

- Anse aux Pins
- Maison St-Joseph
- La Plaine St-André
- Anse Royale
- Police Bay
- Chemin Montagne Posée
- Village artisanal
- Chemin Les Cannelles
- Jardin du Roy
- Quatre Bornes
- Anse Boileau
- Atelier Michael Adams
- Chemin Dame le Roi
- Val d'Endor Rd
- Grande Police Bay Road
- Anse Soleil
- Petit Anse
- Baie Lazare
- Anse Gaulettes
- Anse Takamaka
- Anse Intendance
- Barbarons

Other place names: Anse Faure, Anse aux Pins, Pointe au Sel, Baie d'Anse Royale, Anse Bougainville, Anse Parnel, Cap Lascars, Anse Forbans, Anse Marie Louise, Cap Malheureux, Pointe du Sud, R. Grand Bassin, Piton de l'Éboulis 501, R. Caïman, Anse Boileau, R. Anse Louis, R. Baie Lazare, 330, 378, Takamaka, Anse à la Mouche, Anse aux Poules Bleues, Pointe Lazare, Pointe Golette, Pointe Police, 301, Île aux Vaches

OCÉAN INDIEN

HÔTELS

Environs de Victoria
- Louis XVII .... (1)
- Louise Lodge (La) .... (2)
- Rose Garden .... (3)

Nord
- Augérine Guest House .... (4)
- Beau Vallon bungalows .... (5)
- Calypha .... (6)
- Daniella's bungalows .... (7)
- Georgina's cottage .... (8)
- Manguiers (Les) .... (9)
- Northolme (Le) .... (10)
- Northpoint .... (11)
- Petit Village (Le) .... (12)
- Pti Payot (Le) .... (13)
- Sun resort (The) .... (14)
- Sunset Beach .... (15)
- Vacoa Village .... (16)
- Villa de Rose .... (17)

Sud-Est
- Allamanda .... (18)
- Bougainville (Auberge de) .... (19)
- Casuarina .... (20)
- Chalets d'Anse Forbans .... (21)
- Désirade (La) .... (22)
- Fairy Land .... (23)
- Retraite (La) .... (24)
- Roussette (La) .... (25)

Sud-Ouest
- Anse Soleil Resort .... (26)
- Anse Soleil Beachcomber ..... (27)
- Auberge d'Anse Boileau .... (28)
- Blue Lagoon .... (29)
- Château d'eau .... (30)
- Chez Batista .... (31)
- Eden's Resort .... (32)
- Lazare Picault .... (33)
- Palm Resort .... (34)
- Résidences Takamaka .... (35)
- The Plantation Club .... (36)
- Villa Bambou .... (37)

395

Le cimetière de Glacis

Le trésor de La Buse

Le plus célèbre pirate de l'océan Indien, Olivier Levasseur, dit La Buse, contribua à faire régner un climat de terreur dans les eaux tumultueuses qui baignent les Seychelles. Trouvant en ces îles un abri sûr, il en fit une base pour écumer les mers et piller tout navire transportant de l'or. Les butins pouvaient atteindre des sommes faramineuses, comme en 1721, où il dépouilla, avec l'aide de Taylor, un autre pirate fameux, la « Vierge du Cap », vaisseau des Indes chargé de rivières de diamants, de pierres précieuses, de lingots d'or et de vases sacrés. La légende veut qu'en 1730, du haut du gibet où il allait être pendu à la Réunion, La Buse lança à la foule un plan mystérieux en s'écriant : « Que celui qui arrive à le déchiffrer hérite de mon trésor ! » La course au trésor reste ouverte. Chaque île, convaincue d'abriter quelque précieuse malle, exploite le moindre indice dans l'espoir d'une découverte miraculeuse...

vous profiterez du site dans toute sa splendeur avec, pour toile de fond, la majestueuse échine montagneuse tapissée d'arbres touffus. Station balnéaire la plus populaire de Mahé, vous pourrez y pratiquer tous les **sports nautiques** (pédalo, planche à voile, ski nautique, parachute ascensionnel, bateau à fond de verre, plongée, pêche au gros) dans une eau calme et chaude.

À l'embranchement, devant le poste de police, prenez à droite pour retrouver la côte.

Bel Ombre, petit village de pêcheurs où les barques colorées qui s'échouent sur le sable semblent avoir été oubliées là par erreur, est connu pour abriter le chantier de la vaine chasse au trésor de La Buse. Vous y trouverez également plusieurs pensions de famille et restaurants.

La route s'arrête à Danzilles, où il vous faut faire demi-tour ou continuer à pied.

De Danzilles à Anse Major**

Demandez la direction pour vous engager sur le bon sentier. Un sentier pédestre longe la côte rocheuse jusqu'à la jolie plage d'**Anse Major*** *(env. 1,5 km ; 1 h 30 AR ; marche facile ; prévoyez de l'eau).* Vous passez d'abord devant des habitations reculées. Puis, aventurez-vous sur la vaste étendue de *glacis* – qui ressemblent ici à des dunes de granit noir plongeant dans la mer – pour profiter de la **vue**★★★ sur Beau Vallon, les îles Silhouette et du Nord. Vous traverserez ensuite, en alternance, bois aux essences variées et masses rocheuses polies aux formes élégantes, au pied desquelles se dessinent des criques inaccessibles baignées d'eau turquoise.

Les plus courageux s'aventureront sur le sentier qui mène à **Baie Ternay**★★★ *(voir p. 402)* par l'intérieur des terres. *Renseignez-vous au préalable car le passage n'est pas toujours possible.*

La côte Est★
De Victoria à Anse Forbans
Env. 28 km – 45 mn de route.

Quittez Victoria par le sud (5 th June Av., puis Mont Fleuri Rd).

À **Mont Fleuri**, quartier résidentiel de la capitale, vous passez devant un joli **cimetière**★ fleuri, implanté sur un terrain escarpé dans un cadre de toute beauté.
La route longe ensuite une zone curieuse, sorte de lagune née de la construction de la voie rapide, gagnée sur la mer, qui relie l'aéroport à Victoria.

L'arrivée au village de **Cascade** par le nord est particulièrement belle en fin de journée, lorsque les reflets dorés du soleil illuminent l'élégante façade de l'église et les falaises granitiques qui la surplombent.

■ **Anse aux Pins**★ – Avec un peu de chance, vous assisterez au retour des pêcheurs sur la plage. Ils débarquent des filets entiers de poissons multicolores, de thons et de petits requins sur le sable, devant un attroupement de curieux et d'acheteurs qui ne tardent pas à repartir avec leur lot de poissons pendus en grappes à la main.

■ **La maison St-Joseph**★ – Plus loin sur votre droite, cette ancienne maison de planteur abrite depuis 1989 **Lenstiti Kréol** (☎ 376 351. *8 h-16 h ; fermé les samedi et dimanche ; entrée libre*), institut de traduction et de recherche sur la langue créole. Vous pouvez visiter la villa, en bois bleu ciel et blanc, et parcourir les belles varangues qui l'entourent intégralement sur deux niveaux.

Un peu plus loin sur la droite, juste après Montagne Posée Rd.

■ **Le Village artisanal** – ☎ 376 100. *9 h 30-17 h. Entrée libre. Restaurant Vye Marmit, voir Où se restaurer, p. 428.* Cet ensemble de petites cases créoles aux tons pastel abrite des ateliers et des boutiques destinés à promouvoir l'artisanat seychellois dans toute sa diversité. Vous pourrez ainsi voir confectionner ou acheter bijoux, poteries, tee-shirts peints à la main et toutes sortes d'objets fabriqués à partir de feuilles et de noix de cocotiers.
Le site, conçu pour les touristes dans un cadre luxuriant au pied de la montagne, s'est développé autour d'une ancienne **maison coloniale**★ à varangue, tout en bois peint blanc et bleu ciel. Des copies remplacent hélas le mobilier d'époque, mais le parquet est d'origine. Seuls le salon, la salle à manger et une chambre à coucher, conservés en l'état, se visitent. Les autres pièces ont été transformées en bureaux.

Un peu plus loin sur la route côtière, tournez à droite (indiqué).

■ **L'écomusée de La Plaine St-André**★★ – ☎ 371 878. *lundi-vendredi, 8 h-16 h ; fermé samedi et dimanche. Entrée payante avec visite guidée.* Cette belle maison coloniale en bois sur pilotis de corail, propriété de la famille de Saint-Jorre, a brûlé il y a dix ans et a été récemment reconstruite à l'identique. Elle reconstitue l'intérieur d'une famille créole du 18e s. Une jolie **varangue** fermée par d'élégantes persiennes blanches vous accueille, avec son mobilier reconstitué, la majeure partie des meubles originaux ayant brûlé lors d'un incendie. Dans l'office, vous reconnaîtrez

Une méprise malheureuse

Un jour de mai 1780, un bateau français naviguant au large de Mahé, croyant débarquer en territoire anglais, hissa le pavillon britannique pour feinter l'adversaire... Romainville, responsable du précieux jardin, avait pour ordre du gouverneur de l'île d'incendier les épices à l'approche de tout navire ennemi. Il s'exécuta scrupuleusement... et les épices s'envolèrent malencontreusement en fumée. Seuls les canneliers en réchappèrent. Ils se répandirent par la suite aux Seychelles jusqu'à devenir la deuxième production agricole du pays.

des ustensiles ménagers encore utilisés quotidiennement par les Seychellois. La cuisine, située derrière la maison pour éviter les risques d'incendie, doit être prochainement reconstituée. À l'étage se trouvait la chambre des filles et de la domestique. Les garçons de cette famille de seize enfants dormaient dans une annexe, dans le jardin, tandis qu'un autre petit pavillon hébergeait les invités.

■ **La Marine*** — *La Plaine St-André, ☎ 371 441. 7h30-17h ; samedi, 8h-17h ; fermé le dimanche. Entrée libre.*

Cet atelier a ouvert ses portes en 1979, dans les anciens entrepôts de coprah de La Plaine St-André, juste à côté de l'écomusée. Des maquettes de bateaux historiques y sont confectionnées avec minutie. Dans un premier temps, le propriétaire de l'atelier fit venir des Mauriciens, maîtres incontestés de cet art, pour former les Seychellois. Chaque artisan maîtrise désormais sa tâche : couper le bois, le raboter, l'assembler, le coller, le vernir, tandis que les femmes se chargent de la couture des voiles et de leur savant montage avec les cordages.

La route continue à serpenter le long du littoral, où se succèdent criques rocheuses et petites plages désertes bordées ici ou là d'une bicoque de pêcheur.

Près du rivage, les jeunes pêchent à la pique. Des pirogues colorées tanguent au gré du clapotis paisible, tandis qu'au loin gronde l'océan sur les récifs.

■ **Anse Royale**** — Dans une descente, au détour d'un virage, vous débouchez avec une **vue**** plongeante entre les palmes de cocotiers sur la plage de sable blanc et le lagon turquoise. Vous pouvez nager jusqu'à l'**île Souris***, petit îlot d'où émergent quelques cocotiers et explorer les fonds marins qui l'entourent.

Pierre Poivre (Album de Roussin)

Prenez Cannelles Rd à droite, juste en face de la première église (indiqué), puis tournez à gauche au panneau et montez (pente raide !) au lieu dit L'Enfoncement.

Si votre voiture refuse de grimper la côte, poursuivez à pied. Dans ce coin modeste, paisible et luxuriant, rythmé par les airs de *seggae* qui s'échappent des cases, vous croiserez des enfants rieurs, des femmes peaufinant leur mise en plis, les cheveux truffés de bigoudis, des hommes sirotant une bière avant de se remettre au travail...

■ **Le Jardin du Roy**** — *☎ 371 313 ou 378 515. 10h-17h30. Entrée payante. Comptez de 1 h à 2 h de visite.* Vous pouvez commencer par vous rafraîchir d'un punch maison ou d'un jus de fruits frais et déjeuner d'une crêpe ou d'une spécialité locale préparée avec les produits du domaine. Muni du descriptif des espèces et du plan du jardin, vous suivrez ensuite un circuit dans un cadre magnifique au milieu des épices, des orchidées, des arbres fruitiers, des essences rares et des plantes médicinales, des oiseaux, des tortues et autres reptiles. Il ne s'agit que d'une reconstitution du *Jardin du Roy* d'origine, planté sous la houlette de **Pierre Poivre** au 18ᵉ s. sur la côte d'Anse Royale. Il regroupait toutes les épices importées des Indes et d'Indonésie pour les acclimater aux îles de l'océan Indien.

Après ce circuit, vous pourrez également parcourir une parcelle de forêt tropicale abritant quelques cocos de mer, des bananiers, des bambous...

Du haut du domaine s'ouvre une belle **vue**** sur la mer et la campagne environnante. La petite **maison coloniale***, construite vers 1860 par l'arrière-grand-père de l'actuelle propriétaire, contient une collection de coquillages, vieilles gravures, timbres, billets, quelques objets et meubles sans grand intérêt.

Redescendez jusqu'à Anse Royale.

La route continue à serpenter, parfois étroite et tortueuse entre les rochers *(attention aux voitures stationnées dans les virages)*, le long d'un lagon peu profond aux couleurs changeantes. Plus vous descendez vers le sud, plus le décor devient sauvage et la population rare. Les petites criques se succèdent, la barrière de corail se rapproche et la mer s'agite.

La route monte ensuite pour traverser l'île d'est en ouest.

La côte Ouest***
De Quatre Bornes à Port Launay
Env. 30 km – 50 mn de route.

■ **Quatre Bornes*** – Perché à mi-chemin sur la route qui relie la côte Est à la côte Ouest, ce village, le plus méridional de l'île, vous offre un large **panorama**** sur l'océan. Il règne parmi ses cases aux couleurs vives, ombragées d'hibiscus et de bananiers, une atmosphère particulièrement tranquille et sympathique.

Descendez sur la gauche par Grande Police Bay Rd, que vous poursuivrez tout droit à l'embranchement, jusqu'à un cul-de-sac.

■ **Police Bay**** – Il faudra vous contenter du plaisir des yeux et résister à la tentation du sable blanc et de l'eau turquoise, car la violence des vagues et des courants rendent le bain très dangereux sur cette plage.

Revenez sur vos pas et tournez à gauche à l'embranchement (Intendance Rd).

■ **Anse Intendance***** – Cette longue plage bordée de cocotiers vous éblouira par la blancheur de son sable et la clarté de l'eau. Très prisée des surfeurs pour ses vagues imposantes, la baie se prête à la baignade lorsque la mer n'est pas trop agitée. La prudence s'impose néanmoins, car les courants peuvent surprendre.

Remontez à Quatre Bornes et descendez sur la côte Ouest (à gauche).

La route, bordée de cases traditionnelles en bois recouvertes de feuilles de latanier et de tapis de cannelle séchant au soleil, descend vers le littoral.

■ **Anse Takamaka**** – Spectaculaire au coucher du soleil, cette belle plage pentue attire elle aussi les amateurs de surf dès que les vagues apparaissent. Les mêmes recommandations de prudence valent ici aussi en raison des courants.

La route se poursuit, étroite, entre falaises granitiques et côte rocheuse, laissant apparaître de temps à autre un beau point de vue entre les arbres.

Le récif corallien protège **Anse Gaulettes** et **Baie Lazare***, étroites bandes de sable ombragées dont les eaux calmes mais peu profondes rendent la baignade difficile.
La route s'écarte ensuite du littoral pour monter vers le village de Baie Lazare, dominé par une jolie **église**.

Tournez à droite dans le village, entre la cabine téléphonique et le poste de police.

Chemin Dame le Roi***

Une Mini-Moke ou toute autre petite voiture est préférable, bien que la probabilité de croiser une autre voiture soit faible. Vérifiez l'état de vos freins. L'idéal, s'il ne fait pas trop chaud, est de parcourir cet itinéraire à pied (prévoyez de l'eau et sachez que le chemin monte et descend sans arrêt).

Une **vue***** dégagée sur la mer vous accueille dès le premier kilomètre. Puis, très vite, cette petite route pittoresque vous plonge dans la campagne seychelloise la plus authentique, avec ses cases multicolores en tôle, bois ou béton, ses plantations d'ananas, de *bringelles* (aubergines), de cannes à sucre, ses papayers et ses bananiers. Vous vous retrouvez instantanément au cœur de la vie rurale locale avec une impression d'être hors du temps, loin de tout, dans un autre monde.

Le chemin Dame le Roi débouche sur **Val d'Endor Road****. À gauche, vous rejoignez la côte Est à la hauteur d'Anse Bougainville ; à droite, vous retrouvez la côte Ouest à Anse Gaulettes.

Retour de pêche

De retour au village de Baie Lazare, prenez Anse Soleil Rd à gauche (panneau « Bechcomber guest house »). À l'embranchement, allez vers la droite (chemin carrossable mais difficile).

■ **Anse Soleil**★★ – Ce chemin vous mène à l'une des plages les plus agréables de l'île, pour son isolement et son cadre végétal et granitique.

À l'embranchement de Anse Soleil Rd, garez-vous (seuls les 4x4 peuvent poursuivre sans risque) et descendez vers la gauche (demandez votre chemin car d'autres sentiers risquent de vous induire en erreur).

■ **Petite Anse (ou Anse la Liberté)**★★★ – Une petite marche dans la nature vous conduit à une autre plage isolée de toute beauté. Moins fréquentée que la précédente, elle se pare d'un sable éblouissant et fin comme de la farine. Nagez prudemment, car vous êtes loin de tout secours et des courants peuvent toujours vous surprendre.

De retour au village de Baie Lazare, reprenez la route principale qui descend vers la gauche. Tournez à gauche juste avant l'Anse aux Poules Bleues.

■ **L'atelier de Michael Adams**★ – *En principe : 10h-16h ; samedi, 10h-13h ; fermé le dimanche.* ☎ *361 006.* Exposés dans une charmante petite maison créole en bois blanc, les tableaux de Michael Adams font admirablement chanter les couleurs pour recréer l'atmosphère des îles de l'archipel. Vous ferez sans doute connaissance avec le peintre – l'artiste seychellois le plus réputé – ou avec sa femme.

Vous longez encore **Anse à la Mouche** et **Anse Boileau**, qui abritent un sympathique village dominé par la belle **église Notre-Dame**, avant de traverser une cocoteraie pour atteindre successivement les plages de **Barbarons**★ – plage de sable accaparée par un grand hôtel – et de **Grand'Anse**★★ *(baignade dangereuse à cause des vagues et des courants)* – immense et belle plage de sable clair, non protégée par la barrière de corail, où les écoliers du village viennent souvent jouer, le temps de la récréation, dans leur uniforme bicolore.

À partir de Grand'Anse, les montagnes, tapissées d'une végétation dense, réapparaissent et dominent la côte de plus en plus massivement.

■ **Port Glaud**★ – En traversant ce village spécialisé dans la pêche au thon, vous entendrez peut-être le chœur des écoliers, alignés dans l'église – filles d'un côté, garçons de l'autre – entonnant les chants de messe comme s'ils récitaient de la poésie.

Vaste lagon rocheux et peu profond, **Anse Islette**★, par un effet d'optique, apparaît comme fermée par l'**Islette**, îlot que l'on peut presque atteindre à pied à marée basse, et l'**île Thérèse**★.

Vous traversez ensuite un enchevêtrement de palétuviers, qui forment comme un réseau de petites rivières intérieures d'où l'on s'attendrait à voir surgir un crocodile coursant une pirogue...

Laissez votre véhicule en face du camp militaire du Service national de la Jeunesse (NYS).

■ **Port Launay**★★★ – Allez vous rafraîchir sur la plage, immense étendue de sable fin d'un blanc radieux, où évolue une multitude de poissons dans l'eau transparente. Aux heures chaudes, vous pourrez pique-niquer à l'ombre des grands *takamakas*, des badamiers et des bois de rose qui ombragent une partie de cette plage, généralement déserte. Si ce n'est pas le cas et que vous souhaitez plus d'intimité, une petite crique isolée vous attend au nord de la plage. Un hôtel devrait malheureusement être construit sur la plage de Port Launay.

Vers le sud, vous devinez au loin des anses inaccessibles à l'eau turquoise, où vit peut-être encore quelque Robinson solitaire...

SEYCHELLES

Reprenez votre voiture ou poursuivez à pied, pour mieux profiter encore de ce décor paradisiaque et des points de vue qui s'offrent à chaque virage.

Le spectacle qu'offre la **route de Port Launay à Baie Ternay***** est l'un des plus extraordinaires de Mahé. De plus en plus étroite, elle surplombe la mer et doit bientôt se frayer un passage dans la verdure, à flanc de falaise. Il n'est pas toujours aisé de s'y croiser à deux voitures, ni de s'arrêter pour profiter du paysage, mais vous adopterez rapidement l'habitude locale qui consiste à se garer au milieu de la voie.

Sur votre droite, vous apercevrez ici ou là des cases perdues dans la végétation, qui semblent posées en équilibre instable et d'où s'envolent parfois des airs de *séga* endiablés. Vous croiserez sans doute un ou deux Seychellois, machette à la main, en quête de noix de coco ou autres fruits sauvages. En contrebas, la mer gronde et se brise sur les rochers, brillant sous le soleil d'un harmonieux dégradé de turquoise.

Plus loin, vous devinez entre les branches touffues un **lagon** limpide, rocheux et peu profond, à l'apparence marbrée.

L'envoûtement prend subitement fin devant la grille d'un mystérieux camp de jeunesse militaire, consciencieusement gardée par un militaire zélé qui vous priera poliment de rebrousser chemin au plus vite.

L'intérieur de l'île**

Montagne d'origine volcanique surgie du milieu de l'océan, Mahé surprend par la variété de ses paysages. Plusieurs routes traversent l'île dans sa largeur, franchissant d'est en ouest des reliefs envahis par une végétation inviolée, foisonnant d'espèces rares, où la faune locale prospère en milieu protégé. Plusieurs escapades ombragées vous rafraîchiront entre deux bains de mer. Des sentiers de randonnée, généralement bien entretenus, permettent de partir à l'ascension des monts ou *mornes* verdoyants pour découvrir l'extraordinaire richesse de la nature seychelloise et la beauté des points de vue.

Veillez à parcourir ces routes transversales dans le sens approprié à la direction du soleil : d'est en ouest le matin, d'ouest en est en fin de journée. Vous bénéficierez ainsi des plus belles lumières et vous éviterez le désagrément et le danger de la conduite éblouissante face au soleil.

Route de la Forêt Noire***

De Port Glaud à Victoria *(env. 14 km – 30 mn)*, cette route sillonne le **Morne Seychellois National Park**, réserve naturelle qui couvre, sur 30 km², la partie la plus élevée de l'île. Dès les premiers virages, de superbes **panoramas**** s'ouvrent sur le lagon et les îles de la côte Ouest.

La visite de la **Tea Tavern** (☎ 378 221. *Lundi-vendredi 9h-16h ; samedi 8h-16h ; fermé le dimanche. Entrée payante, 20 Rs ; boutique de thé et de souvenirs et snack-bar, jusqu'à 16h)*, usine implantée au milieu des plantations de théiers en bandes ondulant harmonieusement pour épouser les courbes du relief, vous apprendra tout sur la production de ce breuvage, de la cueillette au conditionnement, en passant par le séchage, le tamisage et l'aromatisation. Vous pourrez y goûter le thé local, parfumé à la cannelle, à la vanille, à l'orange, au citron ou à la menthe.

La **vue***** embrasse toute la côte Sud-Ouest, avec le vert intense de la forêt au premier plan, les échancrures de sable blond, d'écume et d'eau turquoise en perspective et les bleus fondus du ciel et de l'océan en toile de fond.

De plus en plus escarpée, la route sillonne une forêt où poussent la quasi-totalité des plantes endémiques des Seychelles (bois de fer, bois-méduse...) et quantité de plantes exotiques comme le cannelier, *l'albizia*, etc.

Crique rocheuse, Mahé

J. Kerebel/PHOTONONSTOP

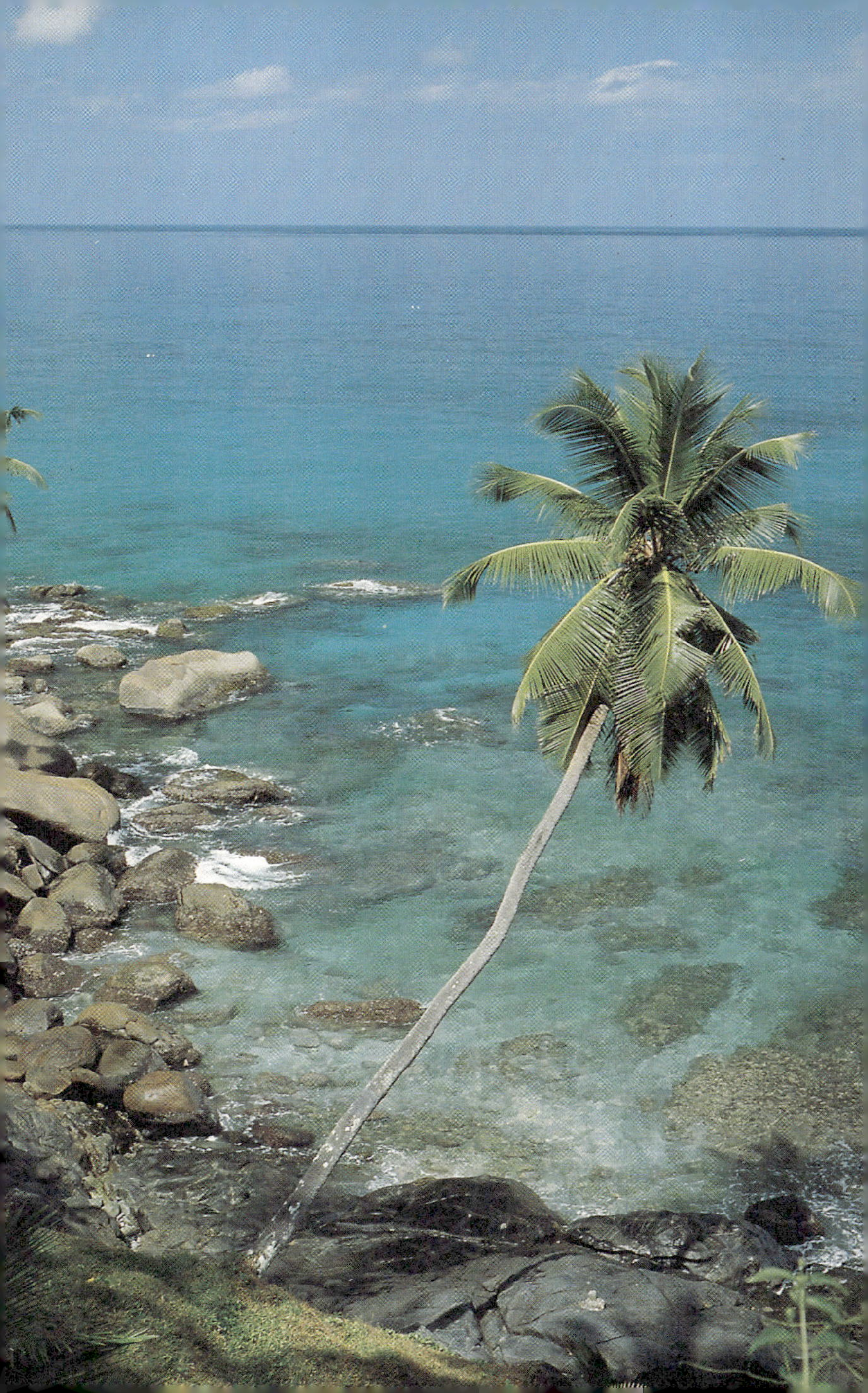

Après un grand virage en épingle, un sentier *(indiqué sur votre gauche)* bordé par une allée de *sandragons* mène à la **Mission Lodge**. De cette ancienne école, conçue par des missionnaires, lors de l'abolition de l'esclavage, pour accueillir les jeunes esclaves libérés par les Anglais qui arraisonnaient les bateaux négriers, il ne reste aujourd'hui que des ruines. Garez votre voiture pour admirer la **vue***** du haut du belvédère, qui donne sur les anses déchiquetées de la côte Ouest et sur les *mornes* forestiers du Parc.

Randonnées dans le Parc national du Morne seychellois

Tous ces sentiers sont balisés. Vous pouvez vous procurer des brochures descriptives à l'Office de tourisme de Victoria (la plupart ne sont disponibles qu'en anglais mais sont bien faites), ou louer les services d'un guide (voir « Les loisirs », p. 376-377).

Le Morne Seychellois (905 m) – *Env. 6 à 8 h AR, difficile. Guide fortement recommandé.* Le chemin part du lieu-dit l'Exil, sur la route de Sans Souci. L'ascension vous mène au point culminant de l'archipel des Seychelles.

Le Morne Blanc (667 m) – *Env. 1,2 km, 250 m de dénivelé, 2 h AR, difficulté moyenne.* Le sentier part du chemin Sans Souci, en face de la Tea Tavern, à 250 m au-dessus de la route. Vous montez à travers les plantations de thé avant de vous enfoncer dans la forêt dense et humide.

Copolia (497 m) – *Env. 2 h AR, assez difficile.* Départ du chemin Sans Souci, après le bureau des Forêts : le sentier part de Val Riche, à 6 km de Victoria, vers l'est. Le chemin est assez raide, mais court. Ce sommet rocheux vous offrira de belles vues sur le massif central de l'île.

Les Trois Frères (699 m) – *Env. 4 km, 3 h AR. Attention, le sentier est très glissant après les pluies.* Le sentier part du poste des Eaux et Forêts du Sans Souci, sur la route de Forêt Noire, à 5 km de Victoria : tournez à droite au panneau « Forestry Department » et laissez votre voiture au parking, environ 250 m plus loin. Le sentier est très raide jusqu'au col (panneau Le Niol). Pour montez jusqu'au sommet, tournez à droite (env. 1,8 km après le parking). Un splendide panorama vous récompensera... s'il n'est pas noyé dans les nuages. À mi-chemin, guettez la liane *pot à eau*, une fleur carnivore. Vous pouvez revenir par le même chemin ou opter pour celui qui descend jusqu'au village du Niol, entre Beau Vallon et Victoria (à 5 km du sommet).

Chemin La Misère*

Env. 9 km – 20 mn. Cette route part de Plaisance, sur la côte Est (rond-point à la sortie sud de Mont Fleuri) et relie Grand'Anse, sur la côte Ouest. De Victoria, arrêtez-vous sur la gauche de la route pour admirer le **panorama**** sur l'île aux Cerfs et Ste-Anne (belle lumière en fin de journée). Un autre point de vue, sur une forêt très riche en essences végétales et sur la côte Ouest, est aménagé de l'autre côté du col de La Misère.

Chemin Montagne Posée**

Env. 6 km – 15 mn. Plusieurs **belvédères**** ponctuent la route qui relie Anse Boileau, à l'ouest et Anse aux Pins, à l'est. Vous pouvez suivre la route en voiture ou emprunter à pied le sentier, dont l'attrait majeur réside dans les trois magnifiques **points de vue**** qui dominent la côte Ouest de l'île. Ce chemin part de la station *Cable and Wireless* et traverse une forêt dense.

Chemin Les Cannelles**

Env. 3,5 km – 15 mn. Cette jolie route relie Anse la Mouche, à l'ouest, et Anse Royale, à l'est.

Mahé pratique

ARRIVER-PARTIR
Voir p. 371, « Comment s'y rendre ».

COMMENT CIRCULER
En voiture – Toutes les grandes compagnies de location sont représentées sur l'île, ainsi qu'une multitude de petits loueurs locaux. Le mieux est de vous adresser à votre hôtel. Il est difficile de louer une voiture le week-end car tout est fermé. Vous trouverez des pompes à essence en face de l'aéroport, à Victoria, à Beau Vallon, à Port Glaud, à Baie Lazare et à Anse Royale.

En taxi – Ils circulent 24h/24. Il est préférable de réserver pour le soir. Ils sont nombreux à Victoria, à l'arrivée des vols internationaux à l'aéroport et devant les principaux hôtels.

En autobus – La gare routière centrale de l'île se trouve sur Palm St. à Victoria. Vous pourrez vous y procurer les horaires et les itinéraires. Ailleurs, les arrêts sont marqués au sol au bord de la route et il faut faire signe au conducteur pour qu'il s'arrête. Les bus circulent de 5h30 à 18h30 environ. Le service est réduit le dimanche.

ADRESSES UTILES
Office de tourisme – Voir p. 389.

Agences de voyages – Voir p. 389.

Téléphone – Voir p. 389.

Poste – Poste centrale (voir p. 389). Vous pourrez poster vos lettres dans les boîtes aux lettres rouges et acheter des timbres dans certains hôtels et boutiques.

Banque / Change – La plupart des banques se trouvent à Victoria (voir p. 389). Vous en trouverez également à Beau Vallon, sur la route de Victoria (en semaine, 9h-12h30 ; samedi 8h30-10h45), à Grand'Anse, à Anse Boileau. Tous les hôtels font du change, mais à un taux moins intéressant. Les seuls distributeurs automatiques de Mahé se trouvent à Victoria, à l'aéroport et à Beau Vallon.

Santé – Voir p. 389.

OÙ LOGER
Les fourchettes de prix sont établies sur la base d'une chambre avec petit-déjeuner pour deux personnes.

• **Dans la péninsule nord**

De 45 à 60 €
Calypha, Ma Constance, ☎ et Fax 241 157 – 4 ch. La maison, perchée à flanc de colline, domine les îles du parc marin de Ste-Anne. Charmantes petites chambres. Salon et salle à manger chaleureux, chargés de bibelots seychellois, où l'on peut dîner sur demande. Ambiance familiale.

De 60 à 75 €
Georgina's Cottage, Mare Anglaise, ☎ 247 016, Fax 247 945, georginas@seychelles.net – 7 ch. Cette maison tarabiscotée dispose de chambres hétéroclites, de la petite chambre simple à la vaste chambre familiale. Selon les cas, vous disposerez d'une télévision, d'un poste de radio, d'un coin cuisine ou d'une terrasse, où vous trouverez à votre réveil un copieux petit-déjeuner. Le point fort de cette pension est sa proximité avec la plage et les restaurants de Beau Vallon.

Les Manguiers Guesthouse, Machabée, ☎ et Fax 241 455 – 5 ch. Trois maisonnettes à louer, toute simples, décorées au goût local, avec chambre, coin salon, cuisine vieillotte et petite terrasse. Vous pourrez partager la vie locale en toute quiétude. Les maisons ont vue sur la mer.

De 75 à 90 €
Northpoint Guesthouse, Fond des Lianes, Machabée, ☎ 241 339, Fax 241 850 – 8 ch. Petites chambres contiguës avec kitchenette, terrasse individuelle et vue sur la mer... parfois obstruée par une végétation foisonnante. Un des bungalows, un peu perché et plus cher, dispose d'une vue magnifique.

De 90 à 105 €
Augérine Guest House, Beau Vallon, ☎ et Fax 247 257 – 4 ch. Les chambres confortables de cette sympathique et tranquille pension de famille ouvrent sur un jardin et la

plage de Beau Vallon. La maîtresse de maison est un cordon-bleu et vous servira à la demande de délicieux plats créoles sous la varangue. Une excellente adresse.

Le Pti Payot, Mare Anglaise, ☎ 261 447, Fax 261 094, loulou@seychelles.net – 3 ch. Maisons à louer à flanc de colline. Chacune dispose d'une chambre double, d'un salon avec deux lits pour les enfants, d'une cuisine et d'une terrasse avec vue sur la mer. Une adresse agréable et bon marché pour un séjour en famille ou entre amis.

De 105 à 120 €

Villa de Rose Guesthouse, Beau Vallon, ☎ 247 455, Fax 241 208 – 8 ch. Chambres d'hôtes ou petit appartement tout confort avec deux chambres et une cuisine équipée. Dans un jardin paisible, à 200 m de la plage.

Daniella's Bungalows, Bel Ombre, ☎ 247 212 / 247 914, Fax 247 784 – 10 ch. Pavillons dénués de charme extérieur, divisés en deux chambres avec terrasse privative. L'intérieur est beaucoup plus coquet et d'une propreté impeccable. Sur les hauteurs de Bel Ombre.

Beau Vallon Bungalows, Beau Vallon, ☎ 247 382, Fax 247 955, bvbung@seychelles.net – 8 ch. Petites chambres ou bungalows avec kitchenette et terrasse sur jardin. Évitez les bungalows sur la route. Accueil sympathique et ambiance conviviale.

De 150 à 195 €

Vacoa Village, Mare Anglaise, ☎ 261 130, Fax 261 146, vacoasm@seychelles.net – 11 ch. Beaux studios ou appartements de deux chambres avec cuisine américaine, coin salon et terrasse, étagés dans un joli décor de rochers granitiques et de végétation tropicale. Prestations de bon standing. Belle piscine et plage de Beau Vallon à 5 minutes.

The Sun Resort, Beau Vallon, ☎ 285 555, Fax 247 224, sun@seychelles.net – 20 ch. Chambres luxueuses avec kitchenette, coin salon, balcon ou terrasse privée, agencées sur deux niveaux autour d'une agréable piscine. À 200 m de la plage de Beau Vallon.

Le Petit Village, Bel Ombre, ☎ 247 474, Fax 247 771, lepetit@seychelles.net – 10 ch. Confortables studios ou appartements de deux chambres avec kitchenette équipée et terrasse individuelle. Architecture tout en bois aux airs de chalet suisse, de plain-pied sur une plage paisible idéale pour la plongée en apnée. Plage plus agréable à 50 m.

Plus de 270 €

Le Northolme, Glacis, ☎ 261 222, Fax 261 223, northolm@seychelles.net – 19 ch. Bel hôtel de luxe avec petite crique de sable privative. Chambres avec terrasse d'où l'on jouit d'une vue superbe sur la mer et la plage de Beau Vallon. Restaurant en terrasse panoramique de toute beauté. Salon de beauté et de massages. Possibilité de pratiquer tous les sports nautiques à Beau Vallon.

Sunset Beach Hotel, Glacis, ☎ 261 111, Fax 261 221, sunset@seychelles.net – 27 ch. Chambres luxueuses avec terrasse et vue sur la baie. Piscine sur la mer et plage privative de toute beauté.

● **Sur la côte Est**

De 40 à 45 €

La Retraite Guesthouse, Anse aux Pins, ☎ / Fax 375 816, Fax 375 243 – 4 ch. Petite pension familiale au confort rudimentaire. La maîtresse de maison, Créole chaleureuse et nonchalante, vous réserve un accueil des plus authentiques. Elle vous préparera un dîner si vous la prévenez. La maison est au bord de l'eau et il y a une petite plage juste à côté.

De 75 à 100 €

Fairy Land, Pointe au Sel, ☎ 371 700, Fax 371 610, fairylane@seychelles.net – 7 ch. À l'étage de cette maison « pieds dans l'eau », trois chambres, confortables, disposent d'un balcon. Le restaurant, au rez-de-chaussée, propose une cuisine créole et internationale de qualité.

Auberge de Bougainville, Anse Bougainville, ☎ 371 788, Fax 371 808, audebou@seychelles.net – 11 ch. ou Les propriétaires de cette ancienne bâtisse coloniale descendent directement de la famille de planteurs à qui elle appartenait à l'origine. Entourée de magnifiques massifs de bougainvilliers, elle domine la mer, perchée au-dessus d'une route escarpée. À l'étage, une véranda intérieure entoure de petites chambres au charme suranné. Tout en bois et parquet, la maison est meublée de fauteuils créoles et de quelques objets de famille. Si vous préférez le confort moderne au charme rustique, optez pour l'une des chambres récentes avec terrasse, qui donnent de plain-pied dans le jardin.

La Roussette Hotel, Anse aux Pins, ☎ 376 245, Fax 376 011, larousse@seychelles.net – 10 ch. Bungalows aux tons pastel avec terrasse, sur jardin. Possibilité de pratiquer golf et sports nautiques au Reef Hôtel, à 200 m.

De 105 à 135 €
La Désirade, Pointe au Sel, ☎ 225 714 / 515 253, Fax 225 736, doffay@seychelles.net – 3 ch. Pavillons modernes avec kitchenette et terrasse sur la mer, à proximité de petites criques désertes.

Casuarina Beach Hotel, Anse aux Pins, ☎ 376 211 / 376 016, Fax 376 016, casarina@seychelles.net – 20 ch. Agréables chambres avec terrasse privative réparties dans un beau jardin donnant directement sur la plage. Vous pourrez vous y détendre dans le Jacuzzi encastré dans un rocher au-dessus de l'eau. Certains samedis soir, un somptueux buffet créole vous attend, suivi d'un spectacle de musique et de danses traditionnelles seychelloises autour d'un feu et d'une soirée dansante où les touristes peuvent s'initier au séga auprès des jeunes Seychellois (200 Rs).

De 150 à 165 €
Chalets d'Anse Forbans, Anse Forbans, ☎ 366 111, Fax 366 161, forban@seychelles.net – 12 ch. Maisonnettes modernes et confortables avec cuisine équipée et terrasse privative. L'ensemble semble un peu loin de tout, mais vous pouvez prendre vos repas à l'hôtel Allamanda, juste à côté, ou faire vos courses au village de Quatre Bornes (1 km) et manger dans le jardin ou sur la longue plage sauvage qui s'étire devant les chambres. Masques, tubas et vélos à disposition. Un peu cher.

Hôtel Allamanda, Anse Forbans, ☎ 366 266, Fax 366 175, amanda@seychelles.net – 10 ch. Grandes chambres modernes bien équipées, en étage, avec ou sans balcon, face à la mer ou sur jardin. Pièces communes spacieuses, confortables mais un peu froides. Buffet créole une fois par semaine. Plage de sable privative, sauvage, idéale pour l'exploration des fonds marins.

• **Sur la côte Ouest**
De 75 à 95 €
Résidences Takamaka, Anse Takamaka, ☎ 366 049, Fax 366 303 – 10 ch. Bungalows assez simples avec terrasse, répartis dans un jardin paisible. Ambiance familiale décontractée. Clientèle essentiellement italienne. À 5 mn de la plage de Takamaka.

Auberge d'Anse Boileau, Anse Boileau, ☎ 355 050, Fax 355 033, plume@seychelles.net – 9 ch. Jolies chambres dans des bâtiments de style créole. Une agréable véranda ouverte sur le jardin court tout le long, meublée de transats en bois et rotin. Restaurant *Chez Plume* (voir « Où se restaurer »).

Anse Soleil Resort, Anse Soleil, Baie Lazare, ☎ 361 090, Fax 361 435 – 4 ch. Une très bonne adresse pour un séjour tranquille en famille. Ces bungalows tout équipés sont situés à flanc de montagne dans un endroit assez isolé, à 20 mn de marche d'Anse Soleil et de Petite Anse, deux des plus belles plages de Mahé. Le propriétaire cuisine d'excellentes recettes seychelloises traditionnelles. Réservez longtemps à l'avance.

Anse Soleil Beachcomber, Anse Soleil, ☎ 361 461, Fax 361 460, asbeachn@seychelles.net – 8 ch. Un petit coin de paradis, loin de tout (voiture indispensable). Les chambres, avec terrasse privative, donnent sur une petite plage de sable blanc de toute beauté. Réservez à l'avance car l'adresse est très prisée.

De 105 à 120 €
Blue Lagoon, Anse à la Mouche, ☎ 371 197, Fax 371 565, blagoon@seychelles.net – 8 ch. Chalets spacieux comprenant 2 chambres, un grand

salon décoré de batiks sri-lankais, une cuisine équipée et une terrasse. Jardin soigné d'où l'on aperçoit la mer. Femme de ménage et transfert à l'aéroport inclus. Possibilité d'avoir une cuisinière en sus. Possibilité de partager un chalet pour moitié prix, le salon et la cuisine étant communs aux deux chambres.

Lazare Picault Hotel, Anse Gaulettes, ☎ 361 111, Fax 361 177, lazarpco@seychelles.net – 14 ch. 🍽 ⛱ ou 📋 ✕ CC Jolie structure noyée dans la végétation. Chambres avec terrasse perchées à flanc de montagne. Les chambres supérieures, plus spacieuses et modernes, disposent d'une kitchenette et d'une terrasse panoramique sur l'Anse Gaulettes et la Baie Lazare avec l'une des plus belles vues de Mahé.

☻ **Chez Batista**, Anse Takamaka, ☎ 366 300, Fax 366 509, batistas@seychelles.net – 8 ch. 🍽📋⛱🔑📺✕🏊 CC Bungalows de 2 chambres avec grande terrasse, isolés dans la végétation au pied de la montagne. Vue sur mer ou jardin. Sympathique restaurant sur la plage de Takamaka (voir « Où se restaurer »).

☻ **Villa Bambou**, Anse à la Mouche, ☎ 371 177, Fax 371 108 – 3 ch. 🍽⛱✕ Charmante maison créole, ornée de lambrequins et entourée d'une varangue où vous pourrez prendre le frais sur de jolis sièges africains. Petites chambres simples mais propres, décorées de lithographies de Michael Adams. Salon chaleureux avec mobilier en bambou. La maîtresse de maison, adorable, peut vous préparer des repas sur demande. Seul hic, la villa travaille essentiellement avec un tour opérateur allemand.

De 120 à 140 €

☻ **Eden's Resort**, Port Glaud, ☎ 378 333, Fax 378 160, eden@resort.net – 12 ch. 🍽📋✕🔑📺 Depuis l'un des bungalows tout équipés avec kitchenette, coin salon, terrasse et petit jardin privatif, vous jouirez d'une vue absolument paradisiaque sur la mer et les îles Thérèse et Conception. Vincent, le patron, est charmant et vous proposera des formules de location de voiture à très bon prix. En outre, la plage de Port Launay, l'une des plus belles de Mahé, et le parc marin ne sont pas loin.

Palm Resort, Anse à la Mouche, ☎ 389 100, Fax 355 854, thepalm@seychelles.net – 10 ch. 🍽📋🔑📺 CC Chalets de deux chambres avec cuisine équipée et terrasse dominant la baie d'Anse à la Mouche. L'architecture en bois et le site, bien que d'accès difficile, en haut d'une grande pente, ne manquent pas de charme.

De 150 à 180 €

☻ **Château d'eau**, Domaine de Barbarons, ☎ 378 339 / 378 177, Fax 378 388 – 5 ch. 🍽📋✕🏊🐾 CC Chambres d'hôtes haut de gamme aménagées dans une ancienne maison de planteur. Calme et spacieux. Magnifique jardin fleuri et parfumé. Une adresse de luxe raffinée où l'accueil, personnalisé, contraste avec celui des grands hôtels. Accès privatif à une petite plage. Superbes couchers de soleil !

Plus de 225 €

The Plantation Club, ☎ 361 361, Fax 361 333, resatpc@seychelles.net – 200 ch. 🍽📋🔑📺✕🏊🐾♨✂ CC Cet hôtel, l'un des plus grands de l'île, occupe une ancienne plantation de cocotiers de 73 ha. Les chambres comprennent un coin salon et ouvrent sur la grande plage de l'hôtel et la mer. Nombreuses activités sportives, casino et héliport.

Où se restaurer

• Dans la péninsule nord

De 4,5 à 10 €

Baobab, Beau Vallon, ☎ 247 167. Midi et soir. CC Pizzeria populaire installée sur la plage la plus fréquentée de l'île. Clientèle hétéroclite. Il est souvent difficile de trouver une table le week-end car l'endroit est très prisé des familles seychelloises.

Maxim's Jade House, route côtière, Ma Constance, ☎ 241 489. Midi et soir ; fermé le dimanche. Cuisine chinoise servie, selon votre appétit, en petites ou grandes portions.

De 10 à 14 €

☻ **Boat House**, Beau Vallon, ☎ 247 898. Soir (réservez dans la journée) ; fermé le lundi. Buffet créole délicieux, varié et copieux. Assortiment de cari, poissons grillés, salades de mangues vertes et autres chatini de coco... Grande variété de poissons fraîchement débarqués de la partie de pêche du jour. Personnel chaleureux. Ambiance familiale et gourmande.

Lafontaine, Beau Vallon, ☎ 247 841. Midi et soir. Situé entre Boat House et le Baobab, un peu en retrait de la route, cet agréable restaurant est installé sur une terrasse couverte. On y mange, au rythme du reggae ou du séga, une cuisine créole tout à fait honnête (curry de poisson, steak de thon à la créole, gambas grillées) pour des prix très raisonnables.

De 15 à 30 €

La Perle Noire, Beau Vallon, ☎ 247 046. Soir [cc] Carte variée mais sans grande originalité. Agréable terrasse. Un peu cher.

La Scala, Danzilles, ☎ 247 535. Soir ; fermé le dimanche. Tenue correcte exigée [cc] Cuisine italienne revue à la mode seychelloise par un chef italien. Spécialités de pâtes fraîches, mais aussi de poissons et de fruits de mer. Agréable terrasse avec vue sur la mer.

• **Sur la côte Est**

De 7 à 15 €

Carefree, Anse Faure, ☎ 375 237. Midi et soir. Une des adresses les plus proches de l'aéroport. La cuisine créole est variée et délicieuse, avec des spécialités de poissons et de fruits de mer (crevettes grillées au beurre et à l'ail, steak de requin, cari d'ourites). L'atmosphère familiale et décontractée rend la halte agréable.

Ty-Foo, La Plaine, face à la Pointe au Sel, ☎ 371 485. Midi et soir. Ce petit restaurant sans prétention, au cadre un peu fade, est l'une des adresses les plus fréquentées par les autochtones. Vous pourrez goûter, au choix, un excellent « chop suey » ou un curry de porc et apprécier votre café tout en faisant une petite partie de billard.

Vye Marmit, Village artisanal, Anse aux Pins, ☎ 376 155. Toute la journée. [cc] Installé dans la grande varangue en bois peint d'une maison coloniale, vous découvrirez un large éventail de ce que la cuisine seychelloise peut offrir de meilleur (dont le civet de chauve-souris ou le cari de raie au safran vert). Le service est discret, l'ambiance décontractée le midi, plus feutrée en soirée.

Kaz Kreol, Anse Royale, ☎ 371 680. Mardi-jeudi midi ; vendredi-dimanche, midi et soir ; fermé le lundi [cc] Petit restaurant décontracté sur la plage. Pizzas et pâtes y sont à l'honneur.

• **Sur la côte Ouest**

De 9 à 25 €

Jolie Rose, Anse Intendance, ☎ 366 060. Toute la journée. À 100 m de cette superbe plage isolée. Ambiance décontractée dans un décor de filets de pêches, chapeaux de paille et objets en tami coco. Salades, cari, poissons et crustacés.

Sundown restaurant, Port Glaud, ☎ 378 352. Toute la journée ; dîner sur réservation uniquement ; fermé le dimanche (ou le lundi selon les semaines) [cc] Petit restaurant ouvert sur le lagon juste en face de l'Islette. Soupes de poissons, spécialités de fruits de mer, poissons grillés, cari de chauve-souris. Également quelques sandwichs.

Chez Batista, Anse Takamaka, ☎ 366 300. Toute la journée. [cc] Sympathique petite paillote installée sur la plage, où l'on mange dans une ambiance décontractée. Délicieux poissons pêchés du jour. Buffet créole le dimanche.

La Sirène, Anse aux Poules Bleues, ☎ 361 339. Toute la journée. Petit restaurant en paillote où l'on mange au calme, au bord de l'eau. Bon choix de poissons et crustacés, chauve-souris rôtie, délicieuses glaces maison.

Anse Soleil Café, Anse Soleil, Baie Lazare, ☎ 361 085. Toute la journée. L'un des endroits les plus agréables de l'île, du fait de son isolement et de sa quiétude. Installé au bord de la magnifique plage d'Anse Soleil, ce petit restaurant allie un cadre enchanteur et une cuisine excellente (curry de crabe et steak de thon).

Chez Plume, Auberge d'Anse Boileau, ☎ 355 050. Fermé le dimanche, sauf pour les clients de l'hôtel. [cc] Excellent buffet créole pour les résidents le dimanche, parfois ouvert aux non-résidents sur commande. Cuisine originale et savoureuse servie avec bonne humeur dans un cadre agréable. Au menu : terrine de chauve-souris, capitaine sauce passion, bourgeois sauce safran, vieille sauce gingembre, espadon sauce poivre

Mahé pratique

vert, requin sauce combava, crabe au gingembre... Gardez une petite place pour la tarte flan coco au coulis de chocolat !
Oscar – au Capitaine Rouge, Anse à la Mouche, ☎ 371 224. Midi et soir ; fermé le mercredi. Il fait bon déjeuner sur cette terrasse qui donne directement sur l'Anse à la Mouche. Les spécialités de poissons sont simples, mais délicieuses.

LOISIRS

Bateau à fond de verre – Sur la plage de Beau Vallon, devant les hôtels Coral Strand (**Teddy**, ☎ 261 125/511 125) et Berjaya. Lundi-vendredi, excursions d'une demi-journée dans le parc marin de Baie Ternay (ou dans celui de Ste-Anne de décembre à février, lorsque le vent souffle trop fort). Le week-end, balade d'une journée avec barbecue sur une île côtière. Masques, palmes et tubas sont fournis. 200 Rs la demi-journée, 350 Rs la journée avec repas.

Excursions en bateau – Le bateau **Blue Bird**, que vous trouverez en principe à Port Glaud le matin et sur la plage de Port Launay dans la journée, vous propose des excursions dans le parc marin ou sur les îles voisines (env. 500 Rs la journée pour 4 personnes).

Pêche au gros – **Blue Fin**, **White Fin** et **Yellow Fin**, route côtière de Beau Vallon, ☎ 247 898. Excursions d'une journée à Silhouette ou à l'île du Nord avec pêche en mer (environ 2500 Rs la demi-journée et 3500 Rs la journée), barbecue, randonnée et baignade (de 100 à 500 Rs par personne).

Plongée sous-marine – Cours d'initiation ou de perfectionnement tous niveaux, PADI.
Big Blue Divers, Mare Anglaise, partie nord de Beau Vallon, ☎ 261 106, bigblue@seychelles.net. Plongées sous-marines (220 Rs, tarifs dégressifs selon le nombre de plongées), barbecues sur la plage, excursions. Bon accueil, centre sérieux et professionnel.
Le Diable des mers, plage de Beau Vallon (face à Beau Vallon bungalows), ☎ 247 104. Ce centre propose des plongées sur 42 sites autour de Mahé. Prix corrects.
The Underwater center Seychelles, ☎ 247 357. Cet organisme est représenté au Coral Strand Hotel, Beau Vallon (☎ 247 357). Plongée entre 250 et 330 Rs.

Randonnée – **Basil Beaudouin**, ☎ 241 790/514 972. Il vous guidera dans vos balades à travers l'île. Vous le trouverez à l'hôtel Coral Strand le lundi à 18 h.
Mason's Travel (voir p. 407) organise également des randonnées.
Office de Tourisme (voir p. 407). Vous y trouverez une excellente série de brochures décrivant les sentiers balisés de l'île et la végétation et la faune que vous y rencontrerez.

Casino – **Berjaya universal casino**, Hôtel Berjaya, Beau Vallon, ☎ 247 141. Jusqu'à 3 h du matin. Machines à sous et jeux de table.
Planter's casino, Hôtel Plantation Club, Baie Lazare, ☎ 361 361.

Spectacle – Voir Casuarina beach hotel.

ACHATS

Souvenirs-artisanat – Vous trouverez de nombreuses boutiques à Beau Vallon.
Village artisanal, Anse aux Pins (voir p. 415).
Maison Coco, Village artisanal, Anse aux Pins. Tlj. Toutes sortes d'objets confectionnés à partir de noix et de fibres de coco.
La Marine, la Plaine St-André ☎ 371 441. Maquettes de bateaux (à partir de 3 000 Rs), voir p. 416.
Kreolfleurage, route côtière, Pointe Nord-Est, ☎ 241 329. La maison produit quatre parfums confectionnés artisanalement à partir d'une multitude de fleurs, d'herbes et d'épices locales (Bwanwar, Bambou, Ambre vert et Takamaka). Ils sont vendus dans de jolis flacons en bois (env. 24 € le flacon), chez le producteur et dans les boutiques touristiques de l'île.

Ateliers d'artistes et galeries d'art – **Michael Adams studio**, voir p. 420.
Donald Adelaide studio, Baie Lazare, ☎ 361 370. Lundi-samedi, 9-18 h ; fermé le dimanche. Peinture créole.
Gérard Devoud studio, Baie Lazare, ☎ 361 313. Tableaux colorés, lithographies et originaux.
Tom Bowers, Les Cannelles, Anse à la Mouche, ☎ 371 518. Lundi-samedi 9 h-18 h. Sculptures en bronze.

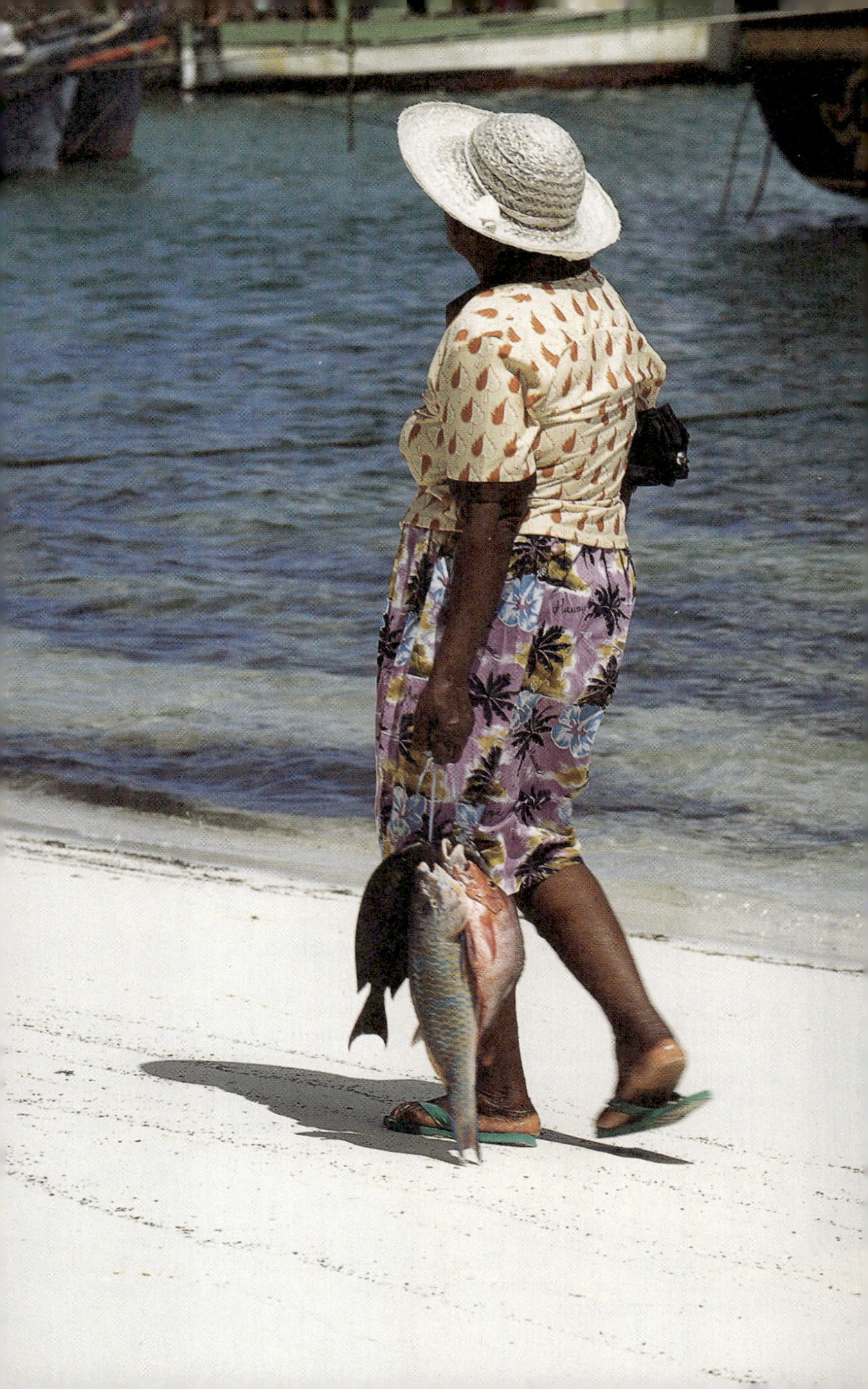

L'ÎLE DE PRASLIN★★★

Île granitique culminant à 367 m (Praslin)
40 km au nord-est de Mahé
Env. 38 km² (11 km est-ouest et 4 km nord-sud)
6 091 hab. – Carte p. 414-415

À ne pas manquer
Plages d'Anse Lazio, Petite Anse Kerlan et Anse Georgette.
Observer les oiseaux sur les îles Aride ou Cousin.
Faire le tour de la Vallée de Mai.
Flâner en fin d'après-midi à Baie Ste-Anne ou à Grand'Anse.

Conseils
Louez une voiture une journée pour faire le tour de l'île.
Profitez de l'islet St-Pierre avant 14 h (arrivée des groupes).
Préférez la côte Nord d'avril à septembre, la côte Sud d'octobre à mars.

L'île des Palmes

C'est ainsi que Lazare Picault baptise Praslin lorsqu'il y débarque, en 1744, frappé par la profusion de palmiers qui envahissent l'île. Plus tard, en 1768, le **capitaine Marion Dufresne** prend possession de l'île au nom de la France et l'appelle Praslin en l'honneur du ministre de la Marine, **Gabriel de Choiseul**, duc de Praslin.

Que l'on arrive en bateau ou en avion, la luxuriance de la végétation, qui laisse ici et là affleurer la terre rouge caractéristique de l'île, et d'énormes blocs de granit gris souris forment un paysage harmonieux. On comprend pourquoi l'île servit longtemps de repaire aux pirates et aux marchands arabes, qui trouvaient là un refuge idéal.

Praslin vous séduira par son rythme nonchalant et sa nature restée intacte. Balades dans les collines, bains de soleil sur les plages désertes, exploration des innombrables espèces de poissons qui peuplent ses eaux limpides : à vous de choisir !

L'économie de l'île, longtemps fondée sur la culture de la noix de coco, de la vanille et du patchouli, sur la pêche et l'exploitation des carrières de granit, s'appuie aujourd'hui sur le tourisme, devenu la principale source de revenus. La population se concentre dans les deux seuls villages, Grand'Anse à l'ouest et Baie Ste-Anne à l'est. Entre les deux s'élèvent les collines où s'étend le **parc national de la Vallée de Mai** et sa forêt unique au monde de cocos de mer.

La côte Nord★★
De Baie Ste-Anne à Anse Lazio
Env. 10 km – 30 mn de route.

■ **Baie Ste-Anne★** – Les goélettes en provenance de Mahé et de La Digue accostent à Baie Ste-Anne, grande baie fermée au fond de laquelle se niche le village le plus important de Praslin. Très étalé, il s'organise autour de son église blanche, de son école, du seul hôpital de l'île, du bureau de poste, des banques et commerces divers. Le long de la jetée sont amarrés des bateaux de pêche bariolés aux couleurs éclatantes. Quelques toits en palmes de coco se fondent encore dans la végétation, largement supplantés par la tôle, jaune, rouge, verte, bleue, scintillant au soleil, qui se détache sur les pentes des collines verdoyantes.

Quittez Baie Ste-Anne vers la droite en venant de l'embarcadère.

■ **Anse Volbert★★** – Vaste plage de 3 km de long, cette côte regroupe la plus grosse concentration d'hôtels de l'île et propose un large éventail d'activités nautiques. Peu profond, le lagon, mer d'huile à l'eau limpide, se pare d'un subtil dégradé de turquoise aux tons pastel.

En longeant les cocotiers, hibiscus, bougainvilliers et orchidées multicolores qui bordent la plage, vous arrivez au **Café des Arts**, où sont exposés et vendus des œuvres d'art et des objets d'artisanat seychellois de qualité *(voir la rubrique Achats, p. 426)*.

Centres nautiques ou pêcheurs vous proposeront une excursion à l'**islet St-Pierre★★**, îlot rocheux dont les fonds poissonneux forment un véritable **aquarium sous-marin★★★** en milieu naturel *(voir les rubriques Agences de voyages et Activités nautiques, p. 421 et 424. Évitez les agences regroupant plusieurs îles dans la même journée : les groupes arrivent tous sur ce minuscule îlot à la même heure et l'on n'y voit plus rien)*. Reprenez la grande route goudronnée.

La route devient bientôt plus sinueuse et escarpée, offrant à chaque virage de beaux **points de vue★** sur les eaux marbrées du lagon, dont les vaguelettes lèchent les *glacis* aux tons mouvants, gris ou rosés selon les heures.

Au bout de la route côtière, prenez à gauche après la boutique snack-souvenirs.

Si vous êtes en bus, il vous faudra descendre au terminus à **Anse Boudin** et poursuivre à pied. En voiture, vous pouvez continuer jusqu'à ce que la route devienne trop mauvaise *(4x4 recommandé. Vérifiez l'état de vos freins : la pente est très raide)*. L'ascension du **Morne Grand Fond**, qui culmine modestement à 340 m, vous offrira une **vue★★** sur la côte échancrée et le bleu de l'océan.

De retour à Anse Boudin, prenez le chemin de terre qui monte dans la forêt.

La piste de terre rouge pénètre dans un tunnel végétal. Elle débouche sur un point de **vue★★** plongeant sur la verdure opulente qui se détache de la terre rouge, avec l'île Curieuse et les bleus profonds du ciel et de l'océan en toile de fond à l'horizon. Récompensé de vos efforts (si vous êtes à pied !), mais pas encore comblé, descendez ensuite jusqu'à la côte.

■ **Anse Lazio** (Chevalier bay)★★★ – Cette vaste plage compte parmi les plus belles plages granitiques des Seychelles. Son eau turquoise et transparente et son sable immaculé, encadrés par des formations rocheuses aux formes arrondies, lui confèrent un petit goût de paradis. Bien abritée, cette baie constitue un mouillage de prédilection pour les voiliers.

La côte Sud★★
De Baie Ste-Anne à Anse Georgette
Env. 20 km – 40 mn de route.

Suivez la route qui monte de Baie Ste-Anne vers le sud (à gauche en venant de l'embarcadère).

D'une beauté plus sauvage, protégée par des récifs lointains, la côte Sud se parcourt sur une route étroite, sinueuse et escarpée, tantôt en corniche, tantôt en bord de mer, qui longe une succession de petites anses paisibles bordées de cases de pêcheurs. Sous le soleil radieux comme sous un ciel noir de mousson, les *glacis* resplendissent d'un gris pâle parfois teinté de reflets rosés. Sable doré et rochers noirs s'entremêlent, transformant le lagon en une vaste palette à l'apparence marbrée, où se conjuguent les bleus, verts et noirs, frangés au loin d'un liseré d'écume.

■ **Grand'Anse★** – Le second village de Praslin s'étend de part et d'autre du discret **monument de l'Indépendance** – formé d'un coco de mer femelle cerné par deux fruits mâles – qui fait un peu office de « place du village ».
Juste à côté s'ouvre le petit **marché**, que vous ne verrez s'animer que lors du retour des pêcheurs. Si vous sentez une certaine effervescence en passant par là, avancez jusqu'à la plage. Vous aurez sans doute la chance d'assister à l'arrivée des barques, chargées de poissons, que ménagères et maraîchers s'empressent de débarquer, noués en bouquets ou suspendus par la queue.

Le long de la route principale s'alignent quelques petites **épiceries indiennes**, décorées d'images pieuses hindoues d'un kitsch parfait et regorgeant des denrées les plus diverses, pesées dans une grande balance à plateaux de cuivre suspendue au-dessus du comptoir.

Bien que la plupart des boutiques ferment le dimanche, il règne ce jour dans le village une effervescence particulière. Essayez d'y passer dans la matinée, vers 10 h. Tout Seychellois qui se respecte sort alors de la messe, vêtu de ses plus beaux habits, et s'attarde un moment pour bavarder à l'ombre ou faire quelques emplettes avant d'aller pique-niquer en famille sur la plage.

C'est aussi le jour des communions et vous croiserez certainement quelque fillette au petit minois noir rayonnant dans une robe immaculée.

La traversée de l'île*

De l'église de **Grand'Anse**, prenez le chemin qui s'enfonce vers l'intérieur de l'île (vers l'hôtel Britania). Après environ 45 mn de marche, au point culminant, le chemin forme une fourche. Celui de gauche, **Pasquière track**, arrive sur la côte Nord à **Anse Possession** (3 km de Grand'Anse) en moins d'une heure. Celui de droite, **Salazie track**, débouche à **Anse Volbert** (5 km de Grand'Anse).

HÔTELS

- Acajou .... ①
- Amitié bungalows .... ②
- Archipel (L') .... ③
- Badamier (Le) .... ④
- Beach Villa Guesthouse ... ⑤
- Britannia (Le) .... ⑥
- Cabane des Pêcheurs (La) ⑦
- Chalets Côté Mer .... ⑧
- Château de Feuilles .... ⑨
- Chauve-Souris club .... ⑩
- Coco de Mer .... ⑪
- Colibri (Le) .... ⑫
- Cuvette (La) .... ⑬
- Duc de Praslin (Le) .... ⑭
- Grand Bleu (Le) .... ⑮
- Hirondelle (L') .... ⑯
- Hôtel du Café des Arts .... ⑰
- Indian Ocean Lodge .... ⑱
- Islander (The) .... ⑲
- Lauriers (Les) .... ⑳
- Lémuria Resort .... ㉑
- Maison des Palmes .... ㉒
- Paradise Sun .... ㉓
- Réserve (La) .... ㉔
- Rosemary's Guesthouse ... ㉕
- Tropique Villa (Le) .... ㉖
- Vanille (La) .... ㉗
- Villa Flamboyant .... ㉘
- Village du Pêcheur .... ㉙

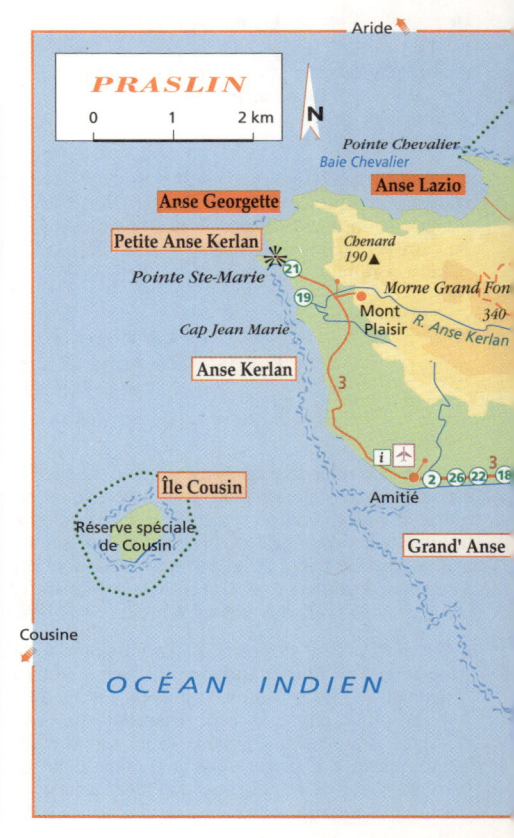

SEYCHELLES

■ **Anse Kerlan**★ – La route contourne la baie de Grand'Anse, puis d'Anse Kerlan, où continuent de s'égrener hôtels, restaurants et boutiques, petites maisons coloniales à varangue et baraques en tôle, délabrées ou flambant neuf.

Côté littoral, vous apercevez la mer par intermittence, baignant de longues plages de sable divisées en petites anses par des amas de roche noire. Au large se découpent les silhouettes des îles voisines de **Cousin** et **Cousine**. Côté terre, s'élèvent de splendides blocs de granit enfouis au milieu des manguiers, arbres à pain, massifs de bougainvilliers multicolores, filaos et palmiers, laissant affleurer quelques parcelles de collines de couleur brique. Des airs gais et entraînants de musique créole s'échappent de nombreuses cases ou de leurs coquets jardinets.

Promenez votre regard vers la cime des cocotiers : vous apercevrez peut-être des hommes grimper avec dextérité le long des troncs afin d'en recueillir la sève qui, après fermentation, produira le *calou*, l'alcool de coco local.

Au bout de la route, vous arrivez devant la grille de l'hôtel Lémuria. L'accès à cet hôtel, et aux plages qu'il a annexées, ne vous sera malheureusement possible que si vous signalez votre venue à l'avance. ☎ 281 281.

La côte Sud

Une noix de coco qui vaut de l'or

Connu en Europe grâce aux navigateurs de l'océan Indien, le coco de mer y devint rapidement un objet précieux et recherché que les souverains s'arrachaient à prix d'or. On raconte ainsi que Rodolphe II de Habsbourg, empereur du Saint Empire romain germanique, offrit en vain 4 000 florins d'or aux héritiers de l'amiral hollandais W. Hermanssen pour acquérir un coco de mer. Objet de luxe, le coco de mer était souvent monté en or ou en argent, devenant une véritable pièce de musée.

Le Lémuria, le plus luxueux établissement de l'île, construit en 1999 par un groupe mauricien, dispose d'un site vaste et exceptionnel, comprenant un parcours de golf vallonné de 18 trous, qui offre de magnifiques points de vue sur la mer et les îles voisines (Cousin, Cousine et Aride), ainsi que deux des plus belles plages de l'île : **Petite Anse Kerlan**** et **Anse Georgette*****. Cette dernière, à laquelle vous accéderez après le trou n° 15 du parcours de golf, est, avec Anse Lazio, la plage la plus idyllique de Praslin.

Sable d'un blanc éclatant, eau turquoise d'une rare pureté et, presque personne pour troubler votre quiétude méritée de Robinson. La prudence s'impose néanmoins pour vos baignades (*méfiez-vous des courants et ne vous écartez pas trop du rivage*).

■ Vallée de Mai National Park***

Au milieu de la route reliant Baie Ste-Anne à Grand'Anse. Tlj, 8 h-17 h 30. Entrée payante, 50 Rs. Visite guidée conseillée, de 1 h à 1 h 30. Les chemins sont faciles et bien balisés et un plan est à votre disposition si vous préférez vous promener seul. Comptez 1 h (ou plus si vous suivez tous les itinéraires). Prévoyez éventuellement des chaussures antidérapantes et de la lotion antimoustiques. Boutique de souvenirs.

Une curiosité naturelle aux origines incertaines

Principale curiosité de Praslin, classée « patrimoine mondial » en 1984, la Vallée de Mai couvre environ 20 ha de collines dans la partie sud du centre de l'île. Elle fait partie du **Parc national de Praslin**, et sa gestion est assurée par la Fondation des îles Seychelles. Dans cette forêt exubérante poussent près de 4 000 **cocos de mer** géants, dont certains auraient plus de 300 ans.

Avant que l'arbre ne soit découvert, des noix de coco géantes, pouvant peser jusqu'à 20 kg, s'échouaient sur les rivages de l'océan Indien. Ignorant leur provenance, on les appela « cocos de mer », supposant qu'elles pouvaient provenir d'arbres sous-marins, et on leur attribua des origines mythiques et des pouvoirs magiques.

Originaire de cinq îles granitiques des Seychelles, le cocotier de mer ne se trouve plus aujourd'hui que sur Praslin à l'état naturel. Arbres mâles et femelles poussent côte à côte, en proportion égale. La noix de coco femelle, d'une forme bilobée assez suggestive, évoque, selon l'imagination ou les fantasmes de chacun, la paire de fesses rebondie (d'où l'appellation de « coco fesse ») ou la partie pelvienne d'une belle femme. Quant aux longues inflorescences mouchetées de petites fleurs jaunes qui pendent du tronc du coco **mâle**, leur forme ressemble indiscutablement à un grand membre viril.

Ces curiosités de la nature suscitèrent inévitablement les interprétations les plus diverses, d'ordre érotique, mais aussi religieux et scientifique. Une légende seychelloise veut que les cocotiers de mer des deux sexes s'unissent les nuits de tempête et qu'assister à ces étreintes du règne végétal soit funeste à l'homme. On attribue en outre à la chair blanche du coco fesse différentes propriétés, à commencer par des vertus aphrodisiaques.

La Vallée d'Éden

En 1881, un certain Charles Gordon identifie la Vallée de Mai aux vestiges du Jardin d'Éden originel, du Paradis terrestre où l'homme vivrait s'il n'avait succombé à la tentation. Quant au coco de mer, il s'agirait selon lui de l'Arbre de la connaissance du bien et du mal, l'arbre biblique auquel Adam et Ève ont goûté malgré l'interdiction de Dieu.

Un microcosme unique

Dans une atmosphère humide et sombre, ces arbres forment une immense voûte végétale, à 30 m au-dessus du sol. Lorsque les faisceaux lumineux du soleil percent l'ombre opaque et brumeuse de cette forêt, il se crée de magnifiques jeux de contre-jour et d'ombres chinoises. Au moindre souffle de vent, les palmes entremêlées s'agitent et s'entrechoquent dans un doux bruissement. Sous la pluie, le bruit assourdissant des gouttes sur ces larges éventails remplace le chant mélodieux des oiseaux. En déambulant le long des petits sentiers, vous découvrirez plus de cinquante **plantes indigènes**, parmi lesquelles se trouvent les six espèces de palmiers endémiques des Seychelles. Une partie de cette flore et de la faune sont spécifiques à la Vallée. Vous verrez également des **plantes exotiques**, telles que différents arbres fruitiers, des *albizias*, des *sandragons*, des flamboyants, des acacias, des vanilliers... Toutefois, la politique actuelle consiste à décimer ces espèces introduites par l'homme, afin de rendre la forêt à son état indigène.

Dans cette réserve naturelle unique au monde vit une **faune endémique** tout aussi exceptionnelle. Dernier habitat du perroquet noir, dont il reste peu de spécimens, elle abrite plusieurs autres espèces d'oiseaux, comme le très rare pigeon bleu ou le plus commun *boulboul*, d'insectes et de reptiles multicolores, comme le gecko-bronze, le lézard vert, le caméléon-tigre, ou encore le boa des Seychelles.

Votre visite terminée, longez la route en direction de Grand'Anse pour aller voir la cascade* qui se jette sur la roche granitique dans le foisonnement des palmiers. Le spectacle est plus saisissant quand des pluies abondantes en ont alimenté le débit.

Les îles voisines de Praslin

Des excursions d'une journée sont organisées par les principales agences de tourisme (TSS, Mason's ou Créole Holidays : voir p. 439), ainsi que par certains hôtels ou autres petites structures moins connues, plus familiales et souvent plus sympathiques. Le tour le plus répandu couple les îles Cousin, Curieuse et St-Pierre, et comprend un barbecue à Curieuse à midi et de la plongée en apnée à St-Pierre (voir p. 444).

Les espèces d'oiseaux mentionnées en gras figurent sur les planches d'illustrations p. 14-15.

Cousin**

Ouverte aux visiteurs du mardi au vendredi. La meilleure période se situe en avril et mai. Guide obligatoire. Accès payant. Baignade, pique-nique, ramassage de coquillages ou de plantes interdits. Pour vos photos, prévoyez des pellicules sensibles car les sous-bois sont sombres et si possible un zoom ou un téléobjectif. Apportez vos jumelles si vous en avez.

Cette petite île de 600 m sur 800 m (la plus petite île granitique des Seychelles), située à 3 km à l'ouest de Praslin, abrite une importante **réserve spéciale d'oiseaux marins**. Elle est depuis 1968 propriété du Royal Society for Nature Conservation, qui l'acheta alors pour sauver la fauvette des Seychelles d'une extinction imminente. Les visites sont désormais strictement réglementées, afin de protéger les espèces rares menacées. Elle compte moins de dix habitants : un gardien, un ornithologue et leurs familles respectives. Près de 500 000 oiseaux, terrestres ou marins, y vivent en permanence et 200 000 à 300 000 autres viennent s'y reproduire, surtout en avril et en mai.

Un guide passionné et compétent vous fera découvrir, dans des sous-bois sombres où se côtoient cocotiers, *mapous* et bois-tortue, le **paille-en-queue** – à l'élégant plumage blanc et noir, qui se termine par cette longue queue effilée qui donne à son vol une telle légèreté – couvant son œuf blotti dans la souche d'un arbre ; le **noddi** (brun ou à bec grêle) – au plumage gris velouté – qui fait son nid dans les *mapous*, les cocotiers ou les rochers ; la **mouette blanche**, aux ailes translucides et au plumage immaculé d'où pointe un bec bleu sombre ; le puffin, qui plane au ras de

Au cœur de la Vallée de Mai

l'eau ou flotte au gré des ondes pour pêcher des poissons, qu'il régurgitera plus tard pour nourrir ses petits ; ou encore la fauvette des îles, qui ne fait plus figure d'oiseau rare. Poule d'eau, frégate, *foudi toc-toc*, soui-manga (ou colibri), **cardinal**, tourterelle peinte ou striée, tourne-pierre à collier, **sterne bridée** complètent cette avifaune.

Vous ferez également la connaissance de *Georges*, tortue terrestre géante âgée de 150 ans, et vous verrez se faufiler différentes espèces de lézards aux couleurs étonnantes.

Curieuse*

Ouverte aux visiteurs du mardi au vendredi. Ramassage de coquillages et de coraux strictement interdit. À 1 km au nord-est de Praslin, cette île de 2 km sur 3 (la 5e île granitique des Seychelles par sa superficie) est entourée sur un périmètre de 200 m d'un riche **parc national marin** où vous pourrez admirer coraux et poissons multicolores. Un parc protégé abrite un élevage de jeunes tortues de mer géantes et plusieurs dizaines de tortues viennent chaque année pondre sur la plage.

Des guides se tiennent à votre disposition pour vous initier à la flore et à la faune locales. Vous pouvez également vous promener seul et sillonner l'île en suivant l'itinéraire balisé.

Les formes arrondies des rochers, érodés par la mer, et les fossiles de coraux que l'on a retrouvés, indiquent qu'une partie de Curieuse se trouvait autrefois immergée. Les témoignages des premiers colons rapportent par ailleurs que l'île était alors couverte de marécages peuplés de crocodiles.

Aujourd'hui, de petites passerelles enjambent ces zones marécageuses asséchées. Vous y verrez une multitude de crabes terrestres, qui fourmillent dans un enchevêtrement de palétuviers ou se cachent dans un labyrinthe de tunnels creusés dans le sol rouge.

Parmi les arbres indigènes, vous verrez notamment le calice du pape, le bois rouge ou encore l'arbre impudique. Une forêt de bois durs, défrichée au début du siècle au profit d'une cocoteraie, est désormais protégée par les Parcs nationaux, qui ont entrepris une politique de reboisement. Deux des six espèces de palmiers endémiques des Seychelles poussent ici, dont le coco de mer et le *vacoa* de montagne. Vous verrez également des arbres à cannelle, des lianes de vanille sauvage endémique, des *takamakas*, des *badamiers* et des lataniers-feuilles.

Le circuit s'achève au milieu d'un élevage de tortues de terre de tous âges qui, comme toutes celles que l'on voit sur les îles granitiques, proviennent de l'atoll d'Aldabra.

Aride★★★

Accostage possible uniquement entre octobre et avril. Généralement ouverte aux visiteurs les mercredi, jeudi, vendredi et dimanche. Visites contrôlées par le gardien. Accès payant. Navigation, pique-nique et ramassage de coquillages ou de plantes sont strictement interdits. Prévoyez de la lotion antimoustiques et de bonnes chaussures.

Cette île granitique de moins de 1 km sur 2, située à 10 km au nord de Praslin, ne compte que sept habitants. Aride lors de sa découverte, en 1756, elle vous apparaît aujourd'hui comme l'une des plus verdoyantes de l'archipel, grâce aux couches de guano (amas de déjections d'oiseaux marins et de déchets de poissons) qui ont fertilisé son sol au fil des ans.

Le propriétaire de l'île a su redonner à Aride son caractère originel et en faire un sanctuaire naturel protégé. Il en a fait en 1975 une réserve spéciale, sous l'égide de la Royal Society for Nature Conservation. C'est la **réserve naturelle** la plus exceptionnelle de l'archipel après celle d'Aldabra. Elle compte parmi la richesse de sa faune et de sa flore de nombreuses espèces uniques au monde.

Outre les colonies impressionnantes de pailles-en-queue à brins blancs, de **mouettes blanches**, de puffins et de frégates, Aride abrite les seuls **pailles-en-queue à brins rouges** des îles granitiques des Seychelles et la plus importante population permanente de **sternes fuligineuses** et de **noddis** de ces îles. Vous observerez ces oiseaux dans les arbres, bien sûr, mais aussi nichés dans les anfractuosités des rochers ou dans des terriers.

C'est également l'unique endroit au monde où pousse le gardénia de Wright ou calebassier, dit *bwa sitron* en créole, buisson à fleurs blanches et rouges en forme de trompette.

L'île regroupe par ailleurs la plus grande densité de lézards et de geckos au monde, et ses eaux regorgent de nombreuses espèces de poissons et de coraux. Enfin, les tortues viennent chaque année pondre leurs œufs sur ses plages.

Praslin pratique

Arriver-Partir

En avion – *Air Seychelles* assure de 10 à 15 vols quotidiens entre Mahé et Praslin à bord d'un petit avion à hélices de 20 places (73 US$ AR). En 15 mn à peine, il survole à basse altitude le parc marin de Ste-Anne, les îles Cousin et Cousine et l'atterrissage, dans un sens comme dans l'autre, est impressionnant.

En bateau – Trois goélettes relient Mahé à Praslin en moins de 3 h. Départ du port de Victoria, du lundi au vendredi, entre 11 h et 13 h. Soyez sur place une heure avant le départ. Arrivée à Praslin à la jetée de Baie Ste-Anne, où des taxis vous attendent. Les billets s'achètent à bord ou au port, un peu avant le départ (50 Rs AS).
Un bateau rapide fait aussi la liaison en moins d'une heure. Il est cependant plus cher. Renseignements : ***Inter Islands Boats***, ☎ 324 843.

En excursion organisée – Renseignez-vous auprès des agences Mason's, TSS et Créole Holidays. Voir p. 407.

Comment circuler

En voiture – Les grandes compagnies de location ne sont pas représentées à Praslin. Les petites agences locales vous livreront très rapidement la voiture de votre choix (adressez-vous à votre hôtel). Le 4x4 s'avère utile sur quelques routes seulement. Comme à Mahé, vous apprécierez les voitures fermées en cas de pluies torrentielles. La concurrence étant bien moindre qu'à Mahé, les prix sont un peu plus élevés : comptez de 350 à 400 Rs par jour (n'hésitez pas à marchander).
Standard Car Hire, Amitié, ☎ 233 555.
Explorer Cars, Grand'Anse, ☎ 233 311 712 993. On peut y louer des « beach buggy », sympathiques petits véhicules tout-terrain.
Praslin Holiday Car Rental, Grand'Anse, ☎ 233 219/513 219.
Ces agences peuvent vous livrer un véhicule n'importe où sur l'île. Négociez si la durée de la location excède un ou deux jours.

Les deux seules stations-service se trouvent à Baie Ste-Anne et à Grand'Anse. Tlj, 7 h 30-18 h 30 ; le dimanche jusqu'à midi.

En taxi – Ils attendent à l'embarcadère de Baie Ste-Anne (☎ 232 209) à l'arrivée de chaque goélette de Mahé ou de La Digue, ainsi qu'à l'aéroport (☎ 233 228), à l'arrivée des vols de Mahé. Pour circuler sur l'île, faites appeler un taxi par votre hôtel. Les prix sont fixes et assez élevés.

En autobus – De petits autobus indiens ***Tata*** circulent autour de l'île. C'est un bon moyen de découvrir l'île au contact de la population locale. Vous trouverez les horaires dans les agences de tourisme et dans certains hôtels, mais ils ne vous donneront qu'une idée approximative de la fréquence à laquelle vous avez une chance de les voir passer... s'ils ne sont pas complets !
La ligne ***RT 61*** relie en 1 h Mont Plaisir et Anse Boudin, en passant par l'aéroport, Grand'Anse, la Vallée de Mai, la jetée de Baie Ste-Anne, Anse la Blague et La Réserve. Départs toutes les 30 mn à toutes les heures, entre 6 h et 18 h 30.
La ligne ***RT 62*** relie en 1 h environ Mont Plaisir à Zimbabwe, en passant par l'aéroport, Grand'Anse, Anse Consolation, l'embarcadère de Baie Ste-Anne, La Réserve et Anse Boudin. Cette ligne n'assure que 6 ou 7 liaisons par jour dans chaque sens, entre 6 h/7 h et 16 h 30/17 h 30. Service réduit le dimanche.

À bicyclette – C'est un agréable moyen de visiter Praslin, quand il ne fait pas trop chaud. Les routes sont relativement plates dans l'ensemble, mais il y a également des montées très raides (vérifiez l'état de vos freins avant de partir). Vous trouverez des loueurs à Anse Volbert, à Grand'Anse et auprès de certaines pensions de famille (50 Rs la journée).
Pour louer des vélos ou des VTT de bonne qualité, vous pouvez contacter ***James Collie***, Amitié (près de l'aéroport), ☎ 511 233. James peut vous livrer un vélo où vous le désirez. Comptez 50 Rs par jour, mais il est possible de négocier.

À pied – Les sentiers de l'île, bien qu'ils ne soient pas toujours bien entretenus, vous promettent quelques belles randonnées faciles. Munissez-vous d'une bonne carte et emportez de l'eau.

En auto-stop – Les Praslinois s'arrêtent assez spontanément lorsqu'ils voient des piétons au bord de la route, notamment le dimanche, lorsque le service des bus est réduit.

ADRESSES UTILES

Office de tourisme – Un bureau discret fournit quelques informations à l'aéroport (☏ 233 346).

Agences de voyages – Les trois grandes agences de tourisme sont représentées à Praslin. Elles organisent des excursions sur les îles voisines de Cousin, Curieuse, Aride et La Digue, ainsi que le tour de l'île et la visite de la Vallée de Mai.
Mason's, sur la droite de la route côtière, à l'entrée de Grand'Anse en venant de la Vallée de Mai, ☏ 233 211.
TSS, sur la droite de la route côtière, entre Grand'Anse et l'aéroport, ☏ 233 438.
Créole Holidays, juste en face de l'aéroport, sur la route côtière, ☏ 233 223.

Téléphone – Vous trouverez des cabines à cartes au bord de la route dans les villages. Les cartes s'achètent dans certaines boutiques ou à la poste. Seuls les hôtels et certaines pensions sont équipés de fax.

Poste – Les deux bureaux de poste de l'île se trouvent à Baie Ste-Anne et à Grand'Anse, près du poste de police. Certaines épiceries vendent des timbres dans les deux villages.

Banque / Change – Vous trouverez une banque à Baie Ste-Anne, une à Côte d'Or et trois à Grand'Anse. 8 h 30-15 h en semaine, 9 h-11 h le samedi.

Compagnies aériennes – Le bureau d'*Air Seychelles* se situe à l'aéroport (☏ 288 466).

Librairie-journaux – Il n'y a pas de librairie ni de marchands de journaux à Praslin, sauf dans les boutiques de certains grands hôtels. Pour les journaux locaux, s'adresser au poste de police de Grand'Anse.

Santé – *Clinique de Grand'Anse*, ☏ 233 414.
Hôpital de Baie Ste-Anne, ☏ 232 333.

OÙ LOGER

Les fourchettes de prix sont établies sur la base d'une nuit en chambre double avec petit-déjeuner.

• **Sur la côte Nord**
De 60 à 75 €
Hirondelle, Côte d'Or, ☏ et Fax 232 243, hirondel@seychelles.net – 7 ch. Sympathique pension de famille aux chambres assez bien équipées, de tailles différentes. Il est même possible de louer un étage complet. Très bon rapport qualité-prix. Les restaurants de la Côte d'Or sont tout proches et il n'y a que la route à traverser pour se rendre sur la plage.
Rosemary's Guesthouse, Anse Volbert, ☏ 232 176 – 3 ch. Certainement l'adresse la moins chère de Praslin. Cette pension de famille, sympathique et calme, propose des chambres d'une extrême simplicité, mais propres. L'accès à la plage d'Anse Volbert constitue l'intérêt principal de ce charmant petit endroit. Le soir, quand elle n'est pas fatiguée, Rosemary cuisine.
De 90 à 125 €
Les Lauriers, Anse Volbert, ☏ 232 241, Fax 232 362 sybille@seychelles.net – 6 ch. Une petite guest-house sans prétention. Préférez les bungalows aux chambres. Nichés au cœur d'un parc tropical, ces derniers sont propres et confortables. Les chambres viennent également d'être rénovées. Cet établissement est en outre l'un des seuls à pratiquer d'aussi bas prix à Anse Volbert.
Le Colibri, Baie Ste-Anne, ☏ / Fax 232 302 – 12 ch. En arrivant à Praslin en goélette, vous distinguerez son joli toit de chaume niché dans les rochers et la végétation au bord de l'eau. Chaque chambre a son charme propre : petite chambre avec terrasse dont le grand lit à baldaquin fait face à la mer. D'autres, joliment arrangées, disposent d'une terrasse avec vue directe sur la mer. De nouvelles chambres tout en bois très réussies disposent de salles de bains en granite rose. Excellente table d'hôte conviviale le soir.
Le Grand Bleu, Pointe Cabri, ☏ / Fax 232 437 – 4 ch. Si le Colibri est complet, ou si vous préférez être plus

isolé. Vous pouvez bénéficier des repas servis au Colibri. Seuls les massifs de bougainvilliers bouchent parfois la vue sur la mer.

Chalets Côté Mer, Baie Ste-Anne, ☎/Fax 232 367, ccmer@seychelles.net – 12 ch. Chambres ou chalets familiaux en duplex, avec cuisine équipée et salon. Architecture moderne et propre. Toutes les chambres disposent d'une terrasse avec vue plongeante sur la baie. Le chef français et sa femme seychelloise vous proposent d'excellents repas dans une petite salle en terrasse sur la mer. Juste en dessous, ils ont aménagé un solarium avec un accès à la mer par les rochers.

Hôtel du Café des Arts, Côte d'Or, ☎ 232 170, Fax 232 155, paultur@seychelles.net – 4 ch. Récemment transformé en hôtel, le Café des Arts dispose de chambres tout confort, joliment aménagées, avec terrasse individuelle. La tranquillité y est de rigueur et l'atmosphère conviviale. Le patron propose une table d'hôte presque tous les jeudis, avec d'excellentes spécialités de poissons (réservation dès le lundi). L'adresse étant populaire et les chambres en nombre limité, il est conseillé de réserver longtemps à l'avance.

De 130 à 140 €

Le Duc de Praslin, Côte d'Or, ☎ 232 252, Fax 232 355, leduc@seychelles.net – 14 ch. Situé à 100 m environ de la plage d'Anse Volbert, cette guesthouse propose de jolis bungalows, calmes, avec terrasse privative ouvrant sur un magnifique jardin tropical. Seul désagrément, les vis-à-vis liés à la proximité des chambres.

La Vanille, Anse La Blague, ☎ 232 178, Fax 232 284, vanille@seychelles.net – 6 ch. Architecture originale surplombant la mer à flanc de colline. La roche granitique fait intégralement partie de la conception des chambres, faisant office, selon les cas, de tête de lit, de sommier dans lequel s'encastre un lit, de murs dans la salle de bains... Le bar-restaurant exploite lui aussi le rocher, auquel il s'adosse. Il est préférable d'avoir un véhicule car l'hôtel est isolé.

De 180 à 190 €

Village du Pêcheur Hotel, Anse Volbert, ☎ 232 224, Fax 232 273, village@seychelles.net – 13 ch. Chambres et bungalows blanchis à la chaux à toits de chaume, de style rustique, sur jardin ou de plain-pied sur la plage d'Anse Volbert. Un bar sympathique avec petits coins confortables et intimes vous attend pour l'apéritif. Le restaurant, sur la plage, est l'un des plus agréables de l'île (voir « Où se restaurer »).

De 300 à 330 €

Acajou hôtel, Côte d'Or, ☎ 232 400, Fax 232 401, acajou@seychelles.net – 28 ch. Ces bungalows en acajou, haut perchés, entourés de takamakas et de casuarinas, dominent les alentours. Les chambres sont aménagées avec goût. L'ensemble est d'un calme absolu, à condition de préférer les chambres proches de la plage.

Château de Feuilles, Baie Ste-Anne, ☎ 232 900, Fax 232 999 reserv@château.com.sc – 9 ch. Séjours de 3 nuits minimum. Ce magnifique hôtel Relais & Châteaux est, comme il se doit, très luxueusement aménagé et plein de charme. Il offre de plus une vue magnifique sur la mer, accessible par un petit sentier. Préférez les chambres du château aux bungalows, car elles ont plus de cachet. Le restaurant de l'hôtel ne sert que du poisson et des fruits de mer. Excursions fréquentes à Grande Sœur, cette île appartenant au même propriétaire.

De 350 à 400 €

La Réserve, Anse Petit Cour, ☎ 232 211, Fax 232 166, lrmk@seychelles.net – 30 ch. Séjour d'au moins 5 jours. Bungalows privatifs avec terrasse ombragée ou suite de luxe dans une villa en bord de mer. Décoration d'inspiration coloniale avec lits à baldaquin. L'ensemble se tapit entre plage et colline, dans un paisible jardin planté de palmiers, de manguiers, d'orchidées, d'hibiscus et de bougainvilliers. Une grande varangue ouverte abrite le bar de l'hôtel, et le restaurant, sur pilotis, s'avance dans la mer. (Voir « Où se restaurer ».)

Paradise Sun Hotel, Anse Volbert, ☎ 232 255, Fax 232 019, paradise@seychelles.net – 80 ch. Demi-pension obligatoire. Élégantes chambres en bois et pierre réparties dans des bungalows à un ou deux niveaux, sur jardin ou sur mer. Le beau parquet, qui se prolonge sur la terrasse, les larges portes-volets à persiennes, les stores en bambou que l'on peut dérouler pour protéger la véranda du soleil ou des intempéries et les tableaux en batiks qui décorent les murs donnent aux bungalows un cachet certain. On déjeune sur la plage, sous une paillote, les pieds dans le sable et on dîne en musique sous un grand toit de chaume. L'accueil n'est pas à la hauteur du cadre et des tarifs pratiqués.

L'Archipel, route des Cocotiers, Anse Gouvernement, ☎ 284 700, Fax 232 072, archipel@seychelles.net – 30 ch. Une piste mène à cette petite anse isolée, où de grands bungalows avec terrasse s'étagent à flanc de colline dans un magnifique jardin. Restaurant réputé.

● Sur la côte Sud

De 55 à 75 €

Amitié Bungalows, Amitié, ☎ 233 216, Fax 233 098, 4 ch. Les deux chambres de la maison, qui donnent sur une véranda intérieure, sont un peu fermées. Le petit bungalow à toit de chaume, avec une petite terrasse sur la mer et une autre sur jardin, est des plus agréables.

De 80 à 110 €

Beach Villa Guesthouse, Grand'Anse, ☎ 233 445, Fax 233 098, beachvilla@email.sc – 9 ch. Chambres simples mais spacieuses avec terrasse privative, dans un grand jardin qui se prolonge jusqu'à la mer. Tenu par un vieux créole chaleureux, qui vous préparera un dîner bon marché sur demande.

La Cabane des Pêcheurs, Grand'Anse, ☎ / Fax 233 320 – 11 ch. Petit hôtel simple, joliment arrangé. Chambres agréables et petits prix. L'étage du bâtiment voisin comprend 6 chambres avec cuisine et coin salon.

La Cuvette Hotel, Grand'Anse, ☎ 233 219 / 233 005, Fax 233 969 – 8 ch. Confortables chambres modernes réparties autour d'une petite piscine. Le patron fait partager sa gourmandise à ses clients en préparant d'exquis buffets créoles, copieux et variés.

Villa Flamboyant, Anse St-Sauveur, ☎ / Fax 233 036 – 8 ch. Pension de famille installée dans une belle maison, au cœur d'un jardin ombragé de flamboyants. Une agréable véranda en bois entoure les deux étages. Si elles sont libres, choisissez les deux chambres du rez-de-chaussée dont la terrasse donne directement sur la mer. Le soir, tous les hôtes dînent à la même table, une longue table en bois rustique et conviviale. Les repas sont préparés avec les fruits et légumes du jardin. Le petit-déjeuner est servi dans le jardin, face à la mer.

Le Tropique Villa, Amitié, ☎ et Fax 233 027 – 6 ch. Vastes chambres avec cuisine, récemment construites dans deux bâtiments blancs sur deux niveaux. Chaque terrasse donne directement sur la mer. Également deux chambres sur jardin, moins chères mais un peu proches de la route.

De 110 à 120 €

The Islander's Guesthouse, Anse Kerlan, ☎ 233 224, Fax 233 154, islander@seychelles.net – 10 ch. Bungalows de deux appartements disposant chacun d'une cuisine et d'une terrasse. Belle plage au fond du jardin.

Le Badamier, Anse Marie-Louise, ☎ 233 066, Fax 233 159 – 9 ch. Bungalows isolés (voiture conseillée) sur une crique rocheuse, en bord de mer. Chaque chambre dispose d'une terrasse et la plupart ont vue sur la mer. Salle à manger panoramique.

Le Britannia Hotel, Grand'Anse, ☎ 233 215, Fax 233 944 – 12 ch. Chambres tout confort avec terrasse privative sur jardin. L'ensemble manque peut-être un peu de chaleur et d'intimité.

De 160 à 170 €

Hôtel Maison des Palmes, Amitié, ☎ 233 411, Fax 233 880, maisondp@seychelles.net – 24 ch.

🏊 💧 🍴 cc Jolies chambres chaleureuses avec terrasse, dans des bungalows à toit de latanier isolés les uns des autres par les arbres. Certains d'entre eux ont une vue sur la mer, d'autres, un peu en retrait, souffrent peut-être de la proximité de la route. Le restaurant a bonne réputation (voir « Où se restaurer »).
De 240 à 260 €
Indian Ocean Lodge, Grand'Anse, ☎ 233 324, Fax 233 911, iol@seychelles.net – 32 ch. 🍴 🏊 🅿 🍴 🛏 🏊 cc Un bel hôtel composé de bungalows joliment aménagés. Les chambres ont toutes vue sur la mer. Les suites sont très confortables, avec une mention spéciale pour la salle de bains. Un bon rapport qualité-prix.
De 320 à 350 €
Hôtel Coco de Mer, Anse Bois de Rose, ☎ 233 900, Fax 233 919, cocodeme@seychelles.net – 40 ch. 🍴 📺 🏊 🅿 📺 🍴 🛏 🏊 💧 🍴 cc Les chambres de ce luxueux hôtel sont plus ou moins bien situées : certaines donnent directement sur la mer, les autres s'étirent entre la voie d'accès à l'hôtel et la route côtière. Spacieuses, elles contiennent un coin salon, où deux enfants peuvent dormir sur une banquette, et une terrasse privative sur la mer. À l'heure de la sieste, il fait bon se prélasser dans les hamacs suspendus aux cocotiers, bercé par le clapotis de l'eau.
Plus de 400 €
⭐ **Lémuria Resort**, Anse Kerlan, ☎ 281 281, Fax 281 000, lemuria@seychelles.net – 88 ch. 🍴 📺 🅿 📺 🍴 🛏 🏊 💧 🍴 cc Golf de 18 trous. Fleuron de l'hôtellerie seychelloise détenu et géré par un groupe mauricien, cet établissement très luxueux, ouvert depuis décembre 1999, s'étend sur 150 ha. Les suites et l'ensemble des bâtiments, de toute beauté, s'intègrent parfaitement dans le site vallonné, verdoyant, et ourlé des plus belles plages de l'île. Essayez au moins d'aller visiter l'endroit à défaut d'y résider.

● **Ile Chauve-Souris**
Plus de 420 €
Chauve-Souris Club, ☎ 232 200, Fax 232 133 – 6 ch. 🍴 📺 🏊 🅿 🍴 🏊 💧 cc Pension complète obligatoire. Les chambres de cet hôtel sont toutes aménagées avec élégance, luxe et raffinement : parquets anciens, mobilier colonial, salle de bains avec roche intégrée, Jacuzzi. Vous pouvez profiter du tennis de l'hôtel Côte d'Or Lodge, dont dépend le Chauve-Souris Club.

Où se restaurer

● **Côte d'Or**
De 25 à 55 €
⭐ **Tante Mimi**, ☎ 232 500. Le soir et le dimanche midi. Fermé le dimanche soir. Situé au-dessus du casino, dans une magnifique maison créole, ce restaurant s'illustre par le luxe de son cadre – parquets anciens, tables magnifiquement dressées, décor de goût à l'européenne – ainsi que par les mets qui vous y seront servis. Curry de langouste aux achards de légumes, rôti de canard diguois à la sauce de fruits tropicaux et daube de banane St-Jacques vous raviront les papilles. Le service est lui aussi de qualité.

● **Anse Volbert**
De 7 à 15 €
La Goulue (sur la route goudronnée qui longe la plage), ☎ 232 223. Toute la journée ; fermé le dimanche. Petit restaurant sans prétention, où l'on va plus pour grignoter une salade ou un plat léger entre deux bains que pour faire un repas gastronomique. La cuisine est néanmoins excellente. En salle ou en terrasse (en bord de route).
De 15 à 33 €
Les Lauriers, ☎ 232 241. Midi et soir. Terrasse sur jardin où vous pourrez déjeuner d'un sandwich, d'une salade ou d'un cari, et déguster un assortiment de spécialités créoles le soir (buffet).
⭐ **Village du Pêcheur Hotel**, ☎ 232 224. Midi et soir. Buffet créole le jeudi à partir de 19 h 30 (réservation conseillée pour les non-résidents). Une cuisine savoureuse que l'on déguste attablé sur la superbe plage d'Anse Volbert, les pieds dans le sable fin. Bon choix de poissons fumés, marinés ou crus, de crustacés et de poissons.

● **Baie Ste-Anne**
De 4 à 12 €
Le Coco Rouge, ☎ 232 228 ; fermé le dimanche. Ne vous fiez pas au cadre de ce petit « take away », car les plats sont copieux et très bons.

● **Anse Petit Cour**
De 20 à 40 €
La Réserve, ☎ 232 211. Midi et soir (réservation recommandée pour les non-résidents). Le copieux menu change tous les jours en fonction de la pêche et de l'inspiration du chef. Vous dînerez dans un cadre romantique, avec chandelles et musique de fond, sur une jetée à demi-couverte qui s'avance au-dessus de la mer.

● **Anse Lazio**
De 15 à 30 €
Bonbon Plume, ☎ 232 136. Midi (réservez le matin pour avoir une table proche de la plage). Une bonne adresse pour déjeuner dans le cadre enchanteur de l'une des plus belles plages des Seychelles. Ambiance décontractée. Le menu, très copieux, à base de poissons et de fruits de mer, change tous les jours. Pour un restaurant de plage, il est dommage que la carte ne propose ni salade ni sandwich ou autres snacks légers et bon marché. Excellents jus de fruits frais et bon « caramel de banane » pour les gourmands.

● **Grosse Roche**
De 23 à 50 €
Les Rochers, La Pointe, ☎ 233 910. Midi et soir. Récemment repris, ce restaurant avait la réputation d'être l'une des meilleures tables de l'île. Aujourd'hui, le cadre conserve un charme certain et la cuisine est bonne, mais rien ne justifie des prix aussi excessifs. Spécialités de fruits de mer à déguster sous une paillote, face à la mer.

● **Grand'Anse**
Moins de 9 €
Steve's Café. ☎ 233 215. Du matin au soir ; fermé le dimanche. Sandwichs, salades, gâteaux et plats cuisinés. Arrivez tôt, car l'adresse est très populaire. La terrasse étant au bord d'un petit carrefour passant, il est préférable d'emporter son repas (moins cher) et pique-niquer sur la plage voisine.

Briz take away. ☎ 233 454. Du matin au soir. Salades, sandwichs et plats cuisinés très corrects (cari de chèvre ou autres viandes, bon poisson grillé, aubergines), que l'on peut déguster en terrasse à l'écart de la route.

De 15 à 40 €
Le Capri, ☎ 233 337. Midi et soir. Cuisine italienne et italo-créole. Pizzas à midi. Le soir, vous pourrez déguster des pâtes fraîches maison, un cari de poulet à la seychelloise, un médaillon de bœuf aux échalotes, un poisson grillé à l'ail et au gingembre ou un cari de pieuvre. Cadre agréable et service impeccable.

● **Anse Kerlan**
Moins de 3 €
Jessie's Ice cream (entre l'annexe du Beach Villas et the Islander : indiqué), ☎ 233 184. Une adresse pour les gourmands ! Cette charmante Seychelloise vous invite à déguster sur sa varangue de délicieuses glaces de sa fabrication. Vous n'aurez pas l'embarras du choix tant la variété des parfums est grande : cannelle, kiwi, banane, fruits de la Passion, papaye, melon, carambole, coco, mangue, goyave, ananas, limon, corrosol, orange, avocat, myrtilles, cerise, pour n'en citer que quelques-uns. Elle propose également des jus de fruits frais et des salades de fruits.

De 15 à 30 €
Hôtel Maison des Palmes, Amitié, ☎ 233 411. Midi et soir (menu fixe ou à la carte, à condition de commander avant 18 h). Buffet avec concert certains soirs. Infusion de crabe et langouste, pâtes fraîches aux fruits de mer flambées au rhum, cari de poisson au lait de coco, gambas grillées au beurre d'ail, nougats coco...

Loisirs

Activités nautiques – Concentrés sur la plage d'Anse Volbert, la majorité des centres disposent d'équipements pour les sports nautiques, proposent des baptêmes de plongée, des stages PADI et des plongées de nuit, ainsi que des excursions vers les îles voisines et des parties de pêche.

Bleu Marine, La Vanille Hôtel, Anse la Blague, ☎ 515 765, Fax 560 419. 41 € la plongée et forfaits de 6 et 10 plongées. Couple de moniteurs français. Également excursions à Grande Sœur et Curieuse.

Octopus, Anse Volbert, ☎ / Fax 232 350 (face au restaurant La Goulue). Une bonne adresse pour la plongée.

Environ 230 Rs la plongée avec équipement (tarifs dégressifs). Départs tlj à 9 h et à 14 h. Véronique et Baba organisent également des excursions en bateau à Anse Lazio (100 Rs), St-Pierre (100 Rs), Cousin (250 Rs), Curieuse (125 Rs), La Digue (150 Rs), des parties de pêche (de 400 à 600 Rs) et louent leur bateau à la journée (1 200 Rs).
Sagitarius, Anse Volbert, près du Café des Arts, ☎ 512 137. Excursions, pêche au gros. Un accueil sympathique.

Casino – *Casino des îles*, sur la route principale d'Anse Volbert côté mer, juste à côté du Côte d'Or Lodge Hotel.

Golf – Un golf 18 trous a été construit à l'hôtel Lémuria, à Anse Kerlan.

ACHATS

Souvenirs-artisanat – Il n'existe pas à proprement parler d'artisanat praslinois. Les boutiques de souvenirs, concentrées à Anse Volbert, Grand'Anse, Anse Kerlan et Baie Ste-Anne, vendent des paréos, des tee-shirts, des coquillages, des livres, etc.
Chez M. Albert Durand, Baie Ste-Anne, ☎ 560 053. Atelier et boutique de poissons sculptés et de maquettes de bateaux.

Cocos de mer – La vente en est étroitement contrôlée par le gouvernement. La précieuse noix vaut la bagatelle de 2 000 Rs. Voir « Achats » p. 396.

Galeries d'art – Plus encore que les autres îles de l'archipel, Praslin attire et inspire de nombreux artistes.
Galerie d'Art, Anse Volbert, ☎ 232 170. 9 h-17 h ; fermé le lundi. La galerie de Christine Harter expose les œuvres d'artistes locaux. Vente également de bougies, parfums, objets en bois et en céramique, fabriqués par des artisans seychellois.
George Camille Art Gallery, Côte d'Or, près du casino, ☎ 232 956. Œuvres du célèbre artiste diguois.

La côte praslinoise

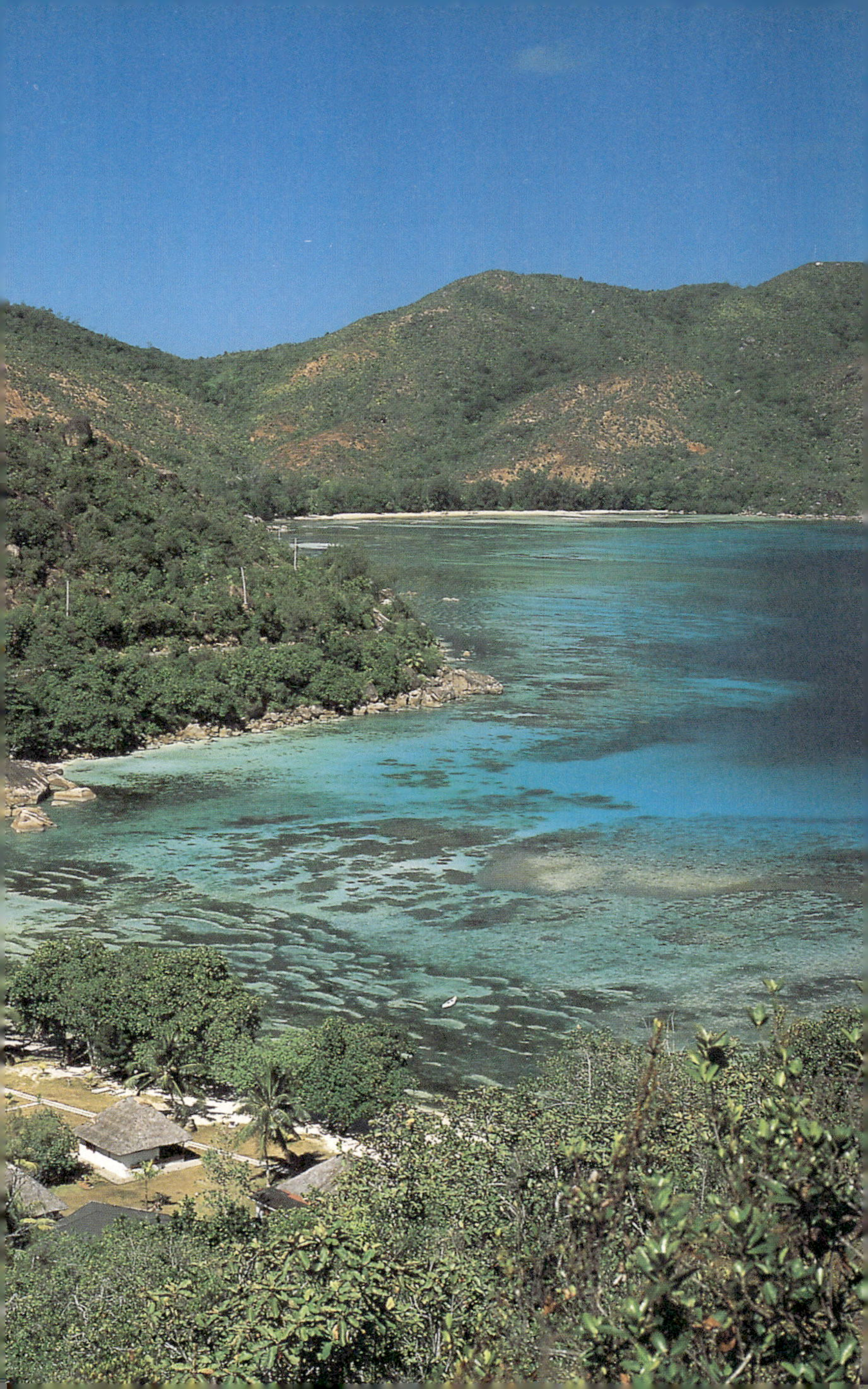

L'ÎLE DE LA DIGUE★★★

Île granitique culminant à 333 m (La Digue)
6 km à l'est de Praslin et 43 km de Mahé
10 km² (5 km nord-sud et 3 km est-ouest)
Env. 2 450 hab.

À ne pas manquer
Les rochers d'Anse Source d'Argent au lever ou au coucher du soleil.
Une promenade de Grand'Anse à Anse Cocos.
Un dîner au château St-Cloud, à défaut d'y dormir.

Conseils
Passez au moins une nuit sur l'île.
Évitez la saison des pluies. Préférez la période d'avril à septembre.
Découvrez l'île à vélo.
Évitez l'Anse Source d'Argent de 11 h à 14 h, envahie par les excursionnistes.

Un monde hors du temps

Baptisée « île Rouge » par **Lazare Picault**, qui la découvrit en 1744 au coucher du soleil, La Digue doit son nom actuel au navire de Duchemin, commandant de l'expédition française de 1768 sous les ordres de Marion Dufresne.

Reliée par goélette à Mahé et Praslin, cette île sauvage est probablement la plus dépaysante et charmante des îles granitiques. Bien que quelques voitures aient fait récemment leur apparition, vous y circulerez encore en char à bœufs, à bicyclette, à cheval ou à pied.

La montagne qui culmine vers le centre de l'île laisse place, à l'ouest, à une plaine allongée. Là se concentrent les cultures et les habitations, cases typiques en bois sur pilotis, cabanes créoles en tôle colorée ou maisons plus modernes en dur.

Les Diguois ont conservé leur mode de vie rural traditionnel. Ils cultivent encore le coprah, la vanille, le patchouli, le safran et vivent essentiellement de la pêche.

Takamakas, *badamiers*, lataniers, bananiers et surtout cocotiers couvrent l'île, de la côte jusqu'au sommet.

Protégée par quelques récifs, La Digue est entourée de plages de sable jalonnées de formations rocheuses spectaculaires, polies par une mer déchaînée, mais les courants dangereux et le manque de fond ne rendent pas la baignade idéale. Quelques barques bercées par le clapotis de l'eau bordent ces plages sauvages et désertes. Île « à part », La Digue donne le sentiment que le temps s'y est arrêté.

Certains Diguois expriment des revendications d'indépendance par rapport au reste de l'archipel. Le créole diffère d'ailleurs légèrement de celui des autres îles.

La côte Nord★★
Env. 5 km – 1 h 30 de marche AS.

■ **La Passe★** – La vie de ce village endormi est rythmée par l'arrivée des goélettes venant de Praslin ou de Mahé, qui déversent chaque jour leur flot de visiteurs sur la jetée. C'est la première vision que vous aurez de La Digue en débarquant. Si vous avez réservé votre hôtel ou pension de famille, vous serez probablement attendu. Sinon, vous pourrez monter dans l'un des chars à bœufs qui font office de taxi. Vous verrez sans doute quelques religieuses vêtues de blanc, un chapeau de paille sur la tête et un chapelet de poissons à la main. Vous pourrez flâner sur le port, où les pêcheurs jettent parfois leur ligne entre les voiliers amarrés, et le long des cases créoles et boutiques bariolées.

SEYCHELLES

LA DIGUE

Places (map labels):
- Félicité
- Anse Patates
- Anse Sévère
- Anse Gaulettes
- Pointe Cap Barbi
- R.H.E.
- La Porte
- Anse Grosse Roche
- R. La Passe
- Cap Bayard
- La Passe
- Anse La Réunion
- Anse Banane
- Marianne
- Château St-Cloud
- Anse Réunion
- Nid d'Aigles
- Anse Fourmis
- Belle Vue
- 333
- Piton La Digue
- Anse Caïman
- Réserve naturelle de la Veuve
- R. Maurice Payet
- Fond Piment
- Pointe Ma Flore
- L'Union Estate
- Citadelle 150
- La Retraite
- R. Rassoul
- Anse Cocos
- Anse Union
- Pointe Source d'Argent
- Pointe Turcy
- Petite Anse
- Anse Source d'Argent
- Pointe Belize
- Grand'Anse
- Anse Pierrot
- Anse Songe
- Pointe Canon
- Anse aux Cèdres
- Grand l'Anse
- R. La Source Marron
- Grand Cap
- OCÉAN INDIEN
- Pointe Jacques
- Pointe Camille
- Anse Marron
- Mahé
- Praslin

HÔTELS

- Bernique .... ①
- Calou Guesthouse .... ②
- Château St-Cloud ...... ③
- Chez Marston .... ④
- Digue Lodge (La) ...... ⑤
- Fleur de Lys .... ⑥
- Océan (L') .... ⑦
- Paradise Fly Catcher's... ⑧
- Patatran Village .... ⑨
- Pension Michelin Ladouce .... ⑩
- Tournesol .... ⑪
- Villa authentique .... ⑫
- Union Chalets .... ⑬

Légende

- À voir absolument ★★★
- Très intéressant ★★
- Intéressant ★
- À voir éventuellement

Altitudes : 300 m / 200 / 100 / 60 / 0

De La Passe à Anse Fourmis**

Vers le nord, une route accidentée longe une succession de criques rocheuses et de plages de sable – **Anse Sévère**, **Anse Patates** – où le manque de fond et les algues rendent la plupart du temps la baignade difficile. De beaux *glacis* et quelques cocotiers jalonnent le paysage et de petits promontoires vous offrent de temps à autre une **vue** reposante sur les îles au large.

À la **Pointe Cap Barbi**, entre la route et le pied de la montagne, s'étend un joli **cimetière** aux tombes blanches très fleuries.

Sur la côte Est, plus vous descendez vers le sud, plus la barrière de corail se rapproche du rivage, formant un lagon peu profond où sable, rochers, coraux et algues dessinent une mosaïque aux nuances mouvantes. Les vagues grondent en se brisant sur les récifs, avant de venir lécher les rochers rosis par le soleil dans un doux clapotis. En toile de fond se détachent les îles verdoyantes de Félicité, Grande Sœur et Petite Sœur. Ainsi se succèdent les Anses **Gaulettes**, **Grosse Roche**, **Banane** et **Fourmis**, au niveau de laquelle la route prend fin. À marée basse, vous pouvez éventuellement continuer à pied vers **Anse Caïman** et la **Pointe Ma Flore**, extrémité orientale de l'île. Renseignez-vous au préalable sur les horaires et le coefficient de la marée pour ne pas vous laisser surprendre par les eaux.

Le Sud***
Env. 5 km – 1 h 30 de marche AS.

Longez la mer par la route qui part de La Passe à droite en venant de la jetée.

■ **Anse Réunion*** – Plus animé que La Passe, ce village étendu, aux limites floues, concentre hôtels et pensions de famille, boutiques et galeries d'art, qui s'alignent le long d'une route récemment goudronnée.

Prenez la route asphaltée qui longe la côte Ouest vers le sud.

■ **L'Union Estate*** – *Tous les jours 8 h-18 h. Allez-y de préférence avant 10 h, heure d'arrivée des touristes qui viennent sur l'île pour la journée. Entrée payante, 10 Rs. Randonnée équestre.*
À l'entrée du domaine de l'Union, vous passez devant un vieux **cimetière colonial*** abandonné, où gisent les tombes des premiers habitants de La Digue.
De l'ancienne plantation coloniale de l'Union, il reste des plants de vanille et, dans une moindre mesure, de safran et de patchouli.
Mais c'est la vaste **cocoteraie**, exploitée jadis pour la production du coprah, qui constitua longtemps la principale ressource de l'archipel, qui domine tout le paysage.

N'hésitez pas à vous faire offrir un jus de coco et goûtez la chair fraîche d'une petite noix tout juste ouverte. C'est une bonne entrée en matière pour visiter la **fabrique de coprah**. Bien qu'exploitée pour les besoins du tourisme, elle fonctionne toujours selon les méthodes traditionnelles.

Un enclos à tortues géantes* jouxte le moulin, au pied de magnifiques blocs granitiques d'un gris souris, envahis par des cocotiers qui semblent en épouser les formes arrondies.

Du cocotier à l'huile de coprah
Assises parmi les tas de noix de coco, les femmes de l'Union cassent les coques d'un coup de machette, avec une poigne étonnante. Les demi-noix sont ensuite mises à sécher dans une pièce calorifère afin d'en détacher la chair plus facilement, puis coupées en morceaux (le coprah) avant d'être broyées dans le dernier moulin de l'île. Presque centenaire, il est encore activé par un bœuf, qu'une Créole nonchalante cravache énergiquement pour le rappeler à son devoir lorsqu'il ralentit la cadence. Chaque seau d'huile nécessite environ 35 kg de cocos et 2 h de travail au moulin. Vous pourrez acheter de petites bouteilles de ce précieux onguent à l'entrée du domaine.

Derrière la fabrique se cache l'**Union plantation house*** *(pas de visite)*, belle maison coloniale à varangue, tout en bois, couverte d'un épais manteau de feuilles de latanier. Actuelle résidence privée du **président France Albert René** à La Digue, elle servit de décor pour le tournage du film *Emmanuelle*.
Vous pouvez en faire le tour et rejoindre la **plage de l'Union***, au fond du jardin.
Vous y verrez des artisans charpentiers façonner des barques de pêche à partir de troncs de tecks ou de *takamakas*, témoignage d'une vieille tradition de construction navale encore vivante sur l'île.

Un chemin sableux praticable à vélo longe la mer. À pied, vous pouvez aussi passer par la plage.

■ **Anse Source d'Argent**★★★ – Une pure merveille de la nature que cette plage, où cocotiers et rochers semblent avoir poussé là, dans le sable, depuis la nuit des temps, comme une évidence. Ces énormes blocs de granit aux formes arrondies prennent selon l'heure des teintes rosées ou grisées. Leur équilibre instable leur donne une allure surnaturelle de décor de cinéma en carton pâte. Photographes et cinéastes s'en donnent à cœur joie. On peut la voir et la revoir, à toute heure du jour ou de la nuit, par un soleil radieux, sous une pluie battante, au clair de lune, sans jamais s'en lasser. Peu profond, le lagon se transforme à marée basse en une multitude de bassins naturels où il fait bon se tremper dans l'eau chaude. En vous baignant à marée haute, vous apercevrez peut-être la silhouette aplatie d'une grande raie, l'étonnant ballet des tortues géantes, ou la ronde égarée de bébés requins, encore inoffensifs.

De l'Union Estate à Anse Cocos★★★

À pied ou à bicyclette, la route escarpée qui relie le domaine de l'Union et la plage de Grand'Anse vous plonge dans une végétation exubérante où le cocotier reste roi, laissant *takamakas*, *badamiers*, lataniers et bananiers se frayer une échappée vers les cieux. Ces arbres majestueux forment une voûte qui vous plonge, selon la saison, dans une fraîcheur sèche ou dans la moiteur tropicale. Traversant l'île d'ouest en est, vous vous immergez au cœur de ce que La Digue recèle de plus authentique. Au détour d'un virage pointe ici une case en bois délabrée, là un toit en tôle rouge défraîchi. Vous peinez dans une côte ? Un rythme endiablé de *séga* vous porte dans votre effort... Vous fusez en roue libre, caressé par un souffle d'air tiède, et voilà que s'échappe un air de reggae nonchalant.

Votre effort se voit bientôt récompensé par l'arrivée spectaculaire sur **Grand'Anse**★★, la plus grande plage de l'île, où la route prend fin. Le sable blanc et l'eau turquoise éclatent d'autant plus violemment que vous sortez d'un long tunnel de verdure ombragé. Balayée par les alizés du sud-est et dépourvue de barrière de corail, la plage se livre aux déchaînements de l'océan. Les vagues déferlent. L'écume vole au vent. Les embruns vous caressent la peau.
La tentation de la baignade ne doit pas vous faire oublier les risques de flots aspirants et de courants d'une force imprévisible. Restez donc au bord de la plage et faites comme ces ribambelles de petits crabes, qui se laissent chavirer sur le sable au gré des vagues.

Empruntez le chemin qui part derrière la plage et longe la mer vers le nord (5 mn de marche assez facile).

De la **Pointe Belize**, la descente sur la plage de Petite Anse*** est spectaculaire. Souvent déserte, cette longue étendue de sable fin, léchée par les déferlantes et encadrée par de belles formations granitiques, reçoit la visite de nombreux *gygis*, ces élégantes mouettes blanches qui tournoient au-dessus de vos têtes. Les mêmes recommandations de prudence qu'à Grand'Anse s'imposent si vous vous baignez.

Suivez le chemin qui longe l'arrière de la plage, puis traverse les rochers (15 mn de marche assez facile).

Le chemin qui relie les deux anses enjambe le promontoire rocheux de la **Pointe Turcy**. Les palmes et feuillages s'écartent par endroits pour vous offrir une **vue*** plongeante sur les échancrures de la côte frangées d'écume. Vous débouchez sur la belle Anse Cocos**, où les amas granitiques créent plusieurs petits îlots. Dans ce décor accidenté se cachent, vers le nord de la plage, des piscines naturelles, creusées dans la roche ou formées par des retenues d'eau à marée descendante.

À l'heure où le soleil commence à décliner, les cocotiers qui bordent la plage, penchés par le vent, projettent sur le sable leur ombre effilée.

Bien que plus calme que dans les anses précédentes, la mer présente ici les mêmes dangers.

À l'extrémité nord de la plage, un sentier longe la mer à travers les rochers.

En escaladant les rochers, vous aurez, du haut de la **Pointe Ma Flore**, un large panorama sur l'Anse Cocos, la côte Nord-Est et les rocs plongeant dans l'océan furieux *(baignade très dangereuse)*.

Vous pouvez en principe poursuivre jusqu'à l'Anse Caïman, sur la côte Nord-Est, mais vous risquez de vous égarer car le sentier n'est pas toujours facile à identifier.

L'intérieur de l'île*

Les trois principaux chemins qui s'enfoncent vers le centre de l'île, de La Passe, d'Anse Réunion ou de L'Union, convergent vers la façade blanche et grise du château St-Cloud* propriété de la famille Saint-Ange depuis six générations *(voir « Où loger », p. 453)*. À défaut d'y résider, allez au moins y boire un verre ou y dîner, pour profiter du cadre et de l'accueil chaleureux. Un projet d'aménagement de la grande salle du rez-de-chaussée en petit musée familial devrait bientôt se concrétiser.

Prenez la route de Belle Vué, qui monte vers le sommet de l'île.

Si l'air est clair et le ciel dégagé, partez à l'ascension (le mot est fort pour ce point culminant à 333 m!) du Piton la Digue*, sommet de la montagne du **Nid d'Aigles**. Grimper à bicyclette relève de l'exploit sportif, tant la pente est raide. Optez donc pour la marche *(env. 1 h 30 AR)*, de préférence en fin d'après-midi pour éviter les grosses chaleurs et profiter du coucher de soleil.

Au hasard de vos rencontres, vous découvrirez la vie quotidienne plus reculée des Diguois des « hauts ». À chaque virage, la **vue**** porte de plus en plus loin sur l'océan. Praslin, Curieuse, Aride, Mahé et Félicité se détachent sur l'horizon. L'épaisse forêt qui couvre l'île, parsemée de cases colorées disséminées sur les flancs de la montagne, vous entoure, de plus en plus présente. On y distingue en particulier la silhouette en parasol des *albizias*.

Non loin du sommet, une charmante famille vous fera profiter de sa **terrasse panoramique**. Vous pourrez vous y reposer et regarder le jour se coucher en sirotant une boisson fraîche.

Prenez la route qui part d'Anse Réunion vers le centre de l'île.

Anse Source d'Argent

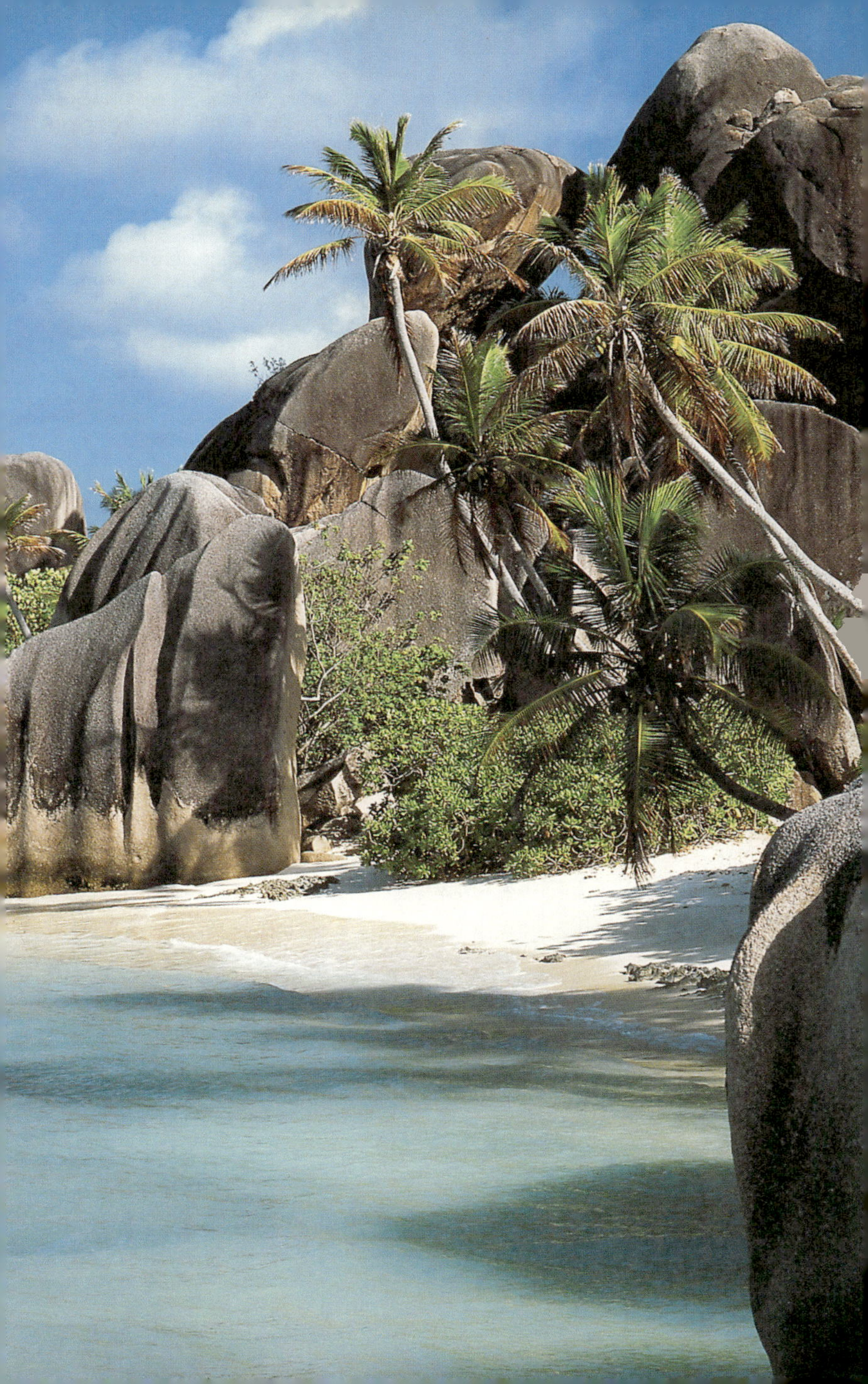

Le festival de La Digue

Chaque année à La Digue, le 15 août est jour de liesse populaire. La musique règne partout et une procession colorée sillonne l'île, à grand renfort de bannières et d'oriflammes. Pas un Diguois ne manque au rendez-vous et certains Seychellois viennent même de Praslin ou de Mahé pour prendre part aux réjouissances.

La réserve naturelle de la Veuve (Black paradise flycatcher reserve)*

(Lundi-vendredi, 8h-12h/13h-16h. Entrée libre. Allez-y de préférence tôt le matin. Apportez vos jumelles si vous en avez.) Cette forêt de badamiers géants abrite les derniers spécimens de **gobe-mouche de Paradis des Seychelles** *(voir illustration, p. 14)*, espèce d'oiseau menacée d'extinction. On n'en dénombre plus qu'environ soixante-quinze, presque tous réfugiés ici. Suivez les sentiers fléchés et, guidé par son chant, guettez l'oiseau rare en silence. Vous reconnaîtrez le mâle à sa longue queue effilée et à son plumage noir moiré de bleu, qui lui valut son surnom créole de *vev* (veuve). La femelle, la queue plus courte, se pare de brun sur le dessus et de blanc sur le ventre, qui tranchent avec le noir de sa tête. Sachez toutefois que cette observation requiert beaucoup de patience et une grande acuité visuelle. De nombreux visiteurs reviennent déçus de n'avoir rien vu.

Les îles voisines de La Digue

Renseignez-vous auprès des agences ou des hôtels sur d'éventuelles excursions.

Les îles ou îlots voisins de La Digue, **Cocos**, **Petite Sœur**, **Grande Sœur**, **Marianne**, sont avant tout réputés pour leurs eaux poissonneuses et la beauté des fonds marins qui les entourent, qui font le bonheur des pêcheurs et des plongeurs. Généralement inhabités, ils recèlent encore quelques vestiges de forêt indigène, où vivent parfois des oiseaux rares, comme les soui-mangas colibris sur l'île Marianne. Ils abritent aussi d'extraordinaires *glacis*, noyés dans des cocoteraies encore inviolées.

Félicité* – *Renseignez-vous à l'hôtel La Digue Lodge (Anse Réunion), propriétaire de l'île.* À 3 km au nord-est de La Digue, cette île granitique de 27 ha, culminant à 227 m, couverte de *takamakas*, de cocotiers et autres arbres fruitiers, est bordée de falaises qui plongent directement dans la mer. Vous pouvez louer deux luxueuses **maisons de plantation** *(voir « Où loger », p. 454)* près d'une jolie plage.

La Digue pratique

ARRIVER-PARTIR

En bateau – Deux bateaux relient Mahé à La Digue en 3h. Départs du port de Victoria, du lundi au vendredi à 11h et 12h. Réservations, ☎ 234 013 et 234 254. Arrivée à La Digue à la jetée de La Passe, où des chars à bœufs vous attendent. Au retour, les bateaux quittent La Digue vers 4h30 et 5h du matin. Les billets s'achètent à bord ou au port de Victoria, environ 45 mn avant le départ (50 Rs AS). Pour les plus pressés, un bateau rapide relie les deux îles en 1 h seulement (140 Rs AS). Renseignements : **Inter Island Ferry Service**, ☎ 232 329, Fax 232 374.

Deux autres bateaux partent six fois par jour de Praslin (jetée de Baie Ste-Anne) pour La Digue, tlj. 1/2 h de traversée. Achetez les billets à la jetée ou à bord (40 Rs AS). Il est recommandé de réserver pour les bateaux du matin, car de nombreux touristes font l'excursion dans la journée (☎ 232 329). De Praslin, départs à 7 h, 9 h 30 et 10 h 30, 14 h 30, 16 h et 17 h 15. De La Digue, départs à 7 h 30, 10 h, 11 h 30, 15 h 30, 16 h 30 et 17 h 45.

En excursion organisée – Les agences organisent des excursions d'une journée à La Digue au départ de Praslin, mais il est dommage de ne pas y passer au moins une nuit.

En hélicoptère – *Helicopter Seychelles* organise plusieurs liaisons par semaine (☎ 373 900 à Mahé / 234 222 à La Digue).

COMMENT CIRCULER

En char à bœufs – Idéal pour vous acheminer de la jetée à votre lieu d'hébergement, c'est également un amusant moyen de transport pour faire une promenade autour de l'île. Prix toutefois assez élevés. Ne pas hésiter à négocier.

En taxi – On les compte sur les doigts de la main. Surtout utiles pour votre transfert de la jetée à l'hôtel.

En autobus – Un petit camion-bus assure votre transfert de la jetée à votre hôtel et organise des visites de l'île pour les groupes.

À bicyclette – C'est le moyen de transport idéal à La Digue, où les routes sont relativement plates. Vous trouverez des loueurs un peu partout (35 Rs par jour). *Michelin Ladouce*, La Passe (en face de la jetée). Le plus gros loueur de l'île.

À pied – La taille de l'île se prête bien à la marche à pied.

ADRESSES UTILES

Office de tourisme – La Passe, ☎ / Fax 234 393. Tous les jours 8h-17h.

Banque / Change – *Barclay's bank*, Anse Réunion (juste en face de La Digue Island Lodge). Les lundi, mercredi et vendredi, 10h30-14h.

Seychelles savings bank, Anse Réunion (en face de l'hôpital, ☎ 234 135). Lundi-vendredi, 8h30-14h30 ; samedi, 9h-11h. N'accepte pas les cartes de crédit.

Poste – La Passe, en face de la jetée. Lundi-vendredi, 8h-12h / 13h-16h.

Téléphone – Vous trouverez quelques cabines publiques à La Passe et à Anse Réunion. Seuls les hôtels et certaines pensions sont équipés de fax.

Santé – *Logan Hospital*, La Passe, ☎ 234 255.

Agences de voyages – Les principales agences ont leur bureau à La Passe.
Mason's, Anse Réunion, ☎ 234 227.
TSS, La Passe, ☎ 234 411.

OÙ LOGER

Attention : la plupart des pensions de famille et petits hôtels n'acceptent pas les cartes de crédit. Les fourchettes de prix sont établies sur la base d'une nuit en chambre double en demi-pension pour deux personnes.

De 70 à 80 €
Chez Marston, La Passe, ☎ / Fax 234 023 – 5 ch. L'adresse la moins chère de l'île. Les chambres, simples mais propres, équipées d'une cuisine, s'alignent sur un petit jardin. Ambiance familiale sympathique.

De 100 à 130 €
Calou Guesthouse, La Passe, ☎ et Fax 234 083, Calou@seychelles.net – 5 ch. Sympathique pension de famille dont les propriétaires, un Allemand marié à une Seychelloise, soucieux du bien-être de leurs hôtes, leur préparent des plats créoles. Ils viennent d'aménager un coin salon tout en bois, et de faire construire une petite piscine. Les chambres, avec terrasse, entourent un charmant jardin.

Villa authentique, La Passe, ☎ / Fax 234 413 – 5 ch. Cette famille seychelloise ouvre les chambres de sa maison aux visiteurs. Vous aurez vite le sentiment d'être chez vous en sirotant un verre de punch dans le salon cossu ou dans le jardin ombragé.

Tournesol Guesthouse, La Passe, ☎ 234 155, Fax 234 364 – 6 ch. Bungalows divisés en 2 chambres avec terrasse privative. Agréable jardin où vous pourrez cueillir des mangues en saison. Salle de restaurant aérée.

Bernique Guesthouse, La Passe, ☎ 234 229, Fax 234 288 – 17 ch. Bungalows de 2 ou 3 chambres alignées sur une terrasse commune. Certains d'entre eux donnent sur un petit jardin et le restaurant. D'autres, plus calmes, se répartissent dans un jardin spacieux et agréable.

Pension Résidence Michelin Ladouce, La Passe, ☎ / Fax 234 304 – 6 ch. Le loueur de vélos Michelin Ladouce (qui s'était approprié avec humour le bibendum Michelin) est malheureusement décédé il y a peu. Son épouse continue néanmoins de louer,

non loin du stand des bicyclettes situé en face de la jetée, des bungalows en bois pour 4 personnes, avec 2 chambres, un salon, une cuisine et une grande terrasse.
De 160 à 190 €

Château St-Cloud, La Passe, ☎ 234 346, Fax 234 545 – 11 ch. Myriam a grandi dans cette superbe demeure, transformée en hôtel depuis 15 ans. Le parquet et les meubles d'époque de la maison principale, construite dans les années 1820, contribuent au sentiment que l'on a d'être ici chez soi. De nouvelles chambres ont été récemment construites et assurent tout le confort moderne. La propriétaire des lieux, d'une personnalité touchante et pleine d'humour, ne se fera pas prier pour vous parler de sa famille, de son île ou de son pays. Vous ne partirez pas le matin sans avoir goûté ses exquises confitures, et vous pourrez déguster le soir des mets créoles aussi savoureux que variés. Le restaurant est d'ailleurs ouvert aux non-résidents de l'hôtel. Possibilité également de louer des bicyclettes sur place.

Fleur de Lys, Anse Réunion, ☎ et Fax 234 459, fleurdelysey@yahoo.com – 4 ch. Situés à 150 m de la plage, ces agréables bungalows, avec une varangue donnant sur le jardin, disposent de tout le confort nécessaire. Équipés d'un coin cuisine, ils permettent d'être indépendant, mais le soir le charmant propriétaire prépare des repas sur commande.

Patatran Village, Anse Patate, ☎ 234 333, Fax 234 344, patatran@seychelles.net – 18 ch. Les chambres, adossées à la colline dans la végétation, dominent la paisible route côtière du nord de l'île. Chacune dispose d'une petite terrasse sur la mer. Les chambres supérieures, plus spacieuses et modernes, ont un grand balcon qui surplombe une crique charmante.

Paradise Fly Catcher's Lodge, Anse Réunion, ☎ 234 423, Fax 234 422 – 8 ch. Maisons spacieuses disposant chacune d'une grande salle à manger et d'un salon communs avec une cuisine américaine. Elles ouvrent sur une grande véranda en bois, dans un jardin. Chacune comprend 2 chambres indépendantes, que vous pouvez louer séparément l'une de l'autre. L'ensemble est parfaitement entretenu. Possibilité de prendre les repas sur place.
De 220 à 260 €

Hôtel L'Océan, Anse Patate, ☎ 234 180, Fax 234 308, hocean@seychelles.net. – 8 ch. Un escalier mène aux chambres, étagées à flanc de colline en amont de la route côtière. De chaque terrasse, le panorama s'ouvre sur l'océan et sur les îles, Grande Sœur et Petite Sœur, Coco et Félicité, qui ont donné leurs noms aux chambres. Confortable et calme.

La Digue Island Lodge, Anse Réunion, ☎ 234 232, Fax 234 100, lilodge@seychelles.net. – 60 ch. Sur la plage s'alignent des chalets privatifs avec terrasse, idéals pour les familles, avec leur chambre d'enfants aménagée sous le toit de feuilles de lataniers qui protège la maison du soleil jusqu'au sol. Dans un jardin, de petits bungalows ronds avec terrasse, une jolie maison coloniale jaune où plusieurs chambres ont été aménagées, ainsi que deux annexes, dont une qui compte 9 chambres supérieures très confortables. L'ensemble, bien qu'hétéroclite, est élégant et bien conçu.

Plus de 300 €

L'Union Chalets, Union Estate à l'Anse Réunion, ☎ 234 232 / 234 233, Fax 234 100 / 234 132 – 4 ch. Ces luxueux bungalows pour quatre personnes sont situés à proximité de l'Anse Source d'Argent, la plus célèbre plage de La Digue. Édifiés au cœur de l'Union Estate, ces derniers doivent leur renommée au fait que le Premier ministre britannique Tony Blair y séjourne occasionnellement. L'endroit est discret et plein de charme. Idéal, si vous en avez les moyens. Possibilité de commander vos repas.

Où se restaurer

Moins de 1,5 €

Vous trouverez des samoussas et autres beignets et pâtisseries au coco dans certaines épiceries à La Passe, La Réunion, ainsi que dans l'intérieur de l'île. Une discrète petite boulangerie, en face de l'embarcadère, à La Passe, vend d'excellents samoussas aux légumes ou à la viande.

De 1,5 à 6 €
Café Tarosa, La Passe. ☏ 234 250. Tlj, 10 h-18 h. Petite terrasse située à l'arrière d'une épicerie, juste à côté de la jetée, où vous pouvez manger une salade, une omelette, un sandwich ou un poulet-frites, sous des petites paillotes au bord de l'eau. À l'heure du déjeuner, il est recommandé d'arriver tôt si vous ne voulez pas trop attendre.

De 6 à 15 €
Zerof Take away, Anse Réunion, ☏ 234 439. Un excellent snack où sont servis de très bons « chutney », des rougails saucisses, ainsi que d'autres plats à petits prix. Possibilité de déjeuner à l'ombre de la terrasse ou dans le jardin, moyennant supplément.

Tournesol Guesthouse, La Passe, ☏ 234 155. Un choix limité mais bon marché. Salle spacieuse et aérée au milieu d'un jardin. Cuisine créole.

Bernique Guesthouse, La Passe, ☏ 234 229. Midi (à la carte) et soir (menu fixe). Terrasse couverte sur jardinet. Animations musicales certains soirs. Buffet créole le samedi.

Loutier Coco, Grand'Anse. En journée ; fermé le soir. Petite paillote devant la belle plage de Grand'Anse. Après une escapade à vélo, une marche au soleil ou un bon bain dans les vagues, vous apprécierez de siroter une boisson fraîche ou un coco punch, et de vous rassasier d'un sandwich, d'un poisson grillé, d'une salade ou de fruits frais. Dommage que le service ne soit pas toujours très aimable et que l'absence de concurrence fasse grimper les prix.

De 15 à 30 €
Patatran, Hôtel Océan, Anse Patate. Midi et soir CC Pour un simple rafraîchissement, une restauration légère ou un repas plus consistant. Terrasse panoramique d'où il fait bon contempler la mer et les îles. Spécialités créoles, poissons et crustacés.

Le Pêcheur, La Digue Lodge, Anse Réunion. Midi et soir CC Le restaurant du plus grand hôtel de l'île est installé sur la plage, sous une grande paillote en feuilles de lataniers. Vous y mangerez les pieds dans le sable, en admirant le coucher de soleil sur l'océan, la silhouette de Praslin en toile de fond. Barbecue et soirée séga une fois par semaine.

LOISIRS

Activités nautiques – ***Aqua Pro Dive***, La Digue Lodge, ☏ 234 232/ 711 478, barbe@seychelles.net. Plongée sous-marine. Centre de l'hôtel La Digue Island Lodge. Normes PADI.

Gérard Payet, La Passe, ☏ 234 073. Pêche au gros et excursions à Coco, Grande Sœur, ainsi que toutes les îles accessibles de La Digue. Gérard et son équipe vous feront passer d'excellentes journées à la découverte d'îlots merveilleux. Ne pas hésiter à négocier le prix.

Équitation – Une façon extraordinaire de découvrir l'île. Location au domaine de l'Union, ☏ 234 240.

ACHATS

Souvenirs – Vous trouverez à La Passe et à Anse Réunion quelques boutiques de souvenirs, cartes postales, artisanat local, bijoux, coquillages, paréo, etc.

Galeries d'art – ***Green Gecko***, Anse Réunion, ☏ 234 402. Lundi-samedi 9 h-17 h. Aquarelles et peintures sur soie.

Barbara Jenson Studio, Anse Réunion, ☏ 234 406, Jenson@seychelles.net. Lundi-samedi 9 h-17 h.

LES ÎLES EXTÉRIEURES

Les espèces d'oiseaux mentionnées en gras figurent sur les planches d'illustrations, p. 14-15.

L'île de Silhouette★★

Prévoyez des chaussures de marche confortables.

À 17 km au large de Beau Vallon (*45 mn en bateau*), cette île de 20 km^2, la 3e de l'archipel par sa superficie, compte environ 400 habitants, qui vivent de la pêche et de la culture du tabac, du café, de la cannelle, du patchouli et de l'avocat.

Île montagneuse culminant à 750 m (mont Dauban), elle est couverte d'une forêt vierge particulièrement dense, unique **forêt équatoriale primaire** des Seychelles, souvent noyée dans les nuages et abondamment arrosée. Au hasard de vos promenades, cherchez la liane *pot à eau*, des orchidées, des bois rares (bois rouge, bois noir, bois de natte, bois santal, bois de table, bois-méduse), le calice du pape, le *veloutier* aux fleurs blanches, le cèdre ou le jaquier. Parmi tous ces arbres subsistent 80 espèces endémiques. Le **pirate Hodoul** s'y réfugia autrefois et la légende raconte qu'il y aurait caché un trésor... De cette forêt émergent des rocs de granit, érodés par le ruissellement des nombreuses rivières et cascades.

Aucun véhicule ne circule sur cette île sauvage, qui ne se dévoile qu'aux randonneurs. Un chemin contourne l'île par le nord et plusieurs autres la traversent, entre La Passe et Grande Barbe, dans la moiteur étouffante de la forêt.

Une barrière de corail protège toute la côte nord-est, ainsi qu'une portion de la côte ouest (Anse Grande Barbe), formant un lagon propice à la baignade et à l'exploration des fonds marins. Les bungalows de l'unique hôtel de l'île occupent une plage magnifique.

Non loin de là, dans le **cimetière de la Pointe Ramasse Tout**, le **tombeau monumental de la famille Dauban** (longtemps propriétaire de l'île), d'une architecture inspirée d'un temple grec, surgit de façon incongrue.

Un peu plus au sud, à **Anse Lascars**, ont été découverts des vestiges de **tombes**, probablement celles des navigateurs arabes qui auraient découvert l'île au 9e s.

Aux environs de **La Passe** se trouve également une ancienne **maison de planteur**.

L'île de Frégate★★

Séjours de 2 jours minimum.

Située à 56 km à l'est de Mahé, cette île granitique de 2 km^2 est peuplée d'une trentaine d'habitants. La pêche et les cultures vivrières – grande variété de fruits et légumes, café, tabac, vanille, cannelle, canne à sucre – constituent leurs principales ressources.

L'île apparaît comme un rocher aplati, culminant à 125 m, entièrement boisé d'arbres à pain, de filaos, de *takamakas*, de lataniers-feuilles, de *sandragons*, de *badamiers*, de cocotiers et de banians. Il y pousse également de belles variétés de fleurs. Cette forêt abrite une faune d'une extrême richesse. Tandis que les tortues de terre géantes s'y promènent paisiblement, des tortues de mer de deux espèces viennent, nombreuses, pondre sur les plages.

Dans le ciel de Frégate volent une cinquantaine d'espèces d'oiseaux, dont certaines vivent uniquement sur cette île. Au gré de vos promenades, vous observerez ainsi la pie chanteuse – aux reflets bleutés tachetés de blanc – dont il ne reste plus qu'une vingtaine de spécimens, la grive à gorge bleue – l'un des oiseaux les plus rares au monde –, le **cardinal**, la **mouette blanche**, la frégate – qui a donné son nom à l'île –, le puffin, le très rare foudi toc toc, le pigeon hollandais – au plumage multicolore... Vous rencontrerez également plusieurs espèces rares de lézards et d'insectes : araignées, mille-pattes, scorpions, hannetons et scarabées géants...

Plusieurs belles plages bordent l'île, dont la plupart sont protégées par une barrière de corail. La limpidité de l'eau fait magnifiquement ressortir les couleurs des coraux, des coquillages et des innombrables poissons du lagon. Plus loin dans l'océan, la pêche au gros se révèle toujours très fructueuse.

L'île de Bird★★★

Île corallienne de 1 km², située à 96 km au nord de Mahé, Bird apparaît comme une tache verdoyante sur l'océan, toute plate, cernée de sable éblouissant, émergeant d'un lagon turquoise et limpide au fond marbré de coraux.

Le second nom de l'île, « île aux vaches », que l'on voit encore sur certaines cartes, lui fut attribué par les Français en 1756, en raison de l'abondance des vaches marines, ou *dugongs* (aujourd'hui disparues), qui nageaient dans ses eaux.

De nombreuses tortues géantes se promènent à l'ombre des cocotiers et filaos, manguiers et papayers. Parmi elles se trouve la plus grosse tortue des Seychelles, voire du monde, *Esmeralda*, elle est âgée de 150 ans et pèse 300 kg.

Bird reste avant tout le paradis des oiseaux. Elle abrite une colonie permanente de sternes noires, de **cardinaux**, de tourterelles striées, de **martins**, de **paille-en-queue**, de sternes houppées, d'élégantes hirondelles de mer, etc.

Pendant l'hiver européen, plusieurs espèces d'oiseaux migrateurs terrestres et d'échassiers s'y réfugient. Mais la meilleure période pour observer les oiseaux se situe entre avril et octobre, lorsque de 2 à 3 millions de **sternes fuligineuses** se retrouvent sur l'île pour la période des pontes. Il règne alors entre terre, mer et ciel une activité fébrile et une véritable cacophonie.

L'île Denis★★
Séjour de 3 jours minimum.

Cette île corallienne d'environ 1,5 km², située à 90 km au nord-est de Mahé, compte une cinquantaine d'habitants. Elle apparaît comme un croissant aplati, couvert d'une cocoteraie touffue, bordé de plages lumineuses baignées par un lagon étincelant et poissonneux. Denis étant située à l'extrémité nord du plateau continental des Seychelles, les fonds marins passent brutalement, à quelques milles au nord-est de l'île, d'une profondeur de 60 m à 2000 m, ce qui permet le développement d'une faune marine abondante. La pêche au gros a la réputation d'y être exceptionnelle, surtout en mai et d'octobre à décembre, ainsi que la plongée sous-marine. Vous pourrez également parcourir les sentiers qui sillonnent la forêt, où poussent filaos, *takamakas*, banians et papayers, et où vous croiserez certainement d'imposantes tortues terrestres géantes. Faites aussi un tour dans le village et découvrez les vestiges du **moulin à coprah** et du vieux phare.

Les archipels et atolls lointains★★★

Une soixantaine d'îles coralliennes, inhabitées pour la plupart, dispersées sur plus de 1 000 km et souvent difficiles d'accès, servent de refuge à une flore et une faune spécifiques qui comptent de nombreuses espèces uniques au monde. Loin de tout et dénuées de tout relief, ces îles bénéficient d'un climat plus frais et sec que les îles granitiques, avec une température de 26 à 30 °C tout au long de l'année.

Elles forment trois groupes distincts : Les Amirantes, Aldabra et Farquhar.

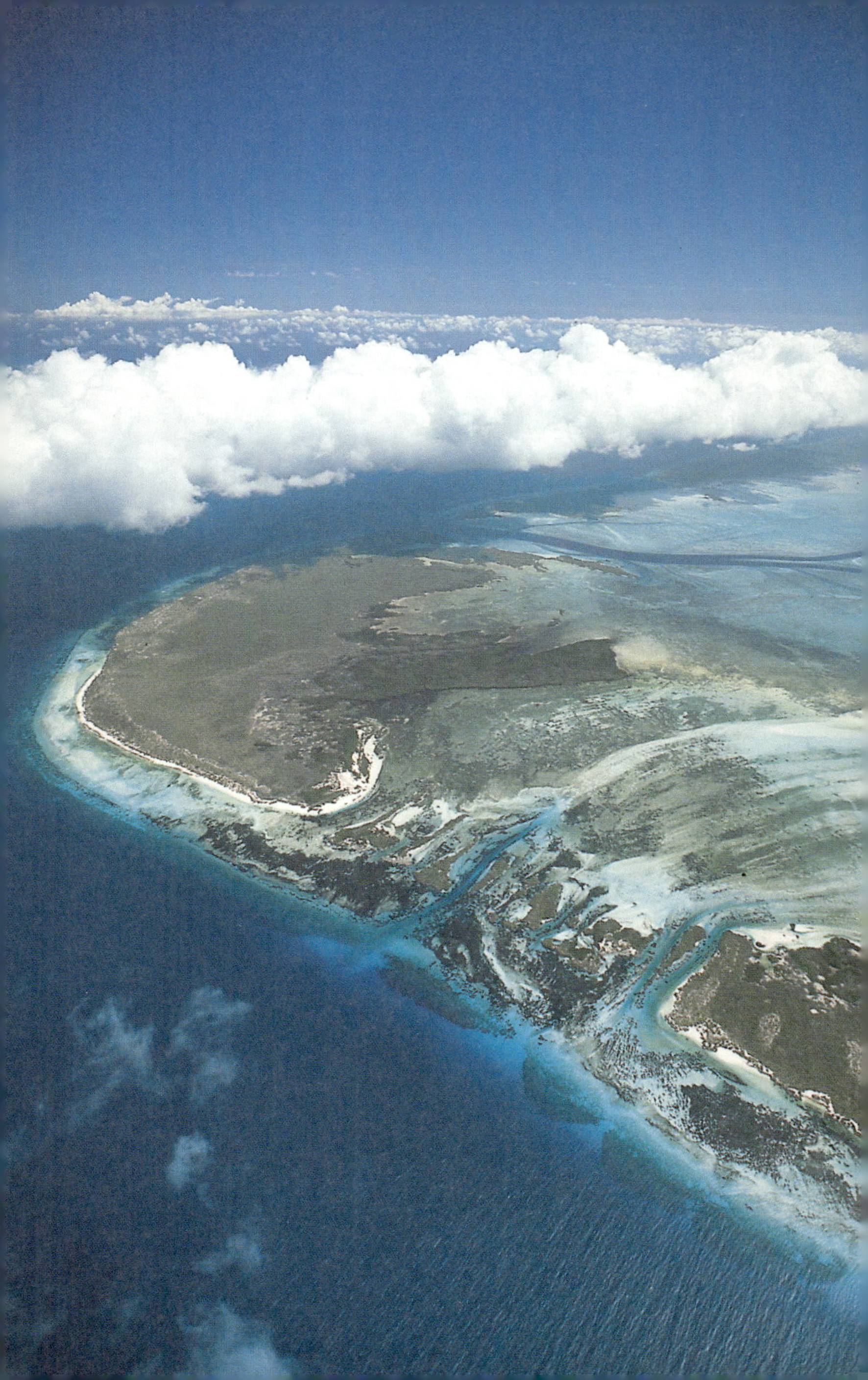

Les Amirantes**

Entre 200 et 330 km au sud-ouest de Mahé, les 24 îles de cet archipel (Poivre, Boudeuse, Desneuf, Rémires, Daros, Desroches, Alphonse...) forment, sur près de 200 km, un chapelet d'atolls coralliens émergeant de quelques mètres seulement au-dessus de l'océan. Seules quatre d'entre elles sont habitées, dont Desroches et Poivre, où vous pourrez loger. Toutes ont été exploitées pour leurs noix de coco (le coprah d'excellente qualité qui en est extrait fournit la principale ressource de ces îles), ainsi que pour leurs tortues, leurs requins, leur bois blanc, leurs burgaux (coquilles de nacre) et leur guano (déjections d'oiseaux marins qui constituent un excellent engrais). Cocotiers et filaos dominent une végétation luxuriante et sauvage. La vie sous-marine intacte qui règne dans les lagons limpides est d'une rare beauté. Couleurs et formes mouvantes créent de fascinants tableaux vivants. À **Desroches**** (4 km^2, env. 50 hab.), plongée, pêche au gros ou à la palangrotte et excursions vers les îles voisines attirent les amoureux de la nature en quête d'émotions fortes. L'atoll de **Poivre** (1 km^2), avec son lagon central cerné de récifs, est, avec celui d'**Alphonse****, l'un des plus beaux des Amirantes.

Aldabra***

Perdu au milieu de l'océan à plus de 1 000 km de Mahé s'étend le plus grand lagon du monde, centre de l'atoll d'Aldabra, véritable mer intérieure d'où émergent plusieurs petits îlots. Cette couronne corallienne, qui surplombe l'océan de 8 m à peine, forme un sanctuaire unique pour la flore et la faune, où vivent une multitude d'espèces spécifiques à ce site. Elle abrite notamment la plus importante colonie de tortues terrestres géantes au monde, qui compte entre 70 000 et 180 000 spécimens vivant à l'état sauvage à l'ombre des *takamakas*. Elles côtoient de gros crabes, qui peuvent ouvrir une noix de coco d'un simple coup de pince. Une multitude d'oiseaux – **sternes**, ibis sacrés, founingos rouges-cap, frégates, Kestrels de Madagascar, hérons, flamants roses – trouvent également refuge sur l'atoll. Les tortues marines y affluent, plus nombreuses encore que sur d'autres îles, au moment de la ponte, entre décembre et mars. À marée basse, de gros massifs de coraux en forme de champignons émergent au milieu du lagon, fournissant aux oiseaux marins un abri de prédilection.

Malgré l'aspect désolé du sol corallien d'Aldabra, une grande variété de fougères, de buissons florissants, de cèdres-filaos, de cocotiers, de palétuviers et d'acacias y prospèrent, grâce à l'abondant guano qui le fertilise. Les eaux poissonneuses qui entourent l'atoll regorgent de redoutables requins, qui pénètrent parfois dans le lagon à marée haute, lorsque la mer s'y engouffre par les différentes brèches.

Réserve naturelle classée «Site du Patrimoine mondial» par l'Unesco, Aldabra – qui ne compte qu'une quinzaine d'habitants – s'ouvre timidement à un tourisme essentiellement scientifique, étroitement contrôlé par les autorités seychelloises.

Farquhar*

Cet archipel de 8 km^2, situé à 700 km de Mahé, se trouve sur la trajectoire de violents cyclones, qui le dévastent régulièrement entre décembre et février. Une centaine d'habitants vivent sur deux des îles en quasi-autarcie, grâce à la pêche et à la production de coprah.

Survol de l'atoll d'Aldabra

Îles extérieures pratique

ARRIVER-PARTIR

La plupart de ces îles sont desservies par des liaisons aériennes d'Air Seychelles et/ou de Helicopter Seychelles. Le vol n'est généralement pas inclus dans le prix de la chambre d'hôtel.

- **Silhouette**
Liaison de Mahé, par bateau (30 mn de Beau Vallon, 1 h de Victoria) ou par hélicoptère (12 mn, tlj sauf le mercredi). Transfert par charter (4 personnes maximum), tlj de 8 h à 18 h.

- **Frégate**
3 vols par semaine minimum (15 mn de Mahé), couplés avec l'hôtel.

- **Bird**
Vols quotidiens au départ de Mahé (30 mn) sur **Air Seychelles**. Tlj sauf dimanche. Vol couplé avec l'hôtel.

- **Denis**
4 vols par semaine, couplés avec l'hôtel (25 mn).

- **Desroches**
Vols Mahé-Desroches 4 fois par semaine (45 mn).

- **Alphonse**
Vols Mahé-Alphonse (1h) selon la demande.

- **Aldabra**
Pas de liaison régulière. Vol Mahé-Assomption (2 h), puis bateau jusqu'aux autres îles (3 h).

- **Farquhar**
Pas de liaison régulière. De 4 à 5 jours de traversée de Mahé (bateaux rares). Vols Mahé-Farquhar (3 h 30).

ADRESSES UTILES

Mason's Travel, P.O. Box 459, Victoria, Mahé, ☎ 322 642, Fax 325 273. Excursions d'une journée ou séjours à Silhouette (bateau), séjours à Bird et à Frégate (avion).

Travel Services Seychelles (TSS), Victoria House, P.O. Box 356, Victoria, Mahé, ☎ 322 414, Fax 322 401. Excursions avec une nuit sur place.

Fondation des îles Seychelles, Premier Building, P.O Box 853, Victoria, Mahé, ☎ 321 735, Fax 324 884, sif@seychelles.net Délivre les autorisations spéciales (difficiles à obtenir), obligatoires pour se rendre à Aldabra.

Marine Charter, port de Victoria, P.O. Box 204, Mahé, ☎ 322 126, Fax 224 679. Organise des traversées vers certaines îles.

Air Seychelles, ☎ 381 000. Beaucoup d'îles extérieures sont desservies. Possibilité aussi d'affréter un hélicoptère (cher !) pour se rendre dans certaines îles. Voir aussi **Helicopter Seychelles**, ☎ 373 900.

OÙ LOGER

Chacune de ces îles ne possède qu'un hôtel. Il s'agit dans tous les cas de bungalows luxueux et confortables offrant d'excellentes prestations. Les fourchettes de prix indiquées sont calculées sur la base d'une chambre double en pension complète (obligatoire puisqu'il n'y a pas d'autres restaurants). La plupart des tarifs sont dégressifs en fonction du nombre de nuits. Chaque hôtel dispose d'un bureau à Victoria, chargé des renseignements et des réservations.

De 300 à 600 €
Silhouette Island Lodge, ☎ 224 003 / Fax 224 897, silodge@seychelles.net – 12 ch.

Bird Island Lodge, ☎ 323 322, Fax 323 335, birdland@seychelles.net – 24 ch.

Denis Island Lodge, ☎ 321 143 / Fax 321 010, denis@seychelles.net – 25 ch.

Desroches Island Lodge, ☎ 229 003, Fax 229 002 – 20 ch.

Alphonse Island Lodge, ☎ 229 030, Fax 229 034, alphonse@seychelles.net – 25 ch.

Plus de 1200 €
Frégate Island Lodge, ☎ 324 545, Fax 324 499, fregate@seychelles.net – 16 ch. Villas de très grand luxe de 180 m².

INDEX

Anse Lazio : curiosité décrite, nom géographique
La Bourdonnais (Mahé de) : personnage
Plongée sous-marine : rubrique pratique
Épices/Malbars : terme faisant l'objet d'une explication

A

Adams (l'atelier de Michael) (Sey)	401
Aldabra (atoll d') (Sey)	441
Amirantes (archipel des) (Sey)	441
Animaux domestiques (Réu)	80
Anse à la Mouche (Sey)	401
Anse aux Pins (Sey)	397
Anse Boileau (Sey)	401
Anse Boudin (Sey)	413
Anse Bouteille (Mau)	324
Anse Caïman (Sey)	432
Anse Cocos (Sey)	432
Anse des Cascades (Réu)	129
Anse Intendance (Sey)	399
Anse Islette (Sey)	401
Anse Kerlan (Sey)	415
Anse la Liberté (Sey)	401
Anse Lazio (Sey)	413
Anse Major (Sey)	396
Anse Patates (Sey)	430
Anse Possession (Sey)	414
Anse Réunion (Sey)	430
Anse Royale (Sey)	398
Anse Sévère (Sey)	430
Anse Soleil (Sey)	401
Anse Source d'Argent (Sey)	431
Anse Takamaka (Sey)	399
Anse Volbert (Sey)	412, 414
Architecture	48, 203, 354
Aride (île) (Sey)	419
Artisanat	53, 208, 359
Aurère (Réu)	168

B

Baie aux Huîtres (Mau)	321
Baie du Tombeau (Mau)	266
Baie Ste-Anne (Sey)	412
Baie Ternay (Sey)	397, 402
Balaclava (Mau)	267
Barbarons (Sey)	401
Basse Vallée (Réu)	127
Beau Bassin (Mau)	258
Beau Vallon (Sey)	393
Bébour-Bélouve (forêt de) (Réu)	146
Bel Ombre (Mau)	301
Bel Ombre (Sey)	396
Bélier (route du) (Réu)	163
Belle Mare (Mau)	282
Bénitiers (îles aux) (Mau)	308
Bethléem (Réu)	136
Bird (île) (Sey)	439
Blanchisserie	80, 235, 379
Blue Bay (Mau)	289
Bois Chéri (Mau)	296
Bois-Rouge (usine sucrière de) (Réu)	139
Bonaparte (Napoléon)	185
Boucan Canot (Réu)	107
Bouchons	57
Bouddhisme	46, 198
Bourbon (Réu)	34, 36, 102
Boya	359
Bras Rouge (cascade de) (Réu)	164
Bras-Panon (Réu)	138
Budget	67, 222, 370

C

Cafres (les)	43
Camtolé	358
Canne à sucre	38, 189
Cap de la Marianne (Réu)	107
Cap la Houssaye (Réu)	107
Cap Malheureux (Mau)	270
Carana (Anse) (Sey)	392
Cari	56, 213
Casela Bird Park (Mau)	309
Cases (planches) (Réu)	20
Cases (Réu)	48
Catholicisme	198
Caverne Patate (Mau)	321
Cayenne (Réu)	168
Céré (Jean-Nicolas) (Mau)	254
Cerfs (île aux) (Mau)	282
Chamarel (Mau)	299
Champ Borne (Réu)	139

Change	66, 222, 370
Chaudron (cascade du)	93
Chemin Dame le Roi (Sey)	400
Chemin des Anglais (le) (Réu)	92
Chemin la Gogue (Sey)	393
Chemin La Misère (Sey)	404
Chemin Les Cannelles (Sey)	404
Chemin Montagne Posée (Sey)	404
Chinois (les)	43
Choiseul (Gabriel de)	344, 412
Christianisme	44
Cigarettes	80, 235, 379
Cilaos (cirque de) (Réu)	163
Cilaos (Réu)	164
Cirques (les) (Réu)	27, 158
Climat	28, 179, 335
Cocos (île aux)	325
Cocos de mer (Sey)	416
Col des Bœufs (Réu)	166
Col du Taïbit (Réu)	165, 167
Colimaçons (route des) (Réu)	109
Compagnie des Indes orientales	34, 343
Copolia (Sey)	404
Coquillages (planche)	13
Courant électrique	80, 379
Cousin (île) (Sey)	417
Crabes (île aux) (Mau)	325
Créoles (les)	42, 352
Curepipe (Mau)	261
Curieuse (île) (Sey)	418

D

Danse	52, 208, 358
Danzilles (Sey)	396
Debré (Michel) (Réu)	38
Delisle (Hubert) (Réu)	37
Denis (île) (Sey)	439
Desbassyns (Charles) (Réu)	36
Desbassyns (Mme) (Réu)	106
Dimitile (Réu)	120
Domaine de l'Ylang-Ylang (Mau)	285
Domaine des Aubineaux (Mau)	261
Domaine du Chasseur (Mau)	285
Domaine les Pailles (Mau)	247
Dos d'Âne (Réu)	102
Dufresne (Marion)	344, 412
Dufresne d'Arsel (Guillaume)	184

E

Économie	38, 189, 347
Éducation	206, 355
Entre-Deux (l') (Réu)	120
Éperon (l') (Réu)	106
Étang-Salé (l') (Réu)	111
Eurêka (maison) (Mau)	248

F

Farquhar (archipel) (Sey)	441
Farquhar (Robert)	185
Faune	32, 181, 338
Félicité (île) (Sey)	434
Ferme Corail (Réu)	109
Fêtes	46, 199
Flic en Flac (Mau)	309
Flore	29, 180, 336
Flore (planches)	18
Floréal (Mau)	262
Forêt Noire (route de la) (Sey)	402
Formalités	66, 221, 369
Franco-Mauriciens (les)	194
Frégate (île) (Sey)	438

G

Garriga (Sarda)	36
Gastronomie	56, 213, 363
Glacis (Sey)	392
Goodlands (Mau)	271
Gorges de la Rivière Noire (*parc national des*) (Mau)	298
Grand Baie (Mau)	270, 321
Grand Bassin (Mau)	297
Grand Bénare (Réu)	105
Grand Bois (Réu)	123
Grand Brûlé (Réu)	27, 128
Grand Étang (Réu)	149
Grand Gaube (Mau)	271
Grand Hazier (Réu)	140
Grand Îlet (route du) (Réu)	162
Grand Place (Réu)	168
Grand Port (Mau)	284
Grand Sable (Réu)	162
Grand' Anse (Sey)	401, 413, 431
Grande Anse (Réu)	123
Grande Case Noyale (Mau)	308
Grande Chaloupe (Réu)	100
Grande Rivière Noire (Mau)	308
Grande Rivière Sud-Est (Mau)	284
Gris-Gris (falaises du) (Mau)	303
Gros Morne (Réu)	105
Grossin	344

H

Hell-Bourg (Réu)	159
Hermitage (île) (Mau)	325
Hermitage (l') (Réu)	108
Hindouisme	44, 197
Hubert (Joseph) (Réu)	123, 136

I

Île de France (Mau)	240
Îlet à Cordes (Réu)	164
Indiens (les)	43
Indo-Mauriciens (les)	195

Internet	80
Islam	45, 198

J-K

Jardin des épices et des parfums (Réu)	127
Jardin du Roy (Sey)	398
Kerveguen (Gabriel de) (Réu)	144

L

La Bourdonnais (Mahé de)	35, 86, 184
La Bourdonnais (Mau)	272
La Buse	104, 344
La Digue (île de) (Sey)	428
La Fenêtre (Réu)	112
La Marine (Sey)	398
La Nouvelle (Réu)	166
La Passe (Sey)	428
Laval (Père Désiré) (Mau)	250
Le Clézio (Eugène) (Mau)	248
Leconte de Lisle (Réu)	104
Levasseur (Olivier)	344
Lexique	58, 215, 364
Littérature	53, 209, 360

M

Mac Auliffe (docteur) (Réu)	164
Mafate (cirque de) (Réu)	166
Mahé (île de) (Sey)	392
Mahébourg (Mau)	287
Maheswarnath (temple hindou) (Mau)	267
Maïdo (Réu)	104
Malabars, Malbars (les) (Réu)	43
Maloya (Réu)	52
Manapany les Bains (Réu)	123
Manouilh (source) (Réu)	162
Mare Longue (sentier botanique de) (Réu)	127
Marla (Réu)	167
Mascareignes	178
Mascareignes (archipel des) (Réu)	26, 34, 178
Mascarenhas (Pedro)	183
Mauritius	36, 183, 185
Météo	80, 235, 380
Mission Lodge (Sey)	404
Mont Choisy (Mau)	267
Mont Limon (Mau)	323
Montagne (route de la) (Réu)	92
Morne Blanc (Sey)	404
Morne Brabant (Mau)	306
Morne Grand Fond (Sey)	413
Morne Langevin (Réu)	156
Morne seychellois (parc national) (Sey)	404
Morphey (Nicolas)	344
Moutia	358
Mozambiques (les)	352
Musique	52, 208, 358

N-O

Nez de Bœuf (Réu)	152
Observatoire astronomique (Réu)	112
Oiseaux (planches)	16

P

Pamplemousses (Mau)	254
Pas de Bellecombe (Réu)	152
Pereybère (Mau)	270
Petite Anse (Sey)	401, 432
Petite France (Réu)	105
Petite Rivière Noire (Mau)	308
Phœnix (Mau)	261
Picault (Lazare)	344, 384, 428
Pierrefonds (usine sucrière de) (Réu)	120
Piton d'Enchaing (Réu)	162
Piton de la Fournaise (Réu)	26, 126, 146, 152
Piton des Neiges (Réu)	26, 105, 165
Piton la Digue (Sey)	432
Piton Ste-Rose (Réu)	129
Plaine des Cafres (Réu)	27
Plaine des Palmistes (Réu)	27, 147
Plaine des Remparts (Réu)	152
Plaine des Sables (Réu)	27, 126, 152
Plaine du Gol (Réu)	111
Plaine St-André (écomusée de la) (Sey)	397
Pointe au Sel (Réu)	110
Pointe aux Canonniers (Mau)	267
Pointe aux Piments (Mau)	267
Pointe aux Roches (Mau)	301
Pointe Belize (Sey)	432
Pointe Cap Barbi (Sey)	430
Pointe Coton (Mau)	323
Pointe d'Esny (Mau)	289
Pointe de la Table (Réu)	127
Pointe du Diable (Mau)	284
Pointe Lacroix (Réu)	129
Pointe Ma Flore (Sey)	432
Pointe Turcy (Sey)	432
Poissons (planches)	14
Poivre (Pierre)	35, 254, 399, 444

Police Bay (Sey)	399
Pomponnette (Mau)	301
Port (Réu)	102
Port Glaud (Sey)	401
Port Launay (Sey)	401
Port Louis (Mau)	240
Port Mathurin (Mau)	320
Port Sud-Est (Mau)	322
Possession (La) (Réu)	102
Pouce (ascension du) (Mau)	247
Poudre d'Or (Mau)	272
Praslin (Sey)	412

Q-R

Quatre Bornes (Mau)	260
Quatre Bornes (Sey)	499
Quinssy (Quéau de)	342
Radiers (route des) (Réu)	129
Ramgoolam (jardin botanique Sir Seewoosagur) (Mau)	255
Ramgoolam (Navin)	188
Ramgoolam (Sir Seewoosagur)	186
Ravine du Mouchoir Gris (Réu)	111
Ravine St-Gilles (Réu)	106
Réduit (château du) (Mau)	248
Régnault (Étienne) (Réu)	86
Rempart de la Grande Montée (Réu)	146
Rempart du Tremblet (Réu)	128
René (France Albert)	347, 431
Rhum	57
Riambel (Mau)	301
Riche en Eau (Mau)	296
Rivière de l'Est (Réu)	129
Rivière des Anguilles (Mau)	303
Rivière des Marsouins (Réu)	136
Rivière des Pluies (Réu)	141
Rivière des Remparts (Réu)	126, 152, 156
Rivière des Roches (Réu)	137
Rivière Langevin (Réu)	126, 156
Rivière Ste-Suzanne (Réu)	140
Roche Écrite (Réu)	94
Roche Plate (Réu)	167
Rochester (chutes de) (Mau)	302
Rodrigues (île) (Mau)	314
Romainville	344
Rose Hill (Mau)	260
Rougail	56, 213

S

Sables (île aux) (Mau)	325
Salazie (cirque de) (Réu)	158
Saline-les-Bains (la) (Réu)	108
Samoussas	57, 214, 363
Santé	79, 234, 379
Savannah (Mau)	304
Séchelles (Moreau de)	344
Séga	52, 358
Silhouette (île) (Sey)	438
Sino-Mauriciens (les)	196
Sokwé	359
Sorcellerie	353
Souffleur (Mau)	304
Souillac (Mau)	302
St-André (Réu)	162
St-Benoît (Réu)	138
St-Denis (Réu)	86
St-Gabriel (Mau)	323
St-Gilles-les-Bains (Réu)	108
St-Gilles-les-Hauts (Réu)	105
St-Joseph (la maison) (Sey)	397
St-Joseph (Réu)	123
St-Leu (Réu)	109
St-Louis (Réu)	111
St-Paul (Réu)	102
St-Pierre (islet) (Sey)	413
St-Pierre (Réu)	121
Ste-Anne (parc national marin de) (Sey)	388
Ste-Anne (Réu)	130
Ste-Rose (Réu)	129
Stella Matutina (musée de) (Réu)	110
Sudre (Margie)	38
Surcouf (Robert)	185

T

Takamaka (Réu)	137
Tamarin (Mau)	308
Tampon (route du) (Réu)	144
Taylor (George)	344
Tea Tavern (Sey)	402
Terre Sainte (Réu)	123
Thérèse (île) (Sey)	401
Trois Frères (Sey)	404
Trou aux Biches (Mau)	267
Trou d'Eau Douce (Mau)	282
Trou de Fer (Réu)	147

U-V

Union Estate (l') (Sey)	430
Uteem (Cassam)	187
Vacoas (Mau)	261
Val Nature Park (Mau)	288
Vallée de Mai National Park (Sey)	416
Vanille (coopérative de la) (Réu)	138

Vanille (La Maison de la) (Réu)	139
Vanille (Réu)	138
Vanille Crocodile Park (Mau)	304
Vasco de Gama	343
Victoria (Sey)	384
Vierge au Parasol (Réu)	129
Vierge noire (sanctuaire de la) (Réu)	141
Vieux Grand Port (Mau)	286
Village artisanal (Sey)	397
Voile de la Mariée (Réu)	146, 158
Volcan (Maison du) (Réu)	146
Volcan (Réu)	152

Z

Z'arabes (les) (Réu)	43
Z'oreils (les) (Réu)	42
zone franche	189

CARTES ET PLANS

Réunion
Cirques	160, 161
Côte Ouest	101
Côte Ouest (hôtels)	113
Les Hauts de St-Denis	93
Nord-Est	137
Route des Plaines	145
St-Denis	87
St-Pierre	122
Sud-Est	124, 125
Volcan	154, 155

Maurice
Autour de Port Louis	250
Côte Est	281
Côte Nord	268, 269
Côte Ouest	307
Pamplemousses (jardin)	254, 255
Plateau central (villes)	259
Port Louis	242, 243
Rodrigues (île)	318, 319
Sud	302, 303

Seychelles
La Digue	429
Mahé	394, 395
Praslin	414, 415
Seychelles (l'archipel)	335
Victoria	386, 387

Manufacture Française des Pneumatiques Michelin
Société en commandite par actions au capital de 304 000 000 EUR
Place des Carmes-Déchaux – 63000 Clermont-Ferrand (France)
R.C.S. Clermont-Fd B 855 200 507
© Michelin et Cie, Propriétaires-éditeurs, 2002
Dépôt légal janvier 2002 – ISBN 2-06-100189-0 – ISSN 0293-9436
Toute reproduction, même partielle et quel qu'en soit le support
est interdite sans autorisation préalable de l'éditeur.

Printed in France 01-2002/2.1
Compograveur : Nord Compo – Villeneuve d'Ascq
Imprimeur : IME – Baume-les-Dames

Illustrations de la couverture :
Anse Source d'argent (Seychelles) – J. Malburet/MICHELIN
Petit Seychellois – L. Malburet/MICHELIN
Maison sur la route de Cilaos – A. Chopin/MICHELIN

Michelin – Éditions des Voyages
46, avenue de Breteuil – 75324 Paris Cedex 07
☎ 01 45 66 12 34 – www.ViaMichelin.com